烟台大学

年鉴 2018

烟台大学办公室 编

图书在版编目(C I P)数据

烟台大学年鉴. 2018 / 烟台大学办公室编. — 济南：济南出版社,2022.12

ISBN 978-7-5488-5476-0

Ⅰ. ①烟… Ⅱ. ①烟… Ⅲ. ①烟台大学—2018—年鉴 Ⅳ. ①G649.285.23

中国版本图书馆 CIP 数据核字(2023)第 004540 号

责任编辑 张伟卿　于丽霞　梁　浩
封面设计 谭　正
出版发行 济南出版社
地　　址 山东省济南市二环南路 1 号(250002)
编辑热线 0531-86131741
发行热线 0531-67817923　86922073　68810229
印　　刷 济南朔威印务有限公司
版　　次 2023 年 1 月第 1 版
印　　次 2023 年 1 月第 1 次印刷
成品尺寸 210mm×285mm　16 开
印　　张 37.5
字　　数 1030 千
印　　数 1-410 册
定　　价 180.00 元

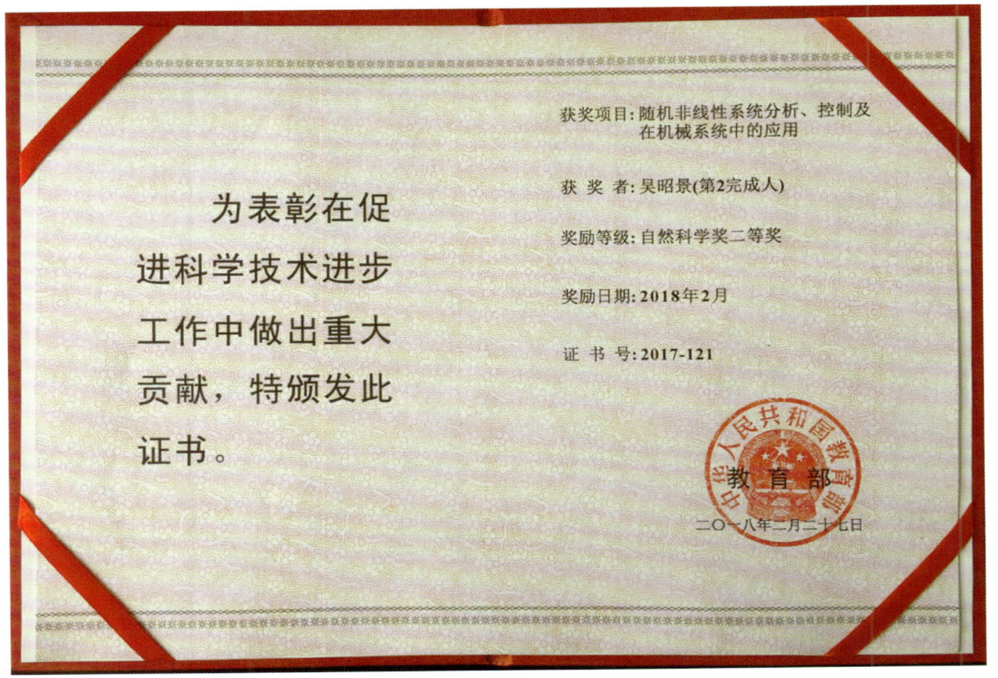

为表彰在促进科学技术进步工作中做出重大贡献，特颁发此证书。

获奖项目：随机非线性系统分析、控制及在机械系统中的应用

获 奖 者：吴昭景(第2完成人)

奖励等级：自然科学奖二等奖

奖励日期：2018年2月

证 书 号：2017-121

中华人民共和国教育部

教育部

二〇一八年二月二十七日

■ 2018 年 2 月 27 日，吴昭景获 2017 年度全国高等学校科学研究优秀成果奖(自然科学)二等奖

■ 2018 年 3 月 16 日，中国共产党烟台大学第四次代表大会隆重召开

2018 年 3 月 16 日，中共烟台大学第四次代表大会分组审议党代会报告

2018 年 3 月 17 日，中共烟台大学第四届常委合影

■ 2018 年 3 月 29 日，学校举办首届在线课程建设论坛

■ 2018 年 4 月 10 日，学校新一届“两委”委员赴胶东革命纪念馆参观学习，接受党性教育

■2018 年 4 月 13 日，学校承办的“2018 年山东省民营企业招聘周启动活动”在烟台大学举行

■2018 年 4 月 18 日，烟台大学社会科学界联合会成立大会暨第一次会员代表大会召开

2018年4月23日(第23个世界读书日),烟台大学第十五届读书节开幕

2018年5月4日,学校领导看望北大、清华援建烟大老同志

2018 年 5 月 10 日，烟台大学 2018 年田径运动会开幕式

2018 年 5 月 15 日，中韩（烟台）产业园发展研究中心揭牌仪式

2018 年 5 月 25 日，学校召开 2017 年度共青团工作表彰大会

2018 年 5 月 28 日，烟台大学与烟台开发区战略合作框架协议签约仪式在开发区举行

2018 年 6 月 1 日，学校召开 2018 年就业工作会议

2018 年 6 月 2 日，“五月的鲜花——纪念改革开放四十周年”大学生歌咏比赛在青春广场举行

2018 年 6 月 15 日(端午节),留学生在学习包粽子

2018 年 6 月 22 日,服务国家特殊需求"重大新药新型释药系统"博士人才培养项目实施指导委员会第三次会议在烟台大学召开

■ 2018 年 6 月 25 日，烟台大学、韩国檀国大学合作办学项目材料科学与工程专业本科生毕业典礼在致道厅举行

■ 2018 年 6 月 28 日，烟台大学 2018 年本科生毕业典礼暨学位授予仪式隆重举行

■2018年7月6日，学校召开烟台大学第七届教代会暨第八届工代会

■2018年7月10日，烟台大学教职工排球比赛男女决赛在教职工活动中心举行

2018 年 7 月 10 日，学校召开离退休工作会议

2018 年 7 月 13 日，烟台大学科学技术协会成立暨第一次代表大会与会人员合影

2018年7月16日，烟台校企合作示范基地揭牌暨入驻项目签约仪式在高新区举行，党委书记张伟与烟台市委书记张术平为“烟台校企合作示范基地”揭牌

2018年7月18日，烟台大学举行核装备与核工程学院成立大会暨授牌仪式

■ 2018 年 7 月 21 日，第十四届全国高等学校在线课程共建共享研讨会暨本科教育教学研讨会在烟台大学召开

■ 2018 年 7 月 22 日，烟台大学中国语言文学一级学科硕士学位授权点通过合格评估

2018 年 7 月 31 日，2018 国际人工智能峰会在烟台举行，烟台大学人工智能研究院揭牌

2018 年 8 月 13 日，烟台大学西藏校友会在拉萨成立

2018 年 9 月 6 日，烟台市委书记张术平来校走访慰问教师，看望中国工程院院士温俊峰

2018 年 9 月 8 日，学校举办《烟台大学学报》创刊 30 年座谈会

■ 2018年9月10日，烟台大学举行庆祝2018年教师节暨师德建设表彰大会，新入职教师宣誓

■ 2018年9月11日，学校组织学生进行消防演练

2018 年 9 月 16 日，烟台大学 2018 年迎新生文艺晚会

2018 年 10 月 12 日，省委第十三巡视组巡视烟台大学党委工作动员会召开

2018 年 10 月 16 日，美国田纳西大学(查塔努加)副校长罗伯特·杜里率团访问烟大

2018 年 10 月 22 日，山东省副省长于杰来学校调研

2018年11月10日，学校举办烟台大学2019届毕业生供需见面会

2018年11月17日，北京大学、清华大学支援烟台大学建设委员会第十三次会议在烟台东山宾馆隆重召开，三校相关院系签订合作协议和意向书

《烟台大学年鉴 2018》编审委员会

《烟台大学年鉴 2018》供稿单位负责人名单

马春富　王海丽　赵久满　于秀国　李育华　周　娟　何世新

刘　超　焦艳辉　曲世金　刘志国　姜付义　杨众晖　欧世峰

梁茂广　孙旭涛　毕朝晖　崔志峰　杜　昊　李杰胜　高福芳

杨乃军　曲　峰　陆　犁　王　毅　刘振伟　王光明　龚卫东

张广毅　邹淑珍　王虔祖　丁　峰　段志国　邬旭然　赵显伟

童向荣　于　涛　滕雪玉　林立成　陈　颖　隋杰礼　李　军

徐　阳　刘君涛　宋红松　于纯良　赵守江　张仁旭　刘知德

《烟台大学年鉴 2018》撰稿人名单

赵海峰　董　燕　陈　伟　庞　磊　周　昊　蔺立杰　刘　蕾
杨　倩　郭宜明　马池春　刘振伟　杨新霞　祁兴强　鹿金雁
孙佳琳　房大任　刘　杰　程　莹　曲秀勇　王希峰　韩昌卫
丛兆丰　岳素芳　张胜利　王洪根　赵同生　张宗泽　郭春香
王　艳　郑石军　郭金玲　侯建海　李明月　李孟秋　王莹洁
石运序　郑　凯　苏　璇　李建波　王　骏　郁王白云　钦少君
李金金　袁　珊　宋红松　史卫进　桑琰云　祝建军　邓觐超
孟振华

《烟台大学年鉴 2018》编辑部

编辑说明

一、《烟台大学年鉴 2018》是由烟台大学年鉴编审委员会主持编纂的一部综合性工具书。它全面记载了 2018 年学校履行大学使命,推动改革发展和各方面建设的基本情况,收录了学校一年来的各种文献、资料和数据,是了解年度校情的基本参考文献。

二、《烟台大学年鉴 2018》分为特载、专文、烟大概况、机构与干部、学院情况、教育教学与学科建设、科学研究与服务地方、行政管理与服务、教学辅助与支撑、后勤服务与保障、党建与思想政治工作、人物、表彰与奖励、毕业生名单、大事记、文件目录、附录等 17 个栏目。个别类目与条目根据变化了的情况做了微调。

三、本年鉴刊载的内容与书名年份时间一致。《烟台大学年鉴 2018》收录了 2018 年 1 月 1 日至 12 月 31 日间所发生的事实和产生的数据等材料。

四、《烟台大学年鉴 2018》的编辑出版工作得到了学校领导和各部门、各单位领导的大力支持。各单位撰稿人为提供高质量的稿件付出了努力。对此,我们一并表示诚挚的谢意。

《烟台大学年鉴》编辑部

2022 年 7 月 25 日

目　录

mulu

◎特载

◎专　文

◎烟大概况

◎机构与干部

◎学院情况

◎教育教学与学科建设

◎科学研究与服务地方

◎行政管理与服务

◎教学辅助与支撑

◎后勤服务与保障

◎党建与思想政治工作

◎人物

◎表彰与奖励

◎毕业生名单

◎大事记

◎文件目录

◎附录

不忘初心牢记使命　开拓创新奋发有为　为建设特色鲜明、部分学科具有国际影响力的高水平大学而努力奋斗

——在中国共产党烟台大学第四次代表大会上的报告

（2018年3月16日）

张　伟

各位代表，同志们：

现在，我代表中国共产党烟台大学第三届委员会向大会报告工作，请予审议。

中国共产党烟台大学第四次代表大会，是在学校深入学习贯彻习近平新时代中国特色社会主义思想、全面贯彻落实党的十九大精神、加快实施"十三五"发展规划、全面深化综合改革、奋力建设高水平大学的关键时期召开的一次十分重要的大会。

大会的主题是：以习近平新时代中国特色社会主义思想为指导，全面贯彻落实党的十九大精神，坚持立德树人，深化综合改革，推进内涵发展，不忘初心，牢记使命，开拓创新，奋发有为，为建设特色鲜明、部分学科具有国际影响力的高水平大学而努力奋斗。

一、第三次党代会以来的工作回顾

第三次党代会以来，学校坚持以马克思列宁主义、毛泽东思想、邓小平理论、"三个代表"重要思想、科学发展观、习近平新时代中国特色社会主义思想为指导，立足山东经济文化强省建设，紧紧围绕学校确立的目标任务，科学谋划，真抓实干，以成为省应用型人才培养特色名校首批建设单位，获批服务国家特殊需求博士人才培养项目、教育部重点实验室、多个省级协同创新中心等为主要标志，各项工作取得了新突破，学校综合实力和办学水平进一步提升，学校事业呈现出蓬勃发展的良好态势。

（一）加强党的领导，党委领导核心作用充分发挥

——统筹发展能力不断提高。深刻领会新时代坚持和发展中国特色社会主义的基本方略，全面贯彻党的教育方针，坚持并不断完善党委领导下的校长负责制，充分发挥党委领导核心作用。学校党委注重把方向、管战略、抓大事、谋长远，积极对接国家和区域发展需求，统筹推进各项事业发展，顺利完成"十一五""十二五"发展目标任务，深入实施"十三五"发展规划，全面推进综合改革。颁布实施《烟台大学章程》，配套20余项制度，扎实推进现代大学制度建设。成立烟台大学理事会。稳步推进校院两级管理体制改革，修订完善学院党政联席会议制度等文件，各级领导班子科学民主决策能力和办学治校水平不断提升，获评"山东省学校民主管理先进单位"。

——民主和谐局面日益巩固。定期召开"双代会"，注重拓宽民主监督渠道，充分发挥校长信箱、

校领导接待日、“网上民声”的作用，切实保障师生员工参与学校民主管理和监督的权利。校工会获评“全国教科文卫体系统模范职工之家”。注重加强党外人士教育培养，成立无党派知识分子联谊会、归国华侨留学人员联合会。获评全省“统战工作规范化建设年先进单位”“民族团结进步创建活动示范学校”。九三学社基层委员会获评“九三学社全国优秀基层组织”。坚持重大节日走访慰问离退休老干部制度，认真落实老同志相关待遇，丰富其精神文化生活。获评全省“离休退休干部先进集体”。校友工作持续推进，建成覆盖全球的校友服务网络，广大校友爱校荣校意识进一步增强，支持帮助母校发展的热情日益高涨。成立烟台大学教育发展基金会，集中社会各界力量助力学校发展。

——大学文化建设蓬勃开展。坚持文化育人理念，确定学校文化精品项目，弘扬优秀传统文化。荣获全国高校校园文化建设优秀成果 1 项、省高校校园文化建设优秀成果 19 项。成功举办 30 周年校庆活动，深化了加快建设高水平大学的认识，增强了按教育规律办学的自觉性和坚定性。召开第十一次、第十二次北京大学、清华大学支援烟台大学建设委员会会议，进一步巩固和密切了新形势下与两校、省、市的联系，彰显了办学特色。广泛开展教风、学风建设，形成良好校风。开展了形式多样的文体活动，丰富师生生活。秉承“守信、求实、好学、力行”的校训，“文明烟大”建设工作持续推进，辐射带动作用明显，获评 2016 年度、2017 年度“烟台市文明单位”。

（二）全面从严治党，党建思想政治工作成效明显

——思想政治建设扎实有效。深入学习贯彻党的十八大、十九大精神和习近平新时代中国特色社会主义思想，切实提高政治站位，牢固树立“四个意识”。坚持全面从严治党，严格落实党建工作责任制，进一步加强和改进党的建设，为推动学校事业发展提供了坚强的政治保证。坚持立德树人，全面贯彻落实全国全省高校思想政治工作会议精神。成立省舆情研究基地（烟台大学）领导小组，及时掌握师生员工的思想动态、利益诉求和社会关切，妥善处置相关热点舆情。多措并举，积极培育和践行社会主义核心价值观，强化体验认同，激发师生员工的爱国热情，全面提升道德素养，形成积极、健康、向上的育人氛围。完善理论学习各项制度，以马克思主义中国化最新理论成果武装党员干部和师生头脑。荣获省高校思想政治教育工作先进集体 4 个、先进个人 8 人。1 个中心入选省理论建设工程重点研究基地，1 人入选中宣部文化名家暨“四个一批”人才工程。2 人获省高校“十大师德标兵”，1 人获“2009 全国高校辅导员年度人物提名奖”，14 人次获“山东高校优秀辅导员”。学校立德树人成果编著成书，入选教育部《高校德育成果文库》。获评省理论大众化示范点单位。成立新闻中心和新媒体联盟，创新舆论宣传的载体和方式，弘扬主旋律，学校声誉、社会影响力进一步提升。获山东新闻奖 1 项。扎实推进共青团改革，校团委多次获评“山东省红旗团委”“全国大中专学生‘三下乡’社会实践先进单位”。

——基层组织建设扎实有力。深入开展了创先争优活动、党的群众路线教育实践活动、“三严三实”专题教育、“两学一做”学习教育，扎实推进“两学一做”学习教育常态化、制度化，大力加强党的先进性和纯洁性建设。基层党组织设置科学、规范。有序开展了基层组织换届工作。严格党员发展、教育和管理，发展党员 7870 名。召开了学校党建工作会议，明确基层党组织建设任务要求。坚持创新驱动，深入实施“党建 +”，探索“互联网 + 党建”，抓好党建工作“两项目一案例”和“双结双联”党支部结对共建工作，着力培育一批有特色、有成效、有影响的党建工作品牌。基层党组织战斗堡垒作用和党员先锋模范作用得到有效发挥。选派 16 名优秀党员干部担任省派“第一书记”和驻村工作队队员，抓党建促脱贫工作受到省委表彰。

——干部队伍建设稳步推进。坚持党管干部原则，健全干部选拔、培训、管理和考核评价机制，形成了风清气正、务实管用的选人、用人、育人机制。逐步完善干部教育培训体系。推进干部人事制度改革，扎实做好中层干部换届调整工作。加强干部管理监督，做好中层领导班子和处级干部考核工作，严格干部档案审核，抓好领导干部个人有关事项报告工作。干部队伍结构持续优化，广大干部干事创业的积极性主动性明显提高。

——党风廉政建设落实落细。严格落实中央八项规定和省委实施办法精神，聚焦“四风”问题，整改落实，建章立制，“三公”经费开支持续下降。

出台重要事项监督检查办法等制度,健全党风廉政建设责任制,完善惩治与预防腐败体系,扎实推进廉政风险预警与防控机制建设。全面完成省委专项巡视整改落实任务,办学规范化水平持续提高,全校上下遵规守纪、团结拼搏的氛围更加浓厚。获评全省“教育系统行风建设先进集体”。

(三)深化内涵建设,学校综合实力不断提升

——教育教学质量不断提高。深入研究并遵循高等教育教学规律,创新人才培养模式,成为省应用型人才培养特色名校首批建设单位。定期召开教学工作会议,不断强化教学工作中心地位。顺利通过教育部本科教学工作审核评估。优化人才培养方案,加强高层次应用型人才培养,获批国家卓越人才培养计划专业6个、省级高水平应用型专业群8个。适时调整学科专业结构,新增15个本科专业,形成了与区域经济社会发展相适应的专业结构与学科布局。实施研究生教育质量提升计划,立项建设省级精品课3门、案例库4个。实施本科教学质量与教学改革工程,立项建设省级以上精品课程等37门。稳步推进混合式教学模式改革,加强在线课程建设,2门慕课在“东西部高校课程联盟”平台上线运行,民法学入选教育部首批120门中国大学资源共享课。以培养学生的应用能力为着力点,强化实践教学,获批1个国家实验教学示范中心、1个国家虚拟仿真实验教学中心、4个省级研究生教育联合培养基地和4个省级实验教学示范中心。设置创新创业必修课,将创新创业教育融入人才培养全过程,获首届全国“互联网+”大学生创新创业大赛银奖。获批省级大学生创业园,学生就业率位居全省前列。学生积极参加学科竞赛,获国际奖项25项、国家级奖项405项、省级奖项751项。研究生导师是研究生培养第一责任人、教师是课堂第一责任人的意识得以持续强化。加强教师教学能力建设,实施助教培养制度和青年教师参加社会实践制度,在2017年省高校青年教师教学比赛中,4人进入决赛并获奖,位居全省高校前列。采取有效措施激励教师投入教学工作,获评省级教学名师8人、省优秀研究生指导教师6人。充分发挥教学研究成果对人才培养工作的指引作用,获研究生省级教学成果奖14项、本科省级教学成果奖31项,4部教材入选第二批“十二五”普通高等教育本科国家级规划教材。新增函授站点10个,函授规模稳步扩大。获批2个省级成人高等教育品牌专业,建成10门省级成人高等教育数字化课程、15门省级成人高等教育特色课程。

——师资队伍建设成效显著。学校高度重视人才工作,召开两次全校人才工作会议,不断强化“人才资源是第一资源”的理念。先后实施了“1512”人才工程和“152”人才工程,依托国家和省重点人才工程,健全柔性人才引进制度,加大海内外高层次人才引进和培养力度,吸引了一批高层次人才。新增国家“万人计划”“千人计划”等国家级人才10人,“泰山学者”等省部级人才49人次。李小鹏博士入选省“一事一议”引进顶尖人才。任万忠团队被认定为“省高校黄大年式教师团队”。获批省“泰山种业人才团队支持计划”项目和省高校“优势学科人才团队培育计划”项目。多次修订人才引进政策,严把人才质量“入口关”,引进优秀博士295人,专任教师中博士研究生比例达到47.3%。鼓励教师外出进修学习,加强中青年学科带头人和青年学术骨干培养,人才队伍的学历结构、年龄结构、学缘结构等进一步优化。实施了岗位设置管理、公开招聘、聘用合同管理、职称评审等多项改革措施,制定教学科研量化考核奖励办法,人才管理、评价和激励机制逐步完善,人才队伍的科学化、规范化管理水平不断提高。

——学科科研取得重要进展。实施“学科特区计划”,优化学科布局。获批14个硕士学位一级学科授权点、4个专业学位类别和领域,研究生培养结构进一步优化。获批服务国家特殊需求博士人才培养项目、省博士学位授予立项建设单位。在教育部第四轮学科评估中,法学获评等级B,数学、药学获评等级C,土木工程获评等级C-。法学学科在软科2017中国最好学科排名中位列第36。数学学科在2017软科世界一流学科排名中,进入全球前500名。获省“十二五”“十三五”高校科研创新平台各7个。获批“分子药理和药物评价”教育部重点实验室、国家民委民族理论政策研究基地、国家知识产权培训(山东)基地。获批省属高校协同创新中心立项建设2个、培育建设1个,立项层次和数量在省属高校名列前茅。年科研总经费突破6000万元。国家社科基金重点项目、省科技奖励一等奖实现新突破。出版学术著作400余部,授权职务发明专利240余项。《烟台大学学报》(哲学社会

科学版)获评“全国百强社科期刊”,《烟台大学学报》(自然科学与工程版)入选“中国科技论文统计源期刊”。2015 年,“国家社科奖励”和“最具影响力百篇论文”进入全国百强大学行列,分列第 44 和 49 位。

——对外交流合作稳步推进。国际交流合作的广度和深度不断拓展,国际化步伐持续加快。新增友好学校 51 所,举办国际会议 20 余次,获全省“教育国际交流合作先进单位”。学生海外研修 1802 人次,招收各类留学生 3666 人次。获批中外合作办学“材料科学与工程”“法学(区域犯罪信息分析)”本科项目。坚持立足烟台、融入烟台、服务烟台,积极为烟台新旧动能转换和区域经济社会发展做贡献。调整成立服务地方办公室,加大校城融合发展力度,积极推进校企合作、产教融合。与烟台市农科院合作成立农学院。与台海集团共同组建了核装备与核工程学院、台海集团烟台大学核装备与核工程技术研究院,助力烟台打造中国核技术自主创新集成基地。连续获评烟台发展突出贡献单位,获中国产学研合作促进会创新奖。

——服务保障条件逐步改善。扎实推进 15、16 号学生公寓、综合实验中心、南校区教学设施等建设,顺利完成校内家属区 G1-7 号楼建设和教职工活动中心改造等工程,师生员工的学习、工作与生活条件持续改善。后勤保障能力持续增强,各项民生改善工作成效明显。养老保险、医疗保险等社会保险制度改革稳步推进。国有资产清查核实按期完成,实现全校定点采购和批量集中采购工作全覆盖。有效解决了联合举办烟台大学文经学院有关问题。实验室安全检查督导和危险品管控工作得到强化。校园“人防、物防、技防”安防体系逐步完善,平安校园建设成效显著。注重发挥内部审计作用,监督成效进一步提升。获评“全国节俭养德全民节约行动先进单位”。图书资料不断充实,数字化校园持续推进,美丽和谐校园建设富有成效。

各位代表,同志们!成绩来之不易,这是省委、省政府正确领导的结果,是省委教育工委和省教育厅悉心指导的结果,是烟台市委、市政府大力支持帮助的结果,是社会各界关心支持的结果,是全体师生员工团结奋斗的结果。在此,我代表学校党委,向所有关心支持学校建设发展的各级领导、各界朋友和广大校友表示衷心的感谢!向为学校的建设发展做出积极贡献的师生员工、离退休老同志以及各民主党派、无党派人士致以崇高的敬意!

各位代表,同志们!在看到成绩的同时,我们也必须清醒地认识到,对照党和人民的要求,对照建设高水平大学的目标,对照全体师生员工的期盼,我们还存在一些问题和不足:思想解放的深度、推进改革的力度不够,顶层设计能力需要提升;管理服务能力需要进一步增强,处理复杂棘手问题的能力需要进一步提高;人才培养的中心地位还需要进一步巩固;部分教师教学精力投入不足,教师的评价体系需要进一步优化;领军人才、高水平创新团队较少;获批国家自然科学基金等国家级项目数量未取得更大突破,标志性成果还不够突出;服务地方机制不够健全,对接不够顺畅,能力有待提升;国际化办学程度不够高,服务学校内涵建设和核心竞争力提升的成效不够明显;办学资源、经费不足,与事业发展需求的矛盾依然突出;后备干部培养选拔力度不够,干部队伍梯队建设需要加强;等等。这些问题,我们必须高度重视,并采取有效措施认真加以解决。

回顾历史,面向未来,我们清醒地认识到:

——必须提高政治站位,充分发挥党委领导核心作用。办好中国的事情,关键在党,关键在党要管党、从严治党。要牢牢把握社会主义办学方向,坚持并不断完善党委领导下的校长负责制,科学谋划发展大局,统筹推进各项全局性、长远性重点工作,充分发挥学校党委总揽全局、协调各方的领导核心作用,打造求真务实、奋发有为的领导班子和干部队伍,为学校发展提供坚强的政治保证和组织保证。

——必须牢记初心使命,主动融入国家和省市发展需求。要紧扣国家发展战略和省市需求,牢记烟台大学的初心和使命,全面开展人才培养、科学研究、社会服务、文化传承创新以及国际交流与合作等各项工作,打造特色品牌。拓展校地、校企、校院(所)合作交流的广度深度,实施协同创新,以贡献求地位,以贡献谋发展,这是学校赢得广泛支持、增强办学实力的重要途径。

——必须强化思想引领,着力激发广大师生员工活力。发展为了师生员工,发展依靠师生员工,发展成果由师生员工共享。要牢固树立“四个意识”,用习近平新时代中国特色社会主义思想武装头脑、指导实践。处在发展变革的新时代,要确保党委同师生员工想在一起、干在一起。要努力营造积极进取、勇于拼搏的良好氛围。着力弘扬团结和谐、干事创业的烟大精神,大力倡导优良的教风、学风、校风,激发广大师生员工干事创业的积极性、主动性、创造性。以社会主义核心价值观为引领,凝心聚力,同心同德,共同推动学校各项事业再上新台阶。

——必须坚持改革创新,牢牢把握高水平大学建设规律。空有热情,办不好高水平大学。认识规律、尊重规律并把握规律,才能事半功倍。改革是出路,创新是动力。要紧紧抓住"办什么样的大学,怎样办大学"这个根本性问题,深入开展校内外调查研究工作,牢牢把握高等教育发展规律,不断加强顶层设计,稳步提升办学治校水平。坚持与时俱进,勇于探索,及时更新教育理念,完善内部治理结构,构建现代大学制度,把改革创新作为特色发展、内涵发展、可持续发展的根本动力。

——必须坚持问题导向,扎实推动各项工作落到实处。事业发展是在不断发现问题和解决问题的过程中实现的。要坚持实事求是的思想路线,既不回避矛盾问题,也不怨天尤人,善于从源头上提高分析梳理、研究解决问题的能力。用心想事、用心干事,认准目标就要勇于担当、敢于负责,盯紧抓实,一抓到底,确保抓出成效。

这些认识和体会既是新时代中国特色社会主义高等教育发展的客观要求,也是我们面向未来推动学校科学发展的指导思想和行动指南;既是学校30多年办学历史和实践经验的梳理与总结,也是我们对特色鲜明的高水平大学建设规律的认识和体会。必须长期坚持,贯彻落实到学校改革发展的工作全局和全过程。

二、不忘初心,牢记使命,勇担建设高水平大学重任

(一)牢记初心使命,把握发展机遇

求木之长者,必固其根本;欲流之远者,必浚其泉源。30多年前,时任烟台地委书记王济夫同志积极倡导:"自己动手,自力更生办一所烟台大学。"得益于国家改革开放的基本国策,得益于万里、张承先同志的悉心指导,得益于烟威地区800万人民的慷慨捐助,得益于北京大学和清华大学的无私支援,烟台大学应运而生。名誉校长张承先同志在1985年开学典礼上指出,烟台大学要为烟台的经济建设和科学文化以及烟台教育实验区的发展做出应有的贡献。他多次强调,要切实把烟大办成一所具有特色的高水平大学。时任国务院副总理的万里同志提出把烟台大学"建成高水平大学"的要求。他说:"学校起点要高一些,建设要快一些,不是'游击队升级',而是'正规军下蛋'。"

伴随着我国改革开放的沧桑巨变,在几代人的薪火相传中,烟台大学始终彰显着起点高、发展快、势头好等特质。今天,我们十分自豪地看到,昔日的盐碱滩变成了充满生机与活力的魅力校园。烟台大学的初心是什么?烟大人的使命是什么?烟台大学的初心就是服务区域经济社会发展!加快建成特色鲜明的高水平大学,是烟大人的使命担当。

使命呼唤担当,使命引领未来。教育事业优先发展是国家的战略举措,省际、市际高等教育资源竞争日趋激烈,学校发展面临着新的机遇和挑战。当前,深化教育领域综合改革进入关键时期,加快推进一流大学和一流学科建设、实现高等教育内涵式发展已成为高等教育的时代主题,创新驱动战略、科教兴国战略、产教融合发展工程为高等教育发展注入新的活力。包括广大校友在内的全体烟大人对学校在新起点上再上新台阶有着更高更多的期待。站在新时代,我们要把师生员工对美好生活的向往作为奋斗目标,以永不懈怠的精神状态和一往无前的奋斗姿态,继续朝着建设高水平大学的目标奋勇前进!

(二)厘清办学定位,坚定发展目标

各位代表,同志们!建设高水平大学任重道远,需要毫不懈怠、持之以恒地艰苦奋斗。中国共产党烟台大学第三次代表大会确立了建设特色鲜明、国内知名的高水平地方综合性大学的奋斗目标,各项任务正扎实有效地推进和落实。经过全校师生努力奋斗,到建校40周年时,具有烟大特色的人才培养、科学研究、社会服务、文化传承创新以及国际交流与合作能力显著提高,博士学位授予单位立项建设指标取得关键突破,学校核心竞争力和美誉度提升到新高度,特色鲜明、国内知名的高水平地方综合性大学建设目标基本实现,为到建校50周年时将学校建成特色鲜明、部分学科具有国际影响力的高水平大学奠定坚实基础。

到建校40周年，学校发展的关键性指标是："长江学者""国家杰青"等国家级人才数量达到20人以上，"泰山学者"、省"突贡专家"等省级人才数量达到100人以上；专任教师数量超过1800人，专任教师中博士学位人员比例达到70%以上；全校45岁以下具有海外学习交流6个月以上经历的专任教师比例达到30%，长短期来校任职、访问讲学的国（境）外学者占专任教师比例达到5%；2－3个优势学科进入全球ESI前1%，2－3个学科进入国内学科评估前20%；博士学位授予单位立项建设关键性指标取得历史性突破；在校本科生稳定在3万人左右，在校研究生规模达到2500人；4－6个专业通过工程教育专业认证，国家级教学成果奖实现突破；年科研总经费达到2亿元以上，年横向课题经费达到1亿元；三大检索及三大转摘论文1000篇，年新上国家级项目100个，年获授权发明专利100项，年获省部级科研奖励不少于15项，累计实现国家级科技奖励2项；学生学习、生活条件明显改善；教职员工的获得感、幸福感、归属感持续提升。

（三）创新发展理念，明确发展路径

思想是行动的先导。围绕特色鲜明、部分学科具有国际影响力的高水平大学建设目标，紧密结合学校发展客观条件和时代要求，学习借鉴国内外高水平大学建设经验，不断深化对高等教育发展规律的认识，确立以下发展理念：

——坚持学科带动，引领内涵发展。合抱之木，生于毫末。大学是以学科为基本学术单元的集合体，若干个高水平学科及其蕴涵的高水平学者队伍、高水平人才培养质量、高水平科学研究、高水平社会服务等要素共同建构起高水平大学。判断一所大学的办学水平，关键看有没有国内乃至世界公认的高水平学科。要充分认识学科建设的龙头和基础作用，进一步优化学科结构，凝练学科方向，突出学科建设重点，以优势学科、特色学科为基础，构建基础与应用相互促进、文理工多学科相互支撑、交叉渗透、协调发展的学科体系，实现学校内涵发展的新突破。

——坚持服务烟台，引领特色发展。高等教育从规模扩张到内涵发展的转换，就是从"大者通吃"走向"特色取胜"的转变。培育特色，需要水滴石穿的坚韧和垒土筑台的积累。烟台大学的根基在烟台。烟台经济社会发展为烟台大学的发展提供了广阔的舞台，烟台大学在服务烟台中大有可为。要坚持立足烟台、融入烟台、服务烟台，充分发挥学校的学科优势、人才优势和地缘优势，适应烟台经济社会发展新要求，打造新亮点，主动融入并服务烟台发展战略。努力形成独具特色的师资队伍、学科专业、人才培养模式、大学文化、办学机制与国际合作交流体系。在服务地方经济社会发展的同时，为学校事业发展争取更多更优质的办学资源，开创学校特色发展的新局面。

——坚持深化改革，引领创新发展。惟改革者进，惟创新者强，惟改革创新者胜。学校综合改革已经进入攻坚期，前进道路上还面临着不少困难。要聚焦影响和制约学校科学发展的主要问题，以更具前瞻性、系统性、整体性和协同性的改革举措来破解发展难题、突破瓶颈。通过体制机制改革和制度创新，正确处理改革、发展、稳定的关系，局部利益和整体利益的关系，公平、公正和效率、效益的关系。把握好改革的广度、深度、力度和速度，谱写学校创新发展的新篇章。

——坚持开放合作，引领协同发展。学校不是独立于社会的孤岛，各种办学资源与要素也不是彼此隔绝的壁垒，自我封闭和孤立只能错失发展机遇。要积极整合学校内外的人才资源、学科资源，搭建互通互联的信息平台和互补共享的设备平台，形成交叉、融合、集成的协同创新机制。主动将国家发展战略、地方重点产业、行业关键技术、民生重大课题及社会迫切需求纳入关注视野，积极探索建立校校协同、校所协同、校企协同、校地协同、国际合作协同的机制，打造学校协同发展的新境界。积极探索新形势下北大、清华援建的有效方式，争取两校的支持与帮助。

——坚持统筹兼顾，引领协调发展。学校事业是一个有机整体，是一盘棋。不谋全局者，不足谋一域。想要做好一件事情，就得综合考虑方方面面；想要做好具体一个方面，就得从全局着眼。既要重点建设，突出特色，使强者更强；也要力抓弱项、狠补短板，使弱者变强。要充分考虑学科专业特点和学院的差异，理顺规模、质量、结构、效益之间的关系。统筹兼顾学科建设与专业建设、教学工作与科研工作、硬件条件建设与制度文化建设、发展投入与民生改善等方面，形成学校协调发展的新格局。

三、明确部署,落实任务,加快建设高水平大学步伐

今后五年,学校要以马克思列宁主义、毛泽东思想、邓小平理论、“三个代表”重要思想、科学发展观、习近平新时代中国特色社会主义思想为指导,全面贯彻党的十九大精神,坚持新发展理念,全面落实党的教育方针,努力建设特色鲜明、部分学科具有国际影响力的高水平大学。

我们要深入贯彻落实“一二三”战略部署。“一”即“一个全面加强”,是指全面加强党建思想政治工作,加强理想信念教育,激发广大党员干部和师生员工的创造活力、责任意识和担当精神。“二”即“两个重点突破”,是指重点突破“一流学科”发展瓶颈,提升学校核心竞争力;重点突破财务工作瓶颈,努力实现收支平衡。“三”即“三个持续提升”,是指持续提升人才培养质量;持续提升服务地方工作水平;持续提升管理服务水平和执行力。

各位代表,同志们!“一二三”战略部署是学校在准确研判高等教育发展态势的基础上,聚焦特色鲜明、部分学科具有国际影响力的高水平大学建设目标,着力解决制约学校发展的关键瓶颈问题,提出的具有全局性、指导性、针对性的战略部署。“全面加强党建思想政治工作”是确保我们中国特色社会主义办学方向的内在要求,是扎根中国大地办高水平大学的根本保证;“一流学科”发展瓶颈和财务工作瓶颈是制约我们高水平大学建设的两大短板,必须抓紧重点突破,否则高水平大学建设将无从谈起;“三个持续提升”是我们进一步深化内涵建设、推动各项事业永攀高峰的不竭动力。广大党员干部和全体师生员工务必按照学校党委“一二三”战略部署,勠力同心,担当有为,扎实推进,全面落实!

各位代表,同志们!今后五年的主要任务是:

(一)全面加强党的建设,为建设高水平大学提供坚强保证

全面贯彻党的十九大提出的新时代党的建设总要求,必须毫不动摇地坚持和完善党对学校的领导,强化党委的统领作用、核心作用,全面推进党的政治建设、思想建设、组织建设、作风建设、纪律建设,把制度建设贯穿其中,为实现学校发展目标提供坚强保证。

——提高政治站位,旗帜鲜明讲政治。把党的政治建设摆在首位,牢固树立政治意识、大局意识、核心意识、看齐意识,坚决在政治立场、政治方向、政治原则、政治道路上同以习近平同志为核心的党中央保持高度一致,自觉维护以习近平同志为核心的党中央权威和集中统一领导。提高政治站位,自觉主动地把学校事业发展放在党和国家统筹推进“五位一体”总体布局、协调推进“四个全面”战略布局的大局中去思考和谋划。完善和落实民主集中制,严格按照民主集中制原则做决策、办事情。弘扬忠诚老实、公道正派、实事求是、清正廉洁的价值观,努力营造良好的政治生态。加强党性锻炼,严格遵守政治纪律和政治规矩,不断提高政治觉悟和政治能力,强化政治担当,永葆共产党人的政治本色。

——坚持思想建党,筑牢理想信念根基。根基不牢,地动山摇。坚持不懈抓好理论武装,深入学习宣传党的十九大精神,用习近平新时代中国特色社会主义思想武装头脑。扎实推进“两学一做”学习教育常态化制度化,抓好“不忘初心、牢记使命”主题教育,着力构建基层党组织学习教育长效机制,教育引导广大党员、干部进一步坚定中国特色社会主义道路自信、理论自信、制度自信、文化自信。全面贯彻落实全国全省高校思想政治工作会议精神,注重全过程、全方位、全员育人,推动思想政治工作迈上新台阶。坚持立德树人根本任务,积极构筑思想育人体系,全面提高师德师风与教风学风建设水平。健全工作机制,压实工作责任,对意识形态工作常抓不懈。坚持高品位,弘扬主旋律,以培育和践行社会主义核心价值观为根本,以建设文明校园、争创烟台市文明单位为抓手,开展形式多样、健康向上的校园文化活动。

——坚持好干部标准,加强干部队伍建设。“正确的路线确定之后,干部就是决定的因素”。要坚持党管干部原则,突出政治标准,牢固树立正确的选人用人导向,按照“信念坚定、为民服务、勤政务实、敢于担当、清正廉洁”标准,努力建设高素质、专业化干部队伍。遵循干部工作规律,紧紧围绕学校事业发展需要选人用人,严格程序、严肃纪律,科学公正选任干部。加大对年轻干部的培养使用,切实重视梯队建设,不断优化干部队伍结构。坚持严管和厚爱结合、激励和约束并重,加强干部监督管理,健全完善干部考核评价机制,创新考核方式,优化考核指标,强化结果运用。发挥好校院两级党校

作用,加大干部教育培训力度,激发干部干事创业活力,不断提升广大干部的综合素养和履职能力。

——坚持强基固本,夯实党的组织基础。以提升组织力为重点,突出政治功能,着力构建过硬基层党组织,充分发挥好基层党组织的政治核心、保证监督和战斗堡垒作用。创新组织设置方式,形成以专业、学科、社区、社团、机关等为平台的多维支部建设体系,扩大基层党组织覆盖面。深化“两培育双带头”目标要求,加强二级单位党组织书记、组织员、党支部书记、支委成员等党务工作队伍建设。持续加强特色马克思主义学院建设。坚持和完善“三会一课”、主题党日、民主生活会和组织生活会、谈心谈话、民主评议党员等制度,尊重党员民主地位,保障党员民主权利。严格党员发展程序,提高党员发展质量。从严抓好党员监督管理,稳妥有序开展不合格党员组织处置工作。

——坚持民主治校,汇聚事业发展强大合力。认真贯彻执行民主集中制,坚持并不断完善党委领导下的校长负责制。紧紧围绕中心,服务大局,凝聚师生员工的智慧与力量,推动学校事业取得新发展。落实“双代会”、党务校务公开制度,充分发挥教代会在发展规划、重大问题决策及财务预决算等工作中的民主管理、民主监督作用。注重发挥学术委员会对学校学术事务决策、审议和咨询职能,进一步完善学术治理和民主监督体系。进一步强化烟台大学理事会在支持学校科学决策、民主监督、社会参与办学中的重要作用。积极畅通沟通渠道,倾听师生员工呼声,加快民主和谐校园建设步伐。加强和改进新形势下党的群团工作,切实保持和增强工会、共青团、妇委会的政治性、先进性、群众性,激发活力,提升动力,增强吸引力和凝聚力。认真听取老同志的意见建议,扎实做好离退休工作。继续加强党委对统一战线工作的领导,加强各民主党派和统战团体组织建设,充分发挥党外代表人士在参政议政、民主监督、社会服务中的作用。

——从严管党治党,推进作风建设和纪律建设。以党章作为根本遵循,坚定不移全面从严治党,严肃党内政治生活,严明党的纪律,强化党内监督,全面净化党内政治生态,坚决纠正各种不正之风,以零容忍态度惩治腐败,不断增强党自我净化、自我完善、自我革新、自我提高的能力,始终保持党委同师生员工的血肉联系。教育党员干部严守党纪党规,坚定理想信念。加强对党的路线、方针、政策和上级组织决策部署贯彻执行情况的监督检查,坚决纠正和查处上有政策、下有对策,有令不行、有禁不止,打折扣、做选择、搞变通等行为,确保政令畅通。严格问责制度,严肃追究直接责任和领导责任,层层传导压力,级级压实责任,促进“两个责任”和“一岗双责”落到实处。准确运用监督执纪“四种形态”,坚持惩前毖后、治病救人,强化日常监督执纪,抓早抓小、动辄则咎,防微杜渐。加强警示教育,通过剖析违纪违法典型案例,以案说法、以案释纪,让广大党员干部知敬畏、存戒惧、守底线,习惯在受监督和约束的环境中工作生活。

(二)综合施策全面提高,重点突破学科发展瓶颈

——凝练学科发展特色。统筹推进省“一流学科”突破和博士学位授予单位立项建设两项任务,以2023年达到博士学位授予单位各项指标要求为目标,明确不同学院、学科的建设目标、任务及措施。通过年度学科建设发展性评价及“学科特区计划”立项学科动态调整机制,激发学科建设的内生动力,形成你追我赶、竞相发展的良好局面。在巩固法学、药学、数学等传统优势学科基础上,服务区域经济社会发展需求,促进工科集成交叉、理工支撑渗透、科技与人文融合发展,在交叉、渗透、融合中彰显学科特色,培育新的学科增长点。

——建设高水平师资队伍。深入推进人才发展体制机制创新,努力形成有竞争力的人才优势。加强高层次人才及团队建设,深入推进“152”人才工程和“学科特区”计划,充分利用山东省新旧动能转换重大工程建设和烟台市推进创新驱动发展的优惠人才政策,加大高层次创新人才及团队的引进和培养力度,建设一批具有良好发展潜力的高水平团队。创新人才引进机制,加大经费投入,增强引进人才的政策吸引力,引进一批有发展潜力的青年后备人才,优化结构,提高质量。探索校企人才融合共享新模式,通过校企共建协同创新平台、技术研发中心、实验室等方式,充分利用校外高层次人才资源。实施绩效工资改革,充分发挥奖励性绩效工资的考核约束和激励引导作用,改进教学科研综合业绩评价办法,建立以业绩量化为主要内容的分类评价考核体系,提高政策的实施效能。健全学校自主评价聘用专业技术职务的政策,科学引导广大教师的教学科研方向。完善岗位设置管理与聘用

考核制度，建立竞争择优、能上能下，有利于优秀人才脱颖而出的用人机制，进一步激发人才队伍的活力。

——推进高水平科学研究。积极调整科研管理政策，调动广大教师的科研积极性。推进高水平科研创新平台和创新团队建设，加大对重点实验室、人文社科研究基地、研究中心等高水平创新平台建设的支持力度。充分建设好学校现有的3个省级协同创新中心，积极培育建设新的协同创新中心，加强与协同单位的科研合作，为教师提供科研合作服务。加强交叉性或互补性成果的整合，加大对标志性科研成果的培育力度。制定促进科技成果转移转化实施办法，组织推动科研人员面向企业开展科技成果转移转化，提升成果转化效益。

——提升办学国际化水平。完善考评与激励政策，发挥学院在教育国际化中的主体作用，实施教师队伍国际化战略和青年教师培养计划，加速青年人才成长。鼓励参加高层次国（境）外学术会议，增强导师和研究生的国际交流、沟通与合作能力，助力学校相关学科融入国际学术主流，扩大学科知名度。

（三）科学理财增收节支，重点突破财务工作瓶颈

——拓展收入来源，增强财务保障能力。巧妇难为无米之炊。要加强办学资金形势分析研判，多渠道拓展收入来源。优化调整专业招生比例，科学设定学生规模。深化产教融合，增加校地、校企、校银、中外合作、校友合作办学收入。紧跟国家、省、市有关政策，积极推动协同创新中心培育与立项，培育优势学科人才团队，争取“双一流”建设立项等重大教育专项。紧密围绕财政政策建设重点，契合政府财政资金重点投入方向，有的放矢做好项目申报工作，最大程度争取财政支持。深入推进校银全面合作，合理设置贷款额度，优化贷款结构，防范财务风险。

——改革管理体制，提高资金分配和使用效益。成由勤俭败由奢。学校目前正处于爬坡过坎的关键时期，全校上下要牢固树立勤俭节约意识，以实际行动反对铺张浪费。健全学校财经工作领导机制，构建职责明晰、规范科学、高效合理的财务综合管理体系。加强内控机制建设，提高财务管理信息化水平，改革预算编制分配原则，加快推进全面预算管理体制改革，构建预算绩效考核评价机制，严格按照预算支出用途使用资金。改变“钱等项目”的现象，树立“项目等钱”的提前谋划意识，建立项目库中期规划，区分轻重缓急，结合学校重点工作任务，明确投入方向和支持重点。压减不合理项目支出，提高资金使用效益，改善教职工待遇，保障学校重点工作顺利推进。

——推进资源整合，努力提高资产使用效益。建立健全资源资产有偿使用制度和使用效益考评机制，提高资源利用率。优化配置，整合挖潜，实现资源的共享与资产使用效益最大化，规范学校资源资产占用收益分配。强化实验室管理，完善各类教学科研基地、公共平台、大型仪器装备的建设论证和使用管理制度，建立大型仪器设备开放共享机制。加强资源资产的管理，强化资产经营监管，确保国有资产保值增值。

（四）坚持立德树人，持续提升人才培养质量

——将立德树人贯穿学生培养全过程。要坚持立德树人，把促进学生全面发展、健康成长作为学校工作的出发点和落脚点，全方位建设并不断优化学生成长、成才环境。以社会主义核心价值观为主线，构筑起思想政治课程教师、辅导员、专业教师、管理服务人员全员参与，思想政治课程、校园文化活动、专业教学、社会实践活动全方位覆盖的德育体系。大力加强辅导员队伍建设。加强家庭经济困难学生资助体系建设，全面提升资助效能。完善心理健康教育机制，提高学生心理素质。扎实推进共青团改革，引领青年学生成长。强化科学道德和学风建设的系统性、制度性，把学术道德规范建设落到实处。

——打造具有特色的本科生教育。以培养学生的创新和可持续发展能力为中心，完善全面学分制的人才培养机制和双学位、辅修第二专业制度，满足学生个性化及人才培养多元化的需求。按照“新工科”专业建设理念和本科专业建设标准加强专业建设、优化调整专业设置，鼓励跨学科设置新的专业和专业方向，进一步突出优势与特色。积极推行专业认证，实现工程教育的国际化认可，为人才培养注入活力。加强课程体系改革和教学方式方法改革，推进信息技术与课程的深度融合，持续推进混合式教学模式改革，形成课程资源共享机制。拓宽实践教学途径，完善实践教学管理，确保实践教学质量。深化创新创业教育改革，按照经济

社会发展对人才的需求,基于本科人才培养的基本标准和产业技术发展趋势,更新教学内容,提高人才培养与产业发展的契合度,为大学生创新能力培养提供支撑。实施教师教学荣誉工程,充分激发教师教学的积极性,加强教学过程管理,完善课程与教师评价标准,健全教学质量保障体系。遵循学科专业特点,深化人才培养模式改革,推广"卓越人才培养计划"、合作办学等多元化培养模式。加大国际交流力度,开展中外联合培养,加快双语课程建设和全英文授课课程建设,提高人才培养国际化水平。

——大力提高研究生教育水平。实施研究生教育质量提升工程,推进研究生培养模式改革,构建研究生教育质量保障监督体系。以学位点合格评估为抓手,建立学位点设置动态调整机制,保证研究生教育质量。以实施研究生导师指导能力提升计划为抓手,强化导师聘任管理。完善导师考评聘任办法,支持导师学术交流、访学和参与行业企业实践,加强高校、科研院所和企业之间人才交流与共享,建设专兼结合的导师队伍,完善校所、校企等专业学位研究生双导师制度,完善学术学位研究生导师组制度,充分发挥导师组的优越性。

——努力发展留学生及继续教育。发挥地缘优势,坚持以项目为依托,立足东北亚,紧扣"一带一路"倡议,开辟东南亚和中亚,兼顾欧美非,实现留学生教育生源、办学层次的多元化。利用学校资源和社会资源,拓展培训领域,统筹开展学历和非学历继续教育,积极参与地方职业资格培训、学习型社会和终身教育体系的构建。加大非学历教育培训工作力度,努力打造烟台大学培训品牌。

(五)打造特色品牌,持续提升服务地方工作水平

——推进校所城产融合。要牢牢抓住山东省新旧动能转换重大工程实施的历史机遇,彰显学校产学研结合的特色与优势,找准着力点,瞄准主攻方向,发挥学校在相关重大工程实施中的应有作用。立足烟台,响应烟台市委、市政府校所城产融合发展行动,围绕烟台市创新驱动发展战略,建立与烟台资源、产业及经济社会发展需求精准对接机制。瞄准机械、电子、食品、黄金、现代化工等烟台市传统产业以及高端装备制造、新一代信息技术、生物技术、新材料、新能源汽车、节能环保等烟台战略性新兴产业,结合学校现有学科基础,继续与相关企事业单位、政府部门及科研院所共建学院(专业)、研究院或科研平台。强化科技与经济、创新项目与现实生产力、创新成果与产业对接,提高协同创新能力,推进政产学研一体化进程。深化与绿叶制药集团合作,推进烟台生物医药公共研发平台建设,积极参与医养健康产业发展。深化与台海集团合作,参与烟台核电装备产业国家级研发平台建设。积极探索、拓展新的校企合作、产教融合领域,强化办学特色。

——输送优秀适用人才。要不断强化"促进人才培养供给侧和产业需求侧结构要素全方位融合"的理念,立足区域经济社会发展,把握地方产业结构调整的主导方向和发展趋势,建立主动适应的常态化动态调整专业设置机制,实现学科专业建设与区域产业的有效对接和互动发展。创新办学模式,完善校企合作办学体制机制,输送更多优秀适用人才。

——发挥大学智库作用。大学是人才智力的高地。要立足区域经济社会发展,围绕产业转型升级、新兴产业发展、产业布局优化、产业政策制定、重大工程项目等重大现实问题,开展战略性、前瞻性、针对性、储备性政策研究,承担发展规划、咨询论证、数据统计等政府外包服务,提出具有学理支撑和应用价值的政策建议、可操作性强的智库研究成果,加快形成有重要影响力的思想库和创新源,为区域发展、政府决策提供切实管用的咨询意见和研究成果。

——发挥文化辐射作用。立足胶东,聚焦区域特色文化研究,保护文化资源,弘扬文化精神。大力开展科学普及工作,提高公众科学素质和人文素质。鼓励支持师生参与社会公益志愿服务,促进社会和谐进步。以各种学术活动、学生科技创新活动、校园文体活动等为载体,使学校成为文化氛围浓厚、文化成果纷呈的区域文化高地。

(六)坚持真抓实干,持续提升管理服务水平和执行力

——加强大学制度建设。没有规矩,不成方圆。深化综合改革,逐步完善以《烟台大学章程》为核心的治理体系,健全完善校院两级管理和监督机制,进一步完善学校各方面的规章制度。规范内部治理结构和权力运行,使学校运行有章可循、有规可依,逐步建立起自主办学、自我约束、社会监督、

充满活力的现代大学治理体系，提高治校办学能力。

——提升管理服务水平。用心才能创新，竞争才能发展。采取有效措施，加强信息化校园建设，建成与学校教学科研相适应的文献信息资源体系。努力实现教学、科研、管理、服务全过程一体化、数字化，提高管理服务水平。继续关注民生问题，持续推进民生工程，充分利用和整合校内、校外两个资源和两个市场，积极稳步推进后勤社会化改革，优化后勤管理体制和运行机制，不断提高后勤服务规范化、专业化水平和保障能力，满足师生日益增长的对美好生活的向往和需求。深入推进平安校园建设和校园及周边治安综合治理，建立、完善并落实校园安全稳定责任制，着力提升学生社区技防体系建设，不断提升师生安全感、满意度。

——切实提高执行力。一个集体如果没有执行力，那么一切的目标、理想都只能是水中月、镜中花。要完善督查督办工作机制，加强对行政运行效能的监督、评估。完善层级负责体系，建立部门管理服务责任清单制度，规范学校管理服务工作的标准、规则、程序和风险防控机制，规范学校各类事务的动议、审查、决策机制，明确工作流程和不同层级的权限和责任。完善目标管理考核办法，调整优化考核指标体系，以考核促进学校各项工作任务的落实。

各位代表，同志们！全面贯彻党的教育方针，落实立德树人根本任务，培养德智体美全面发展的社会主义建设者和接班人，是我们的光荣使命和神圣职责。习近平总书记指出："行百里者半九十。中华民族伟大复兴，绝不是轻轻松松、敲锣打鼓就能实现的，全党必须准备付出更为艰巨、更为艰苦的努力。"烟台大学的蓝图已经绘就，建设高水平大学新征程的号角已经吹响！我们正站在改革创新的新时代，新时代是奋斗者的时代！让我们以习近平新时代中国特色社会主义思想为指引，深入贯彻落实"一二三"战略部署，不忘初心，牢记使命，开拓创新，奋发有为，向着特色鲜明、部分学科具有国际影响力的高水平大学的目标奋勇前进，为烟台市、山东省经济社会发展，为国家富强、民族复兴做出新的更大贡献！

旗帜鲜明讲政治　牢记使命勇担当　为建设特色鲜明、部分学科具有国际影响力的高水平大学提供坚强保证

——中共烟台大学第三届纪律检查委员会向中共烟台大学第四次代表大会的工作报告

（2018 年 3 月 16 日）

周胜良

各位代表、同志们：

现将中共烟台大学纪律检查委员会第三次党代会以来的主要工作和对今后工作的意见向中国共产党烟台大学第四次代表大会报告如下，请予审议。

一、第三次党代会以来的工作回顾

学校第三次党代会以来，各项事业全面推进、稳步发展，党风廉政建设和反腐败工作循序渐进、成效显著。在上级纪委和学校党委的坚强领导下，学校纪委深入学习贯彻习近平新时代中国特色社会主义思想，认真落实中央纪委、省纪委历次全会的决策部署，忠诚履行党章赋予的职责，转职能、转方式、转作风，聚焦监督执纪问责，持之以恒纠正"四风"，旗帜鲜明惩治腐败，协助党委扎实开展党风廉政建设和反腐败工作。经过全校上下共同努力，各级党组织管党治党责任意识明显增强，党的

政治建设、思想建设、组织建设、作风建设、纪律建设、制度建设全面加强,党风政风持续好转,党内政治生活呈现新的气象,风清气正的政治生态正在形成。

(一)坚持以上率下、层层传导压力,管党治党责任进一步压实

强化责任担当。学校党委高度重视党风廉政建设和反腐败工作,坚持把反腐倡廉纳入学校发展和党的建设总体布局,定期听取校纪委关于党风廉政建设和反腐败工作汇报,及时研究部署工作。校纪委聚焦中心任务,切实履行监督职责,推动各级党组织认真落实烟台大学《关于落实党风廉政建设党委主体责任和纪委监督责任的实施意见(试行)》。定期召开纪委全委会、全校党风廉政建设工作会议,与各二级单位签订党风廉政建设责任书,明确工作任务,细化责任分工,形成一级抓一级、层层抓落实的责任体系和党政齐抓共管的工作格局。纪委书记带队深入基层走访调研,主动约谈重点职能部门和二级学院主要负责人,分析廉政风险点,传导压力,督促各级党组织和党员领导干部担当起管党治党政治责任,不断拧紧责任担当的螺丝。

加大问责力度。出台《关于实行党政领导干部问责的暂行办法》,明确问责情形、问责方式以及问责对象,综合运用通报、诫勉、组织处理、纪律处分等方式,追究直接责任和领导责任,以严肃问责倒逼责任落实。

(二)切实履行纪委监督责任,权力运行进一步规范

严明政治纪律和政治规矩。加强对遵守党章党规党纪、贯彻落实党的路线方针政策情况的监督检查,坚决维护党中央权威和集中统一领导;强化对上级和学校重大决策部署执行情况的监督检查,重点围绕贯彻学校发展规划、文明烟大建设、意识形态建设、省委专项巡视整改等重点工作开展监督检查,确保学校各项决策部署落实到位;严肃换届纪律,加强对换届风气的监督,严格把好政治关、廉洁关,推动政治生态持续向好。

强化对重点领域和关键环节的监督。出台《烟台大学重要事项监督检查暂行办法》,成立重要事项监督检查工作领导小组,联合学校办公室、组织、人事、财务、审计、科研、资产等职能部门,对二级单位党政联席会议、人才引进、科研经费管理使用、重要财务收支、招标采购等重要事项进行监督检查。完善监督检查方法,在检查前先进行摸底排查,汇总学校财务、审计、科研、招投标等大数据,排查问题,确定检查重点,做到心中有数。检查时坚持问题导向,直面问题、直戳痛点,使检查更有针对性、实效性,把监督工作做深做细做实。

延伸监督触角。出台《关于学校纪委委员和基层党组织纪检委员履行职责发挥作用的意见》,召开二级单位党组织纪检委员工作会议,明确监督职责,推动全面从严治党向基层延伸。

扎紧制度篱笆。认真落实《烟台大学建立健全惩治和预防腐败体系实施办法》,积极构建学校惩治与预防腐败体系。研究制定《关于在全校开展"庸懒散"专项治理　突出解决办事效率低下问题的实施方案》《关于对党员领导干部进行诫勉谈话和函询的实施办法》等党风廉政建设相关制度10余项,涉及作风建设、问责、监督、谈话、回避、信访、"四种形态"运用等,把制度建设贯穿于党风廉政建设和反腐败工作各个环节,努力做到"权力运行到哪里,制度就约束到哪里"。

(三)从严正风肃纪,作风建设成果进一步巩固

抓住重要节点实时提醒。每逢元旦、春节、"五一"、端午节、暑期迎新、国庆节、中秋节等传统节假日和重要节点,通过学校办公系统、纪检监察工作网站等途径,下发加强廉洁自律工作的相关通知,并利用短信平台向全校副处级以上干部发送廉政短信,督促和提醒各单位和处级干部切实履行党风廉政建设主体责任和监督责任,为党员干部敲响警钟。

深入开展专项整治活动。先后在全校范围内开展了厉行节约反对浪费专项行动、"庸懒散"专项治理、会员卡清退活动、坚决纠正发展教育事业中损害群众利益行为专项整治、严禁违反规定收取"红包"、购物卡及各种礼品礼金专项整治、党纪政纪处分落实情况排查专项工作、办公用房整改、"小金库"清理等工作,不断巩固和深化落实中央八项规定精神、纠正"四风"成果;建立领导干部操办婚丧嫁娶等事宜报告制度;制定并严格执行公务接待、公车使用、公费出国(境)及证照管理等规章制度。学校被省教育厅评为"山东省教育系统行风建设先进单位"。学校领导带头严格落实中央八项规定精神,以上率下,领导干部办公用房按照规定清

理到位，公务用车规范到位，工作和生活待遇做到了从实从简。学校加强对因公出国（境）计划的审批，费用严格控制在预算范围内。

加大有关问题曝光力度。党的十八大以来，共转发100余起省纪委关于违反中央八项规定精神和省委实施办法以及“庸懒散”典型问题的通报。同时，着力加强校机关作风建设，每学期校纪委都牵头学校办公室、组织部、宣传部、人事处、机关党总支等单位不定期对校机关工作人员和教学单位行政管理人员进行工作纪律检查，对发现的问题及时曝光，促进“庸懒散”专项治理工作的长效化、常态化。

（四）严肃执纪审查，党内政治生态进一步净化

认真受理信访举报。畅通信访举报渠道，强化问题线索分析研判，及时、认真受理群众举报，做到“件件有着落，事事有结果”。属于业务问题的及时转职能部门处理；属于领导干部思想、作风、履职等方面的苗头性、倾向性问题，根据需要及时进行约谈。对于群众反映或者执纪监督中发现的领导干部有关违纪问题线索，按照谈话函询、初步核实、暂存待查、予以了结等方式进行处置。对署名和有联系方式的信访人，及时向其反馈调查和处理结果。第三次党代会以来，共处理问题线索125件次。

把握运用监督执纪“四种形态”。坚持挺纪在前，注重抓早抓小，把谈话函询作为组织监督的常态化措施，综合运用批评教育、诫勉谈话、组织处理、纪律处分等多种方式，治“病树”、拔“烂树”、正“歪树”，保护“森林”健康。第三次党代会以来，共给予党纪政纪处分13人，组织处理29人，诫勉谈话13人。2016年省委巡视组对我校巡视以来，加大谈话函询力度，综合运用干部任前谈话、廉政谈话、提醒谈话、诫勉谈话、批评教育等方式，加强对干部的教育监督管理，约谈、函询100余人次，真正让“咬耳扯袖、红脸出汗”成为常态。

（五）坚持筑牢思想堤坝，教育治本作用进一步发挥

本着教育在先、预防为主的原则，始终把对党员干部的党性党风党纪教育作为首要任务抓紧抓实。坚持把反腐倡廉教育纳入全校党的宣传教育工作总体部署，融入校院两级中心组理论学习、党员干部教育培训和党内政治生活中，与组织、宣传等部门统一协调，分工协作，形成合力。

深入开展党风廉政教育。以党章为遵循，以学习《准则》《条例》为主线，以警示示范教育为重点开展主题教育。先后组织党员领导干部观看《刘贞坚腐败案件警示录》《永不停歇的征程》等专题电教片10余部，组织开展“预防职务犯罪”“《准则》和《条例》学习辅导”“走好人生廉洁路”等专题讲座、廉政报告8次，组织领导干部到烟台市廉政教育基地、威海党性教育基地、胶东革命纪念馆等接受党性教育，举办“守纪律讲规矩”主题教育宣传展，发放《习近平关于党风廉政建设和反腐败斗争论述摘编》《优秀领导干部先进事迹摘编》等学习材料10余部，编印《烟台大学党员干部廉政教育手册》，完成全校重点部门党风廉政建设制度汇编，认真组织党员领导干部参加全省德廉知识学习测试，用违纪违法典型案例警示干部，用党规党纪约束干部，夯实廉洁从政的思想根基。

大力弘扬校园廉政文化。多次组织参加全国高校廉政文化作品大赛，荣获全国二等奖、山东省一等奖等17个奖项，进一步推进高校廉政文化建设和廉洁教育工作。注重发挥校园网、校报、宣传栏等媒体的作用，举办廉政文化作品展，大力宣传廉政文化，营造崇廉尚廉的校园氛围。学校被省委高校工委评为“山东省高校廉政文化示范点”。

（六）践行忠诚干净担当，纪检监察队伍建设进一步加强

持续深化“三转”，聚焦主责主业。加强组织建设，增设纪律检查室，明确纪委办公室与纪律检查室为副处级单位。严格规范纪委书记职责分工，进一步明确纪委书记不再分管其他业务工作。纪委不再参与过程监督，转向对监督的再监督、对检查的再检查。

加强思想和作风建设，提高履职能力。学校纪委深入学习贯彻习近平总书记关于全面从严治党的有关论述和中央纪委、省纪委历次全会精神，提高政治站位，切实增强政治意识、大局意识、核心意识、看齐意识，扎实开展党的群众路线教育实践活动、“三严三实”专题教育、“两学一做”学习教育，强化正面示范和反面警示，激励纪检干部对标看齐、争当先锋；积极选派纪检监察干部参加各级业务培训，不断提高纪检干部的政治素质和履职能力；严格执行《中国共产党纪律检查机关监督执纪工作规则（试行）》《烟台大学纪检监察信访工作暂

行办法》等，规范信访、线索处置管理、执纪审查工作流程，扎实推进监督执纪工作。设立谈话室，配备相应的设施设备，改善纪检工作条件。加强对纪检监察干部的教育管理，锤炼严、细、深、实的工作作风，树立纪检监察干部的良好形象，努力建设一支忠诚干净担当的纪检监察干部队伍。

在总结成绩的同时，我们也清醒地认识到，学校在党风廉政建设和反腐败工作中还存在一些薄弱环节，主要表现在：影响党内政治生活、政治生态的消极因素尚未完全根除；党组织管党治党政治责任落实不力的问题还没有彻底解决；压力传导存在层层递减、上热下冷的现象；领导干部“一岗双责”制度履行不到位的情况依然存在；对权力运行的监督制约机制不健全，尤其是对于一些封闭性、业务性较强的重要领域和重点部门的权力运行，缺乏专业、有效的监督检查办法；纪检监察干部专业知识结构不够合理，办案能力尚需进一步提高；党风廉政建设成效与上级要求和群众期盼还有一定差距。对此，必须引起高度重视，采取有效措施，认真加以解决。

二、工作体会

过去几年，纪检工作取得的成绩得益于上级纪委和学校党委的坚强领导，得益于学校各级党组织、各单位(部门)和全体纪检监察干部的共同努力，得益于广大党员干部和全体师生员工的大力支持。在深入推进党风廉政建设和反腐败斗争的实践中，我们深刻认识到：

(一)必须牢固树立“四个意识”，旗帜鲜明讲政治

坚决维护习近平总书记的核心地位、领袖权威，坚决维护党中央的集中统一领导，必须把维护政治纪律和政治规矩作为首要任务，把习近平新时代中国特色社会主义思想落实到纪检监察工作的各环节、各方面、全过程，始终保持正确的政治方向，在思想上政治上行动上同以习近平同志为核心的党中央保持高度一致。只有牢固树立“四个意识”，提高政治站位和政治觉悟，强化使命担当，加强政治监督，才能坚决捍卫党的章程、党的纪律特别是政治纪律的严肃性和权威性，做维护党中央权威的忠诚卫士。

(二)必须强化责任担当，压紧压实“两个责任”

权力就是责任，责任就要担当。必须紧紧抓住主体责任这个“牛鼻子”，层层传导压力，把主体责任扛起来，落实到位。纪委是党内监督专责机关，监督责任是党章赋予的神圣职责，必须勇于负责、敢于担当，坚持原则、铁面执纪。要充分发挥问责的震慑效应，做到失责必问、问责必严。要持续推动“两个责任”向基层延伸，让人民群众在全面从严治党中增加获得感，不断厚植党执政的政治基础。

(三)必须坚持把纪律挺在前面，实践好监督执纪“四种形态”

全面从严治党必须坚持依规治党，用严明的纪律管住管好全体党员，让纪律成为管党治党的尺子、“带电的高压线”。必须坚持惩前毖后、治病救人方针，注重抓早抓小，做到动辄则咎，让“红红脸、出出汗”成为常态，坚持力度不减、节奏不变，持续保持惩治腐败的高压态势，真正把纪律立起来、严起来，执行到位。

(四)必须以永远在路上的恒心和韧劲，推动全面从严治党向纵深发展

从作风建设永远在路上，到党风廉政建设和反腐败斗争永远在路上，再到全面从严治党永远在路上，体现了对管党治党规律的坚持和深化。从管党治党宽松软到严紧硬是一个长期的过程，要在坚持中深化，在深化中坚持。必须始终保持对反腐败斗争形势的清醒判断，坚持正风反腐不松劲、不停步、再出发，从点滴做起，从具体事情抓起，做到真管真治，在常和长、深和细上下功夫，坚定不移把全面从严治党引向深入。

(五)必须持续深化“三转”，全面提升监督执纪问责的能力

纪检监察机关承担着监督执纪问责的重任，担好这份责任，就必须在转职能、转方式、转作风上下功夫。要把思想观念从“执法”转向执纪，把工作力量从抓“大要案”转向日常监督执纪问责，把工作方法从以“法”为标准转向用党章党规党纪去约束党员行为，敢于和善于从一个个具体问题抓起，使党员干部敬畏纪律、遵守纪律，自觉守住底线。此外，纪检监察机关还要持续深化作风建设，坚决克服思想上的不想监督、不敢监督和作风上的不深不实等突出问题，做到正己正人，强化担当，勇于作为。要用《中国共产党纪律检查机关监督执纪工作规则(试行)》的制度规范“对标、对表”，健全完善监督执纪流程和风险内控机制，担好监督执纪问责重任。

三、今后五年工作意见

第四次党代会的召开，开启了建设高水平大学的新征程，学校将进入一个新的重要发展阶段，也是巩固党风廉政建设和反腐败斗争成果、深入推进全面从严治党的关键时期。今后一个时期，学校党风廉政建设总的思路是：高举中国特色社会主义伟大旗帜，以习近平新时代中国特色社会主义思想为指导，全面贯彻落实党的十九大战略部署，认真落实中央纪委、省纪委的部署要求，不忘初心，牢记使命，增强"四个意识"，坚定"四个自信"，忠实履行党章和宪法赋予的职责，紧紧围绕维护习近平总书记在党中央和全党的核心地位，紧紧围绕维护党中央权威和集中统一领导，坚持党要管党、全面从严治党，坚持稳中求进工作总基调，以党的政治建设为统领，全面推进党的各项建设，深化标本兼治，强化党内监督，持之以恒正风肃纪，深入推进反腐败斗争，营造风清气正的良好政治生态，推动全面从严治党向纵深发展，为学校改革发展稳定提供坚强保证。

（一）把政治建设摆在首位，协助党委推进全面从严治党

以严的纪律抓落实。坚持以习近平新时代中国特色社会主义思想为指导，牢牢把握正确政治方向，把维护政治纪律和政治规矩作为首要任务，加强对贯彻落实十九大决策部署情况的监督检查，严肃查处以形式主义、官僚主义抓落实，不担当、不作为，做选择、搞变通等问题，以及有令不行、有禁不止，上有政策、下有对策等问题，以严明的纪律推动上级纪委和学校党委确定的目标任务落实。

严肃党内政治生活。从严治党必须从党内政治生活严起。要认真落实《关于新形势下党内政治生活的若干准则》，强化思想教育和理论武装，扎实推进"两学一做"学习教育常态化制度化。严把选人用人关，认真填写领导干部个人廉政鉴定意见，对政治上有问题的一票否决，坚决防止"带病提拔""带病上岗"。严格党的组织生活各项制度，切实提高民主生活会质量，用好批评和自我批评这个武器。加强对党内政治生活准则落实情况的监督检查，着力纠正党内政治生活庸俗化、随意化、平淡化等突出问题，增强政治性、时代性、原则性、战斗性。

（二）驰而不息抓好作风建设，把落实中央八项规定精神化作自觉行动

以过硬措施持续纠正"四风"。纠正"四风"不能止步，作风建设永远在路上。要认真贯彻落实《中共山东省委常委会贯彻落实中央八项规定精神实施办法》精神，狠抓重要节点，聚焦习近平总书记指出的形式主义、官僚主义10个方面具体表现，特别针对表态多调门高、行动少落实差等突出问题，加强对上级关于中央八项规定精神新部署新要求执行情况的监督检查，巩固拓展落实中央八项规定精神成果，对规避组织监督，不收手、不知止的从严查处，点名道姓公开通报曝光，释放越往后越严的强烈信号。

构建作风建设长效机制。针对监督执纪中发现的突出问题，总结经验、梳理问题，实事求是修订完善制度措施，加强对制度落实情况的监督检查，切实提高制度执行力，决不让制度成为"稻草人"。发挥党员领导干部的示范引领作用，以更高标准、更严要求、更大力度、更实措施抓好作风建设，形成作风建设"头雁效应"，带动各级党组织和党员干部转变作风，把作风建设不断引向深入。

弘扬健康向上的政治文化。弘扬真善美、抑制假恶丑，引导党员干部培养良好家风，要充分运用网络新媒体宣传、参观红色教育基地等方式，大力弘扬社会主义核心价值观，旗帜鲜明地抵制和反对庸俗腐朽的政治文化，涵养健康政治文化，培厚良好政治生态土壤。

（三）全面加强党的纪律建设，管住管好全体党员

加强纪律教育，强化纪律执行。重点强化政治纪律和组织纪律，带动廉洁纪律、群众纪律、工作纪律、生活纪律严起来。强化警示教育，充分发挥典型案例和违纪违法干部忏悔录的反面教材作用，让党员知敬畏、存戒惧、守底线，习惯在受监督和约束的环境中工作生活。

准确运用监督执纪"四种形态"。坚持惩前毖后、治病救人方针，把实践"四种形态"情况作为检验工作的重要标准，做深做细做实监督执纪各项工作。有效运用"四种形态"特别是第一、二种形态，对苗头性倾向性问题，做到早发现、早报告、早处置，准确把握"常态""大多数""少数""极少数"的关系，做到实事求是、不枉不纵。

深入推进标本兼治。加强和改进信访举报工作，严格管理和处置问题线索，发挥好信访举报主渠道作用。加大惩治力度，坚持无禁区、全覆盖、零容忍，强化不敢腐的震慑；深化改革，健全制度，完

善激励和约束机制，扎牢不能腐的笼子；坚定理想信念，选对人用好人，弘扬优秀传统文化，牢固树立“四个自信”，增强不想腐的自觉。

（四）强化党内监督，增强监督效果

抓住领导干部这个“关键少数”。党内监督没有禁区、没有例外，要认真贯彻《中国共产党党内监督条例》，突出“关键少数”，强化对党员干部日常管理监督，多了解其思想、工作、作风、生活状况，多听取干部群众的意见和反映，发现问题及时处置。

完善监督方式方法。在认真开展重要事项监督检查等工作方式的基础上，积极探索加强日常管理监督的新方式新方法，加强对权力运行的制约和监督，积极适应各级监察体制改革新要求，探索和完善监察工作运行机制，强化党的自我监督和群众监督，不断拓宽监督渠道，形成监督合力。

（五）用好问责利器，压紧压实管党治党责任

落实主体责任。主体责任是各级党组织的职责所在、使命所系。各级党组织要把抓好党建作为最大的政绩，坚持严字当头、实字托底，推进管党治党真管真严、敢管敢严、长管长严。各级党组织书记要自觉做管党治党的书记，当好第一责任人；领导班子成员要认真履行好“一岗双责”，守土尽责。要牢牢牵住主体责任“牛鼻子”，通过约谈提醒、履责报告、检查考核等方式督促各级党组织明确责任清单，真正把责任扛起来、落下去。

强化问责追究。动员千遍，不如问责一次。严格执行《关于实行党政领导干部问责的暂行办法》，突出政治责任，加大问责力度，对党的领导弱化、党的建设缺失、从严治党责任落实不到位，维护党的政治纪律和政治规矩失责、贯彻中央八项规定精神不力、选人用人问题突出、腐败问题严重、不作为乱作为的，坚决从严问责，用纪律、动真格，既追究主体责任、监督责任，又追究领导责任，让失责必问、问责必严成为常态。

（六）落实打铁必须自身硬的要求，建设忠诚干净担当的纪检监察队伍

把加强思想政治建设放在首位。牢固树立“四个意识”，自觉把讲政治贯彻于党性锻炼和工作实践全过程。扎实开展以学习实践习近平新时代中国特色社会主义思想为重点的“不忘初心、牢记使命”主题教育，提高思想政治水准和把握政策能力，做敢于担当的表率。

持续深化“三转”。进一步健全纪检监察体制机制，聚焦主责主业，切实履行监督执纪问责职责。加大干部教育培训力度，注重实践锻炼，全面提高纪检监察干部队伍政治素质和专业化水平。从严执行监督执纪工作规则，严格工作程序，有效管控风险点，强化对线索处置、谈话函询、审查审理等监督执纪各环节的监督。

严格自我管理监督。强化作风建设和纪律教育，进一步增强纪检监察干部的责任感、使命感和荣誉感，坚决防止“灯下黑”，对执纪违纪的坚决查处，对失职失责的严肃问责。努力打造政治过硬、业务过硬、纪律过硬、作风过硬的纪检监察干部队伍。

学校第四次党代会为学校发展描绘了新的蓝图，学校纪检监察干部肩负着光荣而艰巨的使命。让我们更加紧密地团结在以习近平同志为核心的党中央周围，在上级纪委和学校党委的坚强领导下，振奋精神、扎实工作，不忘初心、牢记使命，重整行装再出发，以党风廉政建设和反腐败斗争的实际成效凝聚党心民心，为建设特色鲜明、部分学科具有国际影响力的高水平大学提供坚强保障！

专 文

张伟在中共烟台大学四届四次全委(扩大)会上的报告

(2019 年 1 月 11 日)

同志们:

现在,我代表校党委常委会,向全委会报告 2018 年以来各项工作推进情况,并对 2019 年的工作提出意见,请予以审议。

一、2018 年主要工作情况

2018 年,学校党委坚定自觉地用习近平新时代中国特色社会主义思想统一全校师生的思想和行动,遵循教育发展规律、人才培养规律,深入贯彻落实"一二三"战略部署,奋力开创高水平大学建设的新局面,学校内涵建设持续加强,核心竞争实力不断提升,一些工作取得了新突破。

(一)全面从严治党稳步推进,党建思政工作持续加强

强化思想引领,深入学习贯彻习近平新时代中国特色社会主义思想,全面贯彻落实习近平总书记视察山东重要讲话、重要指示批示精神,自觉在政治立场、政治方向、政治原则、政治道路上同以习近平同志为核心的党中央保持高度一致。学校第四次党代会胜利召开,确立了建设特色鲜明、部分学科具有国际影响力的高水平大学的奋斗目标与"一二三"战略部署,为推动学校各项事业又好又快发展指明了方向。

进一步完善党委领导下的校长负责制,党委全委会、常委会和校长办公会议事制度与规则更加健全。扎实开展"大学习、大调研、大改进",查找问题 264 项,基本完成整改。积极配合省委第十三巡视组巡视烟台大学党委,巡视组反馈的边巡边改有关事项和群众反映强烈的有关问题整改落实工作扎实推进,坚定不移推动全面从严治党向纵深发展。有序开展廉政风险防控工作专项检查、违规配备使用公车、滥发津补贴、违规公款吃喝、违规收送礼品礼金专项治理和形式主义、官僚主义集中整治。建立全校处级干部廉政档案,筑牢领导干部思想防线,打好作风建设持久战。处理信访举报件和巡视组移交的问题线索 57 件次,谈话函询 83 件次,立案 11 件,给予 1 人严重警告、1 人警告、14 人通报批评、4 人诫勉处理。

持续抓好基层党组织规范化、标准化建设,基层党组织换届选举和二级单位党组织书记抓党建述职评议考核工作顺利完成。获批省高校基层党建重点建设项目 1 个。药学院获评全省干事创业好团队。各民主党派换届与政治交接同步完成,统一战线共同思想政治基础更加巩固。启用离退休党群服务中心,扎实开展新形势下离退休干部"两项建设"工作。召开第七届教职工代表大会暨第八届工会会员代表大会,顺利完成换届工作,民主治校进程持续推进。

建立意识形态工作联席会议制度,严守意识形态阵地。组织校党委理论学习中心组学习 16 次。2 名专家入选全省高校习近平总书记重要讲话精神宣讲团,4 名专家入选省理论人才"百人工程"。学校入选全省高校最佳社会声誉榜,获评省理论宣教基地、省社会科学普及教育基地、省教育政务新媒体先进单位。获全国高校校报好新闻奖 6 项,位

居全省高校首位。“烟大人”微信公众号 WCI 指数稳居高校校友会微信公众号周排行榜前 10 名。

工作机制实现创新，学生工作重心持续下移，学院在学生教育管理中的主体地位得以强化，教育、管理、服务和队伍建设四位一体的学生工作体系不断完善。荣获全国“三下乡”大学生社会实践活动先进单位、山东省大学生心理健康节优秀组织单位。召开第三次团代会，共青团改革取得阶段性成果。校团委获评省红旗团委、省五四红旗团委。举办纪念改革开放 40 周年系列活动，获批全省高校思想政治工作十大建设计划重点项目 2 项。学校获评省“粮安之星”、2017 年度烟台市文明单位、烟台市创建第五届全国文明城市先进集体。

（二）教育教学改革成效明显，人才培养质量不断提高

深入学习贯彻全国、全省教育大会和新时代全国高等学校本科教育工作会议精神，全面贯彻落实党的教育方针，培养德智体美劳全面发展的社会主义建设者和接班人。实施教师教学荣誉工程，发起成立全省高校首个教师教学发展联盟。获高等教育国家级教学成果奖二等奖 1 项、省第五届青年教师教学比赛一等奖 1 项、二等奖 4 项，实现历史性突破。新上投资学、休闲体育 2 个专业。高水平应用型专业群建设和工科专业认证稳步推进。3 个专业群获批省教育服务新旧动能转换专业对接产业项目，位居省属高校前列。

实施混合式教学模式改革，上线东西部高校课程共享联盟课程增至 3 门，选课学校 800 余所、学生达 15 万人次。1 门在线课程获批国家精品在线开放课程。4 个自制实验教学仪器获全国高校教师教学创新大赛三等奖，“焊接工业机器人”入选首批国家级示范性虚拟仿真实验教学项目。学生积极参与科技竞赛，获国际奖 16 项、国家奖 54 项。发起成立驻烟高校大学生就业创业联盟，大学生创业孵化基地新增创业团队 24 支，完成工商登记注册 12 家，获批国家大学生创新训练计划项目 14 项，学校获“创青春”省大学生创业大赛优秀组织奖。

选聘校内外专兼职硕士研究生指导教师 527 名，研究生教育质量保证和监督体系更趋完备。获省优秀硕士学位论文 2 篇、研究生优秀科技创新成果奖 1 项、专业学位研究生实践成果奖 3 项。新增函授站（点）7 个，函授招生人数持续增加。新增友好学校 7 所，新签学生国际交流协议 7 项。教师赴国（境）外交流、学习的积极性明显提高，师资队伍国际化水平稳步提升。

（三）学科科研水平大幅提升，服务地方工作持续深化

药学学科入选省“一流学科”立项建设，实现重大突破。法学学科在教育部第四轮学科评估中获评等级 B。服务国家特殊需求博士人才培养项目建设验收、硕士学位授权点动态调整与工程硕士学位授权点对应调整工作顺利完成。获批硕士学位授权一级学科 4 个，学科布局更加科学合理。

获批国家级科研项目 40 项，自然科学基金立项数、经费数再创新高。首次获批省重点研究计划（重大科技创新工程）项目和省自然科学基金重大基础研究项目，全年科研总经费 8145.07 万元，同比增长 35%。发表 SCI 等高水平论文 507 篇，组织两校名师讲堂等学术报告 193 场次。获省部级科研奖励 7 项，授权职务专利 86 项；作为全省唯一高校，独立获得全国专利金奖 1 项。获批省工程技术研究中心 1 个。《烟台大学学报（自然科学与工程版）》入选首批国家科技学术期刊开放平台全文收录期刊，《烟台大学学报（哲学社会科学版）》实现北京大学图书馆中文核心期刊、中国社会科学院文献信息中心、中国人文社会科学核心期刊三大权威目录全覆盖。

立足烟台、融入烟台、服务烟台氛围更加浓厚，校地融合发展全面推进。大力拓展办学资源与空间，与烟台经济技术开发区管理委员会签署战略合作框架协议，开发区科教园区办学规划深入论证。助力新旧动能转换重大工程建设，紧密对接烟台市 7+N 主导产业，与杰瑞集团、上海交通大学等签署校地院所合作协议 55 份。2 个项目入驻烟台市校地合作示范基地，2 个实验室获批烟台市首批立项建设重点实验室。获批省制造业创新中心立项试点建设单位 2 个、校企共建合作平台 11 个。与荣昌制药共建生物制药专业。核装备与核工程学院正式揭牌成立，省智慧海洋研究院（筹）获省发展和改革委员会批复。科技园获批省科技企业孵化器。北京大学、清华大学支援烟台大学建设委员会第十三次会议胜利召开，7 个学院分别与两校对应院系签署合作协议，新形势下两校援建模式深化拓展，

提升了学校在全省教育系统的知名度和美誉度。

（四）引进激励体系更加健全，人才干部活力显著提升

实行师资队伍建设委员会例会制度，开通职称聘任绿色通道，更加开放灵活的引才机制初步建立。柔性引进国家杰出青年基金获得者等国家级专家12人，聘任产业教授58人，外聘兼职教授12人。引进博士研究生或副高级以上90人，专任教师中具有博士学位的人员占比50.8%。人才队伍建设成效显著，房绍坤教授入选“长江学者”奖励计划特聘教授；获批省“一事一议”顶尖人才1人、省“泰山学者”2人、省“外专双百”专家团队1个、省属高校优秀青年人才联合基金计划1人、烟台市“双百计划”专家3人。完成第二轮岗位聘用和2014、2015年新进人才中期考核工作，聘用考核工作体制机制日益完善。

学校中层领导班子和处级干部换届工作圆满完成，平级调整75名、选拔配备59名处级干部，实现处级干部任前廉政谈话全覆盖，干部队伍活力和责任意识显著增强。创新干部教育监督管理举措，培训力度不断加强，组织专题干部培训班3期、书记读书班7期，领导干部政治站位和履职尽责能力明显提高。第三轮3位“第一书记”届中考核均获优秀。

（五）更加注重保障和改善民生，管理服务效益明显增强

修订《烟台大学单位目标考核办法》，担当作为激励导向作用更加凸显。社会保险、职称评审、绩效工资等制度改革和教职工社保参保工作同步推进。开展非税收入收缴情况专项检查，收费项目实现集中统一管理，内部制度建设进一步完善。财务综合服务大厅正式启用，网上查询、缴费平台开通运行，线上线下一体化的“一站式”服务平台初步构建。

大型仪器共享等资源资产整合调整工作加快推进，完成固定资产入账14272台（件）、4280万元，政府采购9426万元。工程项目审计42项、审减金额703.5万元。完善消防安全管理责任制，建立治安防范联动长效机制，集中开展安全生产月活动和全省教育系统安全生产百日攻坚行动。学校获评全省教育系统上合组织青岛峰会安保维稳工作先进高校。

15号、16号学生公寓投入使用。13号学生公寓整体改造、校内家属区道路修复等民生工程按时完工，电力增容和海绵校园建设扎实推进。校医院确定为烟台市医保定点单位。续订、增订中外文数据库25个，图书期刊与数据库利用率不断提高。建成覆盖全校的光纤管道及无线网络，信息化水平稳步提升。成立西藏校友会，教育发展基金会获得省社会组织公益性捐赠税前扣除资格，校友感恩母校、回馈母校的氛围更加浓厚。

在取得成绩的同时，我们也要清醒地认识到，学校发展还存在一些问题与不足，主要表现在：党建工作与教学科研等中心工作结合不紧密；意识形态阵地管理存在薄弱环节；对违规违纪典型问题通报曝光力度不大，用身边事教育警示身边人的效果不明显；创新创业教育体制机制不健全，没有形成合力；获批国家社科基金项目数量偏少；以学科建设为导引，精准引进人才、加强团队建设的意识与能力不足；办学保障能力不强，财务压力依然沉重；办学国际化水平不高；服务新旧动能转换等重大战略的意识不强、成效不明显；内部管理粗放，内控机制制度化、规范化程度不高；等等。对于这些问题，我们要高度重视并采取有效措施，切实加以解决。

二、2019年工作计划

2019年工作的总体要求是：以习近平新时代中国特色社会主义思想为指导，深入学习贯彻党的十九大精神和习近平总书记视察山东视察烟台重要讲话精神，按照全国、全省教育大会的部署安排，坚持立德树人，全面深化综合改革，理顺体制机制，改善治理体系，提升治校办学能力，稳步提升学校综合实力，加快特色鲜明、部分学科具有国际影响力的高水平大学建设步伐。

（一）坚持全面从严治党，扎实开展党建思想政治工作

以党的政治建设为统领，牢固树立“四个意识”，坚决做到“四个服从”，认真践行“两个维护”，推进全面从严治党各项任务落细落实。以处级以上领导干部为重点，认真组织开展“不忘初心、牢记使命”主题教育活动。实施“对标争先”建设计划，推进基层党组织标准化、规范化建设。压实基层党建工作责任，提高基层党建科学化水平。加强党员教育管理监督，发挥党员先锋模范作用，提高党员发展质量。建立健全干部选拔、培养、管理、监督、

考核、激励等工作体系，激励干部担当作为、干事创业，健全发现、培养、使用年轻干部的工作机制。坚持党管人才，做好团结引领和服务工作。

开展二级单位党组织书记向纪委全委会述责述廉和民主评议。强化把监督挺在前面的意识，加大对校内重点工作领域和工作环节的专项检查工作力度。深化运用“四种形态”，规范问题线索处置，加大纪律审查和问责力度以及典型问题通报曝光力度，提高监督执纪问责质量。加强意识形态工作，发挥意识形态联席会议会商研判作用，加强阵地管理，形成条块结合、纵横交叉、无缝覆盖的意识形态工作格局。扎实开展德育大讲堂，稳步提高理论宣讲水平。探索推进融媒体建设，强化内外宣工作成效。推进校园文化精品项目建设。完善审美教育工作体系，强化美育特色。

实施庆祝建校35周年文化建设成果“六个一”工程。推进大学生思想政治教育精品项目建设和成果转化推广工作。完善学生心理健康教育、资助育人等工作体系。优化学风建设，构建以教风带学风、以学风促教风的双向机制。加强辅导员等学生工作队伍建设。持续深化共青团改革。筹备召开学生代表大会，推动学生自我管理规范化、制度化、科学化。完善宗教工作联动机制，健全反渗透网络。持续加强民主党派和统战团体建设，提高参政议政能力。坚持民主治校，召开年度双代会。建立完善、准确、全面的离退休教职工数据库，深入开展精准服务。

（二）提高政治站位，切实抓好各项整改落实工作

充分认识整改落实工作的重要意义，把抓好省委巡视和省审计厅反馈意见整改落实工作作为重要任务。聚焦问题，认真研究，深刻对照反思，深入查找问题产生的原因，明确完成时限，以坚决的态度、严格的标准、有效的举措，在条条要整改、件件有落实上集中发力。把解决具体问题与共性问题、解决当前问题与长远问题有机结合，重点健全完善长效工作机制。强化督导检查，对整改工作推进不力、进展缓慢、弄虚作假的严肃问责，全面推进各项整改落实工作，确保改出成效，扎扎实实做好“后半篇文章”。通过整改，补齐短板弱项，确保管党治党主体责任和监督责任落到实处，提高管理能力。

（三）坚持立德树人，大力提高教育教学工作质量

认真贯彻落实全国、全省教育大会以及新时代全国高等学校本科教育工作会议精神，召开第十届教学工作会议，强化人才培养中心地位，制定并实施本科教育质量提升计划。完善动态调整机制，持续优化专业结构，升级改造工科专业。淘汰“水课”、打造“金课”，推进“五个一百”、五大“金课”建设，打造优质课程。深入实施教师教学荣誉工程，完善教师评价体系。建立师德考核实施细则，落实师德师风是评价教师队伍的第一标准。发挥协同实践育人机制，提高学生实践动手能力。实现信息技术与教育教学深度融合，推进混合式教学改革向纵深发展。扩大第三方评价范围，定期发布人才培养质量报告，接受社会监督。加大科创竞赛支持力度，激发学生的积极性。

扎实做好学位授权点抽评工作。开展新增一级学科学位点招生、导师遴选、培养等准备工作。修订工程类专业学位研究生培养方案。强化导师作为研究生培养第一责任人的责任，加强培训、考核；全面开展研究生教育优质课程、研究生教学案例库等项目建设，提升研究生教育质量。

规范外籍教师入职教育内容及流程，出台外籍教师意识形态工作实施方案。迎接教育部对中美法学项目、中韩材料科学与工程项目评估工作。推进生物学、药学、材料学等与国外大学联合培养博士生及联合博导计划。多措并举，扩大函授教育规模。扩大职业技能培训鉴定项目，提高工作水平。

（四）推进资源整合，着力夯实事业发展保障条件

出台年度调研计划，强化调研成果运用。深入研究并准确理解上级有关政策，牢牢把握新旧动能转换、乡村振兴、海洋强省建设等发展机遇，提升办学水平，提高学校在全省教育系统的知名度与美誉度，为学校发展营造良好环境。扎实有效地落实北京大学、清华大学支援烟台大学建设委员会第十三次会议上签订的合作协议，拓展并深化两校援建的成果，着力争取省市等方面的支持帮助，推动学校发展。巩固校院两级校友工作联动机制，彰显校友工作成效，营造母校关心校友、校友支持母校的良好氛围。

以大型仪器共享使用为切入点，全面梳理资源统筹不到位的突出问题，打破部门、学院壁垒，制定具体措施，有效提高实验教学、科研平台和公用房屋等各类资源的管理效益。规范政府采购预算，提高资金使用效益。优化实验室运行等工作体系，建

立虚拟仿真教学中心。完善经营性资产监管体制机制，防控国有资产管理风险，规范国有资产有偿使用。深化校办企业改革，促进校办企业健康稳定发展。推进预算管理改革，坚持零基预算，细化年度预算。推进2020—2022年度项目库建设。强化“花钱必问效，无效必问责”的理念，探索预算绩效考核机制。坚持合理适度举债原则，提供坚实财务保障。健全财务规章制度，加强财务监督管理。加快财政专项资金执行进度，压减财政专项资金结余结转规模。

（五）健全完善机制，切实提高学校核心竞争实力

召开学科建设工作会议，突出学科带动作用，引领学校内涵发展。制定学科团队带头人聘任等一系列制度，建立学科建设考核体系，明确人员学科归属等要求，强化学科发展动态管理，推进各学科规划实施和任务落实。完善机制，强化激励，充分调动科研人员的积极性、主动性和创造性。整合资源，加大标志性科研项目、科研成果和高水平科研论文培育力度。做好2020年博士学位授予单位申报立项与培育建设工作。加快推动相关学科进入ESI全球前1%。积极争取省级新材料与高端装备大科学研究中心落户我校。扎实推进山东省智慧海洋研究院建设工作。加大创新平台建设、培育力度，稳固在全省高校的优势地位。健全科研管理相关政策，充分激发教师科研工作积极性。开展校级科研机构考评工作。着力争取高端稿源，持续提高学报学术质量。

积极开展省“一事一议”引进顶尖人才项目申报、考察、考核等工作，加强高层次人才队伍建设。开展“152”人才工程遴选与中期考核工作，启动岗位设置管理第二聘期中期考核，健全岗位管理和聘期考核机制。坚持分类设置，严格职称评价条件。明确人才引进条件和聘期目标，出台引进人才奖励办法，加大青年优秀博士和紧缺高层次人才引进力度。稳步提高引进人才中期检查和聘期期满目标考核工作的规范化、科学化水平。

（六）拓宽工作渠道，不断深化对外合作交流工作

依托友好城市、华侨华人社团联合组织、港澳台友好组织等资源，搭建教育文化交流合作平台。扩大对外合作，推进与英国提赛德大学等高校友好协议签署工作，推动与美国田纳西大学等高校的相关专业进行合作办学。修订师生因公出国（境）管理规定，推动外事信息化管理服务平台建设，拓宽教师访学渠道。充分挖掘学院涉外资源，依托特色优势学科，对接境外优质合作伙伴，推动实质交流与合作。拓展优质学生交流项目，营造学生积极参与的良好氛围。

持续深化立足烟台、融入烟台、服务烟台的理念，充分利用校地联席会议机制，彰显学校优势与特色，打造服务地方工作品牌。扎实推进烟台大学开发区科教园区共建实施协议的落实工作，加快开发区科教园区建设步伐。采取有效措施，推进产学研用一体化，促进横向科研项目立项率和到位经费数持续提升。积极探索与政府、知名企业、行业协会合作的新模式，推动落实科技合作特派员制度，广泛搭建校地、校企、校校（院所）合作平台。依托科技园入驻企业，提高知识产权（专利）的管理服务与价值产出。

（七）优化工作作风，稳步提高各项管理服务水平

集中整治形式主义、官僚主义突出问题，对照查摆出的问题逐项整改，突出重点，狠抓成效。倡导“首接负责制”，财务管理、教学运行、出国（境）审批等工作积极践行“一站式”服务理念，提高工作效率，切实为师生员工提供优质、便捷、贴心的服务，提高师生员工的满意度。坚持定期督查与重点督察相结合，压实责任，传导压力，提高执行力，持续提升管理服务水平。持续开展“庸懒散”专项治理，严肃请假、会议纪律。

全面实施绩效工资改革，激发以增加知识价值为导向的人才创新创造活力，提高收入分配政策对各类岗位人员的激励效能。推进社会保险全面实施工作。完善编外用工管理制度。加强后勤标准化、信息化建设，提高精细化服务能力与水平。努力完成综合实验中心工程建设，确保质量。推进南校区教学实验楼立项工作。加快办理学府小区涉建手续。深化“平安校园”建设，完善安全责任体系和治安防范体系。整合改造消控、监控系统可视化平台。开展校园交通安全专项治理，加大校园及周边治安环境整治力度。完善无线网络建设，扩大覆盖面，持续推进信息化校园建设，提高信息融合，完善信息多维度、可视化展示方式。以工程训练综合能力大赛为抓手，推进创新训练平台建设。优化文献、信息资源结构，推进图书馆向知识服务与学习中心转变。

2019年是中华人民共和国成立70周年，是学校建校35周年，也是深入实施“十三五”发展规划、持续推进综合改革的重要一年。我们要以习近平新时代中国特色社会主义思想为指导，开拓创新、扎实工作，加快推进内涵发展，彰显办学特色，稳步提升人才培养质量和科研创新能力，切实增强学校综合竞争实力，努力开创学校各项事业又好又快发展的新局面。

郭善利在中共烟台大学四届四次全委（扩大）会上的讲话（提纲）

（2019年1月16日）

同志们：

今年的寒假时间办公系统已经发了，从2019年1月16日（腊月十一）到2019年2月19日（正月十五）。这期间，教师带薪休假，干部和职工合理安排值班和轮休。

下面根据学校党委统一安排，我就寒假工作从八个方面进行部署。

一、安全稳定工作

安全责任重于泰山！2018年12月26日，北京交通大学一实验室发生爆炸，3名参与实验的研究生不幸遇难。目前，相关学院的院长已停职检查，遇难研究生的导师也停止一切教学科研工作，协助配合事故调查处置工作。12月28日，山东省教育厅下发《关于做好实验室等学校安全工作的紧急通知》（鲁教安字〔2018〕21号），办公系统已公开发布，各有关单位一定要切实贯彻落实上级精神，做好实验室安全、消防安全、交通安全、冬季取暖安全、食堂安全等有关工作，时刻绷紧安全这根弦。学校办公室、保卫处、资产与实验室管理处、后勤管理处已分别下达通知，提出明确要求。

1月3日，国务院安委会召开高等学校实验室安全管理工作视频会议。会议指出，近年来高校实验室安全事故时有发生，造成人员伤亡，冲击人民群众和广大师生的安全感，暴露出中国高校实验室管理存在着安全责任不落实、管理制度不健全、危险物品安全管理不到位、实验人员违规操作、相关部门安全监管存在薄弱环节等问题。会议强调，要深刻吸取北京交通大学“12·26”较大事故教训，进一步推动高校实验室安全管理责任落实到位。

去年，学校印发了《烟台大学消防安全管理办法（试行）》，同时对该文件实施之后发生的消防安全事故，对事故责任人均按照有关规定进行了责任追究和严肃处理，起到了警示教育作用。希望各单位能够持续保持高度警觉，切实加强安全管理工作，真抓实干，确保学校和师生员工安全稳定。

（一）严格落实安全责任

各单位要进一步增强安全稳定工作的责任感、紧迫感，落实“谁主管、谁使用、谁负责”和“党政同责、一岗双责、齐抓共管、失职追责”安全管理责任制，扎实做好安全防范和安全管理。对工作不到位，措施不得力，责任不落实而发生重大问题的，学校将坚决追究有关单位领导和工作人员的责任。在这里再强调一点，就是对于寒假期间需连续运行的仪器设备要尽量集中存放，明确专人负责，定期检查，确保安全；因教学科研需要，需在假期继续开放使用的实验室，要安排专人负责，落实安全责任，加强规范管理，并做好值班记录。

（二）全力消除安全隐患

各单位要在放假前认真组织一次安全检查，特别是实验室、学生公寓、图书馆、配电室、食堂、计算机房、校内宾馆招待所等重点部位，扎实做好安全隐患排查，建立台账并切实做好整改工作。

（三）持续加强安全教育

放假前，各单位要开展一次关于交通安全、消防安全、饮食卫生安全、烟花爆竹安全、疾病预防和防侵害、防突发事故、防自然灾害、防传销、防诈骗、防盗窃等安全教育，提高师生的安全防范意识。各单位节假日期间原则上不组织集体外出旅游、参观

等活动。师生在校外参加大型活动,要远离拥挤人群,注意防范踩踏等意外事故。要引导学生正确认识和使用网络,及时删除不良信息,防止产生不良影响,形成不稳定因素。在春节、寒假等学生集中离校返校前后,要加强学生交通安全教育,增强学生交通安全意识,不乘坐非法运营车辆、拼装车等不安全车辆。

(四)大力加强安全防范

各单位加强重点部位的安全防范,对存放计算机、多媒体教学设备或其他贵重物品的部位,要有相应的防范措施,并落实假期安全责任人。公寓及楼宇管理人员要严格履行岗位职责,加强对各楼宇、公寓楼道的巡查,认真落实会客登记制度,宿舍内禁止留宿他人,防止外来人员的不法侵害。国际合作交流处、国际教育交流学院要做好外籍教师、留学生假期中的工作安排和管理,确保外籍人员人身及财产的安全,防止涉外事件发生。

(五)认真做好值班管理

各单位要针对本单位的工作性质,研究制定、完善细化应急处置预案,科学应对、妥善处置各类突发事件。严格落实领导带班制度,确保所有值班人员坚守岗位,尽职尽责。同时,严格履行报告制度,遇到紧急、重要情况必须立即报告。各单位主要负责人和值班人员要保持值班期间24小时通信和信息畅通,确保学校指挥调度及时有效。假期期间,值班人员要加强对本单位重点部位的巡查,并做好记录。

二、学科科研和服务地方工作

发展规划与学科建设处要尽早着手就完善学科管理制度体系、健全学科建设工作机制、筹备召开学科建设会议等工作开展调研论证,进一步推进学科团队建设、优化学科建设考核体系、强化学科发展动态管理,推进各学科规划实施和任务落实。针对2019年工作,围绕学校现有的学科基础,为在第五轮学科评估中取得好成绩、ESI1%学科尽早突破做好扎实细致的工作。

社科(科技)处要做好国家级以及省部级等各类基金项目的结题、申报等事宜,各有关单位要充分利用假期做好各项准备工作,进一步提高教师从事科研项目申报等工作的积极性、主动性,从选题论证、项目申请书论证、申报工作具体指导等多个环节提出具体要求并给予支持,确保2019年国家自然科学基金和国家社科基金等重点科研项目不论申报数量还是获批数量再创历史新高。

服务地方办公室要积极会同有关学院,深入走访行业企业,主动开展学科(专业)对接产业(企业)工作,进一步彰显我校校企合作、校地融合发展的办学特色。下一步,我校要做好与台海集团建设南校区教学科研中心、与开发区管委会建设中韩产业园烟台大学开发区科教园区的有关工作。

三、教学和研究生工作

一是要组织好寒假阅卷等工作。学生考试已全部结束,建议各学院进行必要的组织。以前曾发生过老师将试卷带回家批阅而丢失的情况。

2018年研究生招生考试,全国出了5起事故,山东省有两起:山东师范大学、青岛理工大学各一起。山东师范大学是在巡视期间发现的,初步结果是对分管校领导停职、对研究生院负责自命题的副院长留党察看,降低两级行政级别。针对这件事情,刘家义书记和龚正省长做出批示,并且派教育工委和教育厅的领导到各地进行督查。所以,这次期末考试,校长、分管校长都要到各个考场巡考,在新形势下落实全国全省教育大会精神。针对学生旷课、沉溺网络游戏等情况,都可以通过严格考试来进行约束。下一步,学校将持续取消"水课",打造"金课",贯彻落实教师是课堂第一责任人制度。此外,2019届毕业生不再组织"清考"。

二是妥善做好新学期开学第一周上课等安排,注意提醒部分老师是前八周还是后八周上课,防止个别老师忘记上课而发生教学事故。

教务处要根据2019年的工作,做好第十届教学工作会议和实施本科教学质量提升计划的筹备调研工作。

三是严格做好继续教育学院函授面试工作和2019年函授学生注册工作。要严格函授站招生、收费、教学过程管理,持续提升成人教育办学质量。

四是研究生处要认真做好自命题试卷整理,组织好自命题试卷评阅工作,及时汇总发布成绩。各学院要做好研究生招生的宣传咨询工作,积极拓展优质生源,为下学期的研究生复试、调剂、录取工作做好准备。要认真吸取山东师范大学、青岛理工大学研究生招生考试出现的问题教训,引以为戒,举一反三,查找不足,确保2019年研究生招生录取工作安全、平稳、顺利进行。

四、学生工作

除了做好学生安全教育等有关工作外，还要注意以下几个方面：

一是深化辅导员家访活动。各学院要把家访活动作为辅导员日常思想政治教育工作的重要内容，学院领导干部要带头家访，并在传统入户走访的基础上，充分利用网络、电话、书信等方式加强沟通联系。要拓展家访活动对象，实现经济困难、学业困难、就业创业困难、心理问题等不同学生群体全覆盖。要拓展家访活动内容，与解决学生实际问题结合起来，与开拓就业创业渠道、大学生社会实践结合起来，不断丰富载体平台。

二是做好第十四届全国学生运动会备战工作。2020年，第十四届全国学生运动会将在青岛举行。全国学生运动会将以往每四年举办一届的全国大学生运动会和每三年举办一届的全国中学生运动会合并举行，是历史上规模最大的全国学生体育赛事，也是全国最高级别的学生体育赛事。体育学院、校团委等有关单位，要有效利用假期时间，积极组织羽毛球和田径部分项目运动员的集训，提升技战术水平和实战能力，争取在全国学生运动会上取得好成绩，展现出新时代烟大学子的精神风貌。

三是做好2019届毕业生就业工作。各学院要高度重视，积极开拓就业渠道、保持信息畅通、提供各种便利和帮助。鼓励学生通过参加各省（市）地组织的网络招聘会和现场招聘会，积极寻求就业岗位，实现早日签约。高校毕业生就业工作，事关社会和谐稳定，事关社会主义现代化建设，学生工作处和各学院一定要提前做好相关工作。

四是开好寒假返校后的第一次班会。学院要严格学生请销假制度，按时返校。学生如遇特殊情况，应及时请假说明，学院要及时落实相关情况，经批准后学生方可推迟返校，并补办请销假手续。假期结束后，各学院要召开班会，及时掌握学生的动态去向，准确统计因病、因事请假学生和无故未按时返校学生的情况并及时上报。

现在社会环境相对复杂，学生情况也各不一样，尽管都是成年人，但是邪教渗透、新型毒品问题等，必须引起我们的高度重视。烟台、威海又是境外宗教渗透的重要区域，一定要及时掌握学生有关信息并上报。

五、人事工作

目前，人事处已下发通知，学校在十分紧张的情况下，积极回应广大教师诉求，努力克服困难，开展职称评价工作。人事处和各学院要扎实做好有关工作，尽最大努力做到公平公正公开透明。

前期，各用人单位报送了“2019年拟引进人才计划”。人事处和各学院还要进一步结合学校和学院发展目标定位，充分利用放假时间和学院教师的导师、同门、校友等资源，积极走访、发现、着手引进高层次人才，包括有海外背景的人才。注意做好师德、德育为先的甄别、筛选工作。要重点解决师资短缺专业的教师引进问题，重点引进学科带头人以上高层次人才和专业发展需要的紧缺急需人才。

对于引进人才工作，学院、职能部门要捆绑考核。坚持“引才要问效”，要跟踪、问效、追责，不仅仅是学校师资建设委员会、校长办公会、党委常委会的责任。在目前财务压力较大的情况下，要精准选人、用人。

六、基建、财务和后勤保障工作

基建处要积极与地方政府有关部门协调解决有关涉建规划手续问题，扎实推进综合实验中心项目建设工作。

财务处要认真做好寒假期间资金保障工作，合理统筹安排各项资金，及时做好资金筹备和调度。做好2019年预算和2020－2022年项目库建设，继续清理往来账、呆死账，加强服务工作，强化收支、开源节流，提高财务工作规范化、科学化、标准化、信息化水平。

后勤管理处要加强水电暖的维修和管理，落实防冻防漏措施，做好零修、维护。要加强配电室等重点部位的管理工作，做到领导靠上，职工到位，各司其职。校医院要做好假期卫生保健和疾病、流感的防控工作。

七、党风廉政建设

2019年是中华人民共和国成立70周年，做好春节期间党风廉政建设等工作十分重要。近日，中共中央纪委印发《关于持之以恒正风肃纪确保2019年元旦春节风清气正的通知》。校纪委已就贯彻落实《通知》精神在办公系统发布了通知。广大干部要切实提高政治站位和政治觉悟，充分认识假期期间持续正风肃纪的极端重要性，把节日期间落实中央八项规定及其实施细则精神、纠正“四风”

工作作为重要政治任务，及时做出部署，严明纪律要求，确保压力传导到底、责任落实到位。

全校领导干部要带头落实中央八项规定及其实施细则精神和省委实施办法，切实转作风、纠"四风"，带头遵守廉洁自律各项规定，崇廉拒腐，树立良好家风，坚决杜绝"节日腐败"，坚决反对特权思想和特权行为。严禁违规用公款吃喝、旅游和参与高消费娱乐健身活动，严禁相互送礼、相互宴请，严禁收送礼金、消费卡，严禁大办婚丧喜庆事宜等。

各单位要紧密结合省委巡视和省审计厅目前已反馈的意见整改落实工作，深入开展"小金库"治理工作，坚决查处和纠正各种形式的"小金库"，建立起防治、杜绝"小金库"的长效机制。要进一步明确，寒假是教师带薪休假、机关干部和职工是轮休，不存在"加班"问题，没有任何借口和理由违规发放加班费、津补贴。

学校纪委、监察处将认真履行监督责任，对节日期间"四风"问题线索，一律严查快办，决不姑息，对典型问题点名道姓通报曝光，对空泛表态、应景造势、只喊口号、敷衍塞责等形式主义、官僚主义问题坚决查处，形成有力震慑。对工作失责失察的，严肃追究有关领导干部的责任。

八、工会和离退休工作

校工会要协调好教职工活动中心假期开放时间，严格进出人员管理，做好设备维护工作，丰富在校教职工寒假生活。要积极落实国家有关干部职工福利政策，认真落实在生产一线和节日值班值守干部职工相关政策待遇，保障干部职工按规定享有正常福利待遇。

离退休工作处要与工会、党委组织部等有关部门协调联动，做好看望、慰问离休干部工作，切实帮助解决实际困难和问题。

最后，衷心祝愿大家度过一个快乐祥和的假期！

不忘初心　牢记使命　加快高水平大学建设步伐

——张伟在烟台大学2018年工作研讨会上的讲话（摘要）

同志们：

本次会议的主题为：以党的十九大精神为指引，凝心聚力，加快"一流学科"和财务瓶颈突破步伐，持续提升服务地方工作水平，奋力推进学校各项改革发展事业再上新台阶。这样一个主题，实际上还是围绕学校上学期确定的"一二三"发展思路展开的，基本上代表了学校下一步，或者说今后一个时期的工作思路和重点任务。

学校改革发展工作有很多头绪，当前，就是要聚焦提高教育教学质量、加快学科建设步伐、突破制约学校发展的财务瓶颈，提高服务地方工作水平等这些关键内容上来。下面主要谈两个问题：一是关于学校"一二三"发展思路，二是关于学校的发展理念。

一、关于"一二三"发展思路

上学期，学校提出"一个全面加强、两个重点突破、三个持续提升"的发展思路。如今一个学期过去了，成效如何？在新的一年里，我们是不是还要沿着这个思路继续推进工作，这是需要思考的问题。

去年下半年以来，大家都在围绕学校发展思路，结合本职工作，积极思考如何推进这六项工作。全校广大干部职工精神面貌为之一新、为之一振，各项工作取得积极进展。

（一）全面加强党的建设，激发干部队伍活力

全校各级党组织切实把学习宣传贯彻党的十九大精神特别是习近平新时代中国特色社会主义思想作为首要政治任务抓紧抓好，努力在学懂、弄通、做实上下功夫。

校领导班子得到补充和加强。学校新补充了三位校领导。除了大家熟悉的郝曙光、王强两位同志之外，省委组织部给我们派来了张殿臣同志担任学校党委副书记。三位同志刚才的表态都非常好，希望大家多支持他们的工作。寒假前，学校中层干

部换届工作已经启动，并且完成了正处级干部的轮岗交流。相信通过这次换届调整，会进一步激发干部队伍的活力，调动大家干事创业的积极性、主动性和创造性。

一年来，学校的党建思想政治工作和干部队伍建设取得明显成效。同时，也应该看到，学校的党建和思想政治工作与学校的改革发展还存在“两张皮”现象，思想政治工作还存在薄弱环节，我们对思政工作规律、教书育人规律、学生成长成才规律的研究还不深不透。

此外，学校要又好又快地发展，各项工作要实现突破，关键是要有一支素质优良的干部队伍和教师队伍。所以，在学校发展过程中，我们要不停地自问：我们的班子能力水平怎么样？我们的干部队伍能力水平怎么样？干部队伍的潜力、积极性、创造性是不是都发挥出来了？没有开拓进取精神、没有敢于担当的队伍、没有高水平的班子，要想实现高质量发展、跨越式发展恐怕很难，甚至根本不可能实现。那么，我们的干部队伍在能力、水平、素质方面短板是什么？缺项是什么？都需要认真分析查找，尽快补齐。当然，我们还要注意发现、培养年轻的干部，让他们尽快成长起来。

我们是扎根中国大地办大学、办社会主义大学，必须坚持社会主义办学方向，必须用党的十九大精神统领学校各项工作，必须加强党的建设，加强党对学校各项工作的领导，这些都必须长期坚持，丝毫不能动摇。所以，学校提出全面加强党的建设，激发干部队伍活力，不是一时的应景之需，必须常抓不懈。

（二）努力突破学科建设瓶颈和财务工作瓶颈

首先来看学科建设情况。

学校实施了学科特区计划，遴选药学、法学、化学、数学、生物学等 10 个学科分层次重点建设。ESI 学科排名，化学潜力值达 0.99，工程学达 0.97，药理学与毒理学达 0.71。数学学科，在 2017 软科世界一流学科排名中，位列全省高校第三、全国高校第 61，进入全球前 500 名。在全国第四轮学科评估中，我校法学被评为 B 级，药学、数学被评为 C 级，土木工程被评为C- 级。特别值得一提的是，李小鹏人才团队入选省引进顶尖人才“一事一议”项目，有望很快实现省“一流学科”的突破。

成绩喜人，但是问题也很多，形势依然严峻，需要我们想办法、花大力气解决。国家“双一流”建设名单，山东高校入围 6 个学科，省属高校无一入选。第四轮全国高校学科评估，山东省属高校没有一个学科进入 A 级，最好的学科是B+ 级，一共 8 个。我们烟台大学只入围了 1 个 B 级、2 个 C 级、1 个 C- 级。“双一流”建设，对烟台大学而言，是机遇，更是挑战。如何实现“一流学科”的突破？从什么方向突破，突破哪些学科，用什么方法实现突破？近期不可能突破的学科或者特区之外的学科怎么建设？这些都需要我们认真研究。我们在发展，别人也在发展，而且资源在往“985”“211”“双一流”这些高校聚集，人才在“东南飞”。形势严峻，不进则退，发展慢了也是退。去年学校科研经费突破 6000 万元，可是，国家自然科学基金我们只拿了 27 项，近几年一直徘徊不前。如何才能实现新的突破？也需要大家认真研究。学校人才引进工作有了新的进展，去年引进 105 人，我们计划未来几年，每年引进 150 人。学校去年调整了引进人才的政策，希望吸引更多的高层次人才到烟大工作，效果不错。但是，我们也需要反思，人才引进的效益怎么样，发挥作用怎么样？有的单位、有的引进博士长期不能融入团队，找不到学科归属，没有发挥作用，造成很大的浪费。这也需要我们反思，反思如何调整优化引才方向、引才计划。同时，也要反思引进人才的管理、培养和使用问题。

再来看突破财务工作瓶颈问题。

应该说，学校财务内部控制制度体系建设更趋完备，职责明晰、规范科学、高效合理的财务综合管理制度体系基本形成。学校的审计工作进一步加强，固定资产管理更加规范。但我们的财务工作仍面临很大压力。

财务工作说白了就是收和支的一对矛盾，目标是增收节支。收的方面，除了回笼资金、清理拖欠的资金外，今年省财政拨款生均增加 400 元，不会有大的增加。而支出方面，有几个常规支出以外的支出大项，给我们造成了很大的财政压力。比如养老保险、医疗保险改革，学生宿舍和实验中心建设，还有增加人才引进数量和政策调整，以及精神文明奖发放，等等，资金缺口很大。当然我们可以适度举债，但也只能适度，不可能大量举债，更不能靠举债度日。

怎么办？大家要有过紧日子的思想。学校要

下决心调整预算分配方案,把有限的资金用在最需要的地方,让有限的资金发挥更大的效益。所以,今年的重点工作任务,列了一项"改革经济运行体制和财务管理体制",就是要想办法解决这个问题。要厉行节约,反对任何铺张浪费。这方面我们有很多节约的细节做得不好,比如下班忘记关电脑、甚至忘记关空调。有的单位电子显示屏,假期楼都封了两个星期了,还通宵达旦亮着。厉行节约,人人有责,要从节约每一张纸、每一度电、每一滴水做起,从现在做起。

(三)持续提升人才培养质量,持续提升服务地方水平,持续提升管理水平与执行力

人才培养是学校的根本任务。现在的在校生,是国家实现"两个一百年"奋斗目标的主力军。再过10年、20年,他们正好三四十岁,正是年富力强的时候。现在帮他们打好基础,将来他们才能大展宏图。所以,我们要千方百计地提高人才培养质量,这是我们对建设社会主义现代化强国的直接贡献。但是,我们现在的教育教学质量究竟怎么样?我们培养的学生将来能不能适应建设社会主义现代化强国的需要?如何提高教育教学质量?如何调动教师和学生两个方面的积极性?我们的课程建设、教学方法、教学手段、教学设施、人文环境能否适应人才培养的需要和技术的发展进步?哪些方面需要进行改进?也需要我们认真思考。有关部门要走到学生中去,认真听听学生对教学工作的意见。老师手里的钥匙,关键要能打开学生的"心锁"。

关于服务地方工作。我们调整成立了服务地方办公室,主动聚焦烟台和胶东半岛区域经济社会发展需求,立足烟台、融入烟台、服务烟台已经成为全校上下的共识。与台海集团合作成立烟台大学核装备与核工程学院、台海集团烟台大学核装备与核工程技术研究院,助力烟台打造中国核技术及装备制造自主创新集成基地。核学院在南校区近10万平米包括公共教学楼在内的建设方案已初步形成,立项建设工作正在积极推进。与开发区的合作办学也在积极沟通和推进过程中。黄金工程技术研究中心与中国黄金集团长春黄金研究院达成合作协议并列入烟台市"中国制造2025"规划重点项目。

高校服务地方经济社会发展是一篇大文章。烟台市提出校所城产融合发展,国家也出台了深化产教融合意见,山东省提出"走在前列、由大到强、全面求强"的发展目标,2月22日山东省委召开新旧动能转换重大工程动员大会,这些都要求我们在服务地方经济社会发展过程中有所作为,这也是我们学校发展的一个新机遇。烟台市是新旧动能转换核心区"三核"中的一核,烟台大学作为烟台的高校,作为一所处在新旧动能转换核心区的高校,我们应该有所作为。我们要怎么样服务并融入地方经济社会发展?我们的学科专业是否能很好地适应地方经济社会发展,如何对接、调整?特别是对接新旧动能转换的十大产业以及相关的企业。以前我们对服务地方工作重视程度还不够,思考也不深。从现在开始,要重视起来。我们成立了服务地方办公室,但是,服务地方经济社会发展,绝不是一个或几个部门的事情,也不是一项短期的任务。需要全校上下,包括二级学院的同志们认真思考研究,积极行动起来。

关于提升管理水平与执行力。一年来,特别是上学期,在大家的共同努力下,全校上下执行力有了明显提升。学校定期、不定期地召开工作务虚会、专题工作会、周工作例会,班子成员间沟通交流进一步加强,提高了工作效率。全校召开了4个学院的"诊断式"工作调度会和整改落实反馈会、3个部门工作调度会,编发了工作简报。校领导、机关部门和学院共同查找问题不足、分析形势任务、明确努力方向,干事创业的氛围日渐浓厚。创新督查督办工作方式,由原来定期编发督查通报改为将督查结果在党委常委会、校长办公会上汇报,强化了决策部署落实落地的成效。下一步,学校还要继续加强和改进干部作风建设、加强和改进单位目标和干部考核、加大监督问责力度,确保学校各项工作的贯彻落实。

执行力,说白了就是"事业心+责任心+认真"的态度。学校大的工作思路确定后,大量的工作都是具体工作,都需要有人去执行,去高质量地完成,否则就只能停留在思路上、设想上。细节决定成败,执行力决定成败。这方面,我们还有不少不足、短板甚至漏洞,要不断提升管理水平、不断提高执行力,真正做到"踏石留印""抓铁有痕"。

同志们,烟台大学经过30多年的发展,站在了新的历史起点上。"一二三"发展思路,是全校上下

聚焦制约学校发展的瓶颈问题和影响学校核心竞争力的重要问题，在认真研判学校目前发展实际及面临的形势任务基础上提出的具有针对性、指导性、全局性的部署，是目标导向和问题导向相结合的正确选择。从以上分析也可以看出，“一二三”发展思路需要长期坚持，认真实施，抓好落实。

二、关于学校的发展理念

上学期，在反复调研分析、广泛征求意见的基础上，党委常委会研究提出了学校的办学目标：建设特色鲜明、部分学科具有国际影响力的高水平大学。这一办学目标将写入学校第四次党代会报告。建设高水平的烟台大学，需要一代代烟大人接续奋斗，需要紧密结合学校发展的客观条件和时代要求，需要学习借鉴国内外高水平大学建设经验，不断深化对高等教育发展规律的认识，同时，也需要不断更新发展理念，用新的发展理念指导、推动学校各项工作。

第一，要靠学科带动，促进内涵发展。大学是以学科为基本学术单元的集合体，若干个高水平学科及其蕴涵的高水平专家学者队伍、高水平人才培养质量、高水平科学研究、高水平社会服务等要素共同建构起高水平大学。所以，学科是大学功能的核心构成，是高校实现社会职能的基础，是学校内涵发展的关键。判断一所大学的办学水平，关键在于它是否有国内乃至世界公认的高水平学科。特色鲜明的高水平学科，集中体现了高校的核心竞争力。因此，全校上下要充分认识学科建设的龙头和基础作用，通过建设高水平学科来支撑和促进高水平大学建设。要进一步优化学科结构，凝练学科方向，突出学科建设重点，以优势学科、特色学科为基础，构建基础与应用相互促进、文理工多学科相互支撑、交叉渗透、协调发展的学科体系，实现学校内涵发展的新突破。

第二，要通过服务烟台，突出特色发展。烟台大学的根基在烟台，烟台经济社会发展为烟台大学的发展提供了广阔舞台，烟台大学在服务烟台经济社会发展中大有可为。立足烟台、融入烟台、服务烟台是烟台大学的战略选择，烟台大学只有在更好地服务烟台经济社会发展中才能彰显自己的特色。特别是在烟台作为山东新旧动能转换综合实验核心区的大背景下，服务烟台，就是服务山东发展；服务烟台，就是服务国家需求。我们要以更宽阔的眼光和视野，科学审视烟台经济社会发展对大学的需求，充分发挥学校的学科优势、人才优势、地缘优势，积极适应烟台经济社会发展新要求，主动融入和服务烟台发展战略，为烟台发展提供前瞻性、引领性、针对性的服务。在服务烟台过程中，形成自己的特色，包括学科专业特色、人才培养特色、师资队伍特色、大学文化特色，等等。特色的培育和凝练非一日之功，需要水滴石穿般的坚持，需要垒土筑台的积累。全校上下要牢固树立服务烟台的意识，做好服务烟台的顶层设计，强化服务烟台的行动自觉，打造学校特色发展的新境界。

第三，要以改革为引领，推动创新发展。学校综合改革已经进入攻坚期，前进道路上还有不少困难，治理体系、教育模式、创新能力等方面存在的体制机制问题需要解决，发展受到资源条件的约束愈加明显，转变发展方式、进一步实现内涵发展的要求更加迫切。习近平总书记说：“改革是由问题倒逼而产生，又在不断解决问题中而深化。”我们一定要坚持问题导向，聚焦影响和制约学校发展的主要问题，以更具前瞻性、系统性、整体性和协同性的改革举措来破解发展难题、突破发展瓶颈。“抓创新就是抓发展，谋创新就是谋未来。”同时，还要正确处理改革、发展、稳定之间的关系，局部利益和整体利益之间的关系，公平、公正和效率、效益之间的关系，把握好改革的广度、深度、力度和速度，先易后难，稳步推进，通过改革创新，进一步激发全校干部师生的积极性、主动性、创造性。

第四，要提倡开放合作，加强协同发展。学校不是孤立于社会之外的象牙塔，大学内部学科之间不是彼此隔绝的壁垒。事实证明，自我封闭和孤立只能错失发展机遇、丧失发展资源。开放合作是高等教育发展的基本规律，更是时代赋予大学的历史使命。开放合作，首先要整合学校内部的人才资源、学科资源以及实验设施等各种硬件资源，搭建互通互联的信息平台、交流融合的人才平台和互补共享的设备平台，形成交叉、融合、集成的协同创新力量。开放合作，更要眼光向外，主动将国家发展战略、地方重点产业、行业关键技术、民生重大课题以及社会迫切需求纳入关注视野，积极探索建立校校协同、校所协同、校企协同、校地协同、国际合作的工作机制。在开放与合作中学习借鉴，在开放与合作中提升学校的核心竞争力。

第五,要统筹兼顾,注重协调发展。只有统筹才能兼顾,只有兼顾才能协调。既要高点站位,着眼长远;又要立足当下,考虑校情现实。既要统揽全局,全校一盘棋;又要对症施策,考虑学科专业特点和学院差异。既要鼓励竞争,激发活力;又要提供利益保障,体现人文关怀。既要重点建设,突出特色,使强者更强;也要狠抓弱项、补足短板,使弱者变强。要理顺规模、质量、结构、效益之间的关系,统筹兼顾学科建设与专业建设、教学工作与科研工作、本科生教育与研究生教育、人才引进与培养、教师队伍建设与管理队伍建设、硬件条件建设与制度文化建设、发展投入与民生改善等关系,努力建设交流互动的外部环境、尊重人才的舆论环境、和谐融洽的人际环境、民主自由的学术环境、奋力争先的制度环境、条件良好的工作环境、舒适优雅的生活环境,营造浓厚的想干事、干成事的良好氛围,形成学校协调发展的新格局。

以上五条发展理念是多年来学校办学经验的凝练和总结,是"以师生为主体,以学科建设为龙头,以人才培养为中心,以科研为支撑"办学理念基础上的深化和发展,是国家"创新、协调、绿色、开放、共享"五大发展理念与学校实际相结合的产物,值得我们在履行人才培养、科学研究、社会服务、文化传承与创新、国际交流与合作等大学使命的过程中,不断地总结、提炼和升华,用新的发展理念,指导我们加快高水平大学建设的步伐。

最后,我想引用梅贻琦校长在西南联大说过的一段话与大家共勉。"在这风雨飘摇之秋,清华正好像一条船,漂流在惊涛骇浪之中,有人正赶上驾驶它的责任。此人必不应退却,必不应畏缩,只有鼓起勇气,坚忍前进。虽然此时使人有长夜漫漫之感,但我们相信,不久就要天明风定。到那时,我们把这条船好好开回清华园,到那时他才能向清华的同仁校友敢告无罪。"在烟大的发展过程中,尽管我们还面临很多压力、很多困难,但是,这些压力和困难与上世纪30年代的西南联大相比,都算不了什么。既然接过了烟大发展的接力棒,我们大家就要鼓起勇气、风雨同舟,毫不懈怠、奋力前行。让我们不忘初心,牢记使命,一起驾驶烟大这艘大船,好好地驶向未来。相信烟大的明天一定会更加美好。

担当作为　砥砺奋进　努力建设高水平大学

——郭善利在烟台大学2018年工作研讨会上的总结讲话

同志们:

2018年是全面贯彻党的十九大精神的开局之年,是改革开放40周年,是实施"十三五"规划推动学校健康快速和谐发展的关键一年。张伟书记代表学校党委就如何开好今年的研讨会和做好2018年的各项工作做了全面部署,6个职能部门的负责同志做了很好的发言。与会代表分成9个小组,聚焦会议主题进行了充分研讨,9个小组的代表又做了很好的交流发言,我很受启发。下面就如何学习贯彻张书记讲话精神,如何开好局、起好步,齐心协力推动学校发展,谈几点意见。

一、2018年工作研讨会的主要成果与亮点

今年的研讨会开得务实高效,达成了共识,凝聚了力量。张书记就"一二三"发展思路和学校的发展理念,结合学校实际做了主旨发言,6个职能部门的同志围绕学校重点工作,从各自分管的角度,谈了目前存在的主要问题、分析了主要原因、提出了下一步的工作思路。

9位同志分别汇报了小组交流讨论的有关情况。在加快突破"一流学科"方面,大家提到:加强顶层设计,明确责任分工,细化工作举措,完善领导和工作机制,以学科为主体,学校学院上下联动、教师和科研人员人人参与,坚持有所为有所不为,集中力量办大事。调控相近专业的平台、实验室建设,做到资源共享、优势互补。在国家级、省部级等课题及教学成果的申报过程中,加强与省、市相关部门、企业的沟通联系。力求与有能力、有话语权的高校、企业形成合力。要出台激励政策,鼓励高水平论文与省部级以上科研奖励。引进更高水平人才团队和项目。引进的人才要考虑学科归属、团队归属，按需引进。发挥现有人才的作用，强化其归属感，充分调动其积极性，支撑带动优势特色学科发展，争取有新的更大突破。提高研究生学术研究积极性，避免放羊式的管理模式，严格合作培养的研究生管理。

在加快突破财务瓶颈方面，大家提到：要做好增收节支工作，首要的是在增收上想办法，积极争取地方政府的大力支持，充分利用好校企合作这个平台，通过校产融合、国有资产增值等方式，努力增加收入。要科学规划大支出，认真研究不合理的小支出，掌握合理的资金支出进度。要充分调动各二级单位尤其是各学院的积极性和主动性，改革横向项目经费管理制度，提高教师把经费纳入学校的积极性。建立政府采购项目库运行机制，改革学校预算编制工作，做好前置预算、精准预算，科学编制并有效执行政府采购预算。要提前做好财务预算，2019 年的预算要提前到今年 11 月份，与省里契合起来。

在做好新形势下服务地方工作方面，大家提到：要主动研究跟进国家、省、市政策动向和企业发展需求，结合学校实际，强化调研，为学校发展提供决策参考和依据。利用校友会的相关力量，加强毕业生和校友工作。充分利用校友资源，加强沟通与合作，进一步提升服务地方经济社会发展能力，以服务求支持，以贡献谋发展。进一步加强交流合作，仍然要发挥两校援建的优势和作用，放下架子，铺下身子，甘当学生，在服务地方中强化烟大担当，等等。大家提出的这些意见与建议，体现了对学校事业发展的负责与担当，体现了对学校的深情与厚爱。请有关职能部门和单位认真梳理总结，真正融入到工作中，推动学校事业又好又快、更好更快地发展。

二、2018 年重点工作的再分析梳理

学校党发【2018】1 号文件中已经明确，学校 2018 年工作的总体要求是：以党的十九大精神为指引，全面贯彻习近平新时代中国特色社会主义思想，全面加强党建思想政治工作，坚持科学谋划，强化人才培养中心地位，提升学科建设水平和科研实力，做好财务等保障工作，稳步推进服务地方工作，切实增强管理服务能力，提高执行力，确保各项综合改革任务持续推进、“十三五”发展规划全面实施，稳步提升办学水平。结合 2018 年重点工作任务表中的 19 项工作任务和我们集中研讨的重点工作，我再简单梳理一下。

（一）深入学习贯彻党的十九大精神，开展“不忘初心、牢记使命”主题教育，贯彻落实中纪委、省纪委全会精神，把全面从严治党引向深入。重点工作 1 和 4，这是第一位的政治任务，绝不能松懈。十九大后新一轮巡视，中央第七巡视组巡视山东省工作动员会已于 22 日下午召开。

（二）关于学校几个会议安排。开学后马上就要召开学校第四次党代会，接着我们还要把中层领导班子和处级干部换届工作做好做实；实施校共青团改革方案，筹备召开第三次团代会；因要进行硕士学位授权点评估及动态调整、博士项目验收、建立促进学科健康快速发展的评价机制等，要筹备召开学科建设工作会议（分别是重点工作 2、3、9、12 和 13）。希望牵头部门和相关单位提前谋划积极筹备。

（三）关于几项工程和专项工作。关于改革单位年度目标考核办法，从 2006 年开始，我们实行单位年度目标考核，考核指标几经修改完善，对学校事业发展起到了积极的推动作用，但针对新时代、新常态，大家感觉已经不太适合学校发展实际，提出来要改革（重点任务 5）；校园文化建设系列工程、大学生思想政治教育精品工程、提升大学生创新创业教育水平、加强应用型专业群建设，开展新工科专业认证工作（分别是重点工作 6、7、8 和 10），这几项对我们坚持教学中心地位，提升人才培养质量和优化育人环境，建设高水平大学都是需要抓实抓好、常抓不懈的工作；做好省部级重点实验室、工程技术中心等科研平台的申报，加速推进核装备与核工程学院、研究院建设（重点工作 11 和 15），对我们进一步打造良好的科研平台、提升科研水平和服务地方经济社会发展能力、积极投入新旧动能转换重大工程、提升学校声誉与社会影响都具有重要意义；学校发展需要安全稳定和谐的校园环境，建校 34 年来，尤其是学校二期工程建设，限于当时的历史条件，有好多建筑设施正常手续没有办妥，导致安全隐患很多，特别是消防安全问题频发，为此，学校今年要专门进行校园消防安全专项整治（重点工作 16）；作为理工科为主的学校，实验室建设与布局一直不太合理和欠缺，科研创新团队的建

设和优化也一直没有更合适的设施空间，为此，优化实验室布局、推进综合实验中心建设（重点工作17）同样是重点工作之一；实行社会养老保险、医疗保险改革、实施绩效工资改革，是大势所趋，也是更大的民生工程，尽管学校财务压力大、困难多，我们仍然要毫不犹豫地去推进（分别是重点工作17、18、19）。

（四）关于重点突破的工作。本次研讨会学校党委确定6个职能部门发言，基本上都是围绕两个重点突破，一是突破一流学科、二是突破财务瓶颈。对于什么是一流学科，有不同的评价与描述，也有不同的认识与看法，可谓仁者见仁、智者见智。学科建设的重要性，我想大家都比较清楚，学科是龙头。郝曙光副校长在发言中提到高水平大学，必须有几个高水平学科做支撑，否则谈不上高水平。我想在座的大家都不会放弃我们学校冲击高水平大学的目标与梦想。突破一流学科绝对不是仅仅为了突破省一流学科、进入ESI前1%等好看的指标，当然这很必要，但更重要的是通过实现一流学科突破的过程，带动学校整体学科的发展与进步，提高人才培养的质量、能力和水平，增强内涵建设，提振我们的信心，提升凝聚力，加快高水平大学的建设步伐，同时，还可以得到党委、政府和企事业单位的政策和资金支持。提到资金支持，就又离不开突破财务瓶颈，这是摆在我们面前的又一难题。多年赤字预算、寅吃卯粮、收不抵支，确实压得我们喘不过气来，所以，我们也列了一项重点工作14，改革经济运行体制和财务管理体制，这需要我们大家达成共识，理解和支持学校进行有关财务方面的体制机制改革。既然改革，肯定涉及到利益的调整和再分配，希望做好，激发活力和动力，促进学校发展，而不是制造和产生新的矛盾，影响学校发展。无论是重点工作任务还是学校常规工作，工作的推进与突破，关键靠人，关键靠人才，特别是国家“四青”人才（即“青千”“青拔”“青长”“优青”），而人的问题、人才的问题，又涉及政策、制度、措施、环境、氛围和资金，涉及思想是否解放、涉及观念和体制机制，所以，我们列出了今年的一系列工作任务表，希望大家进一步了解，进行对标，积极认领并扎实推进。

三、如何做好2018年各项工作

（一）学习贯彻十九大精神，全面提高对建设高水平大学的思想认识。深入学习贯彻党的十九大精神是当前和今后一个时期的首要政治任务。我们要牢固树立“四个意识”，坚定“四个自信”，以习近平新时代中国特色社会主义思想武装头脑、指导实践、推动工作。春节后上班的第一天上午，山东省委、省政府就召开了山东省全面展开新旧动能转换重大工程动员大会，相信大家和我一样确实感到了震惊，山东省、全国甚至全球的山东人以及关心山东发展的友好人士都受到触动，网上评论说：“这些年，我们听惯了不疼不痒的官话，这些年，我们习惯了温水煮青蛙；今天，我们终于听到了刺骨的声音，冷得让我们寒颤不断，也刺激得兴奋连连；能把省委书记‘逼得’自曝家丑，山东真的不得不变，更需主动求变”。“山东的新旧动能转换就从他主动打破官场规则开始——不给前任留面子、不给干部留幻想、不给自己留后路！”我们大家是不是也通过年度研讨会触动了灵魂、引发了深思？我们要认真学习《山东省新旧动能转换综合试验区建设总体方案》《山东省新旧动能转换重大工程实施规划》《关于推进新旧动能转换重大工程的实施意见》以及省委书记刘家义在全省全面展开新旧动能转换重大工程动员大会上的讲话，学习《国务院办公厅关于深化产教融合的若干意见》和中共中央办公厅、国务院办公厅《关于分类推进人才评价机制改革的指导意见》等，从中寻找和发现我校加快发展的先机，进一步统一思想、提高认识、凝聚力量，勇于自我革命，保持战略定力，以永远在路上的韧劲和执着，持续推进我校各项工作的开展。

（二）解放思想，改革创新，结合学校实际，大胆进行体制机制改革。如何进一步推进“一二三”发展思路，大家在发言和分组讨论中已经把学校存在的问题以及问题产生的原因进行了比较详细的研讨分析，问题不是一天两天、一年两年形成的，当然，解决问题也不会一蹴而就，解决了旧问题还会出现新问题。关键在于思想观念的解放，改革创新的意识，思想认识的统一，推进工作的执行力。习近平总书记希望山东做好“新特优”三篇文章，坚持“腾笼换鸟、凤凰涅槃、浴火重生”。烟台大学的发展是否也与山东的大环境、大形势一样呢？我们要打破惯性思维，革新不适应学校目前发展的体制机制，建立或完善新的制度、办法、措施。

关于改革单位目标考核。考核的目的是调动各单位和全校师生员工的积极性、主动性、创造性，提高对学校发展的贡献度。要结合人才引进政策、新引进人员的绩效考核、第二轮岗位设置管理与聘期的考核、职称评审和科研奖励政策调整等的引导作用,做到奖勤罚懒。改革的重点是增加学校办学核心指标的考核、改革考核指标的运用、进一步完善考核指标体系。考核结果一旦和个人收入、晋升淘汰等利益挂钩,必须有经得起推敲的考核体系。

关于召开学科建设工作会议,建立学科评价机制。通过召开全校学科建设工作会议,提高全校关于学科建设对实现高水平大学建设目标重要性的认识,强化学科在队伍建设、人才培养、科学研究、社会服务、文化传承与创新、国际交流与合作等方面的龙头带动作用,通过管理体制机制创新,调动全员积极性,讨论形成以"定方向、定特色、定团队、定目标、定责任、定奖惩"为基本思路的学科建设新机制。根据第四轮学科评估结果,每个学科在国内或省内提出一个对标学科,以学科每年度的自我比较的进步幅度及与对标学科前一年度相对比较的进步幅度来衡量考核。在学校研究确定的特色优势学科上,试点尝试与国内外名校名所联合培养博士生,扩大遴选博士生导师的范围,尝试试点招聘或竞聘学科带头人,组建相对科学合理的学科团队,明确团队成员的学科归属,积极营造良好的氛围和条件,给学科建设与发展留有足够的自由度和空间,赋予学科带头人相对多的权利,学科评价更加科学合理,把学科评价结果作为学科奖惩依据,同时列入年度目标考核指标体系中。做好研究生学位点合格评估、动态调整与整改工作,做好博士项目的验收工作。把学位点评估工作作为对我校学位和研究生教育工作的一次机遇和检阅,推动我校的学位与研究生教育工作再上新台阶。

关于改革经济运行体制和财务管理体制。学校财务压力很大,入不敷出。多年赤字预算、寅吃卯粮,时间久了,肯定要出问题,怎么办?简单讲那只能是开源节流,增收节支。怎么开源又怎么节流?开源无非是通过事业发展,多争取校外资金收入,有什么途径?一是紧盯上级主管部门的各项政策措施,如产业政策、海洋科技、生物医药产业、产教融合、科研体制管理改革试点单位、引进顶尖人才、领军人才"一事一议"、高水平应用型大学建设等方面的政策措施。看我们是否抓住先机,抓住了就有机会,抓不住就是危机。近几年在这些方面,我们有沉痛的教训,如产教融合、高水平专业群建设、博士单位培育立项、研究生推免单位的争取、博士后流动站的申报,一流学科建设、教学成果奖的培育与申报,等等,我们先后失去了不少机会。二是充分利用烟台市作为新旧动能转换"三核之一"的重大机遇和校所城产融合政策,通过校地、校企、校所合作,共建共享。如我们过去与绿叶制药的合作、与祥龙集团的合作,我们正在推进的与台海集团共建烟台大学核装备与核工程学院、核装备与核工程技术研究院的合作,既扩大了合作空间、服务了地方经济发展,又获得一定的经费支持。三是根据国家、省、市发展战略,调整政策办法,鼓励科技开发与成果转化,通过为区域经济社会发展服务,增加横向课题经费和成果转移转化收益。四是与地方区县政府合作、与国外高校合作,通过合作办学、试图创办新校区,扩大办学空间,调整办学结构与规模,提升内涵建设水平,提高学校社会影响力,同时突破财务瓶颈。五是改革经济运行体制,改革预算管理体制,强化预算管理和执行,压缩预算开支,内部挖潜,调研调整教研科研业绩量化办法,设法打通教学科研工作量的统计与运用,更大限度地调动广大教师的积极性和创造性。通过加强管理,提高后勤服务保障、基建、资产、网络等方面的资金使用效益,除急难险重以外,年度中间不再研究任何单位的临时经费支出问题。希望各学院各部门每年年底和年初都要提前做好规划,分清轻重缓急,把要进行的工作排好序,把经费用好用活,同时,坚持依法依规、按程序办事,经过几年的努力,实现财务预算收支平衡。

(三)分解任务、积极认领、传导压力、激发动力,努力破解发展难题。学校的发展离不开每一位师生员工的努力,要充分调动专业技术队伍、管理干部队伍、教学辅助队伍和工勤人员队伍这4支队伍的工作积极性、主动性、创造性。学校领导带头承担压力,在座的大家要与学校领导共同分担压力,同时还要把推动学校健康发展的压力传导到所在单位的每一位师生。除了承担与分担压力外,我们还要想方设法激发动力与活力,鼓励大家勇于担当、开拓进取,正如习近平总书记在新年贺词中所说,"幸福都是奋斗出来的"。

1.加强学习,提高政治站位,保持良好的工作作风。深入学习宣传贯彻党的十九大精神,学习习

近平新时代中国特色社会主义思想,学习国家有关高等教育、科研体制改革和人才方面的文件精神,学习现代大学制度、“双一流”建设实施方案和兄弟高校的成功办学经验,扩大思想解放的程度,加大改革创新的力度。

2. 认真领会张伟书记在研讨会上关于“一二三”发展思路和学校发展理念的解读。各单位、各部门要把研讨会的精神传达到每一位师生,如张书记讲话中谈到的关系学校发展的重大问题,烟大的师生都不是局外人,不是旁观者。我们是一个大家庭,我们在一条大船上,家庭中的每一个成员都有责任有义务贡献自己的才智与力量。

3. 认真履行岗位职责,压实责任,加快推进高水平大学建设步伐。今年的工作头绪多、任务重,需要大家按照各自拟订的目标措施和时间表,画出路线图,拿出真办法,脚踏实地,一项一项地梳理,一步一个脚印地去做。张书记在讲话中已谈到关于消防安全的问题,这里我还要再强调一下,安全重于泰山,防患未然刻不容缓,要进一步强化责任意识、服务意识。各服务保障部门的干部职工,要不断提高自身本领和管理服务水平,同时要有过紧日子的思想和主人翁意识,向管理服务要效益,节约经费支出,使学校能把有限资金用在最需要的地方。

同志们,让我们鼓足干劲,加压奋进,为办好特色鲜明、部分学科具有国际影响力的高水平大学而努力奋斗!

不忘初心　加快高水平大学建设步伐

——郭善利在烟台大学第七届教代会暨第八届工代会上的报告(摘要)

各位代表、同志们:

现在,我代表学校向大会做工作报告,请予以审议。

一、2017 年主要工作情况

2017 年,学校党委团结带领全体师生员工,全面贯彻落实党的十九大精神,全校上下加压奋进,持续推进“一个全面加强、两个重点突破、三个持续提升”战略部署,取得阶段性成效。学校内涵发展水平不断提升,高水平大学建设步伐持续加快,一些工作取得了新突破。

(一)深入学习党的十九大精神,加强思想政治工作

强化理论武装,切实把学习宣传贯彻党的十九大精神特别是习近平新时代中国特色社会主义思想作为首要政治任务抓紧抓好,努力在学懂、弄通、做实上下功夫,省领导、校领导宣讲、优秀辅导员巡讲等活动达 13 次,深刻领会党的十九大的重大意义、丰富内涵和精神实质,切实用习近平新时代中国特色社会主义思想武装头脑、指导实践、推动工作。不断提高政治站位,牢固树立政治意识、大局意识、核心意识、看齐意识。坚决维护习近平总书记的核心地位、领袖权威。

学校召开意识形态领域和思想政治工作会议。获评省理论宣教基地。1 人获评省十大师德标兵。弘扬主旋律,把握正确舆论导向,获全国高校网络宣传思想教育优秀奖 1 项、中国高校校报好新闻奖 5 项。获评 2016 年度烟台市文明单位,推进 2017 年度市文明单位创建工作。

开展大学生思想政治教育精品项目建设工程,“党员先锋示范岗”亮点纷呈。弘扬传统文化,深化网上思想引领,优化团学组织架构,辅导员管理服务水平不断提高,2 人获评第八届省高校优秀辅导员。获 2017 年山东高校辅导员工作论坛一等奖 1 项、二等奖 3 项。新设社会类奖助学金 11 项。开展社会主义核心价值观主题宣传月、研究生党员严格党内政治生活专题网络培训班、“学习总书记讲话、做合格共青团员”主题教育。14 名毕业生被录取为志愿服务西部计划志愿者,1 人获评省高校十大优秀学生。获评省大学生艺术展演优秀组织单位、全国社会实践活动优秀组织单位。

（二）从严治党稳步推进，夯实事业发展政治保障

推进“两学一做”学习教育常态化制度化。实施党建工作创新计划，开展师生党员、党支部“双结双联”结对共建活动，实施党务工作队伍“两培育双带头”，着力推进“党建+”工作。推进“一院一品”工程建设，党建创新项目、抓基层党建突破项目、基层党建工作典型案例申报立项和征集工作成效明显。

下大力气提高执行力，取得明显成效。定期召开工作务虚会、周工作例会，班子成员间沟通交流进一步加强。召开了4个学院“诊断式”工作调度会和整改落实反馈会、3个部门工作调度会，编发工作简报10期。创新督查督办工作方式，强化决策部署落实落地的成效。

召开党风廉政建设工作会、纪委全委会、二级单位纪检委员工作会。开展党员干部廉政教育与党风廉政建设例行谈话，提高政治站位和政治觉悟。开展重要事项监督检查工作，加强反腐倡廉制度建设，践行监督执纪“四种形态”。妥善处置信访举报16件次。开展廉政教育，校园廉政文化建设成果丰硕。

强化民主党派组织建设，民主党派换届工作顺利完成。充分发挥党外代表人士优势和离退休老同志余热，助推学校事业发展。开展祝寿送福温暖工程。获评省教育基金会“爱心一日捐”工作先进单位。

（三）综合改革深入推进，人才培养质量稳步提升

《烟台大学“十三五”发展规划纲要》及各项子规划深入落实，综合改革各项任务全面有序展开；成立学校理事会，大学章程配套制度建设不断完善，具有烟大特色的现代大学制度基本健全。

召开第九届教学工作会议。本科教学审核评估整改与高水平应用型专业群建设进展顺利。开展教师教学培训，4人获省高校青年教师教学比赛二等奖，学校获优秀组织奖。

注重教学团队建设，任万忠团队获评省黄大年式教师团队。获批第八届高等教育省级教学成果奖一等奖5项、二等奖9项。实践教学环节加强，毕业论文质量显著提升，16篇论文获得省级优秀学士学位论文。实施“创新攀登”工程，学生参与学科竞赛获7项国际级、136项国家级奖励，获批国家级大学生创新创业训练计划项目16项，大学生创业孵化基地新增企业27家，学校获省“挑战杯”大学生课外学术科技作品竞赛优秀组织奖。毕业生总体就业率和本科生考研率均同比提高。

积极拓展优质生源。首批博士研究生顺利获得博士学位，2篇论文获省级优秀硕士学位论文。研究生督导与学位授予环节持续完善，完成新一轮硕士学位授权点申报工作。组织研究生科技创新基金项目评选，获批省研究生教育优质课程项目1项、专业学位研究生教学案例库建设项目及研究生教育联合培养基地建设项目各2项、研究生导师能力提升计划项目7项。

国际合作交流工作体制机制日益健全，新增9所友好学校，招收各类留学生436人，增设3个函授站（点），成人教育网络课程建设初具规模。

（四）内涵建设取得突破，学科科研水平持续提高

获批2017－2023年博士学位授予立项建设单位。实施学科特区计划，遴选药学等10个学科分层次重点建设。2017年11月，化学ESI潜力值达0.99，工程学达0.97，药理学与毒理学达0.71。在2017软科世界一流学科排名中，法学学科位列全国第35位；数学学科位列全省高校第三、全国高校第61位，进入全球前500名。李小鹏人才团队入选省引进顶尖人才“一事一议”人才项目，有望实现省“一流学科”的突破。

获批省部级以上科研项目105项，全年科研总经费6021.726万元，其中基于海洋高端装备的大数据与智能制造技术服务平台项目获得国家海洋局2016年战略性新兴产业发展资金1200万元；SCI、EI等收录论文330篇；立项横向课题77项，授权发明专利46项。获高等学校科学研究优秀成果奖（科学技术）2项、省级科技进步奖3项。立项建设的省高校第一批协同创新中心考核结果优秀；获批第二批立项建设和培育建设协同创新中心各1个。国家民委民族理论政策研究基地（烟台大学）与2个省工程技术研究中心通过验收。国家知识产权培训（山东）基地通过第二轮动态评估。获批5个省“十三五”高校重点实验室、2个人文社科基地。学报（哲学社会科学版）再次入选CSSCI来源期刊（2017－2018）。

调整成立服务地方办公室，主动聚焦烟台和胶东半岛区域经济社会发展需求。与台海集团合作成立烟台大学核装备与核工程学院、台海集团烟台

大学核装备与核工程技术研究院,助力烟台打造中国核技术及装备制造自主创新集成基地。黄金工程技术研究中心与中国黄金集团长春黄金研究院达成合作协议并列入烟台市中国制造2025规划重点项目。获首届中国高校科技成果交易会"优秀展示奖""最佳路演奖"。药学院产学研一体、校企联合办学的高等教育改革新模式作为典型案例呈送国务院。

(五)健全人才激励体系,人才队伍建设成效明显

学校调整出台了新的人才引进政策。引进博士研究生或副高以上职称人员108人,全职引进国家"千人计划"领军人才团队1个。专任教师中具有博士学位的占比46.05%。"152"人才工程深入实施,审议通过第二、第三层次人选20人。入选"泰山学者"特聘专家2人、享受国务院政府津贴人员1人、烟台市"双百计划"专家4人,新增二级教授2人。完成第二轮岗位竞聘和职称评审工作。

坚持围绕事业发展选拔任用干部、围绕"好干部"标准教育培训干部,选拔处科级干部47人,调整35人,举办党校学习11场、二级单位党组织书记读书班集中学习8期。选派3名同志到枣庄市山亭区挂职"第一书记"、1名同志到莱阳市挂职科技副市长。

(六)着力保障改善民生,管理服务效益日益增强

推进社会保险改革准备工作。财务内部控制制度体系建设更趋完备。完成工程项目审计70项。完成专项审计调查及财务收支、经济责任审计等5项。固定资产入账8907台(件)3104万元,完成政府采购4506.32万元。实验室运行和管理体系建设不断加强。烟台大学文经学院持续发展。

校园安全防范水平整体提升。校内家属区房屋出售工作进展顺利,教职工活动中心投入使用,6号学生公寓更新改造等重点维修工程如期完成,15号、16号学生公寓、综合实验中心等项目扎实推进。荣获全国高校后勤新科技应用先进单位、学生公寓工作创新成果二等奖。图书期刊与数据库利用率不断提高。智慧校园建设五年规划落地实施。成立校友工作志愿者协会和烟二代之家。

在取得成绩的同时,我们也深知,工作中还存在一些短板与不足,如:综合改革、协调发展的顶层设计能力仍需提升;有的党员领导干部忧患意识、机遇意识不强,担当作为的勇气与干劲不足;广大师生员工的积极性主动性调动不充分;学生学习、生活条件亟待改善;工作执行力需要进一步提高等。这些问题,如不能很好解决,将会制约学校进一步发展,我们必须高度重视、逐一分析,认真查找原因,并采取有效措施,切实加以解决。

二、2018年工作要点

学校2018年工作的总体要求是:以党的十九大精神为指引,全面贯彻习近平新时代中国特色社会主义思想,全面加强党建思想政治工作,坚持科学谋划,强化人才培养中心地位,加强内涵建设和本科教育工作,提升学科建设水平和科研实力,做好财务等保障工作,稳步推进服务地方工作,切实增强管理服务能力,提高执行力,确保各项综合改革任务持续推进、"十三五"发展规划全面实施,稳步提升办学水平。

(一)提高政治站位,全面做好党建思想政治工作

深入学习贯彻党的十九大精神,牢固树立"四个意识"、始终在思想上政治上行动上同以习近平同志为核心的党中央保持高度一致。持续推进"两学一做"学习教育常态化制度化,开展"不忘初心、牢记使命"主题教育。推进党建创新,培育总结特色品牌,提高组织工作科学化水平。推进专业化干部队伍建设,开展中层领导班子和处级干部换届调整。进一步激发干部的活力和责任意识、担当意识。

贯彻落实全国全省高校思想政治工作会议精神,坚持立德树人,推进思想政治工作改革创新。扎实开展文明校园和烟台市文明单位建设工作。围绕中心、服务大局,牢牢掌握主动权,全面加强内外宣工作,为学校改革发展稳定营造良好氛围。启动第二轮"学生工作示范单位"评选,打造大学生思想政治教育精品项目。完善学生工作信息系统,推进学生网络思想政治教育工作。确定首批辅导员名师工作室,提升辅导员队伍职业能力和专业水平。

牢牢把握正确政治方向,把维护政治纪律和政治规矩作为首要任务。认真贯彻落实《中共中央政治局贯彻落实中央八项规定的实施细则》《中共山东省委常委会贯彻落实中央八项规定精神实施办法》的精神,驰而不息抓好作风建设。准确运用监督执纪"四种形态",全面加强纪律建设。健全监督体制机制,强化监督检查。持续深化"三转",建设忠诚干净担当的纪检监察队伍。深化"一党派一品

牌”活动，提高民主党派基层组织的凝聚力。认真筹备召开年度“双代会”。推进共青团工作改革创新。走访慰问并切实关心离退休老同志，发挥其积极作用。加强与校友联络沟通，营造学校、校友互相关心、共同发展的良好氛围。

（二）坚持科学谋划，不断提高治校办学水平

认真贯彻落实党委领导下的校长负责制，加强班子成员沟通协调，经常交流思想，发挥集体智慧。加强顶层设计，进一步明晰学校办学定位、办学特色和发展目标，以召开第四次党代会为契机，凝心聚力，再接再厉，加快高水平大学建设步伐。牢固树立科学发展理念，紧紧抓住“双一流”、省高水平应用型大学建设等战略机遇，加强校内外调查研究工作，着力解决影响和制约学校发展的突出问题。面对难事、棘手的事，敢于担当、敢于较真碰硬，不断提高把握规律、破解难题的能力与水平，多出真招实招，努力把复杂的事情办好，把难办的事情办成。持续推进《烟台大学章程》配套制度建设，构建具有烟大特色的现代大学制度，进一步完善治理体系，畅通运行机制。注重提高办学效益，稳步推进《烟台大学综合改革方案》《烟台大学“十三五”发展规划纲要》及各项子规划目标的实现。

（三）推进教育教学改革，稳步提高人才培养质量

整合优质教学资源，持续推进学分制改革。采取有力措施，不断提高实践教学水平。加强课程建设，全面推进混合式教学改革。积极探索双学位与辅修第二专业教学运行新模式。发挥名师引领作用，持续提升青年教师能力。启动实施教师教学荣誉工程，精心组织参加第五届全省青年教师教学竞赛。稳步推进工科专业认证，提高相关专业的社会认可度。积极整合资源，加强应用型专业群建设，迎接省教育厅、财政厅中期考核评估，为申报山东省高水平应用型大学奠定坚实基础。

进行部分专业学位类别专项评估。规范研究生教育质量监督体系，提高研究生培养质量。以国际经济与贸易本科专业为试点，逐步建设全外语授课专业。积极申办新的中外合作办学项目或机构。深化网络课程建设，提高函授教育水平。加大培训场地等配套建设，积极适应继续教育转型发展。

（四）聚焦“一流学科”突破，着力增强学科科研实力

以一级学科为单位进行年度学科评估，评估结果作为“学科特区”等学科建设投入及调整的主要政策依据。制定措施，加强协作，推动相关学科早日实现 ESI 前 1% 突破和省一流学科突破。精心准备，做好迎接服务国家特殊需求博士人才培养项目验收工作。组织开展学位授权点合格评估工作，及时向社会公开。稳步实施硕士学位授权点动态调整。精心组织实施，加大标志性科研成果培育力度，争创高水平科研成果奖励。从选题论证、项目申请书论证等环节予以支持，获批更多国家自然科学基金和社科基金等重点科研项目。积极申报省级重点实验室、工程技术中心等科研创新平台。加大协同创新中心建设和培育力度，稳固在全省高校的优势地位。适时召开学科建设工作会议。扩大学报学术影响面和覆盖面，更好服务学校教学科研和学科建设。

习近平总书记一直强调，发展是第一要务，人才是第一资源，创新是第一动力。不断提高人才资源是学校各项事业发展第一资源的思想认识，强化人才队伍建设对提升学科科研实力的支撑作用。创新人才引进的体制机制，开拓人才引进的视野，探索校企人才融合共享的新模式。扎实开展国家千人计划、省一事一议“顶尖人才”等人才项目的申报工作、考核工作，切实加强高层次人才队伍建设。科学制订计划，引进博士以上人才 150 人左右。注重培养青年科技人才，加强引进人才绩效考核，充分发挥引进人才的效能。统筹兼顾，进行岗位设置管理与聘用考核动态管理。推行人员总量控制管理改革，适时开展绩效工资改革。

（五）着力破解财务等制约因素，增强保障能力

改革经济运行体制和财务管理体制。严格执行新预算法，规范预算编制方法，建立预算执行动态监控机制。加快调整贷款结构，主动调整短期和长期贷款配置比例，坚持合理适度举债原则，增强资金筹措能力，确保综合实验中心和学生公寓楼建设资金需求，提高资金使用效益。完善《烟台大学财务工作内部牵制制度》等内控措施，加强内部财务监督制度建设，做到事前、事中和事后监督相结合，进一步规范财务管理。坚持勤俭办学原则，全面落实《烟台大学差旅费管理办法》等管理规定，明确开支范围、执行标准和审核流程。积极沟通协调，着力推动解决烟台市体育运动学校搬迁事宜，拓展办学资源。

采取有效措施，加强实验室管理，探索科研实验室有偿使用，做好实验室资源配置。建设公用房屋信息化管理平台。规范政府采购工作，加强国有资产管理，确保国有资产保值增值。加强监管，促进校办企业健康稳定发展。完善内部控制和风险管理措施，规范审计行为，进一步提高审计效益。

（六）深化交流合作，提升服务地方工作水平

充分利用国家和省市实施创新驱动发展战略、深化军民融合、产教融合的有利契机，抓住烟台市作为全省三核之一、着力推进新旧动能转换、校所城产融合发展的宝贵机遇，提高思想认识，深化校城融合发展。理顺服务地方工作体制机制，强化作用发挥，积极与地方政府、企事业单位开展合作。全面落实与台海集团合作有关事宜，加速推进核装备与核工程学院、研究院建设，进一步打造校企合作的亮点与品牌。扎实推进烟台发展研究院等高端智库建设，千方百计拓展科技成果转化和产学研用工作，为烟台率先发展、走在前列提供有力支持，强化学校在区域经济社会发展中的贡献与地位。积极探索新形势下北大、清华援建的有效方式，争取两校的支持与帮助。

成立国际交流与合作工作委员会，建立校院两级管理体系，完善工作机制。搭建平台，畅通渠道，推动师资国际化、学生国际化、课程国际化、科研国际化等办学进程。进一步规范短期外国专家管理工作。

（七）优化资源配置，提升各项管理服务成效

充分利用校内外资源，积极推动后勤综合改革，提升后勤保障能力。统筹兼顾，扎实开展民生维修改造工程。推进节约型绿色后勤建设，努力提高后勤服务工作的科学化、规范化、专业化水平，满足师生对美好生活的需求。开展校园消防安全专项整治工作。进一步完善校园安全风险管控机制，全面落实安全管理责任，形成职责明确、风险可控的管理格局。

建设完成15号、16号学生公寓并按期投入使用。稳步推进综合实验中心建设。完成校内家属区G1－3号住宅楼人防项目验收等工作。推动办理学府小区、烟台大学国际学术交流中心等涉建手续。推进文献资源建设，提高服务质量和水平。完成校园无线网络建设，加快数字化校园和信息化建设步伐。实行社会养老保险、医疗保险改革。完成教职工医保定点单位审批工作。层层传导压力，切实提高执行力。

各位代表、同志们，回顾过去一年，成绩来之不易；展望未来，我们对学校发展的锦绣前程充满信心！2018年是贯彻党的十九大精神开局之年，是改革开放40周年，是实施“十三五”规划承上启下的关键一年，我们要不忘初心，牢记建设高水平大学的使命与担当，团结拼搏，奋发进取，切实加快改革发展步伐，进一步提升核心竞争力，奋力推动学校各项工作再上新台阶。

烟大概况

烟台大学概况

烟台大学坐落于美丽的海滨城市烟台，是国内距海最近、拥有海岸线最长的滨海大学，是山东省属重点综合性大学。

学校创建于1984年7月，经教育部特批，北京大学、清华大学共同选派教学、科研、管理骨干来校援建。1990年成立了“北大、清华支援烟台大学建设委员会”，定期研究指导烟台大学的教学、科研、学科建设及改革发展，使烟台大学有了一个较高的办学起点和高水平的发展。1995年，学校顺利通过原国家教委本科教学水平合格评价。1998年获得硕士学位授予权。2004年在教育部本科教学工作水平评估中获得优秀等次。2012年获批山东省名校工程首批立项建设单位和服务国家特殊需求博士人才培养项目。2016年通过由教育部主导、山东省教育厅组织实施的本科教学审核评估，学校教学质量得到充分肯定。现具有博士生、硕士生、本科生招生资格及相应学位授予权。

学校占地面积135.78万平方米，建筑面积86.98万平方米，教学仪器设备总值4.24亿元。图书馆总面积4.38万平方米，截至2018年底，馆藏印刷型图书、报刊合订本234.63万余册，现有电子图书591.9万册，电子期刊1.9万种，中外文数据库近百个。

学校现设22个学院（部），65个研究院所，64个本科专业，涵盖文、理、工、法、农、医、经济、管理、教育、艺术等10个学科门类。学校形成了本科教育、研究生教育、留学生教育和继续教育等多类型、多层次的办学格局。目前，全日制在校本科生、研究生、留学生共3万余人，本科生源跨全国31个省（直辖市、自治区）。另有成人高等教育学生和全日制自考助学班学生4000余人。

学校拥有一支结构合理、素质精良的师资队伍。现有专任教师1458人，其中具有副高级以上专业技术职务人员694人；具有博士学位者681人，占专任教师的48.48%。现有中国工程院院士1人，“首届全国百名教学名师”1人，“新世纪百千万人才工程”国家级人选1人，国家“千人计划”人选3人，国家“万人计划”哲学社会科学领军人才1人，国家杰出青年基金获得者1人，国家有突出贡献的中青年专家1人，全国优秀教师2人，国家社科基金评审专家2人，全国文化名家暨“四个一批”人才工程1人，享受国务院政府特殊津贴专家12人，教育部“新世纪优秀人才”支持计划人选4人，山东省首批“一事一议”顶尖人才1人，入选泰山学者工程15人，泰山产业领军人才2人，山东省有突出贡献的中青年专家12人，山东省教学名师10人，省属高校优秀青年人才联合基金计划获得者3人，山东省智库高端人才首席专家1人，山东省高等学校首席专家5人，烟台市“双百计划”专家9人。近300名国内外知名学者担任客座教授和兼职教授，聘请兼职院士13人。

近年，学校获批4个国家级特色专业、14个省级品牌特色专业、涵盖29个专业的8个省级高水平应用型专业群，6个专业成功进入教育部“卓越

工程师教育培养计划”和“卓越法律人才教育培养计划”。获批3门国家级精品课和双语教学示范课程建设项目、1门国家级精品资源共享课、35门省级精品课,3门东西部高校课程联盟全国共享课。拥有1个国家级教学团队、5个省级教学团队、1个山东省黄大年式教学团队。学校首批获得山东省高等学校优势学科人才团队培育计划项目,2个“山东省高等学校人才培养模式创新实验区”。药学实验中心为国家级实验教学示范中心,工程力学实验中心为国家级首批虚拟仿真实验教学中心,另有4个省级实验教学示范中心。

学校现有1个“服务国家特殊需求博士人才培养项目”,20个硕士学位授权一级学科,5个硕士专业学位授权类别。拥有2个国家技术转移中心,1个教育部重点实验室,1个国家民委民族理论政策研究基地,1个国家知识产权培训基地。7个省级重点学科,3个省高等学校协同创新中心,7个省级重点实验室,1个省人大常委会地方立法研究服务基地,1个省理论建设工程重点研究基地,2个省高校人文社科研究基地,1个省民族问题研究中心,7个省级工程技术研究中心,1个省“泰山学者”种业人才团队支撑计划,1个省高校优秀科研创新团队,1个省国际(港澳台)科技合作平台,1个省级研究院,1个省软科学研究基地,1个省级大学科技园,1个省级大学生创业孵化基地。

学校近年来获国家科技进步二等奖1项,省部级以上奖励210余项,其中包括山东省科技进步一等奖1项,高等学校科学研究优秀成果奖(人文社会科学)一等奖1项,二等奖4项。主持国家自然科学基金、国家社会科学基金、973项目、863项目等国家级项目310项。主持省部级项目674项,其中山东省杰出青年基金2项。主持横向课题1600余项。学校先后获得全国科技管理先进团队、全国普通高校科研管理先进集体、山东省社科先进管理单位、山东省高等学校科研管理先进集体等荣誉称号。

学校是教育科研网城市节点单位。《烟台大学学报(哲学社会科学版)》为全国中文核心期刊,《烟台大学学报(自然科学与工程版)》为中国科技核心期刊。

学校注重发展国际和地区间的学术交流和友好往来,先后与26个国家和地区的100余所院校和学术机构建立了友好合作关系。现设有与韩国、美国高校合作举办的中外合作办学本科项目2个,与美国、英国、法国、德国、日本、瑞士、韩国和中国台湾地区的34所友好院校开展校际学生交流。学校是全国首批获准接收外国留学生及可以邀请外国文教专家的院校之一、山东省华文教育基地,设有国家政府留学生奖学金、山东省政府留学生奖学金和烟台大学留学生奖学金。校内设有汉语水平考试(HSK)、韩国语能力考试(TOPIK)和剑桥商务英语等级考试(BEC)等考点。

近年来,学校建立山东省第一个高校审美教育研究基地、山东省第一个高校党建研究基地。荣获“全国节俭养德全民节约行动先进单位”、全国高校校园文化建设优秀成果一等奖、全国“挑战杯”系列竞赛高校优秀组织奖、山东省高校青年教师教学比赛优秀组织奖、山东省高校“文明校园”荣誉称号。被评为“全国大中专学生志愿者暑期‘三下乡’社会实践活动先进单位”“山东省德育示范高校”“山东省高校德育工作优秀单位”“山东省党风廉政建设先进单位”“山东省学校民主管理先进单位”“山东省企校共建先进单位”“山东省团建规范化学校”“山东省五四红旗团委”“山东省就业工作先进集体”“山东省学生资助工作先进单位”“平安山东建设先进单位”“全省教育系统模范教工之家”。

(相关信息统计截至2018年12月)

2018年学校基本数据

一、基本数据

校园面积	
产权占地：	1353805 平方米
非产权占地：	4000 平方米
校舍建筑面积	
产权：	863770.8 平方米
非产权：	6000 平方米
图书馆藏书(纸质、电子)	
纸质图书	234.63 万册
电子图书	5919376 册
固定资产总额	148554.78 万元
其中：	
教学科研仪器设备总值	42394.61 万元

二、教职工人数

(一)在职人员

中国工程院院士	1
博士生导师	20
职称分布：	
正高级	198
副高级	565
中级	920
初级	77
无职称	247
专任教师	1458
其中：	
正高级	188
副高级	506
中级	657
初级	24
无职称	83
博士学历	680
硕士学历	380
本科学历	386
专科及以下	12

教辅人员	167
行政人员	240
工勤人员	106
校办企业职工	7
其他附设机构人员	29
(二)其他人员	
离退休人员	890
聘请校外教师	341
附属中小学幼儿园教职工	11
三、在校学生人数	
(一)全日制学生	30499
本专科学生	28579 (本科28392,专科187)
组成如下:	
一年级	7450
二年级	7319 (本科7319,专科0)
三年级	7172 (本科6985,专科187)
四年级	6557
五年级及以上	81
其中:	
女生	13938 (本科13836,专科102)
共产党员	1060 (本科1041,专科19)
研究生	1920 (博研20,硕研1900)
组成如下:	
一年级	739 (博研7,硕研732)
二年级	696 (博研5,硕研691)
三年级及以上	485 (博研8,硕研477)
其中:	
女生	1133 (博研12,硕研1121)
共产党员	342 (博研8,硕研334)

(二)成人教育学生	4085
组成如下:	
函授	4085
	(本科 2621,专科 1464)
(三)外国留学生	180
其中:	
硕士生	4
本科生	90
进修生	86
四、专业情况	
本科专业	64 个
专科专业	1 个
硕士学位授权点	
硕士学位授权一级学科点	20 个
硕士学位授权二级学科点	4 个
博士学位授权点	1 个
五、教学科研机构	
直属院系	20 个
重点实验室	10 个
研究所/中心	16 个

2018 年工作总结和 2019 年工作要点

一、2018 年主要工作情况

2018 年,学校党委坚定自觉地用习近平新时代中国特色社会主义思想统一全校师生的思想和行动,遵循教育发展规律、人才培养规律,深入贯彻落实"一二三"战略部署,奋力开创高水平大学建设的新局面,学校内涵建设持续加强,核心竞争力不断提升,一些工作取得了新突破。

(一)全面从严治党稳步推进,党建思政工作持续加强

强化思想引领,深入学习贯彻习近平新时代中国特色社会主义思想,全面贯彻落实习近平总书记视察山东重要讲话、重要指示批示精神,自觉在政治立场、政治方向、政治原则、政治道路上同以习近平同志为核心的党中央保持高度一致。学校第四次党代会胜利召开,确立了建设特色鲜明、部分学科具有国际影响力的高水平大学的奋斗目标与"一二三"战略部署,为推动学校各项事业又好又快发展指明了方向。

进一步完善党委领导下的校长负责制,党委全委会、常委会和校长办公会议事制度与规则更加健全。扎实开展"大学习、大调研、大改进",查找问题 264 项,基本完成整改。积极配合省委第十三巡视组巡视烟台大学党委,巡视组反馈的边巡边改有关事项和群众反映强烈的有关问题整改落实工作扎实推进,坚定不移推动全面从严治党向纵深发展。有序开展廉政风险防控工作专项检查、违规配备使

用公车、滥发津补贴、违规公款吃喝、违规收送礼品礼金专项治理和形式主义、官僚主义集中整治。建立全校处级干部廉政档案，筑牢领导干部思想防线，打好作风建设持久战。处理信访举报件和巡视组移交的问题线索57件次，谈话函询83件次，立案11件，给予1人严重警告、1人警告、14人通报批评、4人诫勉处理。

持续抓好基层党组织规范化、标准化建设，基层党组织换届选举和二级单位党组织书记抓党建述职评议考核工作顺利完成。获批省高校基层党建重点建设项目1个。药学院获评全省干事创业好团队。各民主党派换届与政治交接同步完成，统一战线共同思想政治基础更加巩固。启用离退休党群服务中心，扎实开展新形势下离退休干部“两项建设”工作。召开第七届教职工代表大会暨第八届工会会员代表大会，顺利完成换届工作，民主治校进程持续推进。

建立意识形态工作联席会议制度，严守意识形态阵地。组织校党委理论中心组学习16次。2名专家入选全省高校习近平总书记重要讲话精神宣讲团，4名专家入选省理论人才“百人工程”。学校入选全省高校最佳社会声誉榜，获评省理论宣教基地、省社会科学普及教育基地、省教育政务新媒体先进单位。获全国高校校报好新闻奖6项，位居全省高校首位。“烟大人”微信公众号WCI指数稳居高校校友会微信公众号周排行榜前十名。

工作机制实现创新，学生工作重心持续下移，学院在学生教育管理中的主体地位得以强化，教育、管理、服务和队伍建设四位一体的学生工作体系不断完善。荣获全国“三下乡”大学生社会实践活动先进单位、省大学生心理健康节优秀组织单位。召开第三次团代会，共青团改革取得阶段性成果。校团委获评省红旗团委、省五四红旗团委。举办纪念改革开放40周年系列活动，获批全省高校思想政治工作十大建设计划重点项目2项。学校获评山东省粮安之星单位、2017年度烟台市文明单位、烟台市创建第五届全国文明城市先进集体。

（二）教育教学改革成效明显，人才培养质量不断提高

深入学习贯彻全国、全省教育大会和新时代全国高等学校本科教育工作会议精神，全面贯彻落实党的教育方针，培养德智体美劳全面发展的社会主义建设者和接班人。实施教师教学荣誉工程，发起成立全省高校首个教师教学发展联盟。获高等教育国家级教学成果奖二等奖1项、省第五届青年教师教学比赛一等奖1项、二等奖4项，实现历史性突破。新上投资学、休闲体育2个专业。高水平应用型专业群建设和工科专业认证稳步推进。3个专业群获批省教育服务新旧动能转换专业对接产业项目，位居省属高校前列。

实施混合式教学模式改革，上线东西部高校课程共享联盟课程增至3门，选课学校800余所、学生达15万人次。1门在线课程获批国家精品在线开放课程。4个自制实验教学仪器获全国高校教师教学创新大赛三等奖，“焊接工业机器人”入选首批国家级示范性虚拟仿真实验教学项目。学生积极参与科技竞赛，获国际奖16项、国家奖54项。发起成立驻烟高校大学生就业创业联盟，大学生创业孵化基地新增创业团队24支，完成工商登记注册12家，获批国家大学生创新训练计划项目14项，学校获“创青春”省大学生创业大赛优秀组织奖。

选聘校内外专兼职硕士研究生指导教师527名，研究生教育质量保证和监督体系更趋完备。获省优秀硕士学位论文2篇、研究生优秀科技创新成果奖1项、专业学位研究生实践成果奖3项。新增函授站（点）7个，函授招生人数持续增加。新增友好学校7所，新签学生国际交流协议7项。教师赴国（境）外交流、学习的积极性明显提高，师资队伍国际化水平稳步提升。

（三）学科科研水平大幅提升，服务地方工作持续深化

药学学科入选省“一流学科”立项建设，实现重大突破。法学学科在教育部第四轮学科评估中获评等级B。服务国家特殊需求博士人才培养项目建设验收、硕士学位授权点动态调整与工程硕士学位授权点对应调整工作顺利完成。获批硕士学位授权一级学科4个，学科布局更加科学合理。

获批国家级科研项目40项，自然科学基金立项数、经费数再创新高。首次获批省重点研究计划（重大科技创新工程）项目和省自然科学基金重大基础研究项目，全年科研总经费8145.07万元，同比增长35%。发表SCI等高水平论文507篇，组织两校名师讲堂等学术报告193场次。获省部级科研奖励7项，授权职务专利86项；作为全省唯一高

校,独立获得全国专利金奖1项。获批省工程技术研究中心1个。《烟台大学学报(自然科学与工程版)》入选首批国家科技学术期刊开放平台全文收录期刊,《烟台大学学报(哲学社会科学版)》实现北京大学图书馆中文核心期刊、中国社会科学院文献信息中心、中国人文社会科学核心期刊三大权威目录全覆盖。

立足烟台、融入烟台、服务烟台氛围更加浓厚,校地融合发展全面推进。大力拓展办学资源与空间,与烟台经济技术开发区管理委员会签署战略合作框架协议,开发区科教园区办学规划深入论证。助力新旧动能转换重大工程建设,紧密对接烟台市7+N主导产业,与杰瑞集团、上海交通大学等签署校地院所合作协议55份。2个项目入驻烟台市校地合作示范基地,2个实验室获批烟台市首批立项建设重点实验室。获批省制造业创新中心立项试点建设单位2个、校企共建合作平台11个。与荣昌制药共建生物制药专业。核装备与核工程学院正式揭牌成立,省智慧海洋研究院(筹)获省发展和改革委员会批复。科技园获批省科技企业孵化器。北京大学、清华大学支援烟台大学建设委员会第十三次会议胜利召开,7个学院分别与两校对应院系签署合作协议,新形势下两校援建模式深化拓展,提升了学校在全省教育系统的知名度和美誉度。

(四)引进激励体系更加健全,人才干部活力显著提升

实行师资队伍建设委员会例会制度,开通职称聘任绿色通道,更加开放灵活的引才机制初步建立。柔性引进国家杰出青年基金获得者等国家级专家12人,聘任产业教授58人,外聘兼职教授12人。引进博士研究生或副高级以上90人,专任教师中具有博士学位的人员占比50.8%。人才队伍建设成效显著,房绍坤教授入选"长江学者"奖励计划特聘教授;获批省"一事一议"顶尖人才1人、省"泰山学者"2人、省"外专双百"专家团队1个、省属高校优秀青年人才联合基金计划1人、烟台市"双百计划"专家3人。完成第二轮岗位聘用和2014年、2015年新进人才中期考核工作,聘用考核工作体制机制日益完善。

学校中层领导班子和处级干部换届工作圆满完成,平级调整75名、选拔配备59名处级干部,实现处级干部任前廉政谈话全覆盖,干部队伍活力和责任意识显著增强。创新干部教育监督管理举措,培训力度不断加强,组织专题干部培训班3期、书记读书班7期,领导干部政治站位和履职尽责能力明显提高。第三轮3位"第一书记"届中考核均获优秀。

(五)更加注重保障改善民生,管理服务效益明显增强

修订《烟台大学单位目标考核办法》,担当作为激励导向作用更加凸显。社会保险、职称评审、绩效工资等制度改革和教职工社保参保工作同步推进。开展非税收入收缴情况专项检查,收费项目实现集中统一管理,内部制度建设进一步完善。财务综合服务大厅正式启用,网上查询、缴费平台开通运行,线上线下一体化的"一站式"服务平台初步构建。

大型仪器共享等资源资产整合调整工作加快推进,完成固定资产入账14272台(件)、4280万元,政府采购9426万元。工程项目审计42项、审减金额703.5万元。完善消防安全管理责任制,建立治安防范联动长效机制,集中开展安全生产月活动和全省教育系统安全生产百日攻坚行动。学校获评全省教育系统上合组织青岛峰会安保维稳工作先进高校。

15号、16号学生公寓投入使用。13号学生公寓整体改造、校内家属区道路修复等民生工程按时完工,电力增容和海绵校园建设扎实推进。校医院被确定为烟台市医保定点单位。续订、增订中外文数据库25个,图书期刊与数据库利用率不断提高。建成覆盖全校的光纤管道及无线网络,信息化水平稳步提升。成立西藏校友会,教育发展基金会获得省社会组织公益性捐赠税前扣除资格,校友感恩母校、回馈母校的氛围更加浓厚。

在取得成绩的同时,我们也要清醒地认识到,学校发展还存在一些问题与不足,主要表现在:党建工作与教学科研等中心工作结合不紧密;意识形态阵地管理存在薄弱环节;对违规违纪典型问题通报曝光力度不大,用身边事教育警示身边人的效果不明显;创新创业教育体制机制不健全,没有形成合力;获批国家社科基金项目数量偏少;以学科建设为引领,精准引进人才、加强团队建设的意识与能力不足;办学保障能力不强,财务压力依然沉重;办学国际化水平不高;服务新旧动能转换等重大战略的意识不强、成效不明显;内部管理粗放,内控机制制度化、规范化程度不高;等等。对于这些问题,

我们要高度重视并采取有效措施，切实加以解决。

二、2019年工作计划

2019年工作的总体要求是：以习近平新时代中国特色社会主义思想为指导，深入学习贯彻党的十九大精神和习近平总书记视察山东视察烟台重要讲话精神，按照全国、全省教育大会的部署安排，坚持立德树人，全面深化综合改革，理顺体制机制，改善治理体系，提高治校办学能力，稳步提升学校综合实力，加快特色鲜明、部分学科具有国际影响力的高水平大学建设步伐。

（一）坚持全面从严治党，扎实开展党建思想政治工作

以党的政治建设为统领，牢固树立“四个意识”，坚决做到“四个服从”，认真践行“两个维护”，推进全面从严治党各项任务落细落实。以处级以上领导干部为重点，认真组织开展“不忘初心、牢记使命”主题教育。实施“对标争先”建设计划，推进基层党组织标准化、规范化建设。压实基层党建工作责任，提高基层党建科学化水平。加强党员教育管理监督，发挥党员先锋模范作用，提高党员发展质量。建立健全干部选拔、培养、管理、监督、考核、激励等工作体系，激励干部担当作为、干事创业，健全发现、培养、使用年轻干部的工作机制。坚持党管人才，做好团结引领和服务工作。

开展二级单位党组织书记向纪委全委会述责述廉和民主评议。强化把监督挺在前面的意识，加大对校内重点工作领域和工作环节的专项检查工作力度。深化运用“四种形态”，规范问题线索处置，加大纪律审查和问责力度以及典型问题通报曝光力度，提高监督执纪问责质量。加强意识形态工作，发挥意识形态联席会议会商研判作用，加强阵地管理，形成条块结合、纵横交叉、无缝覆盖的意识形态工作格局。扎实开展德育大讲堂，稳步提高理论宣讲水平。探索推进融媒体建设，强化内外宣工作成效。推动校园文化精品项目建设。完善审美教育工作体系，强化美育特色。

实施庆祝建国70周年、建校35周年文化建设成果“六个一”工程。推进大学生思想政治教育精品项目建设和成果转化推广工作。完善学生心理健康教育、资助育人等工作体系。优化学风建设，构建以教风带学风、以学风促教风的双向机制。加强辅导员等学生工作队伍建设。持续深化共青团改革。筹备召开学生代表大会，推动学生自我管理规范化、制度化、科学化。完善宗教工作联动机制，健全反渗透网络。持续加强民主党派和统战团体建设，提高参政议政能力。坚持民主治校，召开年度“双代会”。建立完善、准确、全面的离退休教职工数据库，深入开展精准服务。

（二）提高政治站位，切实抓好各项整改落实工作

充分认识整改落实工作的重要意义，把抓好省委巡视和省审计厅反馈意见整改落实工作作为重要任务。聚焦问题，认真研究，深刻对照反思，深入查找问题产生的原因，明确完成时限，以坚决的态度、严格的标准、有效的举措，在条条要整改、件件有落实上集中发力。把解决具体问题与共性问题、解决当前问题与长远问题有机结合，重点健全完善长效工作机制。强化督导检查，对整改工作推进不力、进展缓慢、弄虚作假的严肃问责，全面推进各项整改落实工作，确保改出成效，扎扎实实做好“后半篇文章”。通过整改，补齐短板弱项，确保管党治党主体责任和监督责任落到实处，提高管理能力。

（三）坚持立德树人，大力提高教育教学工作质量

认真贯彻落实全国、全省教育大会以及新时代全国高等学校本科教育工作会议精神，召开第十届教学工作会议，强化人才培养中心地位，制定并实施本科教育质量提升计划。完善动态调整机制，持续优化专业结构，升级改造工科专业。淘汰“水课”、打造“金课”，建设优质课程。深入实施教师教学荣誉工程，完善教师评价体系。建立师德考核实施细则，落实师德师风是评价教师队伍的第一标准。完善协同实践育人机制，提高学生实践动手能力。实现信息技术与教育教学深度融合，推进混合式教学改革向纵深发展。扩大第三方评价范围，定期发布“人才培养质量报告”，接受社会监督。整合资源，理顺机制，激发学生的积极性，提升大学生创新创业水平。

扎实做好学位授权点抽评工作。开展新增一级学科学位点招生、导师遴选、培养等准备工作。修订工程类专业学位研究生培养方案。强化导师作为研究生培养第一责任人的责任，加强培训、考核；全面开展研究生教育优质课程、研究生教学案例库等项目建设，提升研究生教育质量。

规范外籍教师入职教育内容及流程，出台外籍教师意识形态工作实施方案。迎接教育部对中美

法学项目、中韩材料科学与工程项目评估工作。推进生物学、药学、材料学等与国外大学联合培养博士生及联合博导计划。多措并举，扩大函授教育规模。扩大职业技能培训鉴定项目，提高工作水平。

（四）推进资源整合，着力夯实事业发展保障条件

出台年度调研计划，强化调研成果运用。深入研究并准确理解上级有关政策，牢牢把握新旧动能转换、乡村振兴、海洋强省建设等发展机遇，提升办学水平，提高学校在全省教育系统的知名度与美誉度，为学校发展营造良好环境。扎实有效地落实北京大学、清华大学支援烟台大学建设委员会第十三次会议上签订的合作协议，拓展并深化两校援建的成果，着力争取省市等方面的支持帮助，推动学校发展。巩固校院两级校友工作联动机制，彰显校友工作成效，营造母校关心校友、校友支持母校的良好氛围。

以“大型仪器共享使用”为切入点，全面梳理资源统筹不到位的突出问题，打破部门、学院壁垒，制定具体措施，有效提高实验教学、科研平台和公用房屋等各类资源的管理效益。规范政府采购预算，提高资金使用效益。优化实验室运行等工作体系，建立虚拟仿真教学中心。完善经营性资产监管体制机制，防控国有资产管理风险，规范国有资产有偿使用。深化校办企业改革，促进校办企业健康稳定发展。推进预算管理改革，坚持零基预算，细化年度预算。推进2020—2022年度项目库建设。强化“花钱必问效，无效必问责”的理念，探索预算绩效考核机制。坚持合理适度举债原则，提供坚实财务保障。健全财务规章制度，加强财务监督管理。加快财政专项资金执行进度，压减财政专项资金结余结转规模。

（五）健全完善机制，切实提高学校核心竞争力

召开学科建设工作会议，突出学科带动作用，引领学校内涵发展。制定学科团队带头人聘任等一系列制度，建立学科建设考核体系，明确人员学科归属等要求，强化学科发展动态管理，推进各学科规划实施和任务落实。完善机制，强化激励，充分调动科研人员的积极性、主动性和创造性。整合资源，加大标志性科研项目、科研成果和高水平科研论文培育力度。做好2020年博士学位授予单位申报立项与培育建设工作。加快推动和巩固相关学科进入ESI全球前1%。积极争取省级新材料与高端装备大科学研究中心落户我校。扎实推进山东省智慧海洋研究院建设工作。加大创新平台建设、培育力度，稳固在全省高校的优势地位。健全科研管理相关政策，充分激发教师科研工作积极性。开展校级科研机构考评工作。着力争取高端稿源，持续提高学报学术质量。

积极开展省“一事一议”引进顶尖人才等项目申报、考察、考核等工作，加强高层次人才队伍建设。开展“152”人才工程遴选与中期考核工作，启动岗位设置管理第二聘期中期考核，健全岗位管理和聘期考核机制。坚持分类设置，严格职称评价条件。明确人才引进条件和聘期目标，出台引进人才奖励办法，加大青年优秀博士和紧缺高层次人才引进力度。稳步提高引进人才中期检查和聘期期满目标考核工作的规范化、科学化水平。

（六）拓宽工作渠道，不断深化对外合作交流工作

依托友好城市、华侨华人社团联合组织、港澳台友好组织等资源，搭建教育文化交流合作平台。扩大对外合作，推进与英国提赛德大学等高校友好协议签署工作，推动与美国田纳西大学等高校的相关专业进行合作办学。修订师生因公出国（境）管理规定，推动外事信息化管理服务平台建设，拓宽教师访学渠道。充分挖掘学院涉外资源，依托特色优势学科，对接境外优质合作伙伴，推动实质交流与合作。拓展优质学生交流项目，营造学生积极参与的良好氛围。

持续深化立足烟台、融入烟台、服务烟台的理念，充分利用校地联席会议机制，彰显学校优势与特色，打造服务地方工作品牌。扎实推进烟台大学开发区科教园区共建实施协议的落实工作，加快开发区科教园区建设步伐。采取有效措施，推进产学研用一体化，促进横向科研项目立项率和到位经费数持续提升。积极探索与政府、知名企业、行业协会合作的新模式，推动落实科技合作特派员制度，广泛搭建校地、校企、校校（院所）合作平台。依托科技园入驻企业，提高知识产权（专利）的管理服务与价值产出。

（七）优化工作作风，稳步提高各项管理服务水平

集中整治形式主义、官僚主义突出问题，对照查摆出的问题逐项整改，突出重点，狠抓成效。倡导“首接负责制”，财务管理、教学运行、出国（境）审批等工作积极践行“一站式”服务理念，提高工作

效率,切实为师生员工提供优质、便捷、贴心的服务,提高师生员工的满意度。坚持定期督查与重点督察相结合,压实责任,传导压力,提高执行力,持续提升管理服务水平。持续开展“庸懒散”专项治理,严肃请假、会议纪律。

全面实施绩效工资改革,激发以增加知识价值为导向的人才创新创造活力,提高收入分配政策对各类岗位人员的激励效能。推进社会保险全面实施工作。完善编外用工管理制度。加强后勤标准化、信息化建设,提高精细化服务能力与水平。努力完成综合实验中心工程建设,确保质量。推进南校区教学实验楼立项工作。加快办理学府小区涉建手续。深化“平安校园”建设,完善安全责任体系和治安防范体系。整合改造消控、监控系统可视化平台。开展校园交通安全专项治理,加大校园及周边治安环境整治力度。完善无线网络建设,扩大覆盖面,持续推进信息化校园建设,提高信息融合,完善信息多维度、可视化展示方式。以工程训练综合能力大赛为抓手,推进创新训练平台建设。优化文献、信息资源结构,推进图书馆向知识服务与学习中心转变。

2019 年是中华人民共和国成立 70 周年,是学校建校 35 周年,也是深入实施“十三五”发展规划、持续推进综合改革的重要一年。我们要以习近平新时代中国特色社会主义思想为指导,开拓创新、扎实工作,加快推进内涵发展,彰显办学特色,稳步提升人才培养质量和科研创新能力,切实增强学校综合竞争实力,努力开创学校各项事业又好又快发展的新局面。

附:

烟台大学 2019 年重点工作任务表

序号	工作内容	主管单位	配合单位	牵头校领导
1	全面开展省委巡视和审计整改落实工作	学校办公室、纪委机关、监察处、审计处、财务处	各单位	张伟 郭善利 张殿臣 周胜良
2	提高管理质量和水平,加强执行力建设	学校办公室、纪委机关、监察处、发展规划与学科建设处	各单位	张伟 郭善利 周胜良
3	全面实施“对标争先”建设计划,推进基层党组织标准化建设	党委组织部	党委学生工作部(处)、各基层党组织	张殿臣 邓昌亮
4	开展庆祝新中国成立 70 周年、建校 35 周年系列活动	党委宣传部	各单位	张殿臣
5	加强领军人才团队建设,优化学校师资队伍结构	人事处	各学院	孙祥斌
6	深化学生自我管理,召开第四次学代会	校团委、党委学生工作部(处)	各学院	邓昌亮
7	整合资源,理顺机制,提升大学生创新创业水平	党委学生工作部(处)、教务处、校团委	相关单位	邓昌亮 宋中民
8	加快推进综合实验中心等重点工程建设	基建处	财务处、资产与实验室管理处	邓昌亮
9	实施本科教学质量提升计划	教务处	各单位	宋中民
10	学科建设体制机制改革	发展规划与学科建设处	社科(科技)处、研究生处、人事处	郝曙光
11	健全科研管理相关政策,充分激发教师科研工作积极性	社科(科技)处	各学院	李合亮
12	推进烟台大学开发区科教园区建设	服务地方办公室	发展规划与学科建设处、有关单位	孙祥斌 郝曙光 李合亮
13	完成图书馆学习空间改造、重点民生维修改造工程、电力改造工程、海绵校园改造工程	后勤管理处、图书馆、网络与教育技术中心	相关单位	王强

机构与干部

学校党群与行政组织机构图

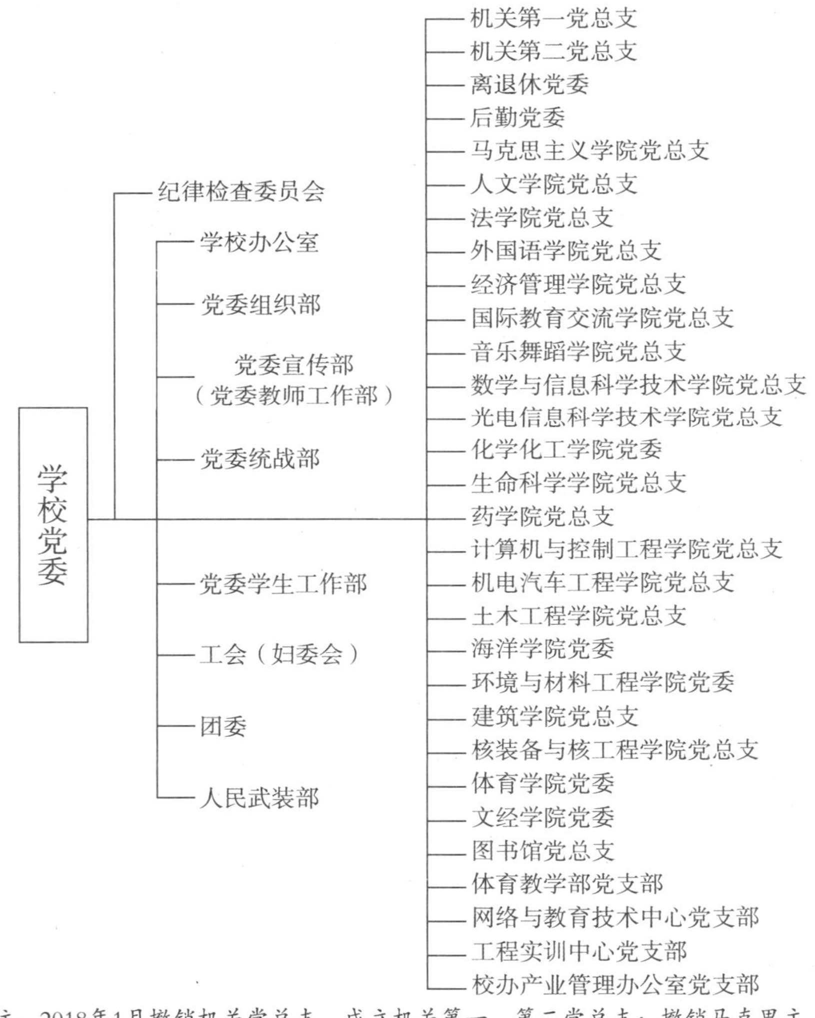

注：2018年1月撤销机关党总支，成立机关第一、第二党总支；撤销马克思主义学院党支部，成立马克思主义学院党总支；成立核装备与核工程学院党总支。2018年8月校友联谊会办公室更名为校友工作办公室，挂靠党委统战部；撤销离退休党总支，成立离退休党委；撤销校医院直属党支部。2018年9月成立党委教师工作部，与党委宣传部合署办公。

注：2018年1月发展规划处更名为发展规划与学科建设处；成立服务地方办公室，正处级；科技园管理服务中心变更为副处级，挂靠服务地方办公室；成立核装备与核工程学院；撤销成教处，保留继续教育学院。2018年6月校医院挂靠后勤管理处，法律事务部挂靠知识产权研究中心。

学校领导

职　务	姓　名	职　称	任现职时间
党委书记	张　伟	教　授	2017 年 7 月
党委副书记、校长	郭善利	教　授	2017 年 8 月
党委副书记	张殿臣	研究员	2018 年 1 月
党委常委、副校长	孙祥斌	教　授	2009 年 10 月
党委常委、副校长	邓昌亮	副教授	2009 年 10 月
党委常委、副校长	宋中民	教　授	2014 年 12 月
党委常委、纪委书记	周胜良	副教授	2014 年 11 月
党委常委、副校长	郝曙光	教　授	2018 年 3 月
党委常委、副校长	王　强	助理研究员	2018 年 3 月
正校级领导	崔明德	研究员	2017 年 7 月

注：郝曙光、王强同志 2018 年 1 月任烟台大学副校长。

中共烟台大学第四届委员会常务委员

职　务	姓　名	职　称	任现职时间
书　记	张　伟	教　授	2018 年 3 月
副书记	郭善利	教　授	2018 年 3 月
副书记	张殿臣	研究员	2018 年 3 月
常　委	孙祥斌	教　授	2018 年 3 月
常　委	邓昌亮	副教授	2018 年 3 月
常　委	宋中民	教　授	2018 年 3 月
常　委	周胜良	副教授	2018 年 3 月
常　委	郝曙光	教　授	2018 年 3 月
常　委	王　强	助理研究员	2018 年 3 月

中共烟台大学第四届委员会委员

（以姓氏笔画为序）

职　务	姓　名	职　称	任现职时间
委　员	于光辉	教　授	2018 年 3 月
委　员	于秀国	助理研究员	2018 年 3 月
委　员	王泽光	讲　师	2018 年 3 月
委　员	兰绍玉	讲　师	2018 年 3 月
委　员	成　强	助理研究员	2018 年 3 月
委　员	毕可志	教　授	2018 年 3 月
委　员	朱　兴	研究实习员	2018 年 3 月
委　员	任汇江	讲　师	2018 年 3 月
委　员	邬旭然	教　授	2018 年 3 月
委　员	孙云茂	助理研究员	2018 年 3 月
委　员	李进莉	助理研究员	2018 年 3 月
委　员	杨众晖	助理研究员	2018 年 3 月
委　员	何世新	副研究员	2018 年 3 月
委　员	张仕祯	讲　师	2018 年 3 月
委　员	陈义保	教　授	2018 年 3 月
委　员	赵利江	助理研究员	2018 年 3 月

中共烟台大学纪律检查委员会

（委员以姓氏笔画为序）

职　务	姓　名	职　称	任现职时间
书　记	周胜良	副教授	2018 年 3 月
副书记	曹振斌	副教授	2018 年 3 月
副书记	王海丽	讲　师	2018 年 3 月
委　员	王志强	高级经济师	2018 年 3 月
委　员	杜　昊	讲　师	2018 年 3 月
委　员	李杰盛	助理研究员	2018 年 3 月
委　员	李国栋	编　审	2018 年 3 月

续表

职　务	姓　名	职　称	任现职时间
委　员	李育华	副教授	2018 年 3 月
委　员	杨乃军	助理研究员	2018 年 3 月
委　员	杨开春	助理研究员	2018 年 3 月
委　员	张西俊	教　授	2018 年 3 月
委　员	张廷广	研究馆员	2018 年 3 月
委　员	段志国	助理研究员	2018 年 3 月
委　员	姜付义	教　授	2018 年 3 月
委　员	童向荣	教　授	2018 年 3 月

烟台大学学术委员会及各专门委员会

（2018 年 7 月届中调整）

学术委员会

主任委员：郭善利

副主任委员：郝曙光　王海英　孙考祥　周新刚

委员：（以姓氏笔画为序）

王中训　王　强　王燕涛　田京伟　毕可志　毕春加　曲晓莉　任现品　刘殿通　孙　力
孙元平　孙志毅　孙利芹　孙祥斌　李文卓　李秉钧　杨志娟　邹淑珍　冷惠玲　宋中民
张　伟　张廷广　张全胜　张志军　张尚洲　陆诗忠　陈义保　罗玉萍　姜付义　袁健惠
徐　阳　徐惠忠　高　原　龚卫东　崔占峰　崔洪涛　童向荣

学科建设委员会

主任委员：郭善利

副主任委员：郝曙光

委员：（以姓氏笔画为序）

王中训　王新娜　王燕涛　田京伟　成　强　毕可志　刘经靖　刘振伟　孙利芹　杜荣斌
李　祎　杨　滨　杨志娟　邹淑珍　张安民　张志军　陈义保　罗新正　禹英兰　姜付义
高　原　逯静洲　隋杰礼　童向荣

师资队伍建设委员会

主任委员：孙祥斌

副主任委员：王海英　成　强

委员：(以姓氏笔画为序)

丁双红　王　倩　王　燕　毕可志　曲晓莉　刘惊雷　杜　伟　李庆忠　李　军　李秉钧
杨　滨　邹淑珍　宋建成　张安民　陈义保　罗玉萍　孟庆国　赵文静　郝曙光　姜付义
徐　阳　郭明恩　龚卫东　董　晔

本科教学委员会

主任委员：宋中民

副主任委员：毕可志

委员：(以姓氏笔画为序)

马　涛　王　毅　王立宏　王海波　田英华　田京伟　吕　文　任满杰　刘焕卫　孙　力
孙　晶　孙元平　李文卓　李海廷　邹淑珍　初炳东　张培青　姜　丽　贺　君　徐惠忠
殷　莉　董　浩　樊海涛

研究生教学委员会

主任委员：周新刚

副主任委员：姜付义

委员：(以姓氏笔画为序)

王　刚　王东兴　毕春加　曲淑英　刘万卉　刘会清　刘振伟　刘殿通　杨玉军　冷惠玲
宋远明　张全胜　张洪波　欧世峰　姜爱莉　袁健惠　徐秀峰　崔占峰

科学研究委员会

主任委员：孙考祥

副主任委员：陈义保

委员：(以姓氏笔画为序)

于　英　马晓丽　毕春加　任现品　刘志国　刘志勇　孙志毅　苏晓东　李　营　李向明
李宝顺　张　宏　张全胜　张尚洲　陆诗忠　范宝德　赵佳舒　姜　丽　袁健惠　殷军港
崔洪涛　舒星虹

学术道德委员会

主任委员：王海英
副主任委员：陈义保
委员：（以姓氏笔画为序）

马兴法　王　燕　王东兴　王永娜　王伟田　卢凤菊　毕可志　任俊义　许　卉　许　丽
李中强　张　伟　陈　敏　罗玉萍　周甜甜　赵兴源　姜付义　袁红玉　徐　阳　徐秀峰
董　晔　童向荣　谢春玲

实验室建设委员会

主任委员：王　强
副主任委员：周新刚　任汇江
委员：（以姓氏笔画为序）

马　涛　王光明　王燕涛　田英华　曲世金　孙元平　孙立民　孙利芹　李秉钧　邱剑勋
张文龙　张尚洲　张明熙　张瑞萍　张雷明　陈传军　周竹梅　周积状　郑青华　贺　君
徐晓艳　崔洪涛　董　浩

图书情报工作委员会

主任委员：宋中民
副主任委员：袁红玉
委员：（以姓氏笔画为序）

于　英　马　群　王　波　田英华　刘殿通　关　涛　孙考祥　杨志娟　吴昭景　张　岩
张文龙　张明熙　张胜利　张瑞萍　季道德　赵玉平　郝加泰　贺鹏飞　郭　忠　龚卫东
崔占峰　崔孟忠　董向荣

烟台大学第八届学位评定委员会

主　席：郭善利　校长
副主席：邓昌亮　副校长
　　　　宋中民　副校长
　　　　郝曙光　副校长
委　员：（以姓氏笔画为序）
　　　　马国清　机电汽车工程学院院长

王中训　光电信息科学技术学院院长
王洪波　药学院院长
毕可志　教务处处长
邬旭然　生命科学学院院长
刘仲礼　核装备与核工程学院院长
刘君涛　继续教育学院院长
刘经靖　法学院副院长
杜　伟　环境与材料工程学院院长
李文佐　化学化工学院副院长
李国栋　马克思主义学院院长
李秉钧　海洋学院院长
杨　滨　国际教育交流学院院长
邹淑珍　音乐舞蹈学院院长
宋　岩　经济管理学院院长
张　伟　体育学院副院长
张小霞　数学与信息科学学院院长
张西俊　国际合作交流处处长
陈义保　科技处处长
赵利江　学生工作处长
姜付义　研究生处处长
龚卫东　外国语学院院长
逯静洲　土木工程学院副院长
隋杰礼　建筑学院院长
董　晔　人文学院院长
童向荣　计算机与控制工程学院院长

党群系统负责人

单　位	姓　名	职　务	职　称	任现职时间
纪律检查委员会	周胜良	书　记	副教授	2014 年 11 月
	曹振斌	副书记	副教授	2011 年 7 月
	王海丽	副书记	讲　师	2016 年 6 月
	杜永吉	正处级纪检员	副教授	2018 年 1 月
	张国平	纪律检查室主任	助理研究员	2016 年 6 月
学校办公室	孙云茂	主　任	助理研究员	2013 年 7 月
	张仁旭	副主任	助理研究员	2011 年 7 月
	姜丽岳	副主任	讲　师	2018 年 5 月
	冯　建	副主任	讲　师	2018 年 6 月

续表

单位	姓名	职务	职称	任现职时间
党委组织部	王泽光	部长	讲师	2015年10月
	于仁松	正处级组织员	研究员	2018年1月
	戴东风	正处级组织员	高级政工师	2018年1月
	赵久满	副部长	讲师	2018年5月
	刘德敏	副处级组织员	副编审	2018年5月
党委宣传部（新闻中心）	于秀国	部长、新闻中心主任	助理研究员	2018年1月
	王晓刚	副部长、新闻中心副主任	讲师	2017年9月
	亓健生	副部长	讲师	2018年5月
党委教师工作部	于秀国	部长	助理研究员	2018年9月
党委统战部（校友工作办公室）	李育华	部长、校友工作办公室主任	副教授	2016年10月
	段昕	副部长、校友工作办公室副主任	讲师	2018年6月
党委学工部	赵利江	部长	助理研究员	2018年1月
	孙本晓	副部长	助理研究员	2018年5月
	周娟	副部长	讲师	2018年5月
	徐道立	副部长	副教授	2018年8月
工会	何世新	主席	副研究员	2018年1月
	孙占奎	副主席	副研究员	2018年5月
团委	朱兴	书记	研究实习员	2016年7月
	张茜	副书记	研究实习员	2018年6月
妇女工作委员会	何世新	主席	副研究员	2018年1月
人民武装部	赵利江	部长	助理研究员	2018年1月

注：2018年1月前，于秀国同志任党委学生工作部部长、人民武装部部长；曹振斌同志任党委组织部副部长；于仁松同志任校工会主席；杜永吉同志任纪委副书记；何世新同志任党委宣传部部长、新闻中心主任；兰翠同志任校妇女工作委员会主任。2018年4月前，王者旭同志任党委学生工作部副部长。2018年5月前，胡大鹏同志任党委宣传部副部长；刘超同志任校团委副书记；王向荣同志任校工会副主席、妇女工作委员会副主任；姜丽岳同志任党委学生工作部副部长。2018年11月前，刘敏同志任副处级组织员。

直属党组织负责人

单　位	姓　名	职　务	职　称	任现职时间
后勤党委	曲增欣	书记	助理工程师	2018 年 6 月
	赵显伟	副书记	讲　师	2018 年 5 月
	徐海宁	副处级组织员	工 程 师	2018 年 5 月
离退休党委	张寅晗	书　记	讲　师	2018 年 8 月
	郭晓平	副处级组织员	副研究员	2018 年 5 月
化学化工学院党委	段志国	书　记	助理研究员	2016 年 10 月
	胡大鹏	副书记	讲　师	2018 年 5 月
海洋学院党委	林立成	书　记	讲　师	2018 年 4 月
	杜德省	副书记	副教授	2018 年 8 月
环境与材料工程学院党委	柳瑞雪	书　记	编　审	2012 年 10 月
	曲　峰	副书记	讲　师	2018 年 5 月
体育学院党委	郑俊杰	书　记	无	2018 年 1 月
	尹连彬	副书记	无	2008 年 6 月
	王　岩	副书记	讲　师	2018 年 5 月
文经学院党委	唐家弘	书　记	副研究员	2018 年 4 月
	李荣梅	副书记	助理研究员	2013 年 11 月
机关第一党总支	王海丽	书　记	讲　师	2018 年 1 月
	孙占奎	副书记	副研究员	2018 年 1 月
机关第二党总支	李杰盛	书　记	助理研究员	2018 年 1 月
	孙旭涛	副书记	讲　师	2018 年 5 月
马克思主义学院党总支	王京强	书　记	助理研究员	2018 年 1 月
	李　江	副书记	讲　师	2018 年 1 月
人文学院党总支	刘知德	书　记	讲　师	2016 年 7 月
	徐海滨	副书记	讲　师	2018 年 5 月
法学院党总支	张仕祯	书　记	讲　师	2018 年 1 月
	罗秀秀	副书记	研究实习员	2018 年 6 月
外国语学院党总支	张广毅	书　记	讲　师	2018 年 4 月
	谭晶白	副书记	讲　师	2018 年 5 月
经济管理学院党总支	王者旭	书　记	助理研究员	2018 年 4 月
	赵卉妍	副书记	讲　师	2014 年 11 月

续表

单 位	姓 名	职 务	职 称	任现职时间
国际教育交流学院党总支	刘 超	副书记	讲 师	2018 年 5 月
音乐舞蹈学院党总支	王少波	书 记	讲 师	2014 年 11 月
	刘善平	副书记	助理研究员	2018 年 5 月
数学与信息科学学院党总支	滕雪玉	书 记	讲 师	2012 年 10 月
	邱文伟	副书记	讲 师	2018 年 6 月
光电信息科学技术学院党总支	丁 峰	书 记	讲 师	2018 年 1 月
	郭金玲	副书记	讲 师	2018 年 6 月
计算机与控制工程学院党总支	秦月红	书 记	讲 师	2016 年 12 月
	贺 毅	副书记	馆 员	2013 年 12 月
机电汽车工程学院党总支	唐 斌	书 记	副教授	2018 年 1 月
	刘 举	副书记	讲 师	2018 年 6 月
土木工程学院党总支	杜 昊	书 记	讲 师	2013 年 7 月
	郭冬梅	副书记	副教授	2014 年 11 月
生命科学学院党总支	毕朝辉	书 记	助理研究员	2015 年 10 月
	李明月	副书记	讲 师	2018 年 6 月
药学院党总支	李进莉	书 记	助理研究员	2018 年 1 月
	张立明	副书记	讲 师	2018 年 6 月
建筑学院党总支	张绍河	书 记	高级工程师	2013 年 7 月
	方骁炜	副书记	无	2016 年 7 月
核装备与核工程学院党总支	张 波	书 记	讲 师	2018 年 4 月
图书馆党总支	张廷广	书 记	研究馆员	2016 年 12 月
体育教学部党支部	王向荣	书 记	助理研究员	2018 年 5 月
网络与教育技术中心党支部	曲维义	书 记	讲 师	2018 年 5 月
工程实训中心党支部	崔志峰	书 记	讲 师	2018 年 5 月
校办产业管理办公室党支部	卫兆明	书 记	助理研究员	2018 年 5 月

注:2018 年 1 月前,张仕祯同志任机电汽车工程学院党总支书记;丁峰同志任经济管理学院党总支书记;唐斌同志任光电信息科学技术学院党总支书记;李进莉同志任国际教育交流学院党总支书记;杨众晖同志任后勤党委书记;范李瑛同志任法学院党总支书记;郇旭然同志任药学院党总支书记;杨乃军同志任海洋学院党委书记;杨开春同志任后备军官学院政委;李相然同志任文经学院党委书记。2018 年 4 月前,唐家弘同志任外国语学院党总支书记。2018 年 5 月前,赵久满同志任体育学院党委副书记;刘敏同志任网络与教育技术中心党支部书记;刘德敏同志任体育教学部党支部书记;郭晓平同志任离退休党总支副书记;亓健生同志任法学院党总支副书记;段昕同志任药学院党总支副书记;孙本晓同志任国际教育交流学院党总支副书记;周娟同志任化学化工学院党委副书记;赵显伟同志任外国语学院党总支副书记;徐海滨同志任机电汽车工程学院党总支副书记;谭晶白同志任海洋学院党委副书记;曲峰同志任光电信息科学技术学院党总支副书记;陆犁同志任后勤党委副书记;景洪昌同志任人文学院党总支副书记;吴庆磊同志任音乐舞蹈学院党总支副书记;尹德欣同志任数学与信息科学学院党总支副书记;李军同志任环境与材料工程学院党委副书记;王岩同志任工程实训中心党支部书记;高福芳同志任校办产业管理办公室党支部书记。2018 年 8 月前,张寅晗同志任离退休党总支书记。

行政机构负责人

单　位	姓　名	职　务	职　称	任现职时间
学校办公室	孙云茂	主　任	助理研究员	2013 年 7 月
	张仁旭	副主任	助理研究员	2011 年 7 月
	姜丽岳	副主任	讲　师	2018 年 5 月
	冯　建	副主任	讲　师	2018 年 6 月
监察处	曹振斌	处　长	副教授	2018 年 1 月
教务处（教学督导与评价中心、教师教学发展中心）	毕可志	处　长	教　授	2014 年 12 月
	任满杰	副处长、教学督导与评价中心主任	教　授	2013 年 7 月
	贺　君	副处长	副教授	2018 年 1 月
	焦艳辉	副处长、教师教学发展中心	研究实习员	2018 年 6 月
科技处	陈义保	处　长	教　授	2014 年 12 月
	曲世金	副处长	研究实习员	2015 年 7 月
社会科学处	刘志国	副处长	助理研究员	2018 年 6 月
研究生处	姜付义	处　长	教　授	2018 年 1 月
	曲淑英	副处长	教　授	2018 年 1 月
人事处（人才工作办公室）	成　强	处长、人才工作办公室主任	助理研究员	2018 年 1 月
	李　军	副处长、人才工作办公室副主任	讲　师	2018 年 5 月
	赵兴源	副处长	无	2013 年 11 月
财务处	杨众晖	处　长	助理研究员	2018 年 1 月
	张忠慈	副处长	会 计 师	2018 年 5 月
	景洪昌	副处长	助理研究员	2018 年 5 月
学生工作处（毕业生就业工作指导中心）	赵利江	处　长	助理研究员	2018 年 1 月
	孙本晓	副处长、毕业生就业工作指导中心主任	助理馆员	2018 年 5 月
	周　娟	副处长	讲　师	2018 年 5 月
	徐道立	副处长	副教授	2018 年 8 月
发展规划与学科建设处	郝曙光	处　长	教　授	2018 年 1 月
	张福学	副处长	研究馆员	2018 年 5 月
	李　祎	副处长	讲　师	2018 年 5 月

续表

单 位	姓 名	职 务	职 称	任现职时间
国际合作交流处	张西俊	处 长	讲 师	2013 年 7 月
	吴宏军	副处长	讲 师	2018 年 6 月
	梁茂广	副处长	助理研究员	2018 年 6 月
服务地方办公室（科技园管理服务中心）	孙云茂	主 任	助理研究员	2018 年 1 月
	孙旭涛	副主任、科技园管理服务中心主任	讲 师	2018 年 5 月
	曲世金	副主任	研究实习员	2018 年 5 月
资产与实验室管理处（校办产业管理办公室）	任汇江	处 长	讲 师	2015 年 11 月
	卫兆明	副处长兼校办产业管理办公室主任	助理研究员	2015 年 11 月
	马 群	副处长	助理馆员	2015 年 11 月
审计处	李杰盛	处 长	助理研究员	2018 年 1 月
	张天祥	副处长	会计师	2018 年 5 月
	吕永高	副处长	高级实验师	2018 年 5 月
离退休工作处	王志强	处 长	高级经济师	2018 年 1 月
	高福芳	副处长	副教授	2018 年 5 月
保卫处	杨乃军	处 长	助理研究员	2018 年 1 月
	尹德欣	副处长	讲 师	2018 年 5 月
	高 岗	副处长	无	2018 年 6 月
后勤管理处（房产管理办公室、校医院）	杨开春	处 长	助理研究员	2018 年 1 月
	曲增欣	校医院院长	助理工程师	2016 年 7 月
	吴庆磊	副处长	讲 师	2018 年 3 月
	全为民	副处长、房产管理办公室主任	工程师	2018 年 6 月
	韩昌卫	副处长	无	2018 年 6 月
基建处	兰绍玉	处 长	讲 师	2018 年 1 月
	陆 犁	副处长	助理研究员	2018 年 5 月
	郭 亮	副处长	工程师	2018 年 6 月

注:2018 年 1 月前,郝曙光同志任研究生处处长;王强同志任人事处处长、人才工作办公室主任;王海丽同志任监察处处长;成强同志任财务处处长;于秀国同志任学生工作处处长;兰绍玉同志任审计处处长;李杰盛同志任离退休工作处处长;赵利江同志任保卫处处长;戴东风同志任后勤管理处处长;王京强同志任基建处处长。2018 年 4 月前,张波同志任学校办公室副主任;张广毅同志任社会科学处副处长;杜伟同志任研究生处副处长;林立成同志任人事处副处长、人才工作办公室副主任;王者旭同志任学生工作处副处长、毕业生就业工作指导中心主任;史卫进同志任发展规划与学科建设处副处长。2018 年 5 月前,崔龙波同志任教务处副处长;李祎同志任研究生处副处长;张天祥、孙旭涛同志任财务处副处长;孟庆义同志任发展规划与学科建设处副处长;姜丽岳同志任学生工作处副处长;张忠慈、徐海宁同志任审计处副处长;郭晓平同志任离退休工作处副处长;裴晓光同志任保卫处副处长;曲维义同志任后勤管理处副处长;吕永高同志任基建处副处长。2018 年 9 月前,杨玉军同志任研究生处副处长。

学院及教学单位负责人

单　位	姓　名	职　务	职　称	任现职时间
马克思主义学院	李国栋	院　长	编　审	2018 年 1 月
	王　毅	副院长	副教授	2018 年 6 月
人文学院	董　晔	院　长	副教授	2018 年 4 月
	刘振伟	副院长	教　授	2018 年 6 月
	张胜利	副院长	副教授	2018 年 6 月
法学院	刘经靖	副院长	教　授	2013 年 11 月
	张洪波	副院长	教　授	2018 年 6 月
	王光明	副院长	副教授	2018 年 6 月
外国语学院	龚卫东	院　长	教　授	2017 年 11 月
	徐晓艳	副院长	副教授	2016 年 7 月
	李中强	副院长	副教授	2018 年 6 月
经济管理学院	宋　岩	院　长	教　授	2016 年 12 月
	林立杰	副院长	副教授	2013 年 11 月
	李振杰	副院长	副教授	2018 年 8 月
国际教育交流学院	杨　滨	院　长	副教授	2016 年 7 月
	田英华	副院长	副教授	2015 年 7 月
	袁健惠	副院长	教　授	2018 年 6 月
音乐舞蹈学院	邹淑珍	院　长	教　授	2017 年 11 月
	张文龙	副院长	副教授	2018 年 6 月
	周甜甜	副院长	副教授	2018 年 6 月
数学与信息科学学院	杨玉军	副院长	副教授	2018 年 9 月
	吕　文	副院长	副教授	2013 年 11 月
	陈传军	副院长	教　授	2018 年 6 月
光电信息科学技术学院	王中训	院　长	教　授	2018 年 4 月
	李　营	副院长	教　授	2018 年 6 月
	欧世峰	副院长	副教授	2018 年 6 月
化学化工学院	李文佐	副院长	教　授	2013 年 11 月
	李庆忠	副院长	教　授	2018 年 6 月
	赵玉潮	副院长	教　授	2018 年 6 月

续表

单位	姓名	职务	职称	任现职时间
生命科学学院	邬旭然	院长	教授	2018年1月
	林剑	副院长	副教授	2011年3月
	孙利芹	副院长	教授	2018年6月
计算机与控制工程学院	童向荣	院长	教授	2017年11月
	潘庆先	副院长	副教授	2018年6月
	张楠	副院长	讲师	2018年6月
机电汽车工程学院	马国清	院长	副教授	2016年7月
	于涛	副院长	副教授	2015年7月
	石运序	副院长	副教授	2018年6月
土木工程学院	逯静洲	副院长	教授	2009年9月
	张岩	副院长	副教授	2018年6月
	樊海涛	副院长	副教授	2018年8月
药学院	王洪波	院长	副教授	2018年4月
	毕毅	副院长	副教授	2018年6月
	杨刚强	副院长	副教授	2018年6月
海洋学院	李秉钧	院长	教授	2012年5月
	曲涛	副院长	副教授	2012年5月
	刘焕卫	副院长	副教授	2018年6月
环境与材料工程学院	杜伟	院长	副教授	2018年4月
	邱剑勋	副院长	副教授	2018年6月
	李晓强	副院长	副教授	2018年6月
建筑学院	隋杰礼	院长	教授	2014年11月
	于英	副院长	副教授	2018年6月
	马涛	副院长	讲师	2018年6月
核装备与核工程学院	刘仲礼	院长(外聘)	高级工程师	2018年1月
	吴现成	副院长	教授	2018年5月
	张尚洲	副院长	教授	2018年5月
体育学院	郑俊杰	院长	无	2018年1月
	尹连斌	常务副院长	无	2008年6月
	张伟	副院长	教授	2018年1月
	姜丽	副院长	副教授	2016年7月
继续教育学院	刘君涛	院长	副教授	2012年12月
	隋东	副院长	副教授	2018年5月
	张华平	副院长	高级工程师	2018年5月

续表

单　位	姓　名	职　务	职　称	任现职时间
体育教学部	徐　阳	主　任	副教授	2018 年 4 月
	于鹏飞	副主任	副教授	2013 年 11 月
文经学院	于光辉	院　长	副教授	2011 年 1 月
	王来武	副院长	教　授	2013 年 8 月

注:2018 年 1 月前,兰翠同志任人文学院院长;张平华同志任法学院院长;李作宏同志任光电信息科学技术学院院长;郭承华同志任生命科学学院院长;姜付义同志任环境与材料工程学院院长;傅风华同志任药学院院长;杨开春同志任后备军官学院院长;张伟同志任体育教学部主任;李相然同志任文经学院副院长。2018 年 4 月前,徐阳同志任体育学院副院长。2018 年 5 月前,赵文静同志任马克思主义学院副院长;齐爱军同志任人文学院副院长;宋振武同志任法学院副院长;李晓光同志任经济管理学院副院长;张骏同志任光电信息科学技术学院副院长;孙立民同志任计算机与控制工程学院副院长;李宝顺同志任机电汽车工程学院副院长;高原同志任化学化工学院副院长;张雷明同志任药学院副院长;罗新正、张尚洲同志任环境与材料工程学院副院长;贾志林、任书斌同志任建筑学院副院长;杨玉军同志任数学与信息科学学院副院长;曲淑英同志任土木工程学院副院长;贺君同志任生命科学学院副院长;刘善平同志任后备军官学院副院长;袁红玉、秦连杰同志任继续教育学院副院长;隋东同志任体育教学部副主任。2018 年 9 月前,张小霞同志任数学与信息科学学院院长。

科研、教辅单位负责人

单　位	姓　名	职　务	职　称	任现职时间
知识产权研究中心（法律事务部）	史卫进	主任、法律事务部主任	副教授	2018 年 4 月
	赵文经	副主任	副教授	2013 年 8 月
图书馆	袁红玉	副馆长	馆　员	2018 年 5 月
	于纯良	副馆长	副研究馆员	2018 年 6 月
学报编辑部	李国栋	主　任	编　审	2013 年 7 月
	赵守江	副主任	副编审	2018 年 6 月
	苏晓东	副主任	编　审	2004 年 4 月
网络与教育技术中心	张明熙	主　任	副研究员	2018 年 1 月
	赵兴艺	副主任	工程师	2010 年 5 月
工程实训中心	董　浩	主　任	教　授	2018 年 1 月
	裴晓光	副主任	研究实习员	2018 年 1 月
	崔志峰	副主任	讲　师	2016 年 7 月

注:2018 年 1 月前,张廷广同志任图书馆馆长;董浩同志任网络与教育技术中心主任;张明熙同志任工程实训中心主任;王志强同志任科技园管理服务中心主任。2018 年 5 月前,刘本盛同志任科技园管理服务中心副主任;张华平同志任网络与教育技术中心副主任;吴现成同志任工程实训中心副主任;张福学同志任图书馆副馆长。

学院情况

马克思主义学院

【概况】学院设有马克思主义基本原理、中国化马克思主义、中国近现代史纲要、思想道德修养与法律基础、形势与政策等5个教研室。拥有一个中国少数民族史二级硕士点。有国家民委民族理论政策研究基地、山东省民族问题研究中心、东部沿海地区民族问题研究中心、烟台大学民族研究所、烟台大学东北亚研究所5个学术研究机构。本年度学院教职工42人,思想政治理论课专任教师36人,其中教授11人,副教授15人,拥有博士学位教师16人。

【党建与思想政治工作】2018年1月13日,校党委决定:撤销中国共产党马克思主义学院支部委员会,成立中国共产党马克思主义学院总支部委员会。设教工第一党支部、第二党支部、研究生党支部等3个党支部。本年度,学院教职工党员23人,研究生党员8人。

9月26日,学院召开党员大会及换届选举大会,选举产生了由王毅、王京强、卢凤菊、李江、李国栋、郑炜、高常营等7位同志组成的马克思主义学院党总支新一届委员会。党总支书记王京强做了《开拓创新、奋发有为,加快标准马院建设步伐,落实立德树人根本任务》的报告。

学院领导班子深入查找思想政治、精神状态和工作作风等方面存在的突出问题,剖析问题原因,明确努力方向和改进措施。基层党支部通过"三会一课"、年度组织生活会等形式,加强基层组织规范化建设。

根据《烟台大学"大学生思想政治教育大讲堂"实施方案(试行)》,落实学院负责的宣讲工作任务。建立并实施学院党组织书记联系党外教师谈心谈话机制,扎实做好教师思想工作。加大教职工党员发展力度,把政治素质好、业务能力强、条件成熟的教师及时吸收进党组织,提高学院教师党员比例。

【教育教学】学院主要承担全校本、硕、博阶段学生的中国近现代史纲要、思想道德修养与法律基础、马克思主义基本原理概论、毛泽东思想和中国特色社会主义理论体系概论、形势与政策、中国特色社会主义理论与实践研究、马克思主义与社会科学方法论、自然辩证法概论、中国马克思主义与当代9门思想政治理论课,以及学院硕士研究生的中国少数民族史课程的教学任务。

学院获2017年度学校教研改革项目2项、学校在线课程建设项目2项。2018年,学院教师发表本科教学研究论文2篇,研究生教学研究论文2篇。1人获第三届山东高校思想政治理论课教学比赛三等奖。获山东省高校学生教育与管理工作优秀科研成果奖1项。

【师资队伍】本年度学院引进青年博士1人。1人获得烟台大学师德标兵称号,1名新进教师被评为学校青年教师优秀助教。2人入选山东省理论人才百人工程。

本年度,学院选派1人参加山东省高校青年教师教学技能提升培训;选派20余人次参加教育部、

山东省思政课教师培训。

【科学研究】本年度，学院获批国家社科基金重点项目1项，国家民委项目2项，山东省高等学校人文社会科学研究计划项目1项，山东省涉台委托调研课题1项。发表CSSCI论文5篇，其中B刊论文2篇。获国家民委全国民族研究优秀成果奖一等奖1项，山东省高等学校人文社会科学优秀科研成果奖二等奖、三等奖各1项，烟台市社会科学优秀成果奖三等奖1项，烟台大学优秀科研成果（人文社科）奖一等奖2项，山东省民盟优秀成果奖三等奖1项。

【服务社会】2018年，院党委副书记李江被学校选派到帮包村，任驻村工作队队员、"第一书记"。

本年度，学院思政理论课教师开展校内外宣讲30余场（次）。开展党课教育培训3次，党员学生骨干教育培训4次，共培训130余人次。

【学生工作】本年度，中国少数民族史研究生毕业10人。学院现有在读研究生39人。研究生荣获国家奖学金1人；荣获烟台大学优秀学业奖学金一等奖1人，二等奖5人，三等奖10人；获烟台大学新生学业奖学金一等奖1人，二等奖6人，三等奖8人。获评烟台大学优秀共产党员1人，烟台大学优秀研究生干部2人，烟台大学优秀研究生2人，烟台大学优秀共青团干部1人，优秀团员1人。获省级优秀毕业生荣誉称号1人，校级优秀毕业生荣誉称号1人。

【交流合作】2018年10月，学院举办了3场学术交流活动。举办习近平新时代中国特色社会主义思想报告会，邀请教育部高等学校社会科学发展研究中心主任王炳林、中央党校马克思主义学院副教授唐爱军做主题发言；举办"民族学研究"学术周，邀请国家民委原副主任吴仕民、云南大学副校长和少英教授、吉首大学历史文化学院院长罗康隆教授、新疆大学原副校长吴福环教授，就民族学理论与田野调查做主旨报告；协助山东省宗教局、山东省社科联举办"乡村振兴与农村宗教事务治理"学术报告会。

（岳素芳）

人文学院

【概况】截至2018年12月底，学院设有汉语言文学和新闻学2个本科专业，在校本科生1518人。本年度招收406名新生，其中汉语言文学专业298名，新闻学专业108名。2018届本科毕业生共348人，其中有3人结业。拥有中国语言文学一级学科学术学位和新闻与传播专业学位2个硕士点，在校硕士生78人。本年度新录取硕士生28人。2018届硕士毕业生共25人。学院现有教职工72人，其中专职教师62人。

【党建与思想政治工作】抓好班子建设。配合学校顺利完成中层领导班子换届和学院党总支换届工作；落实从严管党治党、意识形态责任制，健全二级中心组学习制度；指导制定和完善学院各项规章制度。

建好基层组织。按照"1+1"模式配备教工党支部书记队伍，推动"党建带动业务，业务和党建融合"；建设标准化、规范化"过硬党支部"；优化"党支部+"学习新模式。

加强理论学习。制订理论学习计划，认真组织学习活动，注重主题实践教育。二级中心组学习10次，教职工理论学习7次，赴烟台山、刘公岛、郭永怀纪念馆等开展党日活动20次。开展"不忘初心，牢记使命""纪念建党97周年"等主题教育活动10余场次。

【教育教学】本科教学　制定《人文学院教学督导与评价专家工作条例（修订）》《人文学院考试课程阅卷规范》等规范性文件。加强教学基层组织建设，聘任了2名系主任，3名校级督评专家，5名院级督导专家。4位教师获烟台大学第一届教学质量奖，2位教师分获烟台大学第七届青年教师教学竞赛一、二等奖,2 位教师入选胶东高校教师教学发展联盟专家库。开展“学风建设活动月”系列活动,组织教学督导成员集体听课。

课程建设　本年度,共开设课程 84 门,193 门次。共使用教材 38 种,都是国内知名教材。在线课程建设立项 3 门。5 位教师参加“马工程”重点教材任课教师培训班。

人才培养　学院本科毕业论文全部参加学校重合率检查,合格率 100% ,1 篇论文获评“山东省优秀学士学位论文”,8 篇论文被评为“烟台大学优秀本科毕业论文”。选送 11 名交换生赴中国台湾高校学习,1 人参加加拿大“3 + 1”项目学习。作为双学位与辅修第二专业,新闻学今年招入第一批学生。

研究生教育　完成中国语言文学一级学科学位授权点合格评估工作,新闻与传播专业学位硕士点通过教育部 2018 年学位授权点专项评估;调整了中国语言文学招生方向和培养方案;召开学院研究生大会和研究生论坛;获省专业学位研究生优秀实践成果三等奖 1 项,烟台大学专业学位研究生实践成果奖一等奖 1 项、二等奖 1 项。

教学改革　获批山东省教学改革研究项目 1 项,校级实验室开放基金项目 4 项;发表教研论文 6 篇,其中核心期刊 2 篇。

质量保障　对 2017—2018 学年第 2—3 学期的试卷以及 2018 届毕业论文进行了自查抽查。毕业论文整体符合学校相关要求。毕业论文做到了一人一题并独立完成。论文指导、撰写符合规定程序,论文结构、格式规范,装订符合要求,论文任务书、审阅表、答辩记录表、书面记录等文件保存齐全。

【实验室建设】规范实验、实习、实训和毕业论文(设计)等实践性教学环节。本年度,共开设实验实践课程 16 门、32 门次,完成了 2 个专业的实习工作,实习开出率 100% 。重视实践教学和实习实训基地建设,央、省级媒体及文化传播公司成为学生实习的主要去向。截至 2018 年底,学院共有 29 个实习基地,新增烟台创美电子商务有限公司、德州日报社 2 个学生实习基地。

【师资队伍】本年度,引进人才 8 人,其中学科带头人 2 人。截至 2018 年底,学院共有专职教师 62 人,其中博士 38 人,占 61.3% ;教授 5 名,副教授 32 名,山东省有突出贡献的中青年专家 1 名。

【科学研究】本年度,学院获山东省社会科学规划项目 4 项,山东省高等学校人文社会科学研究项目 1 项,项目经费 9.5 万元。获山东省社会科学优秀成果奖 2 项,山东省高校人文社会科学优秀成果奖 2 项,烟台大学人文社科优秀成果奖 3 项。出版著作 7 部,发表科研论文 7 篇,其中 B 刊 1 篇,C 刊 3 篇。举办高水平学术讲座 11 场。

整合师资队伍,筹备成立了中国现代报刊文献与文学研究中心;加强省高校审美教育研究基地——烟台大学美育研究所各项建设工作。

【服务社会】积极引进社会资源,提升服务地方水平。与山东鲁雅教育公司、德州日报社、凤凰教育集团、济南大学泉城学院等签署合作协议或备忘录。举办社会培训班 3 次,扩大学校的影响力。服务新旧动能转换,聘任省高校产业教授 3 人。

【学生工作】1. 注重思想引领。选举产生新一届共青团烟台大学人文学院委员会,开展第一届中华优秀传统文化节、第十五届记者节、启航班等主题教育活动;表彰奖励在社会工作、志愿服务、社会实践等方面的青春榜样 97 人;创建学生党建微信群、“思想火花智库”公众号平台,推进学生党员“五个一”工程。

2. 组织品牌活动。组织第十四届“中华美文朗诵大赛”“中国诗词大会”、第五届“国学达人挑战赛”等 8 项品牌活动;组建 50 支社会实践团队,386 名同学奔赴全国各地开展社会实践;成立人文学院大学生创新创业中心,打造孵化平台。

3. 实施精准资助。加强学生奖惩、学生资助等工作,严格家庭困难学生认定工作,通过校友奖助学金等,对 22 名学生实施精准资助,资助金额 9.4 万元;设立勤工助学岗位 10 个。

4. 严格奖学金评定。本年度,学院 1262 名本科生、研究生参加各类奖学金评定,共有 316 人获得奖学金,占参评总人数的 25% 。包括本科生国家奖学金 2 人、省政府奖学金 1 人、国家励志奖学金 38 人、省政府励志奖学金 7 人、少数民族省政府励志奖学金 1 人、优秀学生奖学金 130 人、优秀学生干部奖学金 35 人、学习进步奖学金 27 人,以及各类企业和校友奖学金 75 人。

5. 招生与就业。2018 年共有毕业生 348 名,其中汉语言文学专业 261 人,新闻学专业 87 名。召开以毕业生为核心的主题教育会议、讲座 10 余次;

与公司企业加强联系，开展培训、招聘会7次。考研人数48人，国考人数15人，考入国家税务系统人数占全校考入该部门人数的50%。

【交流与合作】邀请新华社国内部副总编辑徐兆荣做“如何做新闻”讲座，南京大学新闻传播学院教授丁和根做“我国传媒的融合转型：路径选择与瓶颈制约”讲座，书法家迟志邦做“书法艺术”专题讲座，中国作协网络文学首席专家肖惊鸿做“网络文学面面观”学术报告；特邀软通动力—山东Action数字科技市场总监李芃霖做“互联网+创新创业”培训讲座。举办齐鲁交通发展集团烟台分公司新闻宣传业务技能培训；组织学生参观1861烟台广告创意产业园。

（张胜利　陈兆丹）

法学院

【概况】学院现设有法学、知识产权和中美合作办学法学（区域犯罪信息分析方向）3个本科专业，法学一级学科硕士学位授权点和法律专业硕士学位授权点。截至2018年底，学院有本科、硕士在校生1510名，其中本科生1218名，硕士生292名。本年度，学院获得2016—2017双年度单位目标考核科研和学生工作二等奖以及人才工作三等奖。

【党建与思想政治工作】1. 加强党建思想政治工作。学习贯彻烟台大学第四次党代会精神，以“大学习、大调研、大改进”为年度工作基调，凝练思想政治工作品牌，推进“党建+”示范项目建设。利用“烟台大学法学院”和“法学青年”等微信公众号、网络公众平台开展党建思想政治工作。共推送学习材料百余篇，组织线上主题教育活动百余次，覆盖了先进班集体、优秀团支部、优秀学生党员事迹宣传、烟台大学青春榜样访谈、法学院“微党课”等板块。获评烟台大学大学生思想政治教育精品项目1项、辅导员精品课程项目1项、辅导员名师工作室1项。学院法律志愿服务中心获评烟台市最佳志愿服务组织。

2. 活跃共青团组织生活。学院承办了学校2017—2018年度“榜样华章　光耀理想”青春榜样寻访活动。学院团委获“2017年度五四红旗团委”荣誉称号。

本年度，在各学院团委微信平台影响力排行中，“法学青年”公众号名列前茅。

本年度，学院1个团支部获得学校“十佳红旗团支部”称号，6个团支部获得“红旗团支部”称号；113人被评为优秀共青团员、优秀共青团干部。24人被评为优秀青年志愿者，1个志愿服务团被评为优秀青年志愿服务集体，1人获评优秀青年志愿服务工作者。

【教育教学】房绍坤教授主持的教学成果《地方高校法律人才SPI培养模式的探索与实践》获2018年国家教学成果奖二等奖。在本年度全国首次专业学位水平评估中，法律硕士专业学位授权点获得B类，在全国201家法律专业硕士学位授权单位中排名25%—35%。陈浩副教授获山东省第五届“超星杯”高校青年教师教学竞赛二等奖。

本年度，有8名本科生发表8篇学术论文，55名研究生发表99篇学术论文。56名本科生考取硕士研究生，4名硕士毕业生考取博士研究生，142名学生通过司法考试，其中本科生76名，研究生66名。

【师资队伍】本年度，学院引进青年博士1人，安排2人赴境外进修、访学。孔庆明、郭明瑞、房绍坤教授入选由省社科联主办的“庆祝改革开放四十周年——山东社会科学名家名作展”。19名教师入选山东省法学会法学法律人才库（智库）专家名单，1名教师入选山东政法智库，1名教师入选山东省智库高端人才库政治建设领域专家，1名教师当选为2018—2022年教育部高等学校教学指导委员会法学类专业教学指导委员会副主任委员。

【科学研究】本年度,学院1名教师出版学术著作1部,12名教师在CSSCI来源刊物(包括集刊)上发表学术论文19篇。其中房绍坤、张玉东撰写的《与改革开放同行的中国民法》一文被《新华文摘》全文转载。10名教师获得国家级、省部级和厅局级等纵向科研立项10项,科研总经费35万元;2名教师分获山东省社会科学优秀成果奖一等奖、二等奖,3名教师获得山东省高校优秀科研成果一等奖,1名教师获得烟台市社会科学优秀成果奖二等奖。

【服务社会】本年度,学院与烟台市莱山区人民检察院共建"青少年法治创客培育基地",联合举办"法润青春　检校同行"五四青年节系列活动;成立"梦的蓝丝带"青少年法治教育志愿服务队,举办"莱山区青少年法治教育展"活动。11月,学院举办"梦的蓝丝带"志愿者受聘仪式暨"检校同行,法润青春——未成年人及大学生犯罪形势分析"报告会。

陆诗忠教授受邀为龙口市纪检监察系统法律知识培训班的全体纪检监察干部进行《刑法业务知识》专题培训。张平华教授受聘为山东省公安厅第二届法律顾问,刘经靖教授受聘为第二届行政复议委员会委员,杨利军老师入选首届山东省人民监督员培训师资库专家。

【学生工作】学院荣获2018年暑期社会实践工作先进单位、2018年学生军训先进学院。1名教师荣获山东省大学生心理健康优秀论文二等奖、获评烟台大学优秀青年工作者,2名教师获评山东省暑期社会实践优秀指导教师、烟台大学2018年度大学生"三下乡"社会实践优秀指导教师。

学院共有2支团队分别获得2018年烟台大学社会实践优秀团队二等奖和优秀奖,12人获评2018年烟台大学社会实践优秀个人,4人获评2018年烟台大学社会实践优秀实践报告。

本年度,学院共有418名本科生、研究生获得包括国家奖学金、国家励志奖学金、企业与校友奖学金和学校评选的优秀学生奖学金、优秀学生干部奖学金等多层级奖学金;共有35人获评优秀研究生干部、优秀研究生。

学院共有19名学生在全国大学生英语竞赛、"龙图杯"全国高校法庭辩论赛等国家级竞赛中荣获各类奖项23项;24名同学在省级竞赛中荣获各类奖项23项;9名同学在市级竞赛中荣获各类奖项9项。

学院有多名学生获得省、校各种荣誉称号。1人获评山东高校优秀学生干部,1人获评山东高校十大优秀学生提名奖;6人获评2018届省级优秀研究生毕业生,12人获评2018届校级优秀研究生毕业生;14人获评2018届省级优秀本科毕业生;28人获评校级优秀本科毕业生。

【交流与合作】本年度,学院有34人次参加国内外各类学术会议,10人次特邀在会议中做报告。邀请校外专家学者举办各类讲座20次,共举办5次国内学术会议和竞赛。推动"零壹梦想"百万创新创业教育基金启动公开征集资助。杨利军等赴山东大学继续(网络)教育学院交流访问。

本年度,有两批校友返校。8月,法942班校友返校,并捐赠总价值4.8万元的现金及图书;9月,法941班校友返校,并向烟台大学教育发展基金会校友救助基金捐赠35898元。

(王洪根)

外国语学院

【概况】截至2018年底,学院设有英语系、朝鲜语系、日语系、大学英语教学部、翻译研究中心、外国语言文化研究所、东亚研究所韩国学中心和外语教育技术研究中心8个教学和研究单位。有英语、朝

鲜语、日语3个本科专业,外国语言文学一级学科硕士点,外国语言学及应用语言学、英语语言文学、亚非语言文学等3个二级学科硕士点和翻译硕士专业学位硕士点。学院共有教职工127人,其中教授6名,副教授39名;具有博士学位教师15人,硕士生导师20人。在校本科生1032人,研究生58人。

【党建与思想政治工作】截至2018年底,学院有中共党员106人,其中正式党员76人,预备党员30人;教师党员62人,学生党员44人。设有行政教工党支部、大外教工党支部、专业教工党支部、研究生党支部以及本科生党支部。大外教工党支部被评为"新时代高校党建双创工作全省党建工作样板支部";苏跃华、王鲁娟被评为年度校级优秀辅导员;团委荣获"五四红旗团委""共青团宣传工作先进单位"等荣誉称号。

尊重教职工参与权,顺利完成换届。9月26日,学院召开全体党员大会,完成党总支部委员会换届;经过民主推荐、个别谈话、党政联席会议通过等规范程序,学院三系一部产生了新一届主任和副主任人选;完成了学院工会改选换届。

组织活动加强师生党性教育。学院组织师生党员参观胶东革命纪念馆,开展"不忘初心、牢记使命"学习党的十九大精神主题党日活动,接受革命传统教育和党性教育。院党总支书记为学院新发展党员、团员以及"青马班"成员上"我是第一书记"的主题党课,介绍了基层党组织建设、国家精准扶贫等工作经验,鼓励大学生投身基层,为国家发展建功立业。

【教育教学】以人才培养为主线,抓好教学中心工作。启动2019版培养方案修订调研。大学英语听说课混合式教学改革初见成效,3门第二批校级在线课程进展顺利,2门课程获批山东省高等学校在线开放课程。

学院在各项竞赛中获得好成绩。1名教师获得山东省高校青年教师教学比赛三等奖;在烟台大学第七届青年教师教学竞赛中,取得2项一等奖、3项二等奖。在本年度"外研社杯"全国大学生英语辩论赛华东赛区的比赛中,英语专业学生获得三等奖1项;本院教师辅导的学生获得全国大学生英语竞赛特等奖4项、一等奖3项;本院学生参加山东省大学生创业大赛,获得铜奖1项。

研究生教育与学科建设。学院通过了翻译硕士复评及评估;通过了外国语言文学一级学科现场评估,并根据专家意见,完成了自评报告。完成了硕士研究生导师考核和新一轮导师聘任工作,具有博士学位的导师比例达到80%。聘请了7位行业兼职导师,其中1人被聘为山东省产业教授。修订了研究生奖学金评选实施办法,加大高水平科研成果的分值。硕士学位论文检测优良率达到了90.91%。

【师资队伍】积极为老师创造优良的教学科研条件,为国家项目负责人提供有使用周期的办公室。做好骨干教师的培养,1名教师获得博士学位,2名教师赴英国朴茨茅斯大学进修;1名教师获得山东省高校青年教师教学比赛三等奖。本年度,学院党政班子先后赴山西、四川、重庆等地招聘人才。英语专业引进1名学科带头人和1名博士;朝鲜语专业引进2名应届博士。

【实验室建设】本年度,学院完成2个专业语言实验室和1个翻译综合实验室的建设,购进多媒体教学系统3套、多媒体网络教学软件2套、计算机辅助翻译软件1套,改善了专业教学条件。

【科学研究】本年度,学院教师出版学术专著3部,发表CSSCI论文2篇,北大核心论文2篇;获批山东省社科项目2项、省教育厅项目2项,横向课题2项(到账经费20万元);荣获烟台市社科一等奖1项、二等奖2项。

【服务社会】学院今年完善了"一体三翼四支点"的志愿服务工作体系,共组建了52支社会实践团队参与公益志愿服务活动,参加人数共达4700余人次,志愿服务时长达1.2万余小时。

【学生工作】通过"娟娟细语""萌动我心""雪峰在线"等学院品牌活动,引领学生树立正确的世界观、人生观和价值观,让学习十九大精神、理想信念和"四心"教育落地。

鼓励学生参加互联网+创业计划大赛等竞赛活动。学院创新团队获批2018年国家级奖项。由外国语学院主办、零点奋进者协会承办的第四届模拟面试大赛决赛顺利完成,评选出一等奖1名、二等奖2名、三等奖3名。

支持学生开展丰富多彩的活动。本年度,共举办"外研社·国才杯"英语演讲比赛山东赛区复赛、"烟雨译声"外文影视配音大赛、"茶挽和风"中日饮食交流会、“魅力外语、炫彩校园”韩文歌曲大赛、“萌动我心”外文影视放映室以及外文经典朗读者活动、专业英语演讲比赛、“花开孟冬”外文歌曲大赛等8项活动。

做好学生就业服务与指导。本院联合法学院、国际教育交流学院，在千米文化长廊联合举办2018年行业类专场招聘会，吸引了省内外近70家企业参加，共提供涉及国际贸易、法务、语言翻译、财务、市场营销等岗位近千个。

【交流与合作】7月7日，2004级英语系学生毕业10周年返校，80余名校友齐聚母校，为学院建设与发展提供支持与帮助，并捐赠爱心助学金。

11月23日至25日，学院赴青岛科技大学、中国海洋大学开展调研活动，到青岛创业大学跨境电商创新创业基地进行考察，并探讨了校企合作共建等问题。

本年度，学院共邀请多名校外专家举办了11场学术讲座。来访专家包括日本北海商科大学苏林教授，上海交通大学外国语学院院长胡开宝教授、副院长常辉教授，西安交通大学外国语学院书记杨小渭教授、院长李成坚教授，华侨大学外国语学院院长毛浩然教授等。来访学者就高校外语教学与改革、新时代外语学科的发展机遇与挑战等问题与学院教师深入交流，共同探讨突破外语学科发展建设困境的路径。

（赵同生）

经济管理学院

【概况】学院现有教职工79人，在校研究生、本科生3000多人。设有工商管理、国际经济与贸易、会计学、市场营销、投资学等5个本科专业，涵盖工商管理、应用经济学两个一级学科。有工商管理一级学科硕士点、国民经济二级学科硕士点和农业硕士学位点。有海洋研究中心、中韩（烟台）产业园发展研究中心和农业与农村发展研究所等科研机构。

【党建与思想政治工作】2018年，学院共发展党员76人，推荐入党积极分子210人。选派1名干部参加省委“千名干部下基层”行动。选配教工、学生党支部书记5人。开展109次理论学习，暑期学生党员到芝罘区大海阳社区开展“党建＋实习”，赴多地区开展红色教育活动。

学院党总支与烟台市芝罘区委组织部合作，用嵌入式党建模式共建研究生校地联合培养平台。研究生参与撰写的论文《依托研究生联合培养平台的嵌入式党建模式探索》已在《教育教学论坛》发表。“七一”期间，研究生党员到党建工作优秀社区芝罘区大海阳社区访问老兵，为他们庆祝生日。

全年召开党政联席会16次，决议落实率100%。举办书记读书班、党务干部培训班、中心组理论学习、集体学习11次。为入党积极分子、党员发展对象和学生党员230余人讲党课，院领导为2018级新生400余人讲思政课。围绕党章、党的十九大精神、习近平新时代中国特色社会主义思想、《习近平谈治国理政》和《中国共产党纪律处分条例》等组织学习41次，党总支副书记、党支部书记和辅导员讲党课7次。“七一”期间，举办教职工党员赴刘公岛和威海天福山起义纪念馆党性教育基地现场学习等主题党日活动6批次；各党支部组织观看《建党伟业》影片，举办“迎中秋，送温暖”“唱红歌，赞英雄”等主题活动。举行学生干部培训1次，媒体微信公众号宣传27次。

2018年，学院成立“青思汇”研究社，创办“红书馆”图书借阅室，建立每周读书沙龙。学院全体党员、预备党员及2015级、2016级全体入党积极分子参加了“坚持文化自信”主题宣讲、“青年大学习”论坛等社团主题活动。

【教育教学】学院注重教学的全过程管理和全员管理，制定了专业标准，不断提高管理水平。2018年，完成了高水平应用型工商管理专业群中期评估准备工作，工商管理、会计学专业双学位和辅修专业招生录取、3+2对口贯通培养转段等顺利完成。组建起国际贸易实验班，配备了师资。聘任兼职企业教授，举办兼职教授座谈会。获烟台大学第六届教学成果一等奖2项、二等奖3项，获批山东省高校教学改革研究面上项目1项。加大创新创业教育、特色学生培养力度和创新创业教育师资培训；学科竞赛获国家级奖3项、省部级奖3项。

注重研究生学术水平和培养质量的提升。年内举办研究生学术讲座19场，获校级研究生专业学位案例库1个、省级研究生专业学位案例库1个，建立研究生培养实践基地1个，获省级优秀硕士学位论文1篇。进行应用经济学一级学科硕士点申报的准备，完成工商管理一级学科硕士点、国民经济学二级学科硕士点和农业硕士专业学位硕士点的自评工作。

【师资队伍】学院共有专职教师61人。其中教授11人，副教授30人。40位教师具有博士学位。学院积极推进"双师型"教师队伍建设。2位老师具有国家注册会计师资格，1位老师具有高级工程师职称，4位老师具有高级国际贸易业务员职业资格。王莹博士赴英国朴次茅斯大学进修半年。

【实验室建设】学院有5个商科实训、实验室组成的基本完备的新商科实验体系。年内完成了200名用户VBSE实验软件系统的招标、安装与调试。

【科学研究】学院倡导和鼓励教师积极开展学术研究。本年度发表高质量论文36篇，其中CSSCI期刊17篇，SSCI论文3篇，EI论文5篇。获国家社科基金项目立项1项，省社科规划项目立项7项。获山东省高校社会科学优秀成果奖2项，烟台市社会科学优秀成果二等奖1项，三等奖1项。

辅导员承担的"大众创业万众创新背景下青年就业创业教育研究"获批省级课题，以刘举为第一作者发表3篇论文结题。

【服务社会】2018年，学院教师承担"中韩（烟台）产业园发展研究""新商科教育大数据平台建设""商洛秦岭山区中药材种植结构优化及优良品种选育""烟大广场经营战略研究""乡村振兴背景下的农村组织领导力建设研究""会计综合实训系统底层架构研究"等6项横向课题，为地方经济建设及社会发展服务。

【学生工作】结合专业特色，积极推进大学生创新创业及学科竞赛类工作，参加2018年度多项国家、省级赛事，获得好成绩。全国工商企业管理技能大赛获国家级特等奖1项、国家级三等奖2项，144人获校级一、二、三等奖；全国企业竞争模拟大赛获国家级一等奖1项、省级二等奖1项、省级三等奖1项，13人获校级一、二、三等奖；全国大学生"新道杯"沙盘模拟经营大赛获国家级二等奖1项，171人获校级一、二、三等奖；大学生科技节创新创业模拟企业经营大赛15人获省级特等奖1项、一等奖1项、二等奖1项；"创青春"大学生创业大赛96人获奖，其中省级银奖1项、铜奖1项，校级金奖2项、铜奖14项；"互联网+"大学生创新创业大赛72人获奖，其中省级银奖1项，校级二、三等奖3项，优秀奖8项。

学院成立"菁迹先行团"。2018年组建社会实践团队130余支，参与人数达1600余人。4支团队入围国家级专项行动，2支团队入围省级专项行动，1支团队入围省级重点服务团队，荣获省级及以上奖励10余项，推选2名优秀指导老师，23位社会实践优秀个人。

2018年，学生获国家奖学金4人，国家励志奖学金68人；获山东省政府奖学金2人，山东省政府励志奖学金12人。获得学校奖学金系列共计366人，其中优秀学生奖学金266人，优秀学生干部奖学金69人，学习进步奖学金45人，馨德奖学金3人，金正环保奖学金1人。威海中达皮革制品有限公司在学院设立了中达皮革创新创业奖学金，每年2万元，连续5年奖励创新创业、社会实践、学术研究等方面有突出表现的学生。

在2018年五四评优工作中，学院获得了"红旗团委""共青团宣传工作先进单位""优秀学生会"等荣誉称号。学院获烟台大学"争鸣烟园"辩论赛冠军、校园舞蹈大赛"最佳组织奖"，烟台大学篮球赛女篮亚军、足球赛三等奖，烟台大学"五月的鲜花"合唱比赛一等奖、啦啦操比赛二等奖、韵律操比赛三等奖。运动会中11人获得校级荣誉。各团支部开展各类主题教育实践、文体活动1060场，丰富了学生课余生活。

2018年，学院设立了研究生专职辅导员，制定、完善了《经济管理学院研究生学业奖学金评审实施办法》《经济管理学院研究生会章程》，学院研究生会换届，组织了多场学术讲座和学术研讨会。

2018 年应届毕业生考取研究生 69 名，考研录取率为 9.84%。学院召开两场大型招聘会，近 150 家优质企业提供 1000 多个岗位。毕业生质量逐年上升。研究生就业率 100%，本科生就业率逐步提高，本年度本科毕业生 701 人，初次就业率达 60.8%。

充分利用校内资源与深度开发校外资源相结合，大力开展创业帮扶活动。组织创业培训会，发挥创业模范的带头示范作用。2018 年在校大学生注册企业 21 家，4 支团队入驻创业园孵化基地。

规范困难生认定、复查工作，各类等级助学金评审工作公开、透明、常态化，无违规评审和发放现象。实时落实各项资助政策，覆盖面广。2018 年认定特殊困难生 172 人、困难生 185 人、一般困难生 171 人。贷款毕业生申请毕业确认成功率 100%。

【合作与交流】学院与美国库兹敦大学、中国台湾东华大学等高校及学术机构建立了长期交流合作关系。本年度，与韩国光州全南研究院、仁荷大学等机构开展了广泛的师生学术交流活动。

5 月 28 日，学院与韩国光州全南研究院签署了合作交流协议书。29 日，由中韩（烟台）产业园发展研究中心主办的中韩（烟台）产业园国际合作研讨会暨烟台大学经济管理学院—韩国光州全南研究院 2018 学术研讨会在烟台大学成功举办，国内外大学、企业等代表 50 多人参加了活动。韩国光州全南研究院、韩国产业研究院、韩国对外政策研究院等多名研究人员在研讨会上做主题演讲，为产业园各领域发展提出了意见建议。

6 月 25 日—29 日，烟台大学—仁荷大学夏季交流圆满进行，仁荷大学 30 名学生来学院开展夏季研修活动。

12 月 22 日，由烟台大学经济管理学院、韩国东北亚经济学会、韩国韩中社会科学学会、韩国忠南研究院、公州大学 SSK 事业团、中韩（烟台）产业园发展研究中心共同主办的第四次工业经济和东北亚新产业合作国际学术会议在烟台大学召开。来自韩国对外政策研究院、韩国延世大学、韩国忠南研究院等 23 所大学和研究机构，中国商务部国际贸易经济合作研究院、中国人民大学等国内 8 所大学和研究机构的专家学者与会。韩国东北亚经济学会会长 Kim Jeong In、韩国韩中社会科学学会会长 Nam Soo Joong 分别致辞。韩国忠南研究院院长 Youn Hwang、中国商务部国际贸易经济合作研究院杜国臣、韩国龙仁大学韩国中国经营研究所所长朴胜赞等分别做了主旨演讲。与会专家分 8 个会场进行了专题研讨。

（张宗泽）

国际教育交流学院

【概况】2018 年，国际教育交流学院有教职工 38 人，其中专职教师 20 人。学院设 2 个本科专业，分别为汉语国际教育专业和为外国留学生开设的汉语言专业。在校生 882 人，其中汉语国际教育专业本科生 397 人，留学生 263 人，中外合作国际商务专业（专科）187 人；汉语国际教育专业研究生 35 人。

【党建与思想政治工作】学院坚持把抓好党建和思想政治工作作为首要职责。每学期召开专题会议研究党建工作，制定学院党建问题清单及责任清单。开展二级中心组学习 4 次，召开党政联席会专题学习 2 次。坚持集体领导，充分发扬民主，本年度召开党政联席会议 11 次，班子成员集思广益、充分发表意见，做到科学、依法决策。积极推进“两学一做”学习教育常态化、制度化，发挥支部作用，深化“‘党建 + ’工作”书记抓党建突破项目和“双结

双联”师生党支部共建活动党建创新项目,开展“大学习、大调研、大改进”,年内申报2项党建重点项目。严格规范党员发展程序,全年共收到入党申请书73份,发展党员14名;入党积极分子51名,其中发展教师入党积极分子1名;预备党员转正8人。学生党支部严格落实“三会一课”制度,打造“志愿服务”主题党日活动品牌,开展主题党日活动8次,发挥党员先锋示范岗的作用。组织团员青年开展以爱国主义、践行社会主义核心价值观为主题的团日活动等30余次。做好党员、团员信教情况排查,组织党员签署不信教承诺书。

【教育教学】1. 持续加强教学研究和课程建设,启动第三批院级教改立项,激励教师参与教学方法、教学手段和考试考核方式的改革。

2. 汉语国际教育专业硕士学位点顺利通过了教育部组织的专业学位授权点专项评估。

3. 重视学生创新创业教育,调动教师参加创新创业大赛指导的积极性。2018年学院聘请产业教授1人,适时指导学生创新创业活动。

4. 2018届毕业生266人。本科毕业生92人,其中国内读研17人,国外读研2人,参加国家孔子学院志愿者7人,初次就业率60.9%;专科毕业生160人,国内专升本、国外专升本的人数约占全体学生的45%;研究生毕业14人。2018年学生获奖6项,其中全国大学生创新创业训练项目校级立项1项,“互联网+”大学生创新创业大赛校级优秀奖1项,其他比赛4项,学生发表文章2篇。

【留学生管理服务】加强留学生管理服务工作。制定《烟台大学国际学生奖励实施办法(试行)》,全年共发放奖学金106人次。充实管理队伍,配齐配强管理人员,完善“留学生管理办公室—留学生班主任—留学生班主任助理—留学生班长”四位一体管理体系,日常管理责任到人、责任到事。加强留学生课上、课下管理,下半年清退4名课时不达标留学生。全年共发放留学生录取通知书142份,带领留学生体检61人次,办理留学生居留证件共208人次,审核校外住宿申请120人次,为留学生代购保险369份并办理理赔事宜。

【师资队伍】学院20名专任教师中,有博士学位者9人,副教授8人;有1年及以上海外学习和工作经历者7人。本年度获得博士学位1人,在读博士2人;派出两位教师分别赴英国和中国香港进修学习。2位教师获得第一届烟台大学教学质量奖,1位教师获得烟台大学优秀毕业论文指导教师,1位教师获得山东省优秀毕业论文指导教师。

【科学研究】本年度,学院教师高层次学术论文发表取得突破。发表A刊和B刊学术论文各1篇,发表CSSCI论文4篇;出版A类学术专著1部,在专业出版社出版学术论文集1部;获得山东省社科基金一般项目1项,省教育厅人文社科项目1项;获厅级优秀社科成果一等奖1项,二等奖2项,三等奖2项。

【服务社会】中韩合作教育项目在招生、培养模式、对韩交流、留学合作等方面形成良好的机制。2018年招生规模显著增加,招收一年班281人、半年班87人,共368人。

【学生工作】成立学院学生工作领导小组,确定工作职责,定期召开专题研讨会。完善“专业导师+班级导师”双导师制的学业规划体系。

通过丰富多彩的校园文化、艺术、体育、学术、科技和暑期社会实践活动,促进学生成长成才。心理宣传月开展心理健康教育,教师节举办“师爱无尘”主题系列活动,在一二·九等重大事件纪念日开展爱国爱校教育。为毕业生举办考研经验交流会、就业说明会。邀请保卫处干部对新生进行入学安全教育,开展防范电信诈骗主题班会及主题团日活动等。支持学生参加暑期社会实践。学院“衡岳之言”社会实践团队入选烟台大学2018暑期社会实践校级重点团队,“格物致知”社会实践团队获“三下乡”省级重点专项。

积极组织留学生参加国际文化艺术节留学生汉语大赛、新生才艺展演等活动。开展中外学生一对一互学互助、汉语文化节、汉语角、汉语微格教学大赛、普通话演讲比赛等丰富多彩的校园文化活动,为学院的中外学生提供了进行文化交流、语言实践的平台。烟大留学生在山东省人民政府新闻办公室、省教育厅联合举办的“讲故事、识山东”电视大赛中荣获二等奖,在山东省韩国语—汉语大赛中荣获一等奖。

【交流与合作】邀请北京大学、清华大学、中国社会科学院等知名院校和科研机构的语言学研究专家来校举办学术讲座3场。

学院与滨州医学院外国语与国际交流学院、烟台韩国学校、耀华国际学校、烟台大学附中等共建教学实习基地，为汉语国际教育本科和研究生培养创造了良好的教学实践机会和环境。

【外事服务】2018年，外事服务中心接待长期和短期的外教43人，留学生217人，实现全年营业收入150万元，确保固定资产保值增值，确保安全稳定，实现了较好的社会和经济效益。

（郭春香）

音乐舞蹈学院

【概况】学院现有音乐学、音乐表演、舞蹈编导3个本科专业，设有声乐教研室、舞蹈教研室、民乐教研室、西洋乐教研室、键盘教研室、音乐理论教研室和艺术实践部7个教研室。学院现有教职工53人，其中教授3人，副教授7人，80%以上的教师有硕士以上学位。本年度在校学生540余名。

【党建与思想政治工作】扎实推进以习近平新时代中国特色社会主义思想和党的十九大精神为指导的教育活动。学院以《习近平谈治国理政》（第二卷）为主要学习书目，结合“不忘初心，牢记使命”主题教育，组织党员师生认真学习原文原著，进一步树立“四个意识”，坚定“四个自信”，做到“两个维护”。引导教师、学生树立正确的世界观、人生观、价值观，用实际行动践行社会主义核心价值观。

为入党积极分子、党员发展对象上党课；严格程序，本年度发展党员13人；在宿舍文化建设、琴房管理、毕业生文明离校工作中开展党员示范岗活动。

暑期组建音乐舞蹈学院“新时代　新征程”文艺演出团，赴威海圣泉孝爱老年大学进行慰问演出，关爱老人，奉献社会，使尊老的优良传统美德深入学生们的心中。

【教育教学】学院把教风建设作为重点工作，建立以院长为组长的教学巡视小组，不定期检查教师课堂情况，保持了良好的教学秩序。

本年度，学院师生共举办音乐会及各类学术讲座60余场。为纪念改革开放40周年，学院举办首届艺术月展演活动，以教研室为单位举办多场教师专场音乐会和公开课，促进了教师专业教学能力的提升。承担烟台大学教改课题1项。

学院师生积极参加各类专业比赛，获得国际、国内、省级奖项50余项。主要有：“山东省第七届音乐舞蹈专业师生基本功比赛”一等奖3项、二等奖8项、三等奖4项，优秀指导教师奖4项；“山东省首届舞之星舞蹈大赛”一等奖9项、二等奖3项、三等奖5项；“中白丝绸之路国际青少年艺术大赛”一等奖3项、二等奖2项；“歌声激荡四十年”山东省大学生校园最美歌声大赛女声合唱团、混声合唱团荣获一等奖2项。

【师资队伍】学院聘任山东艺术学院舞蹈学院原院长、学科创始人、硕士生导师赵宇教授为舞蹈教研室特聘教授。

鼓励教师积极参加教学竞赛，张景晖老师荣获第五届山东省高校青年教师教学比赛一等奖。鼓励教师积极参加学术会议及对外交流。齐瑶受邀在烟台艺术学校举办《四弦上的和鸣——从舞台表演艺术谈起》专题讲座。陈再峰参加首届中国三亚国际钢琴音乐周暨中国钢琴音乐创作发展论坛等活动。

【实验室建设】完成本年度学校资产清查和资产管理考评，对于一些损坏严重、失去维修价值的资产进行报废处置；完成3101合唱排练厅的装修改造；完成舞蹈功厅地面整修，并配备新的舞蹈练功垫和移动把杆。

【科学研究】本年度，获省部级课题立项1项，省文化厅课题4项。出版专著1部，发表学术论文1篇，其中核心2篇；1篇学术论文获国家级高校艺术教育科研论文三等奖；1篇学术论文获“山东省第

五届大学生艺术展演论文类”一等奖。

【服务社会】年内安排2015级学生到地方优秀企事业单位实习，立足院地合作，通过高雅艺术进校园、庆典、公益演出、文化交流等活动，与相关企事业单位建立长久联系。校企合作演出14场。

【学生工作】注重加强大学生思想政治教育工作，积极探索新形势下大学生网络思想政治教育的新方法，结合实际，依托微博、微邦、微信、QQ群等新媒体形式开展对学生的思想政治教育活动。

加强学风建设，开展艺术讲堂系列活动，先后邀请院长邹淑珍教授、烟台歌舞剧院主持人赵扬老师等到校开展专题讲座，引导学生树立明确学习目标，科学规划大学生活。

稳步推进毕业生就业工作，学院2018届毕业生共有110名，学院初次就业率达到72.73%，最终就业率为97.25%。

【交流与合作】邀请国内知名专家进行专题讲座。如举办“飞扬2018——当代青年二胡演奏家、中央音乐学院副教授杨雪二胡独奏音乐会”、内蒙古师范大学著名声乐教育家肖黎声教授讲座、山东师范大学音乐学院院长李海鸥教授学术讲座等。

2018年3月，乌克兰卢甘斯克塔拉斯·舍甫琴科国立大学来访。同年，学院对白俄罗斯国立文化艺术大学及相关文化部门进行了友好访问及学术交流。访问期间，双方就研究生人才联合培养（3+1+1项目）等事项达成共识，拓宽了研究生人才培养渠道。学院1人受邀担任中白丝绸之路青少年国际艺术大赛国际总决赛评委。

（王　艳）

数学与信息科学学院

【概况】数学与信息科学学院现有数学与应用数学、信息与计算数学和统计学3个本科专业。数学与应用数学为“十二五”省重点学科。本学年在读本科生1067人，毕业220人；数学一级学科硕士点在读研究生43人，毕业9人，1人考上博士。现有专职教师71人，具有博士学位教师49人，占教师总数的69%；教授16人，副教授29人；博士生导师2人，山东省教学名师1人，享受国务院政府特殊津贴2人。有应用数学与软科学研究所、数据分析实验室、数学建模实验室、信息计算实验室等研究和实验机构。

【党建与思想政治工作】认真学习和宣传党的十九大精神、习近平新时代中国特色社会主义思想、习近平在庆祝改革开放四十周年大会上的讲话、《中国共产党支部工作条例》等文件和讲话精神。年内召开理论中心组学习5次，党员大会2次，党总支会议9次。严格执行党政联席会议制度，充分发扬民主，按照“集体协商、分工负责、互相配合”的工作原则处理学院各项重大事项。召开党政联席会议15次。积极开展“大学习、大调研、大改进”，学院先后到清华大学数学院、台湾东华大学、南京大学、东岳汽车公司等开展7次调研，改进问题2项。

上半年完成教工党支部换届。选配科研能力强的年轻教工党员担任支部书记、支委和党小组组长；选配学院团委书记担任学生党支部书记，两名辅导员老师担任学生支部委员。注重党建工作研究，获批2018年二级单位党组织书记抓党建突破项目一项，申报2018年学校基层党建重点建设项目一项。党建活动经费做到专款专用，新设党建活动室一处。

学院师德师风、教风学风良好，先后荣获2016—2017年度教工模范之家荣誉称号、2016—2018学年烟台大学师德建设先进集体荣誉称号，1名教师获评烟台大学师德标兵。

【教育教学】学院重视教学工作。严格执行教学督导、听课和教学工作定期检查等教学规章制度；教师认真做好备课、上课、答疑、作业批改等各环节工作，较好完成了本学年教学任务，未发生任何教学事故。

实施校、院两级助教制度，青年助教培养稳步扎实推进。1 人获山东省第五届青年教师教学比赛省级二等奖，1 人获烟台大学“师德标兵”荣誉称号。

教学改革与建设取得新成绩。《大数据背景下数学教育教学改革与一体化建设》获山东省教学成果奖二等奖；《新工科背景下线性代数教学改革的研究与实践》获得山东省省级教学改革研究立项并重点资助。

学生培养质量较高。获得 2018 全国大学生数学建模竞赛国家二等奖 4 项，2018 美国（国际）大学生数学建模竞赛一等奖 2 项、二等奖 9 项；学生毕业论文整体水平达到了毕业论文（设计）基本教学目的。1 篇论文获得 2018 年山东省优秀学士学位论文，5 篇论文获得校级优秀本科毕业论文；学院整体初次就业率为 53.2%，数学与应用数学、信息与计算科学、统计学三个专业初次就业率分别为 67.4%、40.5%、46%；本科毕业生共有 67 人考取研究生，考研率达 30.3%。2018 年招收研究生 13 人，毕业 9 人，其中 1 人考取中山大学博士研究生。

【师资队伍】2018 年，学院新引进高水平博士 3 人，进一步加强了相关研究团队的力量。选派张新光、陈传军、曲风龙、李文强、刘乃伟 5 名教师到国外高校访问，选派张媛媛到北京大学访问。

【实验室建设】2018 年，学院购买 3 台光纤交换机，增强了信息计算科学实验室的网络能力。采购相关设备，装备学院新网站和实验中心网站，完成了新旧网站数据迁移。新网站在兼备老网站所有功能基础上，增加了党建模块和学生工作首页模块。

【科学研究】2018 年，学院获得国家自然科学基金面上项目 1 项、青年基金 1 项，山东省自然科学基金面上项目 1 项、青年基金 1 项，山东省社科规划课题 1 项，山东省高校科技计划项目 2 项。获得山东省省属高校优秀青年基金 1 项。2018 年全院共发表学术论文 36 篇，其中 SCI 收录 28 篇，EI 收录 2 篇，CSSCI 收录 2 篇。根据 Web of Sciences 最新数据，学院发表 ESI 高被引论文 17 篇。

【服务地方】学院重视服务地方工作，积极与当地企业联系沟通，寻找合作契合点。学院部分教师与东方电子旗下子公司建立了比较深入的合作关系，承担该公司有关变压器等全国竞标事项研究任务。在给定数据的基础上进行相关数据的分析研究，研究工作正在深入进行中。在校服务地方办公室主任帮助下，学院教师刘俊峰为烟台疾病控制中心讲授统计软件知识 3 次，建立了互信关系，为进一步合作打下了基础。

【学生工作】持续开展大学生思想政治教育精品项目“读报时间”，通过“无手机阅读挑战”“纪念改革开放 40 周年”和“纪念一二·九运动”原创设计展等活动提升学生政治素养。举办“知行计划”学生骨干培训班，开展社会主义核心价值观宣传月等活动。2018 年发展学生党员 26 名、入党积极分子 91 名。

制定《数学与信息科学学院自律学风养成工程实施方案（试行）》，启动自律学风养成工程。做好奖、助学金评定和发放工作，评定结果零投诉。启动“健康数学”工程；学院获今年学校运动会总成绩第四名；孙飞鸿同学获全省大运会标枪冠军。学院团委获 2017 年度烟台大学“红旗团委”称号。组建 45 支社会实践队，2017 级参与学生达 100%；与郯城县第一人民医院共建社会实践基地。5 支团队获学校“互联网 +”大赛三等奖，2 支团队获学校“创青春”铜奖。

【交流与合作】2018 年，学院共邀请 40 位国内外（国外 4 人）知名专家举办 43 场学术报告，其中“两校名师讲堂”4 场。学院教师近 100 人次到国内外高校访问，参加学术会议，进行学术交流。

本年度，学院和计算机与控制工程学院、光电信息科学技术学院联合成立了“烟台大学人工智能研究院”，与海军航空大学开展无人机项目的合作。

（郑石军）

光电信息科学技术学院

【概况】光电信息科学技术学院下设通信与物联网系、电子系、物理系等3个系,通信工程教研室、物联网工程教研室、电子信息科学与技术教研室、电子信息工程教研室、普通物理教研室、近代物理教研室、大学物理教研室等7个教研室,物理实验中心、山东省骨干学科实验教学中心2个实验中心。有应用物理学(国家级特色专业,省级特色专业)、电子信息科学与技术(国家级特色专业,省级品牌专业)、电子信息工程、通信工程、物联网工程5个本科专业,通信工程(移动通信方向)和物联网工程(服务外包)2个校企合作专业;有物理学、电子科学技术两个一级学科硕士点,信号与信息处理一个二级学科硕士点。截至2018年底,学院有在校本科生、硕士研究生共2017人,教职工108人。

【党建与思想政治工作】持续深入学习贯彻习近平新时代中国特色社会主义思想、党的十九大和十九届二中、三中全会精神,扎实推进"两学一做"学习教育常态化、制度化。制定"大学习、大调研、大改进"专题教育活动方案,落实学校第四次党代会精神,组织开展"不忘初心跟党走,牢记使命勇担当"主题教育活动,发挥共产党员的先锋模范作用。9月召开学院党员大会,选举产生新一届学院总支部委员会委员。完成基层党组织换届工作,优化调整党支部设置,认真落实"主题党日""三会一课"、组织生活会和民主评议党员制度,基层党组织战斗力和凝聚力进一步加强。组织党员到烟台山革命教育基地参观学习。组织教工党员观看电影《厉害了,我的国》,实行教工党员联系帮扶后进学生制度。搭建学生党员平台,继续推进"红色先锋成长计划",分层分类开展"党员先锋示范岗"创建活动。加强党员理想信念教育,开展主题党团活动近170次,发挥党员示范引领作用。

学院党总支下设学生党支部5个(本科生4个,研究生1个);共有学生党员67人,入党积极分子484人。学院把握关键时间节点,开展社会主义核心价值观主题活动月、"学长与我话成长"主题会议、"党团肩并肩,学业互帮互扶"等活动;以重大纪念日为契机开展红色教育活动。组织学生清明节前往凤凰山烈士陵园缅怀先烈,参加以"勿忘国耻、砥砺前行,振兴中华"为主题的国家公祭日纪念活动。用升旗仪式、朗诵宣言等形式,传递铭记历史、珍爱和平的决心,激励学生将爱国热情落实到学习生活中,为实现中华民族伟大复兴的中国梦贡献青春力量。

10月28日,召开了共青团烟台大学光电信息科学技术学院代表大会,选举产生了共青团烟台大学光电信息科学技术学院新一届委员会委员与出席烟台大学第三次共青团代表大会学院代表,通过了《共青团烟台大学光电信息科学技术学院代表大会关于大会工作报告的决议》。

学院团委荣获2018年度烟台大学"红旗团委"荣誉称号。

【教育教学】教学工作在专业群建设、教学成果奖、省教研项目、青年教师竞赛、学科竞赛等多方面取得了成绩。稳步推进以电子信息科学与技术为核心专业的高水平应用型专业群建设,投入200余万元,加强5个相关实验室的建设。获批山东省级教改立项面上项目1项;以第二单位参与的"全方位、立体化光学课程建设与改革"项目获山东省教学成果二等奖(本校参与人王新宇、李作宏;第一单位为聊城大学);获山东省第五届青年教师教学竞赛二等奖1项。出版教材3部。签署校企产学研合作协议1项。指导学生参加大学生电子设计竞赛、ICAN创业大赛等比(竞)赛,获得省级以上奖励18项;指导学生申请专利6项;获批国家级大学生创新创业训练计划1项。

完成现有3个硕士学位授权点自我评估工作,获省研究生教学成果奖一等奖1项。研究生获批科技创新基金立项3项，获烟台大学优秀硕士学位论文2篇，2人获得国家奖学金，研究生发表学术论文20余篇。

【师资队伍】学院人才引进工作领导小组严格按照《烟台大学人才引进与管理实施办法》文件的要求，根据学院现有3个一级学科的发展需要，确定人才引进的重点和考评方法措施。本年度共组织4次人才面试和试讲会议，对17名优秀博士进行了考察，引进8名青年人才，其中1人为“拔尖人才”层次。

在人才培育方面，1人入选山东省属高校“优青”，2人获山东省科学技术奖三等奖，2人获烟台大学优秀科研成果奖一等奖，1人获山东物理学会首届优秀青年学术奖。教师参加培训14人次。张超副教授赴美国衣阿华大学交流访问一年。选派6名教师，分别参加山东省物联网协会和山东中兴教育咨询有限公司举办的信息通信技术暑期培训班、山东浪潮优派科技教育有限公司举办的第三届浪潮大数据技术师资培训高级研修班，增进专业教师对前沿应用知识和技术的了解。

聘任邓文栋、邹伟、王波、沙锦明4位获得省级人才称号的专家担任学院产业教授，提高来自企业界应用型教师的比例。

【实验室建设】围绕专业建设和科研需求对学院实验室进行扩建和升级。投入55.8万元，采购4套互联网+创新实训平台，用于物联网实验室升级，提升了互联网+实验室装备水平。投入48.73万元，采购2套高性能数据处理单元、1套体感设备及应用资源、1套位置追踪及增强交互系统、1套虚拟现实拆装编辑系统、1套增强现实编辑处理及音效系统和1套增强现实感知桌面，新建了VR虚拟现实实验室。光信息与光功能材料山东省高校重点实验室建成了功能材料测试实验室。

【科学研究】本年度，学院共获得国家自然科学基金5项，其中面上项目2项，青年项目1项，理论物理专款2项；山东省自然科学基金4项，其中邹芝田副教授入选省属高校“优青”项目名单，面上项目1项，青年项目1项，博士项目1项；省教育厅项目1项；主持横向课题4项。年度科研经费总额290万元。2018年，学院老师发表高水平SCI、EI论文42篇，其中1篇为ESI高被引论文。获得授权发明专利1项。王磊副教授、韩小芳副教授完成《黑格斯物理若干理论唯象研究》，获得2018年度山东省自然科学奖三等奖，邹芝田副教授、李营教授的《激发态粒子在重味B介子弱衰变中产生的研究》（系列论文）获得2018年烟台大学优秀科研成果奖一等奖；韩小芳副教授获得山东物理学会首届优秀青年学术奖。

【服务社会】学院响应山东省和烟台市新旧动能转换发展战略，年初制定了服务山东新旧动能转换重大工程建设的工作方案。下半年以来，学院领导及相关人员先后赴开发区烟台科大正信电气有限公司、山东华鼎伟业能源科技有限公司、北京火星人俱乐部、千峰教育、360科技有限公司、中国民航管理干部学院等单位，走访调研，了解企业人才需求、洽谈校企科研合作。刘云学和张炜两位教师分别承接了某军工院所“漏液检测模块开发”、中核集团龙腾项目子课题“图像处理软件设计”等横向项目的研发。贺鹏飞等5名教师加入烟台市光伏协会，为烟台光伏企业发展服务。

【学生工作】严抓学风，开展优良学风月建设。积极开展创业教育，本年度，学生新注册企业3家，新入驻学校大学生创业园企业3家。加强学生科技创新工作，成绩突出。学生参赛获国家级奖励5项，省级奖励32项。挑战杯“创青春”比赛报名20项作品，获省级铜奖2项，校级一等奖2项。申报校团委大学生科技基金，立项11项。15个项目报名参加山东省大学生科技创新大赛，获得一等奖1个，二等奖3个，三等奖4个。

学院共有应届毕业生574人，截至年底，考研率22.12%。开拓就业市场，多渠道、多方位指导毕业生就业，最终就业率96.17%。关心贫困生，实地走访困难学生家庭6家。刘玮获烟台大学“自强不息先进个人”荣誉称号。

新增暑期社会实践基地3个。学院“一带一路乌海行，葡萄酒业新商贸”实践队入选“丝路新世界·青春中国梦”国家级专项活动，“互联网+新农村，乐教学+新未来”实践队入选“三下乡·千村行动”省级专项活动。积极开展志愿服务活动，“逸毒沼·谱新章”禁毒教育省级优秀宣传项目获评山东省2018年度志愿服务“四个100”先进典型宣传活动省级最佳志愿服务项目。

举办各类文体活动30余次，牵头与环境与材料工程学院和核装备与核工程学院举办首届“光核

环”联合运动会。在学校春季运动会中,取得学生女子组团体总分第二名、学院团体总分第三名的好成绩,并获得“精神文明奖”。

加强学生组织建设,学院学生会获得“优秀学生会”称号。

【交流与合作】加大国内外学术交流力度。全年参加全国性的各种学术会议 20 余次,参加国际学术合作与交流 5 人次。举办学术报告 17 次,其中海外教授 3 人,两校名师讲堂 4 次。学院举办重味物理研究生论坛、山东省核学会学术会议。学院联合中科院理论物理所举办全国第一届粒子物理前沿研讨会,来自全国的 80 名专家学者参加会议。在北京大学、清华大学支援烟台大学建设委员会第十三次会议上,学院分别与清华大学物理系、北京大学物理学院签订战略合作意向书,学院与两校物理学科的合作进入新阶段。

加强与企业的产学研合作。大唐电信科学技术研究院 DSP 总架构师、“千人计划”专家张家钧教授来学院参观考察,就人工智能、芯片设计、合作培养学生等进行了初步交流沟通。学院与山东赛宝电子信息工程有限责任公司签订合作协议,推进双方在科学研究、教育教学、人员培训等方面的全面合作。邀请烟台东方威斯顿电气有限公司项目经理付正诚(2005 级校友)举办服务新旧动能转换优秀校友讲座。

学院和计算机与控制工程学院联合举办“2018 互联网趋势,聚焦企业用人”讲座。和计算机与控制工程学院联合申报并获批山东省高端海洋工程装备智能制造协同创新中心。与计算机与控制工程学院、数学科学学院联合成立烟台大学人工智能研究院。

烟台科大正信电气有限公司在学院设立“科大正信奖学金”。

(郭金玲)

化学化工学院

【概况】2018 年,学院共有教职工 135 人,其中教授 24 人,副教授 41 人,专任教师中博士占 73%。5 人享受国务院政府特殊津贴,4 人入选山东省有突出贡献的中青年专家。

学院在读本科生 1800 余人,硕士研究生 100 余人。应用化学、化学工程与工艺、高分子材料与工程等 3 个专业为山东省特色专业。化学和化学工程与技术 2 个一级学科下含有无机化学、分析化学、有机化学、物理化学、高分子物理与化学、化学工程、化学工艺、工业催化、应用化学 9 个二级学科硕士点;有化学工程、轻工技术与工程 2 个专业学位硕士点。有应用催化、高分子材料和精细化工 3 个研究所。

【党建与思想政治工作】9 月 26 日召开全体党员大会,总结过去工作,谋划未来发展,选举产生了新一届中共化学化工学院委员会。落实“三会一课”等制度,坚持每周召开班子例会或党政联席会议。李庆忠工作室获批省高校支部书记“双带头”工作室。成立以专业为基础的一体化党团建设体系。从教工支部选拔优秀党员在本科生支部担任“第一书记”。

运用主题党日活动等形式加强对党员的思想政治教育。举办“不忘初心跟党走,青春奋斗勇担当”毕业生党员毕业季主题党日活动和“不忘初心跟党走,牢记使命勇担当”全体教职工党员纪念建党 97 周年主题党日活动,两名优秀党员做交流发言。开展“专业教育、学风建设、科技创新”主题党日活动。在“纪念改革开放 40 周年,奋进新时代”主题党日活动中,院党委书记、副书记分别上了以“坚持‘四有要求’,坚守‘四条底线’”“我和我的祖国”为主题的党课。组织全体党员学习了《中国共产党支部工作条例》。组织师生党员观看反邪教警示教育宣传片，赴胶东革命纪念馆和胶东第一县委革命历史文化展览馆参观学习。观看黄群、宋月才、姜开斌、王继才等英雄事迹的视频，组织学习了《中国共产党纪律处分条例》。

召开院第三届教职工大会暨工会会员大会，选举产生了第三届院工会委员。

【教育教学】普通化学原理在线课程建设全面升级，推荐申报山东省在线开放课程。郑耀臣老师代表学校参加的“工程教育认证视域下高分子材料与工程专业应用型人才培养实践教学体系的构建”项目（鲁东大学主持）以第二单位名义获山东省教学成果奖一等奖。

化学、化工两学科学位授权点合格评估获得同行专家较高评价，将进一步凝练学科方向，提高培养质量。

1 名教师获第五届山东省高校青年教师教学竞赛二等奖；2 名教师获烟台大学第七届青年教师教学竞赛一等奖，2 人获二等奖。10 名教师获第一届“烟台大学教学质量奖”。

全院应届毕业生 442 人，考取硕士研究生 137 人，考研录取率 33.25%。9 篇论文被评为 2018 年烟台大学优秀本科毕业论文，1 篇论文被评为省优秀学士论文。2 篇研究生论文获山东省优秀硕士学位论文。获全国化工设计华北赛区一等奖和全国二等奖各 1 项，获省级学生竞赛 6 项。获山东省研究生优秀科技创新成果三等奖 1 项、山东省专业学位研究生优秀实践成果奖 1 项。获 2018 年烟台大学研究生导师指导能力提升项目 1 项，并推荐省级立项。

【师资队伍】成立人才工作领导小组，负责单位引进人才的面试审核；配备专职人才专员。制定人才工作计划，召开 7 次人才专题会议。赴德国及国内苏州、北京等地进行人才引进洽谈。全年引进 8 名博士，均为第一层次人才，其中有海外学习经历的 3 人。同意引进的 3 位不到 40 岁教授正在办理入校手续。

柔性引进国家级人才 4 名。分别是：国家“千人计划”专家黄学英、“国家杰青”浙江大学肖丰收教授、“青年千人”大连化物所黄家辉、北航“国家优青”赵勇教授，签订聘任合同，明确任期目标。

1 名教师获评烟台大学师德标兵。

【实验室建设】新增化工新材料绿色制造工程技术研究中心省级平台。黄金催化与过程实验室获批烟台市重点实验室。召开实验室安全工作会议，传达学校实验室消防安全工作专题会议精神，部署下一步学院实验室消防安全工作重点和主要任务。

【科学研究】申请国家发明专利 12 项，授权发明专利 4 项。“用甲乙酮系列混合溶剂分离丁烷与丁烯的方法”获中国专利金奖。

发表科研论文 50 篇，其中 SCI 论文 46 篇（二区以上 26 篇）。化学 ESI 论文被引次数达到 7828 次，超过 ESI 阈值的 7806，烟台大学化学学科 ESI1% 的潜力值首次超过 1，达到 1.003。

获批国家自然科学基金项目 6 项、省重大科技创新工程项目 1 项（经费 200 万元）、省自然科学基金项目 5 项、省高校科研计划项目 2 项。

组织杰青等学术报告 11 次。

【服务社会】新签订横向课题及技术转让项目 4 项。到位科研经费总额 1127 余万元。

【学生工作】调整学院学生工作领导小组，开展“三无”建设工程，加强学风教风院风建设。召开学院团代会，加强“六有”共青团建设。设立以专业划分的团总支，成立青年传媒中心，学院微信公众号关注度位于全校前列。

成功举办烟台大学第十五届读书节，成立校级志愿服务团队“领读者”，成立化学化工学院学生合唱团。成功举办纪念一二·九暨改革开放 40 周年大合唱比赛。

荣获全国大学生化工设计竞赛全国二等奖 1 项，山东省大学生化学实验大赛省级三等奖 1 项，第六届中国大学生高分子材料创新创业大赛省级二等奖 1 项，山东省大学生化工过程实验技能竞赛省级一等奖 1 项，入围第五届山东省大学生科技创新大赛决赛项目 1 项。研究生获国家奖学金 5 人、省级优秀学生 1 人、省级优秀毕业生 2 人、中国电信奖学金 1 人。

新增企业奖学金两项，奖金总额 120 万元。

【交流与合作】5 月 29 日，学院与富海集团举行校企合作签约仪式；31 日，院党委书记率团到浦林成山（山东）轮胎有限公司走访调研，并与对方签署校企合作协议。6 月 15 日，院党委书记一行赴莱山经济技术开发区走访烟台金正环保科技有限公司。

7 月 18 日，烟台南山学院副校长亓学广带领质量监控与评估处处长、化工系教师等一行 4 人来学

院调研。

10 月 13 日,2018 年烟台大学青年学者泰山论坛化学化工学院分论坛在学院二楼会议室举行,学院邀请德国马普所袁丽娜、王敏慧和荷兰埃因霍温理工大学林良良等 3 位青年学者参加论坛。

11 月 16 日、17 日,崔爱莉研究员、魏永革教授分别做了题为“化学实验教学中培养学生的创新能力”和“多酸亚化修饰及其在能源领域中的应用”的学术报告。

(侯建海)

生命科学学院(农学院)

【概况】学院下设生物科学与技术、海洋生物工程、食品科学与工程 3 个系及 1 个基础教学部,有生物科学、生物技术、生物工程、食品科学与工程、食品质量与安全 5 个本科专业。其中食品科学与工程专业为省级特色专业,生物工程专业为校级品牌专业。2018 年申报生物制药专业。

现有生物学一级学科硕士学位授权点 1 个,二级学科硕士学位授权点 3 个,有工程硕士(生物工程)和农业推广硕士(设食品加工与安全、作物、园艺、植物保护、农业科技组织与服务 5 个领域)2 个专业硕士学位授权点。

生物化学与分子生物学为省级重点学科,海产品质量与安全检测实验室为山东省高校重点实验室,食品检测检验中心具有国家资质。有 2 个省级骨干学科实验教学中心及 1 个省级生物学实验教学示范中心。水产养殖与加工质量安全控制技术协同创新中心是山东省功能食品工程技术中心的依托单位、山东省干细胞工程技术研究中心的共同依托单位。

学院现有教职工 102 人,其中教授 20 人,副教授及其他副高级人员 45 人。专任教师中具有博士学位的教师 66 人,山东省引进海外“泰山学者”特聘教授 2 人,“泰山学者”种业人才团队领军人才 1 人,教育部新世纪优秀人才 2 人。在读本科生 1830 人,在读研究生 270 人。

【党建与思想政治工作】5 个党支部完成基层换届,教工党支部全部实行“双带头人”制,9 月 28 日,学院召开党员大会完成党总支换届。学习烟台大学第四次党代会精神,开展社会主义核心价值观宣传月、“不忘初心、牢记使命”主题教育,举办庆“七一”系列党日、“十年殇事,青年雄起”主题党日等活动,提高党员党性修养。组织观看专题节目《榜样 3》,组织教工党员前往威海党建基地、烟台党建基地开展党性教育;继续实施“红色生日”制度,增强党员归属感。举行“初心不忘,桃李成蹊”纪念仪式,为从教 30 年的教师颁发特制纪念证书;举办新进教师宣誓仪式暨座谈会。2018 年发展学生党员 55 人,培养积极分子 233 名。中心组学习研讨 19 次,完成书记抓基层党建突破项目“发挥党建的引领保障作用,以应用型人才培养为目标,着力提升人才培养质量”,发表党建论文 2 篇。

发挥党建在育人中的引领保障作用,寓专业特色于学生思政教育。探索实践育人机制,启动“生命文化节”品牌建设,通过标本展、琥珀制作、叶脉书签制作、生命小课堂等活动,将专业特色融入校园文化建设;选拔研究生参加全国第一届野生植物保护大会志愿服务,圆满完成会务工作。秉持环境育人理念,举办“前途似锦,鲤(理)想绽放”毕业生锦鲤捐赠仪式、“维湖行动”志愿服务,将信仰和行为教育融入文明烟大建设。

【教育教学】积极推进生物学学科特区建设,初步形成自我特色。调整专业布局,生物技术专业暂停招生。与荣昌制药合作,申报生物制药专业。申报各类教研项目 3 项。积极组织申报教育服务新旧动能转换专业对接产业项目,牵头申报的现代海洋项目、参与药学院牵头申报的医养健康项目均获批。围绕课程改革，率先成立4个专业基础课教学团队，出台《生命科学学院教学团队工作条例》。葡萄酒的那些事儿列为国家级精品课程。加强督评和教学综合评价工作，遴选多名优秀教师担任学院督评专家。

获批省级教改项目1项，校级教改项目2项；发表教改论文3篇。“多学科融合的综合实验教学体系”项目获省级教学成果二等奖。获得校级优秀毕业论文9篇。生物工程、食品科学与工程2个一级学位点正式公布。生物学一级学科硕士授权点和农业硕士专业学位（食品加工与安全、农艺与种业两个领域）授权点合格评估顺利通过自评专家组会议评审。本年度录取硕士研究生108名，毕业研究生56名。

拓展创新育人平台，承办第十届山东省大学生科技节之“山东省大学生生物学教学技能大赛”“山东省大学生生物科技创新创业大赛”等多项省级赛事。2018年累计参加各类技能大赛的学生达120多人次，获得全国大学生生命科学竞赛一等奖1项、三等奖2项，省级生化实验技能、创新创业技能、生物实验技能等大赛特等奖8项，一等奖13项，其他奖10余项。

【师资队伍】推荐申报青年“泰山学者”入选1人，引进拔尖人才1名。全年引进9名博士学位青年教师，聘任7名山东省高校产业教授、3名企业兼职教授，2名兼职教授。

以学校“一院一品”活动为契机，围绕骨干教师能力升级、青年教师培训及教学团队建设等方面开展工作。增加教师在职培训、外出培训、访问学者交流、参加学术会议的机会，注重教师教学、科研综合素质的提高，推动青年教师尽快融入教学团队。邀请校外知名专家进校举办4次讲座，参加的教师达到400余人次；参加校外教学能力培训13人次。2名青年教师到新西兰坎特伯雷大学访问进修一年。

【实验室管理与建设】学院实拥有液质联用仪（LC-MS）、气质联用仪（GC-MS）、高效液相色谱仪（HPLC）、细胞融合仪、DNA序列分析仪、实时荧光定量PCR、超临界萃取仪、显微操作仪、全自控发酵罐等大型仪器设备30余台（套）。完成生物技术与工程校级实验教学示范中心的建设和验收工作，积极推进基因工程菌的构建及其工程化应用校级虚拟仿真实验室的建设。加强实验室的管理，进一步明确实验室安全防火责任的落实。圆满完成固定资产清查工作。

【科学研究】2018年，学院获批国家自然科学基金2项，承担省部级项目6项、纵向课题16项、横向课题15项，经费总额达到495万余元。获批3项发明专利，2项实用新型专利。举办10余场高水平学术报告与讲座。

【服务社会】按照学校统一部署，积极开展服务地方工作，对接多个企业，并就人才培养与科研合作等方面达成合作意向。由学院牵头，促成国家海洋藻类国际科技合作基地与烟大签约共建。

【学生工作】遵循理性教育，感性引导的工作理念，按照坚定其信仰，文明其精神，野蛮其体魄，温暖其言行的青年学生培养目标开展学生工作。举办社会主义核心价值观宣传月、“不忘初心、牢记使命”学生党员教育、学习烟大第四次党代会精神等主题教育活动。启动“名校走访”计划，2018年寒假带领学生骨干走访南开大学、天津大学及清华大学。打造学院育人品牌，全面推行“成长护照”，学生成长过程中获得的成绩用“签证”的形式记录下来，德智体美劳全面发展的育人导向通过这种形式展现出来。举行7周年院庆系列活动，制作学院7周年回顾长卷，组织了包括青春宣誓、“SKY·DNA螺旋跑”“我与生小科”等主题活动，增强学生爱校爱院凝聚力。辅导员为毕业生改编创作毕业歌，定制专属的毕业纪念钥匙扣，细致全面做好毕业生教育工作。继续开展第七届“生·动”体育季、第三届“益行家”竞技大赛、专业篮球联赛、沙滩绑腿跑、趣味运动会、专业足球赛等活动，践行“三走”，引导学生养成良好的生活和运动习惯。修订《生命科学学院学生奖励标准（试行）》，设立“新希望六和励志奖学金”。

与荣昌制药、新希望六和股份有限公司等近10家用人单位座谈，以企业需求为导向促进毕业生工作。2018届毕业生初次就业率达到77.8%（超过指标8.8个百分点），考研率30.55%。

获得学校“红旗团委”“优秀学生会”“优秀研究生会”“十佳红旗团支部”“社会实践工作先进单位”等荣誉称号。李明月被评为烟台大学“优秀辅导员”，李明月获得山东省“无偿献血工作先进个人”、烟台大学“优秀青年工作者”、烟台大学“优秀

社团指导教师"等3项荣誉称号,其网络文章《帮学生寻找"热爱的力量"》获得第二届全国高校网络宣传思想教育优秀作品。魏权、苏跃华等3人获得山东省大学生科技节"优秀指导老师"奖,魏权获山东省"社会实践优秀指导教师"称号。周昊、李明月、苏跃华参与省级学生教育管理类课题1项,"基于精准资助视角下发展型资助路径研究"课题2018年结题。

【交流与合作】与山东卓越生物技术股份有限公司、烟台绿云生物科技有限公司、山东婴儿乐股份有限公司对接,探索校企融合发展的具体途径。选派青年博士组成企业青年专家服务团,以人才智力资源优势助推企业发展。

（李明月）

药学院

【概况】药学院现有"重大新药新型释药系统"服务国家特殊需求博士人才培养项目,药学一级学科硕士学位授权点和药学硕士专业学位授权点,以及药学(国家特色专业,即"高等学校特色专业")和制药工程(列入教育部"卓越工程师教育培养计划")2个本科专业。2018年,药学学科获批山东省一流学科立项建设。

2018年,学院在校本科、研究生共1185人。教职工72人,其中教授18人(博导10人),副教授20人,专任教师中98.61%具有博士学位。有国家"千人计划"3人,"泰山学者"9人,山东省有突出贡献的中青年专家2人,全国优秀教师1人。

【党建与思想政治工作】1. 落实从严治党主体责任和"一岗双责"等党风廉政建设制度;坚持党政联席会、党总支会议、专题会议、院务会、党员大会及职代会等议事决策程序。

2. 依托灯塔—党建在线网站的政治功能,定期召开支部书记和委员工作会议。规范党员发展程序,本年度共发展学生党员32人。开展二级党校培训1次、党员主题教育活动5次,形成立体党员培训教育体系。

3. 加强基层组织建设,2018年完成基层组织换届工作。获评山东省"干事创业好团队"荣誉称号,教工党支部作为"双创"党支部报省教育工委;学生党支部获评烟台大学先进基层党组织,一名研究生党员作为"优秀党员标兵"报省教育工委,创建党员品牌服务青年活动——毕业生话别会。

【教育教学】1. 推进高水平应用型立项建设专业——药学重点专业群建设,完成高水平应用型立项建设药学专业群的各项中期目标,通过中期评估。一门课程上线山东省高等学校在线开放课程平台。

2. 组织申报并获批教育服务新旧动能转换专业对接产业(医养健康)项目——药学专业群,建设期限5年,获得省财政资金支持1200万元/年。

3. 获得山东省级教学成果奖二等奖1项,联合沈阳药科大学获批辽宁省普通高等教育本科教学成果奖一等奖1项,获批山东省本科教学教改项目1项,傅风华教授的本科教学教改重点项目结题("校企一体化国家级实验教学示范中心建设研究",2015年立项)。

【师资队伍】1. 李小鹏博士入选山东省首批"一事一议"顶尖人才;赵克浩博士入选烟台市"双百计划"人才第二层次;新引进青年博士6人。

2. 学院荣获2016—2018年度"烟台大学师德建设先进集体"荣誉称号。

【实验室建设】1. 推进药学国家级实验教学示范中心建设。召开2018年药学国家级实验教学示范中心教学指导委员会工作会议。利用医养健康项目进行了本科实验教学仪器设备的升级与完善。

2. 加强实验室安全管理,重新制定责任到人的实验室安全条例,并与各实验室负责人签订安全责任书;严格落实实验室定期安全检查、通报制度;联合学校保卫处,在全国消防日组织全院师生开展首次实验室消防安全逃生演习、安全教育培训及灭火演习。

3. 实施化学类实验室约 1000 m^2 的改建工程,已完成一期改建工程;完成"一事一议"顶尖人才团队实验室的建设任务,更新与完善学院科研仪器设备;完成新建实验大楼的初步规划。

4. 继续推进开放实验教学,如大学生实践创新、"挑战杯"、开放实验室基金项目等,形成动态、自主、多元、开放的实验教学模式。教师积极开展实验室对外开放服务,包括外校研究、测试、技术咨询等。

【科学研究】本年度新立科研项目 26 项,其中 3 项国家自然科学基金项目和 4 项山东省自然科学基金项目;发表 79 篇 SCI 收录的学术论文,其中第一单位 42 篇;傅风华领衔完成的"药物抗炎与致炎作用评价、机制研究及其应用"项目,获高等学校科学研究优秀成果奖(科学技术)二等奖。

【研究生教育】1. 招收博士研究生 7 人,生源地扩展到北京、广东、江苏、江西等地。招收硕士研究生 81 人,其中学术硕士 34 名,全日制药学专业硕士 47 人。

2. 2 名博士研究生顺利通过答辩获得博士学位,55 名研究生获得硕士学位。研究生共发表学术论文 81 篇,其中 40 篇被 SCI 收录;申请中国发明专利 21 项,授权 3 项。

3. 制定并按《烟台大学药学院硕士研究生导师岗位聘任办法》进行研究生导师遴选和聘任。本年度新遴选硕士研究生导师 23 名,聘任研究生导师 52 名。

4. 获批校级专业学位研究生教学案例库建设项目 1 项,省级研究生导师指导能力提升项目 1 项。获得 2018 年烟台大学优秀硕士学位论文 3 篇,研究生优秀科技创新成果一等奖 1 项、二等奖 1 项,专业学位研究生优秀实践成果二等奖 2 项。

5. 招收巴基斯坦博士留学生 1 名,派出 2 名硕士研究生赴美国联合培养 1 年,1 人已回国。

6. 6 月 22 日,召开烟台大学"重大新药新型释药系统"博士人才培养项目实施指导委员会第三次会议。

7. 完成博士项目验收,完成药学一级学科硕士学位授权点合格评估和药学硕士专业学位研究生专项评估工作,均合格通过。

8.《应用型地方高校药学专业校企协同育人机制的创新与实践》荣获山东省省级教学成果二等奖。

【服务社会】学院教师在共建单位绿叶制药集团研发中心主持完成了治疗恶性肿瘤的 IDO 小分子抑制剂的筛选和评价,2018 年向中国 CFDA 提交并获批进入临床研究。学院教师进行的"高含量血脂康药效学实验研究""应用持续性多巴胺受体激动剂罗替戈汀微球过程中发生脑卒中、心肌缺血或糖尿病肾病损伤程度的研究""七叶皂苷钠片(欧开)与迈之灵片体内药代动力学实验"等项目,有力支持了北京北大维信生物科技有限公司等企业的药物研发及未来药品上市后推广。

【学生工作】1. 学工队伍不断壮大并趋于稳定,引进辅导员 2 名。学院积极开展辅导员能力培育工程,1 人获评校优秀辅导员,1 人获评校优秀青年工作者。

2. 以党建带团建,积极组织开展群团工作,做好青年团员思想政治教育。召开十九大精神集中学习会 2 次,组织青年团员观看"巾帼心向党、建功新时代"、2018 年全国科学道德和学风建设宣讲教育报告会和"将改革开放进行到底"全国巡回宣讲等。

3. 本科生初次就业率为 66.95%,整体就业率为 94.46%。本科生考研率为 37.77%,学院荣获 2018 年考研优胜奖一等奖。

4. 公开公平开展经济困难生认定、奖助学金评审等工作。研究生中,8 人获得国家奖学金;本科生中,202 人获得各类奖学金,共认定家庭经济困难生 257 名,为 188 名困难生发放国家助学金。

5. 组织学生积极参与科创项目、科创大赛等。2018 年申报大学生科技创新基金立项 9 项,国家级大学生创新创业训练计划项目 4 项;获得国家级、省级竞赛奖项共 13 项,其中,"药乡行"爱心医疗服务团荣获第三届山东省志愿服务大赛银奖。

6. 2018 年学院荣获烟台大学学生军训先进学院、军训分列式优胜方队、军训歌咏比赛优胜队、军训会操优胜排、红旗团委、大学生"三下乡"社会实践工作先进单位、运动会精神文明学院、优秀学生会、优秀研究生会、韵律操大赛二等奖等荣誉称号。

【交流与合作】4月，由山东省教育厅主办、烟台大学分子药理和药物评价教育部重点实验室和长效和靶向制剂国家重点实验室承办"'泰山学者'论坛——创新药物发现与评价专题"国际研讨会。

11月，由分子药理和药物评价教育部重点实验室主办、烟台大学药学院、长效和靶向制剂国家重点实验室承办"药物递释系统研究高端论坛"。

（李孟秋）

计算机与控制工程学院

【概况】2018年，学院有教职工88人，专任教师70人，其中教授10人，副教授27人；博士学位获得者32人，在读博士4人，专任教师中具有博士学位者占46％。另有山东师创教师10人，外聘兼职教授12人。学院有计算机科学与技术、自动化、软件工程3个本科专业，计算机科学与技术一级学科硕士点和计算机技术专业硕士点。现有研究生、普通本科、卓越工程师、服务外包等多类别在校生共1977人。"数据科学与智能技术"实验室是"十三五"山东省高校重点实验室。

【党建与思想政治工作】围绕中心抓好党建工作。坚持党政联席会议制度，召开党政联席会议22次。推进落实"两学一做"专题教育，规范学习教育流程。开展"两学一做"党课教育培训11次，党员组织学习讨论16次。全院师生党员运用"蓝墨云"班课APP学习理论知识，通过学院微信公众号等新媒体宣传党的知识、习近平总书记系列讲话精神。用党建工作专项经费为全院党员发放《中国共产党章程》《中国共产党廉洁自律准则》《新形势下党内政治生活若干准则》及习近平总书记系列讲话等读物共计百余册。全面推行主题党日制度。相继开展"学习近平总书记讲话"、教工主题党日及学生主题党日活动，前往杨子荣纪念馆、胶东革命史陈列馆、昆嵛山、校史馆、烟台市博物馆等处参观学习。组织全体党员到威海刘公岛进行党性教育。严格组织发展程序，2018年共发展预备党员51名，转正党员35人。学院以自由组队的形式，组织75支大学生暑期"三下乡"社会实践队伍，195名入党积极分子积极参加。以党带团建，作为试点单位，6月召开共青团烟台大学计算机与控制工程学院第一次代表大会。注重结合学院专业特色进行各项品牌化活动建设，特色突出，具有示范导向和辐射带动作用，多项活动的经验做法在学校及以上权威媒体宣传推广。学科竞赛和社会实践工作突出，在市级及以上权威媒体发表10余篇报道。

【教育教学】教学重点工作　完成了2017—2018学年本科教学工作自评和高水平应用型专业群中期评估工作。完成翻转课堂师资培训项目。申请设立智能科学与技术新专业，制定出该专业人才培养方案。学院获批"CCF教育工作委员会走进高校"试点单位。

教学成果　周世平老师团队（团队成员贺利坚、卢云宏、郭艳燕、童向荣、谭征、胡潇琨、刘迎军和刘培华）承担的"聚焦专业核心能力的程序设计系列课程多维度全局优化研究与实践"项目获第八届山东省高等教育教学成果二等奖。获批教育部产学合作协同育人项目20项（见下表），发表教研论文9篇。

序号	项目名称	项目成员	获批时间
1	面向嵌入式专业的新工科建设	邱秀芹等	2018.01
2	软件开发方向课程体系改革	范宝德等	2018.01
3	数字逻辑	王玲玲等	2018.01
4	面向实践的物联网教学体系研究	赵金东	2018.01

续表

序号	项目名称	项目成员	获批时间
5	“机器人视觉系统应用”教改研究与建设	胡光等	2018.01
6	烟台大学翻转课堂教学法青年师资培训项目	童向荣	2018.01
7	数据科学与人工智能专业教师实践能力培训班	童向荣	2018.01
8	基于亚马逊 AWS 云平台的并行计算技术教学改革研究	刘其成等	2018.01
9	烟台大学—西普教育人工智能联合实验室建设	齐永波等	2018.01
10	程序设计项目实训	周世平等	2018.01
11	校企合作嵌入式专业实验室条件建设	潘庆先等	2018.01
12	企业 MRP 系统	孙宏波等	2018.01
13	基于混合式教育平台的创新创业项目	贺毅等	2018.01
14	AR 方向创新创业人才培养的教育实践	李瑞旭等	2018.01
15	VR/AR 方向创新创业人才培养的教育实践	李瑞旭等	2018.01
16	基于 unity3D 的 VR 室内装修项目设计与实现	李瑞旭	2018.01
17	基于“互联网 +”实践教学复合型师资人才培养	姜远明	2018.10
18	物联网工程专业师资培训项目	姜远明	2018.10
19	地方本科高校计算机类专业学生创新创业能力培养的路径探析	蔡新海等	2018.10
20	基于第二课堂培养大学生创新创业能力的研究	蔡新海等	2018.10

课堂与实践教学　2017—2018 学年共开出课堂教学课程 295 门次，其中专业限选课和任选课 110 门次。全年共开出实践、实验类课程 302 门次，开设率 100%。其中综合性、设计性实验 69 门次，实习类 23 门次，开出率 100%。参加毕业论文（设计）的学生共 604 人，其中来自生产、科研、社会一线的题目占题目总数的 90 %。

日常监督　制定了课堂教学规范等规章制度，采用学生评教、专家听课、党政干部听课等形式监控课堂教学质量，对每学期学生评教前 10% 的教师进行表彰与奖励。本学年，学院教学工作各环节运行正常，教学秩序良好，没有发生教学事故。

评教评学、考试与论文　学生评教、教师评学参评率高。本学年，共检查课程试卷 48 份，毕业论文 60 份。大多数试卷内容、难度设计基本合理，基本符合教学大纲要求，体现了对知识点的考查；评分准确，试卷分析认真、较客观。大部分论文符合规范，选题有理论和实际意义，指导比较认真，答辩规范，评分客观。

【师资队伍】本学年，学院引进北京大学吕骏、哈尔滨工业大学吕翠翠、大连理工大学周瑜、东北大学王鹏 4 名博士。学院聘请美国佐治亚州立大学李英姝教授为学院兼职教授。借助教育部协同育人项目的实施，学院进行了 2 场 MOOC 和大数据的师资培训。郭艳燕等 12 名老师获得烟台大学第一届教学质量奖。邱秀芹获“2018 年山东省优秀本科毕业论文优秀指导教师”荣誉称号。

【实验室建设】学院建有计算机技术综合实验中心和自动化技术综合实验中心，拥有各类实验室 50 余个，实验室面积 3300 多平方米，仪器设备总值 1500 余万元。本年度，学院教学经费投入 303 万元，主要用于 ACM 实验室、“蓝桥杯”实验室、“西门子杯”实验室、智能小车实验室建设和教师培训。

【科学研究】由本学院牵头，整合烟台大学人工智能相关学科优势资源和一批优秀学者，成立了烟台大学人工智能研究院。中国人工智能学会副理事长、清华大学计算机科学与技术系马少平教授担任研究院名誉院长。学院牵头申报的“山东省高端海洋工程装备智能技术协同创新中心”立项，学院牵头的“高端海洋工程装备智能技术重点实验室”获批烟台市重点实验室。

本年度，获批各种纵向项目 14 项。其中，1 项国家科技重大专项子课题，1 项国家“973”计划子课题，6 项国家自然科学基金，4 项省部级项目，1 项山东省高等学校科技计划，1 项厅级项目，经费 752.42 万元；横向课题到位经费 63.9 万元，经费总计约 816.32 万元。共发表学术论文 39 篇，其中 SCI 收录 18 篇。获批发明专利 3 项，软件著作权 6 项，实用新型专利 2 项（见附表）。

附：

专利与软件著作权登记目录

序号	发明人	专利名称	专利类型,时间
1	孟宪辉	一种全自动苹果套网套装箱机	发明专利,2018.09
2	张艳洁	一种银行网银一次一密双向认证安全登录技术	发明专利,2018.08
3	毕远伟	一种用于定位 ADAS 标定目标板放置位置的装置	发明专利,2018.05
4	张景辉	计算机控制实验课自动评分系统 V1.0	软件著作权,2018.05
5	孙立民	一种离散制造业生产决策系统(简称:烟大 ERP 生产决策系统)V1.0	软件著作权,2018.04
6	范宝德	基于 B-B 的三角曲面重构软件 V1.0	软件著作权,2018.09
7	范宝德	三维数剧场等直面提取软件 V1.0	软件著作权,2018.09
8	于彦伟	流式大数据分布式异常检测系统 V1.0	软件著作权,2018.01
9	于彦伟	轨迹大数据异常移动对象检测系统 V1.0	软件著作权,2018.01
10	孙宏波	机器人控制系统	实用新型,2018.04
11	毕远伟	一种非接触四轮定位仪的车轮拍摄测量装置	实用新型,2018.05

【服务社会】牟春晓老师的"十三五"海洋经济创新发展示范项目"基于海洋高端装备的大数据与智能制造技术服务平台(项目编号:YHC - ZB - P201701)"成功获批,项目资助总额为 1200 万元。项目由烟台大学牵头,中科院烟台海岸带研究所,山东省海洋资源与环境研究院,中集海洋工程研究院有限公司作为协作单位。项目主要任务包括:提供海洋观测平台智能制造 MES 系统设计与研发服务,提供油气钻采设备和海洋平台制造产业的设计研发、建造工艺解决方案、设备性能评价等服务,提供海洋观测传感器设计与研发、海洋环境实景仿真模拟及海洋环境观测系统的测试与评价服务,提供专业技能培训及人才培养等方面的服务;建立产业大数据综合信息公共服务平台;提升近海海上试验基地、先进制造重点实验室、工程中心及协同创新实验室的服务能力和技术水平。

【学生工作】本科生　为全院 48 个班级配备 42 名导师。重大时间节点围绕学风建设、文明烟大建设等举办各类主题教育活动 300 余场。

重视心理健康教育工作,支持辅导员老师参加心理咨询培训。成立学院心理辅导中心——"心海工作室",开创心海工作室微信公众号 ydjkxlwyh,为学院学生提供心理咨询服务。

本年度,评定优秀学生奖学金共计 174 人。其中国家奖学金 3 人,国家励志奖学金 58 人,省政府励志奖学金 10 人;校级优秀学生干部奖学金 44 人,学习进步奖学金 28 人;绿叶制药优秀奖学金 3 人,绿叶制药创新奖学金 1 人,馨德奖学金 2 人,金龙励志奖学金 10 人,杰瑞教育奖学金 5 人,千锋奖学金 10 人。

研究生　2018 年共招收全日制学术型硕士研究生 4 人,专业学位研究生 35 人。现在读研究生共计 87 人。学院鼓励研究生积极参加国内外学术交流及联合培养等活动,支持研究生参与计算机科学与技术相关会议,多次请校友为在校生进行励志讲座,举办多次校友招聘会。1 名硕士生获得国家奖学金。进行了 2016 级、2017 级、2018 级硕士研究生学业奖学金的评审。

【交流与合作】童向荣教授当选山东省人工智能学会常务理事,刘惊雷教授当选学会监事。院长一行考察走访了苏州大学、宁波大学和浙江海洋大学,就学科建设、人才培养、科学研究、校企合作、研究生和本科生教育管理等方面开展深入学习交流。院长一行拜访清华大学计算机系党委书记刘奕群,就进一步加强学院发展,提高学科建设水平和教学研究水平学习借鉴交流。

童向荣、刘惊雷、刘其成、孙雪姣等老师向第七届中国数据挖掘会议(CCDM 2018)会议积极投稿。据官方统计,烟台大学在本次会议共投稿 15 篇,数量居全国第一;录用论文 6 篇(口头报告 2 篇,展板报告 4 篇),并列居全国第三。学院部分青年骨干教师积极参加了 CCDM2018 会议。王莹洁老师当选中国计算机学会人工智能与模式识别专业委员会(CCF－AI)通讯委员。学院已有3名老师入选该专业委员会委员。

学院举办"两校名师讲堂",清华大学马少平教授、唐平中副教授、刘知远副教授分别做了题为"意图理解与数据可靠性识别""人工智能与博弈"和"知识指导的自然语言处理"的学术报告。清华大学谢树煜、陈永强老师来学院交流座谈。邀请哈尔滨工业大学李建中教授,美国佐治亚州立大学蔡志鹏教授、李英姝教授,美国纽约州立大学于雷教授,加拿大魏守科教授等,围绕数据质量、物联网隐私保护、人工智能等主题举办学术讲座。

(王莹洁)

机电汽车工程学院

【概况】学院现有机械设计制造及自动化、测控技术与仪器、车辆工程3个本科专业,机械制造及其自动化学术硕士、机械工程专业硕士、农业机械化在职专业硕士学位授权点。有先进制造与控制技术山东省高校重点实验室、国家机动车配件质检中心烟台大学分中心、烟台大学海洋工程研究所、CAD/CAM技术研究所等科研机构。

学院现有教职工91人,教师72人,行政及教辅人员20人。中国工程院院士1人;教授7人,副教授(含副高)37人;具有博士学位者45人,占教师比例的62%。2018年学院新引进7名博士。

【党建与思想政治工作】深入学习贯彻落实党的十九大精神,用习近平新时代中国特色社会主义思想武装党员干部头脑,指导实践,推进工作。引导党员牢固树立"四个意识",坚定"四个自信",做到"两个维护"。学习贯彻《关于新形势下党内政治生活的若干准则》《中国共产党党内监督条例》,牢记党的宗旨,坚定理想信念,推动党内政治生活和党内监督制度化、规范化、程序化。

学习贯彻《中国共产党普通高等学校基层组织工作条例》,规范党务管理,扎实抓好党员发展、教育和管理工作。指导2个教工支部、4个学生支部完成了基层组织换届。组织多种形式的主题党日活动,完成了入党积极分子培养及党员发展工作。积极、主动做好省委对烟台大学党委巡视的配合工作。

【教育教学】*本年度教学重点工作*　按照学校部署和建设任务要求,认真开展以机械设计制造及其自动化为核心专业的山东省高水平应用型专业群项目建设工作,主要建设指标均达到或超过协议目标,高质量完成高水平专业群建设中期检查。以机械设计制造及其自动化专业为核心,车辆工程、测控技术与仪器、金属材料、能源动力与工程等为支撑,组成高端装备专业群,顺利获批省教育服务新旧动能转换产业对接专业项目。完成了2018年专用设备等政府采购及2019年绩效申报工作。

教学质量　与土木工程学院联合完成的"依托国家平台,构建虚实结合、软硬耦合、时空融合的力学实验教学新模式"项目,成功申报并获批山东省教学成果一等奖,实现了本学院省级教学成果奖的突破;由张磊老师主持的"'互联网＋'时代机械基础课程教学模式重构研究",获得2018年山东省本科高校教学改革研究面上项目支持。完成车辆工程专业的专业认证申请。

实践教学　持续加强与山东银座汽车合作,推动车辆工程(汽车商务)合作办学健康发展;完善与强信(机械)科技、现代汽车研发中心等单位的校企人才联合培养机制,企业不断增加对学校投入。

学科竞赛　2018年,学生在包括"互联网＋"创新创业大赛、ICAN物联网大赛、省机电产品大赛等各类国家、省级学科竞赛中继续取得佳绩。共获得国家级奖项24项,其中包括国家级一等奖3项,国家级二等奖14项,国家级三等奖7项;省赛级奖项52项,其中包括特等奖1项,省赛级一等奖12

项，省赛级二等奖20项，省赛级三等奖19项。

学风教风　加强教风建设，先后多次组织不同年级各专业师生座谈会，听取意见和建议；组织院教务部门、学工部门多次对课堂纪律进行检查，结果在全院通报。

研究生工作　按照学校硕士学位授权点合格评估工作安排，逐一对照国务院学位委员会颁布的一级学科硕士学位授权点申请基本条件，完成了《机械工程学位授权点基本情况报告书》。在烟台大学机械制造及其自动化二级学科硕士学位授权点合格评估专家评议会暨增列机械工程一级学科硕士点汇报会上汇报，学校同意增列为一级学科硕士点，报省教育厅审批。完成学位授权点自我评估总结报告，报国务院学位委员会。

制定了学院研究生奖学金评选条例。进行了2015级和2016级硕士研究生学业奖学金的评审。2名硕士生获得本年度学校研究生创新基金2项；1名硕士生毕业论文被评为校级优秀硕士学位论文，1名硕士生获得国家奖学金。

2018年共招收全日制学术硕士研究生5人、专业学位研究生42人。现有专职研究生导师26人，兼职导师9人。

【师资队伍】2018年引进到位青年博士教师7人。其中第一层次4人（含2人直聘副教授），第二层次2人；2人引进当年获批国家自然科学基金项目。本年度新进的高水平人才周丽教授获批烟台市“双百人才”计划资助；推荐郭忠教授参评第二批山东省高端智库；获批2018年山东省产业教授2人。

【实验室建设】4月获批国家首批虚拟仿真实验教学示范项目（烟大唯一，全国105项，山东省6项），投资300万元，建成焊接工业机器人虚拟仿真实验教学平台及工业机器人实验室。

【科学研究】2018年，学院教师共发表论文29篇，其中SCI收录16篇，EI 2篇，专利25项；获得授权发明专利7项，软件著作权3项；科研项目立项30项，其中国家级4项，省部级4项，厅局级6项，科研到位经费397万元；获得科研奖励5项，其中山东省科技进步奖二等奖1项，烟台市科技进步奖三等奖1项，山东高校优秀科研成果奖二等奖1项，烟台大学科技进步奖二等奖1项。

围绕和山东省新旧动能转换重大工程确定的重点发展领域、地方社会经济发展中的重大现实问题，以及学院重点发展的学科方向和研究领域，进一步提高学院科研水平，实施科研创新团队建设，制订了2018年机电汽车工程学院科研团队规划方案。

举办本学院教师学术讲座5场。分别是许娜博士的“微型飞行器的仿生力学研究”，杨文广博士的“基于光诱导的细胞多维信息获取方法研究”，魏进博士的“复杂柔性结构全局模态方法及其在空间组合结构中的应用”，梁美博士的“多光谱辐射测温技术”，周丽教授的“浅谈有限元分析在机械工程中的应用”。

【服务社会】学院积极为企业和社会服务，本年度共承担企事业单位委托的横向项目14项，其中重大项目1项。

【学生工作】学院召开了第七次学生代表大会。开展社会主义核心价值观等教育活动20余次。实行学生工作例会制度。开展各类校园文化活动合计100余项，包含“汽车文化节”等多项学院品牌活动。对4起较为严重心理案例实施干预。

在校网络首页等媒体发表稿件421篇，校外媒体发表稿件747篇。主办的《机电快讯》印发8期。撰写学工简报3期。院官微推文513篇，浏览量共65256人次。

了解掌握就业动态，通过网络定期发布就业信息和政策，积极推进就业。走访歌尔声学、豪迈集团等4家单位，举办双选会2场，83家公司提供就业岗位2000余个。

【交流与合作】在北京大学、清华大学支援烟台大学建设委员会第十三次会议上，学院与清华大学机械系就学科建设、师资培养、科研团队建设及硕士研究生培养等方面签订合作意向书，加强与清华大学机械系、汽车系和精仪系的合作，借力发展，促进学院各方面工作提升层次和水平。

与烟台艾迪液压科技有限公司联合成立“烟台大学—艾迪液压联合研发中心”；与东方蓝天钛金有限公司合作成立“中天紧固连接技术研究院”；与企业联合成立烟台大学“泰诺智能制造联合研发中心”等。

组织校外专家学术讲座6场。分别是：清华大学机械工程系副主任赵海燕教授的“纳米尺度下石墨烯的加工与改性”，清华大学汽车系王志教授的“燃料化学与发动机燃烧”，山东大学邓建新教授的

"超精密加工技术及其应用",纪元控股集团总裁张铭博士的"区块链技术的现状与展望",日本幸伸富凯工程公司董事长高桥登志雄的"环保汽车的现状和展望",哈尔滨工业大学航天学院飞行器动力学与控制研究所曹登庆教授的"复杂结构动力学与振动控制:研究现状与发展方向"。

(石运序)

土木工程学院

【概况】学院现设有土木工程、工程管理和给排水科学与技术等3个本科专业,有土木工程一级硕士点和建筑与土木专业学位硕士点。2018年学院在校本科生1665人,研究生117人。学院共有教职工74人,其中教授12人,具有博士学位的教师44人。聘请兼职院士1人,聘请国内外兼职教授9人。

【党建与思想政治工作】按照学校"一二三"战略部署和省委第十三巡视组的整改要求,坚持立德树人,抓好党的基层组织建设、作风建设、党风廉政建设和学风教风建设。组织全体党员学习贯彻党的十九大精神,学习贯彻学校第四次党代会精神;召开中国共产党土木工程学院总支第四次代表大会、共青团土木工程学院委员会第一次代表大会;申报校党建重点建设项目3项。全年召开党政联席会议14次,发展预备党员42名,转正党员35名。

【教育教学】学院较好完成了2018年教学工作,无任何教学事故发生。获得省级教学成果奖一等奖1项,获得省级教改面上项目1项,获得省第五届青年教师教学比赛优秀奖1项,校第七届青年教师教学竞赛一等奖、二等奖各1项。研究生工作方面,组织完成了土木工程学位授权点自评和评估材料的上传工作;实施学科带头人岗位聘任制和目标管理制;全年建设校企研究生联合培养基地2个,聘请校外兼职硕士导师11名。重视实践基地建设,先后与山东半岛水务发展有限公司、莱阳光大环保能源有限公司等多家行业知名单位建立了校企共建实习单位和产学研合作基地。

【师资队伍】鼓励支持在职中青年教师出国进修,本年度,崔淑梅老师、侯哲生老师到澳大利亚进行了为期半年的访学,张慧超老师到美国访学一年。本年度,学院引进哈尔滨工业大学青年博士2名。侯兴民老师获校"师德标兵"荣誉称号,于玲玲老师获校第六届"优秀教学督导与评价专家"荣誉称号。

【实验室建设】严格执行实验室管理各项规章制度,完成了各项教学科研任务,安全无事故。投资30余万元建成工程管理专业VR实验室,完成给排水科学与工程专业价值200万元教学实验仪器安装与调试工作。

【科学研究】本年度学院获批纵向科研课题4项,其中国家自然科学基金项目2项,省自然基金2项;学院纵向课题经费为70.6万元。发表科研论文41篇,其中SCI和EI收录9篇,出版著作1部。

【服务社会】本年度,学院与万华节能科技集团股份有限公司联合申报的绿色节能集成建筑实验室被确定为烟台市重点实验室,与山东半岛水务发展有限公司联合成立水资源与水环境研究中心,与威海广安城市建设投资有限公司成立威海市海洋牧场人工鱼礁创新实验基地。

【学生工作】围绕党的十九大报告和学校第四次党代会精神,利用主题班会、团日活动、主题党日、校友分享会等方式,开展各类活动40余项。学生科技创新获省级以上奖励18项。学院获校学生军训先进单位,获批全国学校共青团研究课题1项,1人获学校优秀辅导员荣誉称号。全年进行4次就业动员,对毕业生实行"一对一"就业帮扶指导,开展土木类行业"双选会"两次,邀请30余家单位提供就业岗位300余个。继续进行"未之星"大学生骨干训练营项目。加大科技创新学科竞赛扶持力度,

聘请资深教师10余人为学院科创导师。加强"研本通"建设,建立了横跨3个专业的"大土木"科创新机制。

【交流与合作】学院开展多种形式的对外交流合作。全年有6所高校的土木工程专业学科来学院交流访问,学院领导访问国内其他高校3次。举办两校名师讲堂3次,先后邀请到清华大学石永久教授、李瑞敏副教授等在土木工程专业学术界享有极高声望的学者13人次来学院做报告演讲。学院10多位老师参加国际、国内学术会议,并在大会上做特邀报告。

(郑　凯)

海洋学院

【概况】海洋学院现有教职工90人,外聘教师18人,轮机长6人,船长8人。全日制在校硕士研究生和本科生近2400人。学院设有航海技术、轮机工程、海洋科学、水产养殖学、能源与动力工程5个本科专业。能源与动力工程专业已列入国家级"卓越工程师教育培养计划";能源与动力工程、海洋科学2个专业列入山东省"名校建设工程"项目;水生生物学学科为校级重点学科,水产养殖学专业列入烟台大学创新教育实验区。学院设有烟台大学船员培训中心。

【党建与思想政治工作】按时召开党员大会,顺利完成党委换届。召开工会会员代表大会和团代会,激发群团组织活力。开展"不忘初心、牢记使命"主题教育活动。"两学一做"学习教育常态化、制度化。建构预备党员考核评价体系、入党积极分子培养联系人制度。实施中国梦融入大学生党员责任担当教育,实施学生党员科技创新引领示范工程和党支部"三力提升"工程。严格党的组织生活制度,坚持"三会一课"制度,从严从实抓好党员发展工作。2018年举办二级党校培训班两期,培训入党积极分子237人,发展教师党员1名、学生党员52名。督促党员自觉完成党组织交给的任务,按期按规定交纳党费,做好毕业生党组织关系转接工作。

【教育教学】1. 制定《海洋学院新旧动能转换重大工程建设工作方案》,主动服务新旧动能转换和产教融合。能源与动力工程、水产养殖、海洋科学3个专业入选全省教育服务新旧动能专业对接产业项目。完成学院入驻开发区科教园区可行性研究报告、实验室规划、资产与教学设施规划编制工作。完成以能源与动力工程为核心、轮机工程和航海技术为支撑专业的高水平应用型专业群的中期检查工作。

2. 根据教材建设规划,推荐任课教师在主干课程上选用同行公认的高水平教材和近5年出版的国家规划教材。

3. 本年度建有6门在线课程,其中1门课程成功上线东西部课程联盟平台。开设双语课程7门。获山东省第八届高等教育教学成果二等奖1项;5人获学校第一届教学质量奖。

4. 完成5个本科专业《2017—2018学年专业人才培养状况报告》的编制,完成海洋科学一级学科学位授权点合格评估。

5. 2018届毕业生毕业论文(设计)中,有1篇被评为"山东省优秀本科毕业论文",11篇被评为"烟台大学优秀学士学位论文"。首届能源与动力工程专业"卓越工程师"班顺利毕业。

【师资队伍】落实《海洋学院教师队伍建设规划》《海洋学院年度教师队伍建设规划》《海洋学院青年教师助教培养实施办法(试行)》,教风学风和师德师风建设不断加强,"三全育人"机制逐步建立。1人参加省教育厅师德师风建设网络培训示范班。持续推进青年教师助教培养工作,完成教育部组织的青年教师在线学习培训,完成省高校教师资格考试面试工作。完成《海洋学院导师聘任审核办法》

及《海洋学院研究生导师聘任业绩量化细则标准》的制定，聘任校内导师12人。

实施“人才强院”工程，全年面试博士研究生24人，实际引进5人，其中教授1人，符合学科带头人层次3人。遴选山东省高等学校产业教授7人。

本年度引进博士5人。学院现有国务院政府特殊津贴专家1名，山东省人民政府农业（水产）专家顾问团顾问1名，省现代农业产业技术体系专家7名。硕士生导师10人，有博士学位者26人；45岁以下专任教师占50%以上。学院长期聘请具有丰富实践经验的生产一线轮机长20人、船长30人担任兼职教师，主要负责实践教学和船员培训工作。

5位教师获得第一届“烟台大学教学质量奖”。

【实验室建设】本年度开展安全大检查，消除5个方面的安全隐患10余项，做到安全防范无死角。进一步改善实验室基础仪器条件及设备水平，所有实验室均一次性通过学校标准化实验室验收。完成实践教学管理平台数据统计、危险化学药品的申购和危险废弃化学药品的处理工作。能源与动力工程专业教室顺利通过验收。完成其仿真与实训实验室网站建设，申报国家级虚拟仿真实验项目1项。9个项目获得2018年度烟台大学开放实验室项目资助。

【科学研究】本年度发表论文35篇，其中SCI、EI收录18篇；纵向科研课题立项22项，其中国家级课题2项，省部级课题6项，厅局级课题1项；横向课题13项。到位科研经费676万元。授权国家发明专利2项，实用新型专利6项。

【服务社会】继续发挥学院省级现代渔业技术培训基地的作用，举办3期全省基层渔业技术推广人员培训班，培训260余人次。

【船员教育培训】1. 本年度开办船长、大副、轮机长、大管轮培训班2期，培训学员269人，适任考试一次性通过率80%以上。

2. 举办烟台市首期游艇操作人员培训班，培训学员35人。完成值班水手和值班机工培训480人次，合格证培训3386人次，船长、驾驶员、轮机长、轮机员适任证书知识更新培训360人，基本安全培训1058人，保安意识培训946人，保安职责培训584人，国际航行英语培训384人，客船特殊培训414人。

3. 依据新颁布的《海船船员培训大纲》，修订了培训科目教学大纲等，迎接海事主管机关对培训机构的课程认证。完成2019年考试评估计划编制。

4. 组织航海类教师参加国家海事机构师资考试，通过适任证书12人次、水手机工师资9人次、合格证师资25人次。

【学生工作】学院学生工作以思想政治教育为主线，以学风建设、学生党建和“双创”为重点，推进教学工作质量工程、学生工作质量工程两大工程建设。

1. 开展系列学风建设活动，加强学生日常行为规范管理，学风、考风、学习纪律得到改进。全年平均到课率达到99.6%，学生内务得C率从年初的10%以上降至1%以下。

2. 就业与创新创业工作。就业研究与就业宣传相结合，不断完善就业指导服务体系。为学生提供考公政审、考研调剂指导。举办航海类专业毕业生双选会、航海类专业建设与人才培养论坛。毕业生初次就业率达86.95%，总体就业率接近95%。鼓励学生创新创业，与市大学生创业园签订“双创”战略合作协议，设立创新创业实训基地。举办新生创意大赛、“创行”训练营，聘任“双创”导师25人。学院3支创业团队入驻学校创业园，8个项目获批学校大学生创新创业训练计划立项；15个大学生科技基金立项获批，12项顺利结题。在第十五届山东省大学生机电产品创新设计竞赛、山东省“创青春”大学生创业大赛、大学生节能减排社会实践与科技竞赛、中国制冷学会创新大赛、“互联网+”大学生创新创业大赛、第二届山东船员技能大赛等各类竞赛中获奖50余项，其中国家级24项、省级19项，获优秀组织奖3项、优秀指导教师1名。本科生发表论文2篇。50余名学生参与科研项目。

3. 网络思想政治引领。建立海洋学院新闻中心，培养一批新媒体团体，建设好网站、微信、微博等团学新媒体工作矩阵。举办“我为社会主义核心价值观代言”“最美导助评选”等主题网络活动。

4. 学生管理与教育。落实《海洋学院优秀班集体评选细则》《海洋学院宿舍管理条例细则》《海洋学院宿舍文明守则》。做好困难生认定、奖助评优等工作。

5. 心理健康教育工作。每月进行重点心理健康咨询，培训心理工作队伍，做好新生心理普测及访谈、重要时间节点心理筛查，护佑大学生健康成长。

6. 夯实团组织基础。召开学院共青团第一次

代表大会，选优配强团支部书记。把团的政治建设摆在首位，持续推进团干部定点联系团支部和青年、“三会两制一课”等基本制度落实，创新方法，提高质量，注重实效。规范团费收缴和团员发展。

开展爱国荣校等主题教育活动，承办学校“争鸣烟园”辩论赛、毕业生晚会、宿舍文化节、新生辩论赛；学院“浪花”文学社等社团承（举）办的驻烟高校美文朗诵大赛、团体心理沙盘游戏、布衣班高校巡演等社团活动深受同学们欢迎。以“走下网络、走出宿舍、走向操场”为主题的篮球、拔河、足球赛等活动吸引众多同学参加体育锻炼。获校宿舍文化节“先进学院”、新生军训“歌咏比赛优胜奖”“队列优胜奖”。本年度，共组建46支暑期社会实践团队。1个团队入选国家“丝路新世界，青春中国梦”大学生暑期社会实践专项，1个团队入选省级重点团队，2个团队入选学校重点团队并获得学校资助。承办烟台大学“雷锋月”志愿服务项目交流会；在王懿荣纪念馆建立志愿服务基地，选拔志愿者担任纪念馆义务讲解员；协助烟台血站在校园内开展义务献血活动；定期开展周末“凝聚爱心，巡视校园”公共区域卫生清扫。“海豚”志愿者协会承办全国预防艾滋病知识竞赛（驻烟高校）并获得突出贡献奖，1名教师获评优秀指导教师。荣获全国学校共青团优秀研究成果一等奖1项、山东高校辅导员工作论坛一等奖1项、山东教育工会优秀研究成果三等奖2项；1人获评全省大学生模拟提案优秀指导教师，2人获评校优秀辅导员，1人获评校导师标兵。

7. 研究生工作。召开新生见面会、迎新联欢会。积极培养、推荐发展研究生入党，组织研究生党员观看《榜样3》，举办专题党课、学术讲座6场。对研究生宿舍、实验室进行安全大检查。研究生会按时换届。

【交流与合作】立足“蓝”“黄”战略，加强对外合作。与省发改委达成建设“山东省海洋牧场科研实训基地”意向。20人次参加国际海洋牧场大会、全国海洋牧场现场会、海洋湖沼学会等会议。与冰轮集团达成初步合作协议，与东方海洋续签订教学科研实习基地协议。举办第一届烟大暖通制冷交流会，与开利空调公司等企业探讨人才培养与社会需求间如何实现“无缝对接”。安排10余位教师进入水产企业、船舶公司、船员基地、培训学校，进行社会实践、管理实践、专业授课、评估考试等活动。航海技术系建立校企合作项目1项，海洋与水产科学系新增教学科研实习基地10家，能源与动力工程系在12家企业开展卓越工程师班顶岗实习。

（苏　璇）

环境与材料工程学院

【概况】2018年7月，环境与材料工程学院所属金属材料与工程专业调整至核装备与核工程学院，13名教职工被调往核装备与核工程学院参与该学院组建。学院现有环境、材料2个系，有环境科学与工程、环保设备工程、材料科学与工程3个本科专业及材料科学与工程（本科）中韩合作办学项目。学院有教职工63人，其中教授11人，副教授20人。

【党建与思想政治工作】本年度，学院顺利完成烟台大学第四次党代会代表的选举工作；完成学院班子调整、党委换届和各基层党支部换届工作。新一届学院党委发挥政治核心作用，保证了教学、科研和学院各项工作的平稳进行。在巡视整改过程中，做到边巡边改、即知即改。

2018年，学院接纳培养入党积极分子180余名，发展党员54名，预备党员转正33名。

【教育教学】稳步推进环境科学与工程专业高水平应用型专业群建设,积极迎接中期考核。材料科学与工程专业、环境科学与工程专业积极参与新旧动能转换十强产业对接专业群申报。开启材料科学与工程专业的认证工作。

材料工程基础通过烟台大学首批在线课程验收,并入选山东省高等学校在线开放课程平台首批课程上线建设。扎实推进材料科学基础、测量学、建筑功能材料工艺学 3 门第二批在线课程立项建设。

【师资队伍】积极参与青年学者泰山国际论坛烟台大学分论坛。组织人才面试 4 次,面试 15 人;引进学科带头人 2 人,青年博士一层次 1 人、二层次 2 人。新引进的学科带头人康利涛博士在 Advanced Energy Materials 上发表影响因子 21.8 的学术论文,为学院迄今最高水平论文。

【实验室建设】学院完善了材料测试表征平台的建设,购置激光共聚焦显微拉曼光谱仪 1 台。加强实验室安全管理,对学院所有实验室通风系统进行了整修,防范因通风造成的安全隐患;建立了危险品管理台账和高温高压、高速运转设备管理台账。

【科学研究】2018 年,学院获得国家级、省级科研项目各 1 项,横向科研项目 1 项,科研经费达 115.322 万元。姜付义团队承担的山东省自然科学基金重大基础研究项目"球形石墨/金属氧化物复合微纳结构的制备及在锂离子电池中的应用",是学校首次获得省基础研究重大项目,也是学院在纵向科研立项方面的一个突破。共发表科研论文 25 篇,其中 SCI 收录 20 篇,一区 6 篇、二区 6 篇、三区 5 篇、四区 3 篇。

【服务社会】召开服务地方校企合作座谈会 1 次,学院各研究方向学术骨干和核电、材料、环保、化工、农业等领域 40 余家企业出席座谈会。与杰瑞环保、蓬建集团、红花防水、同济测试、环亚环保、盛康洁和中盛药化等行业内领先的 7 家企业签署战略性合作协议,推进合作研究、实践实习等工作;与烟台市高新区节能环保和新材料产业推进中心签署战略性合作协议。

【学生工作】10 月完成学院团组织换届工作。开展团员先锋示范岗评选工作。学院公众号在党委宣传部主办的学校新媒体大赛中获得二等奖。院学生会荣获 2017 年度"烟台大学优秀学生会"荣誉称号。举办第十届烟台大学环保文化节。荣获学校第十四届校园舞蹈大赛最佳人气奖和二等奖各 1 项,获"五月的鲜花"歌咏比赛二等奖,啦啦操大赛第二名。发起并联合光电学院、核学院举办第一届"光核环"三院学生运动会。

组织参加第三届"创青春"山东省大学生创业大赛、烟台大学创新创业训练计划项目、学校"互联网 +"大赛、学校节能减排学科竞赛和烟台大学第二届金相技能大赛等。

【交流与合作】完成 2018 年度中韩合作办学项目年度报告,召开中韩合作办学项目管理委员会会议。组织了 topick 考试和"2 +2"项目、暑期夏令营学生的选拔工作。

(李建波)

建筑学院

【概况】建筑学院共有学生 836 人,其中建筑学专业 435 人,环境设计专业 240 人,城乡规划专业 161 人。

2018 年 6 月,建筑学院领导班子换届,新一届领导班子上任。

【党建与思想政治工作】学院党总支组织学习习近平总书记重要讲话,学习贯彻烟台大学第四次党代会精神;组织党员赴胶东(威海)党性教育基地、英

灵山革命烈士陵园进行“祭扫英烈·铭记历史”等主题教育活动；组织党员集中观看专题节目《榜样3》。开展2018年本科生党校培训，组织学生党员走进校史馆开展主题党日活动。完成党总支换届工作，召开领导班子民主生活会。

【教育教学】1.继续深化联合教学活动。完成2018全国建筑学专业六校联合毕业设计和北方四校课程设计，取得较好的交流效果，并将成果编撰成册出版发行。

2.动员和组织师生参加国内外行业竞赛。获2018国际太阳能十项全能竞赛、“谷雨杯”全国大学生可持续建筑设计竞赛、中国人居环境设计学年奖、第十五届中国大学生广告艺术节学院奖、2018东南中国建筑新人赛、“威海杯”2018全国大学生建筑设计方案竞赛、艾景奖·国际园林景观规划设计大赛等国家级奖24项，第十届全国大学生广告艺术大赛（山东赛区）、第十届山东省大学生科技节—山东省大学生建造设计大赛、第二届山东高校美术与设计大赛、2018山东高校美术与设计作品大赛、2018“泰山设计杯”文化创意设计大赛等省部级奖60项。

3.学院5名老师获得第一届烟台大学教学质量奖；4名教师参加第七届烟台大学青年教师教学竞赛，获得一等奖2项、二等奖2项，1名教师指导的毕业论文获得山东省优秀学士学位论文。获国家级大学生创新创业训练计划项目1项，教育部产学合作协同育人项目1项，山东省在线课程建设项目1项，烟台大学实验室开放基金项目1项。出版1部教研著作，发表2篇教研论文。

4.2018年，学院获批建筑学一级学科硕士点。

【师资队伍】截至2018年底，学院共有教职员工81人，专业教师72人，其中教授7人，副教授16人，博士学位13人，一级注册建筑师10人，注册规划师3人。2018年引进博士2名。

【科学研究】2018年，本院教师出版著作2部；1篇论文为EI Compendex数据库收录；获山东省高等学校人文社会科学优秀科研成果奖二等奖1项，烟台大学优秀科研成果奖（人文社科）一等奖1项、二等奖2项；获烟台市第28次社会科学优秀成果奖1项；获山东省社会科学规划研究项目立项4项、山东省高等学校人文社科研究计划立项3项、山东省高等学校科技计划立项1项、山东省文化艺术科学重点课题立项1项。

【服务地方】学院为教师服务地方搭建平台，与企事业单位开展项目合作。学院先后与枣庄市山亭区店子镇政府、济南市规划设计院、郭城镇战场泊村民委员会、烟台市建筑设计研究院、烟台大学建筑设计研究院等单位合作，为教师在城市规划、建筑设计、景观设计、室内设计等领域主持、参与项目提供机会。今年，学院老师承担了烟台市停车设施专项规划现状调查、枣庄市山亭区店子镇8个村连片整治、淄博高新区第一中学三星级绿色建筑运营评价标识技术咨询、烟台市区历史建筑测绘和建档设计等任务。

【学生工作】1.举办“建·谈”毕业生创业主题讲座、“建·谈”老生经验交流会；赴校友企业烟台市瑞冠建筑装饰有限公司和烟台迈梵实商贸有限公司开展实习基地签约暨授牌活动；召开全体导师座谈会，交流导师工作经验；举办2018届毕业生诚信还贷宣讲会，开展期末诚信考试教育；举办“青春拂晓，圆梦今朝”毕业生晚会、“恰风华正茂，博精彩青春”新生晚会、2018届毕业生毕业手续专题讲解会。

2.学院领导、辅导员、班主任分赴安徽、河南、黑龙江三省开展写生实习基地实地走访及学生家访活动。

3.学院举办2018届毕业生专场招聘会，邀请到38家业内用人单位，提供近300个就业岗位。

4.学院和烟台万科房地产开发有限公司签署合作协议，涵盖课题研究、专家支持、学术交流、人才交流、实训基地建设、就业推荐、课程设计奖学金等方面。

5.学院与烟台中集来福士海洋工程有限公司联合举办海洋牧场平台造型设计创意竞赛。

【交流与合作】7月6日，学院TEAM YI团队赴山东德州参加中国国际太阳能十项全能竞赛。该赛事由中国国家能源局和美国能源部联合主办，包括清华大学、北京大学、华南理工大学、印度理工学院孟买分校、圣路易斯华盛顿大学等全球10个国家和地区41所高校的22支赛队参赛。该赛事持续21天，要求每支赛队以永久性使用为目标，建造一栋完成面积为120－200平方米的单层或双层太阳能住宅。活动有利于锻炼教师队伍，开拓师生视野，提高学生实际建造能力。

7月6日，学院参加全球第七个“环太平洋公园组织”建设活动。来自美国、俄罗斯、墨西哥、韩国、菲律宾、哥伦比亚及学院的30余名青年学生及国外知名设计师齐聚烟台，讨论全球第七个环太平洋公园——烟台环太平洋公园设计方案。公园选址在滨海中路东侧，烟大东门南侧，占地约3000平方米，于7月28日完工。美国著名艺术家兼建筑师、环太平洋公园艺术总监吉姆·哈贝尔全程参与公园设计。这是建筑学院第七次参加此项活动。

（王　骏）

核装备与核工程学院

【概况】2017年10月20日，烟台大学与烟台市台海集团有限公司举行签约仪式，联合创办烟台大学核装备与核工程学院。2018年1月5日，经校党委常委会研究，省机构编制委员会办公室同意，成立核装备与核工程学院。7月18日，学校召开核装备与核工程学院成立大会暨学院授牌仪式。

学院由烟台市与台海集团共同建立，以国家和地方社会经济需求为导向，以打造胶东半岛及国家核电产业急需的核装备与核工程技术人才培养高地、新旧动能转换重大工程示范基地和创新基地为目标，以烟台核电装备产业集群和国家级核电研发中心为支撑，致力于实现产学研用、校所城产深度融合发展。

学院现设2个系，有核工程与核技术、金属材料工程（山东特色名校工程重点建设专业）2个本科专业，分别由光电信息科学技术学院、环境与材料工程学院划归本学院。2009年，在山东省人民政府支持下，烟台大学在光电信息科学技术学院创立了核工程与核技术专业，2011年开始招生。该专业是山东省目前唯一的核工程类本科专业。该专业的培养目标是：聚焦国家和山东省核事业发展人才需求，培养能从事核工程及核技术方面的研究、设计、制造、运行、应用和管理的工程技术人才。金属材料工程专业始建于2006年，下设材料加工、表面工程、材料检测三个方向，培养服务于新材料、高端装备制造与工程等领域的高级应用型人才。2018年，金属材料工程专业入选山东省高水平应用型立项建设专业群。学院有1个省级核电子学基础教学实验中心，2个专业实验室，与台海集团共建山东省核能装备材料工程实验室。学院现有教职工32人，在校本科生827名。

【党建与思想政治工作】学院党总支下设2个党支部，共有党员47名。其中教工党员18名，学生党员29名；正式党员27名。本年度，学院先后召开了5次党总支会议和12次党政联席会议，结合学院实际，制定了学院重大事项通报和征求意见、主题党日制度，落实“三会一课”、组织生活会、谈心谈话、民主评议党员等制度。组织理论中心组学习5次；组织学院全体教工党员赴临沂大青山党性教育基地、沂蒙山小调诞生地和孟良崮战役纪念馆参观学习。开展教工与学生党支部结对共建活动。强化思想引领，安排1次理论中心组学习、2次党总支会议，专题研究学院意识形态工作。开展党风廉政教育，组织有关条例的专题学习。建立反馈机制，定期监督检查。严格发展党员程序，形成《入党积极分子审定量化积分办法》《发展对象推荐量化积分办法》。将统战工作纳入重要议事日程；细致做好党外知识分子统战工作、宗教工作；加强改进群团工作，做好工会、妇委会工作。

【教育教学】学院在教学制度建设、教学研究、专业建设、实践教学建设等方面取得成效。制定教学相关制度文件近40个。支持鼓励教师从事教学研究，设立首批学院教育教学研究项目16项。金属材料工程专业入选山东省教育服务新旧动能转换重大工程专业对接产业项目。与山东同济测试、山东蓝孚高能物理、山东风雷实业有限公司签订合作

框架协议,建立了稳定的学生实习基地。

【师资队伍】学院现有教职工32人,其中专职教师27人,实验人员2人。专职教师中具有博士学位教师26人,占专职教师的96%。引进国家“千人计划”特聘专家1人,具有企业背景的高级工程师1人,“双师型”教师1人。有3名教师在国内企业进修半年以上,占专职教师的11%。45岁以下有半年以上海外经历的专职教师4人,占青年教师的18%。成立青年教师助教培养工作领导小组,出台学院《青年教师助教培养中期考核实施办法》。顺利完成本年度教师公开招聘工作,引进博士2名,均纳入助教培养计划。

【实验室建设】学院建有核工程与核技术、金属材料工程2个专业实验室。实验室面积1500平方米,科研教学设备价值近1000万元。实验室同时承担学院课程的实验教学和科研任务。核工程与核技术实验中心开设了核电子学、核辐射测量、辐射剂量学、单片机电子课程设计、计算机课程设计、蒙特卡罗方法及应用等10余个实验课程,可满足8个班级300余人的实验课程开设需要。金属材料工程实验室下设有材料基础实验室、材料测试实验室、材料制备实验室,拥有29种仪器设备,可满足学院12个班级500余人的实验课程开设需要。

【科学研究】学院全年获批国家自然科学基金3项、省部级2项、厅局级1项,项目总经费176万元。发表论文15篇。全年获批2项发明专利,1项实用新型专利。

【服务社会】8月,学院与山东同济测试科技股份有限公司签署了战略合作框架协议,建立长期战略合作关系。12月,学院与山东蓝孚辐照运营管理有限公司约定,将在校企合作育人、科研平台建设与共享以及科研项目共同申请等方面签订合作协议并尽快执行。学院先后赴台海集团、国家蒸汽流量计量站等单位深入交流,举行双边座谈会,达成若干合作意向。

【学生工作】学院成立了学生工作领导小组,制定了40个学生工作制度文件。举行了首批新生开学典礼。选拔有科研素养的学生参与教师团队,开展“禾苗科研训练计划”。建立课堂学风实时反馈机制。学院建有学院级微信平台1个,举办“认识世界精神卫生日”“成法‘核’你谈成长”“中秋‘核’你在一起”“纪念改革开放40周年晚会”“‘核’携警官·远离网络诈骗”等各种主题教育活动16次。

【交流与合作】学院承继两校援建优势,与北京大学核物理与核技术国家重点实验室签订合作意向书,与清华大学先进成形制造教育部重点实验室在科研、人才培养等方面合作上达成共识。

学院成立当年,即与国内核科学与技术相关大学、学院开展多方面学术交流活动。10月,哈尔滨工程大学核化工系党支部书记马福秋、颜永得教授、薛云副教授、刘鹏副教授等来访,双方就核工程与核技术专业的人才培养、实验教学等方面进行了交流探讨。11月,清华大学教授李言祥、刘兴男来学院分别做了题为“Development of aluminium foam fabrication technology”“从高温气冷堆到电磁轴承”的学术报告,并在项目合作方面达成初步合作意向。12月,哈尔滨工程大学姜风春教授应邀来学院举办学术讲座,推进与哈尔滨工程大学(烟台研究院)的合作;邀请同济大学先进技术研究院副院长高玉魁教授、材料科学与工程学院副院长邱军教授来学院,就当前核学院的发展状况、核专业与金属材料专业的发展前景及将来的合作方向等问题进行了讨论交流。

(郁王白云　谭德蕾)

体育学院

【概况】2018 年,体育学院下设田径、篮球、基础理论 3 个教研室,休闲体育专业开始招生,每年 40 人。现有运动训练、休闲体育 2 个专业,在校生近 600 名。

【党建与思想政治工作】传达学校意识形态领域和思想政治工作会议精神,不断提高针对性与实效性。学院领导班子提高政治站位,积极主动配合省委第十三巡视组巡视烟台大学党委的工作。认真学习并落实烟大第四次党代会精神。严格执行党政联席会制度。积极开展"大学习、大调研、大改进"活动。

【教育教学】抓好常规教学、教风学风建设,学科水平持续提高。学院多次召开教学会议传达学习学校师德建设要求,本学期调停课制度执行规范、未有教学事故发生。召开毕业生校内校外实习、毕业论文动员大会,举办讲座,严格实习、论文过程管理。实习期间了解和监督学生实习情况,实习结束严格检查学生实习材料。按学校"一院一品"要求开展教研活动,整合教研室,强调教研室主任、实验室负责人职责,规范教学管理程序。组织学院教研活动 6 次,修订课程考试内容和管理办法。2018 级学生首次并入学校教务管理,积极配合学校有关部门,保证教学秩序正常进行。加大教学条件的改进力度。

注重科研促教学,获得校级科研教研项目 2 项;教研课题结题 1 项,共发表教研论文 3 篇,一门在线课程评审通过。

【师资队伍】现有教师 40 余名,其中教授、副教授 19 人,国际级裁判 3 名,国家级裁判 5 名;教师中具有博士学位者 1 人,在职攻读博士 1 名,硕士学位者 6 人。5 位烟台市体育运动学校的教师长期在学院担任教学工作。注重教师业务水平的提高,支持中青年教师参加学术交流、业务培训、在职攻读学位。

【实验室建设】学院现有运动解剖学、运动生理学、运动生物力学和运动保健学 4 个实验室,课容量达到 35 人。

【服务社会】积极参与烟台市莱山区职工运动会、烟台市老年体协运动会、2018 烟台市第八届全民健身运动会乒乓球比赛等赛事裁判工作,服务地方体育建设。

【学生工作】1. 重视学生思想品德和心理健康教育,开展以"社会主义核心价值观""四进四信""爱国主义"为主题的团日活动 20 余次。举办纪念一二・九运动 80 周年主题教育活动、学生干部培训、"心理健康知识宣讲会""感恩生活,关注心理健康"手语比赛、"爱心传递,志愿支教""体育学院 2017 年度共青团表彰大会""体院大讲堂——援疆校友事迹报告会"等活动。

2. 做好学生党员的教育和发展工作。组织学生党员和入党积极分子参观了烟台东炮台,重温胶东革命斗争史。开设新一期党课,培训学生党员和入党积极分子 65 人,新培养发展学生党员 7 人。对学生党员进行定期考核,发挥学生党员的先锋模范作用。

3. 丰富校园体育文化活动,提高学生综合素质。组织各级各类体育竞赛活动,先后获得山东省健康活力大赛健美操比赛 2 个一等奖,山东省第十四届大学生运动会羽毛球、健美操、田径和篮球比赛多个一、二、三等奖及道德风尚奖。获得学校学生足球赛、排球赛第一名。举办了足球赛、拔河比赛、趣味运动会、优秀学子经验分享会、毕业生晚会、社会实践宣讲会,组织学生参加中俄足球友谊赛、学校歌咏比赛等。下半年举办了体育学院第十五届"体育文化周"活动,包含羽毛球比赛、篮球比赛、乒乓球比赛、宿舍文化节、辩论赛和文艺晚会等项目,成为学院经典活动。

4. 重视实践和志愿服务活动。组织学生志愿

者赴东风岭小学、烟大附中义务支教，到烟台市益健养老中心开展志愿服务活动多次。认真组织学生参加“互联网+”创新创业大赛，一支队伍进入校赛答辩环节，最后获得优秀奖。支持与鼓励学生参加暑期社会实践，学院团委组织了社会实践动员会和经验交流会，并组成5支院重点团队。

5. 加强就业指导和宣传，鼓励毕业生多渠道就业。支持自主创业，2018届毕业生中，3人申请营业执照自主创业，7人考取研究生，4人参军入伍，1人进入武警部队服役。

6. 本年度，学院奖学金评定涉及2015级、2016级和2017级三个年级共450人。共有119人获得奖学金，占参评总人数的26.4%，奖励总金额14.72万元。其中1人获国家奖学金，12人获国家励志奖学金，2人获省政府励志奖学金；54人获优秀学生奖学金，12人获优秀学生干部奖学金，36人获学习进步奖；获馨德奖学金1人；获开发区校友励志奖学金1人。

【交流与合作】学院到烟台市体育局、烟台大学附属中学走访调研，座谈交流，达成了轮滑场馆建设、人才培养合作意向。与莱阳驻地部队建立军地共建实习实践基地，达到了互学互教双提升的目的。

（钦少君）

体育教学部

【概况】体育教学部承担全校公共体育课教学任务，负责大学生体质健康标准测试、组织与指导群众性体育活动开展等工作。现有大球、小球、武美3个教研室。开设各种球类、武术、健美、交谊舞等专项课程，体育与保健、跆拳道等选修课程。现有职教职工48人，其中专业教师39人，有硕士学位者23人，教授1人，副教授11人。

5月，学校调整了体育教学部领导班子。体育教学部调整了教研室，公开选拔出新的教研室主任。

【党建与思想政治工作】1. 积极开展党性教育和师德教育活动。深入学习贯彻习近平新时代中国特色社会主义思想和党的十九大精神，汲取前进力量。教学部党支部将加强党性教育与师德教育相结合，组织教职工于9月10日前往胶东（威海）党性教育基地刘公岛教学区开展“不忘初心、牢记使命”党性教育和“弘扬高尚师德，潜心立德树人”师德教育活动。

2. 顺利完成换届选举工作。召开全体党员大会，选举产生了新一届中国共产党烟台大学体育教学部支部委员会，号召全体党员不忘初心、牢记使命，坚定理想信念，提升党性修养。

3. 推动理论学习向纵深发展。党支部组织全体党员和教研室主任、工会委员参加的理论中心组会议，认真学习全国宣传思想工作会议、新时代全国高等学校本科教育工作会议等会议精神，就克服形式主义和官僚主义、干部新时代新担当新作为等主题进行了认真讨论。

【教育教学】1. 发挥学术委员会、教学指导委员会、教学督导组的作用，建立健全听课、检查评估制度，使教学工作有计划，有目的，有组织，有落实。坚持以科研为先导，实实在在地抓好“科研与课堂教学一体化，科研与教研相结合”，注重教育学生树立终身锻炼意识，培养学生自我锻炼能力，增强学生体质。

2. 重视教师自身专业提高。在7月举行的山东省第三届高等学校体育教师基本功大赛中，体育教学部老师获一等奖3项、二等奖4项、三等奖5项。侯冠琳、武学亮以第一、第二名的成绩夺得排球男子乙组一等奖，王英以第一名的成绩获得健美操一等奖；刘庆晓（微课男子甲组）、江建光（篮球男子乙组）、刘洋（篮球女子乙组）、孙奎松（网球男子乙组）获得二等奖；栾美丽（微课女子甲组）、胡海波（田径男子乙组）、邱子懿（篮球男子乙组）、李斌（武术男子乙组）、杨铭（武术男子丙组）获得三等奖。为学校赢得了荣誉，也展示了烟台大学体育教师扎实的专业教学基本功和学校对体育教学的重视。

3. 重视和加强师德建设。党支部注重做好教职工的思想政治教育，尤其是师德师风建设，把师德作为教师考核工作的首要内容。

【师资队伍】本年度，引进 2 名青年教师。按照学校青年教师助教培养计划，为 2 名青年教师安排了指导教师和工作任务。

【科学研究】本年度，体育教学部教师发表学术论文 4 篇，获得授权专利 7 项。

【群体工作】1. 与校工会等部门协作配合，圆满完成 2018 年烟台大学运动会各项工作任务。配合校工会，多次组织与指导教职工体育比赛活动；配合校团委，多次组织与指导学生体育比赛活动，为学校群众性体育活动开展发挥了应有作用。

2. 为不断提高学校体育运动水平，丰富学生课余文化生活，推动各项体育运动的广泛开展，本年度，体育教学部主持组建了由非体育专业学生组成的校篮球队、排球队、足球队、田径队、健美操队 5 支学校体育代表队，构成了学校参加省、市级体育比赛的主干力量。足球世界杯赛前，受俄罗斯世界杯举办地之一、烟台市友好城市罗斯托夫市邀请，学校足球队参加了 6 月举行的“友谊杯”友好城市足球赛，与 8 个国家的城市足球队进行了友谊比赛；下半年以来，校篮球队、田径队、排球队、健美操啦啦操等，先后参加了烟台市第七届全民健身高校组比赛、山东省第十四届大学生运动会、CUBA 山东赛区阳光组比赛等赛事。

【体质测试工作】按照《国家学生体质健康标准》，对近 3 万名学生进行体质健康测试，掌握了全校学生的基本体质健康状况。

【服务社会】协助承办第十六届“全国少儿足球邀请赛”，参与绿叶制药集团运动会竞赛组织和裁判工作。多名教师担任省级以上体育赛事裁判员。协助承办 2018 年山东省“学校体协杯”大学生篮球比赛暨“中国体育彩票杯”2018 年山东省大学生体育联赛篮球预选赛女子组比赛。

（李全全）

教育教学与学科建设

本科教学

【概况】2018 年，学校本科教学取得重要成果。“地方高校法律人才 SPI 培养模式的探索与实践”荣获国家教学成果奖二等奖，实现了建校 35 年来国家级教学成果奖零的突破。成立了省内高校首个教师教学发展联盟——胶东高校教师教学发展联盟。

教务处现下设综合科、教学研究科、学籍科、教学运行科、考务科、实践教学管理科、实验教学科、教材科、招生办公室 9 个科室。教学督导与评价中心、教师教学发展中心、船员教育和培训质量管理办公室挂靠教务处。在职人员 21 人。

【专业建设】根据国家和省、市发展战略及区域经济社会发展需求，对专业进行动态调整。2018 年停招公共事业管理、生物技术 2 个专业，新增投资学、休闲体育 2 个专业。现有覆盖文、理、工、法、农、医、经济、管理、教育、艺术 10 个学科门类，64 个本科专业。2018 年获批山东省教育服务新旧动能转换专业对接产业项目专业群 3 个，分别对接山东省十强产业中的高端装备、现代海洋、医养健康产业，辐射 14 个本科专业。有中外合作办学专业 2 个，校企合作办学专业 7 个。

下发《关于开展工程教育专业认证工作的通知》，全面启动专业认证。要求所有“卓越工程师教育培养计划”专业和非卓越计划其他工科专业做好专业认证工作。

附：

1. 烟台大学 2018 年本科专业目录

序号	学科门类	专业分类	专业代码	专业名称	修业年限	招生与否
1	经济学	金融学类	0020304	投资学	4 年	是
2		经济与贸易类	020401	国际经济与贸易	4 年	是
3	法学	法学类	030101K	法学	4 年	是
4			030102T	知识产权	4 年	是
5	教育学	体育学类	040202K	运动训练	4 年	是
6			040207T	休闲体育	4 年	是

续表

序号	学科门类	专业分类	专业代码	专业名称	修业年限	招生与否
7	文学	中国语言文学类	050101	汉语言文学	4年	是
8			050102	汉语言	4年	否
9			050103	汉语国际教育	4年	是
10		外国语言文学类	050201	英语	4年	是
11			050207	日语	4年	是
12			050209	朝鲜语	4年	是
13		新闻传播学类	050301	新闻学	4年	是
14	理学	数学类	070101	数学与应用数学	4年	是
15			070102	信息与计算科学	4年	是
16		物理学类	070202	应用物理学	4年	是
17		化学类	070302	应用化学	4年	是
18		海洋科学类	070701	海洋科学	4年	是
19		生物科学类	071001	生物科学	4年	是
20			071002	生物技术	4年	否
21		统计学类	071201	统计学	4年	是
22	工学	机械类	080202	机械设计制造及其自动化	4年	是
23			080207	车辆工程	4年	是
24		仪器类	080301	测控技术与仪器	4年	是
25		材料类	080401	材料科学与工程	4年	是
26			080405	金属材料工程	4年	是
27			080407	高分子材料与工程	4年	是
28		能源动力类	080501	能源与动力工程	4年	是
29		电子信息类	080701	电子信息工程	4年	否
30			080703	通信工程	4年	是
31			080714T	电子信息科学与技术	4年	是
32		自动化类	080801	自动化	4年	是
33		计算机类	080901	计算机科学与技术	4年	是
34			080902	软件工程	4年	是
35			080905	物联网工程	4年	是
36		土木类	081001	土木工程	4年	是
37			081003	给排水科学与工程	4年	是
38		化工与制药类	081301	化学工程与工艺	4年	是
39			081302	制药工程	4年	是
40		交通运输类	081803K	航海技术	4年	是
41			081804K	轮机工程	4年	是

续表

序号	学科门类	专业分类	专业代码	专业名称	修业年限	招生与否
42	工学	核工程类	082201	核工程与核技术	4年	是
43		环境科学与工程类	082501	环境科学与工程	4年	是
44			082502	环境工程	4年	否
45			082503	环境科学	4年	否
46			082505T	环保设备工程	4年	是
47		食品科学与工程类	082701	食品科学与工程	4年	是
48			082702	食品质量与安全	4年	是
49		建筑类	082801	建筑学	5年	是
50			082802	城乡规划	5年	是
51		生物工程类	083001	生物工程	4年	是
52	农学类	水产类	090601	水产养殖学	4年	是
53			090602	海洋渔业科学与技术	4年	否
54	医学	药学类	100701	药学	4年	是
55	管理学	管理科学与工程类	120103	工程管理	4年	是
56		工商管理类	120201K	工商管理	4年	是
57			120202	市场营销	4年	是
58			120203K	会计学	4年	是
59		公共管理类	120401	公共事业管理	4年	否
60	艺术学	音乐与舞蹈学类	130201	音乐表演	4年	否
61			130202	音乐学	4年	是
62			130206	舞蹈编导	4年	是
63		设计学类	130502	视觉传达设计	4年	否
64			130503	环境设计	4年	是

2. 烟台大学2018年专科专业目录

序号	学科门类	专业分类	专业代码	专业名称	修业年限	招生与否
1	财经商贸大类	经济贸易类	630503	国际商务	3	否

3. 烟台大学高水平应用型立项建设专业一览表

序号	核心专业	专业群	负责人	建设类型
1	化学工程与工艺	应用化学、环境科学与工程、高分子材料与工程	王文华	重点立项建设专业(群)
2	电子信息科学与技术	通信工程、应用物理学、计算机科学与技术、信息与计算科学	王中训	培育立项建设专业(群)

续表

序号	核心专业	专业群	负责人	建设类型
3	土木工程	建筑学、工程管理、给排水科学与工程	周新刚	培育立项建设专业(群)
4	药学专业	制药工程、生物技术	傅风华	自筹经费立项建设专业(群)
5	法学	知识产权、国际经济与贸易	张平华	
6	机械设计制造及其自动化	测控技术与仪器、车辆工程、金属材料工程	李文卓	
7	食品科学与工程	食品质量与安全、生物工程	赵玉平	
8	软件工程	自动化、物联网工程	童向荣	
9	工商管理	会计学、市场营销	宋岩	校级自建专业(群)
10	能源与动力工程	轮机工程、航海技术	李秉均	

4. 烟台大学教育服务新旧动能转换专业对接产业项目专业一览表

序号	核心专业名称	专业群相关专业	产业领域
1	机械设计制造及其自动化	车辆工程、测控技术与仪器、金属材料工程、能源与动力工程	高端装备
2	食品科学与工程	食品质量与安全、生物科学、水产养殖、海洋科学	现代海洋
3	药学	药学、制药工程、生物技术、生物工程	医养健康

【课程与教材】出台《烟台大学在线课程建设管理办法》,进一步规范校级在线课程的建设、应用及学分认定等管理。完成学校第一批20门在线课程建设项目的验收。通过15门,持续建设4门,取消立项1门。走近水族成功上线东西高校课程共享联盟,学校上线该平台慕课达到3门;另2门上线东西部高校课程共享联盟平台的课程也被省教育厅推荐申报教育部2018年国家精品在线课程。学校引进的清华教育在线网络教学平台上共建校内混合式课程近300门,其中有14门课程上线山东省高校课程联盟共享平台。

完成共享课程军事理论在烟大的直播授课,并与南开大学、四川大学、河南中医药大学等相关高校进行直播互动交流,吸引全国230余所高校20余万大学生在线学习,最高在线观看人数达50余万。

根据中宣部、教育部文件精神,学校成立推进“马工程”重点教材统一使用工作领导小组,积极推进并实现了“马工程”重点教材在我校的统一使用。其他专业类课程也推荐使用国家、行业优秀教材,杜绝盗版教材、包销教材、未经审核的国外原版教材等进入学生课堂,维护高校思想战线的纯洁性和学生的正当权益。同时,认真落实省教育厅本科教学评估反馈意见的整改措施,对教材建设和教材管理文件进行了重新修订。

【招生与考试】2018年本科招生覆盖本科提前批、本科普通批、国家专项本科批、本科一批、本科二批等各批次,最终共计录取本科生7517名。其中省内录取5651人,省外录取1866人。录取新生质量持续提高。一是省内录取位次逐年提高,生源质量进一步提升。普通批文史类录取最高分为618分,最低分为539分,最低分位次较去年提高约2000名;理工类录取最高分为595分,最低分为528分,最低分位次较去年提高约6000名。中外合作办学文史类录取最低分为563分,最低分位次较去年提高约5000名;理工类录取最低分为482分,最低分位次较去年提高约9000名。校企合作办学文史类录取最低分为539分,最低分位次较去年提高近4000名;理工类录取最低分为481分,最低分位次较去年提高约1.1万名。二是省外招生计划稳中

有升，生源地结构进一步完善。2018 年学校省外招生包括北京、天津、江苏、浙江等 28 个省(市、自治区)，最终录取人数较去年增加近 5%。除列入第一批招生的省份之外，大部分省份录取最低分超过了当地重点线，部分省份录取最低分提升幅度较大。省外生源计划的增加和生源质量的提升将对优化烟大的生源结构发挥积极作用。

2018 年组织两次大学英语四六级考试。上半年 14843 人参加考试，四六级通过率分别为 35% 和 16%；下半年 15172 人参加考试，四六级通过率分别为 33% 和 19%。组织一次大学生普通话水平测试，共计 1360 人参加，符合发证人数为 1193 人，其中达到一级乙等 2 人，二级甲等 760 人，二级乙等 431 人。2017—2018 学年第二学期安排期末考试 1425 场，考试人数共计 88251 人次；2018—2019 学年第一学期安排期末考试 1706 场，考试人数共计 100252 人次。

附：

1. 烟台大学 2018 年山东省招生录取分数一览表

批次	科类	类别	山东省录取控制分数线			学校录取分数	
			自主招生线	本科线	艺术本科线	最高分	最低分
本科提前批	理科	航海类		435		525	455
本科普通类	文科	普通	550	505		618	567
	理科	普通	517	435		595	528
本科合作办学类	文科	校企合作办学		505		574	539
		中外合作办学		505		578	563
	理科	校企合作办学		435		536	481
		中外合作办学		435		555	482
本科艺术类	艺术文	美术			328	440	331/综合分最低 563
		音乐			328	491	330/专业分最低排名 350
		舞蹈			328	415	329/专业分最低排名 157
	艺术理	美术			282	372	314/综合分 557
本科体育类		休闲体育			293	461	295/综合分 548

注：普通类专业统计数据来源为首次投档录取情况。

2. 烟台大学2018年全国各省(区、市)本科录取情况一览表

批次	科类	地区	山东	安徽	北京	福建	甘肃	广东	广西	贵州	海南	河北	河南	黑龙江	湖北	湖南	吉林	江苏	江西	辽宁	内蒙古	宁夏	青海	山西	陕西	四川	天津	新疆	云南	浙江	重庆	新高班
本科提前批	航海类(理工)	最低分	455						358	382	558	507	461	468	492	476	505	302	529	471						531						
		最高分	525						449	445	637	529	507	524	561	514	517	312	567	507						563						
		平均分	478						407	419	580	523	482	480	514	485	511	308	543	481						541						
本科一批	文史	最低分	567	593			533	542		604	638								589	556	540			547				536	598			423
		最高分	618	593			540	551		614	684								593	574	566			570				551	607			503
		平均分	574	593			537	545		607	663								590	565	553			554				541	602			450
	理工	最低分	528	559			520	488		506	602								555	543	518			522					534			364
		最高分	595	569			528	498		550	619								563	553	561			549					590			527
		平均分	537	564			524	492		519	607								557	547	535			531					553			451
本科二批	文史	最低分	注:1.山东为本科普通批;2.统计依据为普通批首次投档录取数据	567	551	545	511	广东省为本科普通批	457			571	552	496	561	571	536	334		辽宁省为本科批		531	477		519	539	545	511		569	516	
		最高分		575	557	566	516		554			581	558	507	571	577	545	339				542	480		533	566	564	531		612	526	
		平均分		570	554	550	513		506			575	554	501	565	574	539	336				535	478		523	558	549	520		584	521	
	理工	最低分		514	500	468	488		文理综合			513	513	493	463	513	506	332				453	397		469	499	501	479		高考改革,不分文理	512	
		最高分		552	526	489	496					556	551	519	509	549	534	355				476	440		485	588	519	508			534	
		平均分		518	509	476	490					531	523	500	501	520	524	336				465	404		476	547	507	487			518	
本科艺术类	美术类(艺术文)	最低分	331						242					240					325					293	317							
		最高分	440						458					326					424					389	400							
		平均分	378						313					283					373					336	351							
	美术类(艺术理)	最低分	314						文理综合					艺术综合					艺术综合					艺术综合	323							
		最高分	372																						323							
		平均分	343																						323							
	音乐舞蹈类	最低分	329				282							248		352			307					300								
		最高分	491				396							399		448			410					382								
		平均分	374				332							312		400			348					339								
本科体育类	休闲体育	最低分	295																													
		最高分	461																													
		平均分	366																													

【教师教学发展】采取“请进来”与“送出去”相结合方式开展教师教学能力培训。2018 年举办 20 余场培训会或工作坊，受益教师 3000 余人次，外派教师参加短期培训近 100 人。开展新入职教师集中校本培训，65 位教师参加培训并取得上岗证书，40 位教师通过青年教师助教期满考核。完成沉浸式直播互动教室和微课慕课创作室的建设并投入使用。举行胶东高校教师教学发展联盟揭牌仪式和首届胶东高校教师教学发展论坛。在山东省第五届高校青年教师教学比赛中获得一等奖 1 项、二等奖 4 项、三等奖 1 项。承担山东省高等学校教师岗前培训考试，来自 36 所高等学校教师 936 人参加了 3 个科目共计 1537 人次的考试。

【教学改革】12 月，房绍坤教授主持完成的教学成果“地方高校法律人才 SPI 培养模式的探索与实践”荣获国家教学成果奖二等奖，实现了烟台大学建校 34 年来国家级教学成果奖的历史性突破。申报省级教学改革研究项目 8 项，立项 8 项，其中重点资助项目 2 项。3 位教师入选新一届教育部高等学校教学指导委员会。

附：

烟台大学 2018 年省级教学改革研究项目名单

项目编号	项目类型	项目名称	负责人	团队成员
Z2018S048	重点项目	教师发展区域共同体建设与中青年教师教学能力提升研究	毕可志	孙华、方新贵、刘家尧、李敏、丁兆军、毛凤虎、焦艳辉、陈淑敏、马座山、郭宜明
Z2018S049		新工科背景下线性代数教学改革的研究与实践	陈传军	李清华、方小娟、杨玉军、吴春雪
M2018X310	面上项目	“互联网 +”时代机械基础课程教学模式重构研究	张　磊	张春萍、张路军、于涛、朱彬、解冰
M2018X311		ICT 新工科产教融合、多方协作育人模式改革与实践	王中训	晋刚、贺鹏飞、高书霞、胡国四、欧世峰、李辉、陈天真、顾巍
M2018X312		基于大数据平台的新商科实践教学模式及运行机制改革研究	李海廷	周竹梅、秦昌才、李振杰、林立杰、宋岩
M2018X313		面向工程教育认证的土木工程专业课程建设及其达成评价研究	周新刚	于玲玲、樊海涛、逯静洲、曲慧、李伟
M2018X314		面向一流学科建设的药学专业生物统计学课程实践性内涵提升研究与实践	许　卉	张雷明、许丽晓、毕毅、慕宏杰、赵妍
M2018X315		中华优秀传统文化与大学生传承实践创新	孙　进	李妍妍、兰翠、董晔、张胜利、刘振伟、陈兰英、余志鹏、王安然

【教学运行】2018 年，面向全校本科生共开设 3121 门(其中引入在线课程 66 门)、6845 门次课程，涉及授课教师 1341 位，上课班级 811 个。积极推进小班化授课改革，50 人以内的课堂占总课堂数的 35%，100 人以内的课堂占总课堂数的 55%。

推进信息技术与教育教学的深度融合。升级综合教务系统，增加本科教学工作量核算功能，实现了自动计算、数据汇总分析和教师自主查询；改建沉浸式直播互动教室 1 间，建成微课、慕课制作室 2 间。

【学籍管理】2018 年应入学普通本科生 7518 人，有 7381 人取得学籍。在未取得学籍的人中，保留入学资格 22 人，放弃入学资格(未报到)的 115 人。为在校生补办学生证、办理各类证明等 3000 余人次。为在校本科生发放及补办乘车优惠卡 7907 张。办理各类异动 346 人次，其中：休学 94 人，复学 82 人，转学(出)3 人，转专业 67 人，退学 53 人，保留学籍 47 人。

【实践教学】根据高级应用型人才的培养目标，以实践能力培养为着力点，将毕业设计、学科竞赛、实习实训等各种实践教学环节有机结合起来，推进实践教学环节内涵建设。2018 年，我校共有 137 篇论文被评为烟台大学优秀本科毕业论文（设计），17 篇被评为山东省优秀学士学位论文。积极组织学生参加各类学科竞赛、科技创新比赛和文体竞赛。在全国大学生英语竞赛等 85 项省级及以上比（竞）赛中，共获得奖项 482 项。加强与企事业单位的合作，建立稳固的实践教学基地 481 个。实习基地遍布北京、上海、青岛等国内多个城市，满足了学生实习、实训的需要。

实验教学规范化管理逐步推进，将实验课程按照项目化管理并录入实验教学管理系统，按时上报、编排每学期实验课程表；采取定期和不定期的教学督导检查，加强对实验教学的过程性监控。评选资助 100 项实验室开放基金项目。重新修订了《本科实验教学管理规定》《烟台大学实验教师岗位职责》《烟台大学学生实验守则》等实验教学管理文件。

【质量保障】1. 在 2018 年度的学生评教、教师评学与自评工作中，参与评教学生 65 万余人次，被评价教师 2200 余人次，学生主观留言达 32 万余条，参与教师评学与自评的教师有 1600 余人次。日常教学秩序及考试秩序总巡视共 200 余次，教学督导与评价专家随机听课共 410 余人次，党政领导干部听课共 800 余人次。完成本科教学基本状态数据采集与审核。采集了 88 张表格、750 余项数据、2 万余条记录的教学基本状态数据，上报教育部高等教育质量监测国家数据平台。按时发布了《烟台大学 2017—2018 学年专业人才培养状况报告》和《烟台大学 2017—2018 学年本科教学质量报告》，供社会监督。

2. 依据《山东省高等学校美育工作评价方案》《山东省高等学校美育工作评价指标体系》，认真开展美育工作自评，形成自评报告上报省教育厅。

3. 根据《烟台大学教师教学荣誉工程实施办法（试行）》，完成了“烟台大学第一届教学质量奖”评选工作，授予法学院初炳东等 121 名教师第一届烟台大学教学质量奖。

4. 根据山东省教育厅的相关要求，结合学校实际制订了《烟台大学本科教学工作审核评估整改方案》，撰写了《烟台大学审核评估整改报告》，上报省教育厅。

5. 修订《烟台大学教学督导与评价专家工作条例》，完成了教学督导与评价专家换届，成立了第七届教学督导与评价专家组。评选出第六届优秀教学督导与评价专家，授予 3 位教学督导与评价专家“突出贡献”荣誉称号，授予 8 位教学督导与评价专家“优秀教学督导与评价专家”荣誉称号。

（郭宜明）

附：

烟台大学第七届教学督导与评价专家组成员名单

卢凤菊　马克思主义学院副教授
杨志娟　马克思主义学院教授、博士
刘　洋　人文学院副教授
李　日　人文学院副教授、博士
周丽娜　人文学院副教授、博士
陈　浩　法学院副教授、博士
杨曙光　法学院教授
王怡芳　外国语学院副教授
李晓晖　外国语学院副教授、博士
赵佳舒　外国语学院副教授
王　倩　经济管理学院教授
王新娜　经济管理学院副教授、博士
李海廷　经济管理学院副教授、博士
亓文香　国际教育交流学院副教授、博士
夏建红　国际教育交流学院副教授
陈再峰　音乐舞蹈学院教授
胡　琳　音乐舞蹈学院副教授
舒星虹　音乐舞蹈学院副教授
于立新　数学与信息科学学院教授、博士
朱用文　数学与信息科学学院教授
赵旭强　数学与信息科学学院副教授
张振义　光电信息科学技术学院副教授
胡学宁　光电信息科学技术学院副教授、博士
韩吉衢　光电信息科学技术学院副教授

丁海燕　化学化工学院副教授
杨　昕　化学化工学院副教授、博士
李桂芝　化学化工学院教授
孙祖莉　生命科学学院副教授
陈　敏　生命科学学院教授、博士
常秀莲　生命科学学院教授、博士
王　天　药学院副教授、博士
许　卉　药学院教授、博士
范华英　药学院副教授、博士
肖　明　计算机与控制工程学院教授
徐莉苹　计算机与控制工程学院副教授
谭　征　计算机与控制工程学院副教授
应　华　机电汽车工程学院副教授
张　磊　机电汽车工程学院副教授、博士
童桂英　机电汽车工程学院副教授
于玲玲　土木工程学院副教授
刘志勇　土木工程学院教授、博士
陈　慧　土木工程学院副教授
曲清涛　海洋学院副教授
周秋淑　海洋学院副教授
盛善智　海洋学院副教授
王　波　环境与材料工程学院教授
王德义　环境与材料工程学院副教授、博士
刘子全　环境与材料工程学院副教授
王　骏　建筑学院副教授、博士
许　丽　建筑学院副教授
李　杨　核装备与核工程学院副教授、博士
鲁彦霞　核装备与核工程学院副教授、博士
刘宏骞　体育学院副教授
张瑞萍　体育学院副教授
王海波　体育教学部副教授
李国清　体育教学部副教授
郝加泰　体育教学部副教授

研究生教育

【概况】2018 年，烟台大学有 1 个“重大新药新型释药系统”服务国家特殊需求博士人才培养项目，20 个硕士学位授权一级学科，4 个硕士学位授权二级学科，7 个硕士专业学位授权类别（法律、农业、翻译、工程、药学、汉语国际教育、新闻与传播），涵盖 9 大学科门类。共有博士研究生导师 15 名，校外兼职博士生导师 7 名，硕士研究生导师 380 余名。截至 2018 年，已招收各类研究生 6130 余名，其中全日制研究生 4700 余名。现在校各类研究生 1920 余名。

研究生处现设有研究生招生办公室、培养科、专业学位管理科、学位办公室 4 个科室，有工作人员 7 人。

【导师队伍】本年度实施了导师聘任改革。在有利于研究生科研和实践能力提高、科研产出和学术成果有优势的导师优先指导研究生原则基础上，导师聘任以备案制代替审核制。本年度共聘任校内硕士研究生指导教师 379 名，同时为硕士生指导教师和博士生指导教师的 22 人，校外兼职硕士研究生指导教师 148 名。其中有博士学位者 325 人，约占指导教师总数的 85.7%；正高级职称 154 人，约占 40.6%，副高级职称 200 人，约占 52.7%，中级以上（中青年博士）25 人，约占 6.7%。45 岁以下指导教师 172 人，占全体指导教师的 45.3%。

【招生工作】本年度招生从以下几个环节保证质量。初试通过统一考试科目、优化命题结构、规范考试范围考查学生的基本知识素养；通过复试严格程序，改革评价方法着重考核学生的创新潜质和综合素质；通过健全导师决策机制、严格监督机制发现有培养潜力的学生；通过公示复试办法、公示录取名单来接受社会监督；通过校企共建、校所联合招生培养明确学生培养新方向，拓展培养新模式。

通过网络媒体和现场咨询的方式到全国各地高校进行招生宣传。

本年度报考烟大全日制硕士研究生数达1700余人,学校择优录取644人。来自全国各地的省外生源达到25%,毕业于200多所高校;其中毕业于博士授权单位的占录取总数的69%。招生人数增加,生源结构进一步优化。

本年度共招收非全日制硕士研究生107人。农业硕士93人,法律硕士4人,新闻与传播硕士10人。

本年度服务国家特殊需求博士人才培养项目录取博士研究生7人。

【培养工作】研究生教育经费投入。本年度研究生教育经费总投入为5203.47万元(不含研究生导师工资费用、教学仪器设备费及学校公共均摊费用)。其中包括各学院(部)研究生业务费208.15万元,研究生课时费320万元;研究生招生19.45万元,部门业务费及宣传专项经费45万元;研究生学位点评估专项65万元;研究生创新自筹计划2.8万元;研究生学生论文奖励11.67万元;研究生科技创新基金及自筹计划经费22.8万元;研究生学历证书专项6万元;研究生奖助学金1246.65万元(省学生资助管理中心拨款760.65万元、学校生活补助486万元),研究生学业奖学金795.05万元(资助管理中心拨款475.05万元,学校经费320万元);研究生国家奖学金60万元(全部为省学生资助管理中心拨款);研究生活动费3万元;思想政治理论课专项3.85万元;研究生教育优质课程建设、案例教学库建设、联合培养基地建设(含研究生教育质量提升计划项目匹配经费)150万元;研究生教育质量提升计划(省拨经费)45.5万元;学科特区建设经费1970万元;在职和非全日制研究生发展基金和奖励基金208.55万元;研究生教研业绩奖20万元。

研究生课程建设、案例教学和联合培养基地建设。本年度校评研究生教育优质课程2项、专业学位研究生教学案例库5项,联合培养基地建设项目3项,研究生导师指导能力提升项目7项。获山东省研究生教育优质课程1项、专业学位研究生教学案例库2项,联合培养基地建设项目1项,研究生导师指导能力提升项目6项。

研究生教育创新计划及其成效。本年度评选烟台大学研究生科技创新基金项目46项,结题验收23项。评选烟台大学优秀硕士学位论文17篇,研究生优秀科技创新成果奖10项,专业学位研究生实践成果奖6项。获得山东省优秀硕士学位论文2篇,研究生优秀科技创新成果奖1项,专业学位研究生实践成果奖3项。

本年度烟台大学研究生以第一作者身份发表SCI、EI、全国中文核心期刊等高水平学术论文共116篇,其中SCI收录43篇、EI收录4篇,全国中文核心期刊69篇。

【学位点与学位工作】2018年,学校增列4个一级学科硕士点,分别为民族学、建筑学、食品科学与工程、生物工程。

本年度应毕业研究生519人,共有59人因各种原因没有达到毕业条件,其中39人申请延期毕业(含在职专业学位),3人学术论文未发表,4人学位论文检测没有通过,4人学位论文预审未通过,7人学位论文评阅未通过,2人学位论文答辩未通过。本年度共有460名研究生通过学位论文答辩,学位评定分委员会做出建议授予学位的决定。其中全日制博士学位2人,全日制硕士科学学位205人,全日制硕士专业学位156人,在职专业学位及同等学力申请硕士学位97人。

(刘振伟　张　岩)

附：

1. 烟台大学硕士科学学位、专业学位授予学科类别分布图

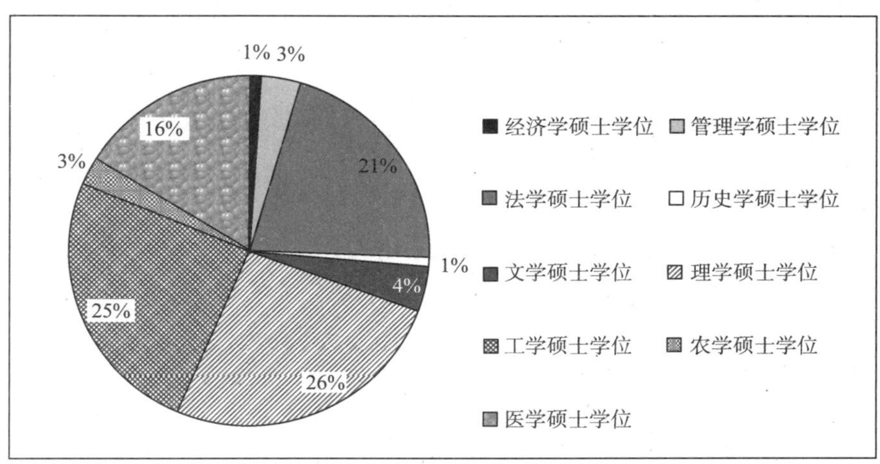

图 1　硕士科学学位授予分布图

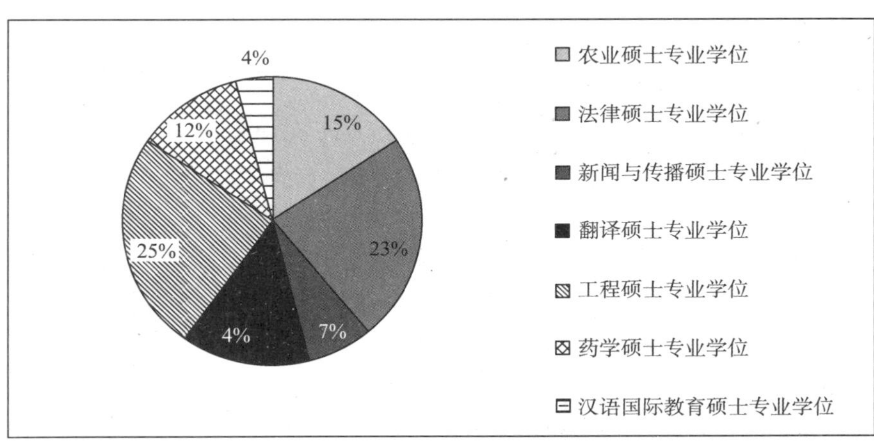

图 2　硕士专业学位授予分布图

2. 烟台大学 2018 年硕士研究生招生专业目录

学院	专业名称	研究方向	基本修业年限
001 经济管理学院	020201 国民经济学	01(全日制)宏观经济政策与地方经济发展 02(全日制)区域经济与城乡一体化 03(全日制)经济统计与金融分析	三年
	095137 农业管理(专业学位)	02(全日制)不区分研究方向 02(非全日制)不区分研究方向	三年
	095138 农村发展(专业学位)	01(全日制)不区分研究方向 02(非全日制)不区分研究方向	三年
	120200 工商管理	01(全日制)物流与营销管理 02(全日制)组织创新与人力资源管理 03(全日制)会计与财务管理 04(全日制)技术经济与项目管理	三年

续表

学院	专业名称	研究方向	基本修业年限
002 法学院	030100 法学	01(全日制)理论法学 02(全日制)民事法学 03(全日制)刑事法学 04(全日制)国际法学 05(全日制)经济与环境法学	三年
	035101 法律(非法学) (专业学位)	01(全日制)知识产权法 02(非全日制)不区分研究方向	三年
	035102 法律(法学) (专业学位)	01(全日制)不区分研究方向 02(非全日制)不区分研究方向	三年
003 马克思主义学院	030404 中国少数民族史	01(全日制)中国民族关系史 02(全日制)中国东北跨界民族与地缘政治 03(全日制)中国民族理论与民族政策 04(全日制)中国少数民族文化与宗教史	三年
004 国际教育 交流学院	045300 汉语国际教育 (专业学位)	01(全日制)不区分研究方向	三年
005 人文学院	050100 中国语言文学	01(全日制)中国古典文献学 02(全日制)中国古代文学 03(全日制)中国现当代文学 04(全日制)文艺学	三年
	055200 新闻与传播 (专业学位)	01(全日制)新闻实务 02(全日制)媒介运营 03(全日制)视觉传播 04(非全日制) 不区分研究方向	三年
	060200 中国史	01(全日制)中国古代学术史 02(全日制)先秦史、秦汉史 03(全日制)胶东考古发现与研究 04(全日制)中国古代文明史 05(全日制)中国古代民族史 06(全日制)中国古代文化史	三年
006 外国语学院	050201 英语语言文学	01(全日制)英美文学研究	三年
	050210 亚非语言文学	01(全日制)韩国现代文学研究 02(全日制)韩国文化研究 03(全日制)韩国语言学研究	三年
	050211 外国语言学及 应用语言学	01(全日制)语言学研究 02(全日制)外语教学研究	三年
007 数学与信息 科学学院	070100 数学	01(全日制)图论及其应用 02(全日制)计算数学 03(全日制)应用数学 04(全日制)运筹学与控制论	三年

续表

学院	专业名称	研究方向	基本修业年限
008 光电信息科学技术学院	070200 物理学	01(全日制)新物理模型 02(全日制)高能粒子物理 03(全日制)计算纳米科学与新能源材料 04(全日制)功能半导体材料物理 05(全日制)光学	三年
	080900 电子科学与技术	01(全日制)光电材料与器件 02(全日制)电路与系统 03(全日制)微电子学与固体电子学	三年
	081002 信号与信息处理	01(全日制)图像和多维信号处理 02(全日制)信息处理系统	三年
009 化学化工学院	070300 化学	01(全日制)无机化学 02(全日制)分析化学 03(全日制)有机化学 04(全日制)物理化学 05(全日制)高分子化学与物理	三年
	081700 化学工程与技术	01(全日制)化学工程 02(全日制)化学工艺 03(全日制) 应用化学 04(全日制)工业催化	三年
	085216 化学工程(专业学位)	01(全日制)不区分研究方向	三年
	085221 轻工技术与工程(专业学位)	01(全日制)不区分研究方向	三年
010 生命科学学院	070703 海洋生物学	01(全日制)海洋藻类生物学 02(全日制)海洋生物资源保护开发与利用	三年
	071000 生物学	01(全日制)植物学 02(全日制)动物学 03(全日制)微生物学 04(全日制)细胞生物学 05(全日制)生物化学与分子生物学	三年
	081703 生物化工	01(全日制)海洋生化工程 02(全日制)发酵工程 03(全日制)生物制药工程 04(全日制)生物资源开发与利用	三年
	085238 生物工程(专业学位)	01(全日制)不区分研究方向	三年
	095131 农艺与种业(专业学位)	01(全日制)作物 02(全日制)园艺	三年
	095132 资源利用与植物保护(专业学位)	01(全日制)植物保护	三年
	095135 食品加工与安全(专业学位)	01(全日制)不区分研究生方向 02(非全日制) 不区分研究方向	三年
	097203 农产品加工及贮藏工程	01(全日制)果蔬贮藏及深加工技术 02(全日制)动物性食品科学 03(全日制)农产品生物转化技术 04(全日制)功能性食品	三年

续表

学院	专业名称	研究方向	基本修业年限
011 海洋学院	070700 海洋科学	01(全日制)海洋化学 02(全日制)海洋生物学 03(全日制)海洋渔业资源	三年
012 机电汽车工程学院	080201 机械制造及其自动化	01(全日制)数字化制造技术 02(全日制)计算机辅助工程与仿真 03(全日制)计算机辅助设计与制造 04(全日制)机械动力学 05(全日制)特种加工工艺及自动化	三年
	085201 机械工程(专业学位)	01(全日制)不区分研究方向 02(非全日制) 不区分研究方向	三年
013 环境与材料工程学院	080500 材料科学与工程	01(全日制)材料物理与化学 02(全日制)材料学 03(全日制)材料加工工程	三年
	083001 环境科学	01(全日制)环境生物学技术 02(全日制)海岸带环境演化 03(全日制)环境污染与修复 04(全日制)环境污染控制理论与技术	三年
	085204 材料工程(专业学位)	01(全日制)不区分研究方向	三年
014 计算机与控制工程学院	081200 计算机科学与技术	01(全日制)计算机软件与理论 02(全日制)计算机应用技术	三年
	085211 计算机技术(专业学位)	01(全日制)不区分研究方向	三年
015 土木工程学院	081400 土木工程	01(全日制)岩土与隧道工程 02(全日制)结构工程 03(全日制)防灾减灾工程及防护工程 04(全日制)道路与桥梁工程 05(全日制)市政工程	三年
	085213 建筑与土木工程(专业学位)	01(全日制)土木工程结构 02(全日制)岩土与地下工程 03(全日制)土木工程材料 04(全日制)工程建造与管理 05(全日制)市政环境与设备工程 06(全日制)建筑设计与绿色建筑	三年
016 药学院	100700 药学	01(全日制)药物化学与制药工程 02(全日制)药剂学 03(全日制)生药学与天然药物化学 04(全日制)药物分析学 05(全日制)微生物与生物技术药物学 06(全日制)药理学与临床药学 07(全日制)社会与管理药学	三年
	105500 药学(专业学位)	01(全日制)工业药学 02(全日制)药物分析与质量控制 03(全日制)临床药学与药物评价 04(全日制)管理药学 05(非全日制)不区分研究方向	三年

3. 烟台大学2018年分专业方向录取研究生人数统计表

学院代码	学院	专业代码	专业	研究方向代码	研究方向	总数
001	经济管理学院	095137	农业管理	01	不区分研究方向	21
001	经济管理学院	095137	农业管理	02	不区分研究方向	33
001	经济管理学院	095138	农村发展	01	不区分研究方向	20
001	经济管理学院	095138	农村发展	02	不区分研究方向	53
001	经济管理学院	120200	工商管理	01	物流与营销管理	1
001	经济管理学院	120200	工商管理	02	组织创新与人力资源管理	1
001	经济管理学院	120200	工商管理	03	会计与财务管理	3
002	法学院	030100	法学	01	理论法学	2
002	法学院	030100	法学	02	民事法学	14
002	法学院	030100	法学	03	刑事法学	2
002	法学院	030100	法学	04	国际法学	1
002	法学院	030100	法学	05	经济与环境法学	7
002	法学院	035101	法律(非法学)	01	不区分研究方向	25
002	法学院	035101	法律(非法学)	02	不区分研究方向	1
002	法学院	035102	法律(法学)	01	不区分研究方向	38
002	法学院	035102	法律(法学)	02	不区分研究方向	3
003	马克思主义学院	030404	中国少数民族史	01	中国民族关系史	9
003	马克思主义学院	030404	中国少数民族史	02	中国东北跨界民族与地缘政治	2
003	马克思主义学院	030404	中国少数民族史	03	中国民族理论与民族政策	1
003	马克思主义学院	030404	中国少数民族史	04	中国少数民族文化与宗教史	3
004	国际教育交流学院	045300	汉语国际教育	01	不区分研究方向	15
005	人文学院	050100	中国语言文学	01	中国古典文献学	2
005	人文学院	050100	中国语言文学	02	中国古代文学	2
005	人文学院	050100	中国语言文学	03	中国现当代文学	4
005	人文学院	050100	中国语言文学	04	文艺学	1
005	人文学院	055200	新闻与传播	01	新闻实务	8
005	人文学院	055200	新闻与传播	02	媒介运营	8
005	人文学院	055200	新闻与传播	03	视觉传播	4
005	人文学院	055200	新闻与传播	04	不区分研究方向	10
005	人文学院	060200	中国史	02	先秦史、秦汉史	1
005	人文学院	060200	中国史	06	中国古代文化史	1
006	外国语学院	050201	英语语言文学	01	英美文学研究	3
006	外国语学院	050210	亚非语言文学	01	韩国现代文学研究	1
006	外国语学院	050210	亚非语言文学	02	韩国文化研究	2
006	外国语学院	050211	外国语言学及应用语言学	01	语言学研究	1

续表

学院代码	学院	专业代码	专业	研究方向代码	研究方向	总数
006	外国语学院	050211	外国语言学及应用语言学	02	外语教学研究	2
007	数学与信息科学学院	070100	数学	01	图论及其应用	3
007	数学与信息科学学院	070100	数学	02	计算数学	4
007	数学与信息科学学院	070100	数学	03	应用数学	4
007	数学与信息科学学院	070100	数学	04	运筹学与控制论	2
008	光电信息科学技术学院	070200	物理学	02	高能粒子物理	1
008	光电信息科学技术学院	070200	物理学	03	计算纳米科学与新能源材料	1
008	光电信息科学技术学院	070200	物理学	04	功能半导体材料物理	2
008	光电信息科学技术学院	070200	物理学	05	光学	3
008	光电信息科学技术学院	080900	电子科学与技术	02	电路与系统	3
008	光电信息科学技术学院	081002	信号与信息处理	01	图像和多维信号处理	2
008	光电信息科学技术学院	081002	信号与信息处理	02	信息处理系统	2
009	化学化工学院	070300	化学	01	无机化学	1
009	化学化工学院	070300	化学	02	分析化学	5
009	化学化工学院	070300	化学	03	有机化学	5
009	化学化工学院	070300	化学	04	物理化学	3
009	化学化工学院	070300	化学	05	高分子化学与物理	3
009	化学化工学院	081700	化学工程与技术	01	化学工程	7
009	化学化工学院	081700	化学工程与技术	02	化学工艺	2
009	化学化工学院	081700	化学工程与技术	03	应用化学	3
009	化学化工学院	081700	化学工程与技术	04	工业催化	2
009	化学化工学院	085216	化学工程	01	不区分研究方向	16
009	化学化工学院	085221	轻工技术与工程	01	不区分研究方向	3
010	生命科学学院	070703	海洋生物学	01	海洋藻类生物学	2
010	生命科学学院	070703	海洋生物学	02	海洋生物资源保护开发与利用	4
010	生命科学学院	071000	生物学	01	植物学	2
010	生命科学学院	071000	生物学	02	动物学	1
010	生命科学学院	071000	生物学	03	微生物学	2
010	生命科学学院	071000	生物学	04	细胞生物学	5
010	生命科学学院	071000	生物学	05	生物化学与分子生物学	2
010	生命科学学院	081703	生物化工	02	发酵工程	1
010	生命科学学院	081703	生物化工	04	生物资源开发与利用	1
010	生命科学学院	085238	生物工程	01	不区分研究方向	27
010	生命科学学院	095131	农艺与种业	02	园艺	15
010	生命科学学院	095132	资源利用与植物保护	01	植物保护	1

续表

学院代码	学院	专业代码	专业	研究方向代码	研究方向	总数
010	生命科学学院	095135	食品加工与安全	01	不区分研究方向	40
010	生命科学学院	095135	食品加工与安全	02	不区分研究方向	7
010	生命科学学院	097203	农产品加工及贮藏工程	01	果蔬贮藏及深加工技术	3
010	生命科学学院	097203	农产品加工及贮藏工程	02	动物性食品科学	1
010	生命科学学院	097203	农产品加工及贮藏工程	03	农产品生物转化技术	2
010	生命科学学院	097203	农产品加工及贮藏工程	04	功能性食品	1
011	海洋学院	070700	海洋科学	01	海洋化学	1
011	海洋学院	070700	海洋科学	02	海洋生物学	6
011	海洋学院	070700	海洋科学	03	海洋渔业资源	3
012	机电汽车工程学院	080201	机械制造及其自动化	01	数字化制造技术	1
012	机电汽车工程学院	080201	机械制造及其自动化	02	计算机辅助工程与仿真	1
012	机电汽车工程学院	080201	机械制造及其自动化	03	计算机辅助设计与制造	2
012	机电汽车工程学院	080201	机械制造及其自动化	04	机械动力学	1
012	机电汽车工程学院	085201	机械工程	01	不区分研究方向	42
013	环境与材料工程学院	080500	材料科学与工程	02	材料学	4
013	环境与材料工程学院	083001	环境科学	02	海岸带环境演化	1
013	环境与材料工程学院	083001	环境科学	03	环境污染与修复	2
013	环境与材料工程学院	083001	环境科学	04	环境污染控制理论与技术	1
013	环境与材料工程学院	085204	材料工程	01	不区分研究方向	17
014	计算机与控制工程学院	081200	计算机科学与技术	01	计算机软件与理论	1
014	计算机与控制工程学院	081200	计算机科学与技术	02	计算机应用技术	3
014	计算机与控制工程学院	085211	计算机技术	01	不区分研究方向	35
015	土木工程学院	081400	土木工程	01	岩土与隧道工程	3
015	土木工程学院	081400	土木工程	02	结构工程	4
015	土木工程学院	081400	土木工程	04	道路与桥梁工程	1
015	土木工程学院	081400	土木工程	05	市政工程	3
015	土木工程学院	085213	建筑与土木工程	01	土木工程结构	20
015	土木工程学院	085213	建筑与土木工程	02	岩土与地下工程	3
015	土木工程学院	085213	建筑与土木工程	04	工程建造与管理	9
015	土木工程学院	085213	建筑与土木工程	05	市政环境与设备工程	7
016	药学院	100700	药学	01	药物化学与制药工程	7
016	药学院	100700	药学	02	药剂学	7
016	药学院	100700	药学	03	生药学与天然药物化学	3
016	药学院	100700	药学	04	药物分析学	6
016	药学院	100700	药学	05	微生物与生物技术药物学	3

续表

学院代码	学院	专业代码	专业	研究方向代码	研究方向	总数
016	药学院	100700	药学	06	药理学与临床药学	8
016	药学院	105500	药学	01	工业药学	6
016	药学院	105500	药学	02	药物分析与质量控制	17
016	药学院	105500	药学	03	临床药学与药物评价	22
016	药学院	105500	药学	04	管理药学	2

继续教育

【概况】2018 年 1 月，学校决定撤销成教处，保留继续教育学院。学校成人教育的管理职能仍由继续教育学院承担。

烟台大学成人高等教育开设 59 个专业，有专科、本科和专升本 3 个办学层次，涵盖文、理、工、法、农、经、管 7 个学科门类，形成了对应于本校普通本科专业、结构较为合理的专业格局。目前只在山东省范围内招生。有 2 个省级成人高等教育品牌专业，15 门省级成人高等教育特色课程，12 门省级数字化课程。现有成人高等教育学生 4000 余人，实行“远程教学 + 面授答疑 + 自主学习”的教学模式，力求缓解学员工学矛盾，保证教学质量。

成人高等教育的学费收取严格执行《关于印发 <山东省高等学校收费管理暂行办法> 的通知》(鲁政办发〔2008〕65 号)、《关于印发 <山东省教育系统政府非税收入管理暂行办法> 的通知》(鲁财综〔2010〕155 号)文件要求，由学校财务处统一管理，所有费用严格执行收支两条线。

【专业与招生】根据国家政策和学校办学实力，2018 年增设了法学、工商管理等 16 个高中起点本科、16 个专科起点本科和 8 个高中起点专科专业，停止了招生人数过少的金属材料工程、材料科学与工程、统计学 3 个专升本专业和材料科学与工程 1 个高起本专业招生。按照教育部、省教育厅关于无全日制专科层次的普通本科高校逐步减少专科层次学历继续教育的要求，停止通信技术、航海技术、轮机工程技术、机械制造与自动化、汽车检测与维修技术、计算机信息管理和国际经济与贸易 7 个专科专业招生。

2018 年，学校录取成人教育新生 4282 人，其中专科 1900 人，专升本 2147 人，本科 235 人。

附：

2018 年学历继续教育学生录取人数、在籍人数

专业代码	专业名称	层次类别	培养方式	录取人数	在籍人数
80401	材料科学与工程	本科	函授	0	3
80401	材料科学与工程	专升本	函授	0	7
80207	车辆工程	本科	函授	1	1
80207	车辆工程	专升本	函授	25	24

续表

专业代码	专业名称	层次类别	培养方式	录取人数	在籍人数
680503	法律事务	专科	函授	190	132
30101	法学	本科	函授	33	21
30101	法学	专升本	函授	206	239
120103	工程管理	本科	函授	9	87
120103	工程管理	专升本	函授	137	193
120201	工商管理	本科	函授	54	31
120201	工商管理	专升本	函授	363	403
630601	工商企业管理	专科	函授	618	368
120401	公共事业管理	专升本	函授	0	8
20401	国际经济与贸易	本科	函授	8	3
630502	国际经济与贸易	专科	函授	0	21
20401	国际经济与贸易	专升本	函授	35	46
50101	汉语言文学	本科	函授	8	12
50101	汉语言文学	专升本	函授	153	165
81803	航海技术	本科	函授	9	1
600301	航海技术	专科	函授	0	16
81803	航海技术	专升本	函授	21	25
530298	化工工艺	专科	函授	0	3
630302	会计	专科	函授	221	315
120203	会计学	本科	函授	13	18
120203	会计学	专升本	函授	402	610
560301	机电一体化技术	专科	函授	196	105
80202	机械设计制造及其自动化	本科	函授	25	8
80202	机械设计制造及其自动化	专升本	函授	149	87
560102	机械制造与自动化	专科	函授	0	30
80901	计算机科学与技术	本科	函授	14	14
80901	计算机科学与技术	专升本	函授	125	126
610203	计算机信息管理	专科	函授	0	28
610201	计算机应用技术	专科	函授	176	73
540501	建设工程管理	专科	函授	101	59
540301	建筑工程技术	专科	函授	200	105
80405	金属材料工程	专升本	函授	0	6
81804	轮机工程	本科	函授	9	6
81804	轮机工程	专升本	函授	33	33
600310	轮机工程技术	专科	函授	0	20

续表

专业代码	专业名称	层次类别	培养方式	录取人数	在籍人数
80501	能源与动力工程	本科	函授	7	6
80501	能源与动力工程	专升本	函授	30	54
560702	汽车检测与维修技术	专科	函授	0	34
81801	生物工程	专升本	函授	0	5
81401	食品科学与工程	专升本	函授	0	10
120202	市场营销	本科	函授	17	9
630701	市场营销	专科	函授	198	113
120202	市场营销	专升本	函授	82	70
580103	数控技术	专科	函授	0	2
90601	水产养殖学	本科	函授	4	5
90601	水产养殖学	专升本	函授	16	22
80703	通信工程	本科	函授	4	
80703	通信工程	专升本	函授	31	57
610301	通信技术	专科	函授	0	37
71201	统计学	专升本	函授	0	3
81001	土木工程	本科	函授	20	21
81001	土木工程	专升本	函授	339	354
100801	药学	专升本	业余	0	21
530201	应用化工技术	专科	函授	0	3
合计				4282	4085

（注:本年度在籍学生数不含当年录取数,当年录取学生次年入学）

【资源与课程】2018年已建设完成并投入使用的数字化课程有136门,更新数字化课程资源1门。航海气象与海洋学、数字逻辑2门课程被评为山东省成人高等教育(继续教育)数字化课程。

附:

1. 教学资源的类型和数量

教学资源类型	数量
教学平台	1
学院网站	1
已建成的数字化课程	136
省级数字化课程	12
校级特色课程	33
省级特色课程	15
精品资源共享课程	17

学校为实现远程教学和管理,建成了专门的网络课程录播室、继续教育远程教学平台和一批网络课程。2018年开设的课程中有73.7%实现了网络教学(自建课程和省级精品资源共享课程)。

附:

2. 网络教学课程建设情况

2018年	开设课程	网络课程	网络课程所占比例
上半年	187	139	74.3%
下半年	209	153	73.2%

2018年,烟台大学在济南、青岛、聊城等地增设函授站点,目前共有27个函授站和3个教学点,教学管理平台1个。函授站有和学习支持服务有关人员256人。

附：

3. 2018 年烟台大学函授站（点）名录

序号	函授站（点）	序号	函授站（点）
1	烟台星河外国语培训学校	15	德州众德教育培训学校
2	烟台天鸿职业培训学校	16	威海市高级技工学校
3	烟台市茗杰职业培训学校	17	山东外事翻译职业学校
4	济南美联培训学校	18	滨州书雁教育
5	济南世纪天华教育培训学校	19	菏泽华顺培训学校
6	济南华洋职业学院	20	嘉祥县职业中等专业学校
7	泰安市泰山区弘毅教育培训学校	21	潍坊高新区万学教育培训学校
8	聊城化工学校	22	费县杏坛职业培训学校
9	青岛华青教育	23	青岛开发区汇英科技专修学校
10	枣庄理工学校	24	青岛海运职业学校
11	枣庄市市中区学力电脑培训学校	25	山东国邦教育
12	淄博市金禾教育培训学校	26	滨州市士林成人教育培训学校
13	东营翰林职业学校	27	潍坊高新区东辰教育培训学校
14	东营科教学业服务中心		

【考试与毕业】2018 年成人高等教育安排 2 次考试，均在学期末进行。

附：

1. 2018 年学历教育考试情况

考试时间	考点数（个）	考核课程（门）		印刷试卷数（份）	密封试卷袋（袋）	应考人数（人）	参考人数（人）
		考查课	考试课				
2017. 6. 16 – 17	28	41	154	18828	2556	6185	5230
2017. 12. 8 – 9	20	2	207	15447	2866	4085	3292

2018 年，有 2101 人符合毕业条件并办理了毕业手续，毕业率为 96. 2%。2018 届成人本科毕业生中共有 184 人符合学士学位授予条件，占申请人数的 54. 3%，占本科毕业生总数的 15. 5%。

附：

2. 2018 年各专业毕业生毕业率

专业名称	层次类别	入学人数	毕业人数	毕业率
法律事务	专科	35	33	94. 3%
工商企业管理	专科	168	163	97. 0%
国际经济与贸易	专科	14	14	100. 0%
汉语	专科	10	9	90. 0%
航海技术	专科	9	7	77. 8%
化工工艺	专科	3	3	100. 0%

续表

专业名称	层次类别	入学人数	毕业人数	毕业率
会计	专科	274	268	97.8%
机电一体化技术	专科	51	49	96.1%
机械制造与自动化	专科	40	40	100.0%
计算机信息管理	专科	11	11	100.0%
计算机应用技术	专科	40	39	97.5%
建筑工程管理	专科	35	33	94.3%
建筑工程技术	专科	101	99	98.0%
轮机工程技术	专科	13	13	100.0%
汽车检测与维修技术	专科	24	22	91.7%
市场营销	专科	70	67	95.7%
数控技术	专科	4	4	100.0%
通信技术	专科	19	19	100.0%
物业管理	专科	15	15	100.0%
应用化工技术	专科	3	3	100.0%
材料科学与工程	专升本	2	2	100.0%
法学	专升本	90	85	94.4%
工程管理	专升本	40	39	97.5%
工商管理	专升本	161	151	93.8%
公共事业管理	专升本	3	3	100.0%
国际经济与贸易	专升本	22	17	77.3%
汉语言文学	专升本	76	69	90.8%
航海技术	专升本	2	2	100.0%
会计学	专升本	338	321	95.0%
机械设计制造及其自动化	专升本	65	63	96.9%
计算机科学与技术	专升本	59	56	94.9%
轮机工程	专升本	14	13	92.9%
热能与动力工程	专升本	11	10	90.9%
生物工程	专升本	10	10	100.0%
食品科学与工程	专升本	5	5	100.0%
市场营销	专升本	44	41	93.2%
水产养殖学	专升本	12	11	91.7%
通信工程	专升本	11	10	90.9%
统计学	专升本	2	2	100.0%
土木工程	专升本	259	259	100.0%
药学	专升本	24	21	87.5%
合计		2189	2101	96.0%

2018 年,组织了全省计算机应用基础、餐饮管理本科和韩国语本科专业实践环节考核及毕业论文答辩。完成了毕业班学生的毕业审查及补考工作。审核了 64 科次的实践考核考试校内考核的相关材料。办理自考毕业证书 62 人,审核申报自考学生学位 3 人。

本年度,共组织 9274 人参加国家计算机等级考试(非学历资格证书考试)。

【非学历培训】非学历培训是继续教育系统日益增长的一个重要板块。2018 年,学校举办了数期公务员、企事业单位、职业技能、语言类等非学历短期专题培训,2000 余人次参加培训。如国家电投党校山东核电分校四期学习贯彻党的十九大精神集中轮训、烟台市化工产业安全生产转型升级专项行动集中培训、威海市地税局集中培训、聊城冠县企业家科技创新培训班、淄博市桓台县农工委开办优秀农村实用人才暨乡村之星综合能力提升培训班等。企事业单位的定向培训、教师资格证培训、职业技能培训鉴定基地的各项培训、德语培训项目、法语中心的相关培训项目等。

(袁　珊)

留学生教育

【概况】烟台大学留学生教育分短期教学项目和学历教育。短期教学项目由校际交流生、语言生、假期生 3 类构成,国际教育交流学院负责;学历教育由国际教育交流学院和其他各专业学院分别负责。2018 年在校留学生总数 263 人。

【短期项目】留学生短期项目交流学生来自韩国釜山外国语大学、木浦大学、日本北海商科大学等。2018 年春夏季学期有交流学生 47 人,秋季学期 41 人。以学习汉语为目的的语言生春夏季学期 39 人,秋季学期有 46 人,主要来自韩国、日本、俄罗斯等国家和地区;来自加拿大、越南、瑞典、尼日利亚、挪威、意大利、土耳其和法国各 1 人。42 名假期生利用暑假来校提高汉语水平、体验中国文化,来自韩国 35 人,来自俄罗斯 7 人。

【学历教育】烟台大学留学生学历教育以国际教育交流学院主办的汉语言本科专业为主渠道。还有国际教育交流学院的汉语国际教育专业,及其他学院非语言类专业的硕士生和博士生。2018 年春夏季学期本科生 90 人,硕士生 4 人;秋季学期本科生 86 人,硕士生 11 人,博士生 1 人。

(郭春香)

附:

2018 年在校留学生分类统计表

<table>
<tr><th>学期</th><th>交流生</th><th>语言生</th><th>本科生</th><th>硕士生</th><th>博士生</th><th>学期人数</th><th>学年人数</th></tr>
<tr><td>2017 – 2018 – 2</td><td>47</td><td>39</td><td>90</td><td>4</td><td>0</td><td>180</td><td rowspan="2">263</td></tr>
<tr><td>2018 – 2019 – 1</td><td>41</td><td>46</td><td>86</td><td>11</td><td>1</td><td>185</td></tr>
</table>

科学研究与服务地方

理工与人文社科科研

【概况】 2018 年,学校科研管理部门完成了学校确定的重点建设工作,加大对标志性科研成果的培育力度,加强校内外合作,积极宣传推介学校科技成果和专利技术,促进成果转化和产学研用结合。社科(科技)处下设综合信息科、计划科、成果科、重点建设办公室、知识产权管理办公室等科室,工作人员 9 人。

【项目与经费】 本年度,学校获批省部级以上科研项目 128 项。国家级科研项目 43 项,其中国家自然科学基金 38 项、国家社科基金 2 项,其他国家级项目 3 项。山东省自然科学基金杰出青年基金 1 项、优秀青年基金 2 项,省重大项目 2 项。

本年度,国家级科研项目特别是自然科学基金立项数、经费数均创烟台大学历史新高。连续 3 年获国家社科基金重点项目。首次获得省重大科技创新项目"南北朝时期民族关系思想研究"和省自然科学基金重大基础研究项目"基于投资者情绪与高管背景的企业社会责任履行的内在机制研究"。

【成果与奖励】 2018 年,化学化工学院王文华、任万忠等教授的专利技术——"用甲乙酮系列混合溶剂分离丁烷与丁烯的方法",独立获得由世界知识产权组织和国家专利局共同颁发的中国专利最高奖项——"中国专利金奖"。这是烟台大学荣获的第一个国家级专利类奖项,是学校科研创新历史上的一个重要突破。烟台大学是 2018 年山东省唯一获此殊荣的高校。全校共获得授权职务专利 92 项,较上年增加 30 项。其中授权发明专利 38 项,实用新型 54 项。

本年度,学校获省部级科研成果奖 10 项,厅局级 32 项,校级 7 项。

【科研机构】 截至 2018 年底,学校共有内设科研机构 92 个。其中理工科研机构 55 个,文科科研机构 37 个。当年新建科研机构 6 个:烟台大学—山东半岛水务水资源与水环境研究中心、烟台大学—艾迪液压高端液压件联合研发创新中心、烟台大学—烟台泰诺智能制造联合研发中心、烟台大学人工智能研究院、烟台大学区块链技术应用研究中心、烟台大学生态城市与绿色建筑研究所。

【科研创新平台】 本年度,学校作为牵头单位获批山东省化工新材料绿色制造工程技术研究中心。黄金催化与过程重点实验室和高端海洋工程装备智能技术重点实验室获批烟台市首批立项建设重点实验室。全力推进烟台大学牵头组建成立山东省智慧海洋研究院,争取纳入山东省产业技术研究院支撑体系。

【科技成果推介与转化】 参加"第二届中国高校科技成果交易会""山东省第二十七届产学研展洽会"等成果推荐会,广泛推介我校科研成果,达成若干科技合作协议。科技处被成功备案为省级科技成果转移转化服务机构,烟台大学成为山东省技术转移联盟理事单位和中国高校技术转移联盟理事单位。

【科研活动与管理】 2018 年,学校成立了烟台大学社会科学界联合会和烟台大学科学技术协会。出

台了《烟台大学科研项目资金差旅费管理办法(试行)》和《烟台大学科研协作经费管理办法》,修订完善了新的科研业绩量化计分办法。组织申请承担军工项目保密资质。

(马池春　张立雨　张　戈)

【知识产权研究】2018 年,知识产权研究中心有专(兼)任研究人员 8 人。其中正高职称 2 人,副高职称 2 人,讲师 4 人,博士占比 90% 。新增知识产权产业教授 1 人,入选“山东省理论人才百人工程”1人,晋升副教授职称 1 人。1 人作为特邀研究员赴日本知识产权研究所访学。中心顺利完成了本年度教学、科研、对外交流及学校法律事务等各方面工作。

6 月,原挂靠发展规划与学科建设处的法律事务部,转为挂靠知识产权研究中心。

教学活动与成果　中心承担了知识产权本科专业、知识产权方向研究生的所有知识产权专业课程和法学本科专业知识产权必修课程,以及非知识产权方向研究生的知识产权必修课、选修课,共计800 多学时。

本年度,烟台大学知识产权本科专业位列全国第3 名(据中国科教评价网《中国大学及学科专业评价报告》排名结果),比上年度进位 2 名。中心教师指导的学生获第十届全国大学生版权征文活动本科生组三等奖 1 项,第二届“龙图杯”全国高校模拟法庭辩论赛一等奖 1 项。中心研究人员主持的“地方高校法律人才 SPI 培养模式的探索与实践”项目获国家教学成果奖二等奖;“SPI 型地方高校法科人才培养模式的探索与实践”项目获山东省教学成果奖一等奖。《民法(第三版)》教材获山东省教学成果奖一等奖。

科研活动与成果　本年度,中心专(兼)职教研人员在核心期刊发表学术论文 4 篇,获批山东省社会科学规划重点项目、一般项目、青年项目,以及中国法学会项目各 1 项。受日本专利局委托,主持日本知识产权研究所“国际合作工业产权制度协调合作研究”项目。

培训与交流　回应山东省建设国家新旧动能转换综合试验区的要求,在 14 万元财政资金支持下,于 12 月 19 日至 25 日举办了“新旧动能转换综合试验区优势产业知识产权能力提升培训班”“企业国际化知识产权战略实施能力提升培训班”2 期培训班,为省内企业培训知识产权人才 112 人。

带领本科生参加了中国法学会知识产权法研究会年会,引导学生开拓视野,了解知识产权研究动态,激发学术研究兴趣。派员参加了知识产权“南湖论坛”“上地论坛”等全国性知识产权学术会议。中心研究人员和学校知识产权专业硕士研究生参加了在日本金沢大学举办的“新时代的知识产权法”国际研讨会,研究生在会上发言。推动学生的知识产权志愿者活动,成立了烟台大学知识产权志愿者服务队,宣传、推广知识产权法律和应用知识。

(宋红松)

附:烟台大学 2018 年科研工作若干统计资料

1. 2018 年全校理工科研机构一览表

序号	科研机构名称	批准单位	挂靠单位
1	分子药理和药物评价省部共建重点实验室	教育部	药学院
2	轻烃资源化综合利用协同创新中心	山东省教育厅、科技厅、财政厅	化学化工学院
3	现代海水养殖与食品加工质量安全控制	山东省教育厅、科技厅、财政厅	生命科学学院
4	新型制剂与生物技术药物研究协同创新中心	山东省教育厅、科技厅、财政厅	药学院
5	光信息与光功能材料实验室	山东省教育厅	光电信息科学技术学院
6	化工新材料制造工程重点实验室	山东省教育厅	化学化工学院
7	化工新材料过程强化重点实验室	山东省教育厅	化学化工学院
8	山东省化工新材料绿色制造工程技术研究中心	山东省科技厅	化学化工学院
9	山东省化学工程与过程重点实验室	山东省科技厅	化学化工学院

续表

序号	科研机构名称	批准单位	挂靠单位
10	石化轻烃综合利用工程技术研究中心	山东省科技厅	化学化工学院
11	山东省农产品物流工程技术研究中心	山东省科技厅	化学化工学院
12	山东省中匈黄金工业应用合作研究中心	山东省科技厅	化学化工学院
13	数据科学与智能技术重点实验室	山东省教育厅	计算机与控制工程学院、数学与信息科学学院联合
14	山东省黄金工程技术研究中心	山东省科技厅	山东招金集团有限公司、烟台大学
15	海产品质量与安全检测省级重点实验室	山东省教育厅	生命科学学院
16	山东省功能食品工程技术研究中心	山东省科技厅	生命科学学院
17	山东省干细胞工程技术研究中心	山东省科技厅	生命科学学院
18	山东省空气净化工程技术研究中心	山东省科技厅	烟台宝源净化有限公司、烟台大学
19	药物筛选与新型制剂研究重点实验室	山东省教育厅	药学院
20	山东省天然药物工程技术研究中心	山东省科技厅	药学院
21	烟台市黄金催化与过程重点实验室	烟台市科技局	化学化工学院
22	烟台市动物蛋白废弃物资源化利用工程技术研究中心	烟台市科技局	化学化工学院
23	山东省环境保护室内环境重点实验室	山东省环保局	环境与材料工程学院
24	高端海洋工程装备智能技术重点实验室	烟台市科技局	计算机与控制工程学院
25	烟台大学环境特性研究所	烟台大学	光电信息科学技术学院
26	烟台大学能动光学应用技术研究所	烟台大学	光电信息科学技术学院
27	烟台大学生物医学光学研究所	烟台大学	光电信息科学技术学院
28	烟台大学现代渔业研究所	烟台大学	海洋学院
29	烟台大学材料研究所	烟台大学	化学化工学院
30	烟台大学应用催化研究所	烟台大学	化学化工学院
31	烟台大学精细化工研究所	烟台大学	化学化工学院
32	烟台大学特合耐热合金研究开发中心	烟台大学	环境与材料工程学院
33	烟台大学建材新技术研究所	烟台大学	环境与材料工程学院
34	烟台大学海洋新材料与环境研究中心	烟台大学	环境与材料工程学院
35	烟台大学环保技术中心	烟台大学	环境与材料工程学院
36	烟台大学材料检测中心	烟台大学	环境与材料工程学院
37	烟台大学室内局部环境科学研究所	烟台大学	环境与材料工程学院
38	烟台大学先进制造技术研究所	烟台大学	机电汽车工程学院
39	烟台大学海洋工程研究所	烟台大学	机电汽车工程学院
40	烟台大学计算机科学与技术研究所	烟台大学	计算机与控制工程学院
41	烟台大学自动化研究所	烟台大学	计算机与控制工程学院
42	烟台大学—山东博瑞智能装备联合研究中心	烟台大学	计算机与控制工程学院

续表

序号	科研机构名称	批准单位	挂靠单位
43	烟台大学—众信安平联合营养研究中心	烟台大学	生命科学学院
44	烟台大学线粒体与健康衰老研究中心	烟台大学	生命科学学院
45	烟台大学生殖与发育生物学研究所	烟台大学	生命科学学院
46	烟台大学食品安全与功能评价中心	烟台大学	生命科学学院
47	烟台大学海产品检测检验中心	烟台大学	生命科学学院
48	烟台大学海洋生物资源保护与利用研究中心	烟台大学	生命科学学院
49	烟台大学土木工程研究所	烟台大学	土木工程学院
50	烟台大学岩土工程研究所	烟台大学	土木工程学院
51	烟台大学工程管理研究所	烟台大学	土木工程学院
52	烟台大学城乡建设和房地产研究中心	烟台大学	土木工程学院
53	烟台大学 BIM 研究所	烟台大学	土木工程学院
54	烟台大学—山东艾科福装配式建筑联合研发创新中心	烟台大学	土木工程学院
55	烟台大学药物研究所	烟台大学	药学院

2. 2018 年理工科研纵向项目立项目录

序号	院系(部门)	级别	经费来源	项目名称	负责人	经费(万元)
1	光电信息科学技术学院	国家级	国家自然科学基金	波矢与偏振依赖的超表面阻抗模型及矩量法实现	丁　一	5
2	光电信息科学技术学院	国家级	国家自然科学基金	超出最小超对称标准模型的现象学研究	祝　斌	5
3	光电信息科学技术学院	国家级	国家自然科学基金	超对称标量中微子暗物质的唯象学研究	祝　斌	15
4	光电信息科学技术学院	国家级	国家自然科学基金	辐照作用下钼中嬗变元素 Tc/Ru/Nb/Zr 行为及其对 H 同位素影响机理的理论研究	刘悦林	33
5	光电信息科学技术学院	国家级	国家自然科学基金	基于 BN 晶体的 2～2.5 微米宽调谐超短脉冲固体激光研究	申英杰	15.6
6	光电信息科学技术学院	国家级	国家自然科学基金(中国科学院物理研究所)	量子等离激元的产生和衰变	戴振宏	14
7	光电信息科学技术学院	国家级	国家自然科学基金	新型超导氢化物的设计和电声耦合增强机制的研究	张　超	32
8	海洋学院	国家级	国家自然科学基金	多孔黑体材料光热效应致海水蒸发过程中能质传输特性研究	李淑哲	14.4
9	核装备与核工程学院	国家级	国家自然科学基金	大型正负电子对撞机 CEPC 上关于 Z 玻色子衰变到底夸克对的相对衰变宽度 Rb 的测量	李　波	12

续表

序号	院系(部门)	级别	经费来源	项目名称	负责人	经费(万元)
10	化学化工学院	国家级	中国船舶重工集团公司第七二五研究所	南海大气环境下重防腐涂层/金属体系失效机理	刘　杰	20
11	化学化工学院	国家级	国家自然科学基金	负载型 Pt－Au 双金属催化材料的理性设计、化学制备及其加氢异构性能	张　森	14.7
12	化学化工学院	国家级	国家自然科学基金	基于 MOF 限域高负载量单原子催化剂的设计制备及其芳香硝基化合物选择加氢性能研究	魏海生	14.4
13	化学化工学院	国家级	国家自然科学基金	碱金属助剂对钴基催化剂结构及产物选择性影响的研究	刘绍丽	12
14	化学化工学院	国家级	国家自然科学基金	氢键型人工碱基对 P－Z 的光化学稳定性的理论研究	于雪芳	14.4
15	化学化工学院	国家级	国家自然科学基金	微反应器用于柴油萃取－催化氧化超深度脱硫过程调控及强化机理研究	金　楠	13.8
16	化学化工学院	国家级	国家自然科学基金	中空导电聚合物负载纳米金催化剂的稳定机制及催化机理研究	孙立波	13.5
17	环境与材料工程学院	国家级	国家自然科学基金	Zr 基块体非晶合金疏水性表面制备及其生物相容性研究	赵相金	30
18	机电汽车工程学院	国家级	国家自然科学基金	低频振动下微织构电极与脑组织交互作用的特性机理研究	李　岩	14.4
19	机电汽车工程学院	国家级	国家自然科学基金	航空复杂液压管路系统流致振动机理研究	高培鑫	13.8
20	机电汽车工程学院	国家级	国家自然科学基金	蜻蜓悬停和前飞时的动稳定性与控制研究	许　娜	13.8
21	机电汽车工程学院	国家级	国家自然科学基金	细胞同步操作与组装的光诱导方法研究	杨文广	13.2
22	计算机与控制工程学院	国家级	国家自然科学基金	基于非限定采样方式的立体图像全景拼接技术研究	阎维青	15.6
23	计算机与控制工程学院	国家级	国家自然科学基金	基于深度学习和多图谱方法的磁共振脑图像分割算法研究	郑　强	15.6
24	计算机与控制工程学院	国家级	国家自然科学基金	基于优化水平集形状建模的动脉血栓形成机制研究	马朝青	12.6
25	计算机与控制工程学院	国家级	国家自然科学基金	具有多普勒容忍性的 MIMO 雷达相位编码波形设计方法研究	杜晓林	15
26	计算机与控制工程学院	国家级	国家自然科学基金	连续偏序集和拟连续偏序集范畴的笛卡尔闭性质研究	张中喜	15
27	计算机与控制工程学院	国家级	国家重点研发计划(973)(山东大学)	众智网络理论理论仿真与实验平台研发	孙宏波	198.17
28	经济管理学院	国家级	国家自然科学基金	面向多层次级联优化的多项目调度问题研究	彭武良	24.25

续表

序号	院系(部门)	级别	经费来源	项目名称	负责人	经费(万元)
29	生命科学学院	国家级	国家自然科学基金	农产品中交链孢类毒素形成机制及膳食暴露研究	李彦伸	30
30	生命科学学院	国家级	国家自然科学基金	受体激酶 ZAR1 与 SERKs 和 SSP 蛋白相互协调共同调控合子的不对称分裂和分裂后子细胞的细胞命运	于天英	25
31	数学与信息科学学院	国家级	国家自然科学基金(海军航空工程学院)	基于流形学习的航空发动机故障诊断技术研究	吴春雪	2
32	数学与信息科学学院	国家级	国家自然科学基金	基于能量整形的随机 Lagrange 系统的切换控制	张典锋	15
33	数学与信息科学学院	国家级	国家自然科学基金	流固耦合散射问题的数学理论与数值算法	曲风龙	26.5
34	数学与信息科学学院	国家级	国家自然科学基金(云南民族大学)	子群的共轭类和自同构导子对有限群结构的影响	史江涛	5.4
35	土木工程学院	国家级	国家自然科学基金	考虑平面内外性能耦合的填充墙-RC 框架协同工作机制及反应修正系数研究	孔璟常	15.6
36	土木工程学院	国家级	国家自然科学基金	平原城市河流鱼类生境恢复潜力对水动力水质提升的响应	张　劲	15
37	土木工程学院	国家级	国家自然科学基金(北京建筑大学)	锁扣式接缝预制混凝土剪力墙及其受力性能研究	刘继良	10
38	药学院	国家级	国家自然科学基金	安宫牛黄丸改善出血性中风神经功能障碍的“肠—脑”交互作用机制	傅风华	28.5
39	药学院	国家级	国家自然科学基金(南昌航空大学转入,依托单位变更为烟台大学)	过渡金属催化 1,6-二炔和活性杂环[2+2+n]环加成研究	祝艳平	14.4
40	药学院	国家级	国家自然科学基金	组蛋白 H3K9 甲基化识别蛋白 UHRF1 新型拮抗剂发现及化学生物机制研究	赵克浩	33.5
41	光电信息科学技术学院	省部级	2018 年山东省自然科学基金(自筹)	LD 泵浦全固态被动锁模拉曼耗散孤子超短脉冲激光器理论与实验研究	丁双红	6
42	光电信息科学技术学院	省部级	山东省自然科学基金	高压下新型超导氢化物的理论设计和物性研究	张　超	12
43	光电信息科学技术学院	省部级	山东省自然科学基金	角度以及偏振依赖的超材料波矢色散模型以及矩量法实现	丁　一	7
44	光电信息科学技术学院	省部级	山东省自然科学基金	重味 B 介子及双重重子弱衰变的唯象学研究	邹芝田	24
45	光电信息科学技术学院	省部级	山东省自然科学基金	最小超对称模型及其扩展的唯象学研究	祝　斌	12

续表

序号	院系(部门)	级别	经费来源	项目名称	负责人	经费(万元)
46	海洋学院	省部级	国家海洋局(中科院烟台海岸带研究所)	海洋经济创新发展示范工作产业链协同创新类公共服务平台项目——海洋生物产品服务平台	李秉钧	70
47	海洋学院	省部级	国家重点研发计划政府间国际科技创新合作专项(中国水产科学研究院黄海水产研究所)	近海渔业资源的适应性管理基础合作研究——以渤海为例	邱盛尧	15.12
48	海洋学院	省部级	山东省自然科学基金	绿潮消亡阶段沉积物磷的释放特征及机制研究	高　丽	13
49	海洋学院	省部级	省农业厅	现代农业产业技术体系项目	杜荣斌	25
50	海洋学院	省部级	农业农村部农产品质量安全监管局	制定《水生生物增殖放流技术规范 金乌贼》标准	桑承德	8
51	核装备与核工程学院	省部级	山东省自然科学基金	航空液压泵关键摩擦副磁场辅助离子源渗氮改性与摩擦学研究	李　杨	13
52	核装备与核工程学院	省部级	山东省自然科学基金	稀土元素添加对再生铜精炼的多元冶金反应热力学与杂质调控机理研究	李海红	12
53	化学化工学院	省部级	山东省自然科学基金	Anderson系杂多酸引导能级匹配构建宽光谱钙钛矿太阳能电池及光电转换机制研究	苏　婷	11
54	化学化工学院	省部级	山东省自然科学基金	不同形貌氧化锆负载的纳米金催化剂的可控合成及在催化水煤气变换反应中的构效关系研究	史俊杰	13
55	化学化工学院	省部级	山东省自然科学基金	掺杂碳-金属氧化物"双层笼"结构锂硫电池正极材料的构筑及性能研究	李　婧	5
56	化学化工学院	省部级	山东省重大科技创新工程项目	黄金基新型催化剂研制及应用技术研究	祁彩霞	160
57	化学化工学院	省部级	山东省自然科学基金	十元环分子筛双功能催化剂的酸性可控调变、表征及加氢异构性能	张　森	8
58	环境与材料工程学院	省部级	山东省自然科学基金重大基础研究项目	球形石墨/金属氧化物复合微纳结构的制备及在锂离子电池中的应用	姜付义	80
59	机电汽车工程学院	省部级	山东省重点研发计划	工程机械用高端轴向柱塞泵数字化设计系统的研究	童桂英	15
60	机电汽车工程学院	省部级	山东省自然科学基金	基于刀具轨迹智能优化的数控系统运动控制关键技术研究	孙树杰	10
61	机电汽车工程学院	省部级	山东省自然科学基金	静电力驱动旋转微型环复杂振动机理及其稳定性研究	于　涛	13

续表

序号	院系(部门)	级别	经费来源	项目名称	负责人	经费(万元)
62	机电汽车工程学院	省部级	山东省自然科学基金	脑深部刺激电极与脑组织交互作用的特性机理研究	李　岩	6
63	计算机与控制工程学院	省部级	国家海洋局(烟台市财政局转)	基于海洋高端装备的大数据与智能制造技术服务平台	牟春晓	400
64	计算机与控制工程学院	省部级	山东省自然科学基金	基于距离正则化水平集的动脉血栓形成机制研究	马朝青	7
65	计算机与控制工程学院	省部级	山东省自然科学基金	偏序集的完备化和笛卡尔闭性质的研究	张中喜	8
66	计算机与控制工程学院	省部级	国家海洋局(莱州明波水产有限公司)	智能型工厂化循环水整装系统构建与产业化推广项目	牟春晓	50
67	经济管理学院	省部级	山东省软科学(自筹)	城市化建设的温室效应研究——以山东半岛为例	秦昌才	1.5
68	生命科学学院	省部级	国家海洋局(中科院烟台海岸带研究所)	海洋经济创新发展示范工作产业链协同创新类公共服务平台项目——海洋生物产品服务平台	林　剑	22
69	生命科学学院	省部级	山东省重点研发计划	利用西洋参不定根工业化生产皂苷的关键技术研究	王洪涛	15
70	生命科学学院	省部级	山东省自然科学基金	西洋参根、茎叶及西洋参果中主皂苷转化为稀有皂苷的生物技术研究及其产品开发	王丹丹	8
71	生命科学学院	省部级	山东省自然科学基金	稀有植物山东银莲花异质生境中的生态适应策略及适应机制	卞福花	12
72	生命科学学院	省部级	省农业厅	现代农业产业技术体系项目(贝类)	崔龙波	25
73	生命科学学院	省部级	省农业厅	现代农业产业技术体系项目(藻类)	孙利芹	25
74	生命科学学院	省部级	山东省自然科学基金	协同稳定双链核酸适体探针的设计与电化学传感应用	张资平	15
75	数学与信息科学学院	省部级	山东省自然科学基金	奇异摄动问题的稳定化局部守恒数值方法及其在多孔介质流中的应用	杨　旻	12
76	数学与信息科学学院	省部级	山东省自然科学基金	杂交有限体积法的一致理论分析研究	张媛媛	12
77	土木工程学院	省部级	山东省自然科学基金	基于惯容系统动态质量及阻尼增效机制的新型联肢墙减震控制机理研究	潘　超	9
78	土木工程学院	省部级	山东省自然科学基金	销栓式预制混凝土接缝受力性能研究	刘继良	5
79	土木工程学院	省部级	山东省重点研发计划	油田聚合物驱采废水生物降解菌剂开发及应用关键技术研究	张慧超	15
80	药学院	省部级	山东省重点研发计划	丹酚酸A与阿霉素配伍抗肿瘤的复方聚合物纳米胶束给药系统研发	许　卉	15
81	药学院	省部级	山东省重点研发计划	多样性五元并七元杂环的合成及工艺研究	祝艳平	18.42

续表

序号	院系(部门)	级别	经费来源	项目名称	负责人	经费(万元)
82	药学院	省部级	山东省自然科学基金	基于 Angptl4 相关信号分子探讨丹酚酸 A 在激素抵抗型肾病综合征的作用研究	范华英	13
83	药学院	省部级	山东省自然科学基金	具有抗肿瘤活性的海洋天然产物 hamigeran C 的全合成研究	王　诚	6
84	光电信息科学技术学院	厅局级	山东省高等学校科技计划	聚变堆材料钒合金中氚的渗透滞留行为的理论研究	华　娟	1
85	光电信息科学技术学院	厅局级	山东省高等学校科技计划(自筹)	无镉基 Zn 掺杂 InP 量子点中载流子复合机制研究	郭洪英	2
86	海洋学院	厅局级	山东省水生生物资源养护管理中心	主要增殖资源专项调查(山东半岛南部海域)	邱盛尧	84.2
87	核装备与核工程学院	厅局级	山东省高等学校科技计划	再生铜的稀土精炼及其净化机制研究	李海红	1
88	化学化工学院	厅局级	烟台市重点研发计划	低温、低水汽下丙烯氧化制丙烯醛用含金催化剂研究	孙　逊	20
89	化学化工学院	厅局级	烟台市科技计划	高性能双组份水性聚氨酯胶黏剂的合成及产业化	侯立杰	10
90	化学化工学院	厅局级	烟台市重点研发计划	环己烯催化精馏水合制备环己醇关键技术研究	田　晖	20
91	化学化工学院	厅局级	山东省高等学校科技计划(自筹)	微裂纹尖端应力诱导 t－ZrO2 相变强化搪玻璃断裂韧性研究	徐坤山	3
92	化学化工学院	厅局级	山东省高等学校科技计划	一类 β－取代的硝酸酯的合成新策略探究	杨　斌	1
93	机电汽车工程学院	厅局级	山东省高等学校科技计划	基于 TDLAS 的痕量甲烷浓度检测技术研究	杨仁弟	1
94	机电汽车工程学院	厅局级	烟台市科技计划	基于互联网、云计算和智能终端的智慧停车服务系统研究	陈义保	10
95	机电汽车工程学院	厅局级	山东省高等学校科技计划	基于数据/机理混合模型的汽车发动机标定方法研究	王昌辉	1
96	机电汽车工程学院	厅局级	烟台市重点研发计划	基于性能匹配的高压柱塞泵摩擦副的可靠性研究	徐立强	20
97	机电汽车工程学院	厅局级	烟台市科技计划	面向长岛有居民岛屿生态修复工程的模块化海带晾晒机开发与应用示范	王燕涛	10
98	机电汽车工程学院	厅局级	烟台市科技计划	模块化柔性海洋石油钻井平台桩腿热压模具	郭　忠	10
99	计算机与控制工程学院	厅局级	烟台市人才服务中心	2018 年烟台市“双百”计划	于　雷	10
100	计算机与控制工程学院	厅局级	烟台市重点研发计划	基于多源遥感地物精细分类的矿山污染评估研究	徐金东	10

续表

序号	院系(部门)	级别	经费来源	项目名称	负责人	经费(万元)
101	计算机与控制工程学院	厅局级	山东省高等学校科技计划	基于多源遥感影像融合的地物精细分类	徐全东	5
102	建筑学院	厅局级	山东省高等学校科技计划	基于可展曲面的建筑造型生成方法及数控建造研究	陈中高	1
103	生命科学学院	厅局级	烟台市人才服务中心	2018年烟台市"双百"计划	王洪伦	10
104	生科科学院	厅局级	烟台市重点研发计划	甘薯淀粉加工过程废水资源化利用技术开发及应用	姜爱莉	10
105	生命科学学院	厅局级	国家重点实验室(中科院西双版纳热带植物园)	海芋花序产热的适应机制	卞福花	10
106	生命科学学院	厅局级	中科院战略性先导科技专项(中科院西北高原生物研究所)	基于线粒体代谢重编程治疗糖尿病的青藏特色资源中先导化合物发现	李　刚	20
107	生命科学学院	厅局级	烟台市科技计划	喹塞多在海参中的代谢过程及精准控制技术研究	王云慧	10
108	生命科学学院	厅局级	烟台市科技计划	烟台浅海蛇尾纲物种资源调查、综合利用及其多样性保护	曲江勇	10
109	生命科学学院	厅局级	烟台市科技计划	樱桃中T-2毒素现场快速检测新技术研究	尤艳莉	10
110	数学与信息科学学院	厅局级	山东省高等学校科技计划	L-fuzzy子集上的广义多值拓扑空间研究	李清华	1
111	数学与信息科学学院	厅局级	山东省高等学校科技计划	受有色噪声干扰的非线性随机时滞系统自适应控制问题	姚立强	1
112	土木工程学院	厅局级	山东省住房和城乡建设厅(自筹)	基于定量指标的绿色建筑节水技术评价方法研究	张　岩	1
113	药学院	厅局级	烟台市人才服务中心	2018年烟台市"双百"计划	祝艳平	20
114	药学院	厅局级	烟台市科技计划	基于TRPC6信号通路研究丹酚酸A对肾病综合征的治疗作用	范华英	10
115	药学院	厅局级	烟台市科技计划	基于VEGFR-2和B-RAF蛋白的新型小分子抑制剂的设计、合成及抗肿瘤活性研究	姚建文	10
116	药学院	厅局级	烟台市重点研发计划	基于分子探针的奥克梯隆型皂苷抗心肌缺血再灌注损伤靶点识别研究	杨刚强	20
117	药学院	厅局级	江西青峰药业有限公司(国家重点实验室开放基金)	喜炎平与化学抗感染药物的相互作用及其机制研究	许　卉	10
118	药学院	厅局级	山东省高等学校科技计划	液滴萃取表面分析-质谱联用技术研究靶向纳米粒递药机制	许丽晓	1

3. 2018 年理工科研横向项目立项目录

序号	院系(部门)	经费来源	项目名称	负责人	经费(万元)
1	光电信息科学技术学院	深圳光启超材料技术有限公司	宽带宽角超材料设计方案开发	丁 一	5.6
2	光电信息科学技术学院	南京恩瑞特实业有限公司	AMI－D 多通道数据测试卡研究	刘云学	48.24
3	光电信息科学技术学院	中国电子科技集团第十四研究所	漏液检测模块开发	刘云学	15
4	光电信息科学技术学院	西安电子科技大学出版社有限公司	电子信息类高等教育资源新型服务系统"电工电子学"教材资源建设	王艳红	1
5	光电信息科学技术学院	西安电子科技大学出版社有限公司	电子信息类高等教育资源新型服务系统"电路分析基础"教材资源建设	王艳红	3
6	光电信息科学技术学院	聊城大学	非常规油气藏光纤地震监测系统关键技术研究	王新宇	6
7	光电信息科学技术学院	中国原子能科学研究院	图像处理软件设计(龙腾一二期)	张 炜	8.7
8	海洋学院	荣成石岛宾馆有限公司	海钓场评定	王志杨	4
9	海洋学院	荣成市东兴水产有限公司	海钓场调查	王志杨	3
10	海洋学院	招远市海洋与渔业局	招远市养殖水域滩涂规划	王志杨	9.9
11	海洋学院	烟台市牟平区海洋与渔业局	烟台市牟平区养殖水域滩涂规划	王志杨	9.8
12	海洋学院	国家海洋信息中心	山东省海洋牧场建设跟踪分析	曲维涛	10
13	海洋学院	威海圣航水产科技有限公司	海水鱼良种繁育与工厂化循环水养殖技术研究	刘立明	40
14	海洋学院	浙江飞鲸新材料科技股份有限公司	面向现代海洋船舶的新型高效防护涂层体系的开发	赵晓栋	4
15	海洋学院	金泰石化能源有限公司	沿海原油储罐石墨烯重防腐涂层防护技术开发	赵晓栋	6
16	海洋学院	中华人民共和国河北海事局	沉潜油防控及回收技术研究	张 晓	25.08
17	海洋学院	中国科学院海洋研究所	莱州湾浮游动物群落季节变化研究	尹洁慧	1
18	海洋学院	中国水产科学研究院黄海水产研究所	黄渤海区海洋捕捞动态信息采集	王 蕾	10
19	海洋学院	烟台烟大宇通海事咨询有限公司	烟台中集来福士海洋工程有限公司泊位通航安全评估	杜 新	2
20	海洋学院	烟台市海洋与渔业局	烟台市养殖水域滩涂规划	唐永政	40
21	海洋学院	烟台市莱山区海洋与渔业局	莱山区养殖水域滩涂规划	刘光华	5
22	化学化工学院	青岛理工大学	测试费用	祁彩霞	0.18
23	化学化工学院	中科院合肥物质科学研究院	测试费用	祁彩霞	0.18
24	化学化工学院	中国兵器工业第五九研究所	金属材料大气环境腐蚀行为与仿真结果验证技术服务	刘 杰	8
25	化学化工学院	山东盛荣化工有限公司	烷烯分离改造项目	任万忠(陈小平)	10

续表

序号	院系(部门)	经费来源	项目名称	负责人	经费(万元)
26	化学化工学院	烟台杰来泽皮革有限公司	一种毛发水泥发泡剂的制备方法和一种革屑水泥发泡剂的制备方法	王全杰	6
27	化学化工学院	上海皓元生物医药科技有限公司	一系列活性化合物的合成技术服务	陈锦春	13
28	化学化工学院	新乡市大树实业有限公司	功能性染料、乳液及助剂的研发	李家柱	50
29	化学化工学院	苏州赛分科技有限公司	色谱填料开发	刘惠涛	0.62
30	环境与材料工程学院	中国农业科学院农业资源与农业区划研究所	粘土矿物比表面积及表面性质测试分析	张晓龙	5.322
31	机电汽车工程学院	吉蒙炭素有限责任公司	石墨电极校对规研究	郭　忠	18.06
32	机电汽车工程学院	韩国	车身焊接虚拟制造系统研究开发	金权东	80.95
33	机电汽车工程学院	中国科学院金属研究所	Ti2AlNb 粉末变形合金的微观结构分析及显微组织设计	周　兵	4.95
34	机电汽车工程学院	中国科学院金属研究所	Ti2AlNb 粉末合金微观组织的结构分析及组织控制方法	周　兵	4.9
35	机电汽车工程学院	海湾瑞科石油工程(天津)有限公司	HZ32－2 平台井架应力检测	曲维波	2.52
36	机电汽车工程学院	山东东仪光电仪器有限公司	基于 FPGA 的高速光谱采集系统	蔡树向	2
37	机电汽车工程学院	大连理工大学	航空发动机叶盘振动特性测试	高培鑫	1.96
38	机电汽车工程学院	山东上汽汽车变速器有限公司	真空炉内工件温度场的分析及工艺参数优化研究	侯志刚	4.5
39	机电汽车工程学院	方圆集团有限公司	方圆集团技师能力提升项目	于　涛	16.49
40	机电汽车工程学院	中国科学院合肥物质科学研究所	CFETR 主机部件有限元分析	柴永生	14
41	机电汽车工程学院	招金矿业股份有限公司(烟台新港新材料有限公司)	矿井通讯系统研发(玻纤格栅生产设备的研究与开发)	李宝顺	10
42	机电汽车工程学院	武汉傅立叶图像技术有限公司	水下智能机器人的设计与仿真	陈义保	5
43	机电汽车工程学院	烟台东星空调管路有限公司	空调管路振动仿真、端部成型仿真的研究	王燕涛	7
44	机电汽车工程学院	大连理工大学	变工况裂纹叶片动态模拟与试验	王　娇	10
45	计算机与控制工程学院	中国航天空气动力技术研究院	海洋声学仪器集成测试及性能评估	牟春晓	15
46	计算机与控制工程学院	中国共产党海阳市委员会组织部	协作费	牟春晓	8
47	计算机与控制工程学院	中国科学院自动化研究所	Bicluster 检测技术及软件研发	张艳洁	4
48	计算机与控制工程学院	烟台市质监局	制定标准	孙宏波	0.5
49	计算机与控制工程学院	山东诚勤物联科技有限责任公司	锐凡物联智慧消防云平台系统	赵金东	5.4

续表

序号	院系(部门)	经费来源	项目名称	负责人	经费(万元)
50	计算机与控制工程学院	烟台市广智微芯智能科技有限责任公司	移动机器人底盘关键技术研究	王　飞	3
51	计算机与控制工程学院	大庆油田有限责任公司采油工程研究院	PetroPE 软件与 A5 系统对接技术研究及机采智能应用模块开发	马文明	28
52	生命科学学院	海军航空工程学院青岛校区	海洋综合环境表现技术研究及软件实现	陈　敏	16
53	生命科学学院	青岛鹏远康华天然产物有限公司	紫甘薯色素的分离提取研究	常秀莲	3
54	生命科学学院	青岛鹏远康华天然产物有限公司	汽色水新产品研究与开发	常秀莲	2
55	生命科学学院	宁波锐智农业科技有限公司	鲳鱼和富贵虾等加工过程中的品质指标检测	李　刚	9.49
56	生命科学学院	烟台富顺泰生物科技有限公司	甘草抗氧化物保肝活性物质基础及产品	李　刚	35
57	生命科学学院	乳山达康生物科技有限公司	紫甘薯的综合深加工技术开发与设计	单守水	10
58	生命科学学院	中科院烟台海岸带研究所	海洋多肽功能产品系列开发	高永林	14.74
59	生命科学学院	青岛海生洋润生物科技有限公司	海洋多肽功能产品系列开发	高永林	3
60	生命科学学院	天津市尖峰天然产物研究开发有限公司	海洋多肽功能产品系列开发	高永林	9.18
61	生命科学学院	NUTRALAND USA,INC	纯素维生素 D3 毒理学实验研究	高永林	2.27
62	生命科学学院	烟台百信妇科医院	天之生婴幼儿辅食开发研究	高永林	1.2
63	生命科学学院	新时代健康产业集团有限公司(河南三剑客)	31 项天然产物成分检测方法的建立与评价	姜竹茂	0.3
64	生命科学学院	蓬莱深奥生物科技研究所	发酵型海参肠卵饮料的研制	姜竹茂	5
65	生命科学学院	中国农业科学院蜜蜂研究所	蜜源植物中风险因子的提取、纯化与鉴定	李彦伸	2
66	生命科学学院	山东省食品药品检验研究院	化妆品中禁限用物质检测技术及快筛快检技术研究非法添加化学药物快检方法的研究	李彦伸	2
67	生命科学学院	烟台吉恩生物科技有限公司	小麦 EMS 突变系外显子测序分析	宋建成	25
68	生命科学学院	福建安井食品股份有限公司	小龙虾新型即食食品的研制及副产品中小分子活性肽的制备	唐志红	3.6
69	生命科学学院	烟台新时代健康产业有限公司	不同来源松花粉 DNA 指纹图谱建立研究	王洪涛	12
70	生命科学学院	西藏那曲双湖县农牧业科学技术服务站	双湖卤虫卵资源调查及综合开发利用	王振华	60

续表

序号	院系(部门)	经费来源	项目名称	负责人	经费(万元)
71	生命科学学院	烟台张裕集团有限公司	冰葡萄酒质量提升关键工艺参数的优化与应用	赵玉平	3
72	生命科学学院	国家海洋局第一海洋研究所	硬毛藻资源的综合利用和海参养殖池塘污水生物修复	周革非	4
73	生命科学学院	蓬莱市农业局	蓬莱市2018年耕地质量提升项目果园废弃反光膜回收利用技术研究	殷军港	10
74	生命科学学院	山东东方海洋科技股份有限公司	池塘危害丝状藻暴发生态机制及生物原位防除研究	邢荣莲	6
75	数学学院	中国建筑技术集团有限公司	大规模建筑图片的智能处理	杨　旻	5
76	土木工程学院	山东省路桥集团公司	安哥拉国家旅游区自研地理式垃圾箱和LECA轻骨料混凝土研究	万海峰	10.82
77	土木工程学院	山东高速科技发展集团有限公司	海洋性气候环境生态友好型高性能沥青材料老化机理与性能提升技术研究	万海峰	3.2
78	土木工程学院	蓬莱经济技术开发区管理委员会	金创工业园区污水管道设计	乔玲敏	5
79	土木工程学院	中铁建大桥工程局集团电气化工程有限公司	DTC混凝—改进超滤工艺机车含油废水中的应用研究	乔玲敏	2
80	土木工程学院	烟台哈福玩具有限公司	儿童玩具产品磁力计算与磁铁位置布置	吴江龙	2
81	土木工程学院	陆军工程大学野战工程学院道路桥梁与渡河教研室	BS700高强钢钢管压杆压缩试验	吴江龙	1.8
82	土木工程学院	山东省交通规划设计院	齐鲁交通发展集团有限公司2017年度养护大中修工程实施效果后评价社会调查	刘继良	0.99
83	土木工程学院	江苏瑞海新材料科技有限公司	GECOR8型钢筋锈蚀测定仪及无损处理技术引进开发	刘志勇	3
84	土木工程学院	中国地震局工程力学研究所	砌块砌体力学性能试验模型制作与测试	孔璟常	1.04
85	土木工程学院	河北省高速公路荣乌管理处	荣乌高速公路(康家庄、刘岗、寨头1#、寨头2#)隧道工程围岩快速分级、隧道稳定性与支护优化咨询	侯哲生	3.5
86	土木工程学院	烟台新天地试验技术有限公司	混凝土结构原理与设计课程综合试验系统	周新刚	3
87	药学院	山东绿叶制药有限公司	七叶皂苷钠片与迈之灵片体内抗炎作用比较实验	张雷明	2.4
88	药学院	山东绿叶制药有限公司	七叶皂苷钠片(欧开)与迈之灵片体内药代动力学研究	张雷明	7.2
89	药学院	浙江佐力药业股份有限公司	金记忆颗粒改善学习记忆功效	张雷明	5

续表

序号	院系(部门)	经费来源	项目名称	负责人	经费(万元)
90	药学院	北京中医药大学东直门医院	补肾化痰方小鼠急性毒性试验	张雷明	1.8
91	药学院	山东绿叶制药有限公司	选择性IDO抑制剂的筛选与药效学研究(原项目名称为阿立哌唑长效混悬注射剂的探索性研究)	王洪波	120
92	药学院	山东绿叶制药有限公司	一种苯基噻唑衍生物及其制备方法与应用等2个专利实施许可合同(原项目阿立哌唑长效混悬注射剂的探索性研究重新分配后剩余50万)	王洪波	50
93	药学院	山东绿叶制药有限公司	结构新颖的pyxionl衍生物及其制备方法和用途等4个专利实施许可合同(原项目阿立哌唑长效混悬注射剂的探索性研究重新分配后剩余30万)	王洪波	30
94	药学院	山东绿叶制药有限公司	化合物成药性优化及成药性评价预测	王洪波	60
95	药学院	山东绿叶制药有限公司	LY03003动物体内药动学评价	王文艳	16
96	药学院	山东绿叶制药有限公司	LY01013项目候选化合物及生物标记物测定	王文艳	20
97	药学院	山东绿叶制药有限公司	TS1802项目候选化合物不同种属PK评价及组织分布	王文艳	26
98	药学院	山东绿叶制药有限公司	应用持续性多巴胺受体激动剂罗替戈汀微球过程中发生脑卒中、心肌缺血或糖尿病肾病其损伤程度的研究	王　天	43
99	药学院	山东绿叶制药有限公司	罗替戈汀缓释微球镇痛作用及对性功能的影响	王　天	19.2
100	药学院	山东中教国信生物科技有限公司	三种抗肿瘤化合物的对比性评价研究	田京伟	38
101	药学院	北京北大维信生物科技有限公司	高含量血脂康降血脂药效实验研究	田京伟	5
102	药学院	山东绿叶制药有限公司	注射用醋酸曲普瑞林缓释微球的探索性研究	孙考祥	200
103	药学院	山东绿叶制药有限公司	选择性NTRK基因融合抑制剂晶型研究(原项目名称为注射用醋酸曲普瑞林缓释微球的探索性研究)	孙考祥	200
104	药学院	山东绿叶制药有限公司	醋酸亮丙瑞林微球的探索性研究	王爱萍	200
105	药学院	山东绿叶制药有限公司	选择性NTRK基因融合抑制剂剂型研究(原项目名称为醋酸亮丙瑞林微球的探索性研究)	王爱萍	200
106	药学院	烟台上禾知识产权事务所	一种壳聚糖衍生物的制备方法及其在抗凝血药物上的应用	陈大全	2

续表

序号	院系(部门)	经费来源	项目名称	负责人	经费(万元)
107	药学院	中科院烟台海岸带研究所	五种藻类抗氧化活性的对比分析	李桂生	2
108	药学院	山东宝威生物科技有限公司	唾液酸苷酶检测项目开发	杨刚强	3.5
109	药学院	山东绿叶制药有限公司	阿立哌唑长效混悬注射剂的探索性研究	吴子梅	200
110	药学院	蓬莱市前卫化工有限公司	抗肿瘤靶向药物JYC28的技术开发	姚建文	50
111	药学院	河套学院	利用计算机辅助药物设计原理预测药物靶标及新药开发	毕　毅	0.95
112	药学院	山东铂源药业有限公司	TG1715的小试合成工艺开发	关玉昆	12.5

4.2018年理工科研成果获奖目录

序号	获奖成果名称	奖励名称	奖励等级	完成者	获奖单位	奖级别
1	用甲乙酮系列混合溶剂分离丁烷与丁烯的方法	中国专利奖金奖	一等	王文华	化学化工学院	省部级
2	自升式海洋石油平台桁架桩腿系统的研究与应用	山东省科技进步奖	二等	郭　忠	机电汽车工程学院	省部级
3	随机非线性系统分析,控制及在机械系统中的应用	高等学校科学研究优秀成果奖(科学技术)	二等	吴昭景	数学与信息科学学院	省部级
4	浅海石油导管架平台延寿关键技术	其他省部级奖励	三等	曲　慧	土木工程学院	省部级
5	药物抗炎与致炎作用评价、机制研究及其应用	高等学校科学研究优秀成果奖(科学技术)	二等	傅风华	药学院	省部级
6	一种阻燃性淀粉型皮革表面活性剂的制备方法	其他厅局级奖励	三等	段宝荣	化学化工学院	厅局级
7	汽车空调压缩机用阀板智能加工生产线	烟台市科技进步奖	三等	童桂英	机电汽车工程学院	厅局级
8	汽车空调压缩机用阀板数字化加工生产线的设计与开发	山东省高等学校科学技术奖	二等	童桂英	机电汽车工程学院	厅局级
9	食品中关键危害物迁移转化机制及高效控制技术研究	山东省高等学校科学技术奖	三等	李彦伸	生命科学学院	厅局级
10	智能响应多功能纳米靶向给药系统研究	山东省高等学校科学技术奖	二等	陈大全	药学院	厅局级
11	丹皮酚生物活性及作用机制研究	山东省高等学校科学技术奖	三等	赵　烽	药学院	厅局级
12	激发态粒子在重味B介子弱衰变中产生的研究	烟台大学优秀科研成果奖(科学技术)奖	一等	邹芝田	光电信息科学技术学院	校级
13	新型功能高分子材料的制备及其性能研究	烟台大学优秀科研成果奖(科学技术)奖	一等	辛志荣	化学化工学院	校级
14	柴油绿色氧化脱硫的研究	烟台大学优秀科研成果奖(科学技术)奖	一等	吕宏缨	化学化工学院	校级

续表

序号	获奖成果名称	奖励名称	奖励等级	完成者	获奖单位	奖级别
15	若干无机和有机分子构建材料的结构、性质和反应	烟台大学优秀科研成果奖(科学技术)奖	二等	于雪芳	化学化工学院	校级
16	无氧铜连铸坯微裂纹形成机理与控制因素研究(系列论文)	烟台大学优秀科研成果奖(科学技术)奖	二等	石运序	机电汽车工程学院	校级
17	一般概率空间中的倒向随机微分方程研究(系列论文)	烟台大学优秀科研成果奖(科学技术)奖	二等	吕　文	数学与信息科学学院	校级
18	多元半群与半群的广义凯莱图	烟台大学优秀科研成果奖(科学技术)奖	二等	朱用文	数学与信息科学学院	校级

5. 2018 年授权专利目录

序号	专利名称	专利类型	专利权利人
1	一种苯基噻唑衍生物及其制备方法与应用	发明	烟台大学
2	一种基于 FPGA 和 PCIe 的高速数据交换方法	发明	烟台大学
3	一种交替模压制备细长陶瓷管坯体的方法及其模具	发明	烟台大学
4	自动循环式便捷水泵	发明	烟台大学
5	一种具有盘式轮毂电机的汽车	发明	烟台大学
6	一种超支化聚硫醚多胺及制备方法和用途	发明	烟台大学
7	一种 α－常春藤皂苷元衍生物及其制备方法和用途	发明	烟台大学
8	一种便携式成像法检测磺胺类药物残留的方法及其用途	发明	烟台大学
9	一种铜及铜合金中低熔点杂质元素铅的改性剂及改性方法	发明	烟台大学
10	一种含有两个或多个芘基团的聚合物及其制备方法和用途	发明	烟台大学
11	一种电机及其刹车盘	发明	吉林大学、烟台大学
12	一种远程柔性控制开关	发明	烟台大学
13	一种生态净化养殖系统表层沉积物中氮磷的方法	发明	烟台大学
14	一种宠物猫用厕所	发明	烟台大学
15	一种暖气－热泵耦合热水器系统	发明	烟台大学
16	一种瓶盖理料机	发明	烟台大学
17	一种氯化氢催化氧化制氯气新型固定床反应器	发明	烟台大学
18	多种结构体系、多层、多跨的静力、动力试验模型	发明	大连理工大学、烟台大学、烟台新天地试验技术有限公司
19	一种宠物猫用厕所	发明	烟台大学
20	一种超短基线升降轴与链条的连接装置	发明	烟台大学
21	一种二甲氧基姜黄素聚合物胶束及其制备方法与医药用途	发明	烟台大学
22	一种银行网银一次一密双向认证安全登录技术	发明	烟台大学
23	一种具有交替结构的有机硅树脂的制备方法	发明	烟台大学
24	一种日本囊对虾工厂化大规模苗种培育装置及其培育方法	发明	烟台大学

续表

序号	专利名称	专利类型	专利权利人
25	一种核－壳双层微球及其制备方法	发明	烟台大学
26	组合式小棚覆膜机	发明	烟台大学
27	一种将位移法直观化的教学实验装置	发明	大连理工大学、烟台大学、烟台新天地试验技术有限公司
28	动态获取 GOOSE 订阅信息的方法	发明	烟台大学
29	一种基于频域和空域压缩感知的信号采样接收方法及装置	发明	烟台大学
30	一种混凝土结构耐久性修复用渗透型钢筋阻锈剂及制备方法	发明	烟台大学
31	一种钢材阻锈与防护的涂层及其制备方法	发明	烟台大学
32	一种具有自修复功能的钢材阻锈与防护涂层及其制备方法	发明	烟台大学
33	一种具有阻锈功能的聚羧酸减水剂及其制备方法	发明	烟台大学
34	一种撑网套装置及具有其的全自动苹果套网套装箱机	发明	烟台大学
35	一种全自动苹果套网套装箱机	发明	烟台大学
36	一种自动化苹果套网套装箱机	发明	烟台大学
37	一种不含壬基酚的环氧厚漆及其制备使用方法	发明	烟台大学
38	大肠杆菌鞭毛为模板制备氧化铁用于增强光电催化产氢活性的方法	发明	烟台大学
39	一种舞蹈啦啦操腿部锻炼装置	实用新型	烟台大学
40	一种便携式羽毛球网架	实用新型	烟台大学
41	钻孔地脉动测试设备	实用新型	烟台大学
42	一种桥梁施工用落架装置	实用新型	烟台大学
43	一种摩擦—防屈曲耗能支撑	实用新型	烟台大学
44	盐雾试验设备	实用新型	烟台大学
45	一种瑜伽垫摆放架	实用新型	烟台大学
46	一种基于视觉识别的自动寻球收集装置	实用新型	烟台大学
47	一种倾斜式平铺可移动海带晾晒装置	实用新型	烟台大学
48	一种棱面型太阳方位自动追踪仪	实用新型	烟台大学
49	一种球面型太阳方位自动追踪仪	实用新型	烟台大学
50	一种 U 型循环换热器	实用新型	烟台和立空调装饰工程有限公司、烟台大学
51	一种曝气箱换热器	实用新型	烟台和立空调装饰工程有限公司、烟台大学
52	一种供热空调、热水、干燥一体化的热泵综合装置	实用新型	烟台大学
53	一种体育课用羽毛球拍存放架	实用新型	烟台大学
54	一种体育训练球类收放车	实用新型	烟台大学
55	单层球面肋环型交叉索承网壳结构	实用新型	烟台大学
56	一种回收余热压缩蒸汽驱动的吸收式热泵装置	实用新型	烟台大学

续表

序号	专利名称	专利类型	专利权利人
57	可移动位置的篮球架	实用新型	烟台大学
58	仰卧起坐健身装置	实用新型	烟台大学
59	可自动摆放保龄球瓶的保龄球装置	实用新型	烟台大学
60	一种基于物联网技术下的智能衣柜	实用新型	烟台大学
61	一种奥氏体不锈钢海洋环境耐腐蚀的表面改性的共渗设备	实用新型	烟台大学
62	一种体育课用公示栏	实用新型	烟台大学
63	一种自动破窗器	实用新型	烟台大学
64	用于微藻培养的简易式跑道池	实用新型	烟台大学
65	一种螺栓装配过程中预紧力实时检测装置	实用新型	烟台大学
66	一种宠物清洁烘干装置	实用新型	烟台大学
67	海上铺缆设备	实用新型	烟台大学
68	海上防腐工装	实用新型	烟台大学
69	自动力自清洁屋面雨水收集处理系统装置	实用新型	烟台大学
70	一种新型高仿真海洋腐蚀模拟试验装置	实用新型	烟台大学
71	一种便于疏导的截污弃流装置	实用新型	烟台大学
72	一种海带夹苗用辅助松绳机构	实用新型	烟台大学
73	一种垃圾处理炉专用炉箅	实用新型	烟台大学
74	一种屋面雨水收集处理系统装置	实用新型	烟台大学
75	一种非接触四轮定位仪的车轮拍摄测量装置	实用新型	烟台大学
76	一种果树立体施药系统	实用新型	烟台大学
77	新型探头贴壁装置	实用新型	烟台大学
78	一种电动温控阀快速连接装置	实用新型	烟台大学
79	一种新型质量检测系统	实用新型	烟台大学
80	一种垃圾处理炉用焦油处理器	实用新型	烟台大学
81	一种垃圾处理炉用空气磁化器	实用新型	烟台大学
82	一种挤压过程中可电加热的铝型材挤压模具	实用新型	烟台大学
83	机器人控制系统	实用新型	烟台大学
84	一种两用型工程钻孔测试装置	实用新型	烟台大学
85	一种垃圾处理炉反应室结构	实用新型	烟台大学
86	一种低温裂解自反应垃圾处理炉	实用新型	烟台大学
87	一种垃圾处理炉专用点火器	实用新型	烟台大学
88	一种用于模内冷却的铝型材挤压模具	实用新型	烟台大学
89	一种海带夹苗用辅助送苗机构	实用新型	烟台大学
90	一种基于压缩机排气旁通融霜的热泵空调系统	实用新型	烟台大学
91	一种自适应匹配的无差别电源插头	实用新型	烟台大学
92	一种立体式海产品半自动化晾晒机	实用新型	烟台大学

6. 2018 年理工科研论文要目

序号	作者	论文题目	期刊名称	发表时间
1	毕　毅	H6, a novel hederagenin derivative, reverses multidrug resistance in vitro and in vivo	Toxicology and Applied Pharmacology	Feb – 18
2	毕　毅	Design, synthesis and antibacterial evaluation of 3-substituted ocotillol-type derivatives	Molecules	Dec – 18
3	毕春加	Two-grid finite element method and its a posteriori error estimates for a nonmonotone quasilinear elliptic problem under minimal regularity of data,	Computers & Mathematics with Applications	Jul – 18
4	毕春加	A posteriori error estimates of two-grid finite element methods for nonlinear elliptic problems	Journal of Scientific Computing	Jan – 18
5	卞福花	Breeding system of anemone shikokiana and the influential factors of fruit-setting ratio in different habitats	Plant Biosystems	Mar – 18
6	曹德忠	Ghost images reconstructed from fractional-order moments with thermal light	Chinese Physics B	Dec – 18
7	曹德忠	Probability theory in conditional-averaging ghost imaging with thermal light	Physical Review A	Nov – 18
8	陈　敏	pH、镁离子浓度对蓝隐藻藻蓝蛋白聚合状态影响的研究	烟台大学学报(自然科学与工程版)	Jul – 18
9	陈传军	A two-grid finite element method for nonlinear Sobolev equations	East Asian Journal on Applied Mathematics	Aug – 18
10	陈传军	A posteriori error estimates of two-grid finite volume element methods for nonlinear elliptic problems	Computers and Mathematics with Applications	Mar – 18
11	陈传军	基于 0 – 1 整数规划模型的水坝选址问题	烟台大学学报(自然科学与工程版)	Jan – 18
12	陈大全	姜黄素与葛藤总黄酮共递送 W/O/W 型乳剂的制备研究	烟台大学学报(自然科学与工程版)	Oct – 18
13	陈大全	In vivo evaluation of reduction-responsive alendronate-hyaluronan-curcumin polymer-drug conjugates for targeted therapy of bone metastatic breast cancer	Molecular Pharmaceutics	Jul – 18
14	陈大全	Novel dual mitochondrial and CD44 receptor targetingnanoparticles for redox stimuli-triggered release	Nanoscale Research Letter	Feb – 18
15	陈大全	Co-encapsulation of curcumin and resveratrol into novel nutraceutical hyalurosomes nano-food delivery system based on oligo-hyaluronic acid-curcumin polymer	Carbohydrate Polymers	Feb – 18
16	陈大全	双靶向多功能纳米载体的构建与评价	中国新药杂志	Jan – 18
17	陈世华	中华补血草 LsRab7 基因的克隆及盐、干旱胁迫下表达分析	烟台大学学报(自然科学与工程版)	Jul – 18
18	程建波	Abnormal tetrel bonds between formamidine and TH3F: Substituent effects	Chemistryselect	Mar – 18
19	崔　荣	固相萃取-毛细管液相色谱测定食品和水样中	色谱	Jan – 18
20	崔洪涛	Building an interpenetrating network of Ni(OH)2/reduced graphene oxide composite by a ool-gel method	Journal of Materials Science	Nov – 18

续表

序号	作者	论文题目	期刊名称	发表时间
21	崔洪涛	Hierarchical nanostructure-tuned super-high electrochemical stability of nickel cobalt sulfide	Journal of Materials Chemistry A	Oct - 18
22	崔洪涛	Surface topography control of NiS/Ni3S4 nanosheets for the promotion of electrochemical performance	Journal of Sol-Gel Science and Technology	Sep - 18
23	崔洪涛	Tailoring synthesis of Ni3S2 nanosheets with high electrochemical performance by electrodeposition	Advanced Powder Technology	May - 18
24	崔洪涛	In-situ template synthesis of SnO nanoparticles on nickel foam with high electrochemical performance	Journal of Sol-Gel Science and Technology	May - 18
25	崔洪涛	Synthesis of periodically stacked 2D composite of α-Ni(OH)2 monolayer and reduced graphene oxide as electrode material for high performance supercapacitor	Advanced Powder Technology	Mar - 18
26	崔洪涛	Assembly of Ni(OH)2-based electrodes without material synthesis step for application in supercapacitors	Journal of Sol-Gel Science and Technology	Feb - 18
27	崔龙波	烟台四十里湾扇贝养殖区浮游植物群落调查	海洋科学	Aug - 18
28	崔龙波	莱州湾扇贝养殖区表层沉积物质量评价	水产科学	May - 18
29	崔龙波	莱州湾扇贝养殖区水体、沉积物和扇贝中环境激素的检测与评价	烟台大学学报(自然科学与工程版)	Jan - 18
30	戴胜军	Flavonoid alkaloids from Scutellaria moniliorrhiza with anti-inflammatory activities and inhibitory activities against aldose reductase	Phytochemistry	Aug - 18
31	戴胜军	New flavonoid glucuronate esters with anti-inflammatory activities from Scutellaria regeliana	Chemistry & Biodiversity,	Jul - 18
32	戴振宏	Lattice thermodynamic behavior in nuclear fuel ThO2 from first principles	Journal of Nuclear Materials	Dec - 18
33	戴振宏	Low lattice thermal conductivity and excellent thermoelectric behavior in Li3Sb and Li3Bi	Journal of Physicscondensed Matter	Oct - 18
34	戴振宏	Phonon thermal transport in a class of graphene allotropes from first principles	Physical Chemistry Chemical Physics	Jun - 18
35	戴振宏	Phonon thermal transport in monolayer FeB2 from first principles	Computational Materials Science	May - 18
36	丁　锐	Electrochemical corrosion kinetics of cold spray copper composite coatings in high potential region	International Journal of Chemical Kinetics	Nov - 18
37	丁　锐	Releasing kinetics of dissolved copper and antifouling mechanism of cold sprayedcopper composite coatings for submarine screen doors of ships	Journal of Alloys and Compounds	Sep - 18
38	丁　锐	Antifouling properties and release of dissolved copper of cold spray $Cu\text{-}Cu_2O$ coatings for ships and steel structures in marine environment	Journal of Materials Engineering and Performance	Nov - 18
39	董宁斐	Sub-nyquist sampling and parameters estimation of wideband LFM signals based on FRFT	Radioelectronics and Communications Systems	Aug - 18

续表

序号	作者	论文题目	期刊名称	发表时间
40	董言治	基于增强 SVM 算法的红外舰船图像识别研究	烟台大学学报(自然科学与工程版)	Jul - 18
41	杜　伟	Recycled carbon fiber-supported polyaniline/manganese dioxide prepared via one-step electrodeposition for flexible supercapacitor integrated electrodes	Polymers	Oct - 18
42	杜　伟	Nitrogen-doped hierarchical porous carbon using biomass-derived activated carbon/carbonized polyaniline composites for supercapacitor electrodes	Journal of Electroanalytical Chemistry	Oct - 18
43	杜广营	PCC0208009 enhances the antitumor effects of temozolomide through direct inhibition and transcriptional regulation of indoleamine 2,3-dioxygenase in glioma models	International Journal of Immunopathology and Pharmacology	Jul - 18
44	杜晓林	Radar high-speed maneuvering target detection based on three-dimensional scaled transform	IEEE Journal of Selected Topics in Applied Earth Observations and Remote Sensing	Aug - 18
45	杜玉朋	CFD 在丙烷脱氢流化床反应器中的应用	石油炼制与化工	Apr - 18
46	杜玉朋	低碳烷烃脱氢催化剂流化特性与耐磨性能	化工进展	Feb - 18
47	杜振宁	Preparation and characterization of novel poly (vinyl alcohol)/collagen double-network hydrogels	International Journal of Biological Macromolecules	Oct - 18
48	范华英	Andrographolide derivative CX-10 ameliorates dextran sulphate sodiuminduced ulcerative colitis in mice: Involvement of NF-κB and MAPK signalling pathways	International Immunopharmacology	Apr - 18
49	范华英	Protective effect of Salvianolic acid A on ischaemia-reperfusion acute kidney injury in rats through protecting against peritubular capillary endothelium damages	Phytotherapy Research	Jan - 18
50	冯　凯	Li3Cr(MoO4)3: a NASICON-type high specific capacity cathode material for lithium ion batteries	Journal of Materials Chemistry A	Oct - 18
51	付　峰	藻类诱变育种技术研究进展	生物技术通报	Oct - 18
52	高　原	TMAH 表面吸附对 SiC 粉体及浆料流变性能研究	中国陶瓷	Sep - 18
53	高　原	Preparation of semi-insulating PANI/PMMA coating and its applications in internal charging protection.	International Journal of Advanced Manufacturing Technology	May - 18
54	高　原	聚酰亚胺薄膜表面改性处理方法研究	表面技术	Mar - 18
55	高　原	环境因素对聚酰亚胺薄膜及涂层侵蚀效应分析	表面技术	Jan - 18
56	高永林	Toxicological evaluation of 6′-sialyllactose (6′-SL) sodium salt	Regulatory Toxicology and Pharmacology	Jun - 18
57	韩京龙	Simple way to fabricate novel paper-based valves using plastic comb binding spines	ACS Sensors	Sep - 18
58	何志红	Super edge-connectivity and zeroth-order general randi′c index for $-1 \leqslant \alpha < 0$	Acta Mathematicae Applicatae Sinica (English Series)	Oct - 18
59	贺笑春	Effect of Bi2O3 content on the microstructure and electrical properties of SrBi2Nb2O9 piezoelectric ceramics	RSC Advances	Aug - 18

续表

序号	作者	论文题目	期刊名称	发表时间
60	侯汝臣	二面体群在一般线性群 GL(2,C)中的同构类刻画	数学的实践与认识	May – 18
61	侯兴民	基于实域总势能计算渗流溢出点位置	岩土工程学报	Apr – 18
62	华 娟	Effect of carbon on behavior of helium in vanadium: A first-principles investigation	International Journal of Modern Physics B	Jan – 18
63	李道德	An optimized protocol of protargol staining for ciliated protozoa	Journal of Eukaryotic Microbiology	Sep – 18
64	李道德	Phylogeny of the families zoothamniidae and epistylididae (Protozoa: ciliophora: peritrichia) based on analyses of three rRNA-coding regions	Molecular Phylogenetics and Evolution	Jan – 18
65	姜付义	Three-dimensional SnS decorated carbon nano-networks as anode materials for lithium and sodium ion batteries	Nanomaterials	Mar – 18
66	姜竹茂	干酪乳杆菌与嗜热链球菌组合发酵羊奶饮料的加工工艺	中国乳品工业	Sep – 18
67	姜竹茂	美拉德反应对褐色益生菌羊乳饮料品质的影响	中国乳品工业	Aug – 18
68	姜竹茂	芒果饮用型酸奶的研制	食品工业	Aug – 18
69	姜竹茂	响应面法优化褐色希腊式酸奶的生产工艺	中国食品添加剂	Jul – 18
70	姜竹茂	希腊式酸羊奶的研制	中国酿造	Jul – 18
71	姜竹茂	高活菌型牛羊奶混合发酵乳的工艺优化	中国乳品工业	Jun – 18
72	姜竹茂	热处理对生鲜乳及复原乳蛋白质体外消化特性的影响	食品科学	Apr – 18
73	姜竹茂	褐色饮用型酸奶的工艺优化	中国酿造	Mar – 18
74	姜竹茂	玫瑰希腊式酸奶生产工业研究	中国食品添加剂	Feb – 18
75	康利涛	Nano-porous $CaCO_3$ coatings enabled uniform Zn striping/plating for long-life Zinc rechargeable aqueous batteries	Advanced Energy Materials	Sep – 18
76	李 波	Blow-up rates and uniqueness of entire large solutions to a semilinear elliptic equation with nonlinear convection term	Boundary Value Problems	Dec – 18
77	李 刚	Polyphenol stilbenes from Fenugreek (Trigonella foenum-graecum L). seeds improve insulin sensitivity and mitochondrial function in 3T3-L1 adipocytes	Oxidative Medicine and Cellular Longevity	Jun – 18
78	李 刚	Triterpenic acids from potentilla parvifolia fisch and their protective effects against okadaic acid inducedneurotoxicity in differentiated SH-SY5Y cells	Biological & Pharmaceutical Bulletin	Jun – 18
79	李 刚	Flavonoid glycosides from fenugreek seeds regulate glycolipid metabolism by improving mitochondrial function in 3T3-L1 adipocytes in vitro	Journal of agricultural and food chemistry	Mar – 18
80	李 刚	Effects of the oligostilbenes from Iris lactea Pall. var. chinensis (Fisch.) Koidz on the adipocytes differentiation of 3T3-L1 cells	Pharmazie	Feb – 18
81	李 倩	汞和铅的单一和复合作用对斑马鱼胚胎发育的毒性效应研究	烟台大学学报(自然科学与工程版)	Oct – 18
82	李 琴	不确定广义时滞系统的耗散性分析	IPPTA: Quarterly Journal of Indian Pulp and Paper Technical Association	Sep – 18

续表

序号	作者	论文题目	期刊名称	发表时间
83	李　营	Footprints of new physics in b→cτνtransitions	Physical Review D	Sep – 18
84	李　营	Recent anomalies in B physics	Science Bulletin	Feb – 18
85	李　营	2017 年粒子物理学热点回眸	科技导报	Jan – 18
86	李春梅	Acute, subchronic oral toxicity, and genotoxicity evaluations of LPM570065, a new potent triple reuptake inhibitor	Regulatory Toxicology and Pharmacology	Oct – 18
87	李桂生	开发 indel 分子标记对人参与西洋参的鉴别研究	中国中药杂志	Apr – 18
88	李家柱	二氢卟吩 e_6 衍生物的类羟醛缩合反应及阳离子型光敏剂的合成	烟台大学学报(自然科学与工程版)	Jul – 18
89	李家柱	Regioselective reactions of methyl pyropheophorbide a with formaldehyde based on hydroxymethylation	Chemical Papers	Jun – 18
90	李丽霞	潮间带大型海藻孔石莼和鼠尾藻对铜胁迫的生理响应	海洋科学	Nov – 18
91	李庆忠	Physicochemical Properties, 1HNMR, Ab Initio Calculations and Molecular Interaction in Binary Mixtures of Nmethylimidazole with Methanol	Journal of Solution Chemistry	Nov – 18
92	李庆忠	Tetrel bonds between PhSiF3/PhTH3 (T = Si, Ge, Sn) and H3ZO (Z = N, P, As): A pentacoordinate silicon (IV) complex	International Journal of Quantum Chemistry	Sep – 18
93	李庆忠	Influence of substituents and cooperativity in doubly hydrogen-bonded complexes of 2-pyridone and oxalic acid	Molecular Physics	Sep – 18
94	李庆忠	Cooperative effects between p-hole triel and pi-phole chalcogen bonds	RSC Advances	Jul – 18
95	李庆忠	Comparative strengths of tetrel, pnicogen, chalcogen, and halogen bonds and contributing factors	Molecules	Jul – 18
96	李庆忠	Effect of magnesium bond on the competition between hydrogen and halogen bonds and the induction of proton and halogen transfer	ChemPhysChem	Jun – 18
97	李庆忠	Theπ tetrel bond and its influence on hydrogen bonding and proton transfer	ChemPhysChem	Mar – 18
98	李庆忠	Comparison for sigma-hole and pi-hole tetrel-bonded complexes involvingcyanoacetaldehyde	Molecular Physics	Mar – 18
99	李文佐	Triel-hydride triel bond between ZX(3) (Z = B and Al; X = H and Me) and THMe3 (T = Si, Ge and Sn)	Applied Organometallic Chemistry	Jul – 18
100	李向明	Effect of heating rate on the purity of the ternary layered compound Ti3AlC2 powder synthesized by a low – cost rapid method	Journal of Materials Science: Materials in Electronics	Jul – 18
101	李向明	不同灌溉模式下微孔混凝土灌水器流量变化规律研究	节水灌溉	Apr – 18
102	李向明	Electromagnetic properties of porous Si3N4 ceramics with gradient distributions of SiC and pores fabricated by directional in – situ nitridation reaction	Ceramics International	Jan – 18
103	李新军	Parallel machines scheduling based on the impact of deteriorating maintenance	Journal of Interdisciplinary Mathematics	Apr – 18

续表

序号	作者	论文题目	期刊名称	发表时间
104	李新军	Contingent strategies for mitigating supply disruptions with backup supplier and information acquirement	International Journal of Information Systems and Supply Chain Management	Apr - 18
105	李彦伸	Mycotoxins contaminant in kelp: a neglected dietary exposure pathway	Toxins	Nov - 18
106	李彦伸	乙酰甲喹在斑马鱼中的代谢研究	中国畜牧兽医	Oct - 18
107	李彦伸	High sensitivity immunoassays for small molecule compounds detection – novel noncompetitive immunoassay designs	TRAC-Trends in Analytical Chemistry	Jun - 18
108	李彦伸	Identification of a novel host protein interacting with toxoplasma gondii toxofilin via A yeast two-hybrid system	Acta Biochimica Et Biophysica Sinica	Apr - 18
109	李彦伸	UPLC-MS/MS Method for Simultaneous Determination of Three Major Metabolites of Mequindox in Holothurian	Journal of Analytical Methods in Chemistry	Apr - 18
110	李又欣	The use of low molecular weight protamine to enhance oral absorption of exenatide	International Journal of Pharmaceutics	Aug - 18
111	李又欣	Tf ligand-receptor-mediated exenatide-Zn2 + complex oral-delivery system for penetration enhancement of exenatide	Journal of Drug Targeting	Apr - 18
112	李又欣	Fc-modified exenatide-loaded nanoparticles for oral delivery to improve hypoglycemic effects in mice	Scientific Reports	Jan - 18
113	梁 美	Adaptive fuzzy output tracking control of a class of uncertain fractional order systems Subject to unknown disturbance	IEEE Access	Oct - 18
114	梁 美	用于固体火箭羽焰真温测量的宽量程多光谱高温计	Spectroscopy and Spectral Analysis	Sep - 18
115	梁 美	基于查表自适应的汽油机气缸进气量估计方法	烟台大学学报(自然科学与工程版)	Oct - 18
116	梁 美	Adaptive NN tracking control for nonlinear fractional order systems with uncertainty and input saturation	IEEE Access	Oct - 18
117	廖毕丰	Warranty as a competitive dimension for remanufactured products under stochastic demand	Journal of Cleaner Production	Oct - 18
118	廖毕丰	A marketing strategy in a closed-loop supply chain with loss-averse consumers	Mathematical Problems in Engineering	Jan - 18
119	林 剑	基因重组毕赤酵母蛋清溶菌酶发酵工艺及表达条件的优化	中国酿造	Oct - 18
120	刘 丽	"Extended" shear bands in interior of Pd-based	Rare Metals	Jan - 18
121	刘 鹏	焊合室高度对平面分流组合模挤出成型的影响	烟台大学学报(自然科学与工程版)	Apr - 18
122	刘 霄	诊断贝叶斯网络模型构建与工程应用	烟台大学学报(自然科学与工程版)	Oct - 18
123	刘 义	In situ determination of bisphenol a in beverage using a molybdenum selenide reduced graphene oxide nanoparticle composite modified glassy carbon electrode	Sensors	May - 18
124	刘 沙	用于治疗非小细胞肺癌的阿法替尼脂质体的制备与包封率的测定	中国肺癌杂志	Sep - 18

续表

序号	作者	论文题目	期刊名称	发表时间
125	刘　霄	泵阀联合 EHA 鲁棒增益调度分级压力控制	中北大学学报(自然科学与工程版)	Aug - 18
126	刘红梅	Sediment bacterial communities are more complex in coastal shallow straits than in oceanic deep straits	Journal of Oceanology and Limnology	Sep - 18
127	刘惠涛	Dispersive liquid-liquid microextraction of five chlorophenols in water samples followed by determination using capillary electrophoresis	Electrophoresis	Oct - 18
128	刘惠涛	毛细管电泳结合压力辅助电动进样测定水样中 4 种酚类雌激素	色谱	Jun - 18
129	刘惊雷	基于 Nystrom 方法的偏好特征提取	计算机应用	Sep - 18
130	刘惊雷	布尔 Game 的核求解算法	计算机研究与发展	Aug - 18
131	刘惊雷	图联盟结构核的求解算法	计算机科学与探索	May - 18
132	刘惊雷	基于 Nystrom 采样和凸 NMF 的偏好聚类	计算机科学	Jan - 18
133	刘立明	温度、盐度和硅酸钠浓度对中肋骨条藻生长的影响	烟台大学学报(自然科学与工程版)	Jul - 18
134	刘立明	许氏平鲉"特定发育期"生长与摄食特性的研究	中国海洋大学学报(自然科学版)	May - 18
135	刘其成	基于 N-Gram 语言模型的并行自适应新闻话题追踪算法	山东大学学报(工学版)	Dec - 18
136	刘荣霞	Development, validation, and comparison of surro gate matrix and surrogate analyte approaches with to simultaneously quantify dopamine, serotonin, and aminobutyric acid in four rat brain regions.	Biomedical Chromatography	Sep - 18
137	刘荣霞	UHPLC MSMS 法测定大鼠不同脑区乙酰胆碱的含量	烟台大学学报(自然科学与工程版)	Jul - 18
138	刘荣霞	Constituents of mediterranean spices counteracting vascular smooth muscle cell proliferation: identification and characterization of rosmarinic acid methyl ester as a novel inhibitor.	Molecular Nutrition and Food Research	Apr - 18
139	刘绍丽	Gas-phase activation of methane with PtOH +	Computational and Theoretical Chemistry	Dec - 18
140	刘万卉	顶空气相色谱法测定盐酸安舒法辛原料药中 5 种残留溶剂	烟台大学学报(自然科学与工程版)	Apr - 18
141	刘万卉	LC-MS/MS method for the determination of the prodrug aripiprazole lauroxil and its three metabolites in plasma and its application to in vitro biotransformation and animal pharmacokinetic studies	Journal of Chromatography B-Analytical Technologies in the Biomedical and Life Sciences	Apr - 18
142	刘晓玲	栉孔扇贝 Foxl2 蛋白的原核表达、纯化及多克隆抗体制备与检测	海洋渔业	Jul - 18
143	刘晓玲	栉孔扇贝 foxl2 基因在卵子发生中的必要性	海洋科学	Apr - 18
144	刘永明	甲醇 - 磷酸氢二钾 - 水双水相萃取 - 高效液相色谱检测肉类产品中四环素类残留	化学研究与应用	Oct - 18

续表

序号	作者	论文题目	期刊名称	发表时间
145	刘悦林	First-principles energy and vibration spectrum simulations of Cr/V interacting with H in W-based alloy in a fusion reactor	Journal of Nuclear Science and Technology	Feb - 18
146	刘兆伟	机器人的 CP-nets 优化类人轨迹规划	控制理论与应用	Dec - 18
147	刘兆伟	Learning CP-nets structure from preference data streams	IEEE Access	Oct - 18
148	刘兆伟	Cutting cycles of conditional preference networks with feedback set approach	Computational Intelligence and Neuroscience	Jun - 18
149	刘兆伟	Structure learning of conditional preference networks based on dependent degree of attributes from preference database	IEEE Access	May - 18
150	刘振波	Exploring inhibition of chemiluminescence mechanisms withfluorescence quenching studies and interaction energy calculations	Turkish Journal of Chemistry	Dec - 18
151	刘振波	Nonlinear optical properties of aluminum nitride nanotubes doped by excess electron: a first principle study	Journal of Molecular Modeling	Aug - 18
152	刘仲礼	Multiphase bainite-martensite steels: The significant impact of niobium microalloying on structure and mechanical behavior	Materials Science & Engineering A-Structural Materials Properties Microstructure and Processing	Jul - 18
153	柳志海	High-performance inverted two-dimensional perovskite solar cells using non-fullerene acceptor as electron transport layer	Organic Electronics	Dec - 18
154	芦　静	Analysis and prediction of nitrated tyrosine sites with the mRMR method and support vector machine algorithm	Current Bioinformatics	Jan - 18
155	逯静洲	经受疲劳荷载与冻融循环作用后混凝土动态性能研究	应用基础与工程科学学报	Oct - 18
156	逯静洲	基于 MCFT 的钢筋钢纤维混凝土深梁受剪承载力计算	烟台大学学报(自然科学与工程版)	Oct - 18
157	逯静洲	轴压与硫酸盐耦合作用下混凝土强度劣化机理	建筑材料学报	Jun - 18
158	逯静洲	疲劳 - 冻融多次交互作用下混凝土损伤特性试验研究	混凝土	Apr - 18
159	逯静洲	荷载 - 硫酸盐侵蚀作用后高强混凝土的力学特性	工业建筑	Mar - 18
160	逯静洲	冻融循环与疲劳荷载作用下混凝土损伤研究	长江科学院院报	Feb - 18
161	逯静洲	历经荷载后受硫酸盐侵蚀的混凝土力学性能	长江科学院院报	Jan - 18
162	栾　锋	Prediction of the Toxicity of Binary Mixtures by QSAR Approach Using the Hypothetical Descriptors	International Journal of Molecular Sciences	Nov - 18
163	栾　锋	Estimation of the toxicity of different substituted aromatic compounds to the aquatic ciliate tetrahymena pyriformis by QSAR approach	Molecules	May - 18
164	栾　锋	CoS2-decorated ionic liquid-functionalized graphene as a novel hydrazine electrochemical sensor	Talanta	May - 18
165	栾　锋	A further development of the QNAR model to predict the cellular uptake of nanoparticles by pancreatic cancer cells	Food and Chemical Toxicology	Feb - 18
166	罗新正	百年一遇潮位淹没影响下山东沿海地区经济脆弱性评价	海洋通报	Dec - 18
167	罗玉萍	透水模板布对混凝土涂层影响的试验研究	混凝土	Nov - 18

续表

序号	作者	论文题目	期刊名称	发表时间
168	罗玉萍	超早强硫铝酸盐水泥混凝土修补材料的应用研究	混凝土	Feb – 18
169	吕　文	Noise-to-state exponential stability of neutral random nonlinear systems	Advances in Difference Equations	Sep – 18
170	吕翠翠	A sparsity feedback-based data gathering algorithm for Wireless Sensor Networks	Computer Networks	Aug – 18
171	吕宏缨	Oxidative desulfurization of diesel fuel with caprolactam – based acidic deep eutectic solvents: Tailoring the reactivity of DESs by adjusting the composition	Chinese Journal of Catalysis	Sep – 18
172	吕宏缨	Choline chloride-based deep eutectic solvents for efficient cycloaddition of CO 2 with propylene oxide	Chemical Communications	Sep – 18
173	马成俊	红花黄色素 B 对冈田酸致 SH_SY5Y 神经元损伤的保护作用	天然产物研究与开发	Mar – 18
174	马丽杰	Fabrication and properties of Si3N4 bioscaffolds with orderly-interconnected big pore channels and well-distributed small pores	Ceramics International	Jul – 18
175	马文明	General Collaborative Filtering for Web Service QoS Prediction	Mathematical Problems in Engineering	Dec – 18
176	马文明	Transform electric power curve into dynamometer diagram image using deep recurrent neural network(新)	IEICE Transactions on Information and Systems	Aug – 18
177	毛　馨	Integrated immunoassay-based broad detection of multi-class mycotoxins.	Food and Agricultural Immunology	Mar – 18
178	孟庆国	3-取代苯硫醚氮唑新衍生物的合成及体外抗真菌活性研究	烟台大学学报(自然科学与工程版)	Oct – 18
179	孟庆国	Novel dissymmetric 3, 5-bis (arylidene)-4-piperidones as potential antitumor agents with biological evaluation in vitroand in vivo	European Journal of Medicinal Chemistry	Mar – 18
180	孟庆国	Synthesis of substituted chalcones and assessment of their antifungal activity against arichophyton rubrum	Chemistry of Natural Compounds	Jan – 18
181	慕宏杰	Multivesicular liposomes for sustained release of bevacizumab in treating laser-induced choroidal neovascularization	Drug Delivery	Jun – 18
182	欧世峰	Laplacian speech model and soft decision based MMSE estimator for noise power spectral density in speech enhancement	Chinese Journal of Electronics	Nov – 18
183	欧世峰	Soft decision based gaussian-laplacian combination model for noisy speech enhancement	Chinese Journal of Electronics	Jul – 18
184	潘　超	Simplified design of elastoplastic structures with metallic yielding dampers based on the concept ofuniform damping ratio	Engineering Structures	Dec – 18
185	潘　超	Design of structure with inerter system based on stochastic response mitigation ratio	Structural Control and Health Monitoring	Jun – 18
186	潘　超	Demand-based optimal design of oscillator with parallel-layout viscous inerter damper	Structural Control and Health Monitoring	Jan – 18

续表

序号	作者	论文题目	期刊名称	发表时间
187	潘　超	金属阻尼器消能减震体系的等阻尼比设计方法	建筑结构学报	Mar－18
188	秦连杰	A hollow-structured manganese oxide cathode for stable Zn-MnO_2 batteries	Nanomaterials	May－18
189	邱盛尧	山东半岛南部三疣梭子蟹增殖放流群体贡献率	水产科学	Sep－18
190	邱盛尧	山东近海海洋渔业资源结构现状浅析	烟台大学学报(自然科学与工程版)	Jul－18
191	邱盛尧	靖海湾与五垒岛湾海蜇增殖放流效果比较与分析	海洋渔业	Mar－18
192	邱盛尧	烟威渔场小黄鱼产卵群体生物学特征的初步研究	烟台大学学报(自然科学与工程版)	Jan－18
193	曲　慧	主管受压状态下K形管节点抗冲击性能有限元研究	烟台大学学报(自然科学与工程版)	Apr－18
194	曲　慧	预加轴力下内置加劲环K型管节点抗冲击性能有限元模拟	烟台大学学报(自然科学与工程版)	Apr－18
195	曲　慧	一种新型海洋腐蚀模拟设备的设计	烟台大学学报(自然科学与工程版)	Jan－18
196	曲风龙	On recovery of an inhomogeneous cavity in inverse acoustic scattering 反散射中非均匀腔体的探测	Inverse Problems and Imaging	Mar－18
197	曲风龙	Recovering an elastic obstacle containing embedded objects by the acoustic far-field measurements 利用声学远场数据探测包含嵌入物体的弹性障碍物	Inverse Problems	Jan－18
198	任桂娜	A simple way to an ultra-robust superhydrophobic fabric with mechanical stability, UV durability, and UV shielding property	Journal of Colloid and Interface Science	Jul－18
199	任桂娜	A superhydrophobic copper mesh as an advanced platform for oil-water separation	Applied surface Science	Jan－18
200	任桂周	Matlab/Simulink-based simulation and experimental validation of a novel energy storage system to a new type of linear engine for alternative energy vehicle applications	IEEE Transactions on Power Electronics	Oct－18
201	荣　强	高层建筑双层隔震体系的地震响应分析	工程抗震与加固改造	Aug－18
202	荣强	平面不规则高层建筑双层隔震体系的抗扭分析	烟台大学学报(自然科学与工程版)	Jul－18
203	桑承德	The complete mitochondrial genome of Neopagetopsis ionah (Channichthyidae, Neopagetopsis) with phylogenetic consideration	Mitochondrial DNA Part B: Resources	Oct－18
204	石　慧	UVB诱发人角膜细胞损伤模型构建及损伤机制初探	烟台大学学报(自然科学与工程版)	Oct－18
205	石　慧	Expression of peroxiredoxins in the human testis, epididymis and spermatozoa and their role in preventing H_2O_2-induced damage to spermatozoa	Folia Histochemica ET Cytobiologica	Aug－18
206	石运序	斜盘式轴向柱塞泵滑靴运动学特性分析	机床与液压	Mar－18
207	史江涛	A note on special local 2-nilpotent groups and the solvability of finite groups	Algebra Colloquium	Dec－18

续表

序号	作者	论文题目	期刊名称	发表时间
208	史江涛	The influence of nonnormal noncyclic subgroups on the structure of finite groups	Hokkaido Mathematical Journal	Oct – 18
209	史江涛	Finite groups in which all subgroups of non-prime-power order are TI-subgroups	Indagationes Mathematicae-New Series	Oct – 18
210	史江涛	Sylow towers in groups where the index of every non-nilpotent maximal subgroup is prime	Journal of Algebra and Its Applications	Jul – 18
211	史江涛	关于极大子群指数的一个注记 III	烟台大学学报(自然科学与工程版)	Apr – 18
212	史文谱	一种装夹带相位要求的双偏心轴的新型夹具设计	机床与液压	Nov – 18
213	史文谱	含端部弹性约束和铰支约束压杆的稳定性问题研究	烟台大学学报(自然科学与工程版)	Apr – 18
214	宋　鹏	基于子空间学习和特征选择融合的语音情感识别	清华大学学报(自然科学版)	Apr – 18
215	苏跃华	Superconductivity driven by pairing of the coherent parts of the physical electrons	Physica C-Superconductivity and its applications	Mar – 18
216	隋鹏飞	Adsorptions of metal adatoms on graphene-like BC3 and their rich electronic properties: A first-principles study	Chinese Physics B	Sep – 18
217	孙　力	多管藻中 R-藻蓝蛋白与别藻蓝蛋白的分离纯化	烟台大学学报(自然科学与工程版)	Apr – 18
218	孙承锋	加热温度和时间对真空低温烹饪鸡胸肉脂肪与蛋白质氧化的影响	肉类研究	Oct – 18
219	孙考祥	Preparation and evaluation of injectable Rasagiline mesylate dual-controlled drug delivery system for the treatment of Parkinson's disease	Drug Delivery	Nov – 18
220	孙考祥	Cell-penetrating peptide-based nanovehicles potentiate lymph metastasis targeting and deep penetration for anti-metastasis therapy	Theranostics	Jun – 18
221	孙考祥	RVG29-modified docetaxel-loaded nanoparticles for brain-targeted glioma therapy	International Journal of Pharmaceutics	May – 18
222	孙考祥	贝伐单抗多囊脂质体的处方优化及体外释放特性研究	中国药房	Apr – 18
223	孙考祥	IR-780-loaded polymeric micelles enhance the efficacy of photothermal therapy in treating breast cancer lymphatic metastasis in mice.	Acta Pharmacologica Sinica	Jan – 18
224	孙利芹	拟微绿球藻中二十碳五烯酸提取工艺的比较研究	中国油脂	May – 18
225	孙树杰	数控系统中指令点纠正平滑处理算法	小型微型计算机系统	Sep – 18
226	孙树杰	面向轴向误差约束的小线段过渡算法	小型微型计算机系统	Sep – 18
227	孙树杰	A smooth tool path generation and real-time interpolation algorithm based on B-spline curves	Advances in Mechanical Engineering	Jan – 18
228	孙卫明	Differential lncRNA expression profiles reveal the potential roles of lncRNAs in antiviral immune response of Crassostrea gigas.	Fish & Shellfish Immunology	Oct – 18

续表

序号	作者	论文题目	期刊名称	发表时间
229	孙雪姣	剪枝技术在占优查询中的应用	中国科学技术大学学报	Sep－18
230	田　晖	Vapor-liquid phase equilibrium of a cyclohexene ＋ water ＋ cyclohexanol ＋ isophorone quaternary system at 500 kPa	Journal of Chemistry and Engineering Data	Nov－18
231	田　林	基于驾驶疲劳的高海拔地区公路平曲线线形指标试验研究	南京理工大学学报	Jun－18
232	田　林	基于驾驶员心率的高海拔地区公路单一景观长度	公路	May－18
233	田　林	高海拔地区驾驶员疲劳特性分析	公路交通科技	Nov－18
234	田　晖	Conceptual design of n-butyl acetate synthesis process by reactive distillation using residue curve maps	Iranian Journal of Chemistry & Chemical Engineering-International English Edition	May－18
235	田春媛	Preparation of gold nanoparticles supported on graphene oxide with flagella as the template for nonenzymatic hydrogen peroxide sensing	Analytical and Bioanalytical Chemistry	Sep－18
236	童桂英	最佳鼓形量的设计计算与仿真验证	烟台大学学报(自然科学与工程版)	Jul－18
237	童向荣	基于加权启发式搜索的鲁棒性信任路径生成	南京大学学报(自然科学)	Nov－18
238	王　飞	社交网络传播路径对谣言传播影响的研究	小型微型计算机系统	May－18
239	王　娇	Dynamic characteristics of blade with viscoelastic damping block based on complex eigenvalue method	Shock and Vibration	Apr－18
240	王　婧	Drinking water disinfection byproduct iodoacetic acid interacts with catalase and induces cytotoxicity in mouse primary hepatocytes	Chemosphere	Nov－18
241	王　婧	Investigation on the interaction of catalase with sodium lauryl sulfonate and the underlying mechanisms	Journal of Biochemical and Molecular Toxicology	Feb－18
242	王　凯	On the urgency of implementing Interest NACK into CCN: from the perspective of countering advanced interest flooding attacks	IET Networks	Jan－18
243	王　磊	Light scalar dark matter extension of the type-II two-Higgs-doublet model	Physical Review D	Aug－18
244	王　磊	Impact of diffusion at the gas/liquid interface on deep hydrodesulfurization	Chemical Engineering Journal	Apr－18
245	王　天	Hydroxysafflor yellow a promotesα-synuclein clearance via regulating autophagy in rotenone-induced Parkinson's disease mice	Folia Neuropathologica	Jul－18
246	王　燕	Classification of regular balanced Cayley maps of minimal non-abelian metacyclic groups	Ars Mathematica Contemporanea	May－18
247	王爱萍	Nose-to-brain delivery of temozolomide-loaded PLGA nanoparticles functionalized with anti-EPHA3 for glioblastoma targeting	Drug delivery	Sep－18
248	王爱萍	Intranasal delivery of Huperzine A to the brain using lactoferrin-conjugated N-trimethylated chitosan surface-modified PLGA nanoparticles for treatment of Alzheimer's disease	International Journal of Nanomedicine	Feb－18

续表

序号	作者	论文题目	期刊名称	发表时间
249	王爱萍	Lactoferrin-modified rotigotine nanoparticles for enhanced nose-to-brain delivery: LESA-MS/MS-based drug biodistribution, pharmacodynamics, and neuroprotective effects	International Journal of Nanomedicine	Jan – 18
250	王昌辉	Adaptive fuzzy sliding mode observer for cylinder mass flow estimation in SI engines	IEEE Access	May – 18
251	王昌辉	Identification of look-up tables using gradient algorithm	ISA Transactions	Feb – 18
252	王洪波	A complex micellar system co-delivering curcumin with doxorubicin against cardiotoxicity and tumor growth	International Journal of Nanomedicine	Aug – 18
253	王洪波	A series of enthalpically optimized docetaxel analogues exhibiting enhanced antitumor activity and water solubility	Journal of Natural Products	Mar – 18
254	王洪涛	Development of a species-specific PCR assay for correct labeling of eight squid species from Loliginidae and Ommastrephidae Families (Mollusca: Cephalopoda)	Food Analytical Methods	Nov – 18
255	王洪涛	太平洋褶柔鱼及南海鸢乌贼双位点特异性 PCR 鉴定方法的建立	食品科技	Apr – 18
256	王洪涛	科氏滑柔鱼和剑尖枪乌贼的多重 PCR 鉴定	食品科技	Jan – 18
257	王立宏	Region compatibility based stability assessment for decision trees	Expert Systems with Applications	Sep – 18
258	王美日	Anchor and activate sulfide with LiTi2(PO4)2.88F0.12 nano spheres for lithium sulfur battery application	Journal of Materials Chemistry A	May – 18
259	王文艳	Determination of kynurnine and tryptophan, biomarkers of indoleamine 2,3-dioxygenase	Bioanalysis	Aug – 18
260	王喜昌	Time domain transport equations of light in multilayered rectangular biological tissue with semi-infinite medium	OPTIK	Feb – 18
261	王晓刚	腹板开大洞口 RC 梁的体外加固技术对比试验研究	烟台大学学报(自然科学与工程版)	Jul – 18
262	王莹洁	A novel task recommendation model for mobile crowdsourcing systems	International Journal of Sensor Networks	Nov – 18
263	王莹洁	The truthful evolution and incentive for large-scale mobile crowd sensing networks	IEEE Access	Oct – 18
264	王莹洁	An incentive mechanism in mobile crowdsourcing based on multi-attribute reverse auctions	Sensors	Oct – 18
265	王莹洁	Truthful incentive mechanism with location privacy-preserving for mobile crowdsourcing systems	Computer Networks	Apr – 18
266	王莹洁	The novel location privacy-preserving CKD for mobile crowdsourcing systems	IEEE Access	Mar – 18
267	王振华	小檗碱活化 AMPK-eNOS 减轻油酸所致	食品科学	Mar – 18
268	王振华	Protective effect of mitochondrial-targeted antioxidant MitoQ against iron ion 56Fe radiation induced brain injury in mice	Toxicology and Applied Pharmacology	Feb – 18

续表

序号	作者	论文题目	期刊名称	发表时间
269	王中训	The research on edge detection algorithm	Eurasip Journal on Image and Video Processing	Oct－18
270	王中训	Digital image information hiding algorithm	Eurasip Journal on Image and Video Processing	Sep－18
271	王中训	Piecewise linear approximation based on taylor	Journal of Information Hiding and Multimedia Signal Processing	May－18
272	吴莉莉	水阀通断开关电磁线圈的优化设计	机床与液压	Sep－18
273	辛志荣	A biomimetic surface for infection-resistance through assembly of metal-phenolic networks	Chinese Journal of Polymer Science	May－18
274	邢恩辉	电动汽车制动能量回馈技术	科学技术与工程	Sep－18
275	邢荣莲	Growth and potential purification ability of Nitzschia sp. benthic diatoms in sea cucumber aquaculture wastewater	AquacultureResearch	Jan－18
276	修俊杰	Effects of stress concentration and residual stress on vibration fatigue behavior of socket weld	Journal of Adhesion Science and Technology	Apr－18
277	徐　晶	Effects of a reverse shock wave on neutrino oscillations in a new supernova model	Chinese Physics C	Nov－18
278	徐　晶	Effect of alpha-particle irradiation on InGaP/GaAs/Ge triple-junction solar cells	Materials	Jun－18
279	徐秀峰	Effect of preparation parameters on the catalytic performance of hydrothermally synthesized Co3O4 in thedecomposition of N2O	Journal of Fuel Chemistry and Technology	Jun－18
280	徐秀峰	Catalytic decomposition of N2O over Mg-Co composite oxides hydrothermally prepared by using carbon sphere as template	Journal of Fuel Chemistry and Technology	May－18
281	徐志军	Poling effects on the structural, electrical and photoluminescence properties in Sm doped BCST piezoelectric ceramics	Journal of Materials Chemistry C	Nov－18
282	徐志军	Effect of thickness and crystalline morphology on electrical properties of rf-magnetron sputtering deposited Bi4Ti3O12 thin films	Ceramics International	Nov－18
283	徐志军	Characterization of highly (117)-oriented Bi3. 25La0. 75Ti3O12 thin films prepared by rf-magnetron sputtering technique	Solid State Communications	Sep－18
284	徐志军	Lead-free rare earth-modified (K0. 44Na0. 52Li0. 04)(Nb0. 86Ta0. 1Sb0. 04)O3 ceramics: phase structure, electrical and photoluminescence properties	Journal of Materials Science: Materials in Electronics	Mar－18
285	徐志军	Structure and piezoelectric properties of (Ba1-xCax)(Ti0. 95Hf0. 05)O3 lead-free ceramics	Materials Research Bulletin	Jan－18
286	许　卉	药用辅料聚氧乙烯脱水山梨醇单油酸酯（吐温 80）定量测定方法研究与应用	中国中药杂志	Feb－18
287	许　卉	苦木注射液总生物碱及苦木酮含量测定研究	烟台大学学报(自然科学与工程版)	Jan－18
288	许　卉	基于核磁代谢组学的阿胶原料来源鉴别	食品科技	Jan－18
289	许　卉	人参皂苷 Rh2 与血清白蛋白相互作用立体选择性的光谱及分子对接研究	光谱学与光谱分析	Dec－18

续表

序号	作者	论文题目	期刊名称	发表时间
290	许　卉	夫西地酸及其羧酸酯前药在大鼠体内的药动学研究	烟台大学学报(自然科学与工程版)	Jan – 18
291	焉炳飞	Structures of the phosphinidene germylenoid HP = GeLiF and its cycloaddition reaction with ethylene	Structural Chemistry	Dec – 18
292	杨　昕	Dual function of the boron center of $BH(CO)_2$/$BH(N_2)_2$ in halogen-and triel-bonded complexes with hypervalent halogens	Journal of Molecular Graphics and Modelling	Sep – 18
293	杨　昕	Quality assessment of kumu injection a traditional chinese medicine preparation, using HPLC combined chemometric methods and qualitative and quantitative analysis of multi-components by single marker	Molecules	Apr – 18
294	杨　斌	Cerium(IV)-promoted phosphinoylation-nitratation of alkenes	Advanced Synthesis & Catalysis	Oct – 18
295	杨仁弟	A background reduction method based on empirical mode decomposition for tunable diode laser absorption spectroscopy system	OPTIK	Apr – 18
296	杨仁弟	A method of reducing background fluctuation in tunable diode laser absorption spectroscopy	Optics Communications	Mar – 18
297	杨玉军	Some spectral invariants of the neighborhood corona of graphs	Discrete Applied Mathematics	Oct – 18
298	杨玉军	Inverses of bipartite graphs	Combinatorica	Oct – 18
299	杨玉军	Solution to a conjecture on a Nordhaus-Gaddum type result for the Kirchhoff index	Applied Mathematics and Computation	Sep – 18
300	杨正光	Three-dimensional finite-element analysis of bond-slip behavior between crescent ribbed bar and concrete based on spring element	Journal of Materials in Civil Engineering	May – 18
301	姚　雷	羟基法舒地尔前药衍生物的设计合成及初步体外药动学评价	中国药物化学杂志	Aug – 18
302	姚　雷	Syntheses and Antitumor Activities of 3-Substituted Analine Derivatives: Structural Modifications of Tuv Part of Tubulysins	Chemistry Central Journal	Nov – 18
303	姚建文	二苯氨基硫脲类索拉菲尼衍生物的合成及抗肿瘤活性评价	有机化学	Jun – 18
304	姚建文	Design and discoveryof thioether and nicotinamide containing sorafenib analogues as multikinase inhibitors targeting B-Raf, B-RafV600E and VEGFR-2.	Bioorganic & Medicinal Chemistry	May – 18
305	姚建文	含喹唑啉结构的VEGFR-2抑制剂的合成、体外抗肿瘤活性与分子对接研究	烟台大学学报(自然科学与工程版)	Jan – 18
306	姚建文	Design and discovery of quinazoline- and thiourea-containing sorafenib analogs as EGFR and VEGFR-2 Dual TK inhibitors.	Molecules	Jan – 18
307	姚立强	Adaptive tracking control for a class of random pure-feedback nonlinear systems with Markovian switching	International Journal of Robust and Nonlinear Control	May – 18
308	殷国俊	Extension of elvin equation to CO_2 adsorption in activated carbon	Fuel Processing Technology	Jun – 18

续表

序号	作者	论文题目	期刊名称	发表时间
309	尹海波	互花米草 BADH 基因的克隆与定量表达分析	河南农业科学	Nov – 18
310	于 涛	Vibration of a rotating micro-ring under electrical field based on inextensible approximation	Sensors	Jun – 18
311	于立新	Exact controllability for a kind of linear hyperbolic systems with vertical characteristics	Mathematical Methods in the Applied Sciences	May – 18
312	于立新	具零特征的线性双曲型方程组的精确能控性	烟台大学学报(自然科学与工程版)	Jan – 18
313	于雪芳	C 过量的 C3N：一种潜在的锂离子电池正极材料	ACS Applied Materials & Interfaces	Oct – 18
314	于雪芳	Photophysical properties and excited state proton transfer in1,8 Dihydroxydibenzo[a,h]phenazine: A theoretical study	Journal of Photochemistry and PhotobiologyA-Chemistry	Feb – 18
315	于彦伟	面向位置大数据的快速密度聚类算法.	软件学报	Aug – 18
316	于彦伟	A parameter space framework for online outlier detection over high-volume data streams	IEEE Access	Jul – 18
317	于彦伟	基于多线程的不确定移动对象连续 k 近邻查询	浙江大学学报(工学版)	Jan – 18
318	袁 正	客车车身左右侧刚度匹配特性对车身性能的影响	烟台大学学报(自然科学与工程版)	Oct – 18
319	张 超	Mechanical anisotropy and ideal strength of ThBC	Journal of Physics and Chemistry of Solids	Nov – 18
320	张 超	Pressure dependent mechanical properties of calcium carbides	Ceramics International	May – 18
321	张 骏	Assessment of the impacts from the world's largest floating macroalgae blooms on the water clarity at the west yellow sea using MODIS data (2002 – 2016)	IEEE Journal of Selected Topics in Applied Earth Observations and Remote Sensing	May – 18
322	张 骏	Morphology and low-temperature photoluminescence investigation of bat-like Li-doped ZnO nanostructures	Journal of Luminescence	Mar – 18
323	张 骏	Raman spectrum & orange-yellow-light emission due to cadmium sulfide doped magnesium ions one-dimensional nanostructures	Chemical Physics Letters	Nov – 18
324	张 骏	Orange photoluminescence emission and multi-photon Raman scattering from microscale Zn2SnO4 tetrapods	Chemical Physics Letters	Oct – 18
325	张 磊	$ \delta $ -homogeneity in finsler geometry and the positive curvature problem	Osaka Journal of Mathematics	Jan – 18
326	张 楠	A quick algorithm for binary discernibility matrix simplification using deterministic finite automata	Information (Switzerland)	Dec – 18
327	张 楠	区间值决策系统的局部属性约简	计算机科学	Jul – 18
328	张 楠	不协调区间值决策系统的最大分布约简	智能系统学报	Jun – 18
329	张 会	Adaptive tracking control for a class of stochastic switched systems	International Journal of Control	Feb – 18
330	张国栋	Second order unconditionally convergent and energy stable linearized scheme for MHD equations	Advancesin Computational Mathematics	Apr – 18

续表

序号	作者	论文题目	期刊名称	发表时间
331	张国营	茶硝香酰胺对高转移性 Lewis 肺癌细胞侵袭和转移的抑制作用	烟台大学学报(自然科学与工程版)	Apr－18
332	张国营	茶氟香酰胺对人肝癌细胞生长和迁移的抑制作用	烟台大学学报(自然科学与工程版)	Apr－18
333	张国营	茶氨酸衍生物茶溴香酰胺脂质体对人肺癌细胞生长和迁移的抑制作用	安徽农业大学学报	Jan－18
334	张国营	茶氨酸衍生物 TClC 脂质体对雌激素受体阳性的乳腺癌细胞生长和迁移的抑制作用	安徽农业大学学报	Jan－18
335	张全胜	Interaction of high seawater temperature and light intensity on photosynthetic electron transport of eelgrass (Zostera marina L.)	Plant Physiology and Biochemistry	Nov－18
336	张尚洲	Experimental and numerical investigations on fatigue behavior of aluminum alloy 7050-T7451 single lap four-bolted joints	Journal of Materials Science & Technology	Jul－18
337	张小玲	A class of cospectral graphs	Ars Combinatoria	Jul－18
338	张晓凌	Preparation, chemical characterization and antioxidant activity of crude polysaccharide and oligosaccharide extracted from the ascidian Styela clava	Journal of Biotech Research	Jun－18
339	张新光	Existence and asymptotic analysis of positive solutions for a singular fractional differential equation with nonlocal boundary conditions	Boundary Value Problems	Dec－18
340	张新光	Existence and nonexistence of radial solutions of the Dirichlet problem for a class of general k-Hessian equations	Nonlinear Analysis-Modelling and Control	Nov－18
341	张新光	Convergence analysis of iterative scheme and error estimation of positive solution for a fractional differential equation	Mathematical Modelling and Analysis	Oct－18
342	张新光	The convergence analysis and error estimation for unique solution of ap-Laplacian fractional differential equation with singular decreasing nonlinearity	Boundary Value Problems	Sep－18
343	张新光	The existence and nonexistence of entire large solutions for a quasilinear Schrödinger elliptic system by dual approach	Journal of Mathematical Analysis and Applications	Aug－18
344	张新光	Existence and nonexistence of blow-up solutions for a Schrödinger equation involving a nonlinear operator	Applied Mathematics Letters	Aug－18
345	张新光	Existence of infinitely solutions for a modified nonlinear schr odinger equation via dual approach	Electronic Journal of Dierential Equations	Jul－18
346	张志军	Refined boundary behavior of the unique convex solution to a singular Dirichlet problem for the Monge-Ampere equation	Advanced Nonlinear studies	Apr－18
347	张志军	Large solutions to the Monge-Ampere equations with nonlinear gradient terms: Existence and boundary behavior	Journal of Differential Equations	Jan－18
348	张资平	Rational engineering of synergically stabilized aptamer-cDNA duplex probes for strand displacement based electrochemical sensors	Electrochimica Acta	Aug－18

续表

序号	作者	论文题目	期刊名称	发表时间
349	张资平	Enhancing the response rate of strand displacement-based electrochemical aptamer sensors using bivalent binding aptamer-cDNA probes	Biosensors & Bioelectronics	Apr－18
350	赵　烽	Anti-inflammatory action of ambuic acid, a natural product isolated fromthe solid culture of Pestalotiopsis neglecta, through blocking ERK/JNK mitogen-activated protein kinase signaling pathway	Experimental and Therapeutic Medicine	Aug－18
351	赵　烽	黄芩素的体外抗炎及抗氧化活性研究	烟台大学学报(自然科学与工程版)	Jul－18
352	赵　烽	Dysifragilone A inhibits LPS-induced RAW264.7 macrophage activation by blocking the p38 MAPK signaling pathway	Molecular Medicine Reports	Jan－18
353	赵　烽	高效液相色谱法测定野葛、粉葛及葛根汤颗粒中葛根素的含量	烟台大学学报(自然科学与工程版)	Oct－18
354	赵　烽	木犀草素与木犀草苷的抗炎活性对比研究	烟台大学学报(自然科学与工程版)	Apr－18
355	赵　伟	船舶锅炉汽包水位调节的改进自抗扰控制器设计	中国航海	Dec－18
356	赵　伟	海洋工程船推力及动力分配的优化控制研究	舰船科学技术	Oct－18
357	赵　业	刺参真核翻译起始因子基因(eif2s1)的cDNA克隆及表达分析	海洋科学	Apr－18
358	赵海波	热泵微波联合干燥对刺参干燥特性和品质特性的影响	烟台大学学报(自然科学与工程版)	Oct－18
359	赵海波	热泵干燥条件下刺参有效扩散系数的研究	制冷学报	Oct－18
360	赵海波	刺参物性参数实验研究	食品科技	Jul－18
361	赵海波	刺参远红外干燥实验研究	现代食品科技	Mar－18
362	赵银昌	Multigap anisotropic superconductivity in borophenes	Physical Review B	Oct－18
363	赵银昌	Robust quantum spin Hall state and quantum anomalous Hall state in graphenelike BC3 with adatoms	New Journal of Physics	Jul－18
364	赵银昌	Intrinsic electronic transport and thermoelectric power factor in n-type doped monolayer MoS2	New Journal of Physics	Apr－18
365	赵玉潮	Dynamic changes in gas-liquid mass transfer during Taylor flow in long serpentine square microchannels	Chemical Engineering Science/化学工程科学	Feb－18
366	赵玉平	离子交换树脂对冰葡萄汁总酸和总酚的静态吸附动力学研究	中国酿造	Jun－18
367	郑　彬	Passive cooling influencing factors and formation mechanism analysis of the street space in Huizhou traditional dwellings	International Journal of Heat and Technology	Dec－18
368	郑　强	Integrating semi-supervised and supervised learning methods for label fusion in multi-atlas based image segmentation	Frontiers in Neuroinformatics	Oct－18
369	郑　强	A dynamic graph cuts method with integrated multiple feature maps for segmenting kidneys in 2D ultrasound images	Academic Radiology	Sep－18

续表

序号	作者	论文题目	期刊名称	发表时间
370	郑　强	Integrating support vector machine and graph cuts for medical image segmentation	Journal of Visual Communication and Image Representation	Aug – 18
371	周　兵	Experimental Investigation and Finite Element Analysis on Fatigue Behavior of Aluminum Alloy 7050 Single-Lap Joints	Journal of Materials Engineering and Performance	Mar – 18
372	周新刚	考虑底部加强的钢管束组合剪力墙压弯性能模拟分析	烟台大学学报(自然科学与工程版)	Jan – 18
373	周新刚	钢管束混凝土组合剪力墙受剪性能模拟分析	烟台大学学报(自然科学与工程版)	Jan – 18
374	周艳丽	Fe7S8 nanoparticles attached carbon networks as anode materials for both lithium and sodium ion batteries	Chemical Physics Letters	Aug – 18
375	周艳丽	微波辅助合成不同维度、形貌可控的 Co3O4 微纳结构	烟台大学学报(自然科学与工程版)	Jul – 18
376	周艳丽	Carbon-coated hierarchical spinel Fe1.5V1.5O4 nanorods: A promising anode material for enhanced lithium storage	Journal of Alloys and Compounds	May – 18
377	周艳丽	Hierarchical Fe3O4 @ NC composites: ultra-long cycle life anode materials for lithium ion batteries	Journal of Materials Science	Feb – 18
378	朱荷艳	Plant identification based on very deep convolutional neural network	Multimedia Tools and Applications	Nov – 18
379	朱晓音	In vitro and In vivo characterization of PCC0104005, a novel modulator of serotonin-dopamine activity, as an atypical antipsychotic drug	Scientific Reports	May – 18
380	朱用文	半群的有限开覆盖	烟台大学学报(自然科学与工程版)	Oct – 18
381	祝　斌	Realization of sneutrino self-interacting dark matter in the focus point supersymmetry	Physical Review D	Aug – 18
382	祝　斌	Direct detection of axion-like particles in bismuth-based topological insulators	International Journal of Moden Physics A	Aug – 18
383	祝　斌	Hybrid anomaly and gravity mediation for electroweak supersymmetry	International Journal of Modern Physics A	Mar – 18
384	祝艳平	Dimerization of phenylalanine: an approach to thiazoles and oxazoles involved S/O-insertion	Advanced Synthesis & Catalysis	Feb – 18
385	庄旭明	Fabrication of gold nanoparticles/L-cysteine functionalized graphene oxide nanocomposites and application for nitrite detection	Journal of Alloys and Compounds	May – 18
386	庄旭明	Reduced graphene oxide functionalized with a CoS2/ionic liquid composite and decorated with gold nanoparticles for voltammetric sensing of dopamine	Microchimica Acta	Mar – 18
387	庄旭明	Preparation of highly sensitive Pt nanoparticles-carbon quantum dots/ionic liquid functionalized graphene oxide nanocomposites and application for H2O2 detection	Sensors and Actuators B: Chemical	Feb – 18
388	邹芝田	Study of Bc→DS decays in the perturbative QCD approach	Physical Review D	Apr – 18

7. 2018 年全校文科科研机构一览表

序号	科研机构名称	批准单位	挂靠单位
1	应用法学研究中心	山东省教育厅	法学院
2	烟台大学法治研究中心	山东省委宣传部	法学院
3	山东省人大烟台大学地方立法研究服务基地	山东省人大常委会	法学院
4	烟台大学中欧侵权法研究院	烟台大学	法学院
5	烟台大学亚太法律问题研究中心	烟台大学	法学院
6	烟台大学中欧人权法研究院	烟台大学	法学院
7	烟台大学司法与行政执法研究中心	烟台大学	法学院
8	烟台大学英美法研究中心	烟台大学	法学院
9	烟台大学法律政策研究中心	烟台大学	法学院
10	烟台大学中国土地政策与法律实施评估研究中心	烟台大学	法学院
11	烟台大学海洋法律政策研究中心	烟台大学	法学院
12	烟台大学语言研究所	烟台大学	国际教育交流学院
13	烟台大学城市与建筑研究中心	烟台大学	建筑学院
14	烟台大学公共艺术研究所	烟台大学	建筑学院
15	烟台大学生态城市与绿色建筑研究所	烟台大学	建筑学院
16	烟台大学经济研究所	烟台大学	经济管理学院
17	山东半岛蓝色经济研究院	烟台大学	经济管理学院
18	烟台大学海洋经济研究中心	烟台大学	经济管理学院
19	中韩(烟台)产业园发展研究中心	烟台大学	经济管理学院
20	烟台大学农村与农业发展研究所	烟台大学	经济管理学院
21	东部沿海地区民族问题研究中心	山东省教育厅	马克思主义学院
22	国家民委民族理论政策研究基地(烟台大学)	国家民委	马克思主义学院
23	山东省民族问题研究中心	山东省民委	马克思主义学院
24	烟台大学民族研究所	烟台大学	人文学院
25	烟台大学国际问题研究中心	烟台大学	人文学院
26	烟台大学当代文学研究中心	烟台大学	人文学院
27	烟台大学胶东文化艺术研究所	烟台大学	人文学院
28	烟台大学媒介发展与战略传播研究中心	烟台大学	人文学院
29	烟台大学中国学术研究所	烟台大学	人文学院
30	烟台大学美育研究所	烟台大学	人文学院
31	烟台大学东部沿海地区民族问题研究中心	烟台大学	人文学院
32	东亚研究所	烟台大学	人文学院
33	烟台大学翻译研究中心	烟台大学	外国语学院
34	烟台大学东亚研究所韩国学研究中心	烟台大学	外国语学院
35	烟台大学外语教育技术研究中心	烟台大学	外国语学院

续表

序号	科研机构名称	批准单位	挂靠单位
36	烟台大学外国语言文化研究所	烟台大学	外国语学院
37	山东省知识产权软科学研究基地	山东省科技厅	知识产权研究院

8.2018 年文科科研纵向项目立项目录

序号	项目来源	课题名称	负责人	承担单位	课题级别	经费(万元)
1	山东省委组织部	财政厅拨付国家"万人计划"配套经费	房绍坤	法学院	国家级	50
2	国家社科基金	农产品质量安全视阈下农业经营主体融合发展机制及政策研究	张益丰	经济管理学院	国家级	20
3	国家社科基金	南北朝时期民族关系思想研究	崔明德	马克思主义学院	国家级	35
4	中国法学会	国家公园特许经营中的物权制度研究	张平华	法学院	部级	6
5	中国法学会	民法典继承编研究	郭明瑞、刘经靖	法学院	部级	10
6	中国法学会	行为保全适用之基本原则与具体规则研究	毕潇潇	法学院	部级	自筹 1.5
7	中国法学会	从国家政策到公共政策之政策法源入典问题研究	王洪平	法学院	部级	自筹 1
8	司法部	著作权产业主题利益博弈下的邻接权制度体系构建	王超政	法学院	部级	5
9	司法部	贬值损失的法律基础	张平华	法学院	部级	5
10	司法部	家事程序中未成年人权益保护研究	何　燕	法学院	部级	5
11	全国老龄办	以养老供给侧改革为视角的农村高龄犯罪预防研究	樊　静	法学院	部级	自筹 0.5
12	国家民族事务委员会	山东民族团结宣传教育之创新研究	李自然	马克思主义学院	部级	3
13	国家民族事务委员会	东部沿海地区民族离散者返还现象及治理研究	孙　蕾	马克思主义学院	部级	2
14	共青团中央	高校院系团委书记职业能力标准研究	余志鹏	人事处	部级	0.3
15	教育部	面向科学文献内容的知识单元语义关联研究	曲佳彬	图书馆	部级	8
16	共青团中央	基于新旧动能转换视角下"三下乡"社会实践活动的育人功能深化与拓展研究	李　隽	宣传部	部级	自筹 0.3
17	教育部	东汉易学卦气说的主要问题及诠释旨趣研究	刘春雷	学报编辑部	部级	10
18	国家民族事务委员会	民族事务治理视域中优秀传统文化的现代价值	刘春雷	学报编辑部	部级	3
19	国家知识产权局	国家新旧动能转换综合试验区建设重大工程智慧海洋产业专利战略研究	赵文经	知识产权院	部级	6

续表

序号	项目来源	课题名称	负责人	承担单位	课题级别	经费(万元)
20	山东省社科规划研究项目	版权产业主体利益保护视野下的著作邻接权制度体系构建	王超政	法学院	省级	3
21	山东省社科规划研究项目	人工智能产出成果的著作权规则研究	姜福晓	法学院	省级	3
22	山东省社科规划研究项目	刑事诉讼目的论的重构	宋振武	法学院	省级	3
23	山东省社科规划研究项目	基于形式句法学的汉语正式体和口语体语法形式的对比研究	王永娜	国际教育交流学院	省级	3
24	山东省社科规划研究项目	基于社区支持农业模式下的胶东城郊乡村规划策略研究	曲琳平	建筑学院	省级	3
25	山东省社科规划研究项目	文化自信视野下的山东民间美术设计价值与转化路径研究	王　磊	建筑学院	省级	3
26	山东省社科规划研究项目	齐鲁文化"走出去"战略下的山东城市品牌 VIS 构建对策研究	张莉娜	建筑学院	省级	2
27	山东省社科规划研究项目	山东省现代农业与服务业交叉融合路径研究	林立杰	经济管理学院	省级	3
28	山东省社科规划研究项目	社会网络结构嵌入的山东省女性创业能力优化机制研究	郑秀芝	经济管理学院	省级	3
29	山东省社科规划研究项目	基于投资者情绪与高管背景的企业社会责任履行的内在机制研究	宋　岩	经济管理学院	省级	5
30	山东省社科规划研究项目	"共治共享"视阈下的山东省城市摊贩"微治理"路径创新研究	崔占峰	经济管理学院	省级	2
31	山东省社科规划研究项目	国民获得感的价值意蕴、影响机制及提升路径研究	杨金龙	经济管理学院	省级	2
32	山东省社科规划研究项目	新旧动能转化背景下山东省产业绿色发展评价及影响因素研究	秦昌才	经济管理学院	省级	1
33	山东省社科规划研究项目	乡村振兴战略导向下企业投资羊群效应的行为机理与治理优化——基于投资者情绪驱动视角	刘学文	经济管理学院	省级	2
34	山东省社科规划研究项目	晚清西昆派诗论研究	孙银霞	人文学院	省级	3
35	山东省社科规划研究项目	传统儒家文化智慧与当代乡村治理创新研究	李妍妍	人文学院	省级	3
36	山东省社科规划研究项目	山东辛亥革命史研究	李　日	人文学院	省级	1
37	山东省社科规划研究项目	"一带一路"倡议下齐鲁体育文化对外传播的战略价值与发展策略	程雪峰	人文学院	省级	2
38	山东省社科规划研究项目	数字经济背景下消费行为模式研究	廖毕丰	数学与信息科学学院	省级	2

续表

序号	项目来源	课题名称	负责人	承担单位	课题级别	经费(万元)
39	山东省社科规划研究项目	山东省公共体育服务供给侧改革研究	姜　丽	体育学院	省级	3
40	山东省社科规划研究项目	关联数据驱动的学术文献内容语义化组织及服务研究	曲佳彬	图书馆	省级	3
41	山东省社科规划研究项目	L2MSS 理论视角下高校英语学习者课堂同伴互动动机研究	吴晓燕	外国语学院	省级	2
42	山东省社科规划研究项目	以中国历史女性人物为主人公的韩国古典小说研究及译介	张　坤	外国语学院	省级	2
43	山东省社科规划研究项目	汉易卦气说的哲学蕴涵与现代诠释	刘春雷	学报编辑部	省级	3
44	山东省社科规划研究项目	海阳秧歌中"乐大夫"的音乐文化传承与发展研究	舒星虹	音乐舞蹈学院	省级	3
45	山东省社科规划研究项目	经略海洋战略实施法律适用问题研究——海域使用权收回与补偿法律适用	史卫进	知识产权研究中心	省级	5
46	山东省教育厅	新旧动能转换时期的国际投资监管法律制度变化研究	刘　爽	法学院	厅级	0.5
47	山东省教育厅	人工智能背景下新型道路交通事故侵权责任研究	张　龙	法学院	厅级	自筹 0.8
48	山东省教育厅	明清时期中外学者的熟语研究对比	徐小波	国际教育交流学院	厅级	0.5
49	山东省教育厅	基于农业多功能理论的胶东城郊乡村景观规划策略研究	李　理	建筑学院	厅级	0.5
50	山东省教育厅	山东"乡村记忆"工程中石砌村落的技艺与匠作保护研究	杨　俊	建筑学院	厅级	自筹 0.7
51	山东省文化厅	新农村背景下胶东乡村体验式旅游景观规划研究	柳春茹	建筑学院	厅级	
52	山东省文化厅	敦煌壁画中唐帘的设计形态研究	黄连涵	建筑学院	厅级	自筹 0.6
53	山东省教育厅	科技创新平台的资源共享问题研究	岳素芳	马克思主义学院	厅级	0.5
54	山东省台办	新时代中华传统文化视角下的两岸命运共同体路径探析	于兴梅	马克思主义学院	厅级	1
55	山东省教育厅	新时代背景下中美建立战略信任关系的贝叶斯博弈论分析	李燕燕	人文学院	厅级	0.5
56	山东省台办	蔡英文当局两岸政策研究	王殿英	人文学院	厅级	1
57	山东省台办	习近平对台工作重要论述的文化渊源与时代意义	孙　进	人文学院	厅级	1
58	山东省文化厅	区域文化产业与地方高校创新创业教育融合发展研究	王安然	人文学院	厅级	
59	山东省统计局	农村电商发展问题研究	廖毕丰	数学与信息科学学院	厅级	1

续表

序号	项目来源	课题名称	负责人	承担单位	课题级别	经费(万元)
60	山东省文化厅	烟台大学图书馆少数民族——朝鲜族传统文化专题数据库建设	王　锐	图书馆	厅级	0
61	山东省教育厅	韩国女性电影与庄子美学	裴书峰	外国语学院	厅级	0.5
62	山东省教育厅	跨文化视域下的中国历史女性人物研究	张　坤	外国语学院	厅级	自筹 0.6
63	省委高校工委	基于精准资助视角下发展型资助路径研究	周　昊	校友办	厅级	0.3
64	山东省文化厅	“一带一路”倡议下俄派钢琴音乐会的组织与传播研究	廖宇星	音乐舞蹈学院	厅级	自筹 0.6
65	山东省文化厅	“齐鲁文化”在舞蹈编导理论与实践的研究	冯海潮	音乐舞蹈学院	厅级	自筹 0.6
66	山东省文化厅	“胶东锣鼓乐”文化遗产保护电视传播研究	张东升	音乐舞蹈学院	厅级	自筹 0.6
67	山东省文化厅	地方高校音乐专业实践教学体系与社区文化养老服务相融合的研究	郑雪飞	音乐舞蹈学院	厅级	自筹 1
68	校内课题	新时代党的督促检查工作理论研究	赵久满	组织部		3

9. 2018 年文科科研横向项目立项目录

序号	院系(部门)	经费来源	项目名称	负责人	经费(万元)
1	法学院	北京星权律师事务所	高校法科学生创新创业教育与卓越法律人才培养	毕潇潇	15
2	法学院	山东省科学技术协会	“新六产”融合促进山东乡村振兴战略实施的体制机制研究	房绍坤	3
3	法学院	烟台市莱山区人民检察院	关于推动青少年犯罪预防保护志愿服务群体长效可持续发展	薛红霞	2
4	法学院	烟台市人大常委会法工委	地方立法协同创新机制研究	刘经靖	4.3
5	建筑学院	济南规划设计院	项目规划设计	隋杰礼	7.8
6	建筑学院	枣庄市山亭区财政局	项目规划设计	隋杰礼	5
7	建筑学院	枣庄市山亭区财政局	项目规划设计	隋杰礼	5
8	建筑学院	枣庄市山亭区财政局	项目规划设计	隋杰礼	5
9	建筑学院	中国产业海外发展协会	2017 中国国际太阳能十项全能竞赛	郑　彬	9.41
10	建筑学院	海阳市郭城镇山东村民委员会	乡镇规划与设计研究	贾志林	4.5
11	建筑学院	淄博高新区政府投资工程建设中心	淄博高新区第一中学三星级绿色建筑运营评价标识技术咨询与申报	张玲玲	21.45
12	建筑学院	烟台市建筑设计研究股份有限公司	烟台市区历史建筑测绘、建档设计任务	张　巍	8

续表

序号	院系(部门)	经费来源	项目名称	负责人	经费(万元)
13	经济管理学院	济南京京信息科技有限公司	会计综合实训系统底层架构研究	李振杰	4
14	经济管理学院	烟台时代光华企业管理咨询有限公司	乡村振兴背景下的农村组织领导力建设研究	李振杰	10
15	经济管理学院	新道科技股份有限公司	新商科教育大数据平台建设	李振杰	1.2
16	经济管理学院	烟台大学资产处	烟大广场经营战略研究	李海廷	1.5
17	经济管理学院	烟台市商务局	中韩(烟台)产业园发展研究	宋　岩	49.85
18	经济管理学院	山阳县络亿农业科技有限公司	商洛秦岭山区中药材种植结构优化及优良品种选育	李秦阳	10
19	人文学院	山东迈巴文化传媒有限公司	大学生红色影视系列作品创作	余志鹏	3
20	人文学院	中国社科院考古所	嵩山地区文明化进程与华夏文明的形成	张　锟	3
21	人文学院	亚洲财团佐藤洋治	亚洲文化交流与相互理解	李文哲	5.58
22	人文学院	好当家集团有限公司	“好当家四十年纪念”编写	兰　翠	5
23	体育学院	烟台市体育局	轮滑运动场建设咨询费	张　伟	22
24	体育学院	北京市先农坛体育运动技术学校	标枪项目训练干预	张　伟	30
25	外国语学院	山东西政律师事务所	“一带一路”倡议视域下跨文化意识的培养	隋　虹	10
26	外国语学院	山东西政律师事务所	“一带一路”倡议实施下境外海事仲裁案例文本双语语料库的建设与应用	隋　虹	10

10.2018 年文科科研成果获奖目录

序号	成果名称	成果形式	刊物(出版社、鉴定单位)名称	奖励名称	奖励等级	完成者	获奖单位	奖励级别
1	连带责任的弹性不足及其克服	论文	中国法学	山东省社会科学优秀成果奖	一等	张平华	法学院	省部级
2	司法调解语言及其效用研究	著作	中国政法大学出版社	山东省社会科学优秀成果奖	二等	程朝阳	法学院	省部级
3	中国古代北方少数民族迁徙方向及特点	论文	中国边疆史地研究	第四届全国民族研究优秀成果奖	一等	崔明德	马克思主义学院	省部级
4	卢梭美学思想研究	著作	社会科学文献出版社	山东省社会科学优秀成果奖	二等	李妍妍	人文学院	省部级
5	山东戏剧史	著作	北京师范大学出版社	山东省社会科学优秀成果奖	三等	刘淑丽	人文学院	省部级
6	论“以危险方法危害公共安全罪”中的“危险方法”	论文	法律科学	山东高校优秀科研成果奖(人文社科)	一等	陆诗忠	法学院	厅局级
7	论工伤行政诉讼的举证责任	论文	法学杂志	山东高校优秀科研成果奖(人文社科)	一等	杨曙光	法学院	厅局级

续表

序号	成果名称	成果形式	刊物(出版社、鉴定单位)名称	奖励名称	奖励等级	完成者	获奖单位	奖励级别
8	“交易安全”影响物权变动模式的原理与谱系——以“流通品率”变量为线索的展开	论文	法学论坛	山东高校优秀科研成果奖(人文社科)	一等	刘经靖	法学院	厅局级
9	数字网络技术背景下著作权法的困境与出路	著作	知识产权出版社	烟台市社会科学优秀成果奖	二等	姜福晓	法学院	厅局级
10	飞鸟与诗学——中国古代诗歌鸟类意象系列的主题学研究	著作	人民日报出版社	山东高校优秀科研成果奖(人文社科)	二等	杨　滨	国际教育交流学院	厅局级
11	“长短”、“齐整”特征制约下的汉语动词的语体等级	论文	语言教学与研究	山东高校优秀科研成果奖(人文社科)	三等	王永娜	国际教育交流学院	厅局级
12	上古汉语中的名源动词及其类型学考察	论文	汉语史学报	烟台市社会科学优秀成果奖	一等	袁健惠	国际教育交流学院	厅局级
13	基于俗语辞书的清人熟语观初探	论文	烟台大学学报(哲学社会科学版)	烟台市社会科学优秀成果奖	三等	徐小波	国际教育交流学院	厅局级
14	谈“着”语体、文体功能的语法机制	论文	励耘语言学刊	烟台市社会科学优秀成果奖	二等	王永娜	国际教育交流学院	厅局级
15	具身与离身：在现场和工具媒介中的建筑视知觉比较	著作	同济大学出版社	山东高校优秀科研成果奖(人文社科)	二等	周　术	建筑学院	厅局级
16	失地农民城市社会融入的结构性差异及其影响因素——基于山东省的调查分析	论文	农业经济问题	山东高校优秀科研成果奖(人文社科)	三等	杨金龙 王桂玲	经济管理学院	厅局级
17	双重国家形象及其整合营销传播研究	著作	东北财经大学出版社	山东高校优秀科研成果奖(人文社科)	二等	刘丽英	经济管理学院	厅局级
18	基于供应中断的供应应急系统设计与管理策略研究	著作	经济科学出版社	烟台市社会科学优秀成果奖	二等	李新军	经济管理学院	厅局级
19	新农保对中国农村家庭收入的促进效应	论文	华南农业大学学报(社会科学版)	烟台市社会科学优秀成果奖	三等	秦昌才	经济管理学院	厅局级
20	网络环境下的当代虚拟科研组织：内涵、特征与问题	论文	科学学研究	山东高校优秀科研成果奖(人文社科)	三等	丁大尉 胡志强	马克思主义学院	厅局级
21	中国边疆政治视阈中的跨界民族问题	论文	西南民族大学学报(人文社科版)	山东高校优秀科研成果奖(人文社科)	二等	侯典芹	马克思主义学院	厅局级
22	网络环境下的当代虚拟科研组织：内涵、特征与问题	论文	科学学研究	烟台市社会科学优秀成果奖	三等	丁大尉 胡志强	马克思主义学院	厅局级
23	《世说新语》美学研究	著作	人民文学出版社	山东高校优秀科研成果奖(人文社科)	三等	董　晔	人文学院	厅局级
24	我国马克思主义新闻理论体系建构的知识演进路径考察	论文	新闻与传播研究	山东高校优秀科研成果奖(人文社科)	一等	齐爱军	人文学院	厅局级

续表

序号	成果名称	成果形式	刊物(出版社、鉴定单位)名称	奖励名称	奖励等级	完成者	获奖单位	奖励级别
25	时代巨变与话语转型——重读《黑娃照相》	论文	文艺争鸣	烟台市社会科学优秀成果奖	三等	任南南	人文学院	厅局级
26	大夏与夏遗民的迁徙	论文	历史教学	烟台市社会科学优秀成果奖	三等	张锟	人文学院	厅局级
27	螳螂拳	著作	人民体育出版社	烟台市社会科学优秀成果奖	二等	王开文	体育教学部	厅局级
28	迈蒙尼德宗教哲学思想研究	著作	上海三联出版社	烟台市社会科学优秀成果奖	一等	赵同生	外国语学院	厅局级
29	中国学习者在线加工英语运动事件表达中的启动效应与认知机制研究	论文	外语教学与研究	烟台市社会科学优秀成果奖	二等	于翠红 张拥政	外国语学院	厅局级
30	跨文化交际与文化习俗	著作	武汉大学出版社	烟台市社会科学优秀成果奖	二等	隋虹	外国语学院	厅局级
31	欲求中国之“天才”必立附中之创设——论黄自专业音乐教育思想	论文	交响	烟台市社会科学优秀成果奖	三等	孙小钧	音乐舞蹈学院	厅局级

11. 2018 年文科科研论著要目

序号	论著名称	论著形式	学科分类	作　者	刊载期刊、论文集、出版社或采纳部门名称
1	法的形式性与法律推理	专著	法学	危文高	知识产权出版社
2	欧盟 FTA 国际投资争端上诉仲裁庭运作之前瞻性探析	论文	法学	衣淑玲	烟台大学学报(哲学社会科学版)
3	对“中止犯处罚根据”的再追问	论文	法学	陆诗忠	当代法学
4	论“危险驾驶罪”司法适用中的几个疑难问题	论文	法学	陆诗忠	甘肃政法学院学报
5	再论“醉酒型”危险驾驶罪的主观罪过	论文	法学	陆诗忠	法治研究
6	自动驾驶型道路交通事故责任主体认定研究	论文	法学	张　龙	苏州大学学报(哲学社会科学版)
7	自动驾驶背景下“交强险”制度的应世变革	论文	法学	张　龙	河北法学
8	主体分离型道路交通事故中的责任主体认定标准	论文	法学	张　龙	西安电子科技大学学报(社会科学版)
9	论我国侵权法中作为义务的认定机制	论文	法学	张玉东	法学论坛
10	论饲养动物损害责任主体的适用规则	论文	法学	张玉东	烟台大学学报(哲学社会科学版)
11	论紧急救助情形下救助人不承担责任的条件——以《民法总则》第 184 条为分析对象	论文	法学	张玉东	比较法研究
12	论警察盘查与人权保障的冲突与协调	论文	法学	杨曙光	山东警察学院学报
13	违法建筑的行政处理——以小产权房为主要对象	论文	法学	王洪平	土地法制科学　法律出版社

续表

序号	论著名称	论著形式	学科分类	作　者	刊载期刊、论文集、出版社或采纳部门名称
14	A Study on the Personal Information Right under China's Private law — Focusing on Enactment of the General Provisions of the Civil Law —(中国私法上的个人信息权之研究——以民法总则的制定为中心)	论文	法学	林钟千（英文名：LIM，JONG CHEON）	韩国延世大学法学研究院《法学研究》
15	我省"村改居"工作存在的问题与对策	研究报告	法学	房绍坤等	山东省科协
16	"新六产"融合促进山东乡村振兴战略实施的体质机制研究	研究报告	法学	房绍坤等	山东省科协
17	论人格权一般条款的立法表达	论文	法学	房绍坤等	江汉论坛
18	与改革开放同行的中国民法	论文	法学	房绍坤等	山东大学学报(哲学社会科学版)
19	民法典物权编用益物权的立法建议	论文	法学	房绍坤	清华法学
20	论以租抵债	论文	法学	房绍坤等	山东警察学院学报
21	人工智能民事主体适格性之辨思	论文	法学	房绍坤等	苏州大学学报(哲学社会科学版)
22	承包地确权登记与"三权分置"政策实施的实证考察——以彰武县为调研对象	论文	法学	房绍坤等	土地法制科学
23	费用型医疗保险代位权的模式选择与规则构建——以约定保险代位权为方向	论文	法学	邹建永等	学术论坛
24	准不动产善意取得的逻辑构成	论文	法学	张洪波	吉林大学社会科学学报
25	诉讼时效修订后的过渡规则	论文	法学	张洪波	现代法学
26	"三权分置"与《土地承包法》修正研讨会综述	论文	法学	张洪波	土地法制科学
27	论广播组织全客体——兼评"广播信号说"的谬误	论文	法学	王超政	北方法学
28	新兴权利研究综述——以2014—2017年CNKI相关论文为分析对象	论文	法学	刘经靖	苏州大学学报（哲学社会科学版）
29	经济法实用教程	教材	法学	李　轶（副主编）	东北财经大学出版社
30	基于服务质量的政府窗口服务形象塑造	论文	公共关系学	张志平等	公关世界
31	城镇化进程中失地农民社会融入问题研究	专著	管理学	王桂玲（2/2）	吉林人民出版社
32	产业与就业结构演变路径及耦合效应分析	论文	管理学	夏建红等	经济问题
33	城镇化进程中失地农民社会融入问题研究	专著	管理学	杨金龙等	吉林人民出版社
34	社会信任提升有益于农业转移人口创业吗——基于中国综合社会调查(CGSS)数据的实证分析	论文	管理学	杨金龙	吉林大学社会科学学报
35	共享视角发展下的港口选择和多式联运路径规划	专著	管理学	王　莹	经济科学出版社
36	Analysis on criteria influencing air cargo efficiency	论文	管理学	王　莹	Journal of Quality

续表

序号	论著名称	论著形式	学科分类	作　者	刊载期刊、论文集、出版社或采纳部门名称
37	企业社会责任的危机缓冲效应研究——基于消费者反应的视角	专著	管理学	李海廷	中国财富出版社
38	中小型上市公司财务战略绩效评价研究	专著	管理学	昝新明	中国海洋大学出版社
39	考虑保鲜努力与数量/质量弹性的农产品三级供应链协调优化	论文	管理学	马雪丽等	中国管理科学
40	基于供应可靠性的供应链契约设计	论文	管理学	李新军等	统计与决策
41	商贸流通企业联盟绩效的影响因素探讨	论文	管理学	郑秀芝等	商业经济研究
42	消费者参与、服务质量与心理契约关系研究	论文	管理学	郑秀芝等	商业经济研究
43	大数据时代XP模式助力大学生创新能力培养探索——以公关课程为例	论文	管理学	郝秀菊	教育教学论坛
44	闭环供应链系统担保决策模型	论文	管理学	廖毕丰等	系统工程
45	不确定需求下的RS－CLSC多变量维度报童模型	论文	管理学	廖毕丰等	统计与决策
46	山东与北大·文献篇	编著	管理学	张廷广等	山东人民出版社
47	山东与北大·合作篇	编著	管理学	姚新喜等	山东人民出版社
48	新型"可动"装配式住宅体系初探——"可动"单元装配式住宅研究	论文	建筑学	任泽民等	建筑设计管理
49	民族学研究生创新能力培养模式的构建与实践	论文	教育学	马晓丽等	烟台大学学报（哲学社会科学版）
50	研究生创新型应用人才培养的边界与维度——以烟台大学民族学一级学科为例	论文	教育学	刘会清	延边大学学报
51	中华传统文化融入"思想道德修养与法律基础"价值观的探讨与实践	论文	教育学	于兴梅	河北能源职业技术学院学报
52	大学教师教学评价：发展逻辑、体系构成及多元协同	论文	教育学	刘丽娜等	江苏高教
53	经济法责任理论新解——"创新性"取代"独立性"的思考	论文	经济法学	金福海	经济法研究
54	失地农民城市社会融入的结构性差异及其影响因素——基于山东省的调查分析	论文	经济学	杨金龙等	农业经济问题
55	资产专有性、政府精准扶持对象选择及合作社组织优化——基于东营妇联对合作社成员资助的多案例比较	论文	经济学	张益丰	农业经济问题
56	高技术产业与科技研发人才：集聚形态、影响机制及演化路径	论文	经济学	张益丰等	中国人力资源开发
57	合作社内部盈余分配方案存在的问题及改进措施——对新修订《农民专业合作社法》的几点看法	论文	经济学	张益丰	中国农民合作社
58	乡村振兴战略中合作社发展趋向及价值发现	论文	经济学	张益丰	中国农民合作社

续表

序号	论著名称	论著形式	学科分类	作者	刊载期刊、论文集、出版社或采纳部门名称
59	开放式创新的研究热点与趋势分析——基于CITESPACE知识图谱	论文	经济学	侯国栋等	科技管理研究
60	城市治理中的“软法”逻辑:摊贩的利益组织化与协商治理	论文	经济学	崔占峰	湖南科技大学学报(社会科学版)
61	“新农保”与中国农村家庭消费	论文	经济学	秦昌才	消费经济
62	山东省城市生态文明综合评价研究	论文	经济学	秦昌才等	经济与管理评论
63	意大利战争研究(1494-1559)	专著	历史学	蒲利民	社会科学文献出版社
64	新世纪以来中国古代和亲研究述评	论文	历史学	马晓丽	聊城大学学报(社会科学版)
65	谈赵世炎的革命观	论文	历史学	赵　红	烟台大学学报(哲学社会科学版)
66	文化自信的三重内涵	论文	马克思主义理论	王　毅	光明日报
67	论全球化与发全球化的理论向度与中国判断	论文	马克思主义理论	王　毅	教学与研究
68	红色文化:建设“五个过硬”干部队伍的生动教材	论文	马克思主义理论	吴小妮	光明日报
69	关于民族理论政策研究的几点看法	论文	民族学	崔明德	烟台大学学报(哲学社会科学版)
70	关于中国边疆学学科建设的几点看法	论文	民族学	崔明德	中国边疆史地研究
71	中国古代民族关系的主流问题	论文	民族学	崔明德	中国民族学集刊
72	民族关系思想初探	论文	民族学	崔明德	西南民族大学学报(人文社科版)
73	对民族与民族共同体的多维思考——以我国朝鲜族的形成为例	论文	民族学	刘会清	内蒙古民族大学学报(社会科学版)
74	建筑风景钢笔速写技法	专著	设计学	李明同等	中国建筑工业出版社
75	浅谈烟台奇山所城历史街区的文脉延续与活力复兴	论文	设计学	王骏等	建筑与文化
76	户籍身份转化会提高农业转移人口的经济收入吗	论文	社会学	杨金龙	人口研究
77	齐鲁传统体育文化传播发展战略研究	专著	社会学	宋晓楠	人民体育出版社
78	当代女大学生的女性价值与尊严教育探析	论文	思想政治教育	陈惠春等	河南教育
79	图书馆众包项目风险分析与控制	论文	图书情报与档案管理	张福学	图书馆工作与研究
80	不同类型主体微信阅读推广效果的比较研究——以第二届“大众喜爱的50个阅读微信公众号”为例	论文	图书情报与档案管理	张福学等	图书馆理论与实践
81	基于主题过滤与主题关联的学科主题演化分析	论文	图书情报与档案管理	曲佳彬等	数据分析与知识发现

续表

序号	论著名称	论著形式	学科分类	作 者	刊载期刊、论文集、出版社或采纳部门名称
82	关联数据可视化研究进展分析	论文	图书情报与档案管理	曲佳彬等	图书与情报
83	高校图书馆借阅量下降原因及对策探讨——烟台大学图书馆为例	论文	图书情报与档案管理	方玉娉	现代经济信息杂志
84	《历代赋汇》(校订本)(全十二册)	古籍整理	文学	南京大学许结教授主编,烟台大学孙晶教授为参加者之一	凤凰出版社
85	陀思妥耶夫斯基的宗教救赎意识的痛苦蜕变	论文	外国文学	马小朝	烟台大学学报(哲学社会科学版)
86	论陀思妥耶夫斯基文学作品中的“民族疾患”	论文	外国文学	马小朝	东方论坛
87	叙事与生命感觉:《这个男人来自地球》	论文	戏剧与影视学	李光柱	电影文学
88	三种视角下马克思主义新闻观再思考	论文	新闻传播学	齐爱军	青年记者
89	案例教学在法制新闻报道课程中的应用	论文	新闻传播学	王殿英	青年记者
90	假新闻：一种现代文化现象 FAKE NEWS – феномен СОВРЕМЕННОЙ КУЛЬТУРЫ	论文	新闻与传播学	程雪峰,T. A. 谢米列特	俄罗斯联邦科学和高等教育部、联邦国家预算教育机构及阿尔泰国立师范大学 МИНИСТЕРСТВО НАУКИ И ВЫСШЕГО ОБРАЗОВАНИЯ РОССИЙСКОЙ ФЕДЕРАЦИИ Федеральное государственное бюджетное образовательное учреждение
91	蓝色海岸·2018烟台当代艺术展纪实	编著	艺术学	董贵晗	黄海数字出版社
92	油画行思录之三:狭缝之间天地宽	论文	艺术学	王永国	美与时代(中)
93	多元文化视域下的民族声乐艺术研究	编著	艺术学	舒星虹	九州出版社
94	近代烟台基督教会学校音乐教育研究	论文	艺术学	孙小钧	中央音乐学院学报
95	语言与文化论丛	专著	语言学	杨 滨	语文出版社
96	常式与变式——近代汉语“把”字句研究	专著	语言学	朱玉宾	中西书局
97	跨文化视角下对外汉语词汇教学认知研究	专著	语言学	牟文波	吉林大学出版社
98	从构式化看汉语动结式的内部类别	论文	语言学	袁健惠	烟台大学学报(哲学社会科学版)
99	事件分解和持续性语义研究	专著	语言学	王 媛	上海辞书出版社

续表

序号	论著名称	论著形式	学科分类	作　者	刊载期刊、论文集、出版社或采纳部门名称
100	Denominal Verbs in Old Chinese	论文	语言学	袁健惠	LINGUA
101	主观向量副词“充其量”的词汇化与认知研究	论文	语言学	亓文香	烟台大学学报(哲学社会科学版)
102	“看把 + n + v/adj + ……”构式研究与构式语块教学	论文	语言学	亓文香	华中学术
103	介词在句法、韵律、语体上的分布和对应	论文	语言学	王永娜	世界汉语教学
104	释“马两”	论文	语言学	张丹丹	汉字文化
105	论语篇的表达系统——兼议表达方式的定体功能	论文	语言学	丁金国	烟台大学学报(哲学社会科学版)
106	从语篇到语体——寻找回家的路	论文	语言学	丁金国	当代修辞学
107	“五一口号”与新时代	论文	政治学	于兴梅	山东省民盟
108	《剧谈录》点校	古籍整理	中国文学	兰　翠	山东人民出版社
109	申鉴	古籍整理	中国文学	项永琴	山东人民出版社
110	传统“大学之道”的理论内涵与现代转换	论文	中国文学	董晔等	黑龙江高教研究
111	关于中国古代文论课程教学改革的几点思考	论文	中国文学	董　晔	科教文汇
112	基于大学生创新素质培养的文艺学课程群教学改革与实践	论文	中国文学	董　晔	课程教育研究
113	论习近平“两创”文化方针的哲学意蕴	论文	中国文学	董　晔	大观
114	唐代女性文化生态管窥——以《唐语林》为考察对象	论文	中国文学	兰　翠	烟台大学学报(哲学社会科学版)
115	苏轼对王诜影响探析	论文	中国文学	兰　翠	中国苏轼研究
116	从《大公报》看《红楼梦》与近代生活	论文	中国文学	刘淑丽等	红楼梦学刊

服务地方

【概况】2018 年 1 月 5 日，经校党委常委会研究决定，省机构编制委员会办公室同意，学校成立服务地方办公室，正处级单位，下设综合科。科技园管理服务中心变更为副处级单位，挂靠服务地方办公室。8 月 1 日，校党委常委会研究决定，增设合作交流科。服务地方办公室现有在编人员 3 人，其中处级干部 1 人、副处级干部 1 人、科级干部 1 人。

服务地方办公室主要职责为：作为学校开展对外合作与服务地方工作的职能部门，拟定学校对外合作与服务地方工作规划，完善工作制度、制定相关政策并组织实施，指导协调学院开展对外合作工作；推动学校与政府、高校、企事业单位和社会组织的密切联系，负责相关合作协议的签署与组织实施；负责学校对外合作与服务地方工作考核体系建设和考核评价工作等。

【合作关系】2018 年，学校调整了对外合作与服务

地方工作领导小组，组建了对外合作与服务地方专家委员会，各二级学院均明确了分管领导与联络员。建成烟台大学对外合作与服务地方网并投入使用。定期编辑《烟台大学服务地方工作简报》，呈送市委、市政府。协助推进烟台市校地合作联席会议机制构建，与南山集团、冰轮集团、杰瑞集团、荣昌制药、东方电子等在内的80余家行业龙头企业举办了60余场校企合作洽谈会、产学研对接会等活动，签署校地、校企、校校(院所)合作协议55份(详见下表)，涵盖专业共建、人才培养、资源共享、科学研究、学科建设等多个领域。与荣昌制药合作共建生物制药专业等，精准对接烟台市生物制药产业，创新校企深度合作的人才培养模式。参与共建3处省级制造业创新中心，推动成立烟台大学人工智能研究院等校企合作平台11个。

附：

2018年学校签署的各类合作协议目录

序号	签约单位	签约时间	牵头单位	协议名称
1	烟台经济技术开发区管委	5月28日	服务地方办公室	《烟台经济技术开发区管理委员会与烟台大学战略合作框架协议》
2	腾讯云	7月6日	服务地方办公室	《共建腾讯大数据研究院战略合作协议》
3	无棣县人民政府	7月10日	服务地方办公室	《烟台大学—无棣县人民政府战略合作框架协议》
4	重庆文理学院	7月11日	服务地方办公室	《烟台大学—重庆文理学院对口协作协议书》
5	烟台荣昌制药股份有限公司	8月2日	服务地方办公室	《烟台大学—烟台荣昌制药股份有限公司合作协议》
6	费县人民政府	9月16日	服务地方办公室	《烟台大学—费县人民政府新旧动能转换战略合作协议》
7	苏州赛分科技有限公司	10月10日	服务地方办公室	《烟台大学—赛分科技生物制药分离和纯化技术开发中心组建框架协议》
8	上海交通大学烟台信息技术研究院	11月12日	服务地方办公室	《烟台大学与上海交通大学烟台信息技术研究院战略合作协议》
9	枣庄市人民政府	8月25日	服务地方办公室、校友工作办公室	《烟台大学—枣庄市战略合作协议》
10	中国科学院烟台海岸带研究所	8月6日	研究生处	《烟台大学—中国科学院烟台海岸带研究所“科教结合协同育人”战略合作协议》；《烟台大学—中国科学院烟台海岸带研究所研究生联合培养协议》
11	烟台智慧云谷云计算机有限公司	7月1日	校团委	《“青春引智”计划—校企合作框架协议》
12	鲁雅教育集团	3月30日	人文学院	《烟台大学人文学院—山东鲁雅教育培训项目合作协议书》
13	德州日报社	9月19日	人文学院	《德州日报社与烟台大学人文学院战略合作协议》
14	威海市地方税务局环翠分局	5月14日	法学院	《烟台大学法学院—威海市地方税务局环翠分局培训服务协议》

续表

序号	签约单位	签约时间	牵头单位	协议名称
15	山东省临沂市沂南县司法局	7月14日	法学院	《烟台大学法学院—山东省临沂市沂南县司法局培训服务协议》
16	山东众成清泰（烟台）律师事务所	9月11日	法学院	《烟台大学法学院与山东众成清泰（烟台）律师事务所共建实习培训基地协议书》
17	山东省人大常委会	9月17日	法学院	《山东省人大常委会与烟台大学合作成立地方立法研究服务基地协议书》
18	北京大学法学院	11月17日	法学院	《北京大学法学院—烟台大学法学院合作框架协议》
19	中译语通科技股份有限公司	12月18日	外国语学院	《LIT学院教学项目合作协议》
20	正海集团有限公司	7月26日	经济管理学院	《正海集团有限公司—烟台大学校企合作实习实践基地协议书》
21	青岛海容商用冷链股份有限公司	8月7日	经济管理学院	《青岛海容商用冷链股份有限公司—烟台大学校企合作实习实践基地协议书》
22	强信机械科技（莱州）有限公司	2月22日	机电汽车工程学院	《烟台大学—强信机械科技（莱州）有限公司校企合作协议书》
23	山东泰利先进制造研究院有限公司	3月5日	机电汽车工程学院	《烟台大学—山东泰利先进制造研究院有限公司校企合作协议书》
24	山东省银座汽车有限公司	3月15日	机电汽车工程学院	《烟台大学—山东省银座汽车有限公司校企合作协议书》
25	东方蓝天钛金科技有限公司	8月16日	机电汽车工程学院	《烟台大学—东方蓝天钛金科技有限公司校企合作协议书》
26	烟台海纳智能科技有限公司	8月16日	机电汽车工程学院	《烟台大学—烟台海纳智能科技有限公司产学研合作协议书》
27	烟台中集来福士海洋工程有限公司	8月20日	机电汽车工程学院	《烟台大学—烟台中集来福士海洋工程有限公司校企合作协议书》
28	斗山机床（中国）有限公司	9月1日	机电汽车工程学院	《烟台大学—斗山机床（中国）有限公司校企合作协议书》
29	清华大学机械工程系	11月17日	机电汽车工程学院	《烟台大学机电汽车工程学院—清华大学机械工程系合作意向书》
30	山东港通工程管理咨询有限公司	4月1日	土木工程学院	《烟台大学土木工程学院—山东港通工程管理咨询有限公司校企合作协议书》
31	山东半岛水务发展有限公司	5月29日	土木工程学院	《烟台大学—山东半岛水务发展有限公司校企合作战略联盟协议书》
32	莱阳光大环保能源有限公司	8月31日	土木工程学院	《莱阳光大环保能源有限公司与烟台大学产学研基地合作协议书》
33	威海广安城市建设投资有限公司	9月1日	土木工程学院	《成立“威海市海洋牧场人工鱼礁创新实验基地”校企合作协议》
34	烟台创源文化传媒有限公司	7月10日	建筑学院	《烟台大学—烟台创源文化传媒有限公司校企合作框架协议》

续表

序号	签约单位	签约时间	牵头单位	协议名称
35	山东省海洋资源与环境研究院	12月2日	海洋学院	《山东省海洋渔业环境监控与工业化养殖装备工程技术协同创新中心共建协议》
36	山东东方海洋科技股份有限公司	5月25日	海洋学院	《烟台大学实习基地建设协议书》
37	烟台市大学生创业园	9月10日	海洋学院	《烟台大学—烟台市大学生创业园校地合作协议》
38	山东同济测试科技股份有限公司	8月30日	核装备与核工程学院	《烟台大学核装备和核工程学院—山东同济测试科技股份有限公司合作框架协议》
39	中国人民解放军32102部队	10月22日	体育学院	《烟台大学体育学院—中国人民解放军32102部队共建协议书》
40	国家海洋藻类国际科技合作基地	11月5日	生命科学学院	《国家海洋藻类国际科技合作基地共建框架协议书》
41	浪潮集团有限公司	4月20日	光电信息科学技术学院	《浪潮集团有限公司—烟台大学产学合作协同育人项目合作协议》
42	山东赛宝电子信息工程有限公司	5月21日	光电信息科学技术学院	《山东赛宝电子信息工程有限公司—烟台大学光电信息科学技术学院产学研合作协议书》
43	清华大学物理系	11月17日	光电信息科学技术学院	《清华大学物理系—烟台大学光电信息科学技术学院合作意向书》
44	北京大学物理学院	11月17日	光电信息科学技术学院	《北京大学物理学院—烟台大学光电信息科学技术学院合作协议书》
45	山东同济测试科技股份有限公司	9月13日	环境与材料工程学院	《烟台大学环境与材料工程学院—山东同济测试科技股份有限公司战略合作协议书》
46	烟台环亚环保科技有限公司	10月23日	环境与材料工程学院	《烟台大学环境与材料工程学院—烟台环亚环保科技有限公司战略合作协议书》
47	山东红花防水建材有限公司	11月19日	环境与材料工程学院	《烟台大学实习基地建设协议书》
48	山东中盛药化设备有限公司	11月21日	环境与材料工程学院	《烟台大学实习基地建设协议书》
49	烟台韵祥文化艺术有限公司	1月4日	音乐舞蹈学院	《烟台大学音乐舞蹈学院教学实习基地协议书》
50	烟台乐之灵文化交流有限公司	1月5日	音乐舞蹈学院	《烟台大学音乐舞蹈学院教学实习基地协议书》
51	烟台经济技术开发区青少年宫	6月27日	音乐舞蹈学院	《烟台大学音乐舞蹈学院教学实习基地协议书》
52	烟台东上海百老汇剧院管理有限公司	7月25日	音乐舞蹈学院	《烟台大学音乐舞蹈学院教学实习基地协议书》
53	浦林成山（山东）轮胎有限公司	5月31日	化学化工学院	《烟台大学化学化工学院与浦林成山（山东）轮胎有限公司实习基地建设合作协议》
54	烟台金正环保科技有限公司	10月18日	化学化工学院	《烟台大学化学化工学院—金正环保校企合作框架协议》
55	富海集团有限公司	12月14日	化学化工学院	《烟台大学化学化工学院实习基地合作协议》

【**开发区科教园区建设**】5 月 28 日，学校与开发区管委签署了《烟台经济技术开发区管理委员会与烟台大学战略合作框架协议》，双方确定在开发区合作共建“烟台大学开发区科教园区”，促进烟台大学与开发区融合发展，使烟台大学成为开发区创新驱动发展和新旧动能转换的重要引擎，为中韩（烟台）产业园的建设发展提供持续动力和有力支撑。

6 月—9 月，学校编制了《烟台大学开发区科教园区可行性研究报告》。

7 月 5 日，学校党委常委会研究决定成立烟台大学开发区科教园区办学规划办公室。原则同意首批布局化学化工学院、生命科学学院、海洋学院、外国语学院、机电汽车工程学院可在园区内与相关企业合作成立研究院；按照有关学科（专业）与产业对接需求，建立相关研究机构；待二期工程竣工后，布局机电汽车工程学院，同时结合学校发展和开发区科教园区实际确定其他学院。

9 月，学校起草的《烟台大学开发区科教园区共建实施协议（讨论稿）》，经党委常委会研究同意后正式递交开发区。

年末，在经过双方 8 轮正式商谈与 10 余轮意见交换后，经过 30 余次细化修改，学校与开发区就实施协议核心条款已基本达成一致。

烟台大学开发区科教园区规划选址位于烟台八角湾国际人才港，拟规划占地 1200 亩（80 万平方米），建筑面积 49.66 万平方米，在校生人数不少于 1 万人。烟台大学开发区科教园区将按照“政府建设、产权保留、无偿使用”的原则，由开发区管委全额投资建设，实施“交钥匙工程”，采取零租金方式，无偿供学校使用。开发区还将为科教园区提供一定的开办费、运行费等扶持资金补助，科教园区享受开发区《关于引进优质高等教育资源的意见》中的生活服务保障和特别事项“一事一议”支持。

校地共建烟台大学开发区科教园区，是学校突破办学资源与空间瓶颈，调整学科专业布局，拓展学科专业覆盖面，凝练办学优势与特色，更加自觉和全方位服务烟台的战略选择；是地方政府与高校相互依存、合作共赢、融合发展，推动城市与大学发展质量提升的现实需要和长远追求。

【**科技园**】2018 年，三校科技园以深化创新发展、激活创新资源、构建服务平台、拓展发展空间、推进科技孵化为重点开展工作，成功备案 2018 年第二批山东省科技企业孵化器（正在公示）。与北京宏巇投资有限公司、北京中科创大创业教育投资管理有限公司签订合作协议，并协助企业获得北京宏巇投资有限公司投资基金支持。园区 2018 年新增入驻企业 10 家，2018 年底在园孵化企业 23 家（详见下表），涉及医养健康、新能源材料、生物自动化、仪器设备等多个领域，均运行良好。其中烟台玉龙生物科技有限公司正在筹备新三板上市。

（房大任）

附：

三校科技园 2018 年在园孵化企业名录

序号	负责人	公司名称	项　目
1	曹光宇	烟台市高新区海洋生物工程研究所	反应釜、生物藻
2	田宇纮	烟台市莱山区爱克斯分析技术研究所	X 荧光分析仪器
3	刘国东	烟台玉龙生物科技有限公司	微生物菌剂
4	曹　旭	烟台微藻仪器设备科技有限公司	锂电池原料
5	刘国强	烟台牧耕农业科技有限公司	有机农业
6	田孟孟	烟台企茂电子信息科技有限公司	通信工程
7	曲凡涛	烟台易凡软件科技有限公司	软件开发
8	王泳水	烟台深山装饰设计有限公司	室内设计
9	宋曰海	烟台屹海新材料科技有限公司	新材料生产
10	王玉宾	烟台市成图智能科技有限公司	地理信息、测绘

续表

序号	负责人	公司名称	项　目
11	刘怡然	工作室	服装设计
12	孙殿功	烟台鱼跃通信工程有限公司	通信工程
13	陈鹏飞	烟台曼龙电子技术有限公司	集成信息工程
14	贺　庆	烟台璇玑中医药科技有限公司	护肤品研发
15	苏　贝	烟台市烟圈文化传媒有限公司	大数据推广
16	孟　顺	烟台恒德文化艺术交流有限公司	企业咨询、传统文化培训
17	张泽升	工作室	动画制作
18	刘广涛	烟台市合拓电子科技有限公司	硬件制作
19	刘　荣	烟台荣华软件科技有限公司	软件制作
20	于文洋	烟台道恒中医药研究院	中医理论研究
21	王　杰	烟台润居办公家具有限公司	办公家具设计
22	刘福涛	烟台商中经贸有限公司	农业小镇
23	尹玉佩	烟台高新区百大职业技能培训学校	专接本培训

学报工作

【概况】2018 年,学校对学报编辑委员会和哲学社会科学版、自然科学与工程版负责人等进行了调整。学报现有专职编辑 8 人,其中高级职称编辑人员 6 人,中级职称编辑人员 2 人。

【哲学社会科学版】2018 年度,学报哲学社会科学版首次被中国社会科学院文献信息中心和社科文献计量评价中心遴选为“中国人文社会科学核心期刊”,实现了三大权威核心期刊目录(北大版、南大版、社科院版)全覆盖。全年共处理网上投稿 4500 余篇,编辑刊发学术研究论文 79 篇,完成出版、发行《烟台大学学报(哲学社会科学版)》2018 年 1—6 期工作。获得山东省社科规划办的期刊专项资助。

强化学报具有“意识形态阵地、意识形态属性”思想,坚持正确办刊方向和马克思主义在意识形态领域的指导地位,增强政治敏锐性和鉴别力。省新闻出版局组织学术期刊意识形态专项审读,烟台大学学报(哲学社会科学版)无任何问题。

以烟大学报创刊 30 周年为契机,举办了创刊 30 周年座谈会、期刊发展高层论坛、华东学报编辑协会山东地区年会,以及多场专题学术交流、学术报告,30 多家学术期刊的主编、副主编和编辑部主任与烟大师生近距离接触、面对面交流,对学校学术影响扩大和师生学术发表产生了促进作用,省教育厅网站专门报道了该项活动。与《中国边疆史地研究》编辑部在烟大共同举办新时代中国边疆学学术讨论会,为学校学科建设搭建高水平平台。

持续加强稿源建设,在两个方面取得新突破。一是基金资助论文的发表指标创历史新高,全年发表国家社科基金重大项目资助论文 7 篇。第六期共刊登 14 篇文章,其中国家社科基金资助项目 7 篇,占比 50%。据中国科学文献计量评价研究中心

2018 年《中国学术期刊影响因子年报》,文科学报基金论文比提高了 22%。二是南方高校稿源显著增加。复旦大学、南京大学、东南大学、武汉大学、中山大学、厦门大学等南方著名高校来稿、用稿增多,扩大了学报学术覆盖面,稿源基础进一步稳固。反映办刊质量的各项指标上升明显,哲学社会科学版的期刊综合影响因子同比提高了 21.38%,以前一直低位徘徊的综合即年指标也提高了 5%。

据中南财经政法大学图书馆期刊信息检索中心统计,2018 年《烟台大学学报(哲学社会科学版)》共被摘转文章 10 篇次,在全国综合性大学学报中排第 47 位。其中《新华文摘》1 篇次,《高等学校文科学报文摘》1 篇次,北京大学学报(学报概览)1 篇次,人大复印报刊资料 5 篇次,《文摘报》1 篇次,其他 1 篇次,年度转摘率达 12.7%。

【自然科学与工程版】2018 年,理工学报共处理网上投稿稿件 201 篇,其中校内作者投稿 67 篇,校外作者投稿 134 篇,送审稿件 95 篇。4 期共刊登稿件 60 篇,国家、省、部基金资助项目稿件 52 篇,占比 87%,完成出版发行 1 至 4 期工作,其中第 1 至 3 期学报页码均增至 96 页,第 4 期增至 104 页。按时完成省、市新闻出版局布置的学报年检核验、报送样刊等项工作。

2018 年,理工学报注重稿源建设和高水平作者队伍的稳定。建立与理工科院系优势学科、重点学科专家学者的经常性联系,掌握其科研状况和研究生校内外发表文章情况,提高约稿的针对性。在校外作者投稿较往年减少情况下,经编辑部努力,校内作者 2018 年投稿有所增加,校内稿件审稿通过率继续提高。

据《中国学术期刊影响因子年报(自然科学与工程版)》2018 年(第 16 卷)公布的数据,2018 年《烟台大学学报》(自然科学与工程版)复合类影响因子 0.333,他引影响因子 0.149,影响力指数 CI 值 47.844,在全国综合性科学技术 429 种期刊中排名第 275 位。

(祝建军)

附:

1. 2018 年《烟台大学学报(哲学社会科学版)》被摘转文章篇目

作者	文章题目	原发刊期	摘转刊物	摘转刊期
马越、马亮宽	《傅斯年的墨学研究及影响》	2018 年 3 期	《新华文摘》	2018 年 17 期
钟茜韵	《话语标记与演变的理论之争:现状与评价》	2017 年 6 期	《高等学校文科学术文摘》	2018 年 2 期
刘长明	《论科学三维》	2018 年 5 期	《北京大学学报》(学报概览)	2018 年 6 期
何中华	《人的存在的现象学之真理观——再读马克思〈关于费尔巴哈的提纲〉第 2 条》	2017 年 5 期	人大复印报刊资料《哲学原理》	2018 年 1 期
李延舜	《论宪法隐私权的类型及功能》	2017 年 6 期	人大复印报刊资料《宪法学、行政法学》	2018 年 3 期
刘有安	《族际交往中的民族心理距离及民族团结心理构建——以东部城市少数民族流动人口为例》	2018 年 3 期	人大复印报刊资料《民族问题研究》	2018 年 9 期
李吉和、张娇蓉	《少数民族流动人口融入城市的社会认同考量——基于武汉、广州、杭州、宁波市的调查》	2018 年 3 期	人大复印报刊资料《民族问题研究》	2018 年 9 期
李静、于晋海	《文化自觉与文化自信——基于青海省河南蒙旗民族语言认知选择的研究》	2018 年 5 期	人大复印报刊资料《民族问题研究》	2018 年 11 期

续表

作者	文章题目	原发刊期	摘转刊物	摘转刊期
涂可国	《“文化中国”:内在意蕴与时代》	2018 年 2 期	《社会科学文摘》	2018 年 7 期
张玉东	《饲养动物损害责任主体的适用规则》	2018 年 6 期	《文摘报》	2018 年 12 月 4 日

2. 2018 年《烟台大学学报(哲学社会科学版)》总目录

哲学研究

法学研究

文学研究

民族关系研究

历史研究

经济管理

语言学研究

书评

3. 2018 年《烟台大学学报(自然科学与工程版)》总目录

第 1 期(总第 112 期)

研究简报

第 2 期(总第 113 期)

应用技术

第3期(总第114期)

应用技术

第4期(总第115期)

研究简报

应用技术

行政管理与服务

发展规划

【概况】2018 年 1 月，发展规划处更名为发展规划与学科建设处，下设综合科、学科建设办公室、高教研究室，工作人员 6 人。法律事务部挂靠发展规划与学科建设处（6 月，改为挂靠知识产权研究中心）。发展规划处各科室承担如下主要职责。

1. 综合科：处理日常行政事务工作；学校本科生年度招生计划分配；《高等教育事业统计报表》的数据收集、汇总和上报；校学术委员会秘书处工作。

2. 学科建设办公室：学校学科规划、建设和评估；组织对学科特区立项学科的建设成效评估、期中和期满考核验收；组织各学院学科建设目标考核及评估评价；跟踪国内高校学科建设经验做法，提出学科建设意见建议。

3. 高教研究室：进行高等教育理论研究，跟踪、研究国内外高等教育教学改革和发展动态；为校内外各单位提供高等教育教学改革咨询及资料服务。

完成了 2018 年高等教育事业统计报表的数据搜集、整理与上报。完成了年度招生计划的指标分配。做好校学术委员会秘书处工作。公布了校学术委员会和各专门委员会委员届中调整名单。汇总形成了《烟台大学学术委员会 2018 年度报告》。

【战略规划】起草制定《关于提供高等教育放管服改革有关情况的报告》《烟台大学现代学校制度调研报告》《山东省教育体制机制改革政策执行与落实情况总结报告》《烟台大学改革发展重大问题及建议的回函》等报告，上报省教育厅。参加 2018 年全省教育系统“质量月”相关活动。完成《全国高校高教研究机构分析报告》，供学校领导决策参考。

健全学校服务新旧动能转换重大工程建设领导机构。制定《烟台大学服务山东新旧动能转换重大工程行动方案》《主动服务新旧动能转换重大工程建设任务分解表》，成立烟台大学服务新旧动能转换重大工程建设领导小组和各学院工作组，将服务新旧动能转换重大工程建设工作落实、落细、落小。对学校前三季度服务新旧动能转换重大工程建设情况进行调度，形成《烟台大学服务新旧动能转换重大工程推进情况报告》，上报省教育厅。

参与开发区科教园区建设若干重要事项的论证，如开发区科教园区新建校舍人员、实验室设备、经费等的前期统计及调研，为下一步与政府沟通提供数据和信息支撑；参与校本部实验大楼建设的数据收集、使用方案的调研及各种前期论证；牵头负责原第三餐厅改建相关问题的实地调研、论证等。

【学科规划与建设】增设学科建设办公室，统筹、协调全校的学科建设工作，协助校领导加强学科建设顶层设计。

开展“学科大调研”活动。通过对江西师范大学学科建设实地调研，对第四轮学科评估、中国科教评价网，软科最好大学网等第三方机构学科排行指标分析，收集整理学校各学科队伍、科研情况报表，基于 Incites 和 ESI 科研评价工具对烟台大学 ESI 学科潜力进行调研分析，召开“学科特区”座谈会等多种形式，了解学校特区学科建设情况及建设过程中遇到的问题，征求相关学科带头人对加强校地合作、学科与企业对接等问题的建议和意见。

完善学科特区制度建设,制定《烟台大学学科特区经费管理办法》《烟台大学省一流学科奖补资金管理办法》。组织推荐并成功实现药学学科增列省一流学科。协助药学院完成省一流学科任务书、年鉴、年度自评报告的编写及上报。组织开展学科特区中期考核,完善考核配套制度体系。

【综合改革】持续推进《烟台大学综合改革方案》各项任务,及时分阶段向省教育厅报送我校综合改革推进情况和自查报告,顺利完成省教育厅对学校高等教育改革推进情况实地抽查的汇报工作。

【高教研究】完成《高教信息》2018 年 1 – 4 期的稿件选择、栏目策划、排版印发工作;维护《烟台大学高教信息》微信公众平台。结题高等教育科学研究课题 2 项,山东省高等教育科学规划重点课题 1 项、烟台大学教改课题 1 项。在研课题 3 项:山东省重点教改课题 1 项、山东省研究生导师指导能力提升项目 1 项、烟台大学教改课题 1 项。

(鹿金燕　孙　茜)

人才人事

【概况】2018 年,学校人才工作创新机制,改进方法,高层次人才队伍建设取得了新突破,荣获烟台市人才奖励最高奖——卓越引才奖和人才引进伯乐奖。人事处现有人事科、师资科、人才科、劳资科、社保科等 5 个科室,有工作人员 9 名。

【人才队伍建设】1. 2018 年,学校加大资金支持力度,投入人才专项经费 4133 万元。其中人才配套或垫付资金 1280 万元,"152"人才工程津贴 365 万元,安家费及生活补助 1648 万元,科研启动费 840 万元。获得省、市各类人才项目经费 1700 万元。

2. 年内新增"长江学者"奖励计划特聘教授 1 人、省"一事一议"顶尖人才 1 人、省"泰山学者"2 人、省"外专双百"专家团队 1 个、省优青 1 人、烟台市"双百计划"3 人。另有省"一事一议"顶尖人才 1 人、省"泰山学者"产业领军人才 1 人、省有突出贡献的中青年专家 1 人、享受国务院特贴专家 1 人、省杰青 1 人、省优青 2 人,烟台市"双百计划"2 人,已通过了主管部门会评或实地考察论证。

3. 为提高人才引进工作的质量和效率,学校建立了师资队伍建设委员会例会制度。2018 年引进 164 人,其中博士研究生 144 人,具有副高级及以上专业技术职务 23 人。截至年底,112 人已来校办理或正在办理正式入职手续,其中博士研究生 88 人,正式入职人员中具有副高级及以上专业技术职务 15 人。

4. 围绕高端装备制造、高端化工、海洋经济、医养健康等新旧动能转换重点产业发展需要,按"学校搭平台、学院引人才、双方共用才"模式,支持学院与地方政府、企事业单位加强人才引进培养合作,柔性引进国家杰青等国家级专家 12 人,获批 58 名产业教授,外聘 12 名兼职教授。组织首届国际青年学者泰山论坛,邀请优秀青年学者 17 人参会,15 人达成了引进意向,其中 7 人已经师资队伍建设委员会讨论通过。

5. 组织 11 名高层次人才参加省、市人才培训班;打造专业化服务队伍,组建了 20 名博士组成的人才工作专员队伍,为 75 名高层次人配备了人才服务专员。

6. 争取政府政策支持,已为 69 名高层次人才办理了山东省惠才卡或烟台市优才卡;首次为 3 名全职外籍专家办理了社会保险缴纳。及时兑现人才待遇政策,为 57 名人才发放购房补贴 1808 万元,科研启动费 724 万元;为 107 名人才发放租房补贴 96.09 万元。

【人事管理服务】考核聘任　2018 年,全校共有 2034 人参加岗位设置管理第二聘期岗位竞聘。其

中293人聘用在管理岗位,1260人聘用在专任教师岗位,344人聘用在辅助岗位,137人聘用在工勤技能岗位。加大聘期目标任务考核,对2014年和2015年96名新入职教师进行中期考核,对6名中期考核不合格人员进行及时诫勉提醒。

人事调配　本年度安置引进人才配偶21人(事业编3人,人事代理18人),安置军转干部2人。校内调配35人次,办理调出17人。办理退休49人。

档案管理　完成新进及调出人员收发档111份,整理教师进修档案11份,为教职工办理其他档案材料230余份。及时做好年度考核表、任免表、党团材料等3092份各类材料的登记归档工作,为各部门人员借阅档案235份。按省委组织部对人事档案进行专项审核的要求,整理全校干部人事档案。进行拟提拔行政职务人员的档案任前审核48份。

【师资与职称】职称工作　建立特殊人才职称评聘绿色通道,业绩特别突出的新调入教师、获评“泰山学者”等省部级及以上人才或高级别奖励或科研业绩优秀者,直接聘任高级专业技术职务。2018年,学校共直接聘用副教授16人,其中已兑现正式入职人员11人。

2018年职称评价通过正高16人,副高47人,中级12人,初级1人,共计76人。为2017年1月至12月正式入职工作及其他人员办理职称确认手续。其中中级职务45人,初级职务17人,均已颁发了专业技术职务资格聘书。

进修管理　2018年安排学历、专业进修计划8人,成行7人;博士后进修计划6人,成行5人;国内访问学者进修计划29人,成行28人;国际访学1人。及时办理年内结束进修9人学费、校内补助的审核发放。

外聘教师　根据各学院申请及递交的外聘教师申请表,审核并通过外聘教师12人,及时备案并与被聘任者签订协议。

年度考核　完成2018年度考核,将整理汇总的考核结果及时通知组织部、劳资科,并上报省人社厅。全校考核结果总计:优秀339人,合格1677人,参加考核未确定等次68人,未参加考核8人,不合格3人。

【工资与福利】经广泛调研和不断完善,绩效工资改革初步方案已于2018年7月提交学校“双代会”讨论并原则通过。人事处正会同相关职能部门,按照省人社厅、财政厅新印发的有关文件,研究制定更切合学校实际的收入分配改革方案。

【社会保险】分类推进社会保障改革,完成在编职工基本医疗、补充医疗、工伤、生育四个险种的统筹工作。自2018年4月起,已正式将在职教职工1841人、退休教职工834人纳入烟台市社会保障体系,目前完成社保卡制卡和发放2584张。已办理编外用工保险在职222人、退休4人;办理编内合同制人员保险在职102人、退休51人。学校自纳入烟台市工伤保险统筹后,已成功办理工伤认定3人。

(杨新霞)

附：

1. 2018 年教职工人数分类统计表

单位：人

		编号	教职工数									聘请校外教师	离退休人员	附属中小学幼儿园教职工	集体所有制人员
			合计	校本部教职工					科研机构人员	校办企业职工	其他附设机构人员				
				计	专任教师	行政人员	教辅人员	工勤人员							
甲		乙	1	2	3	4	5	6	7	8	9	10	11	12	13
总　计		1	2007	1971	1458	240	167	106		7	29	341	886	11	
其中：女		2	863	838	662	63	103	10		3	22	113	436	11	
正高级		3	198	198	188	3	7					145	120		*
副高级		4	565	558	506	20	32			2	5	81	269	1	*
中　级		5	920	896	657	128	111			2	22	47	*	*	*
初　级		6	77	75	24	39	12				2	1	*	*	*
未定职级		7	247	244	83	50	5	106		3		67	*	*	*
其中聘任制	小　计	8	74	74	3	55	16					*	*	*	*
	其中：女	9	49	49	1	37	11					*	*	*	*
	正高级	10										*	*	*	*
	副高级	11	3	3	3							*	*	*	*
	中　级	12	23	23		19	4					*	*	*	*
	初　级	13	37	37		26	11					*	*	*	*
	未定职级	14	11	11		10	1					*	*	*	*

2. 2018 年专任教师年龄情况统计表

单位：人

		编号	合计	29 岁及以下	30—34 岁	35—39 岁	40—44 岁	45—49 岁	50—54 岁	55—59 岁	60—64 岁	65 岁及以上
甲		乙	1	2	3	4	5	6	7	8	9	10
总　计		1	1458	50	204	277	280	242	255	149		1
其中：女		2	662	21	97	131	134	119	108	52		
获博士学位		3	681	27	141	145	133	103	84	48		
获硕士学位		4	552	23	58	116	131	95	87	42		
按专业技术职务分	正高级	5	188			5	23	41	58	60		1
	副高级	6	506		23	78	97	95	135	78		
	中　级	7	657	19	126	184	155	100	62	11		
	初　级	8	24	11	7	1	1	4				
	未定职级	9	83	20	48	9	4	2				

续表

		编号	合计	29岁及以下	30－34岁	35－39岁	40－44岁	45－49岁	50－54岁	55－59岁	60－64岁	65岁及以上
按学历（学位）分	博士研究生	10	680	27	141	145	133	103	83	48		
	其中获博士学位	11	680	27	141	145	133	103	83	48		
	获硕士学位	12										
	硕士研究生	13	380	23	57	96	91	41	43	28		1
	其中获博士学位	14										
	获硕士学位	15	372	23	57	95	90	40	41	26		
	本科	16	386		6	35	55	96	121	73		
	其中获博士学位	17	1						1			
	获硕士学位	18	180		1	21	41	55	46	16		
	专科及以下	19	12			1	1	2	8			
	其中获博士学位	20										
	获硕士学位	21										

3.2018年专任教师学历学位统计表

单位：人

	编号	合计			博士研究生			硕士研究生			本科			专科及以下		
		计	其中：获学位		计	其中：获学位		计	其中：获学位		计	其中：获学位		计	其中：获学位	
			博士	硕士		博士	硕士		博士	硕士		博士	硕士		博士	硕士
甲	乙	1	2	3	4	5	6	7	8	9	10	11	12	13	14	15
1.专任教师	1	1458	681	552	680	680		380		372	386	1	180	12		
其中：女	2	662	246	314	246	246		205		202	207		112	4		
正高级	3	188	147	29	147	147		21		20	20		9			
副高级	4	506	255	157	254	254		86		82	166	1	75			
中　级	5	657	207	342	207	207		251		248	192		94	7		
初　级	6	24	1	18	1	1		17		17	6		1			
未定职级	7	83	71	6	71	71		5		5	2		1	5		
2.聘请校外教师	8	341	114	123	115	114	1	120		118	104		4	2		
其中：女	9	113	34	40	34	34		41		40	36			2		
外籍教师	10	43	16	11	16	16		11		11	16					
其他高校教师	11	298	98	112	99	98	1	109		107	88		4	2		
正高级	12	145	60	55	61	60	1	52		52	32		2			
副高级	13	81	38	27	38	38		27		25	16		2			
中　级	14	47	2	18	2	2		18		18	27					
初　级	15	1									1					
未定职级	16	67	14	23	14	14		23		23	28			2		

4. 2018 年引进人才分类统计表

单位:人

项目/职称		学历(位)		性别		年龄		学科							毕业院校				总数
		博士	硕士	男	女	1980年-	1980年+	人文	社科	理学	工学	军事学	艺术学	医学	海外高校	“985”高校	“211”高校	省属高校	
高级	数量	21	1	14	8	12	10	2	3	3	13	0	0	1	2	15	2	3	22
	占比	0.21	0.01	0.14	0.08	0.12	0.1	0.02	0.03	0.03	0.13	0	0	0.01	0.02	0.15	0.02	0.03	0.22
初中级	数量	57	19	40	36	1	75	4	17	27	24	0	1	3	9	39	13	15	76
	占比	0.57	0.19	0.4	0.36	0.01	0.75	0.04	0.17	0.27	0.24	0	0.01	0.03	0.09	0.39	0.13	0.15	0.76
无	数量	0	0	1	1	0	2	2	0	0	0	0	0	0	0	0	0	2	2
	占比	0	0	0.01	0.01	0	0.02	0.02	0	0	0	0	0	0	0	0	0	0.02	0.02
总计		78	20	55	45	13	87	8	20	30	37	0	1	4	11	54	15	20	100

财务管理

【概况】2018 年,财务处下设综合计划科、会计核算科、经济管理科、资金结算中心、收费管理中心、后勤财务科、稽核科 7 个科室。在岗人员 26 人,其中高级会计师 1 人,会计师 11 人,其他 14 人。

【总体财务状况】本年度学校实现收入 86631 万元,同比增加 20850 万元,增长率 31.7%。其中:财政补助收入 42011 万元,同比增加 4526 万元,增长 12.07%;事业收入 29677 万元,同比增加 5931 万元,增长 24.98%;其他收入 14943 万元,同比增加 10393 万元,增长 228.42%。

附:

1. 2018 年收入构成情况图

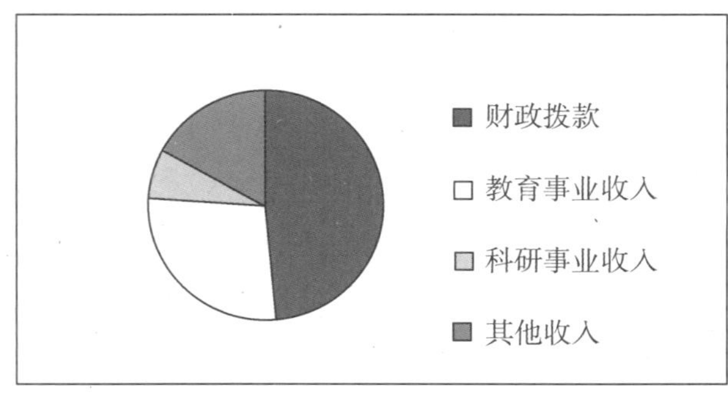

学校总支出为84242万元，其中，基本支出66387万元，占78.8%；项目支出17855万元，占21.2%。其中，工资与福利支出为40433万元，同比增加18959万元，增长88.28%；商品和服务支出为24580万元，同比增加6062万元，增长32.74%；对个人和家庭的补助支出为9595万元，同比减少8944万元，降低48.24%；基本建设支出为0万元，同比减少1598万元；其他资本性支出为9634万元，同比增加1992万元，增长26.07%。

附：

2.2018年决算支出构成情况图

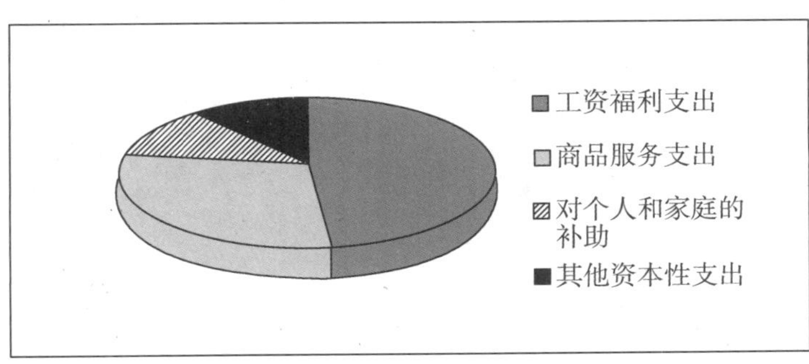

2018年年末，学校资产总额237566.71万元，同比增加16750万元，增长7.59%；负债总额65755.04万元，同比增加1788.39万元，增长2.8%；净资产为171811.67万元，同比增加14961.61万元，增长9.54%。

【财务管理】（一）预算管理

1.加强和改进预算管理。用预算管控好学校各类资金，做到“无预算不报账”，堵塞支出随意性的漏洞。编制了2018年度财务预算草案，学校党委常委会审议通过后下达各单位执行。编报了《烟台大学2017年部门决算》《烟台大学2017年政府财务报告》《烟台大学2017年教育经费统计》《烟台大学中央财政支持地方高校改革发展资金2018—2020年支出规划》。

2.完成学校2019—2021年度项目库建设。对重点项目早谋划、早布置，科学合理地管理。逐步完善资金使用的绩效考核，形成“花钱必问效、无效必问责”的财经活动环境。

3.实行预算全过程动态管理。按照项目分类督促项目承担单位和牵头职能部门严格执行财政用款计划，清理财政资金存量，加强真实性、合法性、合理性和有效性审核，加快预算执行进度，压减结余结转资金。

（二）收支管理

1.加强各项收入管理，所有收费项目由财务处统一管理，所有票据由财务处统一发放。开通网上缴费平台，拓宽收费渠道，使“应收尽收、及时到账”成为可能。

2.完善内部控制与监督。一是梳理总结学校2017年内部控制建立与实施情况，编报了《烟台大学2017年度内部控制报告》。二是制定和完善了《烟台大学差旅费管理办法（修订）》《烟台大学关于大额资金使用审批的规定（修订）》和《烟台大学往来款项管理办法》等管理制度。三是加强内部控制建设培训，邀请省教育厅专家做了“树立四个意识　突破财务困局”专题讲座。

3.加强政府采购支付业务管理。全年调度政府采购资金9472.51万元。

4.严格执行中央八项规定和山东省委实施办法，压缩差旅费、会议费、培训费、交通费、通讯费、日常办公等经费支出比例。

（三）资产管理

配合资产与实验室管理处加强对学校资产的分类核算，提高资产使用和经营效益；配合校内外财税、物价、监审等部门对学校经济活动的监督检查。积极清理长期挂账的学校往来款项。自3月开始对学校往来款项进行梳理，本年度已处理暂付款11项共25笔。

（四）资金管理

加强风险防范，保障资金需求。一是配合相关单位做好协同创新中心培育与立项、优势学科人才团队建设、“双一流”建设立项、专业对接产业项目立项等重大项目的申报和经费落实工作。二是保持现有贷款规模基本稳定,严格按程序和资金需求时间进度科学办理贷款业务,减少贷款利息支出,降低学校资金运作成本,缓解资金短缺压力。

(五)其他工作

推进财务管理信息化建设。开通了“烟台大学财务处”微信公众号、网上查询平台、网上缴费平台;进一步规范财务报账流程,方便师生随时查询财务信息和快捷办理业务。

做好高校会计制度向政府会计制度过渡的准备工作。组织财会人员参加新政府会计制度相关业务学习培训 60 多人次;进行财务管理系统升级调试,保证数据正确转换、新旧会计制度有序衔接。

(祁兴强)

附:

1. 2018 年烟台大学单位预算公开

目 录

第二部分 2018 年单位预算表

表 1 收支预算总表

单位:万元

收入		支出	
项目	预算数	项目	预算数
一、财政拨款	35992	一、一般公共服务支出	0
一般公共预算	35992	二、外交支出	0
政府性基金预算	0	三、国防支出	0
国有资本经营预算	0	四、公共安全支出	0
二、财政专户管理及批准留用教育医疗收费资金	24000	五、教育支出	69917.35
三、事业收入、经营收入等其他收入	9000	六、科学技术支出	695.06
		七、文化体育与传媒支出	47.51
		八、社会保障和就业支出	0
		九、社会保险基金支出	0
		十、医疗卫生与计划生育支出	0
		十一、节能环保支出	0
		十二、城乡社区支出	0
		十三、农林水支出	127.69
		十四、交通运输支出	0
		十五、资源勘探信息等支出	0
		十六、商业服务业等支出	0
		十七、金融支出	0
		十八、援助其他地区支出	0
		十九、国土海洋气象等支出	0
		二十、住房保障支出	0
		二十一、粮油物资储备支出	0
		二十二、国有资本经营预算支出	0
		二十三、预备费	0
		二十四、其他支出	0
本年收入合计	68992	本年支出合计	70787.61
四、上级补助收入	0		
五、用事业基金弥补收支差额	0		
六、上年结转	1795.61	二十五、结转下年	
收入总计	70787.61	支出总计	70787.61

表2 收入预算表

单位：万元

科目编码			单位编码	单位和科目名称	总计	财政拨款						财政专户管理资金	批准留用的教育及医疗收费	用事业基金弥补收支差额	上级补助收入	事业收入、经营收入等其他收入	上年结转					
						合计	一般公共预算			政府性基金预算	国有资本经营预算						上年结转	其中：财政拨款结转				
							小计	经费拨款	其他									财政拨款结转	一般公共预算		政府性基金	国有资本经营预算
类	款	项																	经费拨款	其他		
合计					70787.61	35992.00	35992.00	31386.00	4606.00			24000.00				9000.00	1795.61	1761.52	1761.			
			140	山东省教育厅	70787.61	35992.00	35992.00	31386.00	4606.00			24000.00				9000.00	1795.61	1761.52	1761.5			
			140004	烟台大学	70787.61	35992.00	35992.00	31386.00	4606.00			24000.00				9000.00	1795.61	1761.52	1761.5			
205				教育支出	69917.35	35992.00	35992.00	31386.00	4606.00			24000.00				9000.00	925.35	891.26	891.2			
205	02			普通教育	69917.35	35992.00	35992.00	31386.00	4606.00			24000.00				9000.00	925.35	891.26	891.2			
205	02	05		高等教育	69917.35	35992.00	35992.00	31386.00	4606.00			24000.00				9000.00	925.35	891.26	891.2			
206				科学技术支出	695.06												695.06	695.06	695.0			
206	02			基础研究	408.42												408.42	408.42	408.4			
206	02	03		自然科学基金	408.42												408.42	408.42	408.4			
206	03			应用研究	41.96												41.96	41.96	41.96			
206	03	02		社会公益研究	41.96												41.96	41.96	41.96			
206	09			科技重大项目	178.89												178.89	178.89	178.8			
206	09	01		科技重大专项	178.89												178.89	178.89	178.8			
206	99			其他科学技术支出	65.79												65.79	65.79	65.79			
206	99	99		其他科学技术支出	65.79												65.79	65.79	65.79			
207				文化体育与传媒支出	47.51												47.51	47.51	47.51			
207	99			其他文化体育与传媒支出	47.51												47.51	47.51	47.51			
207	99	02		宣传文化发展专项支出	47.51												47.51	47.51	47.51			
213				农林水支出	127.69												127.69	127.69	127.6			
213	01			农业	127.69												127.69	127.69	127.6			
213	01	06		科技转化与推广服务	127.69												127.69	127.69	127.6			

表3　支出预算表

单位：万元

科目编码			单位编码	单位和科目名称	总　计	基本支出	项目支出
类	款	项					
合计					70787.61	57525.00	13262.61
			140	山东省教育厅	70787.61	57525.00	13262.61
			140004	烟台大学	70787.61	57525.00	13262.61
205				教育支出	69917.35	57525.00	12392.35
205	02			普通教育	69917.35	57525.00	12392.35
205	02	05		高等教育	69917.35	57525.00	12392.35
206				科学技术支出	695.06		695.06
206	02			基础研究	408.42		408.42
206	02	03		自然科学基金	408.42		408.42
206	03			应用研究	41.96		41.96
206	03	02		社会公益研究	41.96		41.96
206	09			科技重大项目	178.89		178.89
206	09	01		科技重大专项	178.89		178.89
206	99			其他科学技术支出	65.79		65.79
206	99	99		其他科学技术支出	65.79		65.79
207				文化体育与传媒支出	47.51		47.51
207	99			其他文化体育与传媒支出	47.51		47.51
207	99	02		宣传文化发展专项支出	47.51		47.51
213				农林水支出	127.69		127.69
213	01			农业	127.69		127.69
213	01	06		科技转化与推广服务	127.69		127.69

表 4　财政拨款收支预算表

单位：万元

收入		支出				
项　目	预算数	项　目	预算数			
			总　计	一般公共预算	政府性基金预算	国有资本经营预算
一、一般公共预算	35992	一、一般公共服务支出	0	0	0	0
二、政府性基金预算	0	二、外交支出	0	0	0	0
三、国有资本经营预算	0	三、国防支出	0	0	0	0
		四、公共安全支出	0	0	0	0
		五、教育支出	36883.26	36883.26	0	0
		六、科学技术支出	695.06	695.06	0	0
		七、文化体育与传媒支出	47.51	47.51	0	0
		八、社会保障和就业支出	0	0	0	0
		九、社会保险基金支出	0	0	0	0
		十、医疗卫生与计划生育支出	0	0	0	0
		十一、节能环保支出	0	0	0	0
		十二、城乡社区支出	0	0	0	0
		十三、农林水支出	127.69	127.69	0	0
		十四、交通运输支出	0	0	0	0
		十五、资源勘探信息等支出	0	0	0	0
		十六、商业服务业等支出	0	0	0	0
		十七、金融支出	0	0	0	0
		十八、援助其他地区支出	0	0	0	0
		十九、国土海洋气象等支出	0	0	0	0
		二十、住房保障支出	0	0	0	0
		二十一、粮油物资储备支出	0	0	0	0
		二十二、国有资本经营预算支出	0	0	0	0
		二十三、预备费	0	0	0	0
		二十四、其他支出	0	0	0	0
本年收入合计	35992	本年支出合计	37753.52	37753.52	0	0
四、上年结转	1761.52	二十五、结转下年				
收入总计	37753.52	支出总计	37753.52	37753.52	0	0

表5　一般公共预算支出表

单位：万元

科目编码			单位编码	单位和科目名称	合　计	基本支出			项目支出
类	款	项				小　计	人员支出	日常公用支出	
合计					35992.00	34792.00	31026.00	3766.00	1200.00
			140	山东省教育厅	35992.00	34792.00	31026.00	3766.00	1200.00
			140004	烟台大学	35992.00	34792.00	31026.00	3766.00	1200.00
205				教育支出	35992.00	34792.00	31026.00	3766.00	1200.00
205	02			普通教育	35992.00	34792.00	31026.00	3766.00	1200.00
205	02	05		高等教育	35992.00	34792.00	31026.00	3766.00	1200.00
206				科学技术支出					
206	02			基础研究					
206	02	03		自然科学基金					
206	03			应用研究					
206	03	02		社会公益研究					
206	09			科技重大项目					
206	09	01		科技重大专项					
206	99			其他科学技术支出					
206	99	99		其他科学技术支出					
207				文化体育与传媒支出					
207	99			其他文化体育与传媒支出					
207	99	02		宣传文化发展专项支出					
213				农林水支出					
213	01			农业					
213	01	06		科技转化与推广服务					

表6　政府性基金预算支出表

单位：万元

科目编码			单位编码	单位和科目名称	2018 年预算		
类	款	项			合计	基本支出	项目支出

注：本年度烟台大学无政府性基金安排的预算支出

表 7　财政拨款安排的基本支出预算表(政府预算支出经济分类科目)

单位:万元

科目编码	经济分类和科目名称	2018 年预算数	
		金　额	其中:一般公共预算财政拨款安排
	合计	34792.00	34792.00
502	机关商品和服务支出		
50207	因公出国(境)费用		
505	对事业单位经常性补助	32213.00	32213.00
50501	工资福利支出	28447.00	28447.00
50502	商品和服务支出	3766.00	3766.00
506	对事业单位资本性补助		
50601	资本性支出(一)		
509	对个人和家庭的补助	2579.00	2579.00
50901	社会福利和救助		
50902	助学金		
50905	离退休费	2579.00	2579.00
50999	其他对个人和家庭补助		
511	债务利息及费用支出		
51101	国内债务付息		

表 8　财政拨款安排的基本支出预算表(部门预算支出经济分类科目)

单位:万元

科目编码	经济分类和科目名称	2018 年预算数	
		金　额	其中:一般公共预算财政拨款安排
合计		34792.00	34792.00
301	工资福利支出	28447.00	28447.00
30101	基本工资	8723.00	8723.00
30102	津贴补贴	14665.00	14665.00
30103	奖金	1488.00	1488.00
30108	机关事业单位基本养老保险缴费	631.00	631.00
30109	职业年金缴费		
30110	职工基本医疗保险缴费		
30112	其他社会保障缴费		
30113	住房公积金	2750.00	2750.00
30199	其他工资福利支出	190.00	190.00
302	商品和服务支出	3766.00	3766.00
30201	办公费	200.00	200.00
30202	印刷费		

续表

科目编码	经济分类和科目名称	2018 年预算数	
		金　额	其中:一般公共预算财政拨款安排
30205	水费	250.00	250.00
30206	电费	500.00	500.00
30207	邮电费	60.00	60.00
30208	取暖费	1100.00	1100.00
30209	物业管理费		
30211	差旅费	830.00	830.00
30212	因公出国(境)费用		
3021202	因公出国(境)其他费用		
30213	维修(护)费		
30214	租赁费		
30216	培训费		
30217	公务接待费		
30218	专用材料费	350.00	350.00
30226	劳务费		
30228	工会经费	220.00	220.00
30229	福利费		
30231	公务用车运行维护费		
30239	其他交通费用		
30240	税金及附加费用		
30299	其他商品和服务支出	256.00	256.00
303	对个人和家庭的补助	2579.00	2579.00
30301	离休费	151.00	151.00
30302	退休费	2428.00	2428.00
30303	退职(役)费		
30304	抚恤金		
30305	生活补助		
30307	医疗费补助		
30308	助学金		
30309	奖励金		
30399	其他对个人和家庭的补助		
307	债务利息及费用支出		
30701	国内债务付息		
310	资本性支出		
31003	专用设备购置		
31005	基础设施建设		
31099	其他资本性支出		

表9 政府采购预算表

单位：万元

科目编码			科目名称	单位编码	单位名称	资金来源								
						合计	财政拨款				财政专户管理资金	批准留用的教育及医疗收费	其他自有资金	上年结转
类	款	项					小计	一般公共预算	政府性基金预算	国有资本经营预算				
合计						4592.38	1106.25	1106.25			3003.30		414.82	68.(
				140	山东省教育厅	4592.38	1106.25	1106.25			3003.30		414.82	68.01
				140004	烟台大学	4592.38	1106.25	1106.25			3003.30		414.82	68.01
205			教育支出			4548.38	1106.25	1106.25			3003.30		414.82	24.01
205	02		普通教育			4548.38	1106.25	1106.25			3003.30		414.82	24.01
205	02	05	高等教育			4548.38	1106.25	1106.25			3003.30		414.82	24.01
206			科学技术支出			14.80								14.8(
206	02		基础研究			8.23								8.23
206	02	03	自然科学基金			8.23								8.23
206	09		科技重大项目			6.57								6.57
206	09	01	科技重大专项			6.57								6.57
207			文化体育与传媒支出			29.20								29.2(
207	99		其他文化体育与传媒支出			29.20								29.2(
207	99	02	宣传文化发展专项支出			29.20								29.2(

表 10　2018 年一般公共预算财政拨款安排的“三公”经费支出预算表

单位：万元

总　计	因公出国(境)经费	公务用车购置和运行维护费			公务接待费
		小　计	公务用车购置经费	公务用车运行维护费	

注：本年度烟台大学未用财政拨款安排因公出国(境)费、公务用车购置及运行费和公务接待费等“三公”经费预算支出

第三部分　2018 年单位预算情况和重要事项说明

一、2018 年单位预算情况说明

（一）收支预算总体情况

2018 年收入预算为 70787.61 万元，其中，财政拨款 35992 万元，占 50.85%，财政专户管理资金 24000 万元，占 33.89%，事业收入 3000 万元，占 4.24%，其他收入 6000 万元，占 8.48%，上年结转 1795.61 万元，占 2.54%。（见下图）

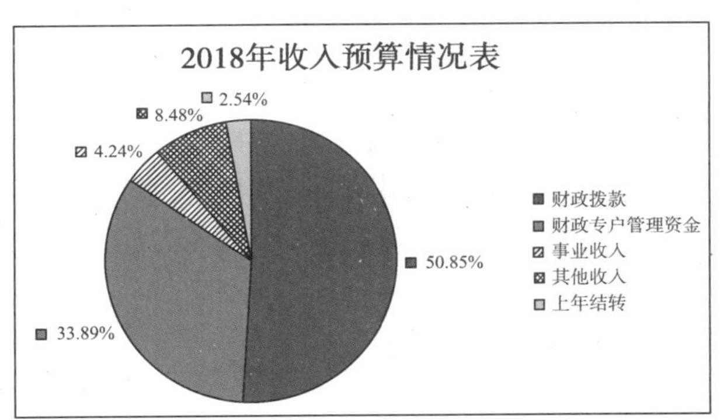

2018 年支出预算为 70787.61 万元，其中，基本支出 57525 万元，占 81.26%，项目支出 13262.61 万元，占 18.74%。（见下图）

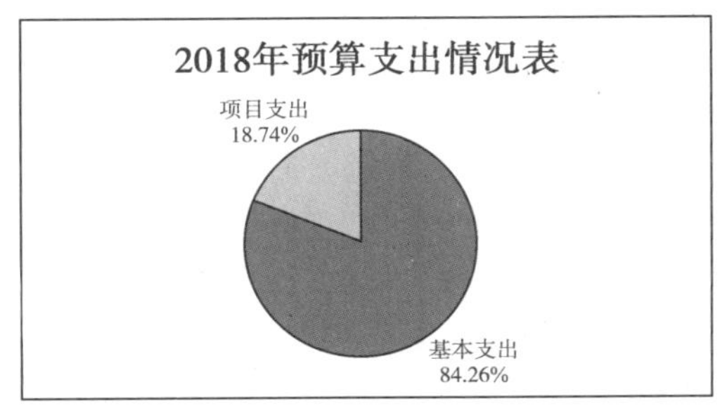

（二）财政拨款收支情况

2018 年财政拨款收入预算为 37753.52 万元，其中，一般公共预算 35992 万元，占 95.33%；政府性基金预算 0 万元，占 0%；国有资本经营预算 0 万元，占 0%；上年结转收入 1761.52 万元占 4.67%。（见下图）

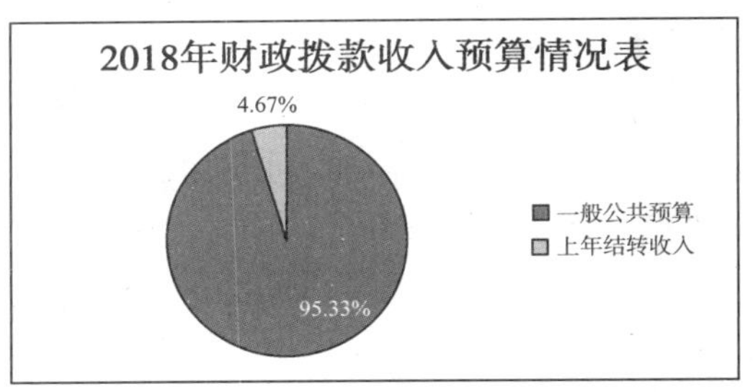

2018 年财政拨款支出预算为 37753.52 万元，其中，教育支出 36883.26 万元，占 97.69%；科学技术支出 695.06 万元，占 1.84%；文化体育与传媒支出 47.51 万元，占 0.13%；农林水支出 127.69 万元，占 0.34%。（见下图）

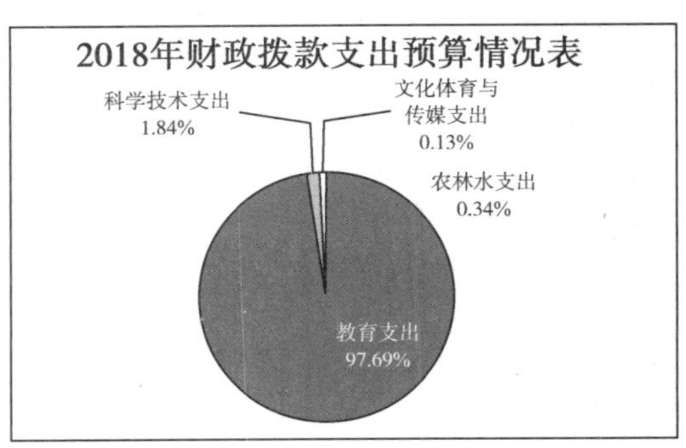

（三）一般公共预算收支情况

2018 年一般公共预算当年拨款 35992 万元，比上年增长 5.2%，主要是当年生均拨款总额增加。

2018 年当年一般公共预算支出预算为 35992 万元，比上年增长 5.2%，其中，教育支出 35992 万元，占 100%。

具体情况如下：

教育支出（类）普通教育（款）高等教育（项）35992 万元，主要用于学校正常运转及项目支出。

（四）政府性基金预算收支情况

烟台大学 2018 年没有使用政府性基金预算拨款安排的支出。

（五）财政拨款安排的基本支出情况

2018 财政拨款安排的基本支出预算 34792 万元，其中，通过一般公共预算安排 34792 万元，包括：人员支出 31026 万元。按政府预算支出经济分类主要包含：工资奖金津补贴、社会保障缴费、住房公积金、其他工资福利支出、离退休费等。按部门预算支出经济分类主要包含：基本工资、津贴补贴、奖金、社会保险缴费、住房公积金、其他工资福利支出、离休费、退休费等。

日常公用支出 3766 万元。按政府预算支出经济分类主要包含：办公经费、专用材料购置费、其他商品和服务支出等。按部门预算支出经济分类主要包含：办公费、水费、电费、邮电费、取暖费、差旅费、专用材料费、工会经费、其他商品和服务支出等。

二、重要事项说明

（一）政府采购情况

2018 年政府采购预算 4592.38 万元，其中，财政拨款安排 1106.25 万元，财政专户管理资金安排 3003.30 万元，其他自有资金安排 414.82 万元，上年结转资金安排 68.01 万元。

（二）一般公共预算安排的“三公”经费情况

2018 年，通过一般公共预算财政拨款安排的“三公”经费预算共 0 万元，其中，因公出国（境）费 0 万元，公务用车购置及运行费 0 万元，公务接待费 0 万元。

2018 年“三公”经费预算比 2017 年增加（减少）0 万元，其中，因公出国（境）费与 2017 年持平，公务用车购置及运行费与 2017 年持平，公务接待费与 2017 年持平。

（三）国有资产占有使用情况

截至 2017 年 12 月 31 日，烟台大学共有车辆 28 辆；单位价值 100 万元以上大型设备 8（台、件、套）。

2018 年预算安排购置单位价值 100 万元以上大型设备 4（台、件、套）。

（四）绩效目标设置情况

2018 年烟台大学所有财政拨款安排的投资发展类项目支出均实行绩效目标管理，涉及当年财政拨款 800 万元。其中，高水平应用型大学建设工程等 1 项资金绩效目标表如下：

2018 年预算支出绩效目标表

项目名称	高水平应用型大学建设工程		
主管部门	山东省教育厅		
资金情况	财政拨款年度金额	800 万元	
总体目标	长期目标（2016 年－2020 年）		年度目标（2018 年）
	到 2020 年，建成 3 个高水平应用型人才培养平台；双师型教师占比达 40%，建设具有高水平实践教学能力的师资队伍；积极参与地方服务，紧密对接行业产业，产出高水平应用技术成果；实践教学占比达 30%，培养出高素质应用型人才。		完成项目立项建设

续表

绩效指标	一级指标	二级指标	三级指标	指标值	二级指标	三级指标	指标值
绩效指标	产出指标	数量指标	核心专业建设	位居省内前列	数量指标	实践教学的、比重	30%
						双师型教师比例	30%
						人才的引进与培养	7人
		质量指标	建成率	100%	质量指标	立项完成率	100%
		时效指标	项目完成时间	2020年年底前	时效指标	立项完成时间	2018年年底前
	效益指标	生态效益			生态效益		
		经济效益			经济效益		
		社会效益	专业的社会认可度和满意度	较好	社会效益	学生培养质量	较好
		可持续影响指标	专业群各专业水平	提升	可持续影响指标	专业群各专业水平	提升
	满意度指标	社会满意度		较好	社会满意度		较好

第四部分　名词解释

一、财政拨款收入：指由省级财政拨款形成的部门收入。按现行管理制度，省级部门预算中反映的财政拨款包括一般公共预算拨款、政府性基金预算拨款和国有资本经营预算拨款。

二、财政专户管理资金：指单位纳入财政专户管理的资金。主要包括教育收费等。

三、事业收入：指事业单位开展专业业务活动及辅助活动所取得的收入。如：学校开展科研活动取得的科研收入等。

四、事业单位经营收入：指事业单位在专业业务活动及其辅助活动之外开展非独立核算经营活动取得的收入（我校本年无此项收入）。

五、其他收入：指除上述“财政拨款收入”“事业收入”“事业单位经营收入”等以外的收入。主要是存款利息收入等。

六、上级补助收入：指单位从主管部门和上级单位取得的非财政补助收入（我校本年无此项收入）。

七、用事业基金弥补收支差额：指事业单位在预计用当年的“财政拨款收入”“财政拨款结转和结余资金”“事业收入”“事业单位经营收入”“其他收入”等不足以安排当年支出的情况下，使用以前年度积累的事业基金（事业单位当年收支相抵后按国家规定提取、用于弥补以后年度收支差额的基金）弥补本年度收支缺口的资金（我校本年无此项内容）。

八、上年结转：指以前年度尚未完成、结转到本年仍按原规定用途继续使用的资金。

九、基本支出：指为保障机构正常运转、完成日常工作任务而发生的人员经费和日常公用经费。

十、项目支出：指在基本支出之外为完成特定任务和事业发展目标所发生的支出。

十一、“三公”经费：指省级部门用财政拨款安排的因公出国（境）费、公务用车购置及运行费和公务接待费。其中，因公出国（境）费反映单位公务出国(境)的国际差旅费、国外城市间交通费、住宿费、伙食费、培训费、公杂费等支出;公务用车购置及运行费反映单位公务用车车辆购置支出(含车辆购置税)及燃料费、维修费、过路过桥费、保险费、安全奖励费用等支出;公务接待费反映单位按规定开支的各类接待(含外宾接待)支出。我校本年未用财政拨款安排因公出国(境)费、公务用车购置及运行费和公务接待费等“三公”经费。

2. 2018 年烟台大学单位决算公开

目 录

第二部分 2018 年单位决算表

表 1 收入支出决算总表

单位:万元

收入			支出		
项目	行次	决算数	项目	行次	决算数
栏次		1	栏次		2
一、财政拨款收入	1	42011.39	一、一般公共服务支出	29	
二、上级补助收入	2		二、外交支出	30	
三、事业收入	3	29676.77	三、国防支出	31	
四、经营收入	4		四、公共安全支出	32	
五、附属单位上缴收入	5		五、教育支出	33	82845.38
六、其他收入	6	14942.84	六、科学技术支出	34	1308.75
	7		七、文化体育与传媒支出	35	47.51
	8		八、社会保障和就业支出	36	
	9		九、医疗卫生与计划生育支出	37	
	10		十、节能环保支出	38	
	11		十一、城乡社区支出	39	
	12		十二、农林水支出	40	40.06
	13		十三、交通运输支出	41	
	14		十四、资源勘探信息等支出	42	
	15		十五、商业服务业等支出	43	
	16		十六、金融支出	44	
	17		十七、援助其他地区支出	45	
	18		十八、国土海洋气象等支出	46	
	19		十九、住房保障支出	47	
	20		二十、粮油物资储备支出	48	
	21		二十一、其他支出	49	
	22		二十二、债务还本支出	50	
	23		二十三、债务付息支出	51	
本年收入合计	24	86631	本年支出合计	52	84241.7
用事业基金弥补收支差额	25		结余分配	53	
年初结转和结余	26	1746.83	年末结转和结余	54	4136.12
	27			55	
总计	28	88377.82	总计	56	88377.82

表2 收入决算表

单位：万元

项目		本年收入合计	财政拨款收入	上级补助收入	事业收入	经营收入	附属单位上缴收入	其他收入
科目编码	科目名称							
栏 次		1	2	3	4	5	6	7
合 计		86631	42011.39		29676.77			14942.84
205	教育支出	85089.52			29676.77			14942.84
20502	普通教育	85089.52			29676.77			14942.84
2050205	高等教育	85089.52			29676.77			14942.84
206	科学技术支出	1541.48						
20602	基础研究	370						
2060203	自然科学基金	370						
20603	应用研究	75						
2060302	社会公益研究	75						
20609	科技重大项目	238.42						
2060902	重点研发计划	238.42						
20699	其他科学技术支出	858.06						
2069999	其他科学技术支出	858.06						

注：本表反映单位本年度取得的各项收入情况

表3 支出决算表

单位：万元

项目		本年支出合计	基本支出	项目支出	上缴上级支出	经营支出	对附属单位补助支出
科目编码	科目名称						
栏次		1	2	3	4	5	6
合计		84241.7	66386.67	17855.03			
205	教育支出	82845.38	66386.67	16458.71			
20502	普通教育	82845.38	66386.67	16458.71			
2050205	高等教育	82845.38	66386.67	16458.71			
206	科学技术支出	1308.75		1308.75			
20602	基础研究	423.64		423.64			
2060203	自然科学基金	423.64		423.64			
20603	应用研究	54.06		54.06			
2060302	社会公益研究	54.06		54.06			
20609	科技重大项目	201.05		201.05			
2060901	科技重大专项	178.8		178.8			
2060902	重点研发计划	22.26		22.26			

续表

项目		本年支出合计	基本支出	项目支出	上缴上级支出	经营支出	对附属单位补助支出
科目编码	科目名称						
20699	其他科学技术支出	630		630			
2069999	其他科学技术支出	630		630			
207	文化体育与传媒支出	47.51		47.51			
20799	其他文化体育与传媒支出	47.51		47.51			
2079902	宣传文化发展专项支出	47.51		47.51			
213	农林水支出	40.06		40.06			
21301	农业	40.06		40.06			
2130106	科技转化与推广服务	40.06		40.06			

注:本表反映部门本年度各项支出情况

表4　财政拨款收入支出决算总表

单位:万元

收入			支出				
项目	行次	金额	项目	行次	合计	一般公共预算财政拨款	政府性基金预算财政拨款
栏次		1	栏次		2	3	4
一、一般公共预算财政拨款	1	42011.39	一、一般公共服务支出	30			
二、政府性基金预算财政拨款	2		二、外交支出	31			
	3		三、国防支出	32			
	4		四、公共安全支出	33			
	5		五、教育支出	34	40414.09	40414.09	
	6		六、科学技术支出	35	1308.75	1308.75	
	7		七、文化体育与传媒支出	36	47.51	47.51	
	8		八、社会保障和就业支出	37			
	9		九、医疗卫生与计划生育支出	38			
	10		十、节能环保支出	39			
	11		十一、城乡社区支出	40			
	12		十二、农林水支出	41	40.06	40.06	
	13		十三、交通运输支出	42			

续表

收入			支出				
项目	行次	金额	项目	行次	合计	一般公共预算财政拨款	政府性基金预算财政拨款
	14		十四、资源勘探信息等支出	43			
	15		十五、商业服务业等支出	44			
	16		十六、金融支出	45			
	17		十七、援助其他地区支出	46			
	18		十八、国土海洋气象等支出	47			
	19		十九、住房保障支出	48			
	20		二十、粮油物资储备支出	49			
	21		二十一、其他支出	50			
	22		二十二、债务还本支出	51			
	23		二十三、债务付息支出	52			
本年收入合计	24	42011.39	本年支出合计	53	41810.41	41810.41	
年初财政拨款结转和结余	25	1712.74	年末财政拨款结转和结余	54	1913.71	1913.71	
一般公共预算财政拨款	26	1712.74		55			
政府性基金预算财政拨款	27			56			
	28			57			
总计	29	43724.13	总计	58	43724.13	43724.13	

注:本表反映部门本年度一般公共预算财政拨款和政府性基金预算财政拨款的总收支和年末结转结余情况

表 5　一般公共预算财政拨款支出决算表

单位：万元

功能分类科目编码	科目名称	小计	基本支出	项目支出
栏次		1	2	3
合计		41810.41	34792	7018.41
205	教育支出	40414.09	34792	5622.09
20502	普通教育	40414.09	34792	5622.09
2050205	高等教育	40414.09	34792	5622.09
206	科学技术支出	1308.75		1308.75
20602	基础研究	423.64		423.64
2060203	自然科学基金	423.64		423.64
20603	应用研究	54.06		54.06
2060302	社会公益研究	54.06		54.06
20609	科技重大项目	201.05		201.05
2060901	科技重大专项	178.8		178.8
2060902	重点研发计划	22.26		22.26
20699	其他科学技术支出	630		630
2069999	其他科学技术支出	630		630
207	文化体育与传媒支出	47.51		47.51
20799	其他文化体育与传媒支出	47.51		47.51
2079902	宣传文化发展专项支出	47.51		47.51
213	农林水支出	40.06		40.06
21301	农业	40.06		40.06
2130106	科技转化与推广服务	40.06		40.06

注：本表反映部门本年度一般公共预算财政拨款支出情况

表 6　一般公共预算财政拨款基本支出决算表

单位：万元

人员经费			公用经费					
科目编码	科目名称	金额	科目编码	科目名称	金额	经济分类科目编码	科目名称	金额
301	工资福利支出	28309.9	302	商品和服务支出	3766	307	债务利息及费用支出	
30101	基本工资	8811.36	30201	办公费	185.42	30701	国内债务付息	
30102	津贴补贴	14039.84	30202	印刷费		30702	国外债务付息	
30103	奖金	1452.4	30203	咨询费		30703	国内债务发行费用	

续表

人员经费			公用经费					
科目编码	科目名称	金额	科目编码	科目名称	金额	经济分类科目编码	科目名称	金额
30106	伙食补助费		30204	手续费		30704	国外债务发行费用	
30107	绩效工资		30205	水费	241.94	310	资本性支出	
30108	机关事业单位基本养老保险费		30206	电费	846.28	31001	房屋建筑物购建	
30109	职业年金缴费		30207	邮电费	127.3	31002	办公设备购置	
30110	职工基本医疗保险缴费	445.33	30208	取暖费	499.98	31003	专用设备购置	
30111	公务员医疗补助缴费		30209	物业管理费	7.12	31005	基础设施建设	
30112	其他社会保障缴费	338.45	30211	差旅费	813.34	31006	大型修缮	
30113	住房公积金	2755.39	30212	因公出国(境)费用		31007	信息网络及软件购置更新	
30114	医疗费		30213	维修(护)费	274.28	31008	物资储备	
30199	其他工资福利支出	467.11	30214	租赁费	1.6	31009	土地补偿	
303	对个人和家庭的补助	2716.1	30215	会议费		31010	安置补助	
30301	离休费	53.94	30216	培训费		31011	地上附着物和青苗补偿	
30302	退休费	2659.46	30217	公务接待费		31012	拆迁补偿	
30303	退职(役)费		30218	专用材料费	535.94	31013	公务用车购置	
30304	抚恤金		30224	被装购置费		31019	其他交通工具购置	
30305	生活补助		30225	专用燃料费		31021	文物和陈列品购置	
30306	救济费		30226	劳务费	38.62	31022	无形资产购置	
30307	医疗费补助		30227	委托业务费		31099	其他资本性支出	
30308	助学金		30228	工会经费		312	对企业补助	
30309	奖励金		30229	福利费		31201	资本金注入	
30310	个人农业生产补贴		30231	公务用车运行维护费		31203	政府投资基金股权投资	

续表

人员经费			公用经费					
科目编码	科目名称	金额	科目编码	科目名称	金额	经济分类科目编码	科目名称	金额
30399	其他个人和家庭的补助支出		30239	其他交通费用	18.89	31204	费用补贴	
			30240	税金及附加费用		31205	利息补贴	
			30299	其他商品和服务支出	175.28	31299	其他对企业补助	
						399	其他支出	
						39906	赠与	
						39907	国家赔偿费用支出	
						39908	对民间非营利组织和群众性自治组织补贴	
						39999	其他支出	
人员经费合计		31026	公用经费合计					3766

注:本表反映部门本年度一般公共预算财政拨款基本支出明细情况

表7 政府性基金预算财政拨款收入支出决算表

(烟台大学2018年度没有政府性基金财政拨款收支,公开表格实行零报告)

单位:万元

项目		年初结转和结余	本年收入	本年支出			年末结转和结余
科目编码	科目名称			小计	基本支出	项目支出	
栏次		1	2	3	4	5	6
合计							

表8 一般公共预算财政拨款“三公”经费支出决算表

（烟台大学2018年度没有使用一般公共预算财政拨款“三公”经费，公开表格实行零报告）

单位：万元

预算数						决算数					
合计	因公出国（境）费	公务用车购置及运行费			公务接待费	合计	因公出国（境）费	公务用车购置及运行费			公务接待费
		小计	公务用车购置费	公务用车运行费				小计	公务用车购置费	公务用车运行费	
1	2	3	4	5	6	7	8	9	10	11	12

注：本表反映单位本年度“三公”经费支出预决算情况。其中，预算数为“三公”经费年初预算数，决算数包括当年一般公共预算财政拨款和以前年度结转资金安排的实际支出

第三部分 2018年单位决算情况说明

一、收入支出决算总体情况说明

2018年度收、支总计88377.82万元。与2017年相比，收、支总计各增加18808.65万元，增长27.0%。主要是财政拨款专项资金和其他收入增加。

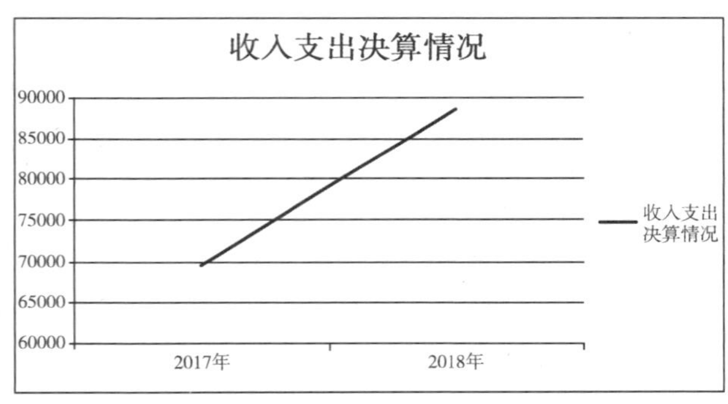

二、收入决算情况说明

本年收入合计86631万元，其中，财政拨款收入42011.39万元，占48.5%；事业收入29676.77万元，占34.3%；其他收入14942.84万元，占17.2%。

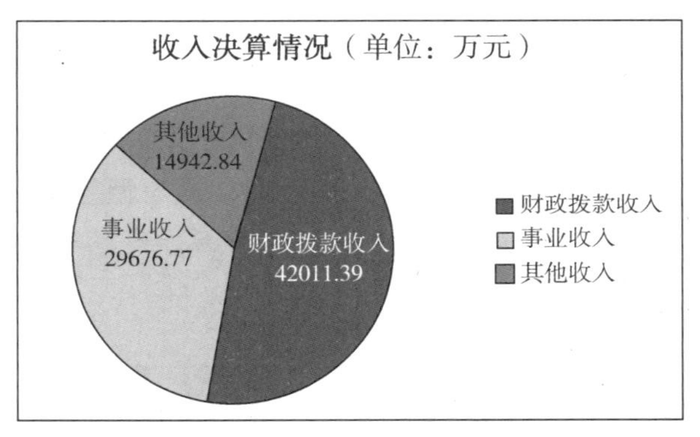

三、支出决算情况说明

本年支出合计84241.7万元，其中，基本支出66386.67万元，占78.8%；项目支出17855.03万元，占21.2%。

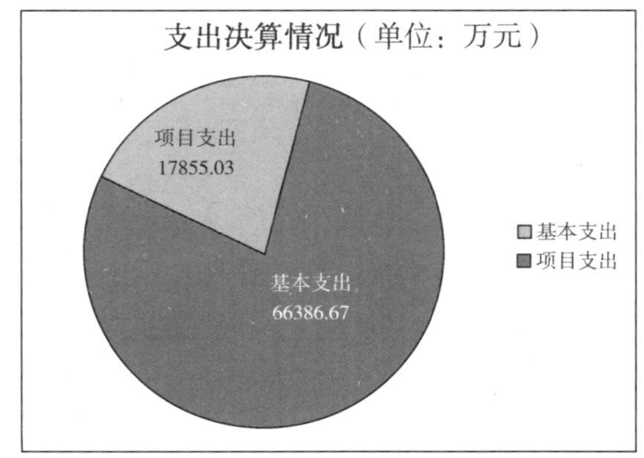

四、财政拨款收入支出决算总体情况说明

2018 年度财政拨款收、支总计 43724.13 万元。与 2017 年相比，财政拨款收、支总计各增加 3521.94 万元，增长 8.76%。主要财政专项资金增加。

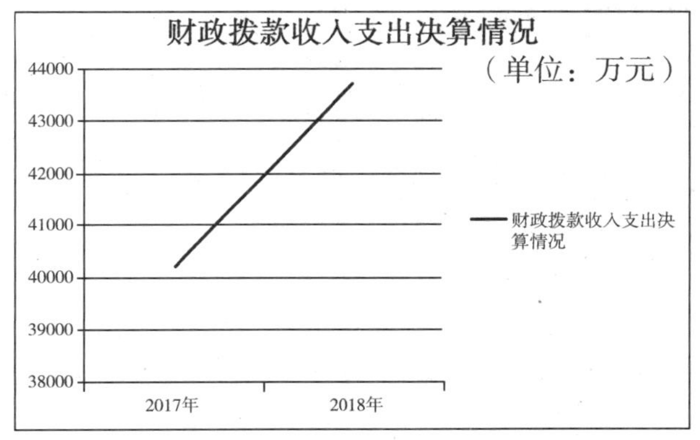

五、一般公共预算财政拨款支出决算情况说明

（一）一般公共预算财政拨款支出决算总体情况

2018 年度一般公共预算财政拨款支出 41810.41 万元，占本年支出合计的 49.6%。与 2017 年相比，一般公共预算财政拨款支出增加 3369.75 万元，增长 8.8%。主要是财政拨款专项支出增加。

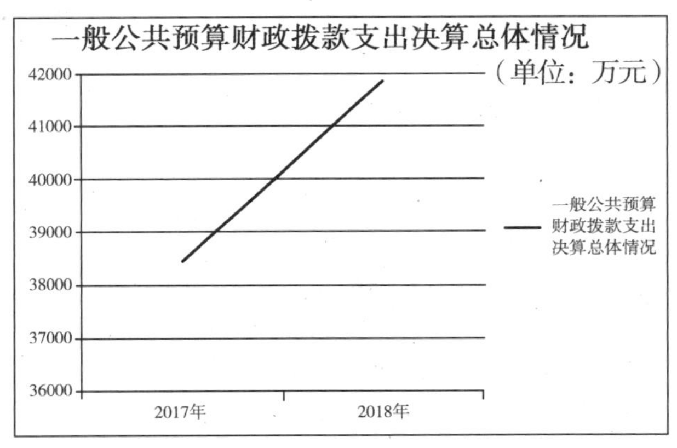

（二）一般公共预算财政拨款支出决算结构情况

2018 年度一般公共预算财政拨款支出 41810.41 万元，主要用于以下方面：教育（类）支出 40414.09 万元，占 96.7%；科学技术（类）支出 1308.75 万元，占 3.1%；文化体育与传媒（类）支出 47.5 万元，占 0.1%；农林水（类）支出 40.06 万元，占 0.1%。

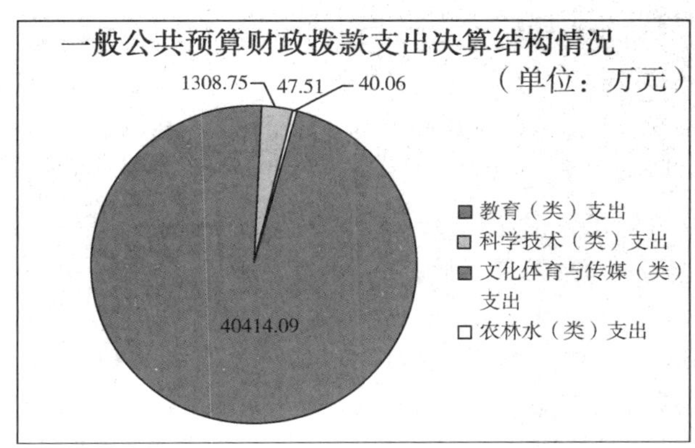

（三）一般公共预算财政拨款支出决算具体情况

2018 年度一般公共预算财政拨款支出年初预算为 37753.53 万元，支出决算为 41810.41 万元，完成年初预算的 110.7%。决算数大于年初预算数的主要原因是财政拨款专项增加。

（1）教育（类）普通教育（款）高等教育（项）。主要反映用于高等学校人员经费、日常公用经费、教学业务和教研专项支出。年初预算为 36883.26 万元，支出决算为 40414.09 万元，完成年初预算的 109.6%。决算数与年初预算基本持平。

（2）科学技术（类）基础研究（款）自然科学基金（项）、应用研究（款）社会公益研究（项）、科技重大项目（款）科技重大专项（项）、其他科学技术支出（款）其他科学技术支出（项）。主要反映用于发展科学技术事业而支出的各项科研经费支出。年初预算为 695.07 万元，支出决算为 1308.75 万元，完成年初预算的 188.29%。决算数大于年初预算的原因是科研专项增多。

（3）文化体育与传媒支出（类）其他文化体育与传媒支出（款）宣传文化发展专项支出（项）。主要用于宣传文化而支出的项目经费支出。年初预算为 47.51 万元，支出决算为 47.51 万元，决算数与年初预算持平。

（4）农林水（类）农业（款）科技转化与推广服务（项）。主要反映用于发展农林类科学技术事业而支出的农林类科研经费支出。年初预算为 127.69 万元，支出决算为 40.06 万元，完成年初预算的 31.4%。决算数小于年初预算的原因是农林水（类）专项资金本年未能完成全部预算支出。

六、一般公共预算财政拨款基本支出决算情况说明

2018 年度一般公共预算财政拨款基本支出决

算34792万元，包括人员经费和公用经费，支出具体情况如下：

人员经费31026万元，主要包括：基本工资、津贴补贴、其他工资福利支出、离休费、退休费、生活补助、助学金、奖励金、住房公积金、采暖补贴、物业服务补贴等。

公用经费3766万元，主要包括：办公费、印刷费、水费、电费、邮电费、取暖费、差旅费、维修（护）费、专用材料费、劳务费、工会经费、福利费、其他交通费用、其他商品和服务支出等。

七、政府性基金预算财政拨款收入支出决算情况说明

2018年度本单位没有政府性基金收入，也没有使用政府性基金安排的支出，故本表无数据信息。

八、一般公共预算财政拨款“三公”经费支出决算情况说明

2018年度本单位无一般公共预算安排的“三公”经费支出，故本表无数据信息。

九、重要事项情况说明

（一）机关运行经费支出情况

本单位为事业单位，无机关运行经费支出。

（二）政府采购支出情况

2018年度，政府采购支出总额9472.51万元，其中，政府采购货物支出7472.83万元、政府采购工程支出1970.68万元、政府采购服务支出29万元。授予中小企业合同金额9013.58万元，占政府采购支出总额的95.2%，其中，授予小微企业合同金额7310.22万元，占政府采购支出总额的77.2%。

（三）国有资产占用情况

截至2018年12月31日，学校共有车辆28辆，其中，公务用车9辆、其他用车19辆，其他用车主要是机电学院教学训练、后勤保障、食堂、印刷厂等用车；单位价值50万元以上通用设备52台（套），单位价值100万元以上专用设备8台（套）。

（四）预算绩效情况

1. 预算绩效管理工作开展情况。根据预算绩效管理要求，我单位共组织对“支持地方高校改革发展中央专项”“高校协同创新计划”等2个项目开展了绩效评价，评价金额1868万元。

2. 随2018年决算向省人大常委会报告的重点项目绩效评价结果。我单位2018年决算无向省人大常委会报告的重点项目绩效评价项目。

3. 以单位为主体开展的重点绩效评价结果。本单位无重点绩效评价项目。

第四部分　名词解释

一、财政拨款收入：指单位从同级财政部门取得的财政预算资金。按现行管理制度，省级部门决算中反映的财政拨款包括一般公共预算财政拨款和政府性基金财政拨款。

二、上级补助收入：指事业单位从主管部门和上级单位取得的非财政补助收入。

三、事业收入：指事业单位开展专业业务活动及其辅助活动取得的收入。包括事业单位收到的财政专户实际核拨的教育收费等。

四、经营收入：指事业单位在专业业务活动及其辅助活动之外开展非独立核算经营活动取得的收入。

五、附属单位上缴收入：指事业单位附属独立核算单位按照有关规定上缴的收入。

六、其他收入：指单位取得的除上述“财政拨款收入”“上级补助收入”“事业收入”“经营收入”“附属单位上缴收入”等以外的各项收入。

七、用事业基金弥补收支差额：指事业单位在用本年的“财政拨款收入”“财政拨款结转和结余资金”“事业收入”“经营收入”“其他收入”等不足以安排当年支出的情况下，使用以前年度积累的事业基金（事业单位当年收支相抵后按国家规定提取、用于弥补以后年度收支差额的基金）弥补本年度收支缺口的资金。

八、年初结转和结余：指单位以前年度尚未完成、结转到本年仍按原规定用途继续使用的资金，或项目已完成等产生的结余资金。

九、结余分配：指事业单位按照事业单位会计制度的规定从非财政补助结余中分配的事业基金和职工福利基金等。

十、年末结转和结余：指单位按照有关规定结转到下年继续使用的资金，或项目已完成等产生的结余资金。

十一、基本支出：指单位为保障其机构正常运转、完成日常工作任务而发生的人员支出和日常公用支出。

十二、项目支出：指单位在基本支出之外为完成特定的工作任务或事业发展目标所发生的支出。

十三、经营支出：指事业单位在专业业务活动及其辅助活动之外开展非独立核算经营活动发生的支出。

十四、"三公"经费：指省级部门用财政拨款安排的因公出国(境)费、公务用车购置及运行费和公务接待费。其中，因公出国(境)费反映单位公务出国(境)的国际旅费、国外城市间交通费、住宿费、伙食费、培训费、公杂费等支出；公务用车购置及运行费反映单位公务用车购置支出(含车辆购置税)及按规定保留的公务用车燃料费、维修费、过路过桥费、保险费等支出；公务接待费反映单位按规定开支的各类公务接待(含外宾接待)支出。

十五、机关运行经费：指为保障行政单位(包括参照公务员法管理的事业单位)运行用于购买货物和服务的各项资金，包括办公费、印刷费、咨询费、手续费、水费、电费、邮电费、取暖费、物业管理费、差旅费、因公出国(境)费、维修(护)费、租赁费、会议费、培训费、公务接待费、专用材料费、劳务费、委托业务费、工会经费、福利费、公务用车运行维护费以及其他费用等。

资产与实验室管理

【概况】资产与实验室管理处设有国资管理科、采购供应科、资产经营监管科、实验室管理科等4个科。校办产业管理办公室挂靠资产与实验室管理处。全处工作人员17人。

【采购供应】全年完成政府采购35次，采购金额约9426万元，签订合同237份，节约资金约87万元。校内招标14次，招标项目340个，采购金额5690万元。零星采购514次约276万元。办理进口免税仪器设备16台(套)。

【国有资产管理】开展全校固定资产清查、资产管理考评自评。加强内控建设，修订出台国资管理等8项规章制度。截至2018年底，全校固定资产总值151943万元，计183731台(件)。全年固定资产入账4280万元，计14272台(件)；低值设备入账224万元，计560台(件)；资产变动8500件次；拟报废资产1747万元，计8015件；资产处置收入13910元；调配或维修家具和设备30余次230余件。

经营性资产项目58项，已执行到账680万元。监管签署各类合同580份。协调督促1－3#商住楼工程网点房等承租方认真执行合同，就下一步合作有关问题进行调研。

【实验室管理】"焊接工业机器人虚拟仿真实验教学项目"获批首批国家级示范性虚拟仿真实验教学项目。"制冷压缩机拆装虚拟仿真实验项目"入围新一批全国项目评选认定。投入287万元，进行药学一流学科、应用型专业、教育服务新旧动能转换专业等实验室改造；投入180万元，新增实验室面积2736㎡，满足了引进高端人才和高水平设备安装的需要。新上实验室综合管理系统。43项教学实验平台项目纳入学校总项目库。维修37件大型仪器维修费用共计44万元。4个自制实验教学仪器项目参加教育部评选并全部获三等奖。

投入600万元，完成化学馆标准化二期改造，公共区域环境面貌一新，安全隐患得以消除。开展实验室环境卫生和秩序整治，评出760个标准化实验室并挂牌。投入6.9万元改造易制爆化学品储存点，暂存甲醇等18种易燃易爆化学品，新上易制爆管控审批系统，申购易制爆类35次41瓶、易制毒类124次1372瓶。收集暂存废液59次、集中转运3次计28.1吨，处置费用共计56.2万元。日常安全检查101次。理顺实验耗材政府采购网签报销流程，采购额43.89万元。

【公房管理】 投入120万元，完善1－3#商住楼1600m² 公用房屋办公条件；调配公用房屋16次、47间计2000m²。

【资产经营】 校办产业所有企业未发生安全责任事故，实现产值约890万元，其中印刷厂200万元、双得公司130万元、建设监理公司400万元、建筑设计院160万元。积极推进解决建筑公司相关问题。

（刘　杰）

附：

2018年资产与实验室管理工作相关数据统计表

截至2018年12月

类　目	明　细	数　额	备　注
采购供应	政府采购（万元）	9426	
	校内采购（万元）	5690	
国资管理	固定资产总值（万元）	151943	
	固定资产总数量（台/件）	183731	
	年固定资产入账值（万元）	4280	
	年固定资产入账数量（台件）	4280	
	低值设备入账值（万元）	224	
	低值设备入账数量（台/件）	560	
	资产变动数量（件/次）	8500	
	报废资产总值（万元）	1747	
	资产处置收入（万元）	1.391	
	公务车处置（台）	8	
	资产有偿使用收入（万元）	680	
	合同/招标采购合同/科研合同/其他合同（件）	580	
	调配办公用房（m²）	2000	
	调配公用房屋次数	16	
实验室管理	教学科研设备（台）	30419	
	教学科研设备总值（万元）	39164	
	10万元以上大型仪器设备（台）	564	
	实验室总数（个）	145	
	实验室总面积（m²）	49978	
	教学实验项目（项）	1388	
	教学实验学时（个）	40745	
	总实验人时数（人/时）	2719888	
	实验技术高级职称/中级职称/兼职实验人员	40/63/21	

续表

类目	明细	数额	备注
资产经营	校办企业总产值(万元)	890	
	印刷厂(万元)	200	
	双德公司(万元)	130	
	建设监理公司(万元)	400	
	建筑设计院(万元)	160	

审计工作

【概况】2018年,审计处共有工作人员9人。其中工程审计人员3人,财务审计人员3人;硕士研究生2人,本科5人,大专2人;副高级职称1人,中级职称8人;1人具有注册造价工程师执业资格。

下半年,省审计厅对原校领导任期经济责任履行情况进行了审计,审计处牵头联络配合工作。报送电子数据,购置专用设备,布置办公场所,提供审计资料,对接审计问询,得到肯定和好评。

【财务审计】本年度,学校共进行6项专项审计调查、财务收支和经济责任审计,审计资金总额15569.83万元。

1.自审专项审计调查及经济责任审计、财务收支审计5项。

按照省教育厅安排部署,对学校2017年度债务情况进行了专项审计调查。提出问题和改进管理建议2条,向省教育厅提交专项审计调查报告1份。

受学校党委组织部委托,完成学校工会、研究生处原负责人任期经济责任审计2项。审计资金总额4356.50万元,提出问题和改进管理建议15条。

受学校后勤处委托,完成烟大后勤处幼儿园2017年度保教费收支审计1项,审计资金总额332.91万元,提出问题和改进管理建议1条。

2.委托社会中介单位完成会计报表审计1项。

根据学校工作安排,委托校外会计师事务所完成烟大建筑工程有限公司财务会计报表审计1项。审计资金总额10880.42万元,做出审计事项说明和审计情况总结11条。

根据有关规定,完成学校财务决算报表、专项资金使用决算报表审签2项;协助学校纪委完成校医院收支合规情况调查1项;完成科研项目经费决算审签27项。

【工程审计】开展工程项目审计42项,送审资金总额15317.31万元。审减金额703.50万元,审减率4.59%。

1.自审基建、修缮等工程项目21项,送审金额600.83万元。审定金额570.31万元,审减金额30.52万元,审减率5.08%。

2.委托社会中介单位审计基建工程项目21项,送审金额14716.48万元。审定金额14043.49万元,审减金额672.98万元,审减率4.57%。

委托社会中介单位对学校实验中心、15－16号学生公寓、电力增容改造等工程项目开展了跟踪审计,被审计项目工程预算造价19297万元。

(程　莹)

综合行政管理

【概况】学校校级行政管理中的综合协调、督查督办、公文处理、会议管理、档案管理、机要保密、对外联络、服务保障等工作由学校办公室承担。2018年,学校办公室设有综合科、秘书科、督察科、机要科、综合档案室、会议中心等6个科室,工作人员17名。

2018年,学校办公室深入学习贯彻落实党的十九大精神和学校第四次党代会精神,扎实做好服务、组织、协调、督办和信息传递等工作,保质保量地完成了各项常规任务。成功组织召开了北京大学、清华大学支援烟台大学建设委员会第十三次会议,为借助两校促进学校更好发展奠定基础。

【文秘工作】紧贴学校中心工作开展调研,在重点工作推进过程中,提前谋划、协助领导进行决策方案的分析、拟订,提出合理化的意见建议,发挥好"智囊团"作用。严格各类文件制发,精简文件数量,限制发文字数和篇幅,突出文件的思想性和可操作性。全年共制发公文428件,其中党字23件、党发64件、校字95件、校发69件、办字61件、办发29件、党任11件、校任12件、函字10件、党委常委会会议纪要36件、校长办公会会议纪要17件。起草典型材料、工作报告、讲话稿等300余篇。做好党委常委会、校长办公会和专题会等会务和记录工作。传阅文件897件,接收机要信件512件、发出213件。围绕学校人才培养、内涵建设、服务地方经济社会发展等问题,收集上报信息近200条。在校内外开展20余次材料调研、实地调研、会议论证,修订《烟台大学单位目标考核办法》,加大奖励力度,强化二级单位班子正向激励。推动出台《关于坚持和完善党委领导下的校长负责制健全党委全委会、常委会和校长办公会议事制度与规则的实施办法(修订)》,完善学校民主集中制。

【会议管理】科学协调每周日程安排,协调学校第四次党代会、第三次团代会等大型会议20场、中小型会议500余次。会议中心承接各类活动500余场次。积极沟通协调,组织安排巡视联络组工作会议、巡视整改工作会议20余次,为巡视组来校进行谈话、座谈等做好服务保障工作。为各类会务等派车300余次,安全行驶13余万公里,未发生任何事故。

【交流往来】坚持热情、周到、节俭的原则,做好上级检查、调研,兄弟院校考察交流等接待任务。共接待山东建筑大学、塔里木大学、省纪委、南山集团和各类论坛等各类来访人员100余次。安排协调校领导考察访问清华大学、沈阳药科大学、陕西师范大学、西南大学、西藏地区等20多所高校和单位。

【督查督办】重点围绕学校党委常委会和校长办公会的决定以及校领导批示的重大事项开展督查工作。涵盖党委常委会36期、校长办公会17期,现场办公会及领导批示的重大事项8项,回音壁工作汇总2期,全年完成督查督办工作174余件(次),形成督查通报6期,为学校督办问责提供事实依据,及时回应师生诉求。

【信访工作】保障信息畅通,全年处理日常信访及校内外来信来电83起。其中网上信访42起,校外10起,赴烟台市信访局参加现场工作联席会议1起。做好校长信箱的日常维护工作,及时有效地将各类信息分类提交给职能部门,并按时将反馈信息回复给来访人及校领导。处理校长信箱函件34件,均通过有效途径反馈给来访人。校领导接待日共接待来访38起,多年积案得以有效处理,提高了信访工作满意度。

【信息公开】建立多部门联动机制,党内监督、行政监督和群众监督有机结合。信息公开网共公开各类信息90余条,校主页公布校长办公会16期,学校办公系统公开各类信息1000余条。全年未出现申请公开信息按照规定不能予以公开的情况。及时做好学校第四次党代会、省委第十三巡视组巡视烟台大学等重点工作、重点领域的信息公开。

【档案管理】采取多种利用方式,为审计组、省委巡视组、师生校友提供档案利用1611次,共调阅案卷4980余卷。为学校宣传、招生、新媒体等提供照片600余张。接收、整理、归档各类档案2830卷、348件,电子文件400多件,纸质照片177张、数字照片600多张;完成学校重大活动拍摄任务120多场次。完成2017级新生录取名册的扫描上传工作,共扫描上传文件479件。做好档案管理系统的维护,及时备份档案数据,确保数据安全。起草《烟台大学年鉴编辑管理办法》,提出年鉴改版和栏目调整方案;编写2017年学校大事记。认真准确完成档案统计年报工作,1人受到山东省档案局通报表扬。落实库房"九防"措施,主动请保卫处消防管理人员到库房实地查看,查找风险点,及时整改,为档案库房安装消防应急灯,增加灭火器材。

(赵海峰)

【法律事务】2018年1月,法律事务部挂靠发展规划与学科建设处(原发展规划处);6月,挂靠知识产权研究中心。法律事务部现有工作人员1人。山东鑫士铭律师事务所4名律师担任学校法律顾问。

本年度,法律事务部共审核学校及校内各单位涉及校地共建、基本建设、人才引进等各类合同697件。先后5次代表学校参加学校对外合同的谈判和合同条款的修订、签订,维护了学校的正当权益。

为支持学校与地方政府和企业开展新旧动能转换项目合作,加快合作合同的合规审核。加强对学校各部门业务主办人在合同磋商和签订环节的法律指导。为学校科研项目成果转化提供以公司股权化模式的项目转化方案。

(史卫进)

对外交流与合作

【概况】8月1日,学校决定撤销留学生科,设立出境管理科。目前,国际合作交流处暨港澳台事务办公室设有综合科、外籍专家科、项目管理科和出境管理科4个科室,在岗职员7人。本年度建立了"烟大国际"微信公众号。

【友好学校】本年度,学校新建友好学校8所:白俄罗斯国立文化艺术大学,韩国庆熙大学、明知大学、世明大学、外国语大学,美国密苏里大学堪萨斯分校、田纳西大学查塔努加分校和意大利米兰ACME美术学院。

【因公出访】本年度,学校派出因公出访团组51个,81人次。其中校级团组5个,17人次;处级及以下团组46个,64人次。

【师生交流】学校全年派出教师出国(境)留学、校际交流、进修、合作研究、参加学术会议等64人次,其中省政府资助出国留学6人,国家留学基金委资助出国2人。

派出赴美国、日本、韩国、英国等校际交流学生115人。派出赴中国台湾地区校际交流学生47人。派出赴日本、韩国等暑期研修生30人,赴美国、日本暑期实习生37人。

学校组建学生足球队,代表烟台市赴俄罗斯参加"友城杯"友谊赛。这是学校首次组织学生集体开展对外体育交流活动。

【汉语国际推广】2018年,学校共派遣汉语志愿者15人。

【港澳台工作】2018年,学校共派出赴港澳台地区访问和学术交流团组10个、19人次。派出赴中国台湾地区研修学生51人,接收2名中国台湾地区学生来校研修学习,接收16名中国台湾地区师生来校参加烟台大学首届海峡两岸大学生"齐鲁文化"研习夏令营。

【外籍专家】学校聘请长期专家44人,短期专家2人,其中语言专家30人、非语言类专家16人。补充和完善了烟台大学《外籍教师手册》，将相关涉外法律法规重要条款摘要补充为手册的附件，完成中英对照版本的修订工作。外籍教师入职教育内容系统化。

【中外合作办学】本年度，学校共有2个中外合作办学本科项目和1个中外合作办学专科机构。与韩国檀国大学合作举办的材料科学与工程本科专业在校生357人（2015级89人、2016级91人、2017级90人、2018级87人）；与美国西俄勒冈大学合作举办的法学（区域犯罪信息分析）本科专业在校生387人（2015级97人、2016级98人、2017级99人、2018级93人）。与挪威MI商学院合办的枫叶国际商学院自2017年停止招生。目前有在校生193人（2016级）。

（王春敏）

附：

1.2018年学校接待重要来访统计表

序号	时间	国家或地区	来访团组	主要来访者	接待校领导
1	1月12日	美国	环太平洋公园组织	卡尔·博格曼	
2	3月1日	英国	朴茨茅斯大学	詹妮弗·赛泽	
3	3月6—8日	韩国	汉阳大学	申成国	宋中民
4	3月13日	乌克兰	卢甘斯克国立大学	斯塔什夫斯卡·茵娜	
5	3月27日	德国	斯泰恩拜斯大学	迈克尔·李斯特	
6	3月28—30日	中国台湾	世新大学	李功勤	
7	3月28日	奥地利	欧亚太平洋大学学术委员会	沃尔夫–迪特尔·劳施	宋中民
8	4月8日	新西兰	坎特伯雷大学	罗德·卡尔	郭善利　宋中民
9	4月9日	新西兰	陶朗加市	格雷格·布朗赖斯	张　伟　宋中民
10	4月17日	英国	苏格兰商会	蒂姆·阿兰	郭善利
11	4月18日	韩国	翰林大学	梁基雄	宋中民
12	4月23日	日本	北海商科大学	苏　林	
13	5月6—10日	美国	卡森纽曼大学	巴里·克拉克	
14	5月10—12日	韩国	檀国大学	沈载佑	宋中民
15	5月11日	英国	考文垂大学	大卫·肖恩·海兹	
16	5月17日	英国	Forgemasters公司	格莱姆·霍尼曼	
17	5月24日	韩国	翰林大学	郑凤九	
18	5月25日	美国	中央密歇根大学	埃德加·C·辛普森	
19	5月29日	韩国	檀国大学	金娱永	宋中民
20	5月29日—6月1日	韩国	外国语大学	吴钟辰	
21	6月10日	韩国	全南大学	严英旭	
22	6月21日	韩国	汉阳大学	尹锡满	
23	6月22日	澳大利亚	维多利亚大学	李斯·威廉姆斯	
24	6月23—25日	韩国	檀国大学	张淏星	张　伟　宋中民
25	7月11—17日	韩国	木浦大学	全衡模	
26	7月16日	美国	路易斯安纳州立亚历山大大学	黄桂友	宋中民

续表

序号	时间	国家或地区	来访团组	主要来访者	接待校领导
27	7 月 17 日	韩国	外国语大学	吴钟辰	
28	7 月 19 日	美国	爵硕大学	周功耀	宋中民
29	8 月 10—19 日	中国台湾	宜兰大学、东吴大学、东华大学	程安邦	宋中民
30	8 月 18 日	韩国	全南大学	金明瑾	
31	8 月 28 日	日本	福冈大学	李明哲	
32	9 月 4—9 日	日本	北海商科大学	苏　林	宋中民
33	9 月 5 日	保加利亚	丘斯滕迪尔农业研究院	迪米特・索特威	郭善利　宋中民
34	9 月 11 日	加拿大	阿尔伯塔大学	罗恩・巴比克	
35	9 月 12 日	中国台湾	中正大学	刘建宏	
36	9 月 11—13 日	新西兰	理工学院	皮特・麦克弗森	
37	10 月 7—13 日	新西兰	坎特伯雷大学	马修・特恩布尔	宋中民
38	10 月 15—16 日	美国	田纳西大学查塔努加分校	罗伯特・杜利	宋中民
39	10 月 17 日	韩国	大韩民国驻青岛总领事馆	朴镇雄	张　伟　宋中民
40	10 月 17—20 日	美国	卡森纽曼大学	丹尼・辛森	
41	10 月 22 日	韩国	檀国大学	张钒星	宋中民
42	11 月 6 日	中国台湾	中原大学	许世哲	宋中民
43	11 月 13 日	美国	圣何塞州立大学	格雷斯丁・刘	
44	11 月 15 日	俄罗斯	瓦列金夫妇图书捐赠	瓦列金、薇拉・瑟特妮克	
45	11 月 16 日	韩国	大韩民国驻青岛总领事馆	朴镇雄	
46	11 月 19 日	美国	太平洋路德大学		

2. 2018 年学校与国(境)外学校签署协议统计表

序号	合作方签约学校	签约时间	学校代表	合作方代表	内容	签约地点
1	美国密苏里大学堪萨斯分校	2018.1.10	宋中民	凯文・杜鲁门	谅解备忘录	函签
2	美国西俄勒冈大学	2018.12.20	郭善利	雷克斯・富勒	合作举办法学专业(区域犯罪信息分析方向)本科教育项目延期协议书	函签
3	新西兰坎特伯雷大学	2018.4.8	郭善利	罗德・卡尔	课程衔接项目协议备忘录	烟台
4	韩国庆熙大学	2018.1.29	郭善利	黄柱镐	友好交流协定书	函签
5	韩国明知大学	2018.1.30	郭善利	俞炳辰	友好合作及学术交流协议书	函签
6	中国台湾宜兰大学	2018.5.22	郭善利	吴柏青	学术交流与合作备忘录	函签
7	韩国世明大学	2018.4.30	郭善利	李庸杰	学术交流协议书	函签
8	美国田纳西大学查塔努加分校	2018.11.28	郭善利	史蒂文・安格尔	合作谅解备忘录	函签

续表

序号	合作方签约学校	签约时间	学校代表	合作方代表	内容	签约地点
9	美国密苏里大学堪萨斯分校	2018.7.9	宋中民	凯文·杜鲁门	本硕项目协议	美国
10	美国密苏里大学堪萨斯分校	2018.7.9	宋中民	芭芭拉·比切迈耶	学历合作项目备忘录	美国
11	韩国外国语大学	2018.11.6	郭善利	金仁喆	交流合作协议 学生交流协议	函签
12	韩国檀国大学	2018.1.18	姜付义 张西俊	金娱永　沈载佑	中外合作办学项目会议备忘录	函签
13	韩国檀国大学	2018.5.11	宋中民 张西俊 杜　伟	金娱永　沈载佑	中外合作办学项目管理委员会会议备忘录	函签
14	白俄罗斯国立文化艺术大学	2018.7.30	郭善利	艾琳娜·科巴特	友好学校协议书	函签
15	英国朴茨茅斯大学	2018.9.13	郭善利	格雷厄姆·加尔布雷斯	补充协议	英国
16	意大利米兰 ACME 美术学院	2018.12.17	郭善利	洛伦佐·普拉托	合作协议	烟台

3. 2018 年与学校建立友好合作交流关系的国外大学统计表

序号	国家	学校外文名称	学校中文名称	签字日期
1	美国	University of Missouri Kansas City	密苏里大学堪萨斯分校	2018.1.10
2	韩国	KyungHee University	庆熙大学	2018.1.29
3	韩国	Myongji University	明知大学	2018.1.30
4	韩国	Semyung University	世明大学	2018.4.30
5	白俄罗斯	The Belarusian State University of Culture and Arts	国立文化艺术大学	2018.7.30
6	韩国	Hankuk University of Foreign Studies	外国语大学	2018.11.6
7	美国	The University of Tennessee at Chattanooga	田纳西大学查塔努加分校	2018.11.28
8	意大利	Acme Accademia di Belle Arti Europea dei Media	米兰 ACME 美术学院	2018.12.17

4. 学校聘请的外国文教专家名录

序号	姓名	性别	国籍	学历学位	任教单位	聘用时间
1	Denver Douglas	男	澳大利亚	硕士	外国语学院	2018.08—2019.07
2	Ha Dohyung　河度亨	男	韩国	硕士	外国语学院	2018.08—2019.07
3	Cho Chu Young　曹珠英	女	韩国	硕士	外国语学院	2018.08—2019.07
4	Kim Junghwa　金侦华	女	韩国	学士	外国语学院	2018.08—2019.07
5	Kim Sena　金世娜	女	韩国	硕士	外国语学院	2018.08—2019.07
6	Kim Jihyun　金智贤	女	韩国	硕士	外国语学院	2018.08—2019.07

续表

序号	姓名	性别	国籍	学历学位	任教单位	聘用时间
7	Miyaji Eiko　宫地荣子	女	日本	硕士	外国语学院	2018.08—2019.01
8	Seiichi Isobe　矶部诚一	男	日本	硕士	外国语学院	2018.08—2019.07
9	Ohara Rei　大原丽	女	日本	硕士	外国语学院	2018.08—2019.07
10	Ryan Devin	男	英国	学士	国际教育交流学院	2017.02—2018.02
11	David Ansliey Robert Hall	男	英国	学士	国际教育交流学院	2018.05—2020.07
12	Mark Patrick Grosicki	男	加拿大	学士	国际教育交流学院	2018.08—2019.07
13	Christopher Andrew Conaway	男	美国	硕士	国际教育交流学院	2018.09—2019.03
14	Christian Llewellyn Bonk	男	加拿大	学士	国际教育交流学院	2018.12—2020.07
15	Lim Jong Cheon　林钟千	男	韩国	博士	法学院	2018.03—2020.02
16	Glenna Lynn Tsang	女	美国	学士	法学院	2018.03—2019.01
17	Mohammed Yashin Sharif	男	英国	学士	法学院	2018.08—2019.07
18	Peter David Krogh	男	美国	博士	法学院	2018.08—2019.07
19	Amy Dickinson	女	英国	学士	法学院	2018.08—2019.07
20	Kim Kyu Oh　金桂梧	女	韩国	博士	环境材料与工程学院	2018.03—2018.07
21	Choi Myung Soo　崔明洙	男	美国	博士	环境材料与工程学院	2018.03—2018.07
22	Lee Seung Bum　李承范	男	韩国	博士	环境材料与工程学院	2018.08—2019.01
23	Hong Seheum　洪世钦	男	韩国	博士	环境材料与工程学院	2018.08—2019.01
24	Yang Jihyeon　杨智铉	女	韩国	学士	环境材料与工程学院	2018.08—2019.07
25	Gilberto Heredia Suarez	男	古巴	学士	体育学院	2018.01—2018.12
26	Robert Loffredo	男	美国	博士	化学化工学院	2018.05—2018.07
27	Patrick Collin Bachmann	男	美国	博士	音乐舞蹈学院	2018.03—2021.03
28	Jinfeng Li　李劲风	男	美国	博士	药学院	2018.01—2021.12
29	Edgar C Simpson	男	美国	博士	人文学院	2018.05—2018.06

5. 2018 年公派长期出国(境)教师情况表

姓名	单位	国家或地区	出国(境)日期	归国(境)日期	任务
李成凤	国际教育交流学院	美国	2018.01.15	2019.01.14	访学
陈传军	数学与信息科学学院	美国	2018.01.15	2019.01.14	访学
王殿英	人文学院	中国台湾	2018.02.22	2018.08.21	访学
王小忠	外国语学院	中国台湾	2018.02.22	2018.08.21	访学
于传锋	外国语学院	日本	2018.04.01	2018.07.31	汉语教学
崔艳丽	数学与信息科学学院	美国	2018.08.30	2019.08.29	访学
张慧超	土木工程学院	美国	2018.09.01	2019.09.01	访学
陈丽红	生命科学学院	新西兰	2018.09.19	2019.04.19	访学

续表

姓名	单位	国家或地区	出国(境)日期	归国(境)日期	任务
邢荣莲	生命科学学院	新西兰	2018.09.19	2019.04.19	访学
曲凤龙	数学与信息科学学院	美国	2018.09.20	2019.09.29	访学
张　超	光电信息科学技术学院	美国	2018.09.25	2019.09.24	访学
宋红松	法学院	日本	2018.09.25	2019.02.28	科研合作
房绍坤	法学院	中国台湾	2018.10.15	2019.01.15	访学
薛　涛	人文学院	英国	2018.10.30	2019.10.29	访学
侯哲生	土木工程学院	澳大利亚	2018.11.01	2019.05.01	访学
于翠红	外国语学院	美国	2018.12.10	2019.12.10	访学

6. 2018 年校级因公出访团组情况表

姓名	单位	国家或地区	出国(境)日期	归国(境)日期	任务
张　伟 王少波 李育华 毕朝晖 滕雪玉	校机关 音乐舞蹈学院 统战部 生命科学学院 数学与信息科学学院	中国台湾	2018.05.07	2018.05.12	校际交流
崔明德 张西俊 李国栋	校机关 国际处 学报编辑部	巴西 墨西哥	2018.06.10	2018.06.18	校际交流
宋中民 刘君涛 吴宏军	校机关 继续教育学院 国际处	美国 加拿大	2018.07.08	2018.07.15	校际交流
郭善利 宋　岩 刘仲礼 张西俊	校机关 经济管理学院 核装备与核工程学院 国际处	英国 保加利亚	2018.09.11	2018.09.18	校际交流
孙祥斌 贺　君	校机关 教务处	中国台湾	2018.10.23	2018.10.27	大学校长论坛

7. 2018 年公派短期出国(境)人员情况表

姓名	单位	国家或地区	出国(境)日期	归国(境)日期	任务
毕春加	数学与信息科学学院	中国香港	2018.01.02	2018.01.15	学术交流
韩京龙	环境与材料工程学院	日本 韩国	2018.01.09	2018.01.28	科研合作
李文强	数学与信息科学学院	英国	2018.01.14	2018.03.13	合作研究
李　营	光电信息科学技术学院	中国香港	2018.01.17	2018.01.25	国际会议

续表

姓名	单位	国家或地区	出国(境)日期	归国(境)日期	任务
姜付义	环境与材料工程学院	韩国	2018.01.17	2018.01.20	校际交流
张　琦	环境与材料工程学院	韩国	2018.01.17	2018.01.20	校际交流
全为民	教务处	韩国	2018.01.17	2018.01.20	校际交流
张雪松	经济管理学院	韩国	2018.01.18	2018.02.18	学术交流
张　涛	经济管理学院	韩国	2018.01.18	2018.02.18	学术交流
李国清	体育教学部	美国	2018.02.06	2018.02.26	调研交流
祁彩霞	化学化工学院	日本	2018.03.04	2018.03.17	科研合作
杨利军	法学院	日本	2018.04.08	2018.04.15	学术交流
刘志勇	土木工程学院	日本	2018.04.10	2018.04.16	国际会议
李文强	数学与信息科学学院	法国	2018.04.15	2018.05.15	学术交流
张　伟	体育学院	俄罗斯	2018.05.03	2018.05.13	体育比赛
朱　兴	团委	俄罗斯	2018.05.03	2018.05.13	体育比赛
初瑞清	环境与材料工程学院	日本	2018.05.24	2018.06.01	国际会议
贺笑春	环境与材料工程学院	日本	2018.05.24	2018.06.01	国际会议
姜一春	法学院	中国台湾	2018.06.29	2018.07.09	商法论坛
史卫进	发展规划处	中国台湾	2018.06.13	2018.06.18	国际会议
祁彩霞	化学化工学院	法国 德国	2018.07.13	2018.07.20	国际会议
史俊杰	化学化工学院	法国 德国	2018.07.14	2018.07.20	国际会议
郑玉华	化学化工学院	法国 德国	2018.07.14	2018.07.20	国际会议
姜　琦	音乐舞蹈学院	加拿大	2018.07.15	2018.07.29	舞蹈教学
徐志军	环境与材料工程学院	美国	2018.07.25	2018.08.03	合作科研
初瑞清	环境与材料工程学院	美国	2018.07.25	2018.08.03	合作科研
邹淑珍	音乐舞蹈学院	白俄罗斯	2018.07.29	2018.08.01	校际交流
周甜甜	音乐舞蹈学院	白俄罗斯	2018.07.29	2018.08.01	校际交流
徐小波	国际教育交流学院	中国台湾	2018.07.29	2018.08.11	培训
秦昌才	经济管理学院	中国台湾	2018.07.29	2018.08.11	培训
金晶华	经济管理学院	中国台湾	2018.07.29	2018.08.11	培训
张景晖	音乐舞蹈学院	中国台湾	2018.07.29	2018.08.11	培训
刘志勇	土木工程学院	荷兰 比利时	2018.08.20	2018.09.01	国际会议
丁凤熙	外国语学院	韩国	2018.10.01	2018.10.06	合作科研
于彦伟	计算机与控制工程学院	新加坡	2018.10.07	2018.10.12	国际会议

续表

姓名	单位	国家或地区	出国(境)日期	归国(境)日期	任务
王　蕾	海洋学院	韩国	2018.10.09	2018.10.12	国际会议
于光辉	文经学院	德国	2018.10.14	2018.10.28	学术交流
赵玉潮	化学化工学院	德国	2018.10.20	2018.10.26	国际会议
祁彩霞	化学化工学院	日本	2018.10.27	2018.11.02	国际会议
陈义保	科研处	韩国	2018.11.05	2018.11.08	学术会议
王燕涛	机电汽车工程学院	韩国	2018.11.05	2018.11.08	学术会议
孙立民	计算机与控制工程学院	韩国	2018.11.05	2018.11.08	学术会议
王莹洁	计算机与控制工程学院	韩国	2018.11.05	2018.11.08	学术会议
唐永政	海洋学院	韩国	2018.11.05	2018.11.08	学术会议
王凌云	国际合作交流处	韩国	2018.11.05	2018.11.08	学术会议
祁彩霞	化学化工学院	美国	2018.11.17	2018.11.23	国际会议
阎维青	计算机与控制工程学院	新加坡	2018.11.20	2018.11.24	国际会议
史卫进	法律事务部	中国台湾	2018.12.11	2018.12.14	学术交流

8. 2018 年学生交流项目公派长/短期出国(境)人员情况表

	姓名	单位	国别(地区)	出国(境)日期	归国(境)日期	任务
1	刘　传	建筑学院	韩国	2018.02	2018.06	交流学习
2	夏　雨	建筑学院	韩国	2018.02	2018.06	交流学习
3	王雪洋	法学院	中国台湾	2018.03	2018.07	交流学习
4	王子剑	法学院	中国台湾	2018.03	2018.07	交流学习
5	刘晓楠	法学院	中国台湾	2018.03	2018.07	交流学习
6	时子涵	法学院	中国台湾	2018.03	2018.07	交流学习
7	吴祈法	法学院	中国台湾	2018.03	2018.07	交流学习
8	薛　瑾	法学院	中国台湾	2018.03	2018.07	交流学习
9	王天玥	人文学院	中国台湾	2018.03	2018.07	交流学习
10	彭子溪	人文学院	中国台湾	2018.03	2018.07	交流学习
11	迟舒丹	化学化工学院	中国台湾	2018.03	2018.07	交流学习
12	孙琳沙	音乐舞蹈学院	中国台湾	2018.03	2018.07	交流学习
13	杨博文	生命科学学院	中国台湾	2018.03	2018.07	交流学习
14	王　喆	环境与材料工程学院	中国台湾	2018.03	2018.07	交流学习
15	王小允	土木工程学院	中国台湾	2018.03	2018.07	交流学习
16	王晓倩	外国语学院	日本	2018.03	2019.03	交流学习
17	马照旋	外国语学院	日本	2018.03	2019.03	交流学习
18	孙　珊	外国语学院	日本	2018.03	2019.03	交流学习
19	陈春华	外国语学院	日本	2018.03	2019.03	交流学习

续表

	姓名	单位	国别(地区)	出国(境)日期	归国(境)日期	任务
20	艾仕利	化学化工学院	中国台湾	2018.09	2018.12	交流学习
21	张 琳	化学化工学院	中国台湾	2018.09	2018.12	交流学习
22	孟 康	化学化工学院	中国台湾	2018.09	2018.12	交流学习
23	孟 涵	化学化工学院	中国台湾	2018.09	2018.12	交流学习
24	田 静	经济管理学院	中国台湾	2018.09	2018.12	交流学习
25	李怡萱	经济管理学院	中国台湾	2018.09	2018.12	交流学习
26	吴佳璇	经济管理学院	中国台湾	2018.09	2018.12	交流学习
27	赵忠浩	机电汽车工程学院	中国台湾	2018.09	2018.12	交流学习
28	田志航	生命科学学院	中国台湾	2018.09	2018.12	交流学习
29	夏渝静	生命科学学院	中国台湾	2018.09	2018.12	交流学习
30	国莉莉	环境与材料工程学院	中国台湾	2018.09	2018.12	交流学习
31	徐佳琳	环境与材料工程学院	中国台湾	2018.09	2018.12	交流学习
32	董 婕	音乐舞蹈学院	中国台湾	2018.09	2018.12	交流学习
33	王 璞	建筑学院	中国台湾	2018.09	2018.12	交流学习
34	王 耕	法学院	中国台湾	2018.09	2018.12	交流学习
35	刘勇志	法学院	中国台湾	2018.09	2018.12	交流学习
36	刘琰煜	法学院	中国台湾	2018.09	2018.12	交流学习
37	李明蔚	法学院	中国台湾	2018.09	2018.12	交流学习
38	崔继男	法学院	中国台湾	2018.09	2018.12	交流学习
39	韩义纯	法学院	中国台湾	2018.09	2018.12	交流学习
40	管 婧	法学院	中国台湾	2018.09	2018.12	交流学习
41	万一媛	人文学院	中国台湾	2018.09	2018.12	交流学习
42	王一鸣	人文学院	中国台湾	2018.09	2018.12	交流学习
43	艾梦华	人文学院	中国台湾	2018.09	2018.12	交流学习
44	吕谨竹	人文学院	中国台湾	2018.09	2018.12	交流学习
45	闫梦柯	人文学院	中国台湾	2018.09	2018.12	交流学习
46	李文敏	人文学院	中国台湾	2018.09	2018.12	交流学习
47	李昊燃	人文学院	中国台湾	2018.09	2018.12	交流学习
48	李婷婷	人文学院	中国台湾	2018.09	2018.12	交流学习
49	杨晋娜	人文学院	中国台湾	2018.09	2018.12	交流学习
50	沈 珺	人文学院	中国台湾	2018.09	2018.12	交流学习
51	高 佳	人文学院	中国台湾	2018.09	2018.12	交流学习
52	谌颖轶	人文学院	中国台湾	2018.09	2018.12	交流学习
53	谭 畅	人文学院	中国台湾	2018.09	2018.12	交流学习
54	巨 微	外国语学院	日本	2018.10	2019.8	交流学习

续表

	姓名	单位	国别(地区)	出国(境)日期	归国(境)日期	任务
55	冯卓楠	外国语学院	日本	2018.10	2019.04	交流学习
56	窦金鑫	外国语学院	日本	2018.10	2019.8	交流学习
57	王素洁	外国语学院	韩国	2018.9	2019.8	交流学习
58	冯晓宇	外国语学院	韩国	2018.9	2019.8	交流学习
59	刘　爽	外国语学院	韩国	2018.9	2019.8	交流学习
60	刘　遇	外国语学院	韩国	2018.9	2019.8	交流学习
61	刘　静	外国语学院	韩国	2018.9	2019.8	交流学习
62	刘文慧	外国语学院	韩国	2018.9	2019.8	交流学习
63	刘晓雯	外国语学院	韩国	2018.9	2019.8	交流学习
64	杨　冰	外国语学院	韩国	2018.9	2019.8	交流学习
65	余俊红	外国语学院	韩国	2018.9	2019.8	交流学习
66	张雨鹤	外国语学院	韩国	2018.9	2019.8	交流学习
67	陈裕南	外国语学院	韩国	2018.9	2019.8	交流学习
68	武婷婷	外国语学院	韩国	2018.9	2019.8	交流学习
69	侯　雨	外国语学院	韩国	2018.9	2019.8	交流学习
70	侯春洁	外国语学院	韩国	2018.9	2019.8	交流学习
71	姚艳来	外国语学院	韩国	2018.9	2019.8	交流学习
72	谭珍婷	外国语学院	韩国	2018.9	2019.8	交流学习
73	王思涵	环境与材料工程学院	韩国	2018.9	2020.7	交流学习
74	王美佳	环境与材料工程学院	韩国	2018.9	2020.7	交流学习
75	王淘沙	环境与材料工程学院	韩国	2018.9	2020.7	交流学习
76	白　璐	环境与材料工程学院	韩国	2018.9	2020.7	交流学习
77	刘雨滢	环境与材料工程学院	韩国	2018.9	2020.7	交流学习
78	许象嵛	环境与材料工程学院	韩国	2018.9	2020.7	交流学习
79	孙佳璐	环境与材料工程学院	韩国	2018.9	2020.7	交流学习
80	纪玉菁	环境与材料工程学院	韩国	2018.9	2020.7	交流学习
81	张振浩	环境与材料工程学院	韩国	2018.9	2020.7	交流学习
82	张馨悦	环境与材料工程学院	韩国	2018.9	2020.7	交流学习
83	陈　卓	环境与材料工程学院	韩国	2018.9	2020.7	交流学习
84	郑淇文	环境与材料工程学院	韩国	2018.9	2020.7	交流学习
85	徐瑛凯	环境与材料工程学院	韩国	2018.9	2020.7	交流学习
86	郭晓璐	环境与材料工程学院	韩国	2018.9	2020.7	交流学习
87	唐玮祎	环境与材料工程学院	韩国	2018.9	2020.7	交流学习
88	崔洪博	环境与材料工程学院	韩国	2018.9	2020.7	交流学习
89	蒋玉泉	环境与材料工程学院	韩国	2018.9	2020.7	交流学习

续表

	姓名	单位	国别(地区)	出国(境)日期	归国(境)日期	任务
90	刘佳琪	药学院	美国	2018.5	2020.5	交流学习
91	王小桐	音乐舞蹈学院	白俄罗斯	2018.11	2020.7	3+1
92	柳亚男	音乐舞蹈学院	白俄罗斯	2018.11	2020.7	3+1
93	程　澄	国际教育交流学院	美国	2018.6	2018.9	带薪实习
94	毛柔雯	环境与材料工程学院	美国	2018.6	2018.9	带薪实习
95	张　帆	环境与材料工程学院	美国	2018.6	2018.9	带薪实习
96	张高玮	环境与材料工程学院	美国	2018.6	2018.9	带薪实习
97	崔洪博	环境与材料工程学院	美国	2018.6	2018.9	带薪实习
98	崔祖文	光电信息科学技术学院	美国	2018.6	2018.9	带薪实习
99	杜雅璐	经济管理学院	美国	2018.6	2018.9	带薪实习
100	李文坤	经济管理学院	美国	2018.6	2018.9	带薪实习
101	周　建	经济管理学院	美国	2018.6	2018.9	带薪实习
102	郭斯雨	经济管理学院	美国	2018.6	2018.9	带薪实习
103	邵明锐	人文学院	美国	2018.6	2018.9	带薪实习
104	马　慧	外国语学院	美国	2018.6	2018.9	带薪实习
105	王子汶	外国语学院	美国	2018.6	2018.9	带薪实习
106	石佳佳	外国语学院	美国	2018.6	2018.9	带薪实习
107	刘　恋	外国语学院	美国	2018.6	2018.9	带薪实习
108	刘金文	外国语学院	美国	2018.6	2018.9	带薪实习
109	刘俊利	外国语学院	美国	2018.6	2018.9	带薪实习
110	孙金凤	外国语学院	美国	2018.6	2018.9	带薪实习
111	李　聪	外国语学院	美国	2018.6	2018.9	带薪实习
112	李纹伊	外国语学院	美国	2018.6	2018.9	带薪实习
113	邱天丽	外国语学院	美国	2018.6	2018.9	带薪实习
114	张乃方	外国语学院	美国	2018.6	2018.9	带薪实习
115	张焕杰	外国语学院	美国	2018.6	2018.9	带薪实习
116	秦开伦	外国语学院	美国	2018.6	2018.9	带薪实习
117	黄　茜	外国语学院	美国	2018.6	2018.9	带薪实习
118	魏　欢	外国语学院	美国	2018.6	2018.9	带薪实习
119	王　丹	生命科学学院	美国	2018.6	2018.9	带薪实习
120	殷丽坤	生命科学学院	美国	2018.6	2018.9	带薪实习
121	王康旭	计算机与控制工程学院	美国	2018.6	2018.9	带薪实习
122	袁小雅	法学院	美国	2018.6	2018.9	带薪实习
123	朴宇莹	外国语学院	日本	2018.07	2018.10	带薪实习
124	刘子昕	外国语学院	日本	2018.07	2018.10	带薪实习

续表

	姓名	单位	国别(地区)	出国(境)日期	归国(境)日期	任务
125	宋茗佳	外国语学院	日本	2018.07	2018.10	带薪实习
126	张佳雯	外国语学院	日本	2018.07	2018.10	带薪实习
127	孟　燕	外国语学院	日本	2018.07	2018.10	带薪实习
128	徐晓倩	外国语学院	日本	2018.07	2018.10	带薪实习
129	温　馨	外国语学院	日本	2018.07	2018.10	带薪实习
130	丁肖月	国际教育交流学院	韩国	2018.09	2019.07	专升本
131	王　宁	国际教育交流学院	韩国	2018.09	2019.07	专升本
132	王　凯	国际教育交流学院	韩国	2018.09	2019.07	专升本
133	王　舜	国际教育交流学院	韩国	2018.09	2019.07	专升本
134	王子伟	国际教育交流学院	韩国	2018.09	2019.07	专升本
135	王玉豪	国际教育交流学院	韩国	2018.09	2019.07	专升本
136	王慧婕	国际教育交流学院	韩国	2018.09	2019.07	专升本
137	孔娅妮	国际教育交流学院	韩国	2018.09	2019.07	专升本
138	史京兰	国际教育交流学院	韩国	2018.09	2019.07	专升本
139	包格格	国际教育交流学院	韩国	2018.09	2019.07	专升本
140	邢美琛	国际教育交流学院	韩国	2018.09	2019.07	专升本
141	吕文妤	国际教育交流学院	韩国	2018.09	2019.07	专升本
142	吕文婧	国际教育交流学院	韩国	2018.09	2019.07	专升本
143	朱文宇	国际教育交流学院	韩国	2018.09	2019.07	专升本
144	乔璐萍	国际教育交流学院	韩国	2018.09	2019.07	专升本
145	孙雪婷	国际教育交流学院	韩国	2018.09	2019.07	专升本
146	杜佩瑶	国际教育交流学院	韩国	2018.09	2019.07	专升本
147	李玉鹏	国际教育交流学院	韩国	2018.09	2019.07	专升本
148	李泽健	国际教育交流学院	韩国	2018.09	2019.07	专升本
149	李茹倩	国际教育交流学院	韩国	2018.09	2019.07	专升本
150	宋鉴旃	国际教育交流学院	韩国	2018.09	2019.07	专升本
151	张　宇	国际教育交流学院	韩国	2018.09	2019.07	专升本
152	张皓天	国际教育交流学院	韩国	2018.09	2019.07	专升本
153	范珂艺	国际教育交流学院	韩国	2018.09	2019.07	专升本
154	胡　玥	国际教育交流学院	韩国	2018.09	2019.07	专升本
155	钟振邦	国际教育交流学院	韩国	2018.09	2019.07	专升本
156	段华秋	国际教育交流学院	韩国	2018.09	2019.07	专升本
157	徐　超	国际教育交流学院	韩国	2018.09	2019.07	专升本
158	郭润瑜	国际教育交流学院	韩国	2018.09	2019.07	专升本
159	甄　炎	国际教育交流学院	韩国	2018.09	2019.07	专升本

续表

	姓名	单位	国别(地区)	出国(境)日期	归国(境)日期	任务
160	蔡岩坤	国际教育交流学院	韩国	2018.09	2019.07	专升本
161	丁仪潇	国际教育交流学院	英国	2018.09	2019.07	专升本
162	丁慧超	国际教育交流学院	英国	2018.09	2019.07	专升本
163	于恒睿	国际教育交流学院	英国	2018.09	2019.07	专升本
164	于晓楠	国际教育交流学院	英国	2018.09	2019.07	专升本
165	马晓涵	国际教育交流学院	英国	2018.09	2019.07	专升本
166	王　铁	国际教育交流学院	英国	2018.09	2019.07	专升本
167	王　淦	国际教育交流学院	英国	2018.09	2019.07	专升本
168	王　豪	国际教育交流学院	英国	2018.09	2019.07	专升本
169	王亚栋	国际教育交流学院	英国	2018.09	2019.07	专升本
170	王思涵	国际教育交流学院	英国	2018.09	2019.07	专升本
171	王智超	国际教育交流学院	英国	2018.09	2019.07	专升本
172	王瑞琪	国际教育交流学院	英国	2018.09	2019.07	专升本
173	白皓宇	国际教育交流学院	英国	2018.09	2019.07	专升本
174	匡雅文	国际教育交流学院	英国	2018.09	2019.07	专升本
175	朱　路	国际教育交流学院	英国	2018.09	2019.07	专升本
176	朱雨琦	国际教育交流学院	英国	2018.09	2019.07	专升本
177	任首达	国际教育交流学院	英国	2018.09	2019.07	专升本
178	刘　斌	国际教育交流学院	英国	2018.09	2019.07	专升本
179	刘金凤	国际教育交流学院	英国	2018.09	2019.07	专升本
180	李业霖	国际教育交流学院	英国	2018.09	2019.07	专升本
181	李泽鑫	国际教育交流学院	英国	2018.09	2019.07	专升本
182	李胜亚	国际教育交流学院	英国	2018.09	2019.07	专升本
183	沈史子正	国际教育交流学院	英国	2018.09	2019.07	专升本
184	张　政	国际教育交流学院	英国	2018.09	2019.07	专升本
185	张安达	国际教育交流学院	英国	2018.09	2019.07	专升本
186	陈　思	国际教育交流学院	英国	2018.09	2019.07	专升本
187	陈超亿	国际教育交流学院	英国	2018.09	2019.07	专升本
188	赵长益	国际教育交流学院	英国	2018.09	2019.07	专升本
189	赵孟齐	国际教育交流学院	英国	2018.09	2019.07	专升本
190	胡芳琦	国际教育交流学院	英国	2018.09	2019.07	专升本
191	殷　航	国际教育交流学院	英国	2018.09	2019.07	专升本
192	栾青玉	国际教育交流学院	英国	2018.09	2019.07	专升本
193	高春华	国际教育交流学院	英国	2018.09	2019.07	专升本
194	高靖雅	国际教育交流学院	英国	2018.09	2019.07	专升本

续表

	姓名	单位	国别(地区)	出国(境)日期	归国(境)日期	任务
195	郭嘉欣	国际教育交流学院	英国	2018.09	2019.07	专升本
196	唐　琪	国际教育交流学院	英国	2018.09	2019.07	专升本
197	曹　茹	国际教育交流学院	英国	2018.09	2019.07	专升本
198	董浩然	国际教育交流学院	英国	2018.09	2019.07	专升本
199	潘仪如	国际教育交流学院	英国	2018.09	2019.07	专升本
200	毛　萌	外国语学院	日本	2018.07	2018.08	夏令营
201	朱文月	外国语学院	日本	2018.07	2018.08	夏令营
202	刘琴雨	外国语学院	日本	2018.07	2018.08	夏令营
203	孙　慧	外国语学院	日本	2018.07	2018.08	夏令营
204	李　琳	外国语学院	日本	2018.07	2018.08	夏令营
205	李蓉涛	外国语学院	日本	2018.07	2018.08	夏令营
206	宋亚男	外国语学院	日本	2018.07	2018.08	夏令营
207	张　苗	外国语学院	日本	2018.07	2018.08	夏令营
208	张继菊	外国语学院	日本	2018.07	2018.08	夏令营
209	徐　敏	外国语学院	日本	2018.07	2018.08	夏令营
211	韩清馨	外国语学院	日本	2018.07	2018.08	夏令营
211	陈　昊	外国语学院	韩国	2018.07	2018.08	夏令营
212	王　浩	环境与材料工程学院	韩国	2018.07	2018.08	夏令营
213	王允硕	环境与材料工程学院	韩国	2018.07	2018.08	夏令营
214	吕致远	环境与材料工程学院	韩国	2018.07	2018.08	夏令营
215	仲伟豪	环境与材料工程学院	韩国	2018.07	2018.08	夏令营
216	刘宣宇	环境与材料工程学院	韩国	2018.07	2018.08	夏令营
217	李沣沅	环境与材料工程学院	韩国	2018.07	2018.08	夏令营
218	李昊伟	环境与材料工程学院	韩国	2018.07	2018.08	夏令营
219	李榅哲	环境与材料工程学院	韩国	2018.07	2018.08	夏令营
220	李慧明	环境与材料工程学院	韩国	2018.07	2018.08	夏令营
221	宋欣慧	环境与材料工程学院	韩国	2018.07	2018.08	夏令营
222	张玉恺	环境与材料工程学院	韩国	2018.07	2018.08	夏令营
223	张晓宇	环境与材料工程学院	韩国	2018.07	2018.08	夏令营
224	林　帅	环境与材料工程学院	韩国	2018.07	2018.08	夏令营
225	赵芷慧	环境与材料工程学院	韩国	2018.07	2018.08	夏令营
226	姜常昕	环境与材料工程学院	韩国	2018.07	2018.08	夏令营
227	姚　硕	环境与材料工程学院	韩国	2018.07	2018.08	夏令营
228	崔守航	环境与材料工程学院	韩国	2018.07	2018.08	夏令营
229	潘　彤	环境与材料工程学院	韩国	2018.07	2018.08	夏令营

9. 2018 年公派汉语志愿者情况统计表

序号	姓名	单位	国别(地区)	赴任时间	任满时间	任务
1	丁晋炎	国际教育交流学院	蒙古国	2018.9	2019.8	汉语志愿者
2	闭海菊	国际教育交流学院	泰国	2018.5	2019.3	汉语志愿者
3	王建红	国际教育交流学院	泰国	2018.5	2019.3	汉语志愿者
4	张晓玉	国际教育交流学院	泰国	2018.5	2019.3	汉语志愿者
5	刘欣然	国际教育交流学院	蒙古国	2018.9	2019.8	汉语志愿者
6	李　菀	国际教育交流学院	几内亚	2018.9	2019.8	汉语志愿者
7	雷　梦	国际教育交流学院	菲律宾	2018.6	2019.3	汉语志愿者
8	杨历艳	国际教育交流学院	吉尔吉斯斯坦	2018.9	2019.6	汉语志愿者
9	贺叶敏	国际教育交流学院	缅甸	2018.9	2019.8	汉语志愿者
10	么　爽	国际教育交流学院	乌克兰	2018.8	2019.6	汉语志愿者
11	马洪梅	国际教育交流学院	缅甸	2018.8	2019.8	汉语志愿者
12	王　极	国际教育交流学院	泰国	2018.5	2019.3	汉语志愿者
13	栾芳诺	国际教育交流学院	柬埔寨	2018.8	2019.7	汉语志愿者
14	王梦南	国际教育交流学院	柬埔寨	2018.8	2019.7	汉语志愿者
15	刘函妤	国际教育交流学院	韩国	2018.9	2019.8	汉语志愿者

校友工作

【概况】2018 年,校友工作围绕学校中心工作和重点任务,以情感为纽带、以服务为基础、以活动为载体,以共同发展为目标,为高水平大学建设贡献力量。校友联谊会办公室有工作人员 4 名。

【校友组织】本年度成立了新一届烟台大学校友工作委员会,明确了各二级党组织书记和部门一把手为校友工作负责人,形成校院两级信息互通共享的联动机制。

8 月 25 日,学校在枣庄召开了首届烟台大学校友工作发展论坛,共有来自全球各地的 53 位校友代表与会。论坛上,校友代表就服务校友成长、助力母校发展、服务地方经济社会建设等问题进行了深入交流,达成了许多共识,呈现出学校关心校友,校友心系母校,互相支持、共同发展的良好氛围。

8 月 21 日,在拉萨成立烟台大学西藏校友会。校领导郭善利、孙祥斌及党委统战部、相关学院领导应邀出席成立大会。

成立了 2018 届毕业生校友理事会。推选出常务理事 22 人、理事 179 人和校友理事会会长、副会长、秘书长。

【校友活动】1. 继续开展“千里烟寻”校友寻访活动、“校友创客论坛”和校友值年返校等活动。全年寻访校友近百人;邀请了土木工程学院 1999 级校友孙杰等为在校生分享创业经验、提供创新创业指导;为 13 个学院近 30 个专业、47 个班级、1000 余名校友提供教室借用、校史馆参观、摄影摄像、宣传报道等全方位服务。值年返校已经成为密切校友联系、联络校友感情、助力学校发展的重要平台。

2. 正式启动“三元之光”校友大讲堂。大讲堂成为学校和校友间知识共享、思想交流和融合发展的平台。首期活动邀请生命科学学院1993级校友张令强做专题分享，反响热烈。

3. “烟大人”微信公众号影响力不断扩大，关注量达3.7万，全年共发布文章230篇，总阅读量90万。在新时代校友信息化工作研讨会上，“烟大人”囊括校友会公众号最佳全能、最具影响力以及最受欢迎三项大奖，其中“最佳全能奖”和“最具影响力奖”排名全国第一，“最受欢迎奖”排名全国第三。出版两期《烟大人》校友刊物。

4. 扩大校友走访覆盖面，召开了上海、聊城、枣庄等9场座谈会，了解当地校友工作和校友活动开展情况，有针对性地进行指导，提升校友凝聚力。建立了覆盖全球的立体化校友联络网络，目前通过微信群能直接联系到不同地域、不同行业的校友超过2万名。

5. 及时了解校友需求，为70余名校友提供档案材料补充、毕业证书补办、户口迁移证明等方面的服务。通过校友大病救助基金，为身患重病的人文学院2016级校友和生命科学学院1994级校友提供了及时的医疗救助。

6. 举办校友企业助力大学生就业专场招聘会。30多家由我校校友创办或担任高管的企业参加了招聘会，提供就业岗位近1000个。招聘会搭建起了校友与学校互动、校友企业家参与母校发展的平台。

（周　昊）

教育发展基金会

【概况】按照基金会章程，烟台大学教育发展基金会于2018年3月21日进行了换届，选举产生了新一届理事13人。按照山东省民政厅民间组织管理局要求，对基金会2017年财务账目进行审计和专项审计，顺利通过基金会2017年度年检，并于2018年8月获批2018年度山东省公益性社会组织公益性捐赠税前扣除资格。基金会财务状况良好，运行规范有序。2018年，教育发展基金会有工作人员1人。

【社会捐赠情况】2018年共接收社会捐赠40笔，目前基金会总额540余万元。

（周　昊）

图书资料与文献服务

【概况】2018 年,图书馆有专业技术人员 80 余名,其中研究馆员 2 人,副研究馆员 16 人,具有博士学位的 1 人,硕士学位的 19 人。图书馆设有办公室、文献采编部、文献流通部、文献阅览部、系统研发部、参考咨询部、技术支持部、数字资源部 7 部 1 室,承担文献收集、加工、整理、外借、阅览、咨询、检索、读者培训、文献复制和传递等业务与服务,计算机现代技术应用系统的研制和开发等技术支撑,以及行政管理与服务等职能。

【文献信息资源建设】2018 年,学校纸质文献购置费与 2017 年持平;数据库购置费 600 万元,与 2017 年持平。续订中外文数据库 21 个,新增订台湾学术文献数据库(人社版)、中文电子图书(含阅读机)、IT 在线学习平台、机构知识库等 4 个中文数据库。Westlaw 和 HEINONLNE 两个法学专业外文数据库仍由法学院续订,Web of Science 由学校科技处续订,开通试用数据库 20 余个。

附:

1.2018 年购置与接受赠送纸质文献一览表

文献类型	种	册(份)	金额(万元)
预订中文图书	38368	81897	539.25
预定外文图书	394	442	4.24
订购中文报刊	2074	2105	45.83
订购外文期刊	16	27	43.00
接收赠书	625	1514	9.14

2.2018 年各类文献加工入藏一览表

文献类型(加工方式)	批	种/套	册/篇/张	码洋总值(万元)
中文图书(编目)	260	34611	74602	489.26
外文图书(编目)	5	250	300	2.30
中文现刊(登到)			17252	

续表

文献类型(加工方式)	批	种/套	册/篇/张	码洋总值(万元)
外文现刊(登到)			589	
中文过刊合订本(加工验收)			2709	
硕士学位论文(审核入库)			600	
电子版学位论文(审核上传)			300	
随书光盘(压缩上传)		398	1008	

【读者服务】2018 年,图书馆开馆时间提前至早晨 7 点,每天增加 1 小时。

为弥补图书馆学习座位不足,本年度改造了逸夫图书馆一楼多功能厅,改善照明,增加阅览桌子 24 张、阅览椅子 96 把。充分利用电子显示屏周围空间,增设开辟休闲学习区域,增加休闲阅览桌椅 12 套。

流通借还图书 20.7143 万册次。阅览室、书库共接待读者约 125 万人次。采用各种有效方式提供信息咨询服务和文献检索服务。当面、电话咨询 1000 余人次,邮件咨询收 642 件,QQ 咨询 426 人次。代理检索 618 人次,收录引用检索 2006 条。完成学术论文查重 722 篇。

承先图书馆壁报橱窗共更新 9 期,开展了一期阅读疗法专栏,向读者推介治疗大学生心理问题的书籍 36 本。

承先图书馆为阅读推广和漂流站志愿者提供了 800 平方米的活动空间(日常作为共享阅览座位),受到读者欢迎。继续开展“书影同在——文字与影像同行 电影欣赏与图书阅读”、青年读书沙龙阅读推广、经典电影免费播放等服务读者项目。开展作者见面签名售书会、读书沙龙、精品欣赏、世界读书日系列主题读书活动。

出版馆报《图书馆与读者》6 期(含一期《图书馆与读者·新生专刊》),配合读书节活动开辟“21 天好习惯养成”“为你写诗”两个获奖作品专版;向学校新闻网荐稿 14 篇,被录用 14 篇;导读书目《民族艺术类图书推荐》被《烟台大学报》采用。

4 月,增加盈科千信文献传递系统,实时传递师生需要的文献需求,弥补了图书馆现有外文专业数据库资源的不足。

【馆建活动】3 月,学校召开学术委员会图书情报工作专业委员会会议,讨论图书馆文献信息资源结构调整等事宜;4 月,学校召开数据库建设工作座谈会,讨论专业性较强的数据库的引进办法;10 月,学校领导到图书馆调研,指导图书馆文献信息资源结构调整、机构知识库建设、图书馆空间改造、馆员培训等工作;11 月,学校召开图书馆功能优化改进工作座谈会,听取图书馆近期外出考察情况汇报以及对图书馆空间改造、服务模式创新等工作规划,对下一年图书馆的信息化建设提出了建议和要求。

为提升馆员综合素养,丰富馆员业余生活,图书馆利用每周三下午闭馆时间开展馆员系列内训活动。邀请校内院系老师开展艺术类讲座 5 场、文化类讲座 2 场、实践类讲座 2 场;举办书画活动 2 次、插花活动 1 次、茶艺活动 1 次;举办以“传达党中央精神,加强党支部建设”为主题的合唱训练 8 次。

【交流合作】5 月,图书馆参与学校 2018 年服务地方建设项目——烟台市城市书房(芝罘区图书馆向阳分馆)建设活动。

9 月,烟台现代画院在该院成立 30 周年之际,向图书馆赠送了作品集。

11 月,分管校领导带队参观考察了清华大学图书馆和北京大学图书馆。

【学术研究与成果】2018 年,张福学等 3 人在本领域核心期刊等刊物上发表论文 5 篇,张廷广、张勇编著的《山东与北大·文献篇》(上、下册)(山东省社科基金资助项目)出版;许广奎的论文《两类学术评价指标比较研究——以影响因子和谷歌学术指标期刊评价为观察视角》获得烟台市优秀科研成果奖一等奖,曲佳彬等主持、参与科研项目 3 项。刘本盛获得发明专利 1 项。

(桑琰云)

网络与教育技术

【概况】2018 年,网络与教育技术中心下设综合部、技术部、校园卡管理部、资源部、计算中心等 5 个科室,有工作人员 21 人。

【综合服务】承担和完成了 2018 年度(2017 - 2018 年 2—3 学期和 2018 - 2019 年 1 学期)全校 63 余万学时的实验课、课程设计课的排课、软件维护,以及实验室日常管理、服务、设备更新等辅助教学工作。对所有实验室进行了隐患大排查和整改。完成了当年的实验材料费核算、收缴任务。完成了全校计算机基础考试、普通话考试,以及服务社会的党建知识考试、德廉知识考试、卫生考试、会计考试、司法考试、税务考试等活动的设备维护和服务工作。

【网络与信息化建设】落实学校与中国农业银行烟台莱山支行签署的信息化建设战略合作协议,基本完成了招标合同额达 1416 万余元的信息化项目建设工作。该项目包括:数字化校园网络光缆建设、沉浸式远程直播收视互动教室、微课慕课创作室系统、实验室管理系统、实验教学及毕业论文管理系统、学分制收费管理平台、财务软件升级、网上预约报账系统、一卡通报表、校园监控系统存储升级、WAF 设备、备份系统、会议中心设备等系统和设备,提升了学校行政与业务管理的信息化水平。

【网络服务与管理】本年度,学校投入 120 余万元,新建和改造了 35 间网络多媒体教室。积极推进教学课堂内的翻转,配合相关学院将移动终端引入课堂互动教学,增强了教学过程的互动体验;新建 1 间沉浸式直播互动教室,保障完成各类网络直播课共 23 次 46 课时、学校各部门各类直播培训课程以及视频会议等共 70 多课时;新建 2 间微课慕课创作室,保障山东省在线开放课程平台课程申报等相关的教学视频录制 300 多课时。

对新入职教师进行网络教学平台使用培训;配合完成 2016 年立项的第一批在线课程的验收。

拍摄了药学院实验室专题片 2 部,协助宣传部制作完成了北大清华支援烟台大学建设委员会第十三次会议专题片《杏花蒲叶发有时》。为优秀青年教师参加山东省第五届高校青年教师教学比赛策划参赛视频,完成试讲录制、比赛视频录制、决赛模拟赛录制等视频。整理归档学校建校以来的各类音像资料 80 多期,电子文稿近百个。协助宣传部拍摄新闻 11 期、68 条,协助完成学校双代会、两校援建会等重大学校活动的全程拍摄 10 多场次、100 多小时。

【教学服务】顺利完成数字化校园光缆建设项目。为了满足学校未来 10 - 15 年的信息化数字化需要,对全校光缆管网进行了重新规划设计。经过 3 个月紧张施工,项目于 7 月底完工并投入使用。

招标采购了网络安全设备与安全扫描服务。采购了 web 应用防火墙(WAF),构建起网络内部的防火墙机制;采购了网络安全扫描服务,构建起网络外部的实时安全报告机制,及时发现漏洞,及时修补;采购了等保服务,针对重点系统实施等保服务,加强安全保障的体制建设。

升级扩展了虚拟化平台。为解决虚拟化系统资源紧张问题,采购 7 台新服务器,1 台新存储;在新服务器上部署实施了新的虚拟化系统,与已有虚拟化系统融合,新增了 3.5T 的内存资源和 48T 的存储资源。创建虚拟主机 30 余台,重点完成了教务系统、科研系统、财务系统、一卡通数据库等重点系统的迁移、升级、部署工作。

采购部署了网站群建设。为了解决校园各级网站安全和统一管理问题,采购了博达站群平台和 60 个站点的迁移制作服务;成立校园站点建设 QQ 群,制定站点建设相关文档,积极协调网站管理员和博达厂家,召开一次网站用户使用培训会。目前全部站点已经制作完成,运行良好,没再发生严重的网站内容篡改和网站漏洞攻击事件,网络安全态势良好。

采购部署了数据备份系统。为了解决数据安

全的问题，采购了数据备份系统，实现了对数据中心重要系统、重要数据的全备份。

为解决老 VPN 设备存在的各种问题，提高用户的方便度，招标采购了新的 VPN 设备，该设备于 8 月份投入使用，方便了广大师生。

（邓觐超）

工程实验与实训

【概况】 工程实训中心承担学校电类基础实验以及工程训练教学任务。2018 年，工程实训中心有教职员工 38 人，其中高级专业技术人员 8 人。

【综合服务】 举办烟台大学第四届“力行杯”工程训练综合能力竞赛；举行“3D 打印创意设计制作”培训、激光切割培训、数控电加工培训。完成海洋学院船员培训 200 人次的车削、焊接实训任务。

创新实验室面向学生开放。指导学生参加全国应用型人才综合技能大赛及省机电产品设计大赛，获国家级三等奖 2 项，省级一等奖 1 项、二等奖 1 项、三等奖 2 项。

【电子电工实验】 承担本年度 79 门电工电子类课程实验教学任务，实验人时数达 15.64 万人，全年无安全事故。

【工程训练】 承担本年度工程实践 B、工程实践 C、工程实践基础、先进制造实践、电工电子基础训练等 5 门训练课程的教学任务，训练人时数达 28.05 万人，全年无安全事故。配合学校新一轮人才培养方案实施，调整原有工程训练课程内容，开设了 32 学时、48 学时、64 学时 3 种时长的工程训练课程，满足各专业实践教学要求。

【实训项目建设】 快速成型实训室设备由 2017 年 8 台增加到 21 台，可同时容纳 40 人实训；对 3D 打印实训室的计算机和操作软件进行升级换代，增加了快速成型实训内容；组织相关人员对激光切割实训室扩容及激光加工设备进行了调研，完成了激光加工设备遴选工作。

开发铸造实训操作、热处理实训操作、陶艺实训操作、激光雕刻实训操作、数控基础实训操作等 5 项线上教学资源。

【交流合作】 与机电汽车工程学院联合组队，参加了 5 月举办“山东省大学生机电产品创新设计大赛”。派遣 2 名实训指导教师赴第 50 届全国高教仪器设备展进行调研学习；组织 3 名指导教师赴南京工程学院工程训练中心交流学习。分别接待了哈尔滨工程大学工程训练中心、山东理工大学工程实训中心同行共 8 人来中心指导交流；海克斯康公司前来进行三坐标测量技术的交流活动。

【设备维护】 更新了电子技术实验室（一）、电子技术实验室（二）、电工学实验室、单片机实验室、EDA 实验室等 5 个实验室的 242 台套主要实验设备。对上述 5 个实验室 800 平方米地面进行改造，铺设了防静电地板，并对网络和供电按相关技术标准进行了重新布置。中心实验室全部安装了视频监控设备。

（孟振华）

后勤服务与保障

后勤保障工作

【概况】2018年,后勤管理处下设综合科、工程管理科、质量管理科3个科室;社区服务中心、饮食服务中心、能源管理服务中心、校园绿化卫生服务中心、修建服务中心、家属区物业服务中心、幼儿园7个服务实体,共10个科级单位。学校房产管理办公室、校医院挂靠后勤管理处。共有在编职工106人,大集体职工17人,人事代理职工2人,临时用工400余人。

2018年,后勤党委召开党员大会,顺利完成党委换届工作。坚持党建与业务工作并重,加强基层组织建设,发挥党支部战斗堡垒作用和党员先锋模范作用,抓好作风建设,整治形式主义,强化安全管理,全力做好各项保障和服务工作。

6月,校医院挂靠后勤管理处,为副处级单位。

12月,在珠海主办了山东省学校后勤协会高校物业管理分会年会。获得学校春季运动会教职工组一等奖。

【社区服务】2018年,社区服务中心管辖公寓楼21栋、教学楼7栋、院系馆16栋。负责楼宇的日常服务、安全值班、保洁、零星维修,以及学生宿舍的分配、调整等。有编内人员24人,编外用工234人。

1. 顺利完成南校区学生回迁、学生公寓改造搬迁以及新生报到等工作。为新成立学院调整宿舍,南校区10号学生公寓7人/间调至6人/间、顺利完成约800名研究生搬迁,7420名学生回迁至校本部。完成了13号学生公寓改造。原研究生宿舍4人/间调整为6人/间,增加床位612个。接收新建成的15、16号学生公寓,清理卫生,安装了直饮水设备、智能控电系统、监控系统、多媒体发布平台、LED户外显示屏等相关设备,保障学生顺利入住。

2. 组织开展"消防安全专项大检查"5次、"卫生保洁消防安全大检查"8次,全面检查44栋楼宇卫生保洁、消防安全等情况,重点排查楼宇硬件设施、学生宿舍、职工宿舍、值班室、仓库的安全隐患。与学生签订了《烟台大学住宿协议》《烟台大学学生公寓逃生窗管理暂行办法》。

3. 顺利通过了ISO9001:2015质量管理体系审核。按照质量认证手册的培训要求,对新上岗职工做好培训计划和培训记录。职工三级培训440余人次,各区二级培训430人次。

4. 完成社区综合信息管理系统升级,按照计划逐步向全校师生开放。多媒体发布平台制作、发布节目130个,LED户外显示屏发布标语160余条,微信公众号发表文章23篇。失物招领中心共接收失物约3250件,发布招领信息约2100条;21个爱心服务间服务近13万人次;学生满意率达90%以上。

5. 举办2018年宿舍文化节,开展活动宿舍装扮、书画征集、征文等各项活动10余项。与学工部合作完成了学生宿舍管理工作先进学院、优秀学生宿舍评选。

【餐饮服务】饮食中心有第一、二、三、六、七、十和民族共7个学生食堂和一个接待餐厅,为全校3万师生提供餐饮服务。采用托管、外包和自营3种经营模式。

2018年,饮食中心食堂年就餐人次达980万人次,年营业额约7000万元。饮食中心严格执行食品安全法和各种制度规范,实行大宗物资和各种调味品统一采购,食品原料统一供应,从源头上保证食品安全。对所有食堂进行全面监督检查,各食堂经理每日自查,全面负责各自食堂安全。学生第二餐厅被山东省食品药品监督管理局认定为省级示范餐厅;全省食品原料飞行检查共检查学校168个批次,合格率达到100%。饮食中心服务满意率达到90.6%以上。

【能源保障服务】8月,学校撤销水电服务中心和供热服务中心,成立能源管理服务中心。原水电服务中心和供热服务中心人员26人调整到能源管理服务中心。能源管理服务中心全面负责校园给水、电力、热力、排水及污水泵房运行保障等工作。

上半年完成校本部电力增容项目的方案优化、施工图设计及招投标,下半年开始实施。将校本部9个10KV变电室整合为7个,挖掘现有增容潜力,优化调整用电负荷和变电室布局,解决校本部供电安全保障问题。增容改造完工后,供电能力将由11440KVA增容到19850KVA,增加73.5%。校本部将整体实现双电源可靠供电,可以满足学校未来10-15年发展用电需求。

利用日常和春季检修对辖区内用电安全进行全面排查,查出并整改30多项安全隐患,对校园70多个配电室进行消防安全专项大检查。紧急抢修突发电力故障近20次、水暖管网大泄漏40多次,应急疏通雨水和污水管网30多处。

10月初开始对供热管网进行现状排查和注水试压,发现并处理主管网大的泄漏点20多处。调整G1-G7住宅楼室内供热管网分区,加装、改装排气阀,疏通更换管道,更换补水泵,解决了G1-G3供热状况不佳、多处暖气常年不热、新住宅区供热系统压力不稳等问题;降低2台补水泵功率,实现了节能降耗。校本部供热系统12月初平稳运行,保证了供热时效。对校内原直埋式电缆进行大规模排场,补齐标志桩,对变配电室的连接电缆进行摸底、挂牌、标识。

本年度水电费净支出129.92万元,较去年同期节余53.25万元。暖气费净支出1055.63万元,较去年同期节余支出160.4万元。

【校园环境维护】校园绿化卫生服务中心主要负责校本部和南校区的校园绿化、环境卫生,以及指导组织大学生劳动实践课程。现管理养护校园绿化面积40余万m^2,3万余棵乔木,2万余棵花、灌木,7000米绿篱,木制花盆100余个。建有三元湖、室内植物园、八景园、怡心园、杨树林、紫荆园、枫园等绿地休闲景观区。管理保洁道路广场面积20余万m^2,3200多米明水沟,260个果皮箱和垃圾桶,3个垃圾中转站。

2018年,在做好绿地、道路和广场日常保洁养护基础上,主要完成5000m^2的15-16号学生公寓周边配套绿化、700m^2的教职工活动中心周边绿化2项景观提升项目。全年合计栽植玉兰、大叶黄杨球、樱花、红枫、红叶石楠等乔灌木800余株,新栽鸢尾、天人菊、冰岛虞美人等草花面积700m^2。完成一号垃圾中转站提质升级改造项目,引进一台17m^3新型密闭式压缩垃圾箱体,提升了垃圾中转效率,周边环境得到明显改善。

【维修服务】中心员工克服困难,在暑期持续高温中保质保量提前完成了以下多项改造任务,保证了老生回迁、新生入校和正常教学。

1.13号学生公寓建筑面积10929m^2改造。

2.理工楼卫生间、网络中心卫生间、第一餐厅卫生间和其他建筑面积900m^2改造。

3.15、16号学生公寓和临山路外网配套施工。敷设各种管网4000多米、电缆2000多米。

4.化学馆主电网改造。安装线槽桥架3.1万米,更换电缆电线91万多米,更换插座2000多个,配电箱300多个。

假期中承接大量维修、抢修任务,坚持"24小时首接制",随叫随到。家属区晚间出现几次管道和阀门漏水,维修科连夜抢修;施工项目经常出现外网挖坏电缆、给水主管网的事故,维修科第一时间配合能源中心进行抢修,确保教职工舒心度假。

【房产管理】本年度,房产管理办公室组织收缴参加购房教职工的原住房,协助办理天然气开通、报停事宜。对校内腾空房和出租房进行清点核实,摸清情况,为腾空住房分配做好准备。与滨州医学院、山东工商学院合作完成学府小区物业招标,完成新旧物业交接,明德物业正式进驻。

【家属区物业管理服务】中心负责校本部教职工区

总建筑面积 21 万 m^2的 36 幢住宅楼(含 G1 - G7 号楼地下车库及 G4 - G7 号楼商业网点)、7692 m^2道路、10760 m^2绿地的管理服务。中心 33 名职工较好完成了 2018 年维修、保洁、安全等各项任务。

完成住户水、电、暖、门窗、太阳能等维修 2600 余项。为 2017 年分配出的 182 套住房制定并发放装修管理协议。集中整治老家属区脏、乱、差现象,安排 20 多名职工拉网式清理绿地中石块、树枝、杂草,还绿地整洁清新面貌。对草坪、花卉、绿篱、树木定期修剪、灌溉、养护。加强安全管理,未发生重大安全事故。

为丰富业主业余文化生活,中心于 7 月 20 日在青春广场举办第一届消夏文艺晚会,700 多户业主参加晚会。晚会达到了物业与业户相互理解、交流情感的目的,广大业主给予积极评价。

年底发放问卷调查,90% 以上住户对物业各项服务表示满意。全年收取物业管理费 164 万元,收支基本平衡。

【医疗防疫服务】2018 年,校医院以提高医疗质量、改进服务态度为中心,加强宣传引导,提升医疗技术和服务水平,较好完成了各项任务,全年无违规违纪行为发生。

1. 日常工作。完成了全校 2000 多名教职工和 3 万学生的门诊医疗保健。全年接诊 77431 人次,发药 64731 人次,收费 123518 人次,注射输液 3305 人次;放射科 DR 检查 5783 人次,胃肠检查 196 人次,彩超 1387 人次,心电图检查 496 人次,检验科门诊各类检查 18100 人次。

2. 健康查体和疫苗接种。完成教职工健康体检 2398 人次,妇科专项体检 645 人次;毕业生体检 6900 人次,研究生复试体检 750 人次,新生体检 7500 人次;DR 查体检查 2655 人次,X 光透视 8121 人次,彩超查体检查 2831 人次,心电图查体检查 3000 人次,检验室查体化验 13000 人次。

3. 疾病防疫工作。做好流行病和传染病防控,全年疫苗接种 27756 人次。下半年水痘流行时,做好水痘的预防、隔离、治疗和环境消毒,收治水痘患者 167 人,有效控制了水痘的传播。

4. 医药费报销。完成了全校教职工公费医疗和医保过渡期药费报销工作。共报销 984 人次,医药费总发生额 28.027 万元,报销金额 20.075 万元;学生医保外地门诊报销 627 人次,报销金额 15.88 万元;外地住院报销 92 人次,报销金额 50.37 万元。

5. 慢性病管理工作。管理健康档案 3510 份,新建档案 410 份;家庭签约 1270 份;接诊记录 800 份,履约记录 550 份;开展健康教育宣传 6 期。

6. 教职工医保社会统筹工作。4 月 1 日起,全校教职工正式加入社会医保。校医院成立了医保办公室,收集大病慢病申报有效资料 650 人,已通过并领取病历本 300 多人,90 名教职工异地就医申报通过备案。经与市医保中心和地纬软件公司沟通,在校网络中心技术支持下,学校补充医保上传系统于 10 月 17 日开通试用,市医保中心正式将校医院纳入医保定点单位。

7. 药械采购与环境整治。严格执行有关规定,通过学校招标完成了药品材料采购。对各楼层卫生间进行提升改造,在一楼候诊大厅安装了直饮水机,改善了就医环境;新建了医疗垃圾临时储存站,采购利器盒和医疗垃圾专用桶,规范了院内感染的管理;更换了理疗室的空调、采血桌和办公室电脑,改善了医疗工作条件。按照学校和卫生部门的消防安全要求,对校医院消防情况进行了全面检查,对发现的问题进行了及时整改。

8. 积极配合文明城市创建。利用电子显示屏、宣传立牌、宣传画等方式,进行文明宣传;在医院大厅显著位置公布上级部门、学校纪委、校医院的举报电话;导医台和学雷锋志愿服务台合并,加强对就诊患者的咨询服务。

【幼儿保育教育】截至年底,幼儿园在园幼儿 385 人,分为各年龄段 11 个班。现有教职工 43 人,专任幼儿教师 27 人。本年度派老师外出学习 10 人次,请进来专题培训 8 次,组织全体教师演讲 1 次,组织全体教师听评课活动 1 次。改造利用户外场地条件,拆除幼儿园操场花坛,扩宽操场活动区,开展户外自主游戏。开展以"开放教育"为主题的园本特色主题活动。更新了监控系统,邀请专业人士来园对教职工进行安全培训 4 次,组织安全演练 12 次,开展幼儿安全课程 190 班次。

2018 年,幼儿园被评为"莱山区学前教育管理先进单位""山东省高校后勤学前教育先进单位"。

【其他实体服务】专家公寓完成了新生军训官兵接待服务工作。桶装水经销部全年为师生供水 8 万余桶。浴池年洗浴达到 13 万人次。车队累计行驶里程 18 万公里。

(韩昌卫)

基本建设

【概况】2018年,基建处有综合科、计划科、施工科等3个科室,工作人员8人。基本建设各项工作进展顺利。

【项目投资】1. 15号、16号学生公寓项目,投资约8208万元。

2. 实验中心项目:按照工程进度约384万元;

3. 预备建设项目是南校区教学实验楼。为实现产学研用的深度融合发展,学校决定在南校区建设一幢教学实验楼。5月23日,在济南召开了项目规划初步设计方案论证会,省教育厅和省工程咨询院等部门专家就设计方案提出合理化意见和建议。现正针对设计方案进行修改,为下一步编制可研报告和立项批复打下基础。

【工程管理】1. 15号、16号学生公寓项目,工程于1月份实现主体封顶,8月底完工,研究生已于9月份按期入住。

2. 实验中心项目。总建筑面积37383平方米,立项、规划许可、图纸审查、消防审核、施工许可等建设手续已办理完毕,已完成约384万元的年度工程施工量。目前正在协调农林、环保等部门办理环评手续。

3. 在烟台市委、市政府的大力支持下,学府小区历史遗留问题有望得到解决。三所高校积极配合烟建集团项目部办理涉建手续,小区规划经市规划局公示已通过。《建筑工程施工许可证》已开始办理,劳保费按合同造价已缴纳。消防、防雷、环境、建筑面积等有关工程的检测验收工作已向政府相关部门提出申请。待各种手续完备后,将按程序办理不动产登记手续。

(丛兆丰)

安全保卫工作

【概况】学校保卫工作以"2018平安校园建设提升年"活动为主线,落实校园消防安全专项整治重点工作,开展"扫黑除恶"专项斗争,维护了学校的安全稳定,全年没有发生群体性事件和重大安全责任事故。2018年,保卫处有治安科、校卫队、安全科、政保科、110指挥中心、南校区治安办公室等下设机构,有工作人员30人。

【政治稳定】及时掌握校内各群体底数和思想动态;认真做好招聘辅导员、应征入伍、出国等人员政审工作,全年共政审80余人次;全力保障全国"两会"和"上合组织青岛峰会"期间学校安全稳定,因工作突出,学校被省教育工委和省教育厅评为安保工作先进学校,2人获评先进个人。

【治安防范】1. 安全教育进学院、进班级、进宿舍。6月成立了大学生反电信网络诈骗协会;开展网络安全讲座、反电诈万人签名、校级经典团日、反电诈

主题班会、调查问卷等活动，普及网络安全知识；9月15日，与烟台市公安局反诈中心举办“擦亮双眼 平安校园开学季防骗大讲堂”宣传活动；10月与学生处配合完成了电信网络诈骗犯罪有关学生了解及防范问卷调查3万份。与莱山区公安分局禁毒大队联合开展国际禁毒日禁毒宣传，发放宣传材料1000份。

2. 依法妥善处理涉校各类案件。配合当地公安机关查处各类案件21起，调解纠纷14起，抓获各类违法犯罪嫌疑人10名；配合青岛警方查处了土木学院数名师生涉嫌考试作弊案；配合公安机关告破校本部学生公寓4起笔记本电脑被盗案，涉案价值4万元；破获了计控学院学生高某、体院学生殷某某等多起盗窃笔记本电脑案；妥善处置了留学生朱某某自杀未遂案；协助鑫城公司依法处置了该公司1名聘用人员自杀死亡事件；及时发现并成功控制1名扰乱校园秩序的社会精神疾病人员；协助交管部门处置校内交通事故3起；调查处理学生群殴及打架事件8起。

3. 加强巡逻和门卫管理。全年抓获自行车惯偷3名、盗窃学生衣物嫌疑人3名，挽回经济损失1万余元。门卫堵控燃油摩托车入校120余次，清理门卫周边摊点若干，抓获自行车盗窃者2名，控制精神病患者2名，制止学生斗殴4起，检查载货出校车辆140余次。

4. 提升校园110应急处置能力和服务水平。全年校园110共接出警251起，其中，治安警68起，盗窃警91起，诈骗警12起，火警14起、求助警63起，政情警3起，做到了“有警必接、有难必帮、有险必救、有求必应”。

5. 净化校园治安环境。规范清理校园商铺户外广告牌2个；清理横幅60个；清理“僵尸车”8辆；协助社区服务中心清理废弃自行车700余辆，规范校园内共享单车停放秩序；收缴违法宣传品、光碟若干；没收广告宣传单1万余份；劝阻三元湖垂钓人员70人次；驱逐捕捉流浪犬20只。

6. 较好完成了烟台大学第四次党代会、运动会、迎新晚会、应届毕业生供需见面会等大型活动安保任务，以及廉政、英语四六级、计算机等级等考试中的安全保卫、交通疏导工作。

【交通安全】在教学南路采取机动车限行措施，保证学生上下课期间的交通安全；在学校主要路段安装卡扣测速系统4套；门禁收费升级微信扫码付；规划、安装交通隔离石墩60个，重新施划校园道路交通标线1200m^2，在部分路段、区域施划临时停车位160个；安装转弯凹凸镜6个、减速带30个；全年共发现违停车辆300余辆，张贴违停提示单500余份，80余辆违停车辆列入黑名单；会同公安交警部门2次在南、北校区开展燃油摩托车专项整治行动，收缴无牌照燃油摩托车30余辆。

【消防安全】出台《烟台大学消防安全管理办法(试行)》，与全校各单位签订了《烟台大学消防安全责任书》；积极开展新生入学安全教育、消防知识讲座和现场灭火、地震逃生演练等教育活动；建立3处微型消防站，成立了烟台大学消防应急队；完成部分教学楼和学生公寓消防可视化平台增、扩容；完成院系馆消防疏散逃生门改造以及疏散标识招标；全年共进行消防检查52次，下达隐患整改建议书13份。消防事故较上一年下降，未发生重大责任事故。

【户籍管理】全年共迁出毕业生户口102人，办理教职工及子女落户124人、学生落户140人，办理个人借用集体户口手续279人次、800多份，申报流动人口8000余份，发放身份证110多张，开具各种证明190多份。

(王希峰)

党建与思想政治工作

纪检监察工作

【概况】 2018 年 3 月 16 日，中国共产党烟台大学第四次代表大会隆重召开。会议印发了题为《旗帜鲜明讲政治　牢记使命勇担当　为建设特色鲜明、部分学科具有国际影响力的高水平大学提供坚强保证》的纪委工作报告，大会通过了《关于中国共产党烟台大学纪律检查委员会工作报告的决议》，选举出由 15 人组成的新一届中共烟台大学纪律检查委员会。随即召开的纪委一次全体会议选举产生了纪委书记、副书记，并报党委四届一次全体会议通过。周胜良为纪委书记，曹振斌、王海丽为纪委副书记。2018 年，学校纪委下设办公室、纪律检查室两个机构，与监察处合署办公，有工作人员 6 人。

2018 年，学校纪委坚决做到"两个维护"，从严强化压力传导、着力夯实管党治党责任，从严深化专项检查、着力提高监督检查效能，从严把握纪律标尺、着力提升执纪审查质量，从严加强作风建设、着力打造过硬干部队伍，推动全面从严治党向纵深发展。

在 2018 年单位目标考核中，纪委机关（监察处）获评机关（直属）单位综合考核二等奖，纪委机关（监察处）领导班子获评"干事创业好团队"奖。

【党风廉政教育】 围绕新修订《中国共产党纪律处分条例》的学习，加强党章党规党纪教育。

1. 纪委书记为全校正科级以上干部上廉政党课，围绕中央八项规定精神和纪律处分条例对日常生活和工作中经常遇到吃、住、行等问题划出明确的纪律红线；邀请省直廉政教育宣讲团成员、省委党校党建教研部副主任刘贵丰教授做题为"以习近平新时代中国特色社会主义思想为指导　不断推动全面从严治党向纵深发展"的宣讲报告；组织副处级以上干部观看《失衡的代价》《"象牙塔"里的蜕变》《失控的雅好》《重拳反腐　保驾护航——日照港集团系列腐败案件警示录》警示教育片，发挥反面典型案例的警示、教育作用。

2. 在"烟台大学纪检监察网"建立新《条例》学习专栏，借助"烟大党建""机关党建""烟大纪委"等微信群，及时推送学习资料、知识链接；利用学校宣传教育橱窗，制作新《条例》宣传教育专栏。组织全校教职工参加新《条例》在线学习竞赛活动，80 分以上的占 93.2%；对二级单位党组织《条例》学习贯彻情况进行监督检查，严肃学习纪律。

3. 建立纪检监察干部政治和业务学习制度，通过支部政治学习、机关业务学习、专题工作研讨等形式，强化政治素质，提高履职能力。先后派出参加中纪委、省纪委组织的纪检业务培训 9 人次。

【专责监督】 1. 召开党风廉政建设工作会议，传达学习十九届中央纪委二次全会和省纪委十一届三次全会精神，回顾总结 2017 年学校党风廉政建设和反腐败工作，研究部署 2018 年工作任务。

2. 将《党风廉政建设责任书》修订更名为《全面从严治党责任书》，责任书内容根据机关党群、机关行政、二级学院、直属单位的工作性质提出不同

的要求，由学校党委、行政与各单位党政主要领导签订，作为年终党组织书记述责述廉和评议考核的重要依据。

3. 加强对换届纪律情况的监督检查。根据掌握的问题线索，认真如实填写 37 名“两委”委员预备人选考察对象的廉政鉴定；对 61 名拟提拔的考察对象提出廉政意见；对换届中有反映的干部人选及时向党委提出暂停提拔程序的建议，进行调查核实，严把选人用人政治关、廉洁关、形象关。

4. 开展廉政谈话，实现 187 名处级干部廉政谈话全覆盖；建立在职处级干部廉政档案，实现一人一档。

5. 开展专项监督检查。一是对后勤、资产、财务等重点部门和有代管收入及创收资金的单位廉政风险防控工作进行专项检查；二是对家庭经济困难学生奖助学金等各项帮扶政策落实情况开展专项检查，采取问卷调查和个别谈话方式，覆盖所有年级和专业的 224 个班级、近 1 万名学生；三是开展违规配备使用公车、滥发津补贴、违规公款吃喝、违规收送礼品礼金专项治理工作；四是开展形式主义、官僚主义集中整治工作，梳理汇总典型突出问题 55 条，反馈相关单位并督促其制定相应整改措施 115 项。督促各二级单位坚持问题导向，健全和完善廉政风险防控机制，纠正形式主义、官僚主义，深入推进作风建设。

6. 结合学校开学、重要节日等关键节点，通过下发廉洁自律通知、转发违规违纪案例、专项检查等多种形式，及时向党员干部、教职工打招呼、提要求，及时查处顶风违纪问题，把纪律和规矩挺在前面。

7. 积极与有关单位沟通，督促其认真处置网上民声“回音壁”问题 12 件次，及时回复师生关切。

【执纪问责】1. 在省委第十三巡视组专项巡视烟台大学党委工作开始前，相继完成了 2016 年以来各年度反映和查处的全部问题线索、纪委工作专题汇报等材料的整理和完善。巡视过程中，学校纪委随时整理提供巡视组需要的相关资料和统计数据，全力做好有关边巡边改工作；配合做好省纪委调研，以及巡视期间对纪委履职情况的专项检查，认真组织纪委工作汇报、个别谈话、问卷调查、测评等工作。

2. 10 月 15 日，召开严肃会风会纪会议，就巡视动员会议期间违反会议纪律问题做了典型通报。会议要求，要“严”字当头、“实”处着力，以严肃会风会纪为切入点，带动各项纪律严起来。

3. 坚持依规依纪依法办案。2017 年自办信访举报件 23 件次，巡视移交信访件 22 件。谈话函询 26 件次，立案 2 件，先后给予 14 人通报批评、5 人诫勉处理、党政纪处分 16 人。

（董　燕）

附：**2018 年校纪委纪字文件目录（部分）**

《关于印发中共烟台大学第四次代表大会纪委工作报告的通知》（烟大纪字〔2018〕1 号）

《烟台大学 2018 年纪检监察工作要点》（烟大纪字〔2018〕2 号）

《关于组织观看警示教育片〈失衡的代价〉的通知》（烟大纪字〔2018〕3 号）

《关于转发中共山东省纪委通报的通知》（烟大纪字〔2018〕4 号）

《开展专项检查工作的通知》（烟大纪字〔2018〕5 号）

《关于转发中共山东省纪委通报的通知》（烟大纪字〔2018〕6 号）

《关于进一步加强中秋国庆期间作风建设、坚决纠正“四风”问题的通知》（烟大纪字〔2018〕7 号）

《关于组织观看警示教育片〈失控的雅好〉的通知》（烟大纪字〔2018〕10 号）

《关于组织观看警示教育片〈重拳反腐　保驾护航——日照港集团系列腐败案件警示录〉的通知》（烟大纪字〔2018〕12 号）

《关于持之以恒正风肃纪确保 2019 年元旦春节风清气正的通知》（烟大纪字〔2018〕13 号）

组织干部工作

【概况】组织部现设有组织科、干部科、党校办公室(挂靠)等3个科室。有专职组织干部8人。2018年,党委组织部以习近平新时代中国特色社会主义思想为指导,深入学习贯彻党的十九大精神,全面落实学校“一二三”战略部署,统筹推进基层党组织和党员队伍建设、干部队伍建设等各项工作,努力推动组织工作高质量发展,为学校发展提供坚强组织保证。

【组织建设】开展党的十九大精神专题培训。举办“学习贯彻党的十九大精神、贯彻落实‘一二三’战略部署”专题培训班,组织集中学习13期,教育引导广大干部树牢“四个意识”、坚定“四个自信”,用习近平新时代中国特色社会主义思想武装头脑、指导实践,推动工作。

扎实开展“大学习、大调研、大改进”。加强组织领导,制定实施方案,压实工作责任,加强督促检查,建立了覆盖学习、调研和改进等3个方面的16项工作任务台账。全校各级各单位开展调研293次,形成调研报告99篇;查找需要重点解决的问题264项,制定整改措施309项,基本完成问题整改。

筹备组织学校第四次党代会。坚持高标准、高质量,严格规定程序,精心设计方案,认真做好党代表选举和“两委”委员候选人预备人选推选工作;科学合理规划大会日程、议程安排,认真审定各类会议材料,组织选举产生学校新一届党委、纪委领导班子。会议议程衔接紧凑、运转高效,圆满完成大会各项工作任务。

推进基层党组织标准化、规范化建设。出台《关于落实全面从严治党主体责任的实施意见(试行)》《关于加强和改进新形势下学院党组织建设的实施意见(试行)》《烟台大学学院党委(党总支)会议议事规则(试行)》等规章。组织实施二级单位党组织换届选举工作。组织召开机关党建工作座谈会、二级单位党建工作座谈会和党建重点工作任务推进会,研究谋划党建工作。举办党务干部培训班,着力提高党务干部推进基层组织建设标准化、规范化的能力素质。对二级单位党组织进行党建工作督导检查,分析查摆党建工作存在问题不足,结合工作实际,明确工作目标任务和推进举措。

落实党建工作重点任务。制定学校《落实高校党建工作重点任务清单》,并牵头组织实施,协助上级完成对学校的督导检查。开展二级单位党组织书记抓党建述职评议考核,逐一反馈二级单位党组织书记2017年度抓党建述职评议结果。推进党建工作创新,对2017－2018年度党建创新项目进行中期调度,抓好2018年二级单位党组织书记抓基层党建突破项目。组织申报省教育工委党建工作建设项目21个。1个教工党支部推荐参加全国样板党支部评选,1个院(系)级党组织书记抓基层党建突破项目获评全省高校基层党建重点建设项目,并获上级支持。药学院获评山东省“干事创业好团队”。

做好党员发展和教育管理工作。加强指导培训,明确程序任务,规范入党前教育培训;列席参加基层党支部党员发展大会和转正大会,实地查看会议程序履行过程和会议质量,提高党员发展规范化水平;为新发展党员上党课。“七一”期间组织开展增强党员意识主题教育活动。全年发展党员885人、转正672人,接转组织关系760人。做好灯塔党建在线维护工作,灯塔注册率和山东“e支部”开通率均达到100%。出台《党费收缴管理使用办法》。圆满完成党员年度统计工作。

【干部队伍建设】开展干部换届调整。修订《烟台大学干部选拔任用工作实施办法》。根据《烟台大学中层领导班子和处级干部换届调整工作实施方案》,严格选拔程序和要求,平稳有序推进换届。平

级调整处级干部75名,新选拔配备处级干部59名,及时完成了新提拔处级干部省委教育工委备案和选拔任用全程纪实工作。通过换届选好配强中层领导班子,激发干部队伍活力和责任担当意识,为学校事业发展提供坚强队伍保证。

加强干部教育培训。深入学习贯彻党的十九大精神,教育引导广大干部坚定理想信念,保持政治定力,提升政治能力。围绕高等教育综合改革、治理体系和治理能力建设,培养专业能力和专业精神。制定《加强和改进党校工作实施意见》,健全完善党校工作运行体制机制。先后举办3期专题干部培训班,7期书记读书班,开展党性教育7次。安排干部参加上级调训7人次。

严格干部管理监督。认真开展个人事项抽查、干部档案专项审核、干部因私证照管理、出入(境)备案和企业、社团兼职的规范清理等工作,对发现问题的干部依规依纪严肃处理。理顺干部出国(境)管理体制,出台《烟台大学干部因私出国(境)管理暂行办法》。推进干部分类考核,出台《烟台大学处级干部年度考核实施办法》。指导第三轮“第一书记”做好帮扶工作,选派2名同志作为“千名干部下基层”人选,服务民营企业高质量发展。

(陈　伟)

附:

1.2018年全校党员情况统计表

统计时间:2018年12月

项目			党员数	在岗党员数
合计			3859	1536
其中	预备党员		947	30
	女党员		1973	702
	少数民族党员		66	31
职业	教职工		1995	1536
	学生	研究生	327	
		本专科生	1499	
年龄结构	35岁及以下		2294	436
	36—45岁		580	574
	46—54岁		424	421
	55—59岁		117	105
	60岁以上		444	
合计			3859	1536
入党时间	1937年7月7日至1945年9月2日			
	1945年9月3日至1949年9月		1	
	1949年10月至1966年4月		68	
	1966年5月至1976年10月		149	
	1976年11月至2002年10月		928	690
	2002年11月以后		2713	846
合计			3859	1536

续表

项目		党员数	在岗党员数
学历结构	研究生	877	847
	大学本科	1041	508
	大学专科	318	95
	中专	61	20
	高中、中技	1499	51
	初中及以下	63	15
年内增减	年内转入	154	87
	年内转出	607	19
	新发展	885	4

注:学历按目前已实际取得的学历计,如在校大学生按高中学历计

2.2018 年全校干部情况统计表

统计时间:2018 年 12 月

项目／数量／职级	合计	性别		政治面貌		学历				年龄						职称			
		男	女	中共党员	其他	研究生	大学	大专	大专以下	35 岁以下	36 至 40 岁	41 至 45 岁	46 至 50 岁	51 至 55 岁	56 至 60 岁	正高级	副高级	中级	初级
校级	10	10	0	10	0	7	3	0	0	0	0	0	2	5	3	7	2	1	0
处级	186	149	37	173	13	89	95	2	0	1	47	46	38	29	25	33	60	78	10
科级	213	132	81	182	31	82	103	23	5	34	60	31	35	41	12	2	14	131	27
合计	409	291	118	365	44	178	201	25	5	35	107	77	75	75	40	42	76	210	37

宣传思想工作

【概况】2018 年 9 月 3 日,学校成立党委教师工作部(正处级),与党委宣传部合署办公,下设教师思想政治工作科。党委宣传部现设有宣传科、理论科、网络信息科等 3 个科室。挂靠单位新闻中心设有校报编辑部、电视台、新媒体中心 3 个科室。工作人员 10 名。

2018 年,党委宣传部(党委教师工作部)围绕宣传学习贯彻党的十九大精神、习近平新时代中国特色社会主义思想,以及学校第四次党代会、两校援建会、纪念改革开放 40 周年、省委第十三巡视组巡视烟台大学党委、庆祝教师节等主题开展多项工作。

【理论武装】下发《烟台大学 2018 年宣传思想工作要点》《烟台大学 2018 年理论学习安排意见》,围绕

党的十九大精神和学校第四次党代会精神加强学习,扎实推进“大学习、大调研、大改进”。利用《习近平新时代中国特色社会主义思想三十讲》,组织全校深入学习习近平新时代中国特色社会主义思想。学校党委中心组学习16次,强化对学校理论宣讲团和二级单位理论中心组学习的督导。选派24人参加全省社科理论骨干和哲学社会科学教学科研骨干培训。

附:

2018年学校党委中心组学习情况汇总表

时间	地点	主要学习内容	备注
2018年1月11日	办公楼335	1. 习近平总书记在党的十九届一中全会上的讲话 2. 习近平总书记在新进中央委员会的委员、候补委员和省部级主要领导干部学习贯彻习近平新时代中国特色社会主义思想和党的十九大精神研讨班上的讲话 3. 习近平总书记在中央政治局民主生活会上的讲话	
2018年3月5日	办公楼335	1.《中共山东省委办公厅关于认真学习贯彻党的十九届三中全会精神的通知》《中共烟台市委关于认真学习贯彻党的十九届三中全会精神的通知》 2. 中国共产党十九届三中全会会议公报 3. 山东省新旧动能转化重大工程方面的资料 4. 省委教育工委常务副书记、省教育厅党组书记邓云锋接受山东广播电视台采访的相关报道	
2018年3月22日	办公楼201	省委教育工委常务副书记、省教育厅党组书记邓云锋在全省教育系统开展“大学习、大调研、大改进”工作视频会议上的讲话精神	
2018年4月6日	逸夫厅	省发改委发展规划处胡薄处长做“以新旧动能转换重大工程为统领,推动山东创新发展持续发展领先发展”辅导报告	扩大
2018年4月10日	胶东革命纪念馆	党性教育学习	烟台山
2018年4月19日	办公楼201	法学院杨曙光教授做“新时代中国宪法学的发展——关于现行宪法第五次修改的辅导解读”专题辅导	
2018年6月6日	办公楼201	1. 习近平在北京大学考察发表的重要讲话 2. 习近平在纪念马克思200周年诞辰纪念大会上的讲话 3. 2018年5月4日央视《焦点访谈》栏目播出的《真理之光历久弥新》	视频学习
2018年6月26日	育秀大楼316	1. 习近平视察山东新闻报道 2. 省委常委会会议　全省领导干部会议　传达学习习近平总书记视察山东重要讲话精神	
2018年8月5日	育秀大楼316	1.《习近平谈治国理政》(第二卷)(《坚持和巩固党对意识形态工作的领导》《加快建设世界一流大学和一流学科》两个篇章) 2. 习近平在全国组织工作会议上的讲话	
2018年8月20日	育秀大楼316	1.《正确认识妥善应对中美经贸摩擦》(学习资料) 2.《中共中央关于追授郑德荣等7名同志“全国优秀共产党员”称号的决定》	

续表

时间	地点	主要学习内容	备注
2018 年 9 月 5 日	育秀大楼 316	1.《中国共产党纪律处分条例》 2. 习近平总书记在全国宣传思想会议上的重要讲话精神(视频)	
2018 年 9 月 28 日	育秀大楼 316	1. 习近平总书记给中央美术学院老教授的回信及中央美院组织师生学习情况(视频) 2. 习近平总书记在全国教育大会上的重要讲话精神及在全国教育工作者引起的强烈反响(视频) 3. 新时代全国高等学校本科教育工作会议会议精神解读	
2018 年 10 月 16 日	办公楼 201	1. 孙丰华、李震球同志在省委第十三巡视组巡视烟台大学党委工作动员会上的讲话 2. 习近平总书记《强化巡视监督,发挥从严治党利器作用》、刘家义同志在省委书记专题会议听取十一届省委第三轮巡视工作情况汇报时的讲话传达提纲 3.《被巡视党组织配合省委巡视工作规定》	
2018 年 11 月 8 日	办公楼 201	1. 习近平总书记在全国教育大会上的讲话 2. 黄群、宋月才、姜开斌同志为代表的抗灾抢险英雄群体和王继才同志先进事迹(视频) 3.《关于激励干部担当作为实施容错纠错的办法(试行)》	
2018 年 11 月 15 日	教师培训厅(综合楼 604)	清华大学马少华教授做《人工智能发展进程》报告	扩大
2018 年 12 月 13 日	育秀大楼 316	1.《中国共产党支部工作条例(试行)》 2. 全省宣传思想工作会议精神	

【**思想政治工作**】出台《烟台大学"大学生思想政治教育大讲堂"实施方案》,确定首批 24 场(位)主题讲座(主讲人)。2 名专家(赵文静、郭金玲)入选山东高校习近平总书记重要讲话精神宣讲团,开展学习新思想千万师生同上一堂课 2 场。4 名专家(张平华、丁大尉、刘经靖、王毅)入选山东省理论人才百人工程。成立烟台大学美育工作指导委员会,召开美育工作推进会,完善学校美育研究、教学、实践三大体系。"海之韵"校园合唱文化和"新声"网络文化工作室入围全省高校思想政治工作十大建设计划重点项目。

【**新闻舆论宣传**】出版《烟台大学报》24 期,审核发布校园网主页新闻 1530 条,在人民网、《中国教育报》《大众日报》等校外媒体发稿 250 余篇。学校官方微信粉丝数 53374 人,同比增长 48.9%;发布微信阅读总量 878884 人次,同比增长 14%;2018 年 11 月在抖音平台开通学校官方账号。微视频《烟大之夏》在中央电视台一套《大美中国》栏目播出。修订《烟台大学新媒体联盟章程》,完成新媒体联盟第二届理事会换届,组织开展校园十大新闻事件评选和宣传骨干培训。获评"山东教育政务新媒体先进单位""山东教育政务新媒体组织工作先进单位"。入选 2018 年度"山东高校最佳社会声誉榜"和"山东最具影响力高校政务新媒体榜"。获全国高校校报好新闻奖 6 项,获奖数量位居全省高校首位。

【**意识形态工作**】成立烟台大学意识形态和宣传思想工作领导小组,制定《烟台大学意识形态工作校内巡察制度实施办法(试行)》,建立意识形态工作联席会议制度,召开意识形态工作推进会,与全校各责任单位签订新一轮意识形态工作责任书。邀请中国浦东干部学院肖晋在学校党校和书记读书班做"如何做好新时代高校意识形态工作"辅导报告。加强对哲学社会科学讲座、论坛管理,自 2018

年9月开始对审批情况进行通报，全年审批120场次。出台《烟台大学关于意识形态领域舆情工作机制建设方案》，制定《二级单位网站内容建设基本标准》，对全校58个二级单位网站进行普查，并对211个新媒体进行普查性备案。

【校园文化建设与文明校园建设】做好学校第四次党代会的会前校园氛围营造，会中会标布置、音乐播放等工作。以两校援建会召开为契机，制作《杏花蒲叶发有时》纪录片，举办《永不磨灭的印记》图片展，在广大师生和社会上引起热烈反响。围绕纪念改革开放40周年，学校承办"将改革开放进行到底"百姓宣讲活动全国巡回宣讲会山东站活动，举办"伟大征程——纪念改革开放40周年"主题征文活动和"不忘初心"庆祝改革开放40周年文艺晚会。学校校史展厅获评"山东省社会科学普及教育基地"。调整精神文明建设委员会，印发《烟台大学创建文明校园暨烟台市文明单位2018年工作方案》，学校获评"山东省粮安之星""烟台市文明单位""烟台市创建第五届全国文明城市先进集体"。

【师德师风建设】9月，学校成立党委教师工作部，负责全校教师思想政治教育、师德师风建建设工作，教师评奖评优、职称评审、导师遴选等环节的思想政治、品德学风综合考察工作，师德师风先进典型评选表彰工作。教师节期间开展"尊师重教、礼敬课堂"活动，在校园内布置3组主题宣传立体字，营造浓厚尊师重教氛围。召开庆祝2018年教师节暨师德建设表彰大会，表彰2017－2018年度师德标兵、师德建设先进集体。完善师德建设长效机制，贯彻落实情况自查整改工作。组织新时代教师风采公益广告和"我的好老师"短视频征集活动，组织开展《新时代高校教师职业行为十项准则》《教育部关于高校教师师德失范行为处理的指导意见》学习、新入职教师宣誓活动。

（庞　磊）

附：**2018年校外主要媒体报道学校稿件要目(88条)**

20180208《大众日报》：《烟台大学着力推进校城融合发展》

20180227 齐鲁壹点：《烟大鲁大首次"牵手"联合招艺术生，减少考生奔波》

20180316 大众网：《中国共产党烟台大学第四次代表大会开幕》

20180317《烟台日报》：《建高水平大学　打造智慧引擎——烟台大学聚焦新旧动能转换重大工程，推进校所城产深入融合》

20180322《大众日报》：《(烟台大学)专家学者为动能转换建言献策》

20180325 齐鲁壹点：《烟台大学举行宿舍灯光秀，响应地球1小时》

20180326《烟台日报》：《"校城融合"推进动能转换——烟台大学专家学者积极研讨新旧动能转换重大工程》《烟台大学新增两个专业》

20180330 大众网：《上千名考生今报到　烟台大学2018年考研复试正式打响》《烟台大学新增4个一级学科硕士学位授权点　明年起招生》

20180403 人民网、《中国教育报》：《烟台大学：校城融合发展实现互利共赢》

20180405 齐鲁壹点：《莱山检察院与烟台大学法学院共建青少年法治创客基地》

20180412《齐鲁晚报》：《烟大校园春意正浓，唯美花海令人沉醉》

20180413 大众网：《2018年山东省民营企业招聘周启动仪式在烟台大学举行》《万名毕业生参加烟大招聘会　"95后"成求职主力》

20180414《烟台日报》：《服务新旧动能转换，烟台大学举办今年首场招聘会———动能转换打开就业新空间》

20180419 大众网：《烟台大学社会科学界联合会成立　郝曙光任首届委员会主席》

20180423 大众网：《世界读书日来了！烟台大学第十五届读书节开幕》

20180424《烟台日报》：《你的气质里　藏着你读过的书——驻烟高校引领港城读书新风尚》

20180425 大众网：《创新新闻宣传方式　烟台大学新媒体大赛圆满落幕》

20180428 大众网：《是恋人也是"研友"！烟大学霸情侣双双被人大录取》

20180508 齐鲁网：《烟台大学获批增列民族学等4个硕士学位授权点》

20180511 大众网:《亮点纷呈！烟台大学2018年田径运动会圆满落幕》
20180512 大众网:《汶川地震十周年 烟台大学亲历地震学生“对话十年”》
20180516《烟台日报》:《中韩(烟台)产业园发展研究中心落户烟台大学》
20180521 大众网:《烟台大学情侣网上走红 最浪漫的事是与你一起考研》
20180531 齐鲁网:《山东高校首个教师教学发展联盟在烟台大学成立》
20180604《烟台日报》:《烟大首届留学生汉语大赛落幕》
20180615 大众网:《烟台大学放养锦鲤 祝福毕业生前程似“锦”》
20180615《烟台日报》:《省大学生校园最美歌声 百强晋级赛在烟大唱响》
20180620《烟台日报》:《烟大2018年本科初定招生7497人》
20180622 大众网:《烟台大学博士人才培养项目将迎国务院学位委员会验收》
20180707 大众网、中国山东网:《烟台大学第七届教代会暨第八届工代会胜利召开》
20180718 大众网:《助推制造业强市！烟台大学核装备与核工程学院成立》
20180719《烟台日报》:《驻烟高校首个“核学院”落户烟大》
20180719 齐鲁网:《核工程学院落户烟台大学 培养高层次核电人才》
20180723 大众网:《冉堌镇中心卫生院联合烟台大学生暑期社会实践团队进基层义诊》
20180723《烟台日报》:《驻烟高校学科首次入选“山东省一流学科”建设名单》
20180724 大众网:《本土传统与现代技术结合 烟台大学队探讨全新“地域化生态住宅”》
20180801《烟台日报》:《烟台大学人工智能研究院揭牌》
20180820 中国山东网:《烟大实践团微电影开拍 讲述等待72年的革命爱情故事》
20180831 大众网:《烟台大学开启迎新季 “00后”新生比例超过一半》
20180903 大众网:《烟大举行2018级新生开学典礼 为期12天军训启幕》
20180904《烟台日报》:《驻烟高校举行新生开学典礼》
20180911《烟台日报》:《烟大举办“尊师重教礼敬课堂”活动》
20180912《经济导报》:《烟台大学与枣庄签订全面战略合作协议》
20180922 大众网:《外国留学生体验中秋节:月饼好吃,中国人很热情》
20180926 中国山东网:《烟台市妇联大学生婚恋道德智慧教育讲座在烟台大学成功举办》
20180928《烟台日报》:《大学生婚恋道德教育讲座在烟大举行》
20181011《烟台日报》:《烟大获批大学生创业国家级训练计划项目》
20181018《大众日报》:《烟台大学坚持立德树人,强化思想引领,加强师德建设——为学生点亮理想的灯》
20181018 大众网:《快闪倡“惜粮” 烟台大学获评“山东省粮安之星”》
20181022《山东教育报》:《烟台大学获评“山东省粮安之星”》
20181031 中青在线:《“将改革开放进行到底”全国巡回宣讲团在烟台开展宣讲活动》
20181105 大众网:《烟台大学新媒体联盟理事会换届大会顺利召开》
20181112《山东教育报》:《让节俭基因融入烟大人的血脉》
20181114《烟台日报》:《“自己的大学”自己建》
20181115 大众网:《烟台大学足球队与保加利亚足球队合影》
20181117 中国新闻网:《北大清华两校支持烟台大学建设 推动校地校企融合》
20181117 大众网:《北大、清华支援烟台大学建设委员会第十三次会议召开》《烟台大学:教书育人争一流 校城融合发展谱新篇》《评论:助力区域经济社会发展 唱响高等教育烟台声音》
20181117 山东卫视晚间新闻:《烟台大学与北大清华两校签订多项合作协议》
20181117 山东教育发布(微信):《支援建设！北大、清华与烟台大学签订系列合作协议和意向书》
20181117 齐鲁网:《北大清华支援烟台大学建设委员会第十三次会议召开》

20181117 齐鲁壹点、闪电新闻:《北大清华支援烟大建设委员会第十三次会议召开》

20181118 新华网:《北大和清华援建34年　烟台大学进军高水平大学》

20181118 人民网:《北京大学、清华大学支援烟台大学建设委员会第十三次会议在烟召开》

20181118 光明网:《支援建设!北大、清华与烟台大学签订系列合作协议和意向书》

20181118《大众日报》:《34年接力援建,烟台大学与北大清华再签系列合作协议》

20181118 大众网(微信):《你好,烟大!烟大的成长故事》

20181118 山东教育电视台山东教育新闻:《北京大学、清华大学与烟台大学签订系列合作协议和意向书》

20181118《烟台日报》:《北大清华支援烟台大学建设委员会第十三次会议召开》《借力北京大学、清华大学34年援建优势,深耕校地企深度融合——烟台大学进军高水平大学》《延续34年援建福利,烟大与北大清华又签7个协议!进军高水平大学》

20181118 澎湃新闻:《全国唯一一所同时由北大清华援建的地方高校再获加持》

20181118 国家教育信息网:《应改革而生　烟台大学34年筚路蓝缕书写奉献》

20181119 中国经济网:《杏花蒲叶发有时　北大清华援建烟台大学再谱新篇章》

20181119 鲁网:《延续34年援建福利　烟大与北大清华又签7个协议　进军高水平大学》

20181119 网易新闻:《北大、清华与烟台大学签订多项合作协议》

20181121 中国山东网:《北大、清华与烟台大学签订系列合作协议和意向书》

20181121 搜狐新闻:《全国唯一一所　北大、清华共同援助烟台大学》

20181122《大众日报》:《携手动能转换推动校地深度融合——烟台大学与北大清华共同探索帮扶新模式》

20181122《齐鲁晚报》:《北大清华支援烟大建设委员会第十三次会议召开》

20181128《烟台日报》:《烟台大学自主选育苹果新品种》

20181218《烟台日报》:《凝练特色、厚植优势,烟台大学在政产学研用深度融合发展中提升办学实力———打造"智慧引擎"助力动能转换》

统一战线工作

【概况】2018年,统战部设有综合科1个科室,有工作人员3人。本年度,党委统战工作以"同心同德谋发展"为主题,服务大局,创新方法,为高水平大学建设贡献力量。

【民主党派和统战团体】1. 调整了烟台大学统一战线工作领导小组,出台了《中共烟台大学委员会关于加强新形势下统一战线工作的实施意见》等3个文件,召开了全校统战工作会议,举办了统战委员培训讲座2次。组织民主党派和统战团体负责人座谈会5次,及时传达中央、省委以及学校党委的决策部署。组织各民主党派和统战团体负责人赴中央统战部旧址李家庄开展纪念中共中央发布"五一口号"70周年学习实践活动。

2. 与市委统战部以及民主党派烟台市委全面沟通,把素质高、能力强、政治上靠得住的优秀党外人士推荐为民主党派负责人,指导各民主党派全部顺利完成换届。与各民主党派主委一对一深入交流,指导各民主党派基层组织继续开展"一党派一团体一品牌"活动,2018年,民建支部获先进集体,13位老师获先进个人荣誉称号。

3. 发挥统一战线资源优势,举办烟台大学统战系统助力大学生就业专场招聘会,共有58家企业参加，提供就业岗位 1500 多个，涵盖 30 多个专业。

【党外代表人士】 1. 结合"大学习、大调研、大改进"活动，与党外代表人士谈心谈话 20 余次，收集有价值的意见建议 7 条，发挥党外知识分子在学校民主管理、学科建设、教学改革和科技创新中积极作用。

2. 积极为学校党外代表人士作用发挥搭建平台，增补市政协委员 1 名，省欧美同学会常务理事 1 人，青年委员会会员 5 人，建言献策委员会会员 3 人；推荐入选烟台市知联会副会长 1 人，常务理事 2 人；烟台海外联谊会第三届副会长 1 人，常务理事 10 人，理事 3 人。

3. 积极指导党外代表人士参政议政、建言献策。2018 年，我校人大代表和政协委员共提交议案、提案 19 件，均被采纳、立案；获批九三学社中央参政议政研究课题 1 项，省统战理论政策研究重点课题 1 项。

4. 统筹规划党外代表人士的教育培养，推荐 3 位党外干部参加省、市党外代表人士培训班，推荐 30 名党外代表人士入选省、市特色人才智库，推荐 11 名党外专家入选烟台市统一战线助力新旧动能转换专家服务团成员，1 名党外专家入选烟台共青团"青春引智"计划企业青年专家服务团成员，8 位党外专家参加省委统战部组织的"百名专家联百企"活动，取得技术合作新成果。

【民族宗教工作】 落实宗教工作主体责任，成立了民族宗教工作领导小组，构建起四级协调联动机制，召开相关会议 13 次，摸清了底数，完成了省委统战部、省委教育工委的宗教工作自查督查和"回头看"工作。

（周　昊）

学生工作

【概况】 2018 年，学校调整学生工作领导小组；进一步完善学院学生工作领导小组机构设置，明确了职责任务。党委学生工作部、人民武装部与学生工作处合署办公，人民武装部设立国防教育科。学工部设有学生教育科、学生管理科、研究生教育管理科等 8 个科室，有工作人员 16 人。

本年度招录辅导员 15 名。修订辅导员队伍建设实施意见。完成 2017 年度辅导员考核工作，评选表彰了 2016 - 2018 年度优秀辅导员，遴选出 2 个校级"辅导员名师工作室"。持续推进辅导员队伍"六个一工程"建设，举办学生工作研讨会、辅导员暑期培训班和新入职辅导座谈会，选派 42 人次参加省内外业务培训，全面提升辅导员业务素质能力。8 人次主持国家、省级研究课题，撰写工作研究论文 52 篇；获 2017 年度全省高校思想政治教育优秀成果 4 项，2018 年山东高校辅导员工作论坛论文一等奖 1 项。

【思想政治教育】 修订学生工作考核指标体系，发挥考核指挥棒作用。完成大学生思想政治教育精品项目的督导检查工作。党员先锋示范岗常态化。扎实开展主题教育活动和主题班会，优化"烟大学子"微信公众号，使教育模式系列化、主题化。邀请清华大学学生职业发展指导中心主任张超做客"两校名师讲堂"，做题为"学生职业发展指导的思考与实践"的专题报告。继续推进本科生目标牵引式学业规划。组织研究生学术活动共 46 次，推动研究生良好学风的形成。创新开学典礼、毕业典礼、奖学金颁奖典礼、学生军训等重大活动的内容和形式，发挥仪式育人作用，获师生好评。创新"互联网 +"安全教育模式，实现大一学生全覆盖，效果显著。

【学生日常管理】 积极推进文明校园创建工作，定期开展宿舍安全隐患检查和宿舍禁烟专项检查。各项奖学金评审发放工作规范有序。1 名学生获评山东高校十大优秀学生提名奖。做好新疆选派

服务管理教师的服务管理工作，召开新疆籍少数民族学生座谈会。积极推进研究生“三助一辅”工作，优化形成研究生日常管理和服务体系。严格督促落实学生请销假制度，及时规范处理学生违纪行为，毕业生离校工作文明、安全、有序。

【学生资助工作】完善资助工作体系，修订相关文件。认定本专科家庭经济困难学生6050人，困难学生占在校生总数的21%。为3201名学生办理各类信用助学贷款2385.51万元。假期走访省内外159名家庭经济困难学生。新增设社会类奖助学金6项，总金额22.1万元，现有社会类奖学金35项，总金额146.9万元。全年发放各类学生奖助学金5291余万元。在全省资助会议上做典型经验交流，参与起草省学生资助管理综合标准化文件，连续第四年参与全省奖助学金专家评审工作。

【心理健康教育】制定《烟台大学心理辅导员工作职责》，持续推进线上线下混合体验式心理健康教育课程教学改革，定期开展学院心理辅导员学习交流培训会。创新开展心理健康教育实践活动，荣获“山东省大学生心理健康节优秀组织单位”。完善心理咨询制度，全年接待296人次学生咨询。排查出可能有心理问题的大一新生740人并逐一访谈；与烟台市精神卫生中心初步达成合作意向，畅通心理异常学生的转介渠道。

【毕业生就业工作】完成毕业生生源信息采集、就业方案编制、派遣及档案转递工作，发放毕业生求职创业补贴62.74万元。1名毕业生被录用为新疆乡镇公务员，41名毕业生选调到村任职，16名毕业生参军入伍。举办大中型招聘会17场，专场宣讲会286场，入会企业提供就业岗位8万余个。承办2018年山东省民营企业招聘周启动活动暨服务新旧动能转换高校毕业生专场招聘会，牵头成立“驻烟高校大学生就业创业联盟”。组织12名就业创业指导人员参加各类培训，聘请首批16位校外就业创业导师。大学生创业孵化基地新增创业团队24支，完成工商登记注册12家；创业团队在各类比赛中获得省、市级奖励15项，累计获得奖金10.4万元。

（蔺立杰）

共青团工作

【概况】2018年团委设有组织部、宣传部、文体部、素质拓展部4各部门，有工作人员6人。

【组织建设】1.实现团代会制度化，统筹安排各学院召开团代会，选举产生各学院新一届团委员会。召开烟台大学第三次团代会，选举产生共青团烟台大学第四届委员会，完成“113”的书记班子配备，兼职副书记比例达到60%。

2.校团委设立社团部，加强对研究生会、学生会指导，支持、引导学生社团规范发展。推行班级团支部与班委会一体化，班长兼任团支部副书记，强化团支部在班集体的政治核心作用。

3.推广应用“智慧团建”系统，建成全校共青团系统“组织树”，采集录入全校团员、团干部信息。

4.推荐计152－2班团支部和法161－1班团支部获评2017年“全国高校活力团支部”荣誉称号；校团委获评2017年度“山东省红旗团委”和“山东省五四红旗团委”荣誉称号。

【宣传教育】1.深化习近平新时代中国特色社会主义思想和党的十九大精神的学习、宣传、贯彻，深入开展“四进四信”“社会主义核心价值观”等主题教育实践活动；开展多样化主题团日活动，激活基层团支部的思想引领功能。2名同学获评“中国电信奖学金暨践行社会主义核心价值观先进个人”荣誉称号。

2. 围绕纪念改革开放四十周年、校第四次党代会和校第三次团代会等主题，承办“将改革开放进行到底”全国巡回宣讲团走进山东活动和“歌声激荡四十年”校园最美歌声大赛，及“纪念改革开放四十周年”“青春喜迎党代会，高举团旗跟党走”“青春展风采、献礼团代会”“与信仰对话、为青春导航”等主题宣传教育活动，引领团员青年坚定不移听党话跟党走。

3. 持续推进第十期“青马工程”培训班培训工作，健全管理体系，优化课程设置，加强后续跟踪培养，着力提升大学生骨干的信念、品格、视野和能力。

4. 通过共青团“五四”表彰、“青春榜样”寻访、大学生“大智之星”“自强之星”评选等载体，培养选树青年典型，用“身边的榜样”鼓舞和激励广大团员青年。2018 年，有 2 个基层团组织、39 名团干部、近千名团员青年受到省级以上表彰。

5. 打造“共青团 + 互联网”模式下的团学组织新媒体矩阵，主动开展网上思想引领。围绕青年关注的热点话题、青年选树的先进榜样、青年喜爱的互动方式，相继推出“我为核心价值观代言”“青年大学习”“青春榜样”“我和团旗团徽合个影”等话题活动，“将改革开放进行到底”网络直播点击量突破 16 万人次。

【创新实践】 1. 社会实践。组建团队 940 支，动员 7000 名青年学生深入基层、社区开展调研和社会实践。2 支暑期社会实践队入围国家级重点团队，27 支暑期社会实践队入围国家级专项团队，7 支暑期社会实践队入围省级重点团队，40 支暑期社会实践队入围省级专项团队。2 支团队在“千校千项”成果遴选中分获“最具影响好项目”奖、“百佳创意视频”奖；6 支团队获评“镜头中的三下乡”全国专项行动“优秀视频奖”；33 支团队、182 名个人获得省级表彰；学校团委获评全省、全国社会实践优秀单位和第九届“调研山东”大学生社会调查活动优秀组织单位。围绕生产扶贫、教育扶贫、科技扶贫、公益扶贫，实施青年电商培育等系列项目，推动志愿服务助力扶贫攻坚。2018 年组织 20 支“三下乡·千村行动”扶贫专项服务队、11 支医疗志愿者服务队、79 支支教志愿者服务队，直接服务困难群众超过 1.5 万人。

2. 科技创新。2018 年，学校科技创新基金项目成功立项 305 项，顺利结题 163 项，发放资助资金 15 余万元；立项成果中获国际竞赛二等奖 1 项，国家级奖项 15 项，省级奖项 48 项。申请国家专利 1 项；发表学术论文 69 篇，其中核心期刊 13 篇，SCI 期刊 1 篇，CSSCI 期刊 1 篇。2018 年“创青春”·海尔山东省大学生创业大赛获银奖 4 项、铜奖 6 项、“乡村振兴”专项奖一项，学校荣获“优秀组织奖”。第六届山东省大学生机器人大赛，获主题赛事“飞龙绣球”项目三等奖，创意展示项目一等奖 2 项、二等奖 1 项。第十七届“全国大学生机器人大赛（ROBOCON）”，获全国三等奖 1 项。在 2018 年世界机器人大赛中，获专项组别一等奖 1 项、二等奖 2 项。

3. 志愿服务。2018 年参与志愿服务 1.6 万人次，年服务时间突破 9 万小时。出色完成山东省 2018 年市县级少先队总辅导员培训班暨技能大赛志愿服务工作。用心培育志愿服务精品项目，围绕“中国青年志愿者服务日”“国际志愿者日”，举办志愿服务项目交流会；常态化开展“一元观影”“筑梦童行”志愿服务项目；推荐 7 个优秀项目参加山东省志愿服务项目大赛，荣获省赛银奖 1 项、铜奖 1 项。刘敬轩同学获评“山东省抗灾救灾优秀青年志愿者”，魏妍楠获评“创建文明城市优秀志愿者”。引导青年学生关注、了解、参与西部计划，鼓励他们到西部、基层和祖国最需要的地方建功立业。2018 年，选派 9 名志愿者赴新疆参与西部计划志愿服务，4 人参与志愿服务山东计划项目。

4. 实施“第二课堂成绩单”制度，从工作内容、项目供给、评价机制等方面，构建“第二课堂”育人体系。截至年底，共有 20888 人登陆使用平台，信息认证覆盖超过 70%。

【文体活动】 举办首届中华优秀传统文化节、烟台高校曲艺巡演和“三节”主题教育实践活动，邀请口琴大师杨敬民做客美育讲堂。组织清明节祭扫活动，实施“主题升旗仪式教育计划”。依托高雅艺术进校园活动，邀请中央民族乐团、山东省吕剧院来校演出。广泛开展群众性文体活动，举办校园舞蹈大赛、迎新生文艺晚会、团代会专题汇报演出、校园歌手大赛、送文艺进军营晚会、社团文化节、足球联赛、篮球赛等活动。承办山东省第三届社团文化节之社团篆刻大赛，积极组织参加山东省第三届社团文化节，获一等奖 5 项，二等奖 6 项，三等奖 6 项。

校大学生足球队受邀作为中国也是亚洲唯一的参赛球队，赴俄罗斯参加“友谊杯”足球赛。

【校地合作】贯彻学校党代会“一二三”战略部署，联合烟台团市委启动烟台青年建功新旧动能转换行动暨“青春引智”计划，组织烟大青年专家到莱州企业实地调研，积极促成计控学院、生科学院、环材学院、机电学院分别与持久钟表集团有限公司、橙色云设计有限公司、清泉实业有限公司、艾欧特集团有限公司等9家企业签订合作协议。

【学生会工作】1.加强学生自我管理。组织学生干部成长论坛，提高学生干部觉悟，发挥学生干部的榜样作用。严格落实学生干部内部考核，提高学生干部队伍的整体素质。执行主席团例会制度和常委联系学院制度。积极选树表彰“优秀学生会、优秀学生干部”等先进集体和个人典型。

2.开展各类主题活动。深化“我的中国梦”“培育和践行社会主义核心价值观”等主题教育实践活动，组织“我的青春·我的梦”展板设计大赛。深入学习宣传贯彻党的十九大精神，组织各学院开展“喜迎十九大暨学生干部成长论坛”交流活动。组织举办“五月的鲜花——纪念改革开放四十周年”大学生歌咏比赛。3.发挥新媒体作用。第三方软件与微信、微博、空间多方合作，校学生会与各学院学生会重要活动、重要事宜微信联合推送，掌上大学投票、抢票、微信墙等的应用，使活动更加有趣、多元，提高了参与、观看积极性。注重主题、文章、照片原创性，截至10月18日，烟台大学学生会微信公众号粉丝关注量达到近3万人。官方QQ空间已成功认证校园空间并发展迅速，进一步增强了网络新媒体工作的覆盖面。

4.开展“毕业季”系列活动。为毕业生做好相关服务。校学生会为毕业生举办“湖心岛音乐会”“小树林音乐会”“跳蚤市场”等系列毕业季主题活动。顺利完成毕业生送站工作。

5.为同学做看得见、摸得着的实事。校学生会监察部联系各学院成立“烟大自律委员会”，“109路纪律维持”成为了新生军训期间一道亮丽的风景线，赢得了新同学好评。成立食管会、宿管会，建成“青年之家”1个。校学生会微信平台开设留言板功能，同学们在日常学习和生活中遇到的问题及时向有关部门反映，维护了广大学生的合法权益。

【社团活动】落实“四进四信”进社团工作，以“青马工程”为平台做好理论社团建设，开展理论学习和研讨活动。举办烟台大学第十一届社团文化节。开展社团精品活动立项评比。完成2018年社团审核备案，备案校院级社团150个。承办山东省第三届社团文化节之社团篆刻大赛。参加山东省第三届社团文化节，获得一等奖5项，二等奖6项，三等奖6。“阳光爱心社”会员多人获评“无偿献血志愿服务先进个人”和“无偿献血爱心大学生”荣誉称号，学校获2017年度山东省“无偿献血工作先进院校”。

（杨　倩）

附：

2018－2019学年校级学生社团名录

序号	级别	社团性质	社团编号	社团名称	主管单位	指导教师	负责人	备注
1	校级社团	理论研究类	XL201706	习近平新时代中国特色社会主义思想青年研习社	校团委	陈　伟	丛　璇	
2		学术科技类	XK199910	计算机网络协会	校团委	翟一鸣	张继金	
3			XK201005	科技创新协会	校团委	王全杰	张鑫达	
4			XK201104	ACM协会	校团委	贺利坚	丁　超	
5			XK201503	工程实训中心创客空间	工程实训中心	孟振华	张润泽	
6		创新创业类	XC200206	未来企业家协会	校团委	李秦阳	李学克	
7			XC200506	职业发展协会	校团委	王虔祖	刘　丽	
8			XC200704	创业者协会	校团委	无	孙　焱	
9			XC200109	金融投资协会	校团委	张雪松	马旭东	

续表

序号	级别	社团性质	社团编号	社团名称	主管单位	指导教师	负责人	备注
10	校级社团	公益实践类	XS199610	阳光爱心社	校团委	李明月	郭亚男	
11			XS200010	环境保护协会	校团委	魏　权	李福裕	
12			XS200307	心系“三农”学社	校团委	关　涛	白云浩	
13			XS200404	心悦协会	心理健康教育指导中心	李　霞	韩一群	
14			XS200905	小桔灯心理义工队	心理健康教育指导中心	李　霞	郝欣敏	
15			XS201704	社区服务协会	后勤管理处社区服务中心	李鲁红	徐伟辉	
16			XS201109	失物招领中心	后勤管理处社区服务中心	单郑帅	郭明珠	
17			XS201705	校友工作志愿者协会	校友办	周　昊	童星炜	
18			XS201210	义工服务队	校团委	周积壮	李　登	
19			XS201806	反电信网络诈骗协会	保卫处	张国胜	李元峰	
20		文化体育类	XT199409	足球协会	校团委	尹　磊	杨　晨	
21			XT199809	乒乓球协会	校团委	郝嘉泰	刘　浩	
22			XT200410	羽毛球协会	校团委	无	蒋　巍	
23			XT200411	网球协会	校团委	李宝海	王禹婷	
24			XT200505	轮滑协会	校团委	无	满孝伟	
25			XT200809	梅花桩武术协会	校团委	贺利坚、梁入文	陈文祥	
26			XT200909	排球协会	校团委	侯冠琳	陈元军	
27			XT201305	漂移板协会	校团委	王虔祖	张国民	
28			XT201405	双截棍协会	校团委	蔡新海	刘泽坤	院升校
29			XT201209	跆拳道协会	校团委	刘晓婷	李一洲	院升校
30			XW198503	静火文学社	校团委	无	田　芳	
31			XW200910	红楼梦协会	校团委	郑世华	岳　涛	
32			XW200511	国学研究会	校团委	孙彦雷、贾文君	张凤娇	
33			XW199504	书画协会	校团委	韩冬冰	韩振琳	
34			XW199509	棋牌协会	校团委	陆学明	李　玲	
35			XW199510	口才协会	校团委	无	张　悦	
36			XW199511	X－world 动漫协会	校团委	无	辛浩田	
37			XW199709	天狼星话剧社	校团委	刘善平	蒋子琛	
38			XW199909	小虫诗社	校团委	无	刘涵民	
39			XW200001	收藏协会	校团委	韩毓鼎	赵选民	
40			XW200103	翻译协会	校团委	李　霞	王秀丽	
41			XW200205	戏曲协会	校团委	迟文岑	王子懿	
42			XW200305	英语俱乐部	校团委	王小忠	张守鹏	

续表

序号	级别	社团性质	社团编号	社团名称	主管单位	指导教师	负责人	备注
43	校级社团	文化体育类	XW200404	摄影协会	校团委	胡大鹏	袁文斐	
44			XW200507	美食协会	后勤管理处饮食服务中心	孙彦雷	贾虎明	
45			XW200509	交谊舞协会	校团委	无	张　鑫	
46			XW200510	追风者风筝协会	校团委	张　杰	徐照阳	
47			XW200605	手工艺协会	校团委	无	郑新宇	
48			XW201210	智立方协会	校团委	孙　超	和煜航	
49			XW201706	朗诵协会	校团委	孙　俊	宋若飞	
50			XW201206	瑜伽协会	体教部	栾美丽	丁凡琪	
51			XW201609	光音工作组	学校办公室会议中心	苏　宁	沙吉妮	
52			XW201507	啦啦操协会	校团委	王　英	樊丹丹	
53			XW201510	军事协会	人民武装部	贾　慧	李　朋	
54			XW201511	茶学社	校团委	胡萌萌	王子涵	院升校
55			XW201806	和校园协会	校团委	周玉兰	马　瑞	
56			XW201804	领读者协会	校团委	彭　婕	高　彤	

工会工作

【概况】校工会(妇女工作委员会)现设组宣科、文体科、教职工活动中心、计生办(挂靠)等科室,在编职工7人。2018年,校工会下设30个分工会,会员2209人。

【教职工代表大会/双代会】7月5日,召开烟台大学第七届教代会暨第八届工代会,会议听取并审议了校长郭善利代表学校所做的工作报告和工会工作报告、财务工作报告。会议审议并表决通过了《烟台大学绩效工资实施意见(试行)》《烟台大学教职工申诉处理办法》《烟台大学教职工代表大会实施办法》,选举产生烟台大学第七届教代会执行委员会、第八届工会委员会和工会经费审查委员会。

本次"双代会"共征集68件提案。大会闭会后,第六届教代会提案委员会和工会认真做好提案的整理分类、审查立案、传递交流、落实督办、反馈回复等各个环节的工作。

【组织与宣传教育】1.召开2018年工会工作会议。会议表彰了2016—2017年度在工会工作中取得优异成绩的集体和个人,授予图书馆等10个分会"工会模范教工之家",授予于纯良等10名同志"工会先进工作者"称号,授予崔健等126名同志"工会积极分子"称号。

2.组织以"做有理想信念,有道德情操,有扎实学识,有仁爱之心的好老师"为主题的青年教师师德征文活动。组织推荐申报全国及省、市各类先模人物评选活动。

【福利与服务】1.提高职工福利水平。将福利费标准提高到每人每年1900元标准。通过集中采购和分散购买的方式,为全校会员发放生日蛋糕券、中秋月饼券,通过统一招标给会员发放粮油副食券。组织各项团购活动,为教工谋福利。如:雨岱山温泉票、加油卡充值等。

2. 为教工服务,向社会献爱心。配合校医院开展全校教职工健康体检;"六一"儿童节慰问烟大幼儿园孩子和烟大附中学生。救助重病困难教职工30人,计9.435万元。组织2018年全校爱心捐助活动,举行2017年"爱心一日捐"发放仪式,资助困难学生99人,计20万元。

3. 教职工活动中心完成了试运行期的器材设施调试、场馆内外改建、场地套改调配使用、人员职责与场馆规则制定等工作,正式投入使用。

【妇女(女工)工作】1. 加强分工会女工工作,在30个分工会中成立了女工委员会。

2. 协助校医院为全校女性教职工进行妇科专项查体。

3. 举办各种有益于女教职工身心健康的活动。"三八"妇女节举行烟台大学庆"三八"健身长跑。组织女教职工参加第六届"书香三八"——"智慧女性·书香家庭"读书活动。承办由烟台市妇联组织的大学生婚恋道德智慧教育首场讲座,马克思主义学院副教授卢凤菊做题为"走进爱情——婚恋道德智慧教育"的报告。

4. 校妇委会组织女知联会员参加9月27日烟台市女知联会员第四次代表大会,学校共有女知联会员79人。

【文体活动】组织教职工参加校内外各种文体活动。指导文体协会开展群众文化活动。

1. 组织策划烟台大学元旦文艺晚会,原创歌曲《党支部活动三部曲》成为晚会开场节目;参加烟台市职工声乐、戏曲大赛,获得第三名;参加市工会"建功新时代·工会在行动"系列文化活动,烟台大学的合唱节目获得第二名。在第六届全国高校廉政文化作品征集活动中,原创歌曲《初心依旧》在山东赛区获一等奖,在全国表演艺术类评选中再获优秀作品奖。

2. 组织教职工乒乓球、排球、羽毛球、够级、篮球、台球、围棋等比赛;组织烟台大学元旦文艺晚会。

3. 组织策划驻烟高校"相约2018,缘聚张裕"单身教职工联谊会。参加山东省社科界第五届人文艺术作品大赛。参加山东省首届教师绘画大赛。

4. 山东高校工会青岛协作片会在烟大召开,杨海广获得省优秀工会工作者。

【计划生育工作】1. 做好常管育龄妇女计生工作。为符合政策的教职工办理和补办独生子女证、生育服务手册、生育证等各种相关证件。按月核实更新在管已婚育龄妇女WIS系统信息,采集新生儿出生和在管育龄妇女的孕情、婚姻变更、迁入、迁出妇女等信息。

协调上级主管部门给大学276名妇女做了两癌筛查。为31名教职工办理孕前免费查体(新生儿缺陷干预)。为31名参加糖氏或DNA筛查项目的教工办理报销手续。为教职工办理计生迁入、迁出手续,为离校毕业生办理婚育证明。

2. 做好计生部门相关工作。排查60周岁以上、户籍在烟台大学的老年人182多人,为其中符合条件的2名老人办理独生子女奖励手续,莱山区财政为每人每年发放960元。核实并发放区财政拨付的16名空挂户、下岗、无业独生子女父母申请独生子女费。为38名教职工报销适龄幼儿入园费用。

(刘　蕾)

离退休工作

【概况】2018年7月,党委常委会研究决定,撤销中共烟台大学离退休总支部委员会,成立中共烟台大学离退休委员会。9月28日,离退休党委召开党员代表大会,完成下设12个党支部换届。各支部书

记及委员全部由离退休党员担任，更有利于基层组织工作的开展。

2018 年，离退休处设有 3 个科室，有工作人员 7 人，服务全校离退休老同志 890 人。

【政治引领】严格按照学习计划，每月组织一次专题学习。组织离退休党员学习党的十九大精神，向离退休教职工中宣讲学校第四次党代会精神。为离退休党员发放十九大报告、新党章、三十讲、支部工作条例等学习材料 2000 余件。开展“学党史、知党恩、跟党走——不忘初心，牢记使命”系列活动。在离退休工作处网站开设党建板块，开展网上学习，引导相对年轻的党员使用“灯塔—党建在线”手机客户端开展学习。

离退休党员第二、三、五、六、七支部分批次赴海阳许世友将军胶东纪念馆参观学习。从 10 月 19 日开始，每周五下午三点，在离退休党群服务中心党员活动室举办红色电影展映，截至年底共放映 11 部红色电影。

【作用发挥】组织老同志参加“爱心一日捐”活动，59 名老同志共捐款 11580 元。组织老同志参加学校、省、市组织的征文、书画展、体育比赛等活动 10 余次。

【服务保障】9 月完成离退休工作处活动中心改造升级，更名为离退休党群服务中心，10 月 25 日正式启用。服务中心设有党员活动室、老年大学、阅览室、电子阅览室等活动区，增设党建 e 站、学生党员示范服务岗等特色功能区，使服务离退休党员群众条件得到改善。9 月 6 日校长办公会议决定，学校离退休工作处芝罘区活动中心迁回学校办公。

发放调查问卷了解老同志需求，有针对性地开设传统文化鉴赏、中医养生、医保政策讲解等 6 期老同志喜闻乐见的讲座。配合校医院为全校 800 多名离退休老同志进行健康体检，并提供体检早餐券。

党群服务中心与光电学院携手建立“科技助老”志愿服务岗，为老同志解决微信使用、软件更新、电脑维修等方面的问题；与化学化工学院开展“党员 1 + 1”共建；设立“党员先锋示范岗”，为独居、重病或空巢老人提供精准对接服务。

【组织领导】3 月 16 日，中共烟台大学委员会召开第四次代表大会，离退休党总支 11 名代表参加此次大会。9 月 28 日，离退休党委召开烟台大学离退休党员代表大会，77 名代表参加了会议。

学校调整离退休工作领导小组，明确各单位离退休工作分管领导和具体负责人。出台《关于进一步加强和改进离退休工作的实施办法》。离退休党委对 5 个党员数过 50 人的支部进行整改，支部数量增设至 12 个；选配好各支部书记，创新党员和党组织管理模式、活动方式和交流方式。

【文化养老】举办第八届“庆佳节赏校园美景”离退休教职工健步走活动、烟台大学第二十届离退休教职工趣味运动会等离退休教职工参与面广的大型健身活动。发挥老年大学作用，全年共开设舞蹈、合唱、声乐、书画等共 7 门老同志喜爱的课程，共有 200 余人次参加相关课程的学习。

举办了医保政策解读、肛肠健康讲座、财富保护与传承讲座、传统文化鉴赏——“剪纸艺术走进老同志”等 4 次幸福大讲堂活动，向老同志传授各方面知识技能，丰富老同志精神生活。

（曲秀勇）

附：

2018 年全校离退休教职工分类统计表

项目＼类别		性别		年龄段			当年退休	总数
		男	女	70 -	70—80	80 +		
离休	数量	6	2	0	0	8	—	8
	占比	75%	25%	0	0	100%	—	0.9%
退休	数量	445	437	470	290	122	49	882
	占比	50.5%	49.5%	53.2%	32.9%	13.9%	5.7%	99.1%
总计		451	439	470	290	130	49	890

院士（中国工程院）

温俊峰

正高级职称人员名录

（以姓氏笔画为序，截至2018年底在职）

丁大尉　丁凤熙　丁双红　于仁松　于立新　于永芹　于光辉　马成俊　马兴法　马晓丽
王开文　王中训　王文华　王玉洁　王东兴　王立宏　王　刚　王伟田　王创存　王来武
王非之　王明星　王　波　王炳章　王洪平　王宪杰　王　倩　王海英　王培进　王淑云
王绪敏　王喜昌　王新宇　王德英　王　燕　王燕涛　田京伟　兰　翠　邢纪波　毕可志
毕春加　曲晓莉　曲淑英　吕宏缨　朱用文　乔玲敏　任万忠　任现品　任俊义　任满杰
邬旭然　刘万卉　刘云学　刘永明　刘会清　刘志勇　刘其成　刘经靖　刘振伟　刘惊雷
刘惠涛　刘殿通　齐世学　齐爱军　关　涛　江林昌　许文友　许　卉　孙　力　孙卫明
孙元平　孙立民　孙考祥　孙志毅　孙利芹　孙季萍　孙祥斌　孙　晶　苏晓东　杜荣斌
杜振宁　李文佐　李文卓　李自然　李向明　李庆忠　李作宏　李国栋　李秉钧　李宝顺
李相然　李桂芝　李晓光　李　营　杨欢亮　杨志娟　杨　旻　杨曙光　吴现成　吴昭景
邱盛尧　邹淑珍　冷惠玲　辛志荣　宋中民　宋红松　宋远明　宋　岩　宋建成　宋振武
初炳东　初瑞清　张小霞　张平华　张廷广　张　伟　张　伟　张全胜　张安民　张志军
张　肖　张尚洲　张国营　张玲玲　张洪波　张　骏　张培青　张新光　张福学　张殿臣
陆诗忠　陈大全　陈义保　陈再峰　陈传军　陈　敏　武栓虎　范李瑛　范宝德　罗玉萍
罗新正　季道德　金福海　周　术　周　丽　周雪莹　周新刚　房德仁　孟庆义　孟庆国
赵文静　赵玉平　赵玉潮　赵晓栋　赵　烽　郝曙光　柳瑞雪　段其宪　禹英兰　侯兴民
姜付义　姜爱莉　姚　雷　秦连杰　袁健惠　贾志林　徐江萍　徐志军　徐秀峰　徐宝龙
徐惠忠　殷军港　殷　莉　高　丽　高　原　郭明恩　郭　忠　郭善利　黄伟明　龚卫东

常秀莲　崔龙波　崔占峰　崔明德　崔孟忠　崔洪涛　逯静洲　隋杰礼　彭武良　董　浩
韩京龙　程建波　傅风华　童向荣　温俊峰　谢春玲　樊　静　戴胜军　戴振宏　魏　斌

2018年博士生导师名单

崔明德　江林昌　房绍坤　郭明瑞　宋红松　王吉法　张平华　王淑云　张志军　刘惠涛
王全杰　李　忌　殷军港　陈大全　傅风华　刘万卉　孟庆国　孙考祥　田京伟　吴子梅
许　卉　赵　烽　李小鹏　赵克浩　翟　蓉

2018年硕士生导师名单

马克思主义学院

崔明德　李国栋　李自然　刘会清　马晓丽　孟庆义　杨志娟　赵　红　郑　炜

人文学院

程雪峰　崔明德　董　晔　兰　翠　李登桥　李　日　李燕燕　李　轶　刘淑丽　刘振伟
齐爱军　任现品　孙　进　孙　晶　谭诚训　王殿英　王　媛　薛　涛　张胜利　张守海
郑清华　周丽娜

法学院

毕可志　程朝阳　初炳东　崔雪丽　陈　浩　樊　静　范李瑛　关　涛　何　燕　贺连博
黄伟明　金福海　李阁霞　刘经靖　陆诗忠　宋振武　孙季萍　宋红松　史卫进　王光明
王桂玲　王海英　王洪平　王加卫　王圣礼　杨曙光　衣淑玲　于海防　袁瑜琤　张洪波
张平华　张玉东　赵文经　赵守江　朱玲玲

外国语学院

丁凤熙　龚卫东　冷惠玲　李英子　李中强　王玉洁　徐晓燕　杨林伟　禹英兰　张　蕾

经济管理学院

崔占峰　侯国栋　李海延　李　强　李晓光　李新军　李振杰　李　勇　李秦阳　林立杰
刘学文　彭武良　秦昌才　任俊义　曲延芬　宋　岩　孙志毅　孙祥斌　王君美　王淑云
王少瑾　王新娜　魏　斌　于光辉　杨欢亮　杨金龙　张益丰　郑秀芝　周竹梅　朱　捷

国际教育交流学院

亓文香　王永娜　杨　滨　袁健惠

数学与信息科学学院

陈传军　崔明月　何志红　李　健　刘乃伟　王非之　王　燕　吴昭景　杨玉军　张国栋
张小玲　张志军

光电信息科学技术学院

戴振宏 丁双红 范文强 高 颖 贺鹏飞 李 营 李作宏 刘云学 欧世峰 任 承
孙元平 王中训 张 超 张 骏 邹芝田

化学化工学院

曾 涛 陈锦春 陈小平 陈 鸶 程建波 崔洪涛 丁海燕 刁 屾 高 原 何 涛
李桂芝 李家柱 李庆忠 李文佐 林清泉 刘惠涛 刘 杰 刘永明 刘 义 刘振波
栾 锋 吕宏缨 齐世学 祁彩霞 任万忠 田 晖 王文华 王美日 王 玮 邬旭然
辛志荣 徐世艾 徐秀峰 许文友 杨 昕 张培青 赵玉潮 郑耀臣 郑玉华 庄旭明

生命科学学院

卞福花 曾 勇 常秀莲 陈 敏 陈世华 陈 营 崔龙波 单守水 付学军 高永林
郭善利 韩 冰 贺红军 贺 君 姜爱莉 姜中武 姜竹茂 鞠 宝 李 刚 李 忌
李丽霞 李 岩 李彦伸 梁丽琨 林 剑 刘晓玲 马成俊 马朋涛 曲江勇 申京宇
石 慧 宋建成 孙承锋 孙 力 孙利芹 孙祖莉 王洪涛 王振华 温少红 邬旭然
邢荣莲 许 波 殷军港 尹海波 尤艳丽 张资平 赵玉平 赵吉强 周革非

药学院

毕 毅 车 鑫 陈大全 戴胜军 杜广营 范华英 傅风华 李春梅 李桂生 李小鹏
李又欣 梁荣财 刘荣霞 刘万卉 刘宗亮 芦 静 孟庆国 孙考祥 田京伟 王爱萍
王洪波 王 天 王文艳 许 卉 杨刚强 姚建文 姚 雷 于 昕 翟 蓉 张国营
张雷明 赵 烽 赵克浩 祝艳平

计算机与控制工程学院

毕远伟 杜贞斌 范宝德 刘惊雷 刘其成 刘兆伟 马文明 潘庆先 宋 鹏 孙宏波
孙立民 孙雪姣 童向荣 王立宏 王莹洁 徐金东 阎维青 于彦伟 张 伟 张 楠

机电汽车工程学院

柴永生 陈义保 郭明恩 郭 忠 侯志刚 冷惠文 李宝顺 李文卓 刘加光 刘 鹏
马国清 任桂周 石运序 史文普 唐志涛 童桂英 王东兴 王 娇 王林平 王燕涛
刑恩辉 应 华 于 涛 张纪红 张俊华 周 丽

土木工程学院

陈 慧 崔淑梅 樊海涛 侯兴民 侯哲生 刘 波 刘人杰 刘玉灿 刘志勇 逯静洲
吕建波 牟晓蕾 潘 超 庞玉成 乔玲敏 曲 慧 曲淑英 荣 强 王常峰 徐江萍
徐 进 张慧超 张 劲 张玲玲 张 岩 周新刚

海洋学院

杜荣斌 高 丽 季道德 李秉钧 邱盛尧 唐永政 尹洁慧 张全胜 赵 业 赵晓栋

环境与材料工程学院

崔 荣 初瑞清 杜 伟 韩京龙 姜付义 康利涛 李向明 李晓强 李 杨 刘 丽
刘子全 罗新正 秦连杰 宋远明 宋曰海 王 波 王德义 王 婧 徐志军 尤东江
张尚洲 赵相金 朱小涛

建筑学院

任书斌 隋杰礼 王 刚 王 骏 温亚斌 于 英 张 巍 周 术

2018 年逝世人员

姓　名	性　别	原单位	职务/职称	生卒年月
毕可成	男	海洋学院	高级工程师	1938.07—2018.02
郭承华	男	生命科学学院	教授	1963.03—2018.03
齐贵柱	男	计算机与控制工程学院	副教授	1937.11—2018.03
彭　勇	男	海洋学院	副研究馆员	1924.09—2018.04
王玉清	男	海洋学院	高级讲师	1937.02—2018.04
梁鼎寿	男	附中	中教高级	1939.12—2018.06
凌棣生	男	海洋学院	馆员	1930.10—2018.07
李复光	男	附中	中教高级	1940.08—2018.08
洪仁子	女	建筑设计研究院	馆员	1946.01—2018.08
王德华	男	学校办公室	研究员	1939.03—2018.09
王有道	男	海洋学院	正处	1937.12—2018.10
梁起田	男	后勤管理处	正科	1938.02—2018.11
黄　颖	女	后勤管理处	会计员	1963.08—2018.12
林春祥	男	环境与材料工程学院	高级工	1946.08—2018.12

表彰与奖励

2016—2018 年受表彰的教职工集体和个人

2017 年单位目标考核获奖单位

一、教学单位单项考核奖

（一）教学工作奖：药学院获优胜杯、光电信息科学技术学院获二等奖、计算机与控制工程学院获三等奖。

（二）科研工作奖：化学化工学院获优胜杯、法学院获二等奖、药学院获三等奖。

（三）研究生教育工作奖：化学化工学院获优胜杯、药学院获二等奖、环境与材料工程学院获三等奖。

（四）人才工作奖：药学院获优胜杯、数学与信息科学学院获二等奖、法学院获三等奖。

（五）学生工作奖：外国语学院获优胜杯、法学院获二等奖、计算机与控制工程学院获三等奖。

二、机关单位综合优胜奖

学校办公室　党委组织部　社科（科技）处　教务处　人事处

三、教辅单位优胜奖

图书馆

四、进步奖

资产与实验室管理处　环境与材料工程学院　数学与信息科学学院　人文学院

第一届“烟台大学教学质量奖”名单

法学院

初炳东　关　涛　何　燕　黄伟明　金福海　王光明

光电信息科学技术学院

曹德忠　戴纯春　李　营　欧世峰　王艳红

国际教育交流学院

牟文波　杨　滨

海洋学院

刘光华　刘立明　柳　莹　吕永红　王　鑫

化学化工学院

丁海燕　姜雪梅　李桂芝　李家柱　李文佐　刘　义　刘永明　齐世学　王　萍　翁永根

环境与材料工程学院

高明军　刘　丽　邱剑勋　宋远明　赵相金　王　波　王　卓　杨启霞　张　峰　朱小涛

机电汽车工程学院

陈　素　侯志刚　姜凤国　李　峻　李清波　任桂周　宋　良　应　华　张　磊

计算机与控制工程学院

郭艳燕　贺利坚　刘殿通　刘其成　卢云宏　潘庆先　曲霖洁　沈春华　孙宏波　王玲玲
翟一鸣　张　楠

建筑学院

刘芳超　鲁慧敏　曲畅泳　谭艳慧　王宏楠

经济管理学院

崔占峰　冯冠军　郝淑君　刘丽英　王　莹　杨金龙　昝新明

马克思主义学院

丁大尉　刘立峰　郑　炜

人文学院

董　晔　刘汉杰　罗　丽　张栋辉

生命科学学院

卞福花　陈世华　贺　君　李彦伸　孙祖莉　王洪涛　赵玉平

数学与信息科学学院

郝雪梅　侯仁民　李　波　刘红霞　王云慧　吴春雪　于立新　原华丽　臧明磊

体育学院

姜　丽　刘宏骞　张瑞萍

土木工程学院

崔淑梅　樊海涛　侯兴民　于玲玲　郑召典

外国语学院

陈　晶　金　花　李　娜　李　蓉　李艳丽　申慧玉　苏艾萍　孙丽霞　孙　洋　王瑞清
王玉洁　杨震寰

药学院

毕　毅　范华英　刘万卉　朱晓音

音乐舞蹈学院

崔潇然　单丹峰　姚金佳

第七届青年教师教学竞赛活动获奖名单

单位名称	一等奖	二等奖
人文学院	董　晔	李　轶
法学院	王超政	毕潇潇
外国语学院	孙　洋　许晓艳	李　娜　李艳丽　史军华
经济管理学院	秦昌才	张　蓓　金　辉
光电信息科学技术学院	张　超　欧世峰	晋　刚
化学化工学院	李文佐　李家柱	王　玮　王　雪

续表

单位名称	一等奖	二等奖
生命科学学院	李彦申	陈　磊　张　侠
计算机与控制工程学院	郭艳燕	胡凤燕　张　楠
机电汽车工程学院	宋　良	许　娜　张　磊
土木工程学院	马立国	张　岩
数学与信息科学学院	吴春雪	姚立强　李　波
海洋学院	刘焕卫	冯继兴　李　勇
环境与材料工程学院	邱剑勋	杜　伟　贺笑春
药学院	范华英	朱晓音
建筑学院	刘芳超　高宏波	张　爽　郭智勇
音乐舞蹈学院	姜　琦　于　洋	于　峰　崔潇然
国际教育交流学院	亓文香	闵海霞
体育学院	张瑞萍	
体育教学部	侯冠琳	吴学亮
马克思主义学院	郑　炜	
工程实训中心		王象磊

第六届优秀教学督导与评价专家

一、有突出贡献的教学督导与评价专家

王　倩　常秀莲　肖　明

二、烟台大学优秀教学督导与评价专家

李　军　王怡芳　张瑞萍　赵旭强　孙秀燕　童桂英　于玲玲　刘子全

2018 年烟台大学优秀科研成果奖获奖名单

一、人文社会科学优秀成果奖(21 项)

一等奖(8 项)

1. 我国马克思主义新闻理论体系建构的知识演进路径考察(论文)　新闻与传播研究　2017 年第 7 期　齐爱军　人文学院

2. 网络环境下的当代虚拟科研组织:内涵.特征与问题(论文)　科学学研究　2017 年第 9 期　丁大尉　胡志强　马克思主义学院

3. 失地农民城市社会融入的结构性差异及其影响因素——基于山东省的调查分析(论文)　农业经济问题　2017 年第 12 期　杨金龙　王桂玲　经济管理学院

4.《世说新语》美学研究(著作)　人民文学出版社　2017 年 3 月　董　晔　人文学院

5. 中国边疆政治视阈中的跨界民族问题(论文)　西南民族大学学报　2017 年第 4 期　侯典芹　马克思主义学院

6. 飞鸟与诗学——中国古代诗歌鸟类意象系列的主题学研究(著作)　人民日报出版社　2017 年 10

月　杨　滨　国际教育交流学院

7.两类学术评价指标比较研究——以影响因子和谷歌学术指标期刊评价为观察视角(论文)　图书情报工作　2017年第3期　许广奎　涂志芳　图书馆

8.论工伤行政诉讼的举证责任(论文)　法学杂志　2017年第12期　杨曙光　法学院

二等奖(13项)

1.“交易安全”影响物权变动模式的原理与谱系——以“流通频率”变量为线索的展开(论文)　法学论坛　2017年第2期　刘经靖　法学院

2.论“以危险方法危害公共安全罪”中的“危险方法”(论文)　法律科学　2017年第5期　陆诗忠　法学院

3.双重国家形象及其整合营销传播研究(著作)　东北财经大学出版社　2017年2月　刘丽英　经济管理学院

4.“长短”“齐整”特征制约下的汉语动词的语体等级(论文)　语言教学与研究　2017年第5期　王永娜　国际教育交流学院

5.具身与离身:在现场和工具媒介中的建筑视知觉比较(著作)　同济大学出版社　2017年5月　周术　建筑学院

6. Port selection for intermodal route planning in the perspective of sharing development(共享发展视角下的港口选择和多式联运路径规划)(著作)　经济科学出版社　2017年12月　王　莹　经济管理学院

7.沈阳近代城市规划历史研究(著作)　山东人民出版社　2017年7月　王　骏　李百浩　建筑学院

8.“微中心”激活历史文化街区——智慧城市背景下的苏州悬桥巷历史街区有机更新探析(论文)城市发展研究　2017年第10期　于　英　高宏波　王　刚　建筑学院

9.汉语史中“V于/在L”和“VL”结构的交替演变及其原因(论文)　语文研究　2017年第2期　袁健惠　国际教育交流学院

10. Optimization of Industrial Structure of the Shandong Peninsula Blue Economic Zone(山东半岛蓝色经济区产业布局优化研究)(著作)　经济科学出版社　2017年10月　金晶华　经济管理学院

11.基于供应中断的供应应急系统设计与管理策略研究(著作)　经济科学出版社　2017年第9期　李新军　经济管理学院

12.时代巨变与话语转型——重读《黑娃照相》(论文)　文艺争鸣　2017年第12期　任南南　人文学院

13.数字网络技术背景下著作权法的困境与出路(著作)　知识产权出版社　2017年8月　姜福晓　法学院

二、科学技术进步奖(7项)

一等奖(3项)

1.新型功能高分子材料的制备及其性能研究(系列论文)　辛志荣　高　原　郑耀臣　盛　燕　化学化工学院

2.柴油绿色氧化脱硫的研究(系列论文)　吕宏缨　郝冬梅　任万忠　廖卫平　化学化工学院

3.激发态粒子在重味B介子弱衰变中产生的研究(系列论文)　邹芝田　李　营　光电信息科学技术学院

二等奖(4项)

1.多元半群与半群的广义凯莱图(系列论文)　朱用文　数学与信息科学学院

2.若干无机和有机分子构建材料的结构、性质和反应(系列论文)　于雪芳　肖　波　李庆忠　李文佐　程建波　化学化工学院

3.一般概率空间中的倒向随机微分方程研究(系列论文)　吕　文　数学与信息科学学院

4. 无氧铜连铸坯微裂纹形成机理与控制因素研究(系列论文)　石运序　郭明恩　童桂英　吴莉莉　刘　鹏　徐立强　机电汽车工程学院

2016—2018 年度“导师标兵”“优秀导师”名单

导师标兵(19 人)

人文学院	孙　晶			
法学院	陈　浩			
外国语学院	金福顺	王海燕		
经济管理学院	张　婕			
国际教育交流学院	牟文波			
数学与信息科学学院	杨玉军			
光电信息科学技术学院	范文强	任　承		
计算机与控制工程学院	封　玮			
机电汽车工程学院	石运序			
土木工程学院	陈　慧			
化学化工学院	姜雪梅			
生命科学学院	赵振军			
药学院	张雷明			
海洋学院	冯继兴			
环境与材料工程学院	勇玲娥	刘英霞		
建筑学院	张　昆			

优秀导师(42 人)

人文学院	余志鹏	任南南		
法学院	毕潇潇	崔雪丽		
外国语学院	龚卫东	孙　莉		
经济管理学院	崔占峰	张　艳	张　涛	李　勇
国际教育交流学院	马　岚			
音乐舞蹈学院	姜　琦			
数学与信息科学学院	郑石军			
光电信息科学技术学院	胡学宁	孙军文	丁双红	
计算机与控制工程学院	王　飞	姜远明	蔡新海	
机电汽车工程学院	张　磊	王　娇	冷惠文	任桂周
土木工程学院	王加男	李　隽	安众一	
化学化工学院	崔孟忠	金明善	王慧敏	
生命科学学院	张　侠	侯建海	魏　权	
药学院	许丽晓			
海洋学院	刘光华	王金枝	周秋淑	
环境与材料工程学院	高明军	张　鹏	宋远明	李向明
建筑学院	隋杰礼			
体育学院	张瑞萍			

2016—2018 年度“师德建设先进集体”“烟台大学师德标兵”

一、师德建设先进集体

数学与信息科学学院　计算机与控制工程学院　药学院

二、烟台大学师德标兵

马晓丽　许晓艳　刘　丽　李桂芝　李　营　李清华　宋爱霞　侯兴民　徐莉苹　黄伟明

2016－2018 年度优秀辅导员

王雪峰　刘晓婷　王文静　王鲁娟　王义利　张　琦　苏跃华　梁　宁　赵立芹　曹　鹏　杨　倩　李明月

2017 年就业工作先进集体

一、就业优秀奖

一等奖：土木工程学院

二等奖：计算机与控制工程学院

三等奖：药学院

二、考研优胜奖

一等奖：药学院

二等奖：化学化工学院

三等奖：生命科学学院

三、就业进步奖

音乐舞蹈学院　环境与材料工程学院　国际教育交流学院

四、就业工作贡献奖

一等奖：计算机与控制工程学院

二等奖：机电汽车工程学院

三等奖：国际教育交流学院

2017 年度精神文明建设工作先进集体和个人

一、精神文明建设工作先进集体

学校办公室　党委学工部（处）　校团委　后勤管理处　法学院

数学与信息科学学院　化学化工学院　药学院

二、精神文明建设工作先进个人

陈　伟　杜康康　张立明　张　杰　张　岩　房大任　柳专红　杨晓辉　高常营　隋　鹏

三、2016 年度烟台市“精神文明建设先进工作者”

庞　磊

2017 年度红旗团委　优秀青年工作者

红旗团委

计算机与控制工程学院团委　法学院团委　生命科学学院团委　数学与信息科学学院团委　外国语学院团委　机电汽车工程学院团委　人文学院团委　经济管理学院团委

优秀青年工作者

丁晓丹　薛红霞　李明月　赵立芹　王鲁娟　陈兰英　刘　举　张　茜　陈　伟

2017—2018 年受表彰的学生集体和个人

2017 年度省级及以上比（竞）赛获奖学生表彰奖励名单

序号	比（竞）赛名称	获奖学生姓名	奖项等级	获奖学生所在学院	奖励金额（元）
1	山东省大学生模拟法庭大赛	汪澍玉　王瑜琪　张苧予　赵方迪　邵纪元　时子涵　吴祈炫	省级一等奖	法学院	1000
2	第十五届“挑战杯”国家课外学术科技作品竞赛	苟金阳　张　轩　修伶俐　朱子恒　韩　超　张　怡	国家级二等奖	法学院	2000
3	第八届“调研山东”大学生社会调查活动	苟金阳　张　轩　朱子恒　谭文洁　崔　喆	省级二等奖	法学院	800
4	2017 年全国大学生英语竞赛	李若萱	国家级二等奖	法学院	2000
5	2017“外研社杯”全国英语阅读大赛	李若萱	省级三等奖	法学院	600
6	2017 年全国大学生英语竞赛 C 类	周振群	国家级三等奖	法学院	1000
7	2017 年山东省第十五届大学生科技文化艺术节书法、绘画、篆刻大赛	李金潇	省级二等奖	法学院	800
8	最美山东高校摄影比赛	景明东	省级一等奖	法学院	1000
9	全国大学生英语竞赛 C 类	周　燕	国家级三等奖	法学院	1000
10	全国大学生英语竞赛 C 类	孙艺杰	国家级二等奖	法学院	2000
11	第八届“调研山东”大学生社会调查活动	马金铭　赵悦如　李翰轩　王素贞　田怀鑫	省级一等奖	法学院	1000
12	第十五届“挑战杯”·海尔山东省大学生课外学术科技作品竞赛	马金铭　赵悦如　李翰轩　李　好　余晓雅　李　松　陆楷文	省级一等奖	法学院	1000

续表

序号	比(竞)赛名称	获奖学生姓名	奖项等级	获奖学生所在学院	奖励金额(元)
13	第十五届山东省科技文化节舞蹈大赛	张　童	省级一等奖	法学院	1000
14	高校街舞争霸赛山东总决赛	张　童	省级三等奖	法学院	600
15	2017 第五届山东省大学生艺术展演	张　童	省级一等奖	法学院	1000
16	第十五届山东省科技文化节舞蹈大赛	贾瑞瑾	省级一等奖	法学院	1000
17	2017 第五届山东省大学生艺术展演	贾瑞瑾	省级一等奖	法学院	1000
18	高校街舞争霸赛山东总决赛	贾瑞瑾	省级一等奖	法学院	1000
19	山东省大学生科技文化艺术节泰山杯诗词大赛	贾纪稳　张宇洋　张瑞青	省级三等奖	法学院	600
20	山东省第十五届大学生科技文化艺术节书法、绘画、篆刻大赛	张美美	省级三等奖	法学院	600
21	全国大学生英语竞赛	王淑婷	国家级三等奖	法学院	1000
22	2017 年全国大学生英语竞赛(NECCCS)	董梦园	国家级三等奖	法学院	1000
23	2017 年全国大学生英语竞赛(NECCCS)	李晓雨	国家级二等奖	法学院	2000
24	全国大学生电子设计大赛	刘小栋　张　念　王小娟	国家级一等奖	光电信息科学技术学院	3000
25	全国大学生电子设计大赛	张烨鹏　孙军帅　国洪飞	国家级二等奖	光电信息科学技术学院	2000
26	全国大学生电子设计大赛	孙汉辉　潘康路　林娇娇	国家级二等奖	光电信息科学技术学院	2000
27	全国大学生电子设计大赛	王　煦　常明扬　宋雨潞	国家级二等奖	光电信息科学技术学院	2000
28	全国大学生电子设计大赛	周旭峰　杨训硕　崔士杰	国家级二等奖	光电信息科学技术学院	2000
29	全国大学生电子设计大赛	贾立飞　范龙飞　李佳益	国家级二等奖	光电信息科学技术学院	2000
30	全国大学生电子设计大赛	邵利利　朱壮壮　郭桓丞	省级一等奖	光电信息科学技术学院	1000
31	全国大学生电子设计大赛	张广政　关云杰　梁荣欣	省级一等奖	光电信息科学技术学院	1000
32	全国大学生电子设计大赛	陈志强　万浩东　赵昌业	省级一等奖	光电信息科学技术学院	1000
33	全国大学生电子设计大赛	毕晓鹏　王金灿　乔　旭	省级一等奖	光电信息科学技术学院	1000
34	全国大学生电子设计大赛	王长宏　李正前　邱　淏	省级一等奖	光电信息科学技术学院	1000
35	全国大学生电子设计大赛	张晓松　徐天运　钟林峰	省级一等奖	光电信息科学技术学院	1000
36	全国大学生电子设计大赛	赵元昊　张振强　黄训华	省级二等奖	光电信息科学技术学院	800
37	全国大学生电子设计大赛	尚崇雪　刘钊鑫　高若然	省级二等奖	光电信息科学技术学院	800
38	全国大学生电子设计大赛	崔百浩　王　达　郝士贤	省级二等奖	光电信息科学技术学院	800

续表

序号	比(竞)赛名称	获奖学生姓名	奖项等级	获奖学生所在学院	奖励金额(元)
39	挑战杯全国大学生课外学术科技作品竞赛	尚崇雪　孙汉辉　刘钊鑫　孙军帅　王　煦　高若然　周旭峰	省级二等奖	光电信息科学技术学院	800
40	挑战杯全国大学生课外学术科技作品竞赛	贾立飞　董亚妮　王富栋　崔　娇　范龙飞　崔士杰	省级三等奖	光电信息科学技术学院	600
41	山东省物联网创造力大赛	孙汉辉　尚崇雪　周旭峰　赵昌业　万浩东	省级一等奖	光电信息科学技术学院	1000
42	山东省物联网创造力大赛	杨训硕　张振强　王　煦　张广政　王小娟	省级一等奖	光电信息科学技术学院	1000
43	山东省物联网创造力大赛	孙军帅　刘钊鑫　朱壮壮　刘小栋	省级二等奖	光电信息科学技术学院	800
44	山东省物联网创造力大赛	毕晓鹏　王金灿　王长宏　潘　晨	省级二等奖	光电信息科学技术学院	800
45	山东省物联网创造力大赛	崔士杰　邵利利　关云杰　潘康路　郭桓丞	省级三等奖	光电信息科学技术学院	600
46	山东省物联网创造力大赛	国洪飞　梁荣欣　张烨鹏　张　念　陈志强	省级三等奖	光电信息科学技术学院	600
47	国际大学生 iCAN 创新创业大赛山东赛区	孙汉辉　赵昌业　尚崇雪　周旭峰　万浩东	省级一等奖	光电信息科学技术学院	1000
48	国际大学生 iCAN 创新创业大赛山东赛区	杨训硕　王小娟　张振强　王　煦　张广政	省级一等奖	光电信息科学技术学院	1000
49	国际大学生 iCAN 创新创业大赛山东赛区	孙军帅　刘钊鑫　朱壮壮　刘小栋	省级二等奖	光电信息科学技术学院	800
50	国际大学生 iCAN 创新创业大赛山东赛区	毕晓鹏　王金灿　王长宏　潘　晨	省级二等奖	光电信息科学技术学院	800
51	国际大学生 iCAN 创新创业大赛山东赛区	崔士杰　潘康路　邵利利　郭桓丞　关云杰	省级三等奖	光电信息科学技术学院	600
52	国际大学生 iCAN 创新创业大赛山东赛区	国洪飞　梁荣欣　张　念　张烨鹏　陈志强	省级三等奖	光电信息科学技术学院	600
53	山东省物理创新大赛	孙汉辉　尚崇雪　周旭峰	省级一等奖	光电信息科学技术学院	1000
54	山东省物理创新大赛	国洪飞　张烨鹏　梁荣欣	省级一等奖	光电信息科学技术学院	1000
55	山东省物理创新大赛	孙军帅　刘钊鑫　朱壮壮	省级二等奖	光电信息科学技术学院	800
56	山东省物理创新大赛	杨训硕　张振强　王　煦	省级二等奖	光电信息科学技术学院	800
57	山东省物理创新大赛	崔士杰　邵利利　关云杰	省级三等奖	光电信息科学技术学院	600
58	第九届全国大学生数学竞赛	徐天运	国家学会级二等奖	光电信息科学技术学院	600
59	2017 年全国大学生数学竞赛	乔　旭	省级三等奖	光电信息科学技术学院	600
60	山东省大学生数学竞赛	李清晨	省级二等奖	光电信息科学技术学院	800

续表

序号	比(竞)赛名称	获奖学生姓名	奖项等级	获奖学生所在学院	奖励金额(元)
61	2017年全国大学生英语竞赛(NECCS)	徐一力	国家级三等奖	光电信息科学技术学院	1000
62	书法、绘画、篆刻大赛	王　浩	省级一等奖	光电信息科学技术学院	1000
63	书法、绘画、篆刻大赛	张若宸	省级二等奖	光电信息科学技术学院	800
64	书法、绘画、篆刻大赛	王维泰	省级三等奖	光电信息科学技术学院	600
65	书法、绘画、篆刻大赛	梁荣欣	省级二等奖	光电信息科学技术学院	800
66	书法、绘画、篆刻大赛	张志聃	省级三等奖	光电信息科学技术学院	600
67	国际大学生iCAN创新创业大赛中国赛区	孙汉辉　赵昌业　尚崇雪　周旭峰　万浩东	国家级三等奖	光电信息科学技术学院	1000
68	国际大学生iCAN创新创业大赛中国赛区	孙军帅　刘钊鑫　朱壮壮　刘小栋	国家级三等奖	光电信息科学技术学院	1000
69	国际大学生iCAN创新创业大赛中国赛区	毕晓鹏　王金灿　王长宏	国家级三等奖	光电信息科学技术学院	1000
70	山东省物联网应用设计大赛	孙汉辉　尚崇雪　周旭峰	省级三等奖	光电信息科学技术学院	600
71	第二届山东省大中专学生社团节书画大赛	张志聃	省级三等奖	光电信息科学技术学院	600
72	山东省大学生数学竞赛	关云杰	省级三等奖	光电信息科学技术学院	600
73	山东省大学生数学竞赛	杨训硕	省级三等奖	光电信息科学技术学院	600
74	第九届全国大学生数学竞赛(非数学类)	马永哲	省级三等奖	光电信息科学技术学院	600
75	山东省大学生数学竞赛	魏玉婷	省级三等奖	光电信息科学技术学院	600
76	山东省大学生数学竞赛	成钊意	省级二等奖	光电信息科学技术学院	800
77	全国大学生英语竞赛	夏　蒙	国家级一等奖	光电信息科学技术学院	3000
78	山东省大学生数学竞赛	徐玉才	省级二等奖	光电信息科学技术学院	800
79	山东省大学生数学竞赛	闫亚新	省级三等奖	光电信息科学技术学院	600
80	“电信杯”第十五届山东省大学生科技文化艺术节啦啦操大赛	陆心雅　陈梦莹　王斯腾　高胜鑫　赵慧慧　张雅文　陈　璐　刘　玮　周　佳　翟羽佳　徐美娜　潘颖仪　柳丹丹　崔喜杰	省级二等奖	光电信息科学技术学院	800
81	2017年全国大学生英语竞赛	李　昂	省级二等奖	海洋学院	800
82	2017年全国大学生英语竞赛	仲赛凤	省级三等奖	海洋学院	600
83	2017年全国大学生英语竞赛	刘　村	省级二等奖	海洋学院	800
84	2017年“神雾杯”第十届全国大学生节能减排社会实践与科技竞赛	李祺炜　李　彪　吴翠杰　刘全峰　邵玉秀	国家级三等奖	海洋学院	1000

续表

序号	比(竞)赛名称	获奖学生姓名	奖项等级	获奖学生所在学院	奖励金额(元)
85	2017年"神雾杯"第十届全国大学生节能减排社会实践与科技竞赛	王勇杰　邵光帅　陈丽萍　陈永辉　潘华西　葛长景	国家级三等奖	海洋学院	1000
86	第十四届山东省大学生机电产品创新设计竞赛	邵玉秀	省级一等奖	海洋学院	1000
87	第十四届山东省大学生机电产品创新设计竞赛	王勇杰　陈丽萍　邵光帅　潘华西　隋新霞	省级一等奖	海洋学院	1000
88	第十四届山东省大学生机电产品创新设计竞赛	邵光帅　王勇杰　陈永辉　魏　臣　刘鹏飞	省级三等奖	海洋学院	600
89	第十四届山东省大学生机电产品创新设计竞赛	陈丽萍　魏　臣　焦禹泽　王勇杰　蓬金洋	省级三等奖	海洋学院	600
90	书法、绘画、篆刻大赛	张忠镇	省级一等奖	海洋学院	1000
91	艺术剪纸大赛	史可新	省级二等奖	海洋学院	800
92	艺术剪纸大赛	李文旭	省级二等奖	海洋学院	800
93	书法、绘画、篆刻大赛	朱清华	省级三等奖	海洋学院	600
94	书法、绘画、篆刻大赛	刘　松	省级三等奖	海洋学院	600
95	第八届山东省大学生数学竞赛	刘桐豪	省级三等奖	化学化工学院	600
96	第八届山东省大学生数学竞赛	邱　阳	省级三等奖	化学化工学院	600
97	第八届山东省大学生数学竞赛	祖　国	省级三等奖	化学化工学院	600
98	第八届山东省大学生数学竞赛	郭　艳	省级三等奖	化学化工学院	600
99	第八届山东省大学生数学竞赛	史　甲	省级三等奖	化学化工学院	600
100	第八届山东省大学生数学竞赛	李景哲	省级二等奖	化学化工学院	800
101	第八届山东省大学生数学竞赛	蒋伟伟	省级一等奖	化学化工学院	1000
102	第九届全国大学生数学竞赛山东赛区	蒋伟伟	国家学会级二等奖	化学化工学院	600
103	全国大学生英语竞赛(NECCS)	李　青	国家级三等奖	化学化工学院	1000
104	全国大学生英语竞赛(NECCS)	郭　艳	国家级三等奖	化学化工学院	1000
105	全国大学生英语竞赛(NECCS)	赵国凯	国家级三等奖	化学化工学院	1000

续表

序号	比(竞)赛名称	获奖学生姓名	奖项等级	获奖学生所在学院	奖励金额(元)
106	全国大学生英语竞赛(NECCS)	张思佳	国家级三等奖	化学化工学院	1000
107	全国大学生英语竞赛(NECCS)	王兆涵	国家级二等奖	化学化工学院	2000
108	全国大学生英语竞赛(NECCS)	晁伟翔	国家级三等奖	化学化工学院	1000
109	全国大学生英语竞赛(NECCS)	高金爱	国家级三等奖	化学化工学院	1000
110	“外研社杯”全国英语阅读大赛	赵国凯	省级三等奖	化学化工学院	600
111	“立晨化学杯”第九届山东省大学生化学实验大赛	黄　浩	省级三等奖	化学化工学院	600
112	“立晨化学杯”第九届山东省大学生化学实验大赛	刘　萍	省级三等奖	化学化工学院	600
113	“立晨化学杯”第九届山东省大学生化学实验大赛	高金爱	省级二等奖	化学化工学院	800
114	山东省第五届大学生艺术展演活动	韩　仰	省级三等奖	化学化工学院	600
115	“电信杯”第十五届山东省大学生科技文化艺术节书法、绘画、篆刻大赛	韩　仰	省级一等奖	化学化工学院	1000
116	“电信杯”第十五届山东省大学生科技文化艺术节书法、绘画、篆刻大赛	谭明月	省级三等奖	化学化工学院	600
117	“电信杯”第十五届山东省大学生科技文化艺术节书法、绘画、篆刻大赛	赵　倩	省级三等奖	化学化工学院	600
118	“电信杯”第十五届山东省大学生科技文化艺术节书法、绘画、篆刻大赛	魏仁权	省级三等奖	化学化工学院	600
119	“电信杯”第十五届山东省大学生科技文化艺术节书法、绘画、篆刻大赛	蒋　慧	省级三等奖	化学化工学院	600
120	全国大学生化工设计竞赛	唐泽彬　李知谦　盛　磊　刘　莹　毕晓琳	国家学会级一等奖	化学化工学院	1000
121	全国大学生化工设计竞赛	王　正　江宏锋　李　衡　梁宪凯　杨璐璐	国家学会级二等奖	化学化工学院	600
122	全国青少年五好小公民“阳光校园，我们是好伙伴”主题教育读书活动征文比赛	欧阳瑞红	国家级二等奖	化学化工学院	2000

续表

序号	比(竞)赛名称	获奖学生姓名	奖项等级	获奖学生所在学院	奖励金额(元)
123	第五届中国大学生高分子材料创新创业大赛	李莹莹　李甫村　陈　浩	国家学会级二等奖	化学化工学院	600
124	全国大学生数学建模竞赛	李甫村　赵良丹　王明英	省级二等奖	化学化工学院	800
125	全国大学生英语竞赛	张高玮	国家级三等奖	环境与材料工程学院	1000
126	"山海院杯"山东省第十五届大学生科技文化艺术节大学生羽毛球比赛	李　海	省级二等奖	环境与材料工程学院	800
127	山东省大学生数学竞赛	高梦珍	省级三等奖	环境与材料工程学院	600
128	"西门子杯"中国智能制造挑战赛	杨　磊　张旭阳　郭　超	国家级一等奖	机电汽车工程学院	3000
129	"西门子杯"中国智能制造挑战赛	李文博　王　晔　王　栋	省级二等奖	机电汽车工程学院	800
130	"西门子杯"中国智能制造挑战赛	武雪刚　赵俊冉　郭　瑞	省级二等奖	机电汽车工程学院	800
131	"西门子杯"中国智能制造挑战赛	陈麒麟　陶其锦	省级二等奖	机电汽车工程学院	800
132	"西门子杯"中国智能制造挑战赛	崔超超　邢玉琪　刘　敏	省级二等奖	机电汽车工程学院	800
133	"西门子杯"中国智能制造挑战赛	袁　港　李文丞　姜卫强	省级一等奖	机电汽车工程学院	1000
134	"西门子杯"中国智能制造挑战赛	陈庆坤　谢　晗　李玉香	省级一等奖	机电汽车工程学院	1000
135	"西门子杯"中国智能制造挑战赛	王付强　杨　庆　鲁衍阳	省级一等奖	机电汽车工程学院	1000
136	"西门子杯"中国智能制造挑战赛	高存璋　赵永铭　周长安	省级一等奖	机电汽车工程学院	1000
137	"西门子杯"中国智能制造挑战赛	葛利涵　王仕超　杜晓彤	省级一等奖	机电汽车工程学院	1000
138	"西门子杯"中国智能制造挑战赛	朱林龙　王　刚　高恒上	省级一等奖	机电汽车工程学院	1000
139	"西门子杯"中国智能制造挑战赛	蔡　皓　王建新　邹　祺	省级二等奖	机电汽车工程学院	800
140	"西门子杯"中国智能制造挑战赛	沈　岳	省级特等奖	机电汽车工程学院	2000
141	iCAN 国际创新创业大赛	李文博　武雪刚　嵇惠通　赵永铭	国家级二等奖	机电汽车工程学院	2000
142	iCAN 国际创新创业大赛	高闿阅　柳梦雪　张星宇　王　震　高中豪	国家级一等奖	机电汽车工程学院	3000
143	iCAN 国际创新创业大赛山东赛区	王建新　杨　庆　段元帅　宋沅林　杨文丽	省级三等奖	机电汽车工程学院	600
144	山东省大学生机器人大赛	段元帅　赵　阳　杨　庆	省级二等奖	机电汽车工程学院	800

续表

序号	比(竞)赛名称	获奖学生姓名	奖项等级	获奖学生所在学院	奖励金额(元)
145	山东省大学生机器人大赛	曹士强　王　栋　于丰源	省级二等奖	机电汽车工程学院	800
146	“挑战杯”海尔山东省大学生课外学术科技作品竞赛	蔡文秀　彭安虎　刘金城　柳　静　王建新　吴新安	省级二等奖	机电汽车工程学院	800
147	“挑战杯”全国大学生课外学术科技作品竞赛	高闾阅　张星宇　孙圣金　王　震　柳梦雪　周金融　高中豪　曹士强	省级三等奖	机电汽车工程学院	600
148	全国大学生工程训练综合能力竞赛	高恒上　李玉香　刘三虎	国家级二等奖	机电汽车工程学院	2000
149	“高教杯”全国大学生先进成图技术与产品信息建模创新大赛	孙海力	国家学会级二等奖	机电汽车工程学院	600
150	“高教杯”全国大学生先进成图技术与产品信息建模创新大赛	赵　康　刘玉柱　孙海力　吴新安　朱玟旭	国家学会级一等奖	机电汽车工程学院	1000
151	“高教杯”全国大学生先进成图技术与产品信息建模创新大赛	刘　磊	国家学会级二等奖	机电汽车工程学院	600
152	“高教杯”全国大学生先进成图技术与产品信息建模创新大赛	朱玟旭	国家学会级二等奖	机电汽车工程学院	600
153	“高教杯”全国大学生先进成图技术与产品信息建模创新大赛	魏忠福	国家学会级二等奖	机电汽车工程学院	600
154	“高教杯”全国大学生先进成图技术与产品信息建模创新大赛	王成诺	国家学会级二等奖	机电汽车工程学院	600
155	“高教杯”全国大学生先进成图技术与产品信息建模创新大赛	吴新安	国家学会级二等奖	机电汽车工程学院	600
156	“高教杯”全国大学生先进成图技术与产品信息建模创新大赛	赵　康	国家学会级一等奖	机电汽车工程学院	1000
157	“高教杯”全国大学生先进成图技术与产品信息建模创新大赛	唐银才	国家学会级二等奖	机电汽车工程学院	600
158	“高教杯”全国大学生先进成图技术与产品信息建模创新大赛	刘玉柱	国家学会级一等奖	机电汽车工程学院	1000
159	全国周培源大学生力学竞赛	姜嘉伟	省级三等奖	机电汽车工程学院	600
160	全国周培源大学生力学竞赛	李国志	省级三等奖	机电汽车工程学院	600

续表

序号	比(竞)赛名称	获奖学生姓名	奖项等级	获奖学生所在学院	奖励金额(元)
161	全国周培源大学生力学竞赛	高恒上	省级三等奖	机电汽车工程学院	600
162	全国周培源大学生力学竞赛	商　航	省级三等奖	机电汽车工程学院	600
163	全国周培源大学生力学竞赛	谭家麒	省级三等奖	机电汽车工程学院	600
164	全国周培源大学生力学竞赛	李仁飞	省级三等奖	机电汽车工程学院	600
165	“欧姆龙杯”自动化控制应用设计大赛	李文博　王付强　杨　庆	国家级二等奖	机电汽车工程学院	2000
166	“欧姆龙杯”自动化控制应用设计大赛	王　刚　陶其锦　王　栋	国家级三等奖	机电汽车工程学院	1000
167	山东省大学生智能控制大赛	崔超超　王艳坤　张泽堂	省级三等奖	机电汽车工程学院	600
168	山东省大学生机器人大赛	王艳坤　张泽堂　崔超超	省级三等奖	机电汽车工程学院	600
169	中国机器人大赛	曹士强　张丙辉　高存璋　包晓成	国家学会级一等奖	机电汽车工程学院	1000
170	山东省“互联网+”大学生创新创业大赛	吴同昊　焦　阳　易　兰　周炫然　张泽堂　姚福兴　陶其锦　郜旭东　赵　旭　苏前跃　高　璐　张　博　王　栋　刘如意	省级三等奖	机电汽车工程学院	600
171	山东省大学生电子与信息技术应用大赛	段元帅　杨　庆　王建新	省级三等奖	机电汽车工程学院	600
172	山东省大学生电子与信息技术应用大赛	张丙辉　赵　阳　刘如意	省级三等奖	机电汽车工程学院	600
173	山东省大学生数学竞赛	张京旭	省级二等奖	机电汽车工程学院	800
174	山东省大学生数学竞赛	周志坚	省级三等奖	机电汽车工程学院	600
175	山东省大学生智能控制大赛	杨　庆　赵　阳　常荣川	省级一等奖	机电汽车工程学院	1000
176	山东省智能控制大赛	李文博　武雪刚　赵永铭	省级二等奖	机电汽车工程学院	800
177	山东省大学生机电产品创新设计大赛	孙经纬　吴兆东　潘　硕　赵大刚	省级二等奖	机电汽车工程学院	800
178	山东省大学生机电产品创新设计大赛	滕焕杰	省级三等奖	机电汽车工程学院	600
179	山东省大学生机电产品创新设计大赛	杨　宁　苗峰华　朱　鑫　吴铮强　吴　雷	省级三等奖	机电汽车工程学院	600
180	山东省大学生机电产品创新设计竞赛	杨　鹏　赵庆轩　解瑞豪	省级三等奖	机电汽车工程学院	600
181	山东省大学生机电产品创新设计竞赛	杨　鹏　赵庆轩	省级三等奖	机电汽车工程学院	600

续表

序号	比(竞)赛名称	获奖学生姓名	奖项等级	获奖学生所在学院	奖励金额(元)
182	山东省大学生机电产品创新设计竞赛	张　伦　吴新安　张　睿　刘三虎　刘　敏	省级一等奖	机电汽车工程学院	1000
183	山东省大学生机电产品创新设计竞赛	李　星　赵庆凯　张润泽　冷晓寒　高恒上	省级三等奖	机电汽车工程学院	600
184	山东省大学生机电产品创新设计竞赛	段元帅　赵　阳　张丙辉　杨　庆　于丰源	省级三等奖	机电汽车工程学院	600
185	山东省大学生机电产品创新设计竞赛	周长安　李玉香　王　晔　王付强　李法民	省级三等奖	机电汽车工程学院	600
186	山东省大学生机电产品创新设计竞赛	刘　磊　范鹏程　冯世林	省级三等奖	机电汽车工程学院	600
187	山东省大学生工程训练综合能力竞赛	高恒上　李玉香　刘三虎	省级一等奖	机电汽车工程学院	1000
188	山东省大学生工程训练综合能力竞赛	张　伦　吴新安　嵇惠通	省级二等奖	机电汽车工程学院	800
189	山东省大学生工程训练综合能力竞赛	鲁衍阳　高存璋　杨　庆	省级二等奖	机电汽车工程学院	800
190	山东省大学生工程训练综合能力竞赛	刘金城　刘　岩　肖善社	省级三等奖	机电汽车工程学院	600
191	山东省大学生机电产品创新设计竞赛	赵　阳　段元帅　杨　庆　王建新　王　刚	省级三等奖	机电汽车工程学院	600
192	山东省大学生机电产品创新设计竞赛	朱林龙　王　刚　高恒上　赵　康　殷英杰	省级二等奖	机电汽车工程学院	800
193	山东省大学生机电产品创新设计竞赛	孙　鹏　唐银才　李逸豪　马　玲	省级三等奖	机电汽车工程学院	600
194	山东省大学生机电产品创新设计竞赛	杨西杰　方舒雄　邵壮壮　张华雨	省级三等奖	机电汽车工程学院	600
195	山东省大学生机电产品创新设计竞赛	苏前跃　张泽鲁　于洪华　刘如意　解光辉	省级二等奖	机电汽车工程学院	800
196	山东省大学生机电产品创新设计竞赛	贾雪松　隋玉龙　张腾飞　杜斐斐	省级三等奖	机电汽车工程学院	600
197	山东省大学生机电产品创新设计竞赛	张丙辉　赵　阳　段元帅　刘如意　王兴旺	省级二等奖	机电汽车工程学院	800
198	山东省大学生机电产品创新设计竞赛	张丙辉　曹士强　张圣杰　柳梦雪　李铸洲	省级三等奖	机电汽车工程学院	600
199	山东省大学生机电产品创新设计竞赛	郑书超　范鹏程　鲁衍阳　刘　敏　刘玉孟	省级三等奖	机电汽车工程学院	600
200	山东省大学生机电产品创新设计竞赛	丁兴平　李国召　窦保平　梁忠伟　武　凯	省级三等奖	机电汽车工程学院	600
201	山东省大学生机电产品创新设计竞赛	张润泽　冷晓寒　李声刚	省级一等奖	机电汽车工程学院	1000
202	山东省大学生机电产品创新设计竞赛	武雪刚　郭　瑞　李国召	省级三等奖	机电汽车工程学院	600

续表

序号	比(竞)赛名称	获奖学生姓名	奖项等级	获奖学生所在学院	奖励金额(元)
203	山东省大学生机电产品创新设计竞赛	刘如意　段元帅　于丰源　管国超　滕焕杰	省级三等奖	机电汽车工程学院	600
204	山东省大学生机电产品创新设计竞赛	王仕超　吴玉林　杨博翰	省级三等奖	机电汽车工程学院	600
205	山东省大学生机电产品创新设计竞赛	张泽堂　崔超超　王艳坤　邢慧双　王耀锋	省级二等奖	机电汽车工程学院	800
206	山东省大学生机电产品创新设计竞赛	刘美洋　王　震　张敬源　马　浩　盖志豪	省级三等奖	机电汽车工程学院	600
207	山东省大学生机电产品创新设计竞赛	吴翠杰	省级一等奖	机电汽车工程学院	1000
208	山东省大学生机电产品创新设计竞赛	李文博　武雪刚　嵇惠通　赵永铭	省级二等奖	机电汽车工程学院	800
209	“开元杯”山东省大学生智能控制大赛	宋沅林　贾雪松	省级三等奖	机电汽车工程学院	600
210	“外研社杯”全国英语演讲大赛	贺啸宇	省级一等奖	机电汽车工程学院	1000
211	“挑战杯”·海尔山东省大学生课外学术科技作品竞赛	张润泽	省级三等奖	机电汽车工程学院	600
212	iCAN国际创新创业大赛山东赛区	刘如意　苏前跃　张泽鲁　解光辉　王晓宇	省级二等奖	机电汽车工程学院	800
213	iCAN国际创新创业大赛山东赛区	王艳坤　崔超超　张泽堂　赵东晓　邢慧双	省级二等奖	机电汽车工程学院	800
214	iCAN国际创新创业大赛山东赛区	赵　阳　张丙辉　李明辉　亓有超　刘传岩	省级三等奖	机电汽车工程学院	600
215	山东省大学生数学竞赛	张银仙	省级三等奖	机电汽车工程学院	600
216	山东省大学生数学竞赛	张永恒	省级三等奖	机电汽车工程学院	600
217	山东省大学生数学竞赛	秦清旺	省级三等奖	机电汽车工程学院	600
218	山东省大学生数学竞赛	杨　宁	省级三等奖	机电汽车工程学院	600
219	山东省大学生数学竞赛	亓有超	省级三等奖	机电汽车工程学院	600
220	山东省大学生数学竞赛	滕焕杰	省级三等奖	机电汽车工程学院	600
221	山东省大学生数学竞赛	刘传岩	省级三等奖	机电汽车工程学院	600
222	山东省大学生数学竞赛	张义杰	省级三等奖	机电汽车工程学院	600
223	山东省大学生数学竞赛	张佩翔	省级三等奖	机电汽车工程学院	600
224	山东省大学生数学竞赛	郭志奇	省级三等奖	机电汽车工程学院	600
225	山东省大学生数学竞赛	姜　鑫	省级三等奖	机电汽车工程学院	600
226	山东省大学生数学竞赛	柴　同	省级三等奖	机电汽车工程学院	600
227	全国大学生数学竞赛	蔡　皓	省级二等奖	机电汽车工程学院	800
228	全国大学生数学竞赛	张田园	省级三等奖	机电汽车工程学院	600
229	全国大学生数学竞赛	李法民	省级二等奖	机电汽车工程学院	800

续表

序号	比(竞)赛名称	获奖学生姓名	奖项等级	获奖学生所在学院	奖励金额(元)
230	全国大学生数学竞赛	亓有超	省级二等奖	机电汽车工程学院	800
231	书法、绘画、篆刻大赛	马　剑	省级一等奖	机电汽车工程学院	1000
232	书法、绘画、篆刻大赛	袁兆华	省级三等奖	机电汽车工程学院	600
233	全国应用型人才综合技能大赛("海尔洗衣机杯"智慧洗护双创大　赛)	杨西杰　张红敏　方舒雄	国家学会级二等奖	机电汽车工程学院	600
234	应用型人才技能大赛	杨　鹏　庞广康	国家学会级二等奖	机电汽车工程学院	600
235	2017 年"西门子杯"中国智能制造挑战赛	巩传家　马卿林　姜卫强	国家级特等奖	计算机与控制工程学院	4000
236	2017 年"西门子杯"中国智能制造挑战赛	臧高升　常序辉	国家级一等奖	计算机与控制工程学院	3000
237	2017 年"西门子杯"中国智能制造挑战赛	李　睿　张成威	国家级二等奖	计算机与控制工程学院	2000
238	2017 年"西门子杯"中国智能制造挑战赛	邓梦菲　赵歆妮	国家级二等奖	计算机与控制工程学院	2000
239	2017 年"西门子杯"中国智能制造挑战赛	庞燕茹	国家级二等奖	计算机与控制工程学院	2000
240	2017 年"西门子杯"中国智能制造挑战赛	刘天恩　林海云　何大冰	国家级二等奖	计算机与控制工程学院	2000
241	2017 年"西门子杯"中国智能制造挑战赛	崔醒龙　方　钦	国家级二等奖	计算机与控制工程学院	2000
242	2017 年"西门子杯"中国智能制造挑战赛	王统阳　王华峰	国家级三等奖	计算机与控制工程学院	1000
243	2017 年"西门子杯"中国智能制造挑战赛	郭超元	国家级三等奖	计算机与控制工程学院	1000
244	2017 年"西门子杯"中国智能制造挑战赛	李　宁	省级特等奖	计算机与控制工程学院	2000
245	2017 年"西门子杯"中国智能制造挑战赛	常　轩　李德坤　周国亮	省级一等奖	计算机与控制工程学院	1000
246	2017 年"西门子杯"中国智能制造挑战赛	时晓磊	省级一等奖	计算机与控制工程学院	1000
247	2017 年"西门子杯"中国智能制造挑战赛	杨乘翔　王　帆	省级二等奖	计算机与控制工程学院	800
248	2017 年"西门子杯"中国智能制造挑战赛	段亚灿　张成威	省级特等奖	计算机与控制工程学院	2000
249	2017 年"西门子杯"中国智能制造挑战赛	周在魁　李景禄	省级一等奖	计算机与控制工程学院	1000
250	2017 年"西门子杯"中国智能制造挑战赛	韩仲雅　张永慧	省级一等奖	计算机与控制工程学院	1000
251	2017 年"西门子杯"中国智能制造挑战赛	郭　超　葛胡宇　刘丰宝	省级一等奖	计算机与控制工程学院	1000

续表

序号	比(竞)赛名称	获奖学生姓名	奖项等级	获奖学生所在学院	奖励金额(元)
252	2017年“西门子杯”中国智能制造挑战赛	高学燕　王建业　贺世超	省级二等奖	计算机与控制工程学院	800
253	2017年“西门子杯”中国智能制造挑战赛	张连波	省级特等奖	计算机与控制工程学院	2000
254	2017年“西门子杯”中国智能制造挑战赛	田　辉　葛海康	省级二等奖	计算机与控制工程学院	800
255	2017年“西门子杯”中国智能制造挑战赛	王　靖	省级一等奖	计算机与控制工程学院	1000
256	2017年“西门子杯”中国智能制造挑战赛	孙佳茹	省级特等奖	计算机与控制工程学院	2000
257	2017年“西门子杯”中国智能制造挑战赛	连昀泽	省级特等奖	计算机与控制工程学院	2000
258	全国大学生电子设计竞赛	刘　春　孙鹏飞　黄洁雨	国家级二等奖	计算机与控制工程学院	2000
259	全国大学生电子设计竞赛	宋堂忠　荣战华　徐世清	省级一等奖	计算机与控制工程学院	1000
260	全国大学生电子设计竞赛	王文豪　刘　振　杜　阳	省级一等奖	计算机与控制工程学院	1000
261	第十五届“挑战杯”·海尔山东省大学生课外学术科技作品竞赛	张旭阳　巩传家　马卿林　师宗辉　葛利涵　杨　磊	省级三等奖	计算机与控制工程学院	600
262	第二届“知网杯”山东省大学生创客大赛	王效杰　刘　春　孙鹏飞	省级二等奖	计算机与控制工程学院	800
263	第十二届全国大学生“恩智浦杯”智能汽车竞赛	康翔宇　温林东　杨镇宇　罗文接	省级一等奖	计算机与控制工程学院	1000
264	第十二届全国大学生“恩智浦杯”智能汽车竞赛	郭俊伦　李千顷　谢宜盛	省级一等奖	计算机与控制工程学院	1000
265	第十二届全国大学生“恩智浦杯”智能汽车竞赛	姜卫强　滕坤鹏　董　瑞	省级一等奖	计算机与控制工程学院	1000
266	第十二届全国大学生“恩智浦杯”智能汽车竞赛	何学鑫　池保庆　高志坤	省级二等奖	计算机与控制工程学院	800
267	第十二届全国大学生“恩智浦杯”智能汽车竞赛	王　进　庄家宾　刘亚祺	省级二等奖	计算机与控制工程学院	800
268	第八届“蓝桥杯”全国软件和信息技术专业人才大赛	鲁绍孝	国家学会级一等奖	计算机与控制工程学院	1000
269	第八届“蓝桥杯”全国软件和信息技术专业人才大赛	王一锟	国家学会级二等奖	计算机与控制工程学院	600
270	第八届“蓝桥杯”全国软件和信息技术专业人才大赛	赵　前	国家学会级二等奖	计算机与控制工程学院	600
271	第八届“蓝桥杯”全国软件和信息技术专业人才大赛	杜晓彤	国家学会级二等奖	计算机与控制工程学院	600
272	第八届“蓝桥杯”全国软件和信息技术专业人才大赛	邱　超	国家学会级二等奖	计算机与控制工程学院	600
273	第八届“蓝桥杯”全国软件和信息技术专业人才大赛	王　琪	国家学会级二等奖	计算机与控制工程学院	600

续表

序号	比(竞)赛名称	获奖学生姓名	奖项等级	获奖学生所在学院	奖励金额(元)
274	第八届“蓝桥杯”全国软件和信息技术专业人才大赛	张　鹏	国家学会级二等奖	计算机与控制工程学院	600
275	第十五届山东省大学生科技文化艺术节书法、绘画、篆刻大赛	刘金石	省级二等奖	计算机与控制工程学院	800
276	“浪潮杯”第八届山东省ACM大学生程序设计竞赛	王一锟　张　鹏　王　琪	省级二等奖	计算机与控制工程学院	800
277	“浪潮杯”第八届山东省ACM大学生程序设计竞赛	孙　鲁　李　超　李秀国	省级三等奖	计算机与控制工程学院	600
278	“浪潮杯”第八届山东省ACM大学生程序设计竞赛	刘良欣　闫科萍　赵　前	省级三等奖	计算机与控制工程学院	600
279	“浪潮杯”第八届山东省ACM大学生程序设计竞赛	曹令鑫　姬广熙　孙彦增	省级三等奖	计算机与控制工程学院	600
280	美国大学生数学建模竞赛	鲁玉林　路颖颖　冯　珊	国家级二等奖	计算机与控制工程学院	2000
281	山东省大学生智能技术应用设计大赛	刘　涛　王嘉玮　王文豪	省级三等奖	计算机与控制工程学院	600
282	2017“外研社杯”全国英语写作大赛山东赛区复赛	常　锐	省级二等奖	计算机与控制工程学院	800
283	2017第十一届iCAN国际创新创业大赛	杜学信　万　帅　郭　腾　薛灵童	国家级三等奖	计算机与控制工程学院	1000
284	全国大学生数学竞赛	程显富	国家学会级一等奖	计算机与控制工程学院	1000
285	全国大学生数学竞赛	黄　勇	省级一等奖	计算机与控制工程学院	1000
286	全国大学生数学竞赛	阴晓琳	省级一等奖	计算机与控制工程学院	1000
287	山东省物联网创造力大赛	宋文泰　李文鑫　赵紫衣　张　琦	省级三等奖	计算机与控制工程学院	600
288	山东省物联网创造力大赛	杜心鹏　廖香立　泽　林　王　浩	省级三等奖	计算机与控制工程学院	600
289	“有人杯”第四届山东省大学生物联网创造力大赛(ISTAR2017)	杜学信　万　帅　郭　腾　薛灵童	省级二等奖	计算机与控制工程学院	800
290	“有人杯”第四届山东省大学生物联网创造力大赛(ISTAR2017)	宋文泰　李文鑫　赵紫衣　张　琦	省级三等奖	计算机与控制工程学院	600
291	中国大学生iCAN物联网创新创业大赛	杜心鹏　廖香立　王泽林　计王浩	省级三等奖	计算机与控制工程学院	600
292	“浪潮杯”第八届山东省ACM大学生程序设计竞赛	辛　彬　单昕昕　程显富	省级二等奖	计算机与控制工程学院	800
293	第八届“蓝桥杯”全国软件和信息技术专业人才大赛全国总决赛	辛　彬	国家学会级二等奖	计算机与控制工程学院	600

续表

序号	比(竞)赛名称	获奖学生姓名	奖项等级	获奖学生所在学院	奖励金额(元)
294	全国大学生数学竞赛	陈丹妮	省级二等奖	计算机与控制工程学院	800
295	全国大学生数学竞赛	李英杰	省级三等奖	计算机与控制工程学院	600
296	国际(美国)大学生数学建模竞赛	王国锐	国家级三等奖	计算机与控制工程学院	1000
297	第九届全国大学生数学竞赛山东赛区(非数学类)	刘　云	省级二等奖	计算机与控制工程学院	800
298	第八届山东省大学生数学竞赛(非数学类)	舒文超	省级三等奖	计算机与控制工程学院	600
299	第八届山东省大学生数学竞赛(非数学类)	刘　云	省级二等奖	计算机与控制工程学院	800
300	第八届山东省大学生数学竞赛(非数学类)	杨　驰	省级三等奖	计算机与控制工程学院	600
301	第八届山东省大学生数学竞赛(非数学类)	侯文涵	省级三等奖	计算机与控制工程学院	600
302	第八届山东省大学生数学竞赛(非数学类)	邱慧冬	省级三等奖	计算机与控制工程学院	600
303	第八届山东省大学生数学竞赛(非数学类)	赵彦庆	省级三等奖	计算机与控制工程学院	600
304	山东省大学生心理情景剧短片 DV 大赛	张云云　王嘉伟　韩双志　冯　坦　赵东亚　张珩瑞	省级三等奖	计算机与控制工程学院	600
305	第八届山东省大学生数学竞赛(非数学类)	常　锐	省级三等奖	计算机与控制工程学院	600
306	第八届山东省大学生数学竞赛(非数学类)	阴晓琳	省级一等奖	计算机与控制工程学院	1000
307	icpcACM 国际大学生程序设计竞赛(青岛站)	曹令鑫　姬广熙　孙彦增	国家级三等奖	计算机与控制工程学院	1000
308	icpcACM 国际大学生程序设计竞赛(北京站)	刘良欣　姬广熙　郭永恒	国家级三等奖	计算机与控制工程学院	1000
309	icpcACM 国际大学生程序设计竞赛(青岛站)	刘良欣　闫科萍　赵　前	国家级三等奖	计算机与控制工程学院	1000
310	“万腾杯”山东省物联网创新应用大赛 –“VR 世界”创新创意大赛	刘一宁	省级三等奖	建筑学院	600
311	“同圆杯”山东省大学生建造设计大赛	于智超　郝欣欣　张晓勇　梁　月　郭振兴　王志恒　韩田琦　李玉青　朱业彰　褚兆旭	省级二等奖	建筑学院	800
312	“电信杯”第十五届山东省大学生科学文化艺术节	马雨桐	省级一等奖	建筑学院	1000
313	全国高校廉政文化作品征集活动	张翔宇	省级三等奖	建筑学院	600
314	2017 年全国大学生英语竞赛	程　慧	国家级三等奖	建筑学院	1000

续表

序号	比(竞)赛名称	获奖学生姓名	奖项等级	获奖学生所在学院	奖励金额(元)
315	全国大学生广告艺术大赛	黄　宁　盛紫豪	省级三等奖	建筑学院	600
316	全国大学生广告艺术大赛	张　静	省级三等奖	建筑学院	600
317	全国大学生广告艺术大赛	刘　菲　张佳玮	省级二等奖	建筑学院	800
318	全国大学生广告艺术大赛	贺婷婷　李思新	省级三等奖	建筑学院	600
319	山东省“学院创意杯”广告大奖赛	韦　悦　何明浩	省级二等奖	建筑学院	800
320	山东省“学院创意杯”广告大奖赛	何明浩　韦　悦	省级二等奖	建筑学院	800
321	山东省“学院创意杯”广告大奖赛	刘　菲　张佳玮	省级一等奖	建筑学院	1000
322	全国高校廉政文化作品征集活动	于智超	省级三等奖	建筑学院	600
323	第十五届“挑战杯”·海尔山东省大学生课外学术科技作品竞赛	鞠一格　宋一夫　李秀顺　王瑾珑　郭祥琪　周一凡　原欣欣　廖弋璐	省级一等奖	经济管理学院	1000
324	第十五届“挑战杯”·海尔山东省大学生课外学术科技作品竞赛	张　彬　马大磊　张文馨　滕　龙　付景盛	省级三等奖	经济管理学院	600
325	第九届山东省大学生科技节创新创业沙盘模拟经营大赛	陈　悦　姚开严　王英帅　辛肇镇　戚恒源	省级三等奖	经济管理学院	600
326	第九届山东省大学生科技节创新创业沙盘模拟经营大赛	李松松　姜　慧　田　静　董俊花　刘安琪	省级二等奖	经济管理学院	800
327	第九届山东省大学生科技节创新创业沙盘模拟经营大赛	郭祥琪　郭艳芳　汤德山　刘清辉　高　杰	国家级三等奖	经济管理学院	1000
328	第九届山东省大学生科技节创新创业沙盘模拟经营大赛	刘　悦　刘清辉　李　双　汤德山　张　敏	省级一等奖	经济管理学院	1000
329	第九届山东省大学生科技节创新创业沙盘模拟经营大赛	师庆民　陈　莹　周玉晨　李梦晨　刘　旭	省级一等奖	经济管理学院	1000
330	第九届山东省大学生科技节创新创业沙盘模拟经营大赛	胡　迪　崔　悦　尹　玲　李佳佳　安怀勇	省级一等奖	经济管理学院	1000
331	“建行杯”第三届山东省“互联网+”大学生创新创业大赛	毛昳蕊　李　娜　李雨倩　赵　粟　张锦鹏　童　宇　王　旭	省级三等奖	经济管理学院	600
332	2017年全国企业经营分析与决策技能大赛(本科组)	安怀勇　胡　迪　崔　悦　辛肇镇	国家学会级一等奖	经济管理学院	1000

续表

序号	比(竞)赛名称	获奖学生姓名	奖项等级	获奖学生所在学院	奖励金额(元)
333	2017年全国企业竞争模拟大赛暨第八届全国高等院校企业竞争模拟大赛	安怀勇　刘勇志　高　扬	国家学会级一等奖	经济管理学院	1000
334	山东省大学生科技文化艺术节大学生书画比赛	佟文娟	省级二等奖	经济管理学院	800
335	山东省大学生科技文化艺术节大学生书画比赛	刘紫芩	省级二等奖	经济管理学院	800
336	山东省科技文化艺术节大学生书画比赛	黄美玲	省级二等奖	经济管理学院	800
337	山东省科技文化艺术节大学生书画比赛	侯纯纯	省级二等奖	经济管理学院	800
338	山东省科技文化艺术节大学生书画比赛	赵晟洁	省级三等奖	经济管理学院	600
339	山东省科技文化艺术节大学生书画比赛	李雪莹	省级三等奖	经济管理学院	600
340	第十五届山东省大学生科技文化艺术节舞蹈大赛	卢　璇	省级三等奖	经济管理学院	600
341	山东省科技文化节啦啦操大赛	樊丹丹	省级一等奖	经济管理学院	1000
342	山东省科技文化节啦啦操大赛	田　雪	省级三等奖	经济管理学院	600
343	山东省科技文化节啦啦操大赛	高胜鑫	省级二等奖	经济管理学院	800
344	山东省大学生心理健康节大学生朋辈心理辅导技能大赛	郝欣敏　方　慧　张　旺	省级二等奖	经济管理学院	800
345	全国大学生英语竞赛	宋　戈	国家级三等奖	经济管理学院	1000
346	全国大学生英语竞赛	徐雄姿	国家级二等奖	经济管理学院	2000
347	全国大学生英语竞赛	童　欣	国家级三等奖	经济管理学院	1000
348	全国大学生英语竞赛	郑思敏	国家级二等奖	经济管理学院	2000
349	全国大学生英语竞赛	鞠一格	国家级二等奖	经济管理学院	2000
350	全国大学生英语竞赛	刘紫芩	国家级二等奖	经济管理学院	2000
351	全国大学生英语竞赛	廖弋璐	国家级三等奖	经济管理学院	1000
352	全国大学生英语竞赛	李　双	国家级三等奖	经济管理学院	1000
353	全国大学生英语竞赛	李铭月	省级三等奖	经济管理学院	600
354	第八届全国大学生数学竞赛	李红艳	省级三等奖	经济管理学院	600
355	山东省高校街舞争霸赛山东总决赛齐舞	张文鹤	省级三等奖	经济管理学院	600
356	山东省大学生艺术展演舞蹈	张　旭	省级一等奖	经济管理学院	1000
357	2017年全国大学生英语竞赛(NECCS)	汤嘉欣	国家级一等奖	人文学院	3000

续表

序号	比(竞)赛名称	获奖学生姓名	奖项等级	获奖学生所在学院	奖励金额(元)
358	“丝路新世界,青春中国梦”2017全国大学生“一带一路”暑期社会实践专项行动	魏思蓉	国家级三等奖	人文学院	1000
359	第四届山东省青少年“国学达人”挑战赛	郝思启	省级特等奖	人文学院	2000
360	第十五届山东省大学生科技文化艺术节书法、绘画、篆刻大赛	张京京	省级二等奖	人文学院	800
361	第十五届山东省大学生科技文化艺术节书法、绘画、篆刻大赛	郑雅蕾	省级二等奖	人文学院	800
362	第十五届山东省大学生科技文化艺术节书法、绘画、篆刻大赛	张　倩	省级二等奖	人文学院	800
363	第十五届山东省大学生科技文化艺术节书法、绘画、篆刻大赛	邱吉媛	省级二等奖	人文学院	800
364	第十五届山东省大学生科技文化艺术节书法、绘画、篆刻大赛	李　霞	省级三等奖	人文学院	600
365	“建行杯”第三届山东省“互联网+”大学生创新创业大赛	蔡丽娜	省级三等奖	人文学院	600
366	第十五届山东省大学生科技文化艺术节书法、绘画、篆刻大赛	张京京	省级三等奖	人文学院	600
367	第十五届山东省大学生科技文化艺术节书法、绘画、篆刻大赛	左　朋	省级三等奖	人文学院	600
368	第十五届山东省大学生科技文化艺术节书法、绘画、篆刻大赛	郑雅蕾	省级三等奖	人文学院	600
369	第十五届山东省大学生科技文化艺术节书法、绘画、篆刻大赛	翟　梅	省级三等奖	人文学院	600
370	第十五届山东省大学生科技文化艺术节书法、绘画、篆刻大赛	邱吉媛	省级三等奖	人文学院	600
371	第十五届“挑战杯”·海尔山东省大学生课外学术科技作品竞赛	闫令东　秦　珊　孙　祎　纪　妍　佟　鑫　张洋洋　王　蕾	省级二等奖	生命科学学院	800

续表

序号	比(竞)赛名称	获奖学生姓名	奖项等级	获奖学生所在学院	奖励金额(元)
372	第九届山东大学生科技节——第六届山东省大学生生物化学实验技能大赛	孙　祎	省级一等奖	生命科学学院	1000
373	第九届山东省大学生科技节——山东省大学生生物学大赛	丁　珂　季昱含　陆　明　曲荣阁	省级特等奖	生命科学学院	2000
374	第九届山东省大学生科技节——山东省大学生生物教学技能大赛	郭婷婷	省级二等奖	生命科学学院	800
375	第九届山东省大学生科技节——山东省大学生生物教学技能大赛	丁　珂	省级三等奖	生命科学学院	600
376	第十五届"挑战杯·海尔山东省大学生课外学术科技作品竞赛"	周金融	省级三等奖	生命科学学院	600
377	第九届山东省大学生科技节——山东省大学生生物教学技能大赛	梁然然	省级三等奖	生命科学学院	600
378	第九届山东省大学生科技节——山东省大学生生物教学技能大赛	韩新花	省级一等奖	生命科学学院	1000
379	第九届山东省大学生科技节——山东省大学生生物学大赛	韩新花　于美佳　胥森瑜　刘嘉琦	省级二等奖	生命科学学院	800
380	第九届山东省大学生科技节——山东省大学生生物教学技能大赛	高志杰	省级一等奖	生命科学学院	1000
381	第九届山东省大学生生物学教学技能大赛	曹　丽	省级三等奖	生命科学学院	600
382	第九届山东省大学生生物学大赛	宋德瑞　李若然　许嫣然　姚文君	省级特等奖	生命科学学院	2000
383	第九届山东省大学生科技节——山东省大学生生物学教学技能大赛	张　磊	省级三等奖	生命科学学院	600
384	第九届山东省大学生科技节——山东省大学生生物学大赛	王庆宇　金美玲　李　毓　杨林霏	省级特等奖	生命科学学院	2000
385	第九届山东省大学生科技节——山东省大学生生物学教学技能大赛	王娅楠	省级特等奖	生命科学学院	2000
386	第十五届山东省科技文化艺术节书法大赛	刘　阳	省级三等奖	生命科学学院	600

续表

序号	比(竞)赛名称	获奖学生姓名	奖项等级	获奖学生所在学院	奖励金额(元)
387	第九届山东省大学生科技节——山东省大学生生物学教学技能大赛	李冬青	省级一等奖	生命科学学院	1000
388	第九届山东省大学生科技节——首届“鲁南制药杯”山东省大学生生物科技创新创业大赛	张晓尘	省级二等奖	生命科学学院	800
389	第九届全国大学生数学竞赛预赛	杨建明	省级三等奖	生命科学学院	600
390	第九届全国大学生数学竞赛预赛	狄春彤	省级三等奖	生命科学学院	600
391	第九届山东省大学生科技节——山东省大学生生物学教学技能大赛	丛　瑜	省级二等奖	生命科学学院	800
392	第九届山东省大学生科技节——山东省大学生生物学大赛	刘梦晨　赵婉均　梅丽亚	省级二等奖	生命科学学院	800
393	第九届山东大学生科技节——第六届山东省大学生生物化学实验技能大赛	杨文敏　刘红驿　姜　迪	省级一等奖	生命科学学院	1000
394	第九届山东省大学生科技节——山东省大学生生物学大赛	周佳琪　王　萌　王鹏娜　王志勇	省级二等奖	生命科学学院	800
395	2017 年全国大学生英语竞赛	徐　舸	国家级特等奖	生命科学学院	4000
396	外研社英语写作比赛(初赛)	李　薇	国家级三等奖	生命科学学院	1000
397	第九届山东省大学生科技节——山东省大学生生物学教学技能大赛	栗雪韫	省级二等奖	生命科学学院	800
398	第九届山东省大学生科技节——首届“鲁南制药杯”山东省大学生生物科技创新创业大赛	苏婉莹　于一帆　阿米娜·艾尔肯	省级一等奖	生命科学学院	1000
399	第九届山东省大学生科技节——山东省大学生生物教学技能大赛	单文琪	省级三等奖	生命科学学院	600
400	第九届山东省大学生科技节——山东省大学生生物教学技能大赛	郑安冉	省级一等奖	生命科学学院	1000
401	第九届山东省大学生科技节——山东省大学生生物化学实验技能大赛	张洋洋	省级一等奖	生命科学学院	1000

续表

序号	比(竞)赛名称	获奖学生姓名	奖项等级	获奖学生所在学院	奖励金额(元)
402	第九届山东省大学生科技节——山东省大学生生物学教学技能大赛	王　慧	省级特等奖	生命科学学院	2000
403	“外研社杯”全国大学生英语辩论赛	刘远翔	省级三等奖	生命科学学院	600
404	第九届山东省大学生科技节——首届“鲁南制药杯”山东省大学生生物科技创新创业大赛	王智宇	省级二等奖	生命科学学院	800
405	第九届山东省大学生科技节——山东省大学生生物化学实验技能大赛	闫令东	省级一等奖	生命科学学院	1000
406	第九届山东省大学生科技节——山东省大学生生物学教学技能大赛	姜丝涛	省级二等奖	生命科学学院	800
407	书法、绘画、篆刻大赛	刘　伟	省级二等奖	生命科学学院	800
408	美国大学生数学建模竞赛	于宪荣　王延安　孙玉波	国家级特等奖	数学与信息科学学院	4000
409	美国大学生数学建模竞赛	张　浩　侯　娜　常　蕾	国家级一等奖	数学与信息科学学院	3000
410	美国大学生数学建模竞赛	宋　钰　张和先　程显富	国家级二等奖	数学与信息科学学院	2000
411	美国大学生数学建模竞赛	李　政　赵　慧　周志燕	国家级二等奖	数学与信息科学学院	2000
412	美国大学生数学建模竞赛	姜娜娜　王瀚锋　赵　婕	国家级二等奖	数学与信息科学学院	2000
413	全国大学生数学建模竞赛	王春荣　李　月　陈传祯	国家级一等奖	数学与信息科学学院	3000
414	全国大学生数学建模竞赛	王　旭　朱义九　李浩远	国家级一等奖	数学与信息科学学院	3000
415	全国大学生英语竞赛	于文浩	国家级一等奖	数学与信息科学学院	3000
416	全国大学生数学建模竞赛	刘天娇　袁　浩　蔡汝佳	省级一等奖	数学与信息科学学院	1000
417	全国大学生数学建模竞赛	高　涵　祁俊海　陈悦颜	省级一等奖	数学与信息科学学院	1000
418	全国大学生数学建模竞赛	葛君琰　熊泽宇　武连杰	省级一等奖	数学与信息科学学院	1000
419	全国大学生数学建模竞赛	李育恒　王晓筱　崔凯兴	省级一等奖	数学与信息科学学院	1000
420	第十五届山东省大学生科技文化艺术节啦啦操大赛	王　雪　孙　悦　田鑫宇　樊丹丹　牛彦茹　丁晓娇　刘佳露　吴　琛　倪文慧	省级一等奖	数学与信息科学学院	1000
421	全国大学生数学建模竞赛	赵世民　陈晓娜　张　丰	省级一等奖	数学与信息科学学院	1000
422	全国大学生数学建模竞赛	周　晴　杨　林　杜心鹏	省级一等奖	数学与信息科学学院	1000
423	全国大学生数学建模竞赛	张笑涵　李宇航　刘玉娇	省级一等奖	数学与信息科学学院	1000
424	全国大学生数学建模竞赛	徐　慧　聂华清　武雪刚	省级二等奖	数学与信息科学学院	800
425	全国大学生数学建模竞赛	张　曼　朱姗姗　李　飞	省级二等奖	数学与信息科学学院	800
426	全国大学生数学建模竞赛	魏鹏飞　薛晓露　鹿玉欣	省级二等奖	数学与信息科学学院	800
427	全国大学生数学建模竞赛	张传洁　齐乐乐　廖香立	省级二等奖	数学与信息科学学院	800

续表

序号	比(竞)赛名称	获奖学生姓名	奖项等级	获奖学生所在学院	奖励金额(元)
428	全国大学生数学建模竞赛	王　惠　刘春彤　杨　驰	省级二等奖	数学与信息科学学院	800
429	全国大学生数学建模竞赛	李　菁　孙　虹　张　娜	省级二等奖	数学与信息科学学院	800
430	第十五届山东省大学生科技文化艺术节啦啦操大赛	陆心雅　陈梦莹　赵慧慧　柳丹丹　周　佳　翟羽佳　徐美娜　潘颖仪　张雅文　高胜鑫　崔喜杰　刘　玮　王斯滕　陈　露	省级二等奖	数学与信息科学学院	800
431	全国大学生数学建模竞赛	朱　丽　刘滋滋　何大冰	省级二等奖	数学与信息科学学院	800
432	全国大学生数学建模竞赛	周士娟　彭艺芹　黄俊诚	省级二等奖	数学与信息科学学院	800
433	全国大学生数学建模竞赛	王　雪　杨　慧　李德斌	省级二等奖	数学与信息科学学院	800
434	全国大学生数学建模竞赛	张美玲　赵双燕　史孝峰	省级二等奖	数学与信息科学学院	800
435	全国大学生数学建模竞赛	亓彩凤　任　梦　孙玉雯	省级三等奖	数学与信息科学学院	600
436	全国大学生数学建模竞赛	徐　倩　刘　恺　孔国强	省级二等奖	数学与信息科学学院	800
437	全国大学生数学竞赛	朱　丽	省级二等奖	数学与信息科学学院	800
438	全国大学生数学竞赛	杨　慧	省级三等奖	数学与信息科学学院	600
439	全国大学生数学竞赛	徐　倩	省级三等奖	数学与信息科学学院	600
440	全国大学生数学竞赛	韩艳艳	省级三等奖	数学与信息科学学院	600
441	全国大学生数学竞赛	张　镇	省级三等奖	数学与信息科学学院	600
442	全国大学生数学竞赛	孙孝婕	省级三等奖	数学与信息科学学院	600
443	全国大学生数学竞赛	李宇航	省级三等奖	数学与信息科学学院	600
444	全国大学生数学竞赛	贾紫沁	省级三等奖	数学与信息科学学院	600
445	全国大学生数学竞赛	祁俊海	省级三等奖	数学与信息科学学院	600
446	全国大学生数学竞赛	熊泽宇	省级三等奖	数学与信息科学学院	600
447	全国大学生数学竞赛	尹哲东	省级三等奖	数学与信息科学学院	600
448	全国大学生数学竞赛	李亚飞	省级三等奖	数学与信息科学学院	600
449	全国大学生数学竞赛	郭军旗	省级一等奖	数学与信息科学学院	1000
450	全国大学生数学竞赛	于文浩	省级二等奖	数学与信息科学学院	800
451	全国大学生数学竞赛	袁　浩	省级二等奖	数学与信息科学学院	800
452	全国大学生数学竞赛	王勃惠	省级二等奖	数学与信息科学学院	800
453	全国大学生数学竞赛	朱义九	省级一等奖	数学与信息科学学院	1000
454	全国大学生数学竞赛	于宪荣	省级三等奖	数学与信息科学学院	600
455	2017 年山东省“学校体协杯”大学生田径锦标赛	沈唐玉	省级二等奖	体育学院	800
456	2017 年山东省“学校体协杯”大学生田径锦标赛	陈　杰	省级三等奖	体育学院	600
457	2017 年山东省“学校体协杯”大学生田径锦标赛	王　丽	省级三等奖	体育学院	600

续表

序号	比(竞)赛名称	获奖学生姓名	奖项等级	获奖学生所在学院	奖励金额(元)
458	2017年山东省"学校体协杯"大学生田径锦标赛	王　丽	省级三等奖	体育学院	600
459	2017年山东省"学校体协杯"大学生田径锦标赛	曲峰伯	省级三等奖	体育学院	600
460	2017年山东省"学校体协杯"大学生田径锦标赛	沈唐玉	省级三等奖	体育学院	600
461	2017年山东省"学校体协杯"大学生田径锦标赛	闫　鲁	省级三等奖	体育学院	600
462	2017年山东省"学校体协杯"大学生田径锦标赛	苏亚男	省级二等奖	体育学院	800
463	第十届山东省大学生结构设计竞赛	朱敏杰　王　涛　王　硕	省级三等奖	土木工程学院	600
464	全国大学生节能减排大赛	许　廒	国家级三等奖	土木工程学院	1000
465	第十届山东省大学生结构设计竞赛	于　晨　贾永奇　杨　斌	省级二等奖	土木工程学院	800
466	全国青少年五好小公民"阳光校园,我们是好伙伴"主题教育读书活动征文比赛	胡玉珠	国家级二等奖	土木工程学院	2000
467	全国青少年五好小公民"阳光校园,我们是好伙伴"主题教育读书活动征文比赛	潘鸿杰	国家级三等奖	土木工程学院	1000
468	全国青少年五好小公民"阳光校园,我们是好伙伴"主题教育读书活动征文比赛	王　雄	国家级三等奖	土木工程学院	1000
469	山东省大学生科技文化艺术节书法比赛	刘玉森	省级三等奖	土木工程学院	600
470	山东省第五届大学生艺术展舞蹈比赛	刘玉森	省级二等奖	土木工程学院	800
471	全国大学生数学竞赛	崔　杰	省级三等奖	土木工程学院	600
472	全国高数竞赛	刘　洋	省级三等奖	土木工程学院	600
473	全国高数竞赛	张军航	省级三等奖	土木工程学院	600
474	全国高数竞赛	季　刚	省级二等奖	土木工程学院	800
475	全国高数竞赛	郑智远	省级三等奖	土木工程学院	600
476	全国高数竞赛	张忠兴	省级三等奖	土木工程学院	600
477	全国高数竞赛	孔昌昊	省级三等奖	土木工程学院	600
478	全国高数竞赛	时晴晴	省级三等奖	土木工程学院	600
479	全国大学生数学竞赛	范增强	省级二等奖	土木工程学院	800

续表

序号	比(竞)赛名称	获奖学生姓名	奖项等级	获奖学生所在学院	奖励金额(元)
480	全国大学生英语竞赛	王依婷	国家级三等奖	土木工程学院	1000
481	2017“外研社杯”全国英语阅读大赛	王依婷	国家级三等奖	土木工程学院	1000
482	全国大学生数学竞赛	李玉琪	省级一等奖	土木工程学院	1000
483	全国大学生英语竞赛	孙　超	国家级三等奖	土木工程学院	1000
484	第九届全国大学生数学竞赛山东赛区(非数学类)	王建锋	省级三等奖	土木工程学院	600
485	第十五届山东省大学生科技文化艺术节	罗宗健	省级二等奖	土木工程学院	800
486	2017 全国大学生英语竞赛	史　军	国家级三等奖	土木工程学院	1000
487	第十一届全国周培源大学生力学竞赛	史　军	省级三等奖	土木工程学院	600
488	第十一届全国周培源大学生力学竞赛	韩业峰	省级三等奖	土木工程学院	600
489	“电信杯”第十五届山东省大学生艺术节羽毛球比赛	闫德隆	省级二等奖	土木工程学院	800
490	“电信杯”第十五届山东省大学生艺术节书法、绘画、篆刻大赛	张恩博	省级二等奖	土木工程学院	800
491	2017 年全国大学生英语竞赛	高晓涵	国家级一等奖	外国语学院	3000
492	2017“外研社杯”全国英语演讲大赛	许云龙	省级三等奖	外国语学院	600
493	2017“外研社杯”全国大学生英语辩论赛	刘红豆	省级三等奖	外国语学院	600
494	2017“外研社杯”全国英语写作大赛	熊婴格	省级二等奖	外国语学院	800
495	2017“外研社杯”全国英语阅读大赛	颜鑫同	省级三等奖	外国语学院	600
496	第十五届大学生科技文化艺术节	潘　月	省级三等奖	外国语学院	600
497	全国大学生英语竞赛	梁婧怡	国家级特等奖	药学院	4000
498	全国大学生英语竞赛	朱雅楠	国家级二等奖	药学院	2000
499	全国大学生英语竞赛	于佳宁	国家级二等奖	药学院	2000
500	书法、绘画、篆刻大赛	莫丽琼	省级二等奖	药学院	800
501	第五届全国医药院校药学/中药学专业大学生实验技能大赛	李诗阳	国家学会级二等奖	药学院	600
502	第五届全国医药院校药学/中药学专业大学生实验技能大赛	朱意攀	国家学会级二等奖	药学院	600
503	第十五届山东省大学生科技文化艺术节舞蹈大赛	吕盈莹　郑雅文　王月娇　王　娜　杨　慧　方欣园　杨　雨　俞　悦　袁　兢	省级二等奖	音乐舞蹈学院	800

第四届山东省大学生科技创新大赛获奖团队和指导教师名单

获奖等级	作品名称	学　院	作　者	指导教师
一等奖	基于 Arduino 的智能自行车变速系统	机电汽车工程学院	张润泽、冷晓寒	周玉兰 陈　素
二等奖	自动柿子削皮机	计算机与控制工程学院	张旭阳、郭超、杨磊、沈岳、王耀平	孟宪辉
二等奖	医疗辅助护理机	计算机与控制工程学院	蔡风伦、姜卫强、解光辉、李文丞、袁港	孟宪辉
三等奖	木地板槽口清理机	机电汽车工程学院	师宗辉、巩传家、马卿林、姜卫强	王林平

2017—2018 学年先进班集体

人文学院(5 个)

中 151 -4　中 161 -4　中 161 -6　中 171 -4　中 171 -6

法学院(5 个)

法 161 -3　法 161 -1　法 171 -3　法 172 -1　研 17 级法学班

外国语学院(6 个)

外 161 -1　外 161 -4　外 163 -3　外 171 -1　外 171 -3　外 173 -3

经济管理学院(7 个)

经 177 -1　经 177 -2　经 163 -2　经 164 -1　经 173 -1　经 173 -2　经 174 -1

国际教育交流学院(2 个)

汉教 161 -1　汉教 171 -2

音乐舞蹈学院(2 个)

音 171 -1　音 171 -2

数学与信息科学学院(3 个)

数 171 -3　数 173 -1　数 173 -2

光电信息科学技术学院(7 个)

光 172 -2　光 174 -2　光 171 -3　光 171 -1　光 174 -1　光 171 -2　光 161 -2

计算机与控制工程学院(7 个)

计 163 -1　计 163 -2　计 165　计 171　计 172 -3　计 177 -1　计 177 -2

机电汽车工程学院(7 个)

机 152 -2　机 162 -1　机 162 -2　机 172 -1　机 172 -2　机 171 -2　机 174

土木工程学院(5 个)

土 161 -3　土 162 -2　土 172 -2　土 173 -1　土 173 -2

化学化工学院(7 个)

应 171 -4　应 161 -2　化 161 -2　化 163　应 171 -1　化 162 -1　化 172 -3

生命科学学院(7 个)

食 151－1　食 152－1　生 161－1　食 161－2　生 172－1　食 171－2　17 级研究生班级

药学院(3 个)

药 151－2　药 161－2　药 171－3

海洋学院(7 个)

海 151－2　海 155－1　海 155－2　海 161－2　海 165－1　海 156　海 166

环境与材料工程学院(7 个)

环 171－2　环 161－1　材 172－3　环 177－2　材 152－4　环 161－3　环 165

建筑学院(3 个)

建 151－2　建 164　建 174

体育学院(1 个)

161－2

核装备与核工程学院(3 个)

核 172－3　核 172－2　核 162－2

2017—2018 学年各类奖学金获得者名单

1. 2017—2018 学年优秀学生奖学金获奖名单

(共 2453 人,每人奖励 1000 元)

人文学院(130 人)

张纯燕　郭　梦　赵　璐　杨　霞　吴怡霖　张　倏　张　娟　魏妍楠　滕　云　杨梦妍
王　莲　许梦缘　张　玉　李　玉　李翠青　韩慧锦　代紫丹　陈璐瑶　汲　霞　罗怡清
冉红艳　蔺姝红　田　雪　陈文茜　阎薇宇　刘心慧　赵玉静　杨雪妍　邹　晖　于秀艳
鞠培娟　申玉玲　李　培　张　玉　毕晓晨　李　娜　刘倩倩　李文慧　郝媛媛　董　月
李晓媛　钱淑月　韩文倩　江冠群　崔文硕　刘钇讯　李　慧　田明玉　卢晓晨　祝银行
宋沫函　陈　昀　杨茜茜　蔡丽娜　吴　琳　张　聪　刘艺璇　石法叶　白明春　荆　慧
张文玉　徐晓娅　葛　冰　邢祥煜　邵子溦　刘　燕　边若秋　羊　帆　姚　爽　李　鑫
陈迎君　闫慧敏　王　雯　崔梦妮　曹淑云　孙　岩　周吉春　李文敏　陈淑婷　薛天娇
陈文婧　王凯丽　韩　梦　牛付帅　高孜璇　尚　薇　秦　颖　董　军　姜乃铃　顾新菊
赖　杰　郭　慧　董文杰　王梦琪　朱琼玉　刘　娜　马欣钰　韩宇帆　孙雪萌　邹　倩
宋晓辉　魏新程　张　艾　陈　宇　孙晓斐　徐晓燕　孙梦婷　苏慧苗　李珂珂　刘梦诗
梁媛媛　何　宁　潘依辰　谢心羽　唐亚婕　王亚婷　陈心扬　于素雅　王心璐　杜欣章
文小艺　付　娜　孙晨彭　段素素　谭　畅　宋艳丽　王文骄　王意如　李昊燃　姚梦飞

法学院(96 人)

艾潇瑞　杨静怡　刘彩虹　马金铭　孙梓桐　刘逸飞　徐慧婷　翟瑞迪　徐　毅　米文雅
赵悦如　邹　怡　王璐瑶　梁梦怡　张　迪　栾晓芸　文小丽　李晓宇　常馨文　尹锶坤
王真真　王靖宇　张冬歌　刘　畅　宋　梅　张　童　郝紫颖　孙汇源　李安琪　何明茹
王苏珊　高忻怡　赵晓敏　李　睿　车佳宁　周丹雯　赵力瑶　马新宇　王晓慧　杜宇斐
傅　莉　管　婧　刘茹姣　赵祎琳　侯君雅　祝海洁　朱　慧　王　祥　王　彦　赵子璇
张云浩　夏晓洁　王美娟　王振玮　陈斯捷　潘萌萌　杨　硕　黄　晓　王淑婷　李金潇
孔祥怡　袁文斐　刘建新　魏蕴琦　王　璐　赵文华　吴晨菲　陈　昱　毛晓政　王安越

吕品 党丹喆 张英健 王景淘 傅于说 刘晓洲 王尚君 杨宇欣 王伟琦 吴文菁
周彦欣 杨淑锦 王高媛 郭亚 王璇 郇乐 邓紫珊 戴佳琳 杜兵兵 乔鑫
牛莉 王雅婷 寇哲哲 綦淑珍 衣冬朔 张舒倩

外国语学院(78 人)

郑咪 阚洪晓 许云龙 许若梅 熊婴格 韩丽璇 朱晴 冷晓冬 陈雅新 刘静茹
郑海静 黄婧 徐雨 宋晓杨 张宇 张雨晨 蔡梦迪 刘睿琳 李梦雨 姜巧丽
梁钰哲 卜春德 纪参参 孙正恕 平安 李雪梦 房丽丽 房美玲 李潘 李燕
张路遥 乔琳 景冉 于倩 江安冉 苗苏萌 孟真 关慧雯 武婷婷 顾亚斐
徐晓倩 朱文月 张佳雯 孟燕 韩清馨 胡寅英 于欣欣 牟涵宇 周敏 蒙丹丹
喻佳琦 杨凯悦 吴超 董晓 邱宇辰 曲洁 李仪 石瑞琦 刘雨馨 赵佳璐
花建霞 徐韶雪 仉芳 闫喜凤 韩吉 杨慧妹 孔珂钰 李雅楠 周璇 仪春芝
张浩欣 姚文凤 秦月 孙昌泉 孙志强 刘甜昊 高晓涵 丁慧娟

经济管理学院(261 人)

白家和 陈倩 何丽 徐雄姿 程林林 李佳思 孙晓丹 王茜 刘春萌 苏银梦
方慧 简银 高月 李星仪 刘雅蕾 邹怡昀 周玉晨 陈晓媛 徐稳 雷诗妮
田应椿 黄叶飞 蒙捷 王文静 姜俊强 李婷 单凯 王雪琪 杜雨欣 高凯旋
王婷婷 黄美玲 师林林 李佳佳 张春贺 于杨 翟玉敏 宗秀丽 宋萍 刘雨
付晓 邵雅琪 石晓雯 赵春霞 竺可涵 宋琦 商琳 张美俞 许艳霞 张银洁
褚敏 周雯 史梦营 鞠一格 于亿亿 宋一夫 魏旭旸 原欣欣 李秀顺 杨光
马米沙 刘延霞 任铜宵 张紫藤 袁小雨 李昌峰 孙浩杰 苑其鑫 许诺 李倩楠
刘安琪 孙赟 许博玲 袁另凤 刘晓玉 张鹏 杨加琪 董春雨 孙琪 吴硕
闫冬梅 李峰 徐小婷 王铮 齐梦楠 张文鹤 陈悦 李佳楠 王昭娟 周敬谊
林蕾 徐从香 于洋 周晓 王磊 李妍妍 夏凯琳 朱琳 王玉珠 赵佳慧
马晓晴 唐玉馨 顾心雨 李亚文 张笑薇 李晓宇 乔雅茹 李钰浩 陈嘉 朱苗苗
莫永珊 谭景耀 赵学敏 关钰 徐裕萍 刘江玲 李智国 王雪枫 樊倩倩 庞燕
时艳妍 杨惠敏 郭静 赵晟洁 钟唯瑕 罗瑞雪 宫亚楠 王艳菊 高月清 李雨晴
颜俏 廖弋璐 殷艺雯 周慧雪 李晓媛 潘鑫莹 梁淑晴 任锡贤 贺露倩 耿静
王雨昕 李璐瀛 张雨晴 董笑宏 孙慕佳 刘笑彤 蒋雨婷 顾琳 姜梦 王婧
巩柯琳 周晓芬 隋梦香 杨岩 孙倩 张惠 胡宏智 张雨 朱姝洁 曾莉琪
卢婉婷 姜慧 李铭月 王燕妮 韩斯妤 刘娇娇 于明佳 程璐 刘梦楠 张梦迪
张辉 郑慧敏 唐宇 朱咏青 张淑晴 杨宇瑶 张琳琳 李雪莹 周杰 高明禹
刘姝彤 贾若琳 刘芳平 提云哲 贾玲玲 苗磊 樊淼 王玉卓 朱慧真 张敏
王智 刘岳弟 李文静 滕雪莹 盛美铃 赵忠鸽 纪颖琨 刘雪梦 张文玉 何明丽
朱淇 卜倩倩 冯静 赵紫璇 左淑慧 张圣娇 董娜 向晓晨 张爽 张如月
管文卓 付丽云 刘清华 尹迪 冯建宁 汤思怡 郝凤杰 崔莹雪 朱传祥 魏翔
孙晓涵 孙艳萍 潘建琪 武妍汝 杨惠瑾 向铭鑫 张一卓 吕欢 吕源 李双
李阳 徐志成 王涵 田涵 邢祥宇 林玉婷 杨畅 李瑞晓 张盼 袁静
王浩 邱悦 温晨琪 吴倩 王保岩 王奕豪 王彦博 曹张钰 王悦礼 刘文东
侯娣 陶慧丽 孙俪萍 王昂昂 武晓楠 李文谦 荀瑞 杨方 王祖璇 王敏
赵月

国际教育交流学院(64 人)

陈昱增 刘承彦 王逸凡 徐婕 赵梦瑶 杜亚妮 王涵 李丹 隋同彤 陈紫荆

钟宛庭　李宥辰　杨文婧　杨梦璇　姜晓苹　王　祀　杨志远　汪佳佳　任　缘　于秉禾
张永卓　张文婕　王　瑜　周炜栋　张晓彤　范玉琪　綦香玉　郭　芸　刘梦磊　李姣姣
霍娅楠　王　婷　蒋巧凡　周慧萌　朱梦涵　董婷婷　胡诗瑜　孙妍婧　程　澄　王心愿
周　密　曲建业　武　梅　胡钰清　王婧珂　陶嘉琪　高晴文　李文静　胡陈艳　刘韵涵
许佳音　段默然　朱彩琴　李美佳　王笑雨　赵　珂　陶　晨　徐文进　刘雨萌　王思远
袁清婷　公昕琪　王　一　王子雪筱

音乐舞蹈学院(36 人)

王静雯　侯　宇　刘瑛俏　李文婷　张禄梅　徐　芸　景莹莹　李宜蔓　马浩然　崔意萌
霍钰杰　张一凡　何　睿　周安欣　李超懿　张肖文　罗　婧　肖　练　庞新月　徐梦竹
梁　爽　石　磊　王　姗　贠嘉阳　徐　威　赵晓彤　郜崧廷　郑淅文　张　帆　程珂珂
秦　蝶　陈梦辉　孙虔倩　郑羽桐　高凌钰　宋念卿

数学与信息科学学院(78 人)

亓彩凤　刘滋滋　李新宁　聂华清　杨粟棋　李海燕　段秀凤　宋佳玲　周士娟　孙文恒
姜晓梅　张家朋　苏柳柳　张新新　薛晓露　熊泽宇　陈晓娜　张传洁　李晓燕　魏鹏飞
齐乐乐　韩馨婷　张富洁　韩艳艳　殷玉涵　许妙遥　李文娟　郑嘉璇　徐文青　潘玉梅
王　旭　关程程　李　琦　管英姿　侯梦娇　薛美晨　朱　晓　张凌雁　杨春雨　张笑涵
李　颜　郑明月　谢漾波　王宝娟　王璐阳　范高辉　司沅洁　刘文洁　姜燕秋　刘　聪
苏俊秀　赵雪燕　周丛林　牛　艺　朱晓娟　赵丽颖　马超越　陈希梅　王发涛　张皓琳
徐介丽　丁子麒　孙田恬　王凌寒　秦梦茹　魏　琰　张宇璇　冯　雷　杨　敏　张　景
崔　浩　李　菁　徐　聪　张　曼　方　兰　华　旭　赵　颖　刘思琪

光电信息科学技术学院(155 人)

孙心如　王瑞腾　王国旭　董　雪　王建佳　张椰琪　肖慧敏　张加蕾　赵　静　张　蕾
王蒙蒙　张洪新　任泉臣　方春旺　窦云奇　朱晨晨　刘超艺　魏文龙　邢树东　王　川
王富民　王英潇　袁永强　周　敏　鞠雅琳　田月临　李梦甜　宋永泽　白晓磊　栾舒媚
李国苑　许奇奇　刘　睿　韩　雪　姚　瑶　顾　爽　张弘瑾　孙付安　谢　政　邱丽雪
孙圣虎　张若晨　蒋凌羽　张瑞珈　刘翔宇　孟凡玉　孙金玉　雷倩男　曹淇铜　庞　越
王慧萍　孙晓梅　丁一宁　张　欣　丁　怡　刘文琪　张海燕　蒋文丽　程　锦　袁豆豆
黄　跃　孙　梦　厉　凡　王晓蕾　郭晓萍　解欣茹　李盈萱　胡东昆　寇庆康　贾亚飞
赵良杭　宫　凯　杜　平　孙　玉　刘安奇　狄　瓒　李泓余　程雪丽　魏永辉　林永升
袁兴花　陈传阳　李梦娇　樊　帅　王　猛　李家华　李　富　李志明　赵　阳　闫瑞霞
刘志成　孟小童　梁　峥　李博勋　李　庆　杨溢青　庞云鹤　郑博文　宋禾培　庄　妍
崔　昆　赵　媛　王日涛　高虞安　张潇艺　单亚会　王伟华　刘可欣　李　雪　徐　瑾
杨　帆　马永哲　庄绪财　鲁晓艳　冯龙呈　刘亮亮　孙庆伟　王春磊　李路琦　胡春鑫
倪　晶　梁国庆　姚鑫城　徐艳芬　连善彪　陈　静　宋　莹　李文亭　柳晓寒　陈　月
张元月　周子锦　戴振蓉　闫科程　张梦双　杜莎莎　孙艳秋　冯云霞　高浩然　李　雪
崔　佳　钟肖寒　于天睿　李　爽　刘　琪　王子怡　李光福　徐一冉　尹千慧　姚宗伶
黄晓雨　吴倩倩　蒋金霞　杨玉杰　李守闯

计算机与控制工程学院(179 人)

王惠惠　苏　航　张　涛　亓　娜　何信宇　魏秀云　孙鹏飞　张永慧　李景禄　邓梦菲
郭超元　何学鑫　韩仲雅　雷　雨　牟清东　曾　勇　池保庆　王　进　王丽坤　戴欣萍
王　鹏　牛学硕　王明慧　王祥昀　李亚楠　周贵臣　姬广熙　王明鉴　赵鑫鑫　赵东亚
张　宁　刘　月　韩双志　王艺霖　董凯琦　孙亚茹　崔青青　于子娴　张晴晴　蔡汝佳

舒文超　刘云　武聪　岳成艳　邱凯　李旭　常轩　倪畅　郭腾　鲁绍孝
李倩　张颖　卢璇　邱超　马文静　郑茜雅　王晓钰　陈晨　陈哲　于苏显
杨雅鑫　路亚丽　杨天瑞　王靖淇　刘春彤　林颖　边朔　马赛　李硕　李玉晓
贾国进　陈珏宇　王文晋　高广福　张寒冬　吴春齐　陈国庆　孙廷建　颜丙壮　吴文哲
刘文静　田润　戴明凯　连贺超　刘以草　纪敏　李萍　贾如杉　马春澎　张威
夏晓林　胡寅生　王兴振　曹欣宇　何知令　苏浩　何定钦　齐昊　桑得宝　孙翔耘
赵永杰　苗全胜　石家旭　王硕　李昀晓　孙得志　冯坦　张茜　李蕾　肖瑞丽
李晨　李爽　杨红　郝乐珍　潘慧敏　孙鲁　王金瑞　王英卓　赵崇伟　王翊臻
孙仁圆　白苗苗　徐潇雨　黄潇慧　杜昕晔　王硕　胡德杰　张雨萌　董丽娟　武美妤
李哲　李小同　岳增强　孙晓虎　葛存强　杜晓鹏　徐烨　苗华　刘泽坤　史艳鹏
于耀捷　罗凯　方田　褚小哲　赵金聚　陈梓祥　戚辰瑒　曾浩　孙晓艺　杨柳
尹炳斐　叶兰兰　赵丽珠　朱婷　王大伟　任继林　朱永政　卜令超　孟繁超　高倩倩
刘欣宜　李子豪　杜文蕾　解睿豪　崔爽锌　崔坤鑫　张鑫添　姜凯歌　刘常昊　王新宇
李喃　张雅惠　单林智　张强强　李志慧　黄其萌　陈曦　李嫚　马咏莉

机电汽车工程学院（225人）

赵国飞　赵永铭　柳佳　张安豪　罗剑琪　岳凯　郝铭慧　王付强　张文君　宋琳
王永勤　邓宏昌　武雪刚　赵东晓　陈雨　陈庆坤　邹方豪　唐银才　谭家麒　马玲
刘海东　冷晓寒　刘淑敏　刘玉孟　鲁志鹏　刘勇　陈一鑫　咸丽蕊　林礼涛　冯世林
刘玉柱　刘磊　薛霞　李胜杰　李仁飞　郭庆轩　张彦　房瑞华　张宇佳　黄海燕
阚晓倩　徐雅洁　古庆悦　郭立佳　魏梦迪　路瑶　张钰晗　武浩然　金浩　朱芍静
曹承玲　王楗乔　曹永亮　刘兆财　郑健　朱玟旭　包晓成　王耀锋　管志新　李梦娇
李文帅　马云腾　柳梦雪　卢金鹏　刁奎斌　王延杰　姚福兴　潘硕　贾义威　张志帅
潘艳杰　李鹏辉　赵聪　刘立上　殷英杰　马浩　赵庆凯　曹艳玲　姚连杰　刘海川
王俊南　巩伟鑫　黄静超　孙雅琳　马妍　周文玉　张璐　贾芮　李粟　李明娜
张悦　张明阳　孙晓凤　胡祥宇　周雨凌　侯会鑫　刘凯丽　李相辰　马慧　李纪伟
李玉瑶　张成鑫　任宝洁　韩文涛　刘敏　崔立民　李立旗　高永磊　陈芸　姜鑫
张德聪　刘强　付淦　张玉壮　严玉红　张佩翔　赵佳　陈秀文　牛张琪　陈梦雪
肖洋　刘金莎　赵文钰　赵永欣　赵亚如　李敏　陈泽浩　孙国徽　李晨　任霁瑶
冯超　曲明华　陈晓晗　修恒鹏　赵庆轩　吴明超　何东　刘建军　张艳东　梁玉真
孙淑文　李旭　唐玉勇　李现勇　刘强　宋方正　卢传健　李高绪　罗静　张风雨
王开圣　高瑛男　丁凯杰　李香兴　王孟磊　王政伟　宋承宇　王建坤　李永训　张雨
张文康　白逢辉　张毓清　许轲　董文远　方舒雄　魏国正　朱鹏浩　张庆喜　朱咸海
陈文琪　程嘉浩　付凯悦　任哲　夏馨卉　王方达　刘莎莎　刘亚楠　樊子恺　焦旺
孙林强　陈淼淼　杨腾辉　周文静　王宏浩　李嘉　王金山　刘文雯　郑紫薇　韩志峰
刘亮　林增远　邢广真　李佳琪　秦晓雨　赵子慧　张瑶　孙中磊　任铭初　侯振琪
李万哲　张超华　刘石豪　邹宇　庄斌　张可伦　牟宗亮　徐猛　董超　刘云浩
张旗　葛晓晖　林凡豪　路泽民　张乃健　易晖　韩维江　郭乐坤　梁坤　王博
杜斐斐　沈岳　宋云孟　尹若楠　欧阳含笑

土木工程学院（142人）

戴国豪　马薇　魏志鹏　李琪　句魁　吴显美　肖瑛　杨萌　黄金　孙倩倩
周满旭　井世强　郭纪伟　曾凡哲　罗智勇　咸家欣　董昕珺　贾晓晖　孙晓丽　刘洪丽
孙维娜　刘丹　李姝玥　王新宁　郭登上　申利杰　张楠　王海燕　唐爱玲　陈璐丝

杨煜　于英晓　季天智　王依婷　温倩　吴玲雪　张莹莹　李莹　杨瑛俊　赵钰洁
张静　孙艳瑞　宋美荣　王昭著　成文舒　安浩　曹佳佳　宋依霖　彭操宇　谢雨彤
王湘君　吕虎　田晓茜　乔士豪　庞庆宏　郝德帅　隋建浩　张鹏　杨洪阳　吴豪放
闫瑞　杨丽萍　耿鲁欣　李石霞　刘腾飞　王维良　宗西垒　刘丽佳　毛书怡　董慧
刘静　肖之鸿　韩孟欣　崔春雪　衣海菲　高铭　刘志浩　李静　刘晔　于晓晴
潘慧　窦鸿宇　胡玉珠　李嘉雯　李瑞凤　郭梦岩　张茹　屈艺　耿梦泽　杨若琪
刘文婕　文奕匀　郑鑫　肖淑颖　张晓倩　徐冠宇　崔安顺　赵泉发　刘晓洁　孙仕源
李瑞　彭富强　刘怡君　郝树仁　左通　赵存庆　徐浩东　徐佳睿　张徐军　刘昊
孙久安　陈志航　王培富　钟俊鸿　李志坤　牟道靖　李玥宁　高晨　王岗　孟晗
吴雅欣　李祺　刘丽萍　洪怀浩　王召阳　吴念文　许培烁　张一帆　王孝炜　刘亦
廖慧琳　贾宜然　吴抒航　许园园　苏庆亮　吴敬轲　胡顺程　陈艳琦　张艺琳　李沧
王海迪　赵琪瑶

化学化工学院（169人）

梁爽爽　陈楼　王秀明　赵庆巧　于浩　张辰　刘惠　任姝晓　周兰慧　刘紫薇
杜玉才　张喜敏　张玉婷　贾环环　季晓钰　汤洁　王慕远　郭珂君　路友　李新涛
南梦芹　陈敏慧　李婧　吴胜友　张焦阳　万柏柏　齐昶霖　徐杉杉　黄晴　刘目卓
王芳芳　梁仕美　魏欣茹　赵瑞　安珂欣　宋志君　邓俊霞　李炜　李佳锟　冷楠
孔令慧　周顺海　黄晓雪　张庆超　解祥林　齐维冠　宁志鹏　张婧雪　郭秀田　王梦莹
田慧洁　刘桃　李琳　李红业　臧永路　李英男　李庆慧　权紫荆　冯敏　周涛
冯冉冉　吉芳起　马爽　井立惠　尹凯鑫　宋英琦　刘雨萌　徐思佳　张宇婷　赵光任
张延婷　王睿哲　邵柏寒　李鑫焱　赵慧　刘茹　方茂群　谷潇夏　董传琦　刘猛
桑可潇　王健　李栋　张思睿　牛雪晴　朱孜璇　石磊　陈琳　杨梦宇　郑艺然
张历　张敏　闫博雯　李冬　毕红伟　蒋思思　王海川　王笑　刘佳　夏爽
吕逸卿　张风周　王政　孟康　龚俊豪　李思彤　孟德胜　吴慧芳　马锦　牛彦茹
张萌萌　王伟婷　李蒙蒙　刘宁　王笑笑　谷慧萌　王彬霞　张健　闫立秋　王惠琳
翟天宇　杨倩倩　王宪飞　孙卓群　高华　张同华　李申芳　刘培艳　唐祎玮　张芝芝
王溪　李青　张晗　郭逢普　刘淑娴　袁雯　宋华兴　朱亚倩　王克　贾明洁
邓璐璐　李淼　李卓辉　田雪　杨冬至　姚嘉帅　朱艳艳　罗海叶　李晓康　刘文宇
王淑婷　崔静敏　陈晨　黄高媛　赵晓楠　陈庚　李萧萧　任萌　张诗奇　侯淑敏
严桂俊　董梦娇　张鹭　贾昭昭　魏丽莹　唐城元　董丞君　王志强　张宏伟

生命科学学院（164人）

韩新花　刘琳　刘秀洁　殷丽坤　刘梦雪　王迎春　林丽秀　李雪　尹娇　刘明辉
魏光彩　曾金丽　李书杰　潘欣彤　赵鹏程　郑聪聪　吴梦苑　陈宁　苏兰凯　张惠苹
刘阳　姜璐瑶　哈晓宇　孙启琦　李冬青　范婷婷　蒋超　孙紫轩　王峻屿　郝林林
曹秭琦　邸妞　毕浩然　马洪悦　张栋洋　丛瑜　张嘉杞　曲林娇　赵美艳　王萌
周佳琪　黄盼盼　陈柔昀　郑亚香　王敏　方雪晨　杜后兴　王晓倩　姜梦晴　韩兴梅
张芙睿　张世苗　朱晓晗　陈安琪　王艺娴　冯茜　周云娜　齐明阁　姚文君　周娟娟
郭明珠　冉烁　王淑君　刘畅　马春媛　狄春彤　王强　杨紫倩　王安宁　申丽莎
王雅娴　位迎雪　秦丹丹　曹玉茹　傅宗瑜　张鹏升　孙倩　孙瑞彬　韩汶均　许彦婷
高梦舒　韩湘凝　魏青媛　赵嘉璇　克洁　刘兴祖　游高逸然　纪雅雪　耿亚奇　庄乾飞
李晓晗　陈玉敏　丑慧卿　张文慧　刘敏　杨东梅　王海洁　张宁　李婵媛　姜政飞
赵杰琳　安舒悦　陈飞飞　谢文亮　于晓晗　蒋振明　马晓婷　汤爽爽　周洁　王允

任雅琪　马朝阳　马俊驰　沈姿怡　王晓涵　张晓玉　王紫璇　袁　方　李　玮　于　瑶
宋健文　庞　爽　让笑展　乔　硕　武井来　李晨睿　王　涵　张　颖　范秀杰　梁玉岑
贺　瑶　闫梦菡　刘　震　姜　震　庞　然　李浩然　杨玉洁　梁钰舒　邵烁如　刘力铭
姜淑冉　李　霖　孙嘉艺　张　薇　王　贺　程莹莹　阎书玲　武晓莉　刘　娅　胡清华
徐明慧　王　钰　桑晓涵　包　莉　钟冕炜　马雨彤　范丽霞　林树森　陈晓东　栗　昕
吴　仪　李秀秀　郭海英　杨凯译

药学院(96 人)

朱雅楠　朱　慧　于佳宁　石文筠　金雅晴　刘赛利　谢　华　段嘉欣　张雁容　崔　越
李　雪　纪文明　王艺晓　胡开丽　钟　鑫　张　琪　盖晓丹　田　硕　郑倩倩　张燕艳
徐境辰　袁静婷　张亚丽　李文莉　陈　欢　王留霞　史晓雨　许国秀　王梅芬　孙迎香
孙　丹　黄桂艳　李晨冰　庞　菲　袁书娟　刘林月　朱　琳　沈英杰　刘　菲　朱　雯
孙梦桢　孙玉杰　何杭利　陶钰萍　王　茹　唐丕玉　吴　燕　王　严　李静璇　程　晴
赵　琳　徐梦婕　孟令瑜　杜春燕　吕芳麟　吕佳悦　杨晓钰　朱玉鹏　高　琦　王　鑫
刘云逸　杨惠妮　刘雪纯　王静怡　徐如俊　于海霞　郭欣茹　殷　晴　许　慧　王紫颖
王玉琦　张语嫣　安　琪　任婉迪　杨　丽　张慧敏　陈　雨　郑　霞　徐梦彤　邵欣悦
依小湄　程天伟　郭　黎　崔恩静　徐钰轩　郭　宁　崔林涵　傅嘉蕾　王思愿　沈玉美
赵钰萌　秦云鹏　王　影　张春凤　郭俊彦　张佳慧

海洋学院(212 人)

王屿岑　徐文轩　张建康　陈　帅　陈佳爱　宋佳琦　李雯璐　陈禹田　王进京　王　志
郭　尚　赵振振　张　犇　张晓晨　卢艳冲　高文翔　王勇杰　朱仁杰　王　帅　周盼林
黄文杰　卢立讯　李志华　惠培鑫　尚少伟　赵友雄　祝祥龙　张　瀚　李　珍　张　谦
韩光辉　王泽龙　孟　耀　邓佩杰　陈洪祥　鲍振通　张　坤　商彦景　唐运宁　张　旭
刘秀芬　刘永全　徐　倩　王　晨　郭雪莹　宋　维　张　晗　李厚梅　王永云　王静如
程燕文　滕若男　司林辉　刘顺娣　徐如祥　伏振兴　张文鹤　王元聪　陈　响　李　壮
杜优贤　焦晓晓　李　赫　吴天一　肖永清　冯文浩　丛思璇　刘闰秋　高蓉蓉　管英华
吴雨萌　何梦萱　刘紫柔　何园园　侯丁荣　周慧欣　刘小睿　李宏悦　孙晓雪　梁　鹏
赵　腾　马　凯　王俏俏　刘怡君　付恒露　张理存　郭义宝　汤庆杰　朱甲梁　高肇岗
王彤辉　刘建军　李　念　魏　臣　张书伟　樊祐频　殷世吉　王修坡　王广哲　杨　旭
熊　旭　任德元　杨　朝　于　森　丁广豪　苏建勇　陈勇志　张育林　李昊阳　李　航
杨树坤　张道源　刘建东　李乳鹏　李凤林　王晨光　王美茹　李欣怡　任　蓉　赵文慧
杨诗玉　路　慧　岳亚欣　陈淑悦　孙雪婷　朱艳美　张雪娇　汤颜妮　杜燕贞　刘泽润
高玉玺　葛保威　王瑞莹　李双双　朱秀锋　林思帆　杨　俊　韩　豪　赵　明　刘洪果
生太娟　吴大伟　燕洪丽　王宏宇　王　玮　徐步青　汤振彪　王　帆　王　瑞　王　悦
梁廷跃　王鑫媛　唐晓杰　赵芸娟　籍龙盈　任彦杰　王文倩　李从跃　廖辉仪　徐圣达
朱　超　于鹏法　张　源　刘成森　孙　操　孔维新　陆　强　金元帅　常　晓　胡鉴炜
袁志鑫　华　玉　杜　哲　王庆鹏　顾少文　康士民　李　剑　贾红浩　邓凯泽　张翔宇
梁所政　李　昊　李　朋　杨建文　张明星　陈　宇　吴青耘　李欣宇　葛心如　王褚晓
刘　畅　李明勤　王　威　高　旺　张少梅　亓慧煜　王亚楠　王　涛　丁　昱　李建康
张梦娇　葛具凤　张兴龙　魏长祺　尹程程　江嘉慧　李妍欣　田　雨　郭亚宁　王秋芬
毕伟蔷　刘梅婧梓

环境与材料工程学院(185 人)

孙春萌　胡鑫冉　孙莜含　王　淇　侯学文　宋慧敏　张雪莹　展亚楠　李　雪　魏燕如

刘进　李昕　杨朝霞　王梦舟　许珈玮　张雪婷　陈春玉　杨馨婷　吴梦迪　谭玉冉
马雪松　高永红　马文哲　宋士豪　赵兴雨　王传杰　龙翔　张春来　郭艳　牛腾
张秀美　姬亮　杨雪　陈梦莹　葛玉航　陈光学　邱艺敏　荆爽　范志远　刘夏辉
王彬彬　侯德祥　罗晓　王雪　张云平　付延雯　班飞飞　孙丽凤　王晓婷　池晓慧
高明月　赵致琳　张继文　徐子安　曹茂榆　赵华华　耿丹丹　李晓彤　尹云丽　赵小雨
孙哲　唐桂娇　乔田峰　张心茹　贾玉珂　杨轶璇　高娜　葛璠　张婷婷　王娜
高帅帅　任玲　段雪晴　黄金顶　董方园　孙尚省　王海波　高振凤　胡玉颖　陈凤仪
张钰钰　于晓彤　孙露　司皓菲　李爽爽　滕俏　杜涵梓　张玉莹　傅秋艳　母丹
丛羽　徐子洋　张喆　高倩　刘友情　刘朝晖　顾颖　周昊政　王宜乐　李晶晶
王慧　孙苇　闫瑾　赵薪薪　刘齐　刘雨滢　张煜慧　张家秀　张慧琳　李文越
唐璇　武蓁　郑莉楠　商议丹　韩凤　王文君　宋云起　梅润然　宋连心　杨宇
魏晓慧　李梅　张琳　王琛　韩睿　赵曼淑　胡祥婷　韩翔茹　冯琳雅　林栩冰
郭嘉欣　宋逸嘉　王明菊　韩秀芝　陈璇　高闰雨　张恒瑞　葛君君　王涛　李向阳
冯莹莹　吴艺涵　刘艳丽　李学宁　王文满　陈倩　刘浩　冯时　庞阳阳　赵镇东
王芹　胡辰晨　李勇　尚振领　徐斌　李东伟　任瑞瑞　吴家豪　生丽杰　胡金瀚
周云龙　张建宇　沈俊芳　刘延壮　黄凤琼　毛惠萱　潘彤　王嘉萱　董学慧　韦向郁
栾崎萌　宋欣慧　朱姝霖　姚梦茹　田坤　曲兆鹏　李明通　秦国艳　刘梦菡　厉德慧
任伟伟　杜光雪　毕奇隆　温政琳　王文润泽

建筑学院(57人)

徐大辉　张露露　金吉祥　宫韵昭　王雅萍　董雪莹　傅婷婷　杨素贤　陈致慧　朱超
李玉青　陈占祥　黄之涵　黄金玉　刁晨阳　李琳　张梓莹　钟雨　周文学　程慧
李思新　贺婷婷　张家荣　何策　刘鸿　张娜　夏梦雪　衡蕊宁　杨邦锦　陈静静
毕可欣　张春春　靳宇升　张振　周少卿　潘林娟　陈榕　姚海康　许晓涵　王莹娜
孔祥云　刘延秀　吴雪婷　于潇洋　宋文彦　王泽蕙　王璞　王文静　朱文雪　郭玉洁
罗煜　李佩君　高畅　赵匀　王慧　张思宇　王一铭

体育学院(54人)

姜苏航　王嫣然　门明月　吴亚萍　臧加慧　韩绪龙　谭苑昊　姜霁恒　赵海娟　高泽宇
孙杰　王磊　张文茵　李娜　孙美娜　姜艳艳　于静　于世海　温雯　周琪
魏紫倩　武静　齐文华　高哲君　刘天琪　戚泽丹　苏亚君　张逸飞　宋柯达　张亚茹
王楚然　李明　王继禹　吕家法　邹礼卉　由雪艺　李佳玉　李玉琳　李璇　刘元旭
高文雨　申梅　曹玉佳　栾晓艳　郝晓萌　王婷婷　刘天　狄文祥　徐琳　刘超
孔辉辉　荆佳璇　朱高飞　苏高诗凡

核装备与核工程学院(72人)

马娇娇　应可璐　刘宁　刘灌钰　刘雪　求梦程　宋伟娜　于洋　张明旭　王是淇
宫文娟　李海　朱进　李秋月　李凤至　王亚宁　赵楷文　孟晓敏　韩婷　杨智敏
李瑞　李婷婷　吕振博　鲍晨宇　吴晓杰　薛文丽　范丽莎　李姿昕　王若男　田晓文
刘雪　王雨　孙佳坤　刘雪婷　乔帆　李凌燕　杨珊　薛喜欣　陈琳琳　高文杰
张璠　王丹　苏冰　胡玉婷　陈娜　王钰佳　魏文洁　刘皎美　张晓　李浦
李伟雪　钱洪辰　刘永续　孙颜妍　王腾　丁淑娴　田静　蔡云飞　刘泓　李文朝
刘鑫　苗玉　刘康　陈作宁　张议匀　曲俊颖　王文慧　杨如月　曹龙欢　黄佳欣
李雨晴　陈荣

2. 2017—2018 学年优秀学生干部奖学金获奖名单

（共 641 人，每人奖励 500 元）

人文学院（35 人）

孙晨彭　郎玉苗　王双双　高学义　张慧杰　尚　薇　王凯丽　陈心扬　牛付帅　项在耿
鞠苗苗　黄蓓蕾　黄晓君　赖　杰　林　慧　羊　帆　井　瑶　于昭琛　李　慧　田明玉
薛天娇　赵夫琳　卢晓晨　王　雯　王俊俊　陈淑婷　滕　云　高炳泽　赵　璐　杨　霞
贺梦婷　魏妍楠　宋呈祥　李晋阳　李　琳

法学院（28 人）

毕雪桐　韩　超　徐钰茗　宫芊芊　王靖宇　李晓宇　李　好　王晓慧　邵　辉　刘茹姣
宋秀君　侯君雅　马新宇　刘子昊　李金潇　罗佳敏　袁　奔　管　桐　郑国宁　高思源
倪　鹏　王伟琦　傅于说　刘晓洲　王景淘　牛　莉　陈　昱　王安越

外国语学院（30 人）

张　琦　高晓涵　李金凤　邱凌钰　李亚男　王世聪　纪参参　景　冉　曾金铭　张樱之
李亚男　苗苏萌　张明睿　孟　真　孙　慧　朱文月　于欣欣　牟涵宇　苑　梅　张楚珩
田雅静　仪春芝　孙昌泉　徐雯春　程　越　殷琪琪　荆文静　李　潘　张晓玉　徐晓倩

经济管理学院（69 人）

郭新宇　徐　晴　温　涛　方家芹　徐芳菲　李星仪　李媛媛　马　挺　翟玉敏　石晓雯
宋森磊　付　晓　师庆民　赵春霞　竺可涵　宋俪慧　崔晓荟　魏旭旸　李倩楠　秦　岭
邢文佳　侯俊宏　王庆浩　李　峰　吴连高　徐雪竹　时艳妍　张荷南　田玉洁　谭景耀
刘江玲　张春荣　闫灿灿　毛金月　孙晓晨　马佳欣　李铭月　浦超然　赵雪宜　贾若琳
张　敏　邢江雅　尹东相　田士建　戴苗玉　赵忠鸽　田新雷　汤思怡　崔　晓　左淑慧
姜秋燕　向铭鑫　张一卓　吕　源　李　阳　王奕豪　徐常福　曹张钰　王悦礼　王正宇
孙俪萍　邱超凡　荀　瑞　王艳菊　郑慧敏　李雨晴　顾　琳　于　洋　王永春

国际教育交流学院（19 人）

赵梦瑶　李　丹　杨文婧　于秉禾　张文婕　王　婷　胡诗瑜　孙妍婧　高晴文　段默然
刘雨萌　公昕琪　苗　壮　赵　珂　刘　敏　李仪璇　王歆宜　王思远　徐文进

音乐舞蹈学院（11 人）

陶　颖　王小桐　刘晓波　袁素莹　裴依阳　熊若瑜　徐　威　崔　卉　郜崧廷　郑淅文
樊会森

数学与信息科学学院（24 人）

孙文恒　韩嘉莉　苏柳柳　王晓筱　葛君琰　韩艳艳　程广艳　高　娣　王　旭　王晓语
张壮壮　李　颜　刘　恺　管英姿　滕嘉琪　延婷翠　郭翠翠　马超越　曲军浩　赵丽颖
李秋涵　王其浩　任欣欣　王凌寒

光电信息科学技术学院（36 人）

姚鑫城　刘　玮　吴　雪　邵利利　李文亭　潘康路　张雯涛　周子锦　杜莎莎　张　锐
崔　佳　李守闯　李光福　华笑笑　王　焜　赵圆圆　任　锋　崔方正　刘　明　林永升
王　猛　庞云鹤　杨信志　崔　昆　庞广川　孙心如　张加蕾　董　雪　朱晨晨　任泉臣
李梦甜　周　敏　栾舒媚　张金钰　许奇奇　彭　玲

计算机与控制工程学院（44 人）

张蓝蓝　王靖淇　杨雅鑫　江　洋　倪　畅　李佳慧　刘欣宜　胡寅生　苗全胜　田汝洲

徐蕾 杨柳 崔坤鑫 杨宗浩 王新宇 肖瑞丽 石家旭 李喃 卜令超 王永衡
韩双志 郭辉 李琳汐 岳增强 孙鲁 王丽坤 张云云 李玟玟 李金星 雷雨
王进 王佳宁 蔡金晶 陈国庆 雒福涛 贾仟国 季廷雨 刘化东 刘文静 孙翔耘
吴文哲 让孝迪 叶兰兰 江民杰

机电汽车工程学院(53 人)

管志新 殷英杰 张志帅 马云腾 孙港宁 苗峰华 赵东晓 曲宗珊 林礼涛 刘玉孟
房瑞华 金浩 曹艳玲 宋方正 杨致文 王瑞强 高瑛男 许轲 张雨 张明阳
孟凡卫 刘强 张宗烽 陈泽浩 肖洋 贾奎文 牟宗亮 张可伦 徐翊航 刘同熙
姜壮壮 孟可欣 夏馨卉 朱文第 刘文雯 魏巍 段宵达 张春苗 邢慧双 魏国正
宋沅林 张硕 李敏 孙友福 魏荣 杨淑超 白逢辉 姜雪雯 鹿浩 李佳琪
王珊珊 李万哲 刘石豪

土木工程学院(37 人)

刘从会 董昕珺 周晓伟 杜胜权 杨萌 雷天宁 温倩 王依婷 秦燕 陈伟
刘同帅 李贵可 王瑞 翟倩 崔安顺 张湛 崔春雪 董燕燕 刘壮壮 杨慧婷
聂圆圆 郑自君 李鸿韶 刘腾飞 陈艳琦 张学丽 刘佳琪 迟尊浩 刘晓丽 胡尊国
李祺 门华政 李玥宁 徐铭菲 钟俊鸿 贾宜然 罗健围

化学化工学院(47 人)

李栋 谢昕剑 张思睿 董传琦 田慧洁 冯冉冉 郭秀田 闫博雯 张风周 刘佳
鲍庆光 邱智鑫 徐官兴 王明媚 闫雪梅 桑可潇 卢宇婷 李霄 张晓晗 万柏柏
张辰 桑立风 王欣悦 张延婷 张慧玲 王秀明 王溪 祁有国 于浩 解祥林
刘文宇 李青 梁仕美 王焕平 赵圆 蓝文宁 李思彤 侯淑敏 李东晓 杨文强
李晓康 王惠琳 张同华 刘帅 王嫣 陈楼 李琳

生命科学学院(42 人)

陈闯 夏文潇 李书杰 潘欣彤 苏兰凯 蒋超 张栋洋 张嘉杞 王萌 于蓓蓓
张世苗 马春媛 王强 商晓钰 韩汶均 刘兴祖 刘敏 刘敏 肖富彤 赵杰琳
沈姿怡 陈艳华 让笑展 初晨 姜震 姜淑冉 李霖 侯宝庚 马雨彤 管小捷
孙青青 张磊 周佳琪 于森森 范婷婷 黄静 孙聪 丛瑜 刘凯月 张泽浩
郭依萍 周娟娟

药学院(23 人)

赵鹏翔 谢华 解雅茹 孙玉洁 陈欢 周娇 庞菲 孟令瑜 杨浩 蔡唯一
徐梦婕 楼梦婷 朱雯 孔苗苗 黄蕾 杜春燕 赵琳 李含 依小湄 郭欣茹
张语嫣 梁美晨 张振潇

海洋学院(51 人)

冯迪迪 徐文轩 吴杰 尚少伟 毕萍 田朝元 胡学成 崔世豪 陈莎 王永云
李天澍 张晗 吴雨萌 赵玉晴 李宏悦 侯丁荣 侯金铭 迟长虹 崔高伟 李华安
冯国路 杜志磊 张道源 袁晓莹 苏建勇 孙建鑫 于森 李航 王帅 刘荣盛
梁暖 林思帆 侯胜君 杨玉麒 杨志浩 任彦杰 穆俏俏 王文倩 徐圣达 陈晶
于智钧 林飞 邓凯泽 王庆鹏 李欣宇 李宇 刘畅 田雨 王法涛 孙操
孔维新

环境与材料工程学院(43 人)

胡鑫冉 王盈莉 杨馨婷 马雪松 于洋 朱见斌 聂雪玉 宋士豪 王传杰 王德坤
程佳宁 王奕萱 贾娟娟 唐卫国 范志远 邱艺敏 张继文 许珂欣 张帆 邓宗举

贾玉珂　孙　悦　高帅帅　杜宝鼎　孙尚省　刘宪婷　付　蕾　胡　悦　于晓彤　崔安鑫
司皓菲　傅秋艳　杜涵梓　宋丽萍　焦玉晗　张煜慧　刘　齐　武　蓁　梅润然　韩翔茹
王　涛　冯雪梅　秦国艳

建筑学院(22 人)

张露露　王文强　李玉青　郝欣欣　钟　雨　宋贻泽　贺婷婷　王　珏　陈静静　靳宇升
周少卿　李雨萌　张兆鑫　赵　帅　刘佩举　王泽蕙　孙　硕　冯晗宵　陈　彬　郭玉洁
张梦迪　高　畅

体育学院(12 人)

杜泓达　王咏梅　夏浩峻　王楚然　韩绪龙　刘维铭　张文轩　石鑫玉　李玉琳　陈怡君
曹子瑜　汪志成

核装备与核工程学院(15 人)

刘　宁　刘　雪　孙　丽　展　冉　朱　进　李　瑞　鲍晨宇　李姿昕　张　越　王　禄
窦小敏　孙佳坤　王　丹　杨　珊　赵前程

3. 2017—2018 学年学习进步奖学金获奖名单

(共 421 人,每人奖励 200 元)

人文学院(27 人)

赖　杰　张　娜　王俊楠　李孟瑶　姜在辉　张杨洋　毕雪崴　杨梦妍　吴怡霖　宋呈祥
赵　璐　魏妍楠　李文慧　贺梦婷　熊辉源　房睿哲　钱淑月　张凤卉　荆　慧　马雅文
冉红艳　董晴晴　田明玉　周吉春　刘　娜　赵文婧　王雨欣

法学院(14 人)

邹　怡　黄　权　刘逸飞　刘彩虹　刘瀛滢　王美娟　董瑞敏　张田凤　沈玉婷　王淑婷
邓朝嘉　袁　奔　车佳宁　魏慧宁

外国语学院(5 人)

王晓丽　卜春德　朱璇凝　程　琪　郑晓倩

经济管理学院(45 人)

王　茜　李红艳　曾　茜　温　涛　王文静　俞文珊　郭美燕　王雪琪　韦桂篮　赵春霞
杨　晓　高加林　宋　琦　秦　岭　张　鹏　许博玲　刘高顺　李佳楠　赵凤双　唐玉馨
卢雯敏　罗　瑞　王雪枫　罗运开　张雨晴　颜　俏　生亚楠　田　震　周慧雪　周　妍
王　婧　张　敏　巩柯林　曾莉琪　卢婉婷　施赞扬　任思瑞　刘梦楠　张梦迪　韩斯妤
李文静　万丰玮　高丽晨　杜昕倩　刘　敏

国际教育交流学院(6 人)

钟宛庭　周慧萌　周　密　王婷婷　刘韵涵　贾心昱

音乐舞蹈学院(1 人)

何　睿

数学与信息科学学院(20 人)

厉　伟　王　雪　孙　虹　臧凯凯　张　曼　潘玉梅　董晓彤　任雨萌　王　旭　冯　雷
孙文恒　李文娟　华　旭　马　雪　王春荣　亓彩凤　张晓婷　刘文洁　李鹏飞　薛美晨

光电信息科学技术学院(12 人)

倪　晶　庄绪财　刘亮亮　杜莎莎　狄　璜　黄　跃　李春慧　张　健　马　涵　侯腾达
李志明　常功铭

计算机与控制工程学院(28 人)

孟　晔　衣龙川　杨天瑞　江　洋　吴春齐　辛英杰　陈和湘　汪莹莉　胡寅生　何知令
苏　浩　张学伟　马慧芳　赵永杰　李　娟　韩双志　李　旭　徐潇雨　王丽坤　王　鹏
张宏升　王祥昀　刘　月　郭　振　雒福涛　赵紫衣　李培磊　孙鹏飞

机电汽车工程学院(48 人)

张泽堂　赵　阳　石泽铭　马云腾　李自浩　鞠向民　曹永亮　罗剑琪　张文君　陈一鑫
刘海东　杨天奇　黄海权　魏梦迪　房瑞华　曹承玲　阚晓情　罗　静　李加祥　赵现成
卢传健　丁凯杰　刘　强　李香兴　杨璐璐　孙晓凤　覃丽榕　刘家宝　张　悦　任宝洁
邱瑞娟　李嘉诚　赵　云　方颖聪　严玉红　唐洪增　张宗烽　赵　佳　李　辉　陈泽浩
孙国徽　李　晨　曲明华　叶　凯　韩　梅　孔福裕　杨致文　马锡全

土木工程学院(22 人)

鲁宁宁　咸家欣　王兴波　季天智　雷天宁　崔　杰　郭登上　于英晓　曹梦雲　王德臣
王维良　王湘君　田晓茜　黄　玮　郑自君　武　晓　郭梦岩　张　茹　冯燕燕　李瑞凤
曲　巧　齐昱琳

化学化工学院(22 人)

刘　桃　王梦莹　杨梦宇　张凤周　王　宁　黄　雨　刘　佳　亓泠溪　冯　敏　吕逸卿
杨　柳　邓璐璐　赵良丹　蔡兆楠　李　栋　李兴丹　杨翠娟　刘佩瑶　李鑫焱　陈　庚
高　清　尹凯鑫

生命科学学院(34 人)

刘庆玲　潘欣彤　吴梦苑　张　磊　孙青青　孙启琦　哈晓宇　何　猛　白雪连　蒋　超
曹秭琦　王峻屿　张栋洋　庞甲雷　王　敏　陈柔昀　马聪玲　郑亚香　杨　帆　李　乐
王子锐　陈安琪　王艺娴　傅宗瑜　刘桂敏　王小姣　高　鑫　魏青媛　汲　润　徐鑫才
任梓兴　王雨桐　王绍胜　冉　烁

药学院(18 人)

崔　越　李　雪　宋心怡　徐境辰　袁静婷　门丽菲　王兰欣　杨可心　周　娇　朱　雯
陶钰萍　陈文玥　吕荔娟　赵文慧　聂婧雯　韩梦桥　杨晓钰　马晓蕊

海洋学院(40 人)

芦美娜　陈　帅　马　帅　韩伟国　卢立讯　赵友雄　刘永全　刘海明　祝祥龙　刘克宁
崔世豪　常　鑫　陈　奇　李天澍　迟长虹　吕博雅　侯丁荣　魏振浩　赵　腾　李　洁
闫旭东　张书伟　冯国路　刘建军　杨　旭　杨　朝　于　森　李　航　张会会　刘　玲
倪　萍　潘美洁　杜燕贞　汤颜妮　孙雪婷　曹晶涛　李双双　杨志浩　吴大伟　生太娟

环境与材料工程学院(23 人)

张雪莹　孙春萌　郑佳炜　陈　洁　王传杰　张春来　姬　亮　荆　爽　付延雯　查显艳
隗晶慧　张景鹏　尹云丽　唐小群　黄金顶　胡玉颖　傅秋艳　刘世运　刘　彤　刘友情
徐子洋　刘朝晖　张　喆

建筑学院(18 人)

徐大辉　范知远　窦文静　田　芸　张家荣　蹇木森　靳宇升　张爽怡　张　振　周少卿
谭淏云　潘林娟　陈基平　田　忻　张威翔　纪　靓　张梦龑　欧阳福娇

体育学院(36 人)

高婷婷　宋柯达　戚译丹　吕家法　金则羽　张振铭　温　雯　魏紫倩　高哲君　张逸飞
王倩倩　王天硕　彭　程　李　明　李　跃　高腾飞　李厚印　韩雪玺　于　静　李易航
张高翔　于世海　朱建学　郭沛矗　巩安哲　曲泽祥　吕晓艺　吴亚萍　王　磊　刘志盛

刘柏成　方召玲　潘琦臻　屈文逸　张晓丽　姜若麟

核装备与核工程学院(2 人)

庞　婕　王是淇

4. 2017—2018 学年绿叶制药优秀奖学金获奖名单

(共 25 人,每人奖励 4000 元)

序号	姓名	学院	年级	专业
1	席庆杰	化学化工学院	2017 级	化学工程与工艺
2	杨　雪	化学化工学院	2017 级	应用化学
3	邹慧敏	化学化工学院	2017 级	高分子材料与工程
4	刘红驿	生命科学学院	2015 级	食品质量与安全
5	刘　畅	生命科学学院	2016 级	生物技术
6	张　婧	生命科学学院	2017 级	生物工程
7	焦　冉	海洋学院	2015 级	水产养殖学
8	陈永辉	海洋学院	2016 级	轮机工程
9	郑羽含	海洋学院	2017 级	航海技术
10	刘如意	机电汽车工程学院	2015 级	机械设计制造及其自动化
11	王克举	机电汽车工程学院	2016 级	机械设计制造及其自动化
12	徐翊航	机电汽车工程学院	2017 级	机械设计制造及其自动化
13	朱意攀	药学院	2015 级	药学
14	潘俊宇	药学院	2015 级	制药工程
15	解雅茹	药学院	2015 级	药学
16	孙海菲	药学院	2016 级	制药工程
17	梁婧怡	药学院	2016 级	药学
18	冯　晓	药学院	2016 级	药学
19	王　雪	药学院	2017 级	药学
20	李泓瑶	药学院	2017 级	药学
21	张振潇	药学院	2017 级	制药工程
22	梁美晨	药学院	2017 级	药学
23	李玟玟	计算机与控制工程学院	2016 级	自动化
24	韩晓莉	计算机与控制工程学院	2016 级	软件工程(服务外包方向)
25	张　萌	计算机与控制工程学院	2016 级	软件工程

5. 2017—2018 学年绿叶制药创新奖学金获奖名单

（共 17 人，研究生每人奖励 5000 元，本科生每人奖励 4000 元）

序号	姓名	学院	年级	专业
1	于月明	药学院	研 16 级	药剂学
2	王凯丽	药学院	研 16 级	药剂学
3	朱意攀	药学院	2015 级	药学
4	赵　艺	药学院	2015 级	药学
5	张雁容(团队)	药学院	2015 级	药学
6	颜　涵(团队)	药学院	2015 级	药学
7	孙号号(团队)	药学院	2015 级	制药工程
8	宋心怡	药学院	2015 级	药学
9	刘　勇	药学院	2015 级	药学
10	黄桂艳(团队)	药学院	2016 级	药学
11	王勇杰	海洋学院	2015 级	轮机工程
12	谢昕剑	化学化工学院	2016 级	高分子材料与工程
13	王传杰	环境与材料工程学院	2015 级	材料科学与工程
14	史云菲	计算机与控制工程学院	2016 级	计算机科学与技术
15	赵杰琳	生命科学学院	2016 级	生物工程
16	王兴波	土木工程学院	2015 级	工程管理
17	潘康路	光电信息科学技术学院	2015 级	电子信息科学与技术

6. 2017—2018 学年绿叶制药社会实践奖学金获奖名单

（共 6 队，共奖励人民币 30000 元）

序号	社会实践团队名称	学院	获奖金额(元)
1	药乡行	药学院	共 3 万
2	薪火相传	药学院	
3	荣药江西	药学院	
4	爱盲之路	药学院	
5	三　新	药学院	
6	呀牙雅	药学院	

7. 2017—2018 学年圣凯奖学金获奖名单

（共 24 人，4 个集体。个人每人奖励 2000 元，集体各奖励 3000 元）

序号	姓名	学院	年级	专业
1	朱　超	建筑学院	2015 级	建筑学
2	程　慧	建筑学院	2015 级	建筑学
3	张　娜	建筑学院	2015 级	环境设计

续表

序号	姓名	学院	年级	专业
4	李雪儿	建筑学院	2015 级	城乡规划
5	孙　硕	建筑学院	2017 级	建筑学
6	张梦迪	建筑学院	2017 级	环境设计
7	张忠兴	土木工程学院	2016 级	给排水科学与工程
8	郭登上	土木工程学院	2015 级	工程管理
9	张　楠	土木工程学院	2015 级	工程管理
10	耿梦泽	土木工程学院	2016 级	给排水科学与工程
11	王　涛	土木工程学院	2015 级	土木工程
12	李姝玥	土木工程学院	2015 级	工程管理
13	马新宇	法学院	2016 级	法学
14	李笑霖	人文学院	2015 级	汉语言文学
15	孙瑞彬	生命科学学院	2016 级	生物工程
16	朱　慧	药学院	2015 级	药学
17	王　旭	数学与信息科学学院	2016 级	数学与应用数学
18	魏　臣	海洋学院	2016 级	轮机工程
19	成钊意	核装备与核工程学院	2015 级	核工程与核技术
20	李景禄	计算机与控制工程学院	2015 级	自动化
21	孙彦增	计算机与控制工程学院	2015 级	软件工程
22	沈淑曼	光电信息科学技术学院	2016 级	电子信息科学与技术
23	杨信志	光电信息科学技术学院	2016 级	物联网工程
24	李嘉诚	机电汽车工程学院	2016 级	车辆工程

序号	集体	学院
1	TEAM C 团队	建筑学院
2	未蓝 BIM 实践研究协会	土木工程学院
3	农地“三权分置”调研队	法学院
4	“药乡行”爱心医疗服务团	药学院

8. 2017—2018 学年馨德奖学金获奖名单

（共 30 人，每人奖励 2000 元）

序号	姓名	学院	年级	专业
1	马文洁	人文学院	2016 级	汉语言文学
2	李晋阳	人文学院	2015 级	汉语言文学
3	师小晗	法学院	2017 级	知识产权
4	张广冉	经济管理学院	2017 级	国际经济与贸易

续表

序号	姓名	学院	年级	专业
5	崔伶梅	经济管理学院	2016 级	国际经济与贸易
6	王庆浩	经济管理学院	2015 级	工商管理(物流外包)
7	张明睿	外国语学院	2016 级	朝鲜语
8	王　雪	化学化工学院	2015 级	应用化学
9	张　晓	化学化工学院	2016 级	应用化学
10	周娟娟	生命科学学院	2016 级	生物科学
11	巩佳琦	生命科学学院	2017 级	食品科学与工程
12	胡学成	海洋学院	2015 级	航海技术
13	杨玉麒	海洋学院	2016 级	能源与动力工程(卓越工程师计划)
14	高明月	环境与材料工程学院	2015 级	材料科学与工程
15	赵薪薪	环境与材料工程学院	2016 级	材料科学与工程
16	李佳慧	计算机与控制工程学院	2017 级	软件工程(服务外包方向)
17	张建华	计算机与控制工程学院	2017 级	计算机科学与技术(嵌入式)
18	耿燕燕	光电信息科学技术学院	2016 级	应用物理
19	邢宪琴	光电信息科学技术学院	2015 级	应用物理
20	李嘉诚	机电汽车工程学院	2016 级	车辆工程
21	邱瑞娟	机电汽车工程学院	2016 级	车辆工程
22	陈艳琦	土木工程学院	2017 级	给排水科学与工程
23	李　祺	土木工程学院	2017 级	工程管理
24	安新望	建筑学院	2014 级	建筑学
25	平　静	数学与信息科学学院	2017 级	数学与应用数学
26	黄　蕾	药学院	2016 级	药学
27	王　忆	国际教育交流学院	2016 级	汉语国际教育
28	侯永顺	体育学院	2017 级	运动训练
29	熊若瑜	音乐舞蹈学院	2016 级	音乐学
30	苏　冰	核装备与核工程学院	2016 级	金属材料工程

9. 2017—2018 学年金正环保优秀奖学金获奖名单

(共 24 人,每人奖励 5000 元)

序号	姓名	学院	年级	专业
1	刘　渊	人文学院	2016 级	汉语言文学
2	郭　茹	法学院	2016 级	法学
3	张春荣	经理管理学院	2016 级	会计学
4	郑婉睿	外国语学院	2017 级	英语
5	于淼淼	生命科学学院	2015 级	食品质量与安全

续表

序号	姓名	学院	年级	专业
6	袁晓莹	海洋学院	2016 级	航海技术
7	李　梅	环境与材料工程学院	2017 级	环境科学与工程
8	刘书杰	计算机与控制工程学院	2016 级	计算机科学与技术
9	李启迪	光电信息科学技术学院	2016 级	电子信息科学与技术
10	董燕燕	土木工程学院	2016 级	给排水科学与工程
11	孙飞鸿	数学与信息科学学院	2016 级	信息与计算科学
12	扈建峰	药学院	2016 级	药学
13	李燕红	化学化工学院	研究生 2016 级	应用化学
14	张婧如	化学化工学院	研究生 2016 级	物理化学
15	董文博	化学化工学院	研究生 2016 级	无机化学
16	张　爽	化学化工学院	研究生 2016 级	分析化学
17	张　鹏	化学化工学院	研究生 2016 级	化学工程
18	孙乐晶	化学化工学院	研究生 2016 级	化学工程(专硕)
19	杨文强	化学化工学院	2015 级	应用化学
20	赵良丹	化学化工学院	2015 级	高分子材料与工程
21	孙子棋	化学化工学院	2015 级	化学工程与工艺
22	桑立风	化学化工学院	2016 级	高分子材料与工程
23	张晓晗	化学化工学院	2016 级	化学工程与工艺
24	刘　鲁	化学化工学院	2016 级	应用化学

10. 2017—2018 学年金正环保创新奖学金获奖名单

(共 10 人/团队，共奖励 50000 元)

序号	团　队(姓名)	学　院	年　级	获奖金额(元)
1	不饱和树脂混凝土排水管研究队(李姝慧　代文静　鲍庆光　谢昕剑)	化学化工学院	本 2016 级	6000
2	年产五万吨甲基丙烯酸甲酯项目研究团队(窦鑫桐　杨慧明　赵伟渲　李　玲　孙子棋)	化学化工学院	本 2015 级	6000
3	刘　秦	化学化工学院	研 2017 级	6000
4	甲醇生产装置设计团队(胡明圆　孟　岩)	化学化工学院	研 2017 级	5000
5	张　谦	化学化工学院	研 2017 级	5000
6	刘　浩	化学化工学院	研 2017 级	5000
7	李　钊	化学化工学院	研 2017 级	5000
8	超支化季铵盐改性织物研究队(李甫村　李莹莹　陈　浩)	化学化工学院	本 2015 级	4000
9	化工原理实验 3D 仿真模拟调研队(金　龙　曹　志　董灵玉)	化学化工学院	本 2015 级	4000
10	邓　帅	化学化工学院	研 2017 级	4000

11. 2017—2018学年金正环保社会实践奖学金获奖名单

（共12队，共奖励21000元）

序号	社会实践团队（队员姓名）	学院	获奖金额（元）
1	环保树脂小分队（王焕平　艾仕利　谢美娟　于哲旭　张焦阳　许浩天）	化学化工学院	3000
2	可降解地膜社会实践队（刘　悦　赵佳宁　卢　佳　吕汝月　郑海波　薛炳江　高祥宇）	化学化工学院	3000
3	烟台市水库水质状况及保护措施调研队（马计划　于保辉　杨　雪　刘梦雪　陈志豪　任百贤　徐杉杉　万广琦）	化学化工学院	3000
4	曙光扶贫社会实践队（杜玉才　尚志浩　刘莹莹　贾　松　吴俞杉　赵庆巧　王惠群　吴宗秋）	化学化工学院	2000
5	光伏发电扶贫效益和扶贫条件调研团队（李玉梅　丁朝阳　刘广妮　席庆杰　王　宁　李　璇）	化学化工学院	2000
6	西望桥公益组织暑期实践队（陈敏慧刘　宵　吴明兴　钱广伟）	化学化工学院	2000
7	用木屑种植食用菌的市场调研与科技支农团队（齐秀磊　韩新建　路　友　王书傲　李　婧　南梦芹　李佳锟　丁慧慧）	化学化工学院	1000
8	高硼硅玻璃保鲜盒的推广与销售团队（王　剑　朱文静　吴　琼　徐子昊　张同磊　边令鹏）	化学化工学院	1000
9	校园无人超市团队（楚振普　柳晓玲　沈　瑞　梁爽爽　王欣月　虞固业　谢树业　刘燕婷　王丹）	化学化工学院	1000
10	微山湖生态建设调研队（刘目卓　刘　悦　张文雪　李洋洋　陈晓东　崔晓　杨月霞）	化学化工学院	1000
11	关于外卖包装对环境污染调查实践队（文威龙　丁亚菲　田子阳　高恒立　张志威　徐梦倩　魏航　张重阳）	化学化工学院	1000
12	对洗化用品中塑料微珠的调查及不含塑料微珠用品的推广实践队（朱坤良　韩晨光　李继帅　胡　莉　卢　雪　彭路漫）	化学化工学院	1000

12. 2017—2018学年烟台开发区校友励志奖学金获奖名单

（共10人，每人奖励2000元）

序号	姓名	学院	专业	年级
1	刘晓波	音乐舞蹈学院	音乐表演	2015级
2	李　雪	药学院	药学	2015级
3	李雪艳	环境与材料工程学院	材料科学与工程	2016级
4	王德坤	环境与材料工程学院	材料科学与工程	2015级
5	朱贝贝	环境与材料工程学院	材料科学与工程	2015级
6	陈　红	环境与材料工程学院	环境科学与工程	2016级
7	王　洁	环境与材料工程学院	环境科学与工程	2015级
8	高　枫	体育学院	运动训练	2017级
9	王是淇	核装备与核工程学院	核工程与核技术	2015级
10	徐晓静	国际教育交流学院	汉语国际教育	2015级

13.2017—2018 学年芝罘区校友励志奖学金获奖名单

（共10人，每人奖励2000元）

序号	姓名	学院	专业	年级
1	鹿　浩	机电汽车工程学院	机械设计制造及自动化	2016级
2	曹奇宏	海洋学院	轮机工程	2016级
3	袁宇婷	法学院	知识产权	2016级
4	李姝玥	土木工程学院	工程管理	2015级
5	蒲　庆	光电信息科学技术学院	电子信息技术与科学	2016级
6	李　杨	建筑学院	环境设计	2017级
7	程广艳	数学与信息科学学院	数学与应用数学	2016级
8	苗春燕	人文学院	汉语言文学	2015级
9	范婷婷	生命科学学院	生物工程	2015级
10	庞玉娇	外国语学院	英语	2015级

2018年度“勤工助学先进个人”名单

人文学院（11人）

李　倩　秦彩平　高学义　卞新明　李新月　齐元超　王君璇　欧阳瑞红　梁珠琳　赵夫琳
于秀艳

法学院（2人）

高会会　李双双

经济管理学院（12人）

冯再青　张　敏　张雨晴　刘玉玲　郑春燕　毛苗苗　杨立丹　刘俞辰　李金磊　林登艳
谷晓峰　田玉洁

外国语学院（6人）

邓　楠　刘志强　张晓杰　林香兰　王　浩　张　霞

化学化工学院（8人）

齐秀磊　张风周　阿曼古丽·依布拉音　阿衣祖热·艾肯　黄小清　张　历　任　豪　王夏蕊

生命科学学院（10人）

郁万博　贾　璐　阿迪兰木·阿力木江　李泰松　郭明珠　王　蓉　吴婷婷　于晓雪　吉兴坤
姜政飞

海洋学院（7人）

杨志浩　卢　鑫　刘贤兴　朱延超　郭亚宁　史　千　张会会

环境与材料工程学院（3人）

曹雪凤　宋丽萍　贾　宇

计算机与控制工程学院（5人）

孙　凯　郭　振　唐玉聪　崔朝健　明月茹

光电信息科学技术学院（5人）

尹胜杰　史艳艳　崔方正　张晓松　梁家豪

机电汽车工程学院(9 人)

陈俊娟　秦晓雨　严玉红　龙　旭　张　雨　胡祥宇　王德成　张　恒　杨淑超

土木工程学院(3 人)

段雪良　李姣姣　宗西垒

建筑学院(2 人)

石雪莹　侯圆圆

数学与信息科学学院(4 人)

王彦晨　王霞光　张新衡　艾露露

药学院(4 人)

王　冉　魏时英　王　珊　李增敬

国际教育交流学院(1 人)

卢玉诗

体育学院(2 人)

申　梅　徐召辉

音乐舞蹈学院(1 人)

郝一多

核装备与核工程学院(2 人)

王传增　李文朝

2018 年度“自强不息先进个人”名单

人文学院

高学义

法学院

阎效斐

经济管理学院

李红艳

外国语学院

张樱之

化学化工学院

鲍庆光

生命科学学院

薛　晴

海洋学院

杜春水

环境与材料工程学院

时田沙

计算机与控制工程学院

唐玉聪

光电信息科学技术学院

刘　玮

机电汽车工程学院

张志浩

土木工程学院

张忠兴

建筑学院

毛景琪

数学与信息科学学院

滕嘉琪

药学院

李玉娇

国际教育交流学院

李文静

体育学院

梁作政

音乐舞蹈学院

徐　威

核装备与核工程学院

赵前程

2018 年烟台大学优秀本科毕业论文(设计)名单

序号	学院	毕业论文(设计)题目	学生姓名	指导教师姓名
1	法学院(6)	代表人诉讼制度实践中的反思	袁昕琪	熊德中
2		从文物国际主义探析不基于所有权的文物占有	任晓君	朱玲玲
3		浅谈我国的消费者冷静期制度	臧　威	金福海
4		论我国专利侵权损害赔偿法律规定的不足与完善	宋晓翰	衣淑玲
5		论法人名誉权的保护	朱　江	林广会
6		占有脱离物善意取得问题分析	霍忠倩	房绍坤
7	国际教育交流学院(2)	现代汉语“言不同实”现象探析	郭晓玲	徐小波
8		基于配价理论的“对+N+的+X”结构歧义问题研究	高　鸽	李　平
9	光电信息科学技术学院(12)	四旋翼无人机设计与制作	高若然	晋　刚
10		亮背景下弱彩色电泳染色蛋白谱带图像获取	谢金美	王淑梅
11		被动调 Q 固体拉曼和频黄光激光器实验研究	薛瑶瑶	丁双红
12		基于 FPGA 的视频采集系统设计	范龙飞	杨尚明
13		alpha 粒子辐照条件下 InGaP/InGaAs/Ge 太阳电池光电性能衰降研究	郭　敏	鲁　明
14		基于 C#的人脸识别 APP 研究	张海鹏	董言治
15		海洋水质在线检测系统设计	夏　蒙	贺鹏飞
16		钍硼碳的力学性质的理论研究	李　洋	张　超
17		基于 PON 技术的 FTTH 接入网技术分析和工程应用	张倩琳	李　辉
18		家用智能加湿器的设计	孙　浩	胡自强
19		基于 STM32 的四旋翼飞行器设计与实现	陈志强	王中训
20		卫星通信系统安全性分析技术研究	乔　旭	王中训

续表

序号	学院	毕业论文(设计)题目	学生姓名	指导教师姓名
21	海洋学院(11)	生物表面活性剂和化学表面活性剂对石油烃乳化性能的影响(实验)	杨　洋	皮永蕊
22		基于迭代模型理论的船舶柴油机定时图的改进设计及应用	陈丽萍	盛善智
23		真空冷冻干燥用质量记录仪实验测试研究	彭　鑫	赵海波
24		压缩机排气旁通融霜系统设计及自动控制	崔梦冬	刘焕卫
25		对虾白斑症病毒结构蛋白 VP28 及南美白对虾 Rab7、RILP 体外原核重组表达及纯化	程晓红	冯继兴
26		模拟入海口沿岸的工业废水排放对港口设施腐蚀的影响	戚龙江	赵晓栋
27		口虾蛄第二颚足微结构研究	王苗勋	王　蕾
28		烟台某水产冷库制冷系统设计	张　倩	周秋淑
29		根据"SEABULK"轮配载仪论述固体散货船的配载	兰文杰	王　力
30		天鹅湖沉积物中磷的释放特征及其微生物活性的影响	邢　飞	高　丽
31		许氏平鲉"特定发育期"消化系统发育的组织化学研究	袁明波	刘立明
32	化学化工学院(9)	锂硫电池用碳材料功能化设计、制备及电化学性能研究	黄　婷	王美日
33		碳材料/导电聚合物复合材料的制备及在超级电容器中的应用	冯　鑫	王　雪
34		5000 吨/年 BOPP 膜车间设计	程永昶	王慧敏
35		40 万吨/年合成气制甲醇生产工艺初步设计－3	李　衡	田　晖
36		硫化物/功能化石墨烯纳米复合材料的合成与电化学性能研究	郭丰娜	栾　锋
37		CaO 纳米颗粒的制备及 NaF－Si－CaO 上的 SF6 分解反应	迟明月	徐秀峰
38		一类有机膦化合物的合成新方法研究	于瑞晓	杨　斌
39		Ni 表面上 H_2O 分子吸附行为的理论研究	刘加利	刘绍丽
40		玻璃－金属封接界面的微观结构表征	晁伟翔	邹旭华
41	环境与材料工程学院(12)	某城镇排水管道及中途泵站的设计	曹子琦	张　鹏
42		锂离子电池三元正极材料前驱体制备研究	孙剑宇	刘子全
43		高氯废水对 COD 测定结果的影响及方法改进	赵金虎	杨启霞
44		热处理制度对 12Cr1MoV 钢耐蚀性能的影响	崔子奇	贺笑春
45		年产 6000 万块选金尾矿砖工厂工艺设计	吴博艾	徐惠忠
46		不饱和树脂的合成及其在复合材料的应用研究	王晓晓	张新涛
47		200 吨/天制药废水处理工艺及斜管沉淀池设计	邹玉雪	王德义
48		2Cr13 不锈钢的离子氮化与镀膜复合处理	刘萌萌	李　扬
49		生活垃圾湿解筛下物堆肥发酵养分动态变化研究	邓樱桃	宋建国
50		掺杂钨的旋锻组织与性能	赵亚楠	张尚洲
51		稀土镧变质处理对含铅杂腐蚀性能的影响	余忠圆	李海红
52		盐溶液法制备 α 半水磷石膏的工艺条件研究	李艳艳	修俊杰

续表

序号	学院	毕业论文(设计)题目	学生姓名	指导教师姓名
53	机电汽车工程学院(9)	智能吸尘器控制器设计	刘　芳	陈　素
54		轴向斜盘式柱塞泵柱塞副的参数化设计	杜　岩	童桂英
55		自行车自动变速系统设计	孙启倬	陈　素
56		苹果套网生产线机械结构设计	刘丰宝	王林平
57		码垛机器人设计与动力学仿真	张泽鲁	王进杰
58		FSC 赛车车架及底盘设计	侯登凯	李　峻
59		基于单片机的空气净化器的设计	王培鹏	姜风国
60		基于 CNC 控制的智能办公系统	苏前跃	于　涛
61		多台电梯控制结构化程序设计	李明辉	王东兴
62	计算机与控制工程学院(12)	数字身份证件设计与实现	刘天恩	张艳洁
63		基于机器学习的交通大数据预测	李尚泽	宋　鹏
64		策略性游戏的设计和实现	辛　彬	卢云宏
65		烟大记忆——虚拟钟楼的模型处理与系统优化设计	颜　晓	徐　骞
66		基于机器视觉的手机屏尺寸测量系统	谭秀鹏	孙宏波
67		内置基于 alpha－beta 算法 AI 的五子棋游戏的设计与开发	卢庆亮	孙宏波
68		数据挖掘与应用	单昕昕	周世平
69		倒立摆系统的模糊采样控制设计	马学政	杜贞斌
70		基于 K60 单片机的自动循迹智能车控制系统设计	康翔宇	刘殿通
71		智能车在线数据记录系统设计与实现	温林东	刘殿通
72		综合课程设计相似度检测系统的分析与设计	侯文涵	毕远伟
73		一种贝叶斯偏好网络的学习算法	程显富	王立宏
74	经济管理学院(14)	曲靖市农村人口流动意愿影响因素研究分析	来蓉娜	矫卫红
75		城镇化对生态环境的影响路径研究	姚志华	王新娜
76		杜邦分析法在比亚迪公司的应用研究	孙玉杰	刘学文
77		金融开放与贸易开放的内在关联基于中国的经验分析	周　建	杨欢亮
78		定陶“撤县设区”对地方区域发展影响研究	何欢欢	崔占峰
79		四川彭州爱国村基层干部选举探析	尹邦茂	林立杰
80		突发公共事件中政府对自媒体舆情的引导研究——基于“红黄蓝幼儿园虐童事件”的思考	陈荟莉	杨金龙
81		收入准则修订对通讯企业的盈利影响研究	阚宝娟	孙桂娟
82		企业社会责任与股东财富变化关系探讨	徐毅阳	任俊义
83		营改增对建筑行业的税务风险影响的实证分析	刘文芳	孙晓妍
84		烟台中韩产业园品牌评价体系研究	左啸文	李海廷
85		基于 AHP 的新华书店经营模式评价及应用	张媛媛	张　涛
86		哈佛分析框架的应用研究——以鱼跃医疗为例	张景盛	张庆玲
87		华为公司财务共享服务探究	孙　超	昝新明

续表

序号	学院	毕业论文(设计)题目	学生姓名	指导教师姓名
88	人文学院 (8)	存在主义视角下的《月亮与六便士》	文雪飞	苏　醒
89		余华笔下的苦难叙事	张　怡	李　俊
90		消解还是强化:微信社交网络中的差序格局	孙美佳	郑青华
91		人体词“足”“脚”“趾”历时演变考察	卢宝聪	张秀春
92		论道教对朱敦儒词的影响	高　昱	王继学
93		论《三体》中的生存哲学	王亚军	周丽娜
94		社交媒体时代“后真相”的成因及传统媒体的新出路——以江歌案为例	贺　静	李　铁
95		浅析黛玉不喜义山与放翁诗歌之缘由	郭凯新	陈庆纪
96	生命科学学院 (9)	毛肤石鳖齿舌 RNA 提取及转录组分析	单文琪	刘传林
97		T2DM 糖尿病和正常小鼠肝线粒体呼吸功能差异研究	张华月	王振华
98		中华补血草和烟台补血草小 G 结合蛋白 Rab 蛋白的克隆及序列分析	秦　珊	陈世华
99		海地瓜线粒体基因组测序及特异性分子标记筛选	孙子杰	赵振军
100		强弱光下 N/P 对强壮硬毛藻中氮磷代谢关键酶活的影响	李　琦	邢荣莲
101		人参皂苷 PPD 和 CK 对人胃癌细胞 HGC－27 自噬作用的研究	陈慧敏	李　刚
102		固态离子选择性电极检测水产品中的镉	单月晴	张资平
103		鱼胶原蛋白海绵的理化性质与止血性能研究	王　通	高永林
104		保湿型功能面霜的研制	杨曼丽	贺　君
105	数学与信息科学学院 (5)	基于大数据背景下利用 Hadoop 平台实现用户画像分析	洪　玉	吕　文
106		线性时不变系统的可控性及其关系	杨长青	张　会
107		多二维码分析与应用	潘印雪	郭常忠
108		基于降采样技术的题库匹配与查找方法	于宪荣	杨　旻
109		循环图中的完备码	蔡晓霞	王　燕
110	体育学院 (3)	运动训练专业学生就业问题探讨	王亚楠	张瑞萍
111		体育课身体素质课课练研究现状	陈　浩	宋爱霞
112		预防运动损伤的认知与对策——以羽毛球运动为例	闵　琪	刘宏骞
113	外国语学院 (5)	中国青少年犯罪的现状和特征	周芳芳	吕晓菁
114		关于中韩新闻标题的对比研究	徐祥月	张　蕾
115		中小学生在线教学效果分析与建议——以学而思网校为例	王圆圆	盛美娟
116		TOPIK 中的语法现象研究	朱孟倩	裴书峰
117		爱伦·坡诗歌中的象征主义研究	张信奇	张　静
118	药学院 (5)	DL1602 对异丙肾上腺素诱导的心力衰竭大鼠作用研究	燕柳艳	王洪波
119		几种天然产物对 SH－SY5Y 神经细胞的作用及其在制备工艺评价中的应用	李诗阳	傅风华
120		姜黄素对阿霉素肾病的作用研究	冯玉音	范华英
121		铁屎米酮生物碱 ST－57 对 JNK 蛋白磷酸化的抑制作用	宫羽佳	赵　烽
122		24S－Ocotillol 型酰胺衍生物的合成研究	郭靖文	杨刚强

续表

序号	学院	毕业论文(设计)题目	学生姓名	指导教师姓名
123	音乐舞蹈学院(2)	从民间走向舞台——论山东秧歌的创作,以《浪》为例	徐嘉怡	李　锐
124		板鼓叮咚吟古调——浅析陕西筝曲《弦板调》	鲁梦晨	张文龙
125	土木工程学院(9)	肋环型单层球面交叉索承网壳的静动力性能参数分析	张洪丽	曲　慧 刘人杰
126		威海张村镇公共服务中心建筑结构设计	战春慧	周新刚
127		郑州市中原区排水工程设计	翟怀志	吕建波
128		文登整骨烟台医院急诊楼投标文件编制(1)	李　冰	陈　慧
129		中国 PPP 模式中影响合同签署及实施因素研究	邓宇天	崔淑梅
130		南北长山联岛大桥工程 120m 主跨预应力连续梁桥设计	刘聪聪	刘　波
131		SMW 工法支护结构设计与施工组织设计	严范金	孙淑贤
132		内蒙古赤市排水工程设计	李昔广	张　岩
133		东兴出入境检验检疫局活动中心招标文件编制	张　茜	戴若林
134	建筑学院(4)	长岛北城村乡村建设设计实践	徐欣荣	张　巍 高宏波
			常雪石	
			刘嘉祺	
			李晨琪	
			罗天宇	
			张　涛	
135		烟台大学校园综合体设计	梁栋楠	任彦涛
136		烟台艺术场空间设计	武　琳	李明同
			陈思宇	
137		烟台市牟平区河北崖村传统村落景观规划设计	吕昌昊	李　理
			石　菲	
			李佳欣	

2018 届省级优秀毕业生名单

人文学院(18 人)

高　昱　李　雪　王　萌　刘　云　李闪闪　王梅如　王　刚　王　鑫　陈姗姗　李　霞
郭凯新　卢宝聪　怀赛男　汤嘉欣　王　杰　王金铭　吕程程　曾朝骄

法学院(18 人)

潘宁贵　邵琛惠　王铭凯　任晓君　孙　晨　谭文洁　王晓晨　王竞悦　林　萍　张　文
崔　喆　徐国琛　刘荣义　马传琪　孟　超　李金媛　刘　菁　侯圣贺

经济管理学院(35 人)

万国良　冯春雨　孙张丽　李　粉　王　慧　曹　璐　井　杰　王立娇　袁　凯　沐　楠

王　梅　臧金辉　刘俊欢　张　恒　秦景顺　华展田　尹　晓　左啸文　何欢欢　朱晓东
杨紫璇　于　慧　于晶晶　孙玉杰　刘　悦　刘莹莹　张　芬　于沐田　阎怡凝　庄佳丽
宋　戈　卢　璇　王　玮　孙文浩　申　玲

外国语学院(14人)

杜诗晴　刘晓凤　孙　雪　张信奇　宋晓红　陈　杰　陈维维　朱文静　张佳慧　刀一帆
薛晓蕾　刘文青　杨　茜　于　洁

化学化工学院(22人)

唐泽彬　盛　磊　郭　芳　陈春兰　董亚萍　刘　宁　赵美丽　惠文昌　张怀月　刘瑞红
蔡雯雯　韩雪莹　提梦茹　高金爱　许凌菲　王　晶　赵　娜　李百慧　赵丹丹　祖　国
高志敏　魏元新

生命科学学院(24人)

张　舒　王语嫣　王　帅　刘晨苗　吕振宁　高书敏　何明亮　亓玉婷　曹慧文　孙泽敏
韩　雪　姜玫如　孙嘉欣　史文阁　张慧敏　周子琳　尉少艳　陈　鹏　刘月仙　王振宇
王　燕　慈树浩　李　锐　武　敏

海洋学院(26人)

孔菏君　李海昆　毛学彬　杜　娜　程晓红　陈丽萍　张宝中　邹芳坤　马修文　盛奖利
仲赛凤　陈　睿　罗天超　朱家明　安政委　胡　斌　何　鹏　张国庆　李阿倩　单　超
侣凤美　薛俊瑞　王苗勋　李淑君　刘强德　崔梦冬

环境与材料工程学院(28人)

马晓明　孙　艳　徐艺菲　方庆路　邓樱桃　许　婷　王梦晨　张　瑜　王雪雪　赵　宁
叶雄彪　王琳晓　刘　鹏　鹿令杰　白亚鑫　李　格　魏烈浩　姜莹莹　张　睿　陶轶雯
毕以飞　赵梦莹　李艳艳　冯晓珊　杜　芳　于士翔　张　飏　崔子奇

核装备与核工程学院(7人)

赵梦莹　李艳艳　冯晓珊　杜　芳　于士翔　张　飏　崔子奇

计算机与控制工程学院(31人)

王　聪　刘　强　徐群壮　高庆芝　颜　晓　张成威　王怡平　程显富　侯文涵　温林东
王国锐　丁　帆　罗海员　杨　征　高洪霞　万文飞　辛　彬　范星月　陈　旭　刘　炎
赵利利　王元辰　李英杰　邹洪学　阴晓琳　贺世超　崔文志　李　媛　迟海洋　刘书欣
齐建鹏

光电信息科学技术学院(28人)

李　洋　陶元鹤　谢金美　王　静　孙梦杰　边慧征　常明扬　董亚妮　高甲祺　李玉红
刘彩霞　郭　敏　邵尚坤　樊光程　王　翔　谢伟婷　梁荣欣　崔　娇　李继远　张蓉蓉
冯庆国　赵衍飞　史汝凯　杨亮亮　张倩琳　黄更新　林姣姣　贾鲁婧

机电汽车工程学院(23人)

李　彬　裴高峰　闫芝臣　关　浩　庄　然　李法民　杨宗超　刘　岩　孟凡磊　李　林
赵大刚　王　超　于洪华　董桂鑫　李声刚　曹胜昌　彭安虎　孙笑笑　张京旭　林晓然
高中豪　单　慧　张建旭

土木工程学院(22人)

王博厚　宋晓雯　吕文振　马观领　张修阳　张　艺　贾旭秀　孙建设　张洪丽　刁静思
刁静思　郑明慧　于娜娜　张　茜　邓宇天　于艾鑫　郝慧茹　李玉琪　田江涵　张凯月
张海峰　田立宗

建筑学院(9人)

梁栋楠　刘嘉祺　黄丽妍　吕林声　董洋洋　巫天奇　郑　敏　吕昌昊　程致华

数学与信息科学学院(11人)

赵　慧　李　政　侯　娜　李亚飞　袁　敏　张　雪　冯遵美　于宪荣　赵凯月　孔旭东
温　雨

药学院(15人)

王晓静　牛骁腾　陈　露　刘　娜　隋艳超　杨　青　孙意童　郝方嘉　李诗阳　尚志豪
张清萍　霍美玲　刘　娟　胡海燕　董　雪

国际教育交流学院(14人)

袁　凝　王增彩　李　莞　张晓玉　陈　晨　杨　巧　张　宇　李耘涵　冯海燕　栾青玉
潘怡如　李安丽　范珂艺　王　宁

音乐舞蹈学院(6人)

张晓航　邱雅云　李　颖　刘　爽　温佳琪　杨　雨

体育学院(7人)

孙宁一　王亚楠　李晓焱　江苗苗　丁雅婷　徐　艳　韩　萌

2018届校级优秀毕业生名单

人文学院(37人)

蔡宇莎　鹿子莹　田春苗　王　琦　王晓洁　王　颖　李德瑜　庞福琳　李玉洁　朱　润
杨　洁　亓　飞　肖海燕　李柏华　刘美玉　王永政　王　玲　王大婷　金新杰　徐颖颖
成　月　何　璐　张雅宁　冯文娜　汪　帆　项昭慧　孙茂苑　石　榴　张景涵　牛鲁旺
王　静　张　怡　迟云燕　林之韵　王美涵　张念征　朱德瑛

法学院(36人)

刘世超　苟旭迪　成丽华　姜　艳　黄蕾蕾　王琪琪　王云淑　刘　雯　彭友好　龙虹竹
周月阳　公瑞琪　李云卉　牟晓宇　宋晓翰　赵婉伊　王素素　付　晶　王增楠　魏子琪
王　波　阮叶尔　仲小雨　邢怡菁　晋晓晖　门函旭　张　轩　孙思旭　孙　高　夏博惠
冯　征　程　熙　鹿昌亚　王珊珊　武明伟　纪力玮

经济管理学院(70人)

颜　静　刘霄彤　刘　鉴　李司琦　齐琳琳　李梦月　刘玉红　李紫萌　李　璐　周萍萍
崔　茹　路紫超　刘飞飞　高柳青　杨日珍　张　恬　李　园　周晶晶　陈　丽　吴赵林
杨显亚　沈含笑　曲　晨　刘盼盼　鲁刘青　徐　畅　陈凯月　刘　倩　苗嘉怡　李春霞
何佳音　万　闪　高莉莉　郭　新　张　雪　王　雪　路　雪　张媛媛　齐明月　司婵玉
唐　雪　周　敏　王　晓　李俊蓉　吴　琛　尹凯民　王亚南　王晓妍　聂玉琪　李　尧
葛尊陶　田龙华　韩小璠　王　祯　刘嘉欣　涂卫国　李　昕　马圣超　姜雪丹　韩佩轩
张文洁　赵　宇　李　月　朱元琦　代瑞浩　丁　娜　陈亭亭　于楚琪　巩建鑫　何　菲

外国语学院(28人)

李雅倩　孙思莲　孙　燕　胡香华　位淑娟　杨培蕾　闫令欣　李淑怡　刘　琳　陈秀云
史雪洁　吕文音　王晓庆　李潇帅　李　萍　王丽沙　唐茂芸　马文双　崔慧玲　王　琪
朱孟倩　尹梦瑶　姬喜静　田　雨　肖　娟　杨文雅　王春宁　欧阳佳

化学化工学院（44人）

刘文慧　高倩倩　宋朝晖　王敏敏　王　正　石飞杰　江宏锋　李贵达　晁伟翔　肖　东
张泽军　陈田田　戴仁伟　陈雅楠　郝亚男　冯娜娜　纪佳宁　潘　强　王希康　郭丰娜
李　兆　顾丽君　杜国威　王　飞　宋丽群　刘加利　黄　浩　胡庆泽　王　田　迟明月
李新伦　郭　艳　王　晨　史　甲　薛素玲　蔡文松　张　桐　江云超　薄其涛　陈　威
刘紫婷　郝凌婉　王永聪　裴园园

生命科学学院（49人）

李　志　张洋洋　胥森瑜　陈梦雪　李静云　秦　珊　孙　祎　吴春艳　相圆圆　杨曼丽
赵学政　江　营　刘福云　许瑞琪　王　蕾　李　冲　马敬芝　孙子杰　闫令东　苏婉莹
宗　晗　李静云　丁　珂　齐乃玲　王佳佳　毛　倩　部盼盼　魏书慧　杨　瑞　王　恒
孙铭雪　郑文迪　曹育娜　孙明杰　闫　志　刘　阳　赵玉静　刘景玲　孙玉娇　成　肖
朱有路　明顺添　汤玉乔　吴紫云　杨雪君　孙　雯　王秀静　李宜春　李瑶瑶

海洋学院（54人）

贾国磊　吕大鹏　王　瑞　王　慧　王　媛　张　琪　张　鑫　吕　婷　苏　畅　王玉莲
陈世伟　李浩然　李著新　刘　建　赵宝坤　鲁振林　马　帅　尚明基　严　喆　王仁龙
岳志恒　关鸿彬　吕志鹏　马　征　苏新琴　郑博文　贺　冰　刘　松　徐　琳　徐梦娇
张　飒　陈　辉　巩孝莲　李　彪　刘亚丽　王　猛　公续然　孙庆烨　耿玉玲　刘　聪
刘雪竹　王　喆　刑　飞　张伟蝶　刘夏薇　马铭宇　孙成成　于　洋　张　宇　朱效鹏
张九磊　张　曼　张西瑞　张玉钦

环境与材料工程学院（58人）

袁琳琳　宋晓萌　李嘉懿　魏　铭　朱立靖　聂雅男　马万里　张家华　赵慧慧　范青青
刘如俊　解　迪　赵金虎　王智航　娄景媛　李梦君　池淑珍　刘　梅　张浩楠　李芳芳
张一鸣　魏显硕　仇昱又　张　凯　周　聪　刘　孟　刘蓓蓓　冯文婷　周光友　毕秀成
夏铭璟　刘　凯　邓衍增　姚　辉　刘　晓　孟　晓　徐晓倩　徐艺艺　孔　腾　王　林
陈　乐　王玉涛　周胜男　袁奥星　史璐涵　范　增　曹玉鑫　迟飞飞　吴丽丽　赵　佳
张春婕　韩晨雨　吴　博　张亦弛　姬　浩　王庆华　张凯娜　吕士盛

核装备与核工程学院（13人）

刘　凯　邓衍增　姚　辉　刘　晓　孟　晓　徐晓倩　徐艺艺　孔　腾　王　林　陈　乐
王玉涛　周胜男　袁奥星

计算机与控制工程学院（63人）

毕梦楠　张芸嘉　朱希康　张　栋　芦亚茹　甄子贤　刘彤彤　张　帆　管瑞琳　钟颖颖
杨蒙蒙　李　凡　王乐乐　董泽慧　曾　哲　赵　鹤　杨　珺　王　敏　李　浩　徐吉平
马婷婷　王　田　王晨曦　蒋　爽　褚宏林　庄　田　满星辰　李尚泽　陈丹妮　李盈盈
王　浩　康翔宇　王志豪　陈文青　王一锟　呼亚萍　李长鸿　陈　琴　慈禧萍　杨远林
孔浩然　荆长昕　姜丽萍　谭永丽　刘　瑜　王　琪　王文康　徐海超　荆甜静　陈琳琳
陈　军　闫淑贞　孙　源　时晓磊　臧高升　高学燕　杜晓彤　滕坤鹏　王　朔　孙　潇
张雪莲　王　霞　曹文战

光电信息科学技术学院（59人）

孟　娇　尹晓燕　郭凤懿　耿雪丽　满潇潇　邢国华　曹中潇　郝文斌　辛漩漩　刘　庆
焦若男　滕雪爱　宋欣然　陈　佳　杨可怡　王富栋　范龙飞　夏　蒙　康军磊　潘从成
马有阳　李　敏　陈志强　王董月　李钰晨　陈晓晓　孙　浩　孙美玲　赵新芳　唐　雅
李　潇　张　雪　李　峥　王雪妍　李　浩　李翠萍　赵艳磊　尉馨予　王　鑫　刘道琪

鞠建敏　仇丽娜　高若然　闫明宇　杨运泽　朱晓宇　刘　璐　王金雨　王庆娥　孟祥彩
张思琪　刘思琪　火伟贤　徐士专　陆　帆　高　旭　杨　睿　何小锁　李梦曼妮

机电汽车工程学院(44 人)

滕焕杰　王泽政　王鹏翔　陈泉松　杜中坤　尤月战　林仪茂　李晓栋　李　庆　李　健
燕纪威　肖善社　马炜师　王　坤　刘金城　郭鹏江　吴建明　亓有超　李国召　孙　硕
靳　新　杜　岩　丁兴平　战　凯　王吉友　苏前跃　李明辉　孙启倬　许　瑶　王培鹏
潘万乐　周冠宇　曹存博　刘芳萍　姜艳茹　张子衡　孟祥慧　王开珍　赵健雄　郭忠昌
闫汝春　韩景飞　张田园　李　宁

土木工程学院(46 人)

彭升跃　吴莹莹　满孝峰　王自燕　杨照宇　徐灵珊　吴修业　李　敏　苑兆迪　韩业峰
陈宗翔　罗志恒　吴从杰　董　琴　李长胜　张彦英　赵莉萍　高　洁　贺立香　吕丹丹
张　月　周　纳　周　穗　张华逸　齐　琳　赵敬娜　徐高杰　唐桂红　李　冰　江秀涛
郑　丹　徐雨虹　陈景霞　张文斌　赵阁阁　赵　桓　李　翠　姚春雨　李　芳　杨　雪
陈雪琦　刘鑫洁　张晓彤　国　力　张　鹏　张　彦

建筑学院(14 人)

孙雅鑫　徐欣荣　胡敏娜　董海波　吴素素　常雪石　赖晓琴　徐佳钰　孙丰楠　袁　梦
石　菲　卫聪聪　石旭燕　李　茜

数学与信息科学学院(24 人)

周志燕　郭军旗　张　浩　常　蕾　高　燕　袁　茹　王瀚锋　王凯凯　张　敏　程孟菲
刘　敏　杜文然　夏　慧　唐艳敏　周　瑞　汪晓晨　牛洪滕　李慧洁　宋莹莹　毛龙妹
王延杰　张晓艳　齐贵美　努尔孜亚

药学院(24 人)

刘　颖　尹佩钰　郭文娜　杨思琪　杨子艳　郑　爽　王　蕾　张怡宁　厉德雪　郭靖文
王淑凤　杨世莲　谢　丹　陈其芳　王云霄　赵新勇　刘婷婷　谢　霜　段冬玉　姜　莹
吴　爽　朱茂晶　华红臣　孟庆庆

国际教育交流学院(28 人)

范文佳　包　婕　姜　珊　闭海菊　赵利红　刘　慧　吴欣俞　周　晴　余亚欧　徐凯丽
高　鸽　赵　阳　刘　娇　胡欣桐　侯乃心　张　影　李　梦　李正帼　付梦雨　陈珂萌
丁仪潇　王智超　王　舜　王思敏　潘娅铭　公翠云　杨历艳　涂亚纯

音乐舞蹈学院(13 人)

李婉婷　肖　喻　易　一　陈　娜　刘　韬　马碧姣　陈　梦　侯珂宇　孙碧云　王　娜
徐嘉怡　王月娇　司鹏飞

体育学院(13 人)

阮　方　赵佳玮　闵　琪　李慧敏　陆　雪　朱奕晓　梁圣铭　王　磊　刘鹏程　范　琦
罗逸非　单宝荣　肖亚萌

马克思主义学院(2 人)

李园园　孙　娜

2018年基层就业先进个人名单

1. 2018年志愿服务西部计划、山东计划毕业生名单

姓名	性别	政治面貌	所在学院	服务地区
刘志群	男	共青团员	计算机与控制工程学院	青海
吕　达	男	共青团员	计算机与控制工程学院	四川
罗佳欣	女	共青团员	人文学院	西藏
孙一凡	女	共青团员	生命科学学院	西藏
靳世敏	男	共青团员	土木工程学院	西藏
宋　娜	女	共青团员	外国语学院	新疆生产建设兵团
徐育蕾	女	共青团员	外国语学院	新疆生产建设兵团
秦　浩	男	共青团员	机电汽车工程学院	重庆
李信梅	女	共青团员	化学化工学院	重庆
王　雪	女	共青团员	人文学院	山东计划
刘文慧	女	预备党员	化学化工学院	山东计划
张泽军	男	预备党员	化学化工学院	山东计划
刘佳佳	女	共青团员	生命科学学院	山东计划

2. 2018年新疆乡镇工作人员录用名单

姓名	性别	政治面貌	所在学院	工作岗位
侯玉超	男	中共党员	海洋学院	新疆喀什乡镇公务员

2018年度大学生“三下乡”社会实践工作先进集体和个人名单

1. 2018年度大学生“三下乡”社会实践工作先进单位(8个)

人文学院　计算机与控制工程学院　经济管理学院　法学院
机电汽车工程学院　药学院　生命科学学院　化学化工学院

2. 2018年度大学生“三下乡”社会实践优秀团队(41支)

法学院(2支)

烟台大学“农地入股”调研队

烟台大学“共享经济时代下共享医疗的现状问题及其发展对策”调研队

光电信息科学技术学院(2支)

烟台大学光电学院“一带一路乌海行·葡萄酒业新商贸”社会实践队

烟台大学光电学院“互联网+新农村·乐教学+新未来”社会实践队

国际教育交流学院(2支)

烟台大学“衡岳之言”社会实践队

烟台大学“井塘行”寻梦实践队

核装备与核工程学院(2 支)

烟台大学“缘起烟大·情系乡村”实践队

烟台大学“YTU－3RE 逐梦烟城”实践队

环境与材料工程学院(2 支)

烟台大学“星星无声·筑梦夏津”实践队

烟台大学“SRPS”实践队

化学化工学院(2 支)

烟台大学烟台市各大水库“水质状况及保护措施”调研队

烟台大学“水性树脂废水的调研以及处理研究”团队

海洋学院(2 支)

烟台大学“海洋青年增殖放流现状”调研团

烟台大学“YTU－蓝色粮仓”实践队

机电汽车工程学院(2 支)

烟台大学“板上有名”实践队

烟台大学“源力探索”实践队

经济管理学院(2 支)

烟台大学经济管理学院“三生三农”实践队

烟台大学经济管理学院“历历返乡路”实践队

计算机与控制工程学院(2 支)

烟台大学“烟育菏梦”社会实践队

烟台大学“衣带衣路”社会实践队

建筑学院(2 支)

烟台大学“风筝缘”实践队

烟台大学“婺源县历史文化名村”暑期调研队

人文学院(2 支)

烟台大学人文学院“微光寻迹”赴井冈山红色微电影创作与拍摄实践队

烟台大学人文学院“叮咚”暑期社会实践团队

生命科学学院(2 支)

烟台大学生命科学学院赴莱阳“知农”暑期社会实践队

烟台大学生命科学学院赴阿拉善盟“佳木”暑期社会实践队

数学与信息科学学院(2 支)

烟台大学“开拓者”实践队

烟台大学“青年力量”实践队

土木工程学院(2 支)

烟台大学“筑梦扶贫路·赓续兴乡行”社会实践队

烟台大学“土木君与生小科”社会实践队

体育学院(1 支)

烟台大学体育学院“赤梦之旅”实践团队

外国语学院(2 支)

烟台大学“书初心·记扶贫”实践队

烟台大学解“密”非遗实践队

药学院(2 支)

烟台大学药学院“药乡行”爱心医疗服务团

烟台大学药学院“薪火相传”实践队

音乐舞蹈学院(1 支)

烟台大学“新时代 · 新征程”暑期社会实践队

学生组织（5 支）

烟台大学“挑战创未来”团队

烟台大学心系“三农”学社“禾苗计划”江苏二队

烟台大学“新声”社会实践队

烟台大学“‘微时代’背景下短视频对大学生价值观影响的调查与分析”社会实践队

烟台大学“纸短情‘裳’”实践队

3. 2018 年度大学生“三下乡”社会实践优秀指导教师(35 人)

法学院　刘运正　孙世玉

光电信息科学技术学院　孙　超　郭　威

国际教育交流学院　李　平　王文静

核装备与核工程学院　刘金虎

环境与材料工程学院　李建波　刘埠超

化学化工学院　张　婷　陈俊羲

海洋学院　梁　宁　王屹堃

机电汽车工程学院　王荣优　曲　季

经济管理学院　张　强　张　婕

计算机与控制工程学院　宋健栋　丁晓丹

建筑学院　张　昆

人文学院　陈兰英　张莉敏

生命科学学院　魏　权　赵文辉

数学与信息科学学院　宋　潇　张　昊

土木工程学院　李　隽　曲　慧

体育学院　胡　帅

外国语学院　胡萌萌　王雪峰

音乐舞蹈学院　曹　鹏　王　艳

药学院　王义利　赵小俊

4. 2018 年度大学生“三下乡”社会实践优秀学生(236 人)

法学院(12 人)

杜秋雨　王景淘　赵文华　西长昊　刘晓洲　程晓妍　柴　浩　陈　林　陈　昱　邓紫珊
范婧怡　郭　亚

光电信息科学技术学院(21 人)

马文杰　杨小乐　沈怀金　楚然然　孙圣虎　厉　华　庄　妍　蒲　庆　崔方正　樊泽阳
高　枫　刘晓东　李凤博　尹胜杰　曲雨薇　任职江　孙东伟　梁家豪　张振兴　刘咏娇

杨路超

国际教育交流学院(4人)

孙咏琪　徐文进　刘　沁　刘执娟

核装备与核工程学院(2人)

王树林　郭笃宝

环境与材料工程学院(11人)

张晓彤　潘　彤　厉昌泰　张皓宇　王　芹　刘　闯　李　勇　张懿政　崔安鑫　范保国
张　鹏

化学化工学院(16人)

杨　雪　任百贤　杜玉才　梁仕美　王焕平　王　剑　尚志浩　朱坤良　李玉梅　文威龙
陈敏慧　齐秀磊　柳晓玲　王梅姣　刘　悦(化172-2)　刘　悦(应171-2)

海洋学院(20人)

高厚森　李　航　汪子聪　柳小龙　林思帆　王晨光　李苏杭　刘　耀　侯丁荣　邵建国
杨玉麒　杜燕贞　侯金铭　孔维新　亓慧煜　顾兆辰　陈井浩　张艺凡　夏金瑞　丁　昱

机电汽车工程学院(20人)

张国静　梅金源　王　明　王晓剑　赵翔飞　张春苗　蔡心怡　王艮一　林增远　黄　辉
李利超　白金政　王晨昭　李万哲　沈建文　万冠汝　韩纪泽　张　硕　李明杰　韩志峰

经济管理学院(25人)

李　冰　汤思怡　王诗涵　潘　溶　田新雷　赵忠鸽　高　恺　吕天奇　靳天昊　徐常福
曹长帅　荀　瑞　付景盛　赵海洋　路惠超　邢祥宇　纪　波　王正宇　赵紫璇　辛肇镇
谢凤君　唐　宇　李松松　郭亚亚　姜　彤

计算机与控制工程学院(16人)

张建坤　南海旺　耿加松　刘欣怡　胡文萃　康凌峰　周拓新　李佳慧　明孟立　宿文强
杨宗浩　寇敬辉　罗　凯　逄亚雷　李宝琦　王百琛

建筑学院(3人)

李雨萌　刘佩举　李卫锋

人文学院(15人)

毕孟森　窦如磊　高学义　郭福荣　黄昕婧　刘禹含　卢晓晨　宋为为　王俊俊　王子忠
杨延东　杨　康　王蓓蓓　黄　敏　欧阳瑞红

生命科学学院(18人)

高文俊　刘涵民　马晓萍　韩　毓　曲泰妍　余庆润　姜　震　李慧莹　李淑彬　姜　凯
杨　雪　赵　齐　潘素伟　胡清华　刘燕玲　陈晓东　李卓群　张梓实

数学与信息科学学院(9人)

滕嘉琪　延婷翠　张壮壮　徐海娇　周　静　李坤颖　张皓琳　孙盛宇　李　蓉

土木工程学院(14人)

毕子剑　韩继腾　韩明燚　韩晓飞　刘腾飞　隋雯霞　沈鲁滨　王　覃　王雯卉　武宇辰
曲　巧　董燕燕　朱祝府　赵士瑞

体育学院(6人)

韩雪玺　由雪艺　高文雨　李筱璐　代冠群　荆佳璇

外国语学院(11人)

许云龙　孙昌泉　邱金珠　赵佳璐　孙　玄　卢　迪　刘　健　罗春玉　刘雨馨　袁超凡
刘子玲

音乐舞蹈学院(5 人)
杨钧凯　林映君　王远帆　钟　晴　熊若瑜
药学院(8 人)
刘淑豪　徐梦婕　张棕楷　余　宇　腾伊洋　李风晓　赵淑昌　舒文静

5. 2018 年度大学生“三下乡”社会实践优秀论文(90 篇)

一等奖(20 篇)
法学院(1 篇)
苏玫霖　《山东省法治政府社会公众满意度调研队赴山东省 17 地市调研法治政府满意度实践报告》
光电信息科学技术学院(1 篇)
郭云浩　《新旧动能转换实践队赴北京开展校企对接调查报告》
国际教育交流学院(1 篇)
刘　沁　《衡山方言文化保护调查报告》
核装备与核工程学院(1 篇)
王树林　《缘起烟大实践队赴栖霞莱阳调研报告》
环境与材料工程学院(1 篇)
张晓彤　《“星星无声”筑梦夏津——实践队赴德州市夏津县开展对特殊儿童心理状况的调研及对其干预方式的探索》
化学化工学院(1 篇)
刘　悦　《可降解地膜使用现状及研究推广方案调研报告》
海洋学院(1 篇)
李　航　《关于对东营市水产养殖业风险分析——以自然灾害、病害为例调研总结》
机电汽车工程学院(1 篇)
王　明　《“一带一路”背景下新能源汽车供给端与需求端经济现状调研》
经济管理学院(1 篇)
李　冰　《乡村振兴背景下“返乡农民工”创业意愿与胜任力研究》
计算机与控制工程学院(1 篇)
张皓源　《星火支教——关注贫困儿童奉献爱心》
建筑学院(1 篇)
刘佩举　《留住乡愁——婺源县理坑村保护与活动实地调研》
人文学院(2 篇)
宋为为　《微电影对红色文化传承的效用分析——以烟台大学红色微电影〈一镜一生〉为例》
杨延东　《大学生短期支教的双向影响及对国学教育的思考——以赴聊城莘县柿子园镇郑庄村进行国学支教为例》
生命科学学院(1 篇)
李　俊　《烟台大学佳木实践队赴阿拉善地区开展沙产业对当地经济与环境的影响调查报告》
数学与信息科学学院(1 篇)
刘淑华　《开拓者实践队赴临沂市汪沟镇开展基层精准扶贫路径助力乡村振兴发展战略实践报告》
土木工程学院(1 篇)
董燕燕　《新旧动能转换促兴村,脱贫攻坚显成果》

体育学院(1 篇)

徐召辉 《赤梦之旅实践队赴临沂进行社会实践调查报告》

外国语学院(1 篇)

许云龙 《关于烟台大学省派第一书记的实践报告》

音乐舞蹈学院(1 篇)

林映君 《赴威海暑期社会实践开展文化服务报告》

药学院(1 篇)

刘淑豪 《"药乡行"赴菏泽市成武县河里王村开展家庭医生服务调研》

二等奖(29 篇)

法学院(1 篇)

郭小伟 《农村贫困家庭子女受教育状况及受发展型资助状况调研队实践报告》

光电信息科学技术学院(2 篇)

姚田华 《光电学院新旧动能转换—企业与人才对接调研实践团赴北京社会实践论文》

赵　静 《桑途实践队赴德州夏津黄河故道森林公园开展桑葚及其产业链的调研》

国际教育交流学院(1 篇)

王笑雨 《探索乡村振兴战略——建设美丽乡村》

环境与材料工程学院(2 篇)

潘　彤 《追氧净源实践队赴烟台地区开展关于中学生环境与健康素养水平的调查及环境知识的普及调查报告》

厉昌泰 《SRPS 实践队赴烟台市辛安河、逛荡河开展河道污染的污染源和综合治理的调查》

化学化工学院(2 篇)

王焕平 《关于非离子水性树脂废水的调研报告》

马计划 《烟台市大型水库水质状况及保护措施调研分析报告》

海洋学院(2 篇)

高厚森 《响应十九大加强生态文明建设的精神　海洋青年赴渤海湾调研海洋渔业增殖放流——以对虾和梭子蟹为例》

李文超 《"聚焦党的十九大·探索乡村振兴"　谱写共同富裕新篇章》

机电汽车工程学院(2 篇)

韩纪泽 《关注西部地区教育——助力贫困高中生成长》

向梦娇 《二手车评估鉴定相关实践活动》

经济管理学院(3 篇)

付景盛 《乡村振兴战略下田园综合体经济发展模式调研与运用》

唐　宇 《乡村振兴战略背景下绿色观赏性植被对旅游业发展的意义调研——以威海市小埠村金鸡菊为例》

王诗涵 《普通高校本科生挂科原因的调研》

计算机与控制工程学院(2 篇)

王志成 《茶盏里的传承》

赵　耀 《关爱留守儿童　呵护五彩童年》

人文学院(2 篇)

马淑菲 《浅述井岗山斗争与井冈山精神的内涵和学习意义》

程瑞雪 《大学生短期支教效果分析——以暑期宿州市草场小学支教为例》

生命科学学院(2 篇)

吴　仪　《“守护生命”情系消防　暑期社会实践队赴烟台莱山区开展消防安全方面调查报告》

曲荣阁　《沉思翰藻暑期社会实践队赴烟台青岛调查微藻养殖及其资源化利用调查报告》

数学与信息科学学院(1 篇)

郭文慧　《青年力量实践队赴烟台枣庄等地探究“一带一路”下农村产业结构调整后的发展现状报告》

土木工程学院(1 篇)

刘腾飞　《大跨结构在农业应用上的调研与创新》

体育学院(1 篇)

由雪艺　《青春筑梦之旅·重走红色之路》

外国语学院(2 篇)

邱金珠　《解“密”非遗实践队赴高密地区开展调研非物质文化保护发展调查报告》

孙昌泉　《红缨实践队赴江西开展关于革命先辈事迹探寻与新媒体运用下的传播的调研活动》

音乐舞蹈学院(2 篇)

杨钧凯　《赴威海暑期社会实践开展文化服务报告》

熊若瑜　《赴威海暑期社会实践开展文化服务报告》

药学院(1 篇)

余　宇　《常见病的防治与常见药的使用》

三等奖(41 篇)

法学院(2 篇)

安　冉　《以山东多地为例调研基层法治建设视角下助力车事故起因及预防问题实践报告》

姜博文　《赴枣庄微光助农实践队以河崖村为例探讨农村边远地区电商扶贫的农业专业合作社模式》

光电信息科学技术学院(3 篇)

孙圣虎　《烟台大学光电学院实践队赴济南开展公共法律服务体系调研》

张文静　《“姜”要行动实践队赴临沂开展生姜调查报告》

江卫众　《赴山东省菏泽市郓城县调研农村“三农”问题》

国际教育交流学院(1 篇)

李梦雪　《论传统手工艺在当今世界的流传现状》

环境与材料工程学院(2 篇)

崔安鑫　《彩云之南暑期赴云南支教社会实践关于大学生现阶段支教情况及教育关爱与教育扶贫现状的探索与反思》

张懿政　《知行实践队赴山东省广饶县对高分子产业(以广饶县橡胶产业为例)新旧动能转换情况进行考察》

化学化工学院(3 篇)

李玉梅　《心系天下农光伏发电扶贫效益及可行性调研报告》

王惠群　《“三下乡·千村行动”助力第一书记》

赵庆巧　《“三下乡·千村行动”文化下乡,精准扶贫》

海洋学院(3 篇)

汪子聪　《关于对济宁市新旧动能转换农业改革为例调研总结》

柳小龙　《菏泽市地区精准扶贫的调研与思考——以单县贾楼行政村为例》

盖诗华　《寻根红色文化　聚焦精准扶贫》

机电汽车工程学院(3 篇)

高英豪　《关于贫困山区留守儿童教育现状的调研——以蒋自崖村为例》

李万哲 《菏泽市牡丹区爱心支教课堂》
王一帆 《优化啄木鸟小课堂的措施》

经济管理学院(5 篇)

田新雷 《乡村振兴背景下汶上县宅基地“三权分置”改革的调查研究》
路惠超 《小众绿茶品牌生存与发展现状研究——以日照绿茶为例》
赵忠鸽 《关于公费医学生制度以及基层医疗状况的调查报告》
高　恺 《扶贫助农后农村发展问题及模式——基于莱芜的调研》
纪　波 《“美丽沂蒙”——沂蒙红色旅游区发展调研》

计算机与控制工程学院(3 篇)

张　耕 《只有用心培育的幼苗才会茁壮》
韩子栋 《丝织成韵·绸谱华章》
李　杰 《衣带衣路》

人文学院(2 篇)

郭福荣 《进甘肃张掖调研在“古丝绸之路”影响下产生的传统文化对张掖城市转型为旅游型城市的影响》
李文敏 《苦情文学的苦情之路——浅论女书转化性传承所面临的困境》

生命科学学院(3 篇)

初　晨 《“探秘· 读者之家”暑期社会实践队赴山东各地开展图书馆调研调查报告》
崔凯雨 《“初生芽· 晨曦光”暑期社会实践队赴烟台开展小学生生物科学教育调研报告》
徐子扬 《“益食益生· 一味相承”实践队赴高密开展食品保质调查报告》

数学与信息科学学院(3 篇)

丁子麒 《“等风来”实践队赴青岛等地开展关于城市流动摊贩规范化后的调研与分析调查报告》
甯　珂 《“YDS·知行”实践队赴郓县唐元韭黄基地开展经营运作方式及发展有关问题调研报告》
吴鹤廷 《“$a(1+\cos\theta)$”实践队赴烟台潍坊等地农村老年人社区卫生服务需求及利用的调查研究》

土木工程学院(1 篇)

毕子剑 《关于淄博陶琉文化兴衰及其今后发展道路调研》

体育学院(1 篇)

李　璇 《关于健身人口的普及调查》

外国语学院(2 篇)

赵佳璐 《烟台大学外国语学院“吕”行者——赴日照、济南调研吕剧发展前景总结论文》
张明睿 《星火圆梦实践队赴菏泽支教报告》

药学院(2 篇)

郭新杰 《调研盲道现状——传播爱盲之情》
杨玉婷 《“绿意新源”实践队赴山东省费县开展关于新能源调查的社会实践》

音乐舞蹈学院(2 篇)

钟　晴 《赴威海暑期社会实践开展文化服务报告》
李甜甜 《赴威海暑期社会实践开展文化服务报告》

毕业生名单

2018年本科毕业生名单

EIE学院

达思彤　阚彩红　李迎辉　刘慧静　罗　丹　陶红霖　王　茜

法学院

卜寅雪　蔡珍琦　常　奕　车宜蓉　陈　楠　陈秋汝　陈薪宇　陈雪宇　陈雅新　陈　怡
陈盈君　陈泽宇　成丽华　褚　雨　崔冬辛　崔亚莉　崔　喆　单心悦　翟德勇　丁　一
董玉好　杜佳欣　杜润森　段沛金　冯梦茹　冯擎宇　冯园媛　付　晶　高　松　葛　言
耿小梅　公瑞琪　苟旭迪　管晚庆　管雨桐　郭书言　郭小辉　郭旭冉　郭　轩　郭颖靓
韩洪称　韩　潇　韩潇宇　韩云昱　郝凡斐　胡发勇　胡若平　胡益军　黄蕾蕾　黄丽华
黄孝禹　黄铮铮　霍彦毅　霍忠倩　贾婧娴　姜晓燕　姜　艳　姜逸文　晋晓晖　柯　丽
匡修宇　赖亮村　兰田田　雷　月　冷明玥　李　冰　李才云　李诚裕　李方慰　李昉圃
李皓男　李　佳　李　楠　李倩如　李仁业　李　尚　李诗镆　李天慧　李　晓　李昕东
李旭康　李阳硕　李英萱　李云卉　李振宇　李卓玥　梁焕岩　梁梓轩　林　萍　刘　灿
刘　畅　刘晟荣　刘丰剑　刘丽丽　刘荣义　刘瑞琦　刘世超　刘姝含　刘堂鑫　刘彤彦
刘　雯　刘秀青　刘雅琪　刘莹莹　刘永振　刘　媛　刘　钊　刘正然　龙虹竹　卢欣然
陆永勇　栾　佳　吕　凯　马传琪　马　靓　马俊瑶　马伟伦　门函旭　孟　超　孟诗雨
孟　莹　苗玉霖　牟晓宇　牛婉珍　潘立菊　潘宁贵　潘清源　潘文凯　彭友好　齐恩仑
祁　羚　曲永鹏　任晓君　阮叶尔　邵琛惠　施德铎　时家琦　司　娜　宋　婧　宋铁文
宋晓翰　宋子康　苏冉冉　孙　超　孙　晨　孙达天　孙　高　孙诗茹　孙思旭　孙文泰
孙　晓　孙　瑶　孙瑜麟　孙　宇　孙　玉　孙泽宇　谭文洁　唐若恺　滕佳辛　田聪慧
田海琳　田庆峰　万安娜　汪盟涵　王　波　王　丹　王浩宇　王慧娴　王　洁　王竞悦
王　蕾　王龙飞　王　梅　王梦洁　王铭凯　王琪琪　王若溪　王绍阳　王素素　王素贞
王婉旭　王威迪　王文浩　王　玺　王小涵　王晓晨　王　旭　王雪冰　王乙惠　王尹露
王　颖　王宇飞　王雨卿　王云淑　王增楠　王兆坤　王　者　王周阳　王姿涵　魏子琪
文　洁　吴芮吟　吴雯佳　吴卓群　肖芳玲　肖曼婷　谢一飞　邢怡菁　幸　剑　徐国琛
徐嘉鑫　徐丽利　徐梦婷　徐若馨　徐晓慧　徐伊吟　徐　周　许　良　许　钦　许馨怡
许亚婷　闫　兴　闫宇轩　杨　程　杨非尔　杨馥萌　杨广宏　杨　华　杨　娟　杨　凯
杨凯舒　杨璐仔　杨明明　杨阳阳　杨玉金　杨仲明　杨子懿　叶雅鑫　叶钟文　由晓宇

于佳琪 于小淇 袁浩毅 袁小雅 袁昕琪 臧超 臧威 臧薇 战美君 张宸
张冲 张浩 张立堃 张吕 张美美 张琪 张天择 张文 张曦文 张晓
张晓东 张轩 张岩 张焱垚 张影 张雨茹 张玉全 赵婵 赵明洁 赵培玉
赵婉伊 赵伊 赵乙聪 赵振宇 赵子铭 郑丹霓 郑慧聪 仲小雨 周佳 周丽娟
周梅 周薪 周月阳 朱辉 朱江 朱日月 朱孝乾 阿维静珠 密李淑宇

光电信息科学技术学院

薄尊艺 毕经鑫 边慧征 曹鹏飞 曹思捷 曹延晨 曹中潇 曾波 曾繁霖 柴烁
常明扬 车潇华 陈豪 陈佳 陈龙 陈帅 陈德昊 陈红宇 陈家磊 陈俊涛
陈清远 陈晓晓 陈雪婷 陈一鸣 陈宇豪 陈禹彤 陈兆路 陈震宇 陈志强 陈志翔
程璐 程帅 程盛敏 程书新 仇丽娜 丛龙泰 崔娇 崔润 崔百浩 崔少龙
崔士杰 崔文正 崔永梅 崔跃威 崔祖文 单凯 单小芮 邓爱真 翟丽红 丁天松
丁振莹 董丽萍 董欣雨 董亚妮 董玉龙 杜伟大 杜昀昊 段颖慧 樊光程 范龙飞
范全乐 方向 房琪 房哲 冯庆国 冯延花 冯云鹏 高晗 高尚 高旭
高甲祺 高健淇 高敬凡 高玲芝 高卢麟 高品品 高若然 高文文 高永恒 高泽昊
葛伟鹏 耿靖森 耿雪丽 耿一哲 公凯轩 巩龙豪 巩若晨 关雨 管洋洋 郭杰
郭敏 郭强 郭星 郭哲 郭治 郭凤懿 郭俊成 郭梦如 郭荣哲 郭泗博
郭颖超 郭正喜 郭子安 韩利祥 韩韶炳 郝立红 郝萌雅 郝士贤 郝文斌 何燕
何小锁 侯语斐 扈书成 黄雷 黄伟 黄更新 黄子轩 火伟贤 吉文军 吉学刚
纪轩 贾立飞 贾鲁婧 贾舜禹 姜治 姜修浩 姜云飞 蒋万庆 蒋宗朝 焦若男
焦玉富 揭易昆 井深 鞠超 鞠建敏 康军磊 康晓明 柯子璇 孔建盛 雷金其
李奔 李博 李菲 李浩 李浩 李恺 李敏 李时 李稳 李潇
李昕 李旭 李选 李扬 李洋 李洋 李艺 李媛 李峥 李智
李爱琴 李春蕾 李翠萍 李光春 李光鑫 李海鹏 李洪毅 李厚凯 李继远 李佳益
李俊杨 李铠耀 李丽娟 李萌域 李沛尧 李尚余 李彤晖 李文明 李文轩 李项亮
李昕彤 李欣然 李延星 李彦超 李彦辉 李玉红 李钰晨 李云东 李宗欢 梁宇
梁荣欣 梁帅帅 梁艺腾 林家豪 林姣姣 凌妍 刘静 刘磊 刘璐 刘朋
刘庆 刘群 刘珊 刘涛 刘天 刘筱 刘新 刘旭 刘洋 刘颖
刘媛 刘彩霞 刘彩云 刘崇文 刘道琪 刘国宏 刘国庆 刘浩军 刘洪源 刘华北
刘家同 刘家雨 刘健龙 刘明远 刘乃杰 刘倩莹 刘思琪 刘文静 刘希超 刘晓林
刘晓楠 刘晓楠 刘新昊 刘雪纯 刘永辉 刘永志 刘勇杰 刘月壮 刘占齐 刘钊鑫
柳春晖 卢毅 陆帆 陆皓 路明慧 路天翔 栾喆 罗亚飞 吕涛 吕妍
吕丹丹 吕帅君 马超 马骏 马骏 马腾 马国强 马银双 马有阳 满潇潇
毛鹏 毛亚周 孟娇 孟蕾 孟凡云 苗龙 宁双 潘皓 潘从成 潘俊汝
潘雪飞 彭立维 彭梦婵 戚敬贤 齐萍 乔峰 乔玲 乔旭 邱琳 曲鑫
任鑫 任登傲 桑建学 商延彬 尚崇雪 邵鹏 邵常升 邵尚坤 盛军蓉 石维娜
史景宇 史汝凯 司猛虎 宋菲菲 宋小康 宋欣然 宋易宗 宋雨潞 宋志超 苏州
苏茂奎 苏孟华 孙航 孙浩 孙浩 孙洁 孙俊 孙猛 孙松 孙仪
孙军帅 孙黎昊 孙丽娜 孙美玲 孙梦杰 孙启东 孙振杰 覃超 谭延闯 唐春
唐雅 唐庭志 唐晓冬 陶元鹤 滕甘霖 滕雪爱 田冲 田苗 田苗 田甜
田红蕊 田华敏 田梦寒 田思迪 田相羽 田悦悦 仝豪 仝玉兵 汪贻赫 王淳
王慧 王杰 王静 王静 王隽 王磊 王利 王琳 王璐 王猛
王琪 王通 王翔 王欣 王鑫 王选 王亚 王勇 王宇 王朝鹏

王冬梅	王董月	王风亮	王富栋	王宏昕	王济东	王家浩	王金雨	王美丽	王胜果
王晓龙	王新元	王雪妍	王训训	王彦超	王钰锦	王泽民	王增勇	王占洋	王政婷
王志恒	王志鹏	王志远	王钟响	王姿懿	王子龙	王子琪	王子先	尉馨予	魏庆鲁
魏言燊	文　婷	吴嘉楠	吴俊青	吴开发	吴萌萌	吴奇昊	吴亚楠	武辰冉	武红娟
武文浩	夏　浩	夏　蒙	相传峰	肖　东	肖　潇	肖傲文	肖文敏	谢金美	谢利会
谢伟婷	辛　凯	辛漩漩	邢国华	徐　冲	徐　冬	徐　帆	徐　伟	徐　跃	徐茂鑫
徐士专	许　翱	许　谦	许成荣	薛瑶瑶	荀雅倩	闫　硕	闫明宇	闫章奇	颜廷贞
燕　董	杨　帆	杨　杰	杨　睿	杨　星	杨　焱	杨　晔	杨　舟	杨宝玉	杨朝帅
杨海东	杨洪志	杨可怡	杨亮亮	杨青青	杨维新	杨永明	杨运泽	叶建坤	殷宝贤
尹德杰	尹利元	尹晓燕	英正熙	于　群	于大源	于德海	于进洋	于腾辉	于馨翔
于志强	于志伟	喻　佩	云中超	张　铎	张　纲	张　琨	张　林	张　明	张　前
张　帅	张　硕	张　腾	张　甜	张　雯	张　晓	张　雪	张　雪	张　颖	张　勇
张　宇	张　媛	张　振	张　壮	张德皓	张富俊	张国鑫	张海鹏	张昊生	张敬山
张丽萍	张倩琳	张蓉蓉	张若宸	张尚伟	张双燕	张思琪	张苏明	张维智	张伟华
张文波	张文瀚	张文文	张咸休	张旭良	张烨鹏	张一鹏	张艺馨	张雨生	张月林
张越哲	张振杰	张志坤	张志远	张宗振	章　昱	赵　鹏	赵　硕	赵　鑫	赵俊祺
赵珂瑶	赵新芳	赵衍飞	赵艳磊	赵莹莹	赵元昊	赵志广	赵志恒	赵子涵	郑和威
郑伟航	郑雅娜	郑珍启	郑子豪	郑子微	钟　琦	周　帅	周康宁	周丽娜	周鹏飞
周少帅	朱　恒	朱　璇	朱景昌	朱晓宇	朱新颖	祝清豪	庄乾勇	庄新田	邹珺珊
左　越	左云飞	李孟曼妮							

国际教育交流学院

安　震	白皓宇	包　婕	包格格	鲍美朴	闭海菊	蔡岩坤	柴乳楠	陈　豪	陈　硕
陈　思	陈超亿	陈泓霖	陈珂萌	陈庆云	陈诗卉	陈孝严	陈宗义	迟颖慧	崔成成
戴　园	邓雅娟	翟　沁	翟建鹏	丁　瑞	丁慧超	丁晋炎	丁若辰	丁肖月	丁仪潇
董　子	董久滔	董自正	杜佩瑶	段华秋	范珂艺	范文佳	房柯君	冯海燕	冯建新
付梦雨	高　鸽	高　健	葛旭翱	耿汝佳	郭峰娇	郭慧颖	郭嘉欣	郭明莎	郭润瑜
郭堂佑	郭晓玲	郝　炜	郝红月	侯乃心	胡　玥	胡欣桐	黄　贺	黄欣瑶	黄永贵
惠高凤	江　越	姜　珊	姜文韬	解　凯	金夏雨	孔娅妮	郎博涵	李　丹	李　莞
李　恒	李　梦	李　烁	李　影	李　哲	李安丽	李畅阳	李国梁	李佳荣	李凯元
李梦迪	李沁柔	李茹倩	李胜亚	李雪莹	李扬帆	李玉鹏	李沅君	李耘涵	李泽健
李泽民	李正帼	李致远	梁晓琨	刘　慧	刘　娇	刘　琪	刘　颖	刘桂林	刘金凤
刘丽丽	刘萌萌	刘姝欣	刘宛欣	刘潇晓	刘欣然	刘一凡	刘永琴	刘孜远	刘子桢
卢俊叶	卢鹏程	卢天昊	栾北辰	栾芳诺	栾青玉	罗宏宇	吕　臻	吕文婧	吕文抒
吕晓涵	马　晶	马　俊	马　铭	孟凡玉	孟秋爽	潘　琳	潘娅铭	潘怡如	彭家香
彭美香	彭晓丹	齐艳芬	乔璐萍	任首达	沈金倩	石　倩	史京兰	宋鉴旂	宋露露
宋爽绮	苏　彤	苏　童	孙　莉	孙晨萌	孙梦瑶	孙雪婷	拓明彩	唐祖莲	田烁言
田欣欣	涂亚纯	汪姝含	王　晨	王　淦	王　豪	王　凯	王　宁	王　琪	王　舜
王　铁	王皓然	王慧婕	王建红	王金尧	王凯栋	王连嵘	王莲芳	王林林	王明丽
王明天	王乃馨	王南粤	王思涵	王思敏	王希楠	王潇潇	王兴荣	王亚栋	王永健
王玉豪	王钰惠	王增彩	王志宇	王智超	王子伟	魏丹丹	吴婷婷	吴晓迪	吴欣俞
郗长震	邢美琛	徐　超	徐　丹	徐　悦	徐博文	徐椿蕾	徐凯丽	徐文静	徐新宇
许　翠	许梦淑	羊菊丽	杨　敬	杨　巧	杨梦锦	殷　航	于　欣	于馥诚	于小丹

于雪鹏 余亚欧 俞君怡 袁　凝 张　坤 张　冉 张　影 张　宇 张　政 张安达
张瀚文 张皓天 张家硕 张铃欣 张名杰 张瑞杰 张思佳 张晓玉 张雪文 张艳鹏
张泽文 张予菡 张子晗 赵　鹏 赵　阳 赵　滢 赵恩泽 赵利红 赵孟齐 赵玉言
赵长益 甄　炎 郑承诺 钟振邦 周　晴 周　毅 周思雨 朱铭涛 朱文宇 沈史子正
旺秀扎西

海洋学院

艾侣卓 安　淇 安政委 毕永洁 卞勋方 卜繁龙 步亚薇 蔡大为 蔡浩瀚 蔡欣欣
蔡哲峰 曹　阳 查　铖 柴玉娇 陈　辉 陈　琪 陈　谦 陈　睿 陈　政 陈丽萍
陈美霖 陈圣昊 陈世伟 陈英鑫 陈永真 陈禹锟 陈长威 陈振刚 陈志远 陈智通
成国栋 程　玉 程晓红 迟　勇 迟欣冉 丛润泽 崔广鑫 崔梦冬 代龙飞 单　超
单宝亮 邓利荣 邓世泽 邓宇杭 丁　炜 丁明超 丁一伟 丁哲学 丁正强 董福霖
杜　龙 杜　娜 杜方娜 杜家柱 杜良娇 杜文超 范风强 范瑶瑶 冯　俊 冯国红
冯建喜 冯其皓 付　杰 付建锟 高　亮 高　欣 高　新 高昊然 高俊杰 高鹏行
高松立 高羽辛 耿玉玲 公　凯 公续然 宫闰云 巩孝莲 顾尚岩 关鸿彬 郭东明
郭胜楠 郭晓雨 国斌峰 韩丽华 韩孟杰 韩鑫鑫 何　鹏 何梦杰 贺　冰 贺　鹏
贺慧慧 贺嘉辉 侯　磊 侯宝霞 侯家祥 侯玉超 侯裕梁 胡　斌 胡炜煌 胡振乾
黄　煌 黄昌涛 黄付存 黄晓刚 黄玉桐 黄兆翔 黄震东 黄镇宁 惠庆玲 霍金星
季永刚 贾国磊 贾惠芳 姜　超 姜　超 姜永恒 姜长全 蒋继宏 焦　丽 焦守丽
解学洋 金圣哲 靳庆壮 荆　翔 鞠　凯 阚安乐 阚伟健 康　健 孔菏君 来守安
来守翔 兰文杰 雷克鹏 冷传辉 李　彪 李　斌 李　杰 李　坤 李　吕 李　猛
李　晴 李　玮 李　翔 李　泳 李　振 李　震 李阿倩 李晨晨 李东山 李冠宇
李海昆 李浩然 李佳彬 李珂若 李明明 李明雪 李鹏越 李祺炜 李清益 李社喜
李淑君 李树涛 李晓慧 李迎新 李占超 李振圣 李著新 梁立威 林丽皎 林令勇
林鹏修 林玉莹 刘　畅 刘　聪 刘　慧 刘　建 刘　卿 刘　松 刘　晓 刘　晓
刘　阳 刘　悦 刘　征 刘宸宇 刘春景 刘德举 刘凡硕 刘焕磊 刘建峰 刘敬华
刘凯生 刘梦琦 刘强德 刘庆洲 刘全峰 刘世博 刘世奇 刘书策 刘殊豪 刘文洋
刘夏薇 刘鑫鑫 刘学晶 刘学鹏 刘雪华 刘雪竹 刘雅雯 刘雅歆 刘亚丽 刘一帆
刘远岭 刘运宝 刘长立 刘志骏 柳光军 柳佳佳 柳耀炀 隆　潇 卢建军 卢希坤
卢洲洋 鲁振林 路仁荣 罗天超 罗文艺 吕　婷 吕大鹏 吕慧超 吕晓雪 吕志鹏
麻胜杰 马　帅 马　艳 马光辉 马海姣 马恒钊 马锦铭 马骏程 马铭宇 马修文
马宇航 马兆乾 毛学彬 毛延程 孟兵兵 孟凡斗 孟海龙 弭保琪 苗玉祥 母永洪
聂行健 宁春玉 宁海强 牛　约 牛全刚 牛治法 欧　盟 潘　炎 彭　鑫 彭壮壮
普银川 戚龙江 秦晟翔 邱　飞 邱世浩 曲春奇 曲坚豪 任　宝 任　冰 任　力
任保栋 桑　翔 尚明基 尚振强 沈圣皓 盛奖利 师蒲松 施金斗 石　林 时海军
束树超 佀凤美 宋　炜 宋佳茹 宋坤岳 宋文磊 宋晓琳 宋晓英 苏　畅 苏　锦
苏鹏飞 苏新琴 苏远益 隋秉奇 隋鹏程 隋雅宁 孙　帅 孙　旭 孙成成 孙国鹏
孙洪冉 孙嘉敏 孙久翔 孙庆烨 孙汝平 孙伟杰 谭　肖 唐　卓 唐艳清 田洪建
万润聪 汪　震 王　超 王　超 王　慧 王　静 王　钧 王　磊 王　良 王　令
王　猛 王　瑞 王　垚 王　勇 王　瑜 王　媛 王　芸 王　喆 王　臻 王白雪
王超藤 王关杰 王广利 王国栋 王洪堃 王惠东 王军凯 王立秀 王林硕 王苗勋
王霓虹 王庆玉 王曙光 王天洋 王玮琛 王鑫磊 王修兰 王英超 王玉莲 王长佳
王振达 王正凯 王子钰 韦　辉 韦杨荣 韦裔兴 魏烈群 魏云鹏 温晓慧 翁龙龙

吴兵 吴琪 吴勇杰 向润 肖敬 肖娜格 谢磊 谢建洋 谢文才 辛莎莎
邢飞 幸泽鹏 熊玉云 修宁馨 徐达 徐静 徐琳 徐鑫 徐星 徐安邦
徐春瑶 徐梦娇 徐天祥 徐元杰 许斌 许校 许海龙 许胜强 轩福臣 薛俊瑞
薛鑫海 闫庆志 严喆 杨继 杨领 杨烁 杨硕 杨洋 杨发鹏 杨富荣
杨佳其 杨青乐 杨瑞斌 杨婷婷 杨雪如 杨一帆 杨在源 杨兆楠 杨志伟 叶高文
于伟 于鑫 于洋 于晨光 于洪旭 于金弘 于金龙 于进洋 于祥滨 于永坤
俞学友 袁超群 袁明波 苑君杰 岳志恒 张城 张峰 张洁 张钧 张科
张堃 张曼 张曼 张琪 张乾 张倩 张强 张飒 张伟 张鑫
张宇 张哲 张安旭 张宝中 张博文 张国栋 张国庆 张海龙 张宏驰 张宏媛
张琥顺 张加佳 张建春 张金萍 张九磊 张俊领 张立馨 张孟翰 张梦源 张苗苗
张明策 张伟蝶 张文斌 张文权 张西瑞 张晓松 张烜瑞 张亚东 张亚冬 张延超
张艺萧 张雨彤 张运琪 张泽军 张子亦 赵辉 赵曼 赵宝坤 赵登强 赵枫燊
赵浩然 赵金龙 赵亮亮 赵谭军 赵文通 赵小冬 赵亚星 赵雨诚 郑建 郑杰
郑博文 郑俊凯 仲赛凤 周航 周振 周荣超 朱承奇 朱华斌 朱家明 朱孟轲
朱瑞武 朱效鹏 诸葛瑞凯 邹肖 邹芳坤 祖金法

化学化工学院

薄其涛 宝兴军 暴铖琳 毕建健 毕晓琳 蔡文松 蔡雯雯 蔡宗南 晁伟翔 朝继俊
陈飞 陈健 陈威 陈雪 陈振 陈春兰 陈京帅 陈乐乐 陈田田 陈伟正
陈雅楠 程亚平 程永昶 迟明月 初洪瑜 崔雨 崔海燕 崔忠正 戴军涛 戴仁伟
戴雪凤 狄寿发 丁一 丁敬一 丁圣亮 丁彦丽 董晗 董晨曦 董俊伟 董丽美
董鹏辉 董亚萍 杜国威 段娇娇 房桂霖 冯鑫 冯娜娜 付承彬 付青霞 付文欣
付文周 付玉杰 高栋 高强 高真 高建超 高金爱 高金国 高景慧 高铭笛
高倩倩 高绪瀚 葛忠政 耿瑞琪 顾丽君 桂苏 郭芳 郭艳 郭丰娜 郭阳玲
韩静 韩付月 韩金燕 韩雪松 韩雪莹 郝亚男 何铭 和晓娟 侯雪捷 呼啸
胡定云 胡立超 胡庆泽 花晓月 黄浩 黄蓉 黄韬 黄婷 黄成龙 黄凤林
黄俊岩 黄为金 黄玉钟 惠文昌 吉仁 纪佳宁 纪祥辉 江旭 江宏锋 江永祥
江云超 蒋麟 蒋士顺 焦冰雪 解文凯 靳新鲁 荆忠鑫 康晓坤 孔子玉 李宸
李晨 李衡 李慧 李磊 李敏 李攀 李霞 李鑫 李鑫 李兆
李志 李百慧 李东旭 李凤银 李高鹏 李贵达 李景哲 李炯名 李鹍鹏 李鲁状
李庆泽 李书颖 李淑芳 李天娇 李维明 李维宁 李小鹏 李新伦 李新宇 李信梅
李雪敏 李争优 李之祥 李知谦 李子璇 李宗昊 梁猛 梁宪凯 梁晓宁 林夏
林炳华 林家铭 林志赢 刘彬 刘健 刘雷 刘璐 刘宁 刘萍 刘通
刘璇 刘扬 刘莹 刘玉 刘秉轩 刘道鑫 刘浩囡 刘加利 刘奎耀 刘力宁
刘瑞红 刘绍祥 刘漱玥 刘文慧 刘小琳 刘晓燕 刘欣宇 刘义兴 刘英鑫 刘玉璇
刘增华 刘志鹏 刘紫婷 柳晓林 卢春荟 卢浩然 卢友文 鲁华 陆忠海 栾程凯
罗清照 吕璐 吕立朋 吕文帅 吕彦霖 吕宇晗 马发光 马伏林 马海阔 马家宏
马滕飞 马永鑫 孟繁东 苗新雨 牟佳兴 宁文涛 牛丙波 欧舒婷 潘强 潘世英
庞文奇 彭翠 彭涵 彭继瑞 齐鸿炎 邵光星 沈建 沈超琳 沈意茂 沈振尧
盛磊 施晓晓 石飞杰 史甲 宋凯 宋朝晖 宋丽群 宋宛侗 宋现成 宋轩笛
宋以俊 宋章帅 苏博鑫 苏琳琳 孙凡 覃秀鑫 谭明月 谭英元 汤静 唐明
唐雪 唐洪娇 唐泽彬 提梦茹 田叶 田毅 汪琳 王晨 王成 王飞
王飞 王锋 王慧 王娇 王晶 王凯 王丽 王赛 王松 王田

王 潇 王 兴 王 旭 王 宇 王 正 王博磊 王浩杰 王宏彬 王嘉鑫 王杰东
王立光 王梦璐 王敏敏 王乃一 王若婷 王三川 王胜楠 王希康 王旭磊 王旋宇
王砚煜 王永博 王誉锦 王泽铭 王志欣 王志远 王紫璇 韦柳媚 魏 政 魏义臣
吴昌胜 吴梦晴 吴绮蓉 吴昱霖 武丽莎 夏 红 向俊冲 肖 东 肖龙银 谢可慧
谢兴明 谢亚芳 谢宜川 谢振扬 徐翰涛 徐诗睿 徐晓彤 徐一晋 徐钰翔 许 芳
许凌菲 许鹏程 许文捷 薛素玲 闫咪咪 杨 凤 杨 鹤 杨 敏 杨 瑜 杨保重
杨翰林 杨江丽 杨靖宇 杨利平 杨璐璐 杨孟春 杨婷婷 杨兴志 杨源元 杨宗桦
姚家昌 姚鑫琪 姚玉倩 姚育良 应 杰 游 壘 于 涵 于 洋 于春梅 于豪杰
于泓渊 于李琛 于瑞晓 于晓敏 于兴臣 于长卉 余为奇 袁泽清 袁子怡 臧金丽
张 婕 张 琪 张 桐 张 枭 张 雨 张 正 张 政 张安然 张代宁 张凤娇
张怀月 张慧慧 张佳欣 张坤明 张龙飞 张明义 张普阳 张田田 张晓涵 张晓柯
张亚萍 张轶贤 张泽军 张正一 钊 萍 赵 娜 赵 巍 赵才德 赵丹丹 赵飞扬
赵国凯 赵建兴 赵玖永 赵可昕 赵美丽 赵相允 赵贻凌 赵泽坤 甄 浩 郑 宇
郑江朋 郑西洋 郑欣欣 郑云云 郑智铭 仲姝桦 周绍芳 周文璟 朱传潮 朱乐祥
朱小培 庄 倩 宗萌萌 祖 国 左 莹 叶肖辰皓 周阳锦秀 诸葛瑞雪

环境与材料工程学院

安 洁 白亚鑫 白珍兴 包晓宇 保彭勇 毕海东 毕京华 毕君阳 毕秀成 毕以飞
卞东明 宾相雲 蔡剑锋 曹 建 曹 亮 曹殿坤 曹天佑 曹彦民 曹玉鑫 曹子琦
晁 硕 陈 聪 陈 豪 陈 虹 陈 乐 陈 婷 陈 欣 陈 跃 陈家明 陈七一
程 鹏 程 鹏 程培栋 池淑珍 迟 典 迟飞飞 仇昱又 褚科翔 褚瑞航 丛子翔
崔桂怀 崔晓珍 崔子奇 代恩昊 邓凡星 邓衍增 邓樱桃 丁铖宇 丁天聪 丁新桐
董苑波 董月婷 窦亚宁 杜 芳 杜国庆 段宗香 法 腾 范 增 范青青 范思哲
范晓臻 范新怡 方庆路 冯文婷 冯晓珊 傅 博 傅云峰 甘致聪 高 飞 高 虎
高 俊 高 曼 高 旭 高娇娇 高俊宇 高琳惠 高梦珍 高玮苓 高亚楠 古雅馨
顾彬昕 关 珊 郭 嘉 郭 涛 郭 旭 郭本生 郭龙涛 郭亚铃 韩 斌 韩 冰
韩晨雨 韩治辉 侯梦迪 胡春伊 胡海丰 黄春林 黄佳琪 黄致远 姬 浩 贾古金
姜慧良 姜欣欣 姜莹莹 蒋 芳 蒋慧珍 矫豪翔 解 迪 康祥平 孔 腾 李 菲
李 格 李 根 李 健 李 进 李 鹏 李 尚 李 硕 李 婷 李 彤 李 伟
李 响 李 娅 李 杨 李 洋 李 洋 李 谕 李朝晖 李东玉 李芳芳 李宫诚
李光辉 李昊明 李怀丛 李慧燕 李嘉懿 李江东 李金鹏 李京华 李俊年 李亢悔
李亮亮 李梦君 李梦娜 李瑞雪 李润丁 李润水 李式秀 李思源 李天骄 李文华
李先文 李晓嘉 李秀云 李雅坤 李亚梅 李艳艳 李焱彬 李雨哲 李玉林 李昱成
李远田 李跃金 李云舒 林曼怡 林学亮 刘 波 刘 财 刘 超 刘 成 刘 聪
刘 锋 刘 邯 刘 浩 刘 华 刘 凯 刘 昆 刘 录 刘 梅 刘 猛 刘 孟
刘 鹏 刘 鹏 刘 倩 刘 强 刘 祥 刘 晓 刘 晓 刘 晔 刘 影 刘 振
刘宝杰 刘蓓蓓 刘桂杰 刘佳迪 刘佳璐 刘婧宇 刘萌萌 刘鹏伟 刘庆龙 刘如俊
刘松歌 刘婷玉 刘卫杰 刘文浩 刘文旭 刘闻远 刘稳超 刘小凡 刘小涵 刘晓飞
刘艳艳 刘兆娟 刘振华 刘卓垣 刘子谦 柳 伟 娄景媛 陆 琳 陆春源 鹿令杰
路 兵 栾德宸 罗靖雄 吕洪尚 吕明学 吕婉璇 马 栋 马德泉 马光兴 马恒昌
马凯琴 马万里 马西响 马晓楷 马晓明 马玉龙 马芸惠 毛白羽 毛柔雯 孟 康
孟 晓 孟凡栋 孟令金 孟令龙 苗洁玉 莫 金 倪嘉磊 倪子纯 聂昌海 聂雅男
牛 敏 牛晗晔 潘庆鑫 潘映臣 潘钰莹 庞 旭 裴景盛 彭 婕 蒲丹芳 亓梦茹

亓文明　齐　辉　齐晓东　乔　芦　乔　璐　乔朋杰　秦晗晗　邱爱伟　邱婷婷　曲　雄
曲承玲　冉建强　任晨阳　任金巧　桑文召　邵明玉　盛怀森　施兴繁　史富宸　史京川
史凯强　史璐涵　宋　浩　宋　洁　宋　晓　宋　翼　宋明阳　宋庆东　宋文远　宋晓萌
苏壮壮　孙　柳　孙　涛　孙　艳　孙欢欢　孙剑宇　孙文庆　孙希彤　孙煜姣　孙振斌
孙志檬　索　睿　谭博文　谭兆宇　唐苏雯　陶轶雯　田李鹏　田振川　佟　欢　万月倩
汪文福　王　冰　王　琛　王　冲　王　东　王　峰　王　浩　王　瑾　王　坤　王　林
王　宁　王　鹏　王　森　王　帅　王　顺　王　蔚　王　星　王　瑶　王碧漪　王炳明
王灿灿　王崇森　王楚乔　王东秀　王芳媛　王付泽　王富正　王贵超　王海亮　王家蕙
王嘉欣　王金星　王靖博　王俊磊　王柯忠　王立玮　王丽华　王琳晓　王茂源　王美丽
王梦晨　王庆华　王若彤　王森儒　王珊珊　王思铭　王思拓　王天迎　王文杰　王雯雯
王晓晓　王雪雪　王雪媛　王瑶琪　王义勇　王亦闻　王译浩　王益民　王玉涛　王悦浩
王越帅　王志强　王智航　王紫薇　魏　铭　魏　艳　魏寒月　魏红娟　魏烈浩　魏思宁
魏显硕　魏依涵　魏玉迪　翁文慧　吴　博　吴博艾　吴丽丽　吴璐晴　吴梦佳　吴子韬
夏铭璟　夏增凯　相隆昌　谢文杰　邢莎莎　徐　丹　徐　威　徐　瑶　徐华丽　徐骏超
徐祺潇　徐庆飞　徐晓倩　徐岩林　徐艺菲　徐艺艺　徐仲博　许　林　许　婷　许　扬
许文斌　许振露　闫加民　晏　柳　羊进甲　杨　洁　杨　洁　杨　静　杨　敏　杨　晴
杨　威　杨传开　杨建华　杨同同　杨胤琨　杨泽为　杨喆程　杨棕玲　姚　辉　姚俊杰
叶雄彪　殷其恒　尹　巍　尹朝辉　尹续保　尹泽宇　于　乐　于　萍　于　跃　于梦梦
于士翔　余俊霞　余忠圆　俞　晓　袁奥星　袁琳琳　岳　燕　岳耀轩　张　海　张　凯
张　坤　张　坤　张　璐　张　明　张　琪　张　祺　张　睿　张　硕　张　霞　张　祥
张　欣　张　旭　张　岩　张　飏　张　瑜　张　宇　张　宇　张春婕　张峰雷　张浩楠
张汇宗　张佳鑫　张家华　张俊澜　张丽方　张梦蕾　张明惠　张倩倩　张珊珊　张淑贤
张帅朋　张文睿　张晓婕　张兴诚　张一鸣　张亦弛　张振亮　张志文　张宗焕　赵　迪
赵　佳　赵　楠　赵　宁　赵东瑞　赵冬梅　赵法祥　赵何莲　赵焕磊　赵慧慧　赵金虎
赵梦莹　赵明格　赵文骏　赵献云　赵雪雪　赵亚楠　赵一莲　赵智博　赵子栋　赵宗英
郑　凯　郑　翔　郑夫文　郑伟涛　郑艳秋　郑宜敏　钟永鹏　周　聪　周　敏　周　文
周光友　周海莉　周娇娜　周俊杰　周梦楠　周如仙　周胜男　周小靖　周怡君　周运红
周忠志　朱　瑞　朱柏臣　朱建辉　朱凯华　朱立靖　朱梅月　朱诗瑶　朱啸啸　祝鹏飞
庄雅婷　卓廷旺　邹玉雪

机电汽车工程学院

安宗斌　白道喜　白岩亮　蔡国红　蔡国振　蔡文秀　曹存博　曹胜昌　曹伟成　曹玉林
曹允莲　查万春　常学敏　车学娜　陈　明　陈　旭　陈华平　陈华顺　陈建山　陈泉松
陈阮鹏　陈绍岸　陈伟源　陈晓新　陈英豪　程海贝　崔　强　崔华飞　崔继元　代建军
单　慧　邓地坚　翟乃举　丁　磊　丁俊杰　丁兴平　董　辉　董　奎　董桂鑫　董通科
窦保平　杜　岩　杜博文　杜加强　杜鹏宇　杜中坤　樊程程　房绍伟　房新杰　冯程林
付　荣　付笑笑　付昱兴　高　凡　高　硕　高　钰　高　中　高闾阅　高尚东　高宪琳
高言锐　高中豪　高子兴　葛　鑫　葛光成　耿　蒋　巩　赫　关　浩　管国超　郭　威
郭宝之　郭靖涛　郭鹏江　郭忠昌　韩　蕾　韩　振　韩佳洋　韩景飞　韩新宇　韩正一
何　霸　何　磊　何　玮　侯志鹏　胡志峰　胡尊祥　郇延刚　黄　聪　黄仲逸　汲生昊
季凡凡　贾广鑫　贾京州　贾兆鑫　江振宁　姜　伟　姜艳茹　焦　阳　解青鹏　靳　新
荆玉涛　鞠艳冬　康传秋　孔庆飞　李　彬　李　锋　李　健　李　娇　李　君　李　康
李　坤　李　林　李　明　李　庆　李　涛　李　翔　李　星　李　旋　李　艳　李宝亮

李臣群　李淳孝　李法民　李高阳　李桂锋　李国召　李加慧　李建友　李孟周　李明辉
李鹏飞　李全有　李善东　李声刚　李世杰　李四龙　李万成　李武鹏　李相辰　李晓栋
李效宇　李学文　李学烨　李月琳　李云松　李云云　李志鹏　李宗朔　林东岳　林宏键
林晓然　林仪茂　林子涵　刘　斌　刘　琛　刘　芳　刘　浩　刘　浩　刘　宏　刘　咪
刘　松　刘　伟　刘　伟　刘　岩　刘　阳　刘传猛　刘芳萍　刘丰宝　刘富程　刘贵贤
刘国栋　刘鸿锋　刘基汉　刘建营　刘金城　刘乐涛　刘立普　刘威宏　刘文金　刘希文
刘相伟　刘欣宇　刘奕驿　刘永全　刘永腾　刘有生　刘宇航　刘玉坤　刘云鹏　柳　静
卢　亮　卢　宁　陆小浪　罗　正　罗秋菊　吕彩兰　吕永生　马　超　马　瑞　马晨明
马睿智　马炜师　马文涛　孟　创　孟　鑫　孟超凡　孟凡磊　孟建伟　孟祥慧　闵海娇
宁　凯　欧　涛　潘　鹏　潘佳辉　潘俊蓉　潘万乐　潘子强　裴高峰　裴玉娇　彭　浩
彭安虎　亓敏航　亓有超　齐宗美　乔　巍　秦　浩　秦德强　任何林　任俊宇　任丽萍
沙　磊　商承孝　邵福清　邵绪坤　邵永强　沈明明　石朝阳　时　莉　时祺超　舒连成
宋　龙　宋天宇　宋新建　宋永康　苏前跃　孙　冰　孙　豪　孙　鹏　孙　硕　孙　晓
孙传礼　孙东洋　孙立伟　孙丽佳　孙猛旺　孙启倬　孙少军　孙天梅　孙笑笑　孙元辉
孙增光　孙志刚　孙竹青　唐昭亮　滕焕杰　仝　军　万锦政　汪　鑫　王　超　王　超
王　栋　王　昊　王　浩　王　举　王　坤　王　麟　王　帅　王　帅　王　鑫　王　妍
王　震　王　壮　王　卓　王程程　王方璐　王风乐　王桂祥　王桂洋　王皓楠　王吉友
王继超　王佳慧　王家乐　王嘉勋　王建波　王建鹏　王进扬　王开珍　王培鹏　王鹏翔
王绍栋　王所潇　王天明　王文岩　王小成　王新峰　王新明　王鑫伟　王亚楠　王尧辉
王仪松　王元彩　王泽坤　王泽政　王长卉　王志强　韦上善　韦修金　魏鑫波　魏照齐
文　乐　吴　超　吴　悦　吴翠杰　吴建明　吴立涛　吴绍鑫　吴同昊　吴延辉　吴延平
肖　帆　肖善社　肖兴玉　谢吉东　辛天宇　徐　娜　徐东升　徐皖秋　许　磊　许　琦
许　瑶　许建伟　许世玉　许小雪　闫汝春　闫芝臣　颜　懿　颜金龙　燕纪威　杨　磊
杨　蕾　杨　文　杨金秋　杨立新　杨其跃　杨宗超　姚虔伦　殷明帅　尤月战　于　淼
于　群　于丰源　于洪华　于孟杰　于志强　于子虔　余海龙　袁朝阳　原旭晟　岳甜甜
臧国智　臧远军　战　凯　张　欢　张　健　张　强　张　顺　张　威　张　鑫　张　滢
张　钊　张　喆　张　震　张安生　张大同　张东拴　张福杨　张海琪　张江涛　张京旭
张君贵　张凯伦　张茂森　张庆波　张庆男　张全举　张田园　张潇汉　张星宇　张银仙
张玉鑫　张泽鲁　张镇江　张志刚　张忠婷　张子衡　张梓培　赵　鹏　赵　岩　赵大刚
赵福真　赵健雄　赵婧雯　赵敬和　赵林林　赵一凡　赵玉乐　赵中锋　郑　伟　郑　旸
郑子文　周　亮　周冠宇　周志坚　朱　功　朱国成　朱士康　朱信成　朱英华　庄　然
宗维祺　邹　赟

计算机与控制工程学院

巴庆旺　白　杰　白　雪　白云飞　鲍　帅　鲍玉博　毕梦楠　毕玉堂　边　润　曹　鑫
曹端端　曹莉萍　曹伟伦　曹雯丽　曾　晓　曾　哲　曾建强　柴银平　常序辉　陈　丹
陈　帆　陈　军　陈　丽　陈　佩　陈　琴　陈　硕　陈　通　陈　旭　陈　宇　陈丹妮
陈栋梁　陈进启　陈乐奇　陈琳琳　陈梦萍　陈胜男　陈文青　陈银丽　程　昂　程俊昭
程梦莹　程显富　迟　超　迟海洋　迟慧丽　迟景成　初新宇　褚宏林　褚宏宇　褚燕景
慈禧萍　崔冰琪　崔从敏　崔文志　崔醒龙　崔元贞　单昕昕　刁艳丽　丁　帆　丁友赟
丁知航　董　瑞　董传珂　董俊峰　董世南　董霙达　董泽慧　董子宾　杜　阳　杜冠廷
杜佳丽　杜亭亭　杜文文　杜晓彤　杜云鹏　杜中蕊　段孝东　段亚灿　范星月　范学谦
方　钦　房　琦　房宜东　冯琛琳　付　颜　付辛良　傅军超　盖建廷　盖文政　高　露

高雪 高阳 高赞 高哲 高聪聪 高洪霞 高嘉仪 高茂椿 高庆芝 高泗凯

高学燕 葛海康 葛胡宇 葛惠明 巩传家 巩圣跃 苟金姗 关永茂 管瑞琳 郭栋

郭洁 郭敬 郭娜 郭旋 郭凤娜 郭俊伦 郭祥跃 韩娟 韩青 郝阳

郝翠丽 郝俊宇 何小乐 贺世超 贺晓蕾 侯文涵 侯鑫行 呼亚萍 胡亚昕 黄乾

黄鑫 黄艳 黄勇 黄琪静 惠睿 霍华英 纪冬雪 冀成斌 甲宗雯 贾梦蕊

贾召飞 江楠 姜靖 姜丽洁 姜丽萍 姜甜甜 姜卫强 蒋爽 焦梦真 靳鑫

荆甜静 荆长昕 康翔宇 亢洁 孔健 孔浩然 来靖晗 郎元钊 雷谦 冷基栋

李冰 李超 李凡 李号 李浩 李静 李军 李凯 李莉 李楠

李宁 李涛 李巍 李伟 李显 李勋 李艺 李媛 李哲 李真

李丛丛 李海涵 李涵睿 李家辉 李金冠 李灵芝 李明宇 李铭帆 李千顷 李乾乾

李尚泽 李思佳 李伟杰 李晓凡 李晓凯 李新星 李新宇 李英杰 李盈盈 李长鸿

李昭敬 李竹雅 李子伦 李宗政 梁璨 林莉 林祁 林海云 林志琴 林紫茹

刘斌 刘畅 刘畅 刘昊 刘静 刘凯 刘坤 刘磊 刘磊 刘敏

刘名 刘强 刘琴 刘群 刘炎 刘洋 刘熠 刘瑜 刘源 刘振

刘晨筱 刘春玲 刘大兴 刘慧超 刘佳琦 刘克东 刘凌歌 刘梦云 刘山岳 刘寿乐

刘书欣 刘嗣琦 刘天恩 刘彤彤 刘小硕 刘晓阳 刘雅梦 刘亚浩 刘奕含 刘宇鹏

刘志力 刘志群 娄月 卢庆亮 芦亚茹 鲁玉林 陆金裕 陆云杰 栾欣 罗海员

罗文接 吕诚 吕达 吕鹏 吕云双 马超 马明城 马鸣挥 马瑞瑞 马婷婷

马枭宇 马笑媛 马学政 马一文 满星辰 毛仕东 毛同法 孟旭 孟彤彤 米彦虹

倪欣欣 牛超 牛汝杰 潘丹丹 逄浩东 彭程 彭子竹 齐广荣 齐晓童 秦义淳

邱暖 邱瑜 邱慧冬 邱子舰 曲春雨 曲展超 荣洪源 荣战华 桑立 桑德良

沙金明 商文轲 商玉光 邵帅 邵壮 邵英帅 沈杨 石昊甲 石智康 时晓磊

宋晨 宋健 宋伟男 宋玉爽 苏强 苏凯祺 苏丽彩 隋建国 孙波 孙洁

孙淼 孙潇 孙欣 孙馨 孙源 孙彩虹 孙春红 孙翰文 孙浩瀚 孙化龙

孙建家 孙金源 孙立立 孙钦达 孙旭明 孙旭升 孙钰坤 孙泽鑫 谭秀鹏 谭永丽

汤敏敏 唐杰 唐湉 唐子健 滕坤鹏 田斌 田庚 田辉 田祥弘 田欣月

田亚男 佟兴锋 童宇 万文飞 王超 王晨 王冲 王聪 王浩 王凯

王宽 王坤 王猛 王敏 王琪 王倩 王朔 王田 王晓 王旭

王阳 王悦 王振 王震 王志 王忠 王安琪 王晨曦 王成鑫 王定军

王国锐 王海粟 王洪欢 王华峰 王吉元 王建烨 王姣姣 王津津 王乐乐 王路杰

王梅平 王美玲 王培倩 王锐茜 王诗雨 王素芳 王统阳 王伟诚 王文川 王文焕

王文剑 王文康 王学伟 王雪洁 王亚男 王延安 王耀鹏 王一锟 王怡平 王艺蓉

王英爽 王元辰 王元阳 王增亮 王振鹏 王争取 王志成 王志豪 王子岳 魏好

魏苏 魏宇 魏月 魏乐天 魏永恒 温林东 温晓茜 吴浩南 吴琳娜 吴绍华

吴胜男 吴英政 吴远涛 吴苑星 武腾 武锦霞 武欣欣 夏焕哲 肖飞 谢宜盛

辛彬 辛宇 辛美菊 辛志勐 徐菁 徐恬 徐威 徐莹 徐海超 徐浩宇

徐洪祥 徐吉平 徐群壮 徐世熠 徐西龙 许振源 焉晓颖 闫淑贞 颜静 颜晓

颜肖璇 杨珺 杨宁 杨欣 杨旭 杨征 杨成成 杨汉宁 杨惠娟 杨佳昆

杨蒙蒙 杨青海 杨文静 杨肖琦 杨永康 杨远林 杨振宇 杨镇宇 姚佳旭 姚凯文

姚昭彦 阴晓琳 殷雯 殷增轩 尤荣佳 于豪 于凯 于奎民 于青禾 于晓涵

于智强 元琳 袁媛 袁盈盈 岳婷婷 臧高升 臧晓彤 臧云吉 战九州 张驰

张栋 张帆 张晗 张华 张晖 张健 张凯 张鹏 张伟 张伟

张翔 张欣 张艳 张阳 张耀 张岳 张帮迪 张晨熙 张成威 张海伟
张恒宇 张佳慧 张娇娇 张军委 张开敏 张连波 张璐璐 张荣飞 张瑞蕾 张生栋
张硕硕 张旺华 张伟建 张文龙 张向贤 张小辉 张孝东 张新军 张雪菲 张雪莲
张雪阳 张仰智 张玉贺 张圆圆 张芸嘉 张振强 张震刚 张志康 张志敏 张智全
赵鹤 赵敏 赵嵩 赵颖 赵怀同 赵嘉明 赵俊逸 赵利利 赵艳红 赵雨欣
赵子超 甄曰猛 甄子贤 郑杰 郑坦 郑栋月 郑孚嘉 郑尚菲 郑兆涵 钟颖颖
周洁 周瑞 周广平 周开强 周凯璇 周童晖 周宣宇 周在魁 周正言 朱健
朱媛 朱国荣 朱凯迪 朱绍懿 朱希康 朱晓楠 朱振华 祝晓利 庄田 邹铭
邹洪学 阿里木·阿布都热合曼 卡德尔江·吐尔逊

建筑学院

鲍文琳 蔡雪瑜 曹宏 曹意琳 昌庆凯 常雪石 陈伟 陈云 陈明辉 陈思宇
陈晓宣 陈逸轩 陈雨洁 陈裕博 程致华 刁阔 丁静静 董丽 董海波 董洋洋
范慧 范勇 费君 冯筱蕙 付鑫颖 盖晓漫 高玉泉 龚成 关键 管敏航
郭福城 郭沛豪 郭庆鹏 韩锐 韩梦莹 韩志龙 何长幸 侯翔翊 胡婕 胡金文
胡敏娜 黄晔 黄元 黄丽妍 纪帅帅 姜骧远 姜智慧 赖日胜 赖晓琴 雷杰雄
李梁 李茜 李姝 李阳 李阳 李晨琪 李府霖 李恒洋 李红云 李佳欣
梁栋楠 廖承志 林逸恺 刘轲 刘欣 刘岩 刘瑶 刘莹 刘光辉 刘嘉祺
刘守鹤 刘益宁 刘玉飞 卢健 陆启彦 罗天宇 吕昌昊 吕林声 马宁 马文光
马文香 潘桂芬 潘健彬 秦正豪 邱丛丛 全晓宇 任天骋 任莹莹 沈清华 盛洁琳
石菲 石晶君 石梦晴 石旭燕 宋冰倩 苏田雨 孙楠 孙德兰 孙丰楠 孙盼盼
孙雅鑫 孙一凡 孙翊恒 汤钧涵 唐建侠 田川 田宗锜 王博 王翠 王琳
王茹 王爽 王璇 王炳岩 王春明 王大智 王颢真 王慧彬 王吉亮 王康宁
王沛懿 王鹏成 王鹏程 王秋雁 王深程 王天龙 王伟光 王晓燕 王新同 王雪霏
王樱颐 卫聪聪 魏奇 巫天奇 吴晗 吴素素 吴旭增 武琳 徐贺 徐慧颖
徐佳钰 徐欣荣 许薇 许吕宝 闫大鹏 严景馨 颜培亮 燕保旭 杨小艺 叶天星
易双翼 于阁 于静雯 于运泽 袁梦 原野 岳智博 臧哲 张璐 张琪
张茜 张涛 张传超 张姣姣 张开硕 张联华 张乃文 张琪琪 张玉倩 张泽君
赵悦 郑敏 郑晓萌 郑晓琪 郑亚茜 周鑫娜 朱晓萌 欧阳思琪

经济管理学院

艾丙恒 安健 安艳秋 白福旺 边心语 卞佳宁 蔡林潮 蔡正洁 曹璐 曹冉
曹庆雪 曹文乾 柴艺铭 车钰 陈聪 陈慧 陈家 陈洁 陈静 陈静
陈丽 陈露 陈乔 陈曦 陈莹 陈宇 陈荟莉 陈家豪 陈凯月 陈柯臻
陈丽丽 陈丽颖 陈桥雷 陈秋旖 陈书辉 陈晓明 陈永强 陈禹祥 陈云蕾 程凯
程舒英 程耀然 迟浩杰 迟筱璇 崔亮 崔茹 崔佳宁 崔丽杰 崔乔宝 崔素萍
崔晓晶 崔昕悦 代瑞浩 党扬 党姝蓉 邓媛媛 刁静文 刁琳琳 丁娜 董明芝
董仁伟 董晓慧 段柔柔 段玉桥 樊晓艳 范成圆 方帅帅 房晶 封冠君 冯敏
冯春雨 冯钉瑞 冯东升 符宝文 符基良 付玉德 付钰清 傅子祺 高瑞 高诗
高杨 高莉莉 高柳青 高启帅 高香维 葛超飞 葛尊陶 巩迎雪 勾梦婷 顾雨薇
关靖阳 管章芹 郭丽 郭美 郭新 郭鑫 郭立月 郭轩铭 郭占峰 韩雪
韩雪 韩明君 韩佩轩 韩庆萌 韩小璠 韩志鹏 何柳 何倩 何欢欢 何佳音
何思雨 何秀花 贺业钦 赫振伟 侯天光 胡春莹 胡龙花 扈国栋 华展田 黄颖
黄震 黄政 黄春鹏 黄春艳 黄静麒 黄茹霞 黄晓夕 黄晓旭 黄晓莹 纪昀

冀若晨	贾　玮	贾西爽	姜　坤	姜　珊	姜梦雪	姜雪丹	姜玉菡	姜玉莹	姜志朋
蒋　腾	金亚暖	靳博文	井　杰	井　鹏	鞠海臣	阚宝娟	康　睿	康心宇	康尧义
孔　明	孔令壮	寇　星	来蓉娜	雷柯佳	李　粉	李　菡	李　佳	李　杰	李　璐
李　娜	李　念	李　宁	李　萍	李　强	李　晴	李　群	李　冉	李　昕	李　新
李　鑫	李　勋	李　尧	李　瑶	李　园	李　月	李　月	李　孜	李安娜	李倍倍
李昌健	李成晓	李春霞	李春旭	李春雨	李荟宣	李继才	李俊蓉	李俊儒	李开文
李孟姣	李梦月	李明蕤	李培亮	李清胜	李瑞瑶	李赛琼	李珊珊	李司琦	李田雨
李文静	李小菲	李小菊	李晓雪	李心宇	李新营	李雪萍	李永刚	李志远	李中婧
李紫萌	栗勇华	梁懋辉	林　静	林　茹	林芳荟	林海华	林慧敏	林曦艺	林晓丽
林新力	林子杨	刘　超	刘　慧	刘　鉴	刘　京	刘　雷	刘　敏	刘　鹏	刘　倩
刘　琴	刘　晞	刘　潇	刘　欣	刘　莹	刘　莹	刘　悦	刘辈辈	刘飞飞	刘凤东
刘浩然	刘华芳	刘记娥	刘佳慧	刘家莹	刘嘉欣	刘金明	刘俊欢	刘路平	刘盼盼
刘舒妤	刘文芳	刘霄彤	刘晓彤	刘雪姣	刘亚男	刘彦君	刘怡凡	刘艺铭	刘胤翀
刘莹莹	刘勇志	刘玉红	刘昱良	刘云云	刘子凡	娄　洁	娄允潇	卢　璇	卢玢文
卢婵婵	卢珊珊	鲁　雪	鲁刘青	鲁全德	逯欣明	路　雪	路紫超	栾书潇	罗　洋
罗宏炜	罗林琦	吕　双	吕玟莹	吕雪丽	吕悦维	马　越	马昶辉	马晶雯	马丽媛
马圣超	马玮辰	马小燕	马增旭	马忠秀	马转转	毛莹莹	孟　舒	孟世豪	孟祥振
苗　慧	苗嘉怡	莫潍宇	莫晓薇	牟柯蓉	牟悦倩	沐　楠	南艳红	倪甜甜	倪文慧
聂玉琪	牛　聪	牛俊超	牛文彤	潘　悦	庞国豪	齐琳琳	齐明星	齐明月	钱柄妤
秦　萌	秦景顺	秦业浩	邱东奇	曲　晨	曲俊颖	权　薇	任凯强	沙春明	尚帅星
邵宇浩	沈　琪	沈　倩	沈含笑	沈晴晴	施雪鸿	石佳蕊	时云飞	史晓晓	史心悦
史有伦	司婵玉	宋　戈	宋　委	宋　馨	宋　铮	宋华飞	宋婷婷	宋玉蓉	苏　珊
苏婷婷	隋裕龙	孙　超	孙　聪	孙　浩	孙　婕	孙　晓	孙　雪	孙春燕	孙大翔
孙洁晨	孙珊珊	孙淑惠	孙威扬	孙小晶	孙晓君	孙旭鹏	孙亚楠	孙言丰	孙玉杰
孙张丽	孙中伟	谭　帅	谭　燕	唐　雪	唐华奕	唐翎羽	唐新雨	陶雪兰	滕　龙
田　晓	田　雨	田　喆	田泓雨	田龙华	涂卫国	万　闪	万国良	万宏泳	万晓辉
汪　雨	王　超	王　琛	王　浩	王　慧	王　杰	王　瑾	王　晶	王　静	王　娟
王　丽	王　玫	王　梅	王　沐	王　淇	王　爽	王　硕	王　涛	王　亭	王　玮
王　晓	王　雪	王　雪	王　雪	王　岩	王　岩	王　贻	王　瑜	王　跃	王　祯
王爱臣	王保钦	王晨伟	王程方	王传梁	王德浩	王钫运	王汉琦	王洪芝	王鸿滟
王焕渤	王慧力	王君瑶	王钧正	王俊杰	王俊宇	王珂宇	王立娇	王利峰	王庆隆
王庆男	王秋彤	王思雨	王天祺	王文卉	王文君	王文田	王夏雯	王晓妍	王笑笑
王绪斌	王雪亮	王雪同	王雅琪	王亚南	王怡琳	王艺媛	王颖蕾	王宇宁	王语欣
王玉波	王玉洁	韦人支	魏长豪	温瑞明	温小琪	文永敬	闻　星	吴　琛	吴　涵
吴　平	吴　琦	吴　让	吴　斯	吴昌林	吴晨萱	吴成霏	吴浩楠	吴凯苗	吴雪雪
吴赵林	吴志凯	吴壮映	武春丽	武亚茹	武昀龙	夏凯军	夏丽华	夏思佳	谢　凡
谢金伶	谢小瑜	辛浩瀚	辛金燕	辛鹏飞	熊永玉	修述强	徐　畅	徐　昊	徐　慧
徐　进	徐春岭	徐登可	徐冠清	徐瑞祥	徐熙月	徐毅阳	徐子景	许梦笛	许晓慧
薛江天	阎怡凝	颜　静	颜竹馨	燕　然	燕丽红	杨　航	杨　静	杨　峻	杨　梅
杨福梅	杨济聪	杨铠硕	杨立地	杨丽莹	杨青青	杨庆贺	杨日珍	杨守玉	杨文瑶
杨显亚	杨延虎	杨志红	杨子乐	杨紫璇	姚佳欣	姚兰春	姚志华	尹　晓	尹邦茂
尹建明	尹凯民	尹银实	于　慧	于　毅	于　悦	于得峰	于晶晶	于沐田	于雪源

于永琪　于志毅　余　慧　袁　凯　袁瑶瑶　岳耀东　臧金辉　张　芬　张　浩　张　恒
张　军　张　宽　张　青　张　睿　张　恬　张　甜　张　通　张　雪　张　颖　张　渝
张　宇　张　玉　张　玉　张　云　张　钊　张春红　张福超　张海林　张杭棋　张鸿杰
张后望　张佳妍　张景盛　张静勇　张丽芳　张令统　张璐璐　张倩倩　张申涛　张玮辰
张文洁　张文君　张文倩　张香香　张萧玮　张潇涵　张晓铭　张晓旭　张晓宇　张雅洁
张益豪　张永康　张钰慧　张媛媛　赵　娜　赵　齐　赵　童　赵　晓　赵　宇　赵　玉
赵龙涛　赵美玲　赵旭青　赵一诺　郑　婕　郑蜜蜜　郑斯允　郑玉婷　郑志鹏　钟　洁
周　纪　周　建　周　岚　周　敏　周　容　周二乐　周晶晶　周静玥　周萍萍　周天成
周瑜琳　周佐娉　朱　力　朱楚江　朱晓东　朱晓娜　朱宣屹　朱宇萌　朱元琦　庄佳丽
邹　鑫　邹云龙　邹展搏　左啸文　阮杨若琳　郑天琪乐　阿布都赛米·居买
木尼热·吐尔洪　热衣扎·达木

人文学院

白丹玲　白二娜　柏丽娟　包　蓉　毕龙超　毕文宁　蔡　蕊　蔡　腾　蔡相杰　蔡宇莎
曹荣芳　曾雪莹　常　旭　陈　贺　陈　慧　陈　琨　陈　平　陈　叶　陈丹丹　陈东红
陈冠群　陈敬敬　陈沙沙　陈姗姗　成　月　程　洁　迟云燕　楚春希　丛丹丹　崔鲁敏
刁庆雪　董凯悦　董万玲　董晓晨　董学花　董语溪　都素朱　杜贵莲　杜燃燃　樊　毅
范新艳　方书玥　冯　伊　冯文娜　高　松　高　昱　高福平　高雪倩　葛　宁　耿　琳
耿　钊　龚丽君　顾　捷　郭丹宁　郭冠丽　郭凯新　郭凯月　郭茹月　韩昊洋　韩美玲
韩潇云　郝　媛　何　璐　何珊珊　何少丹　和晓芳　贺　静　侯文玲　怀赛男　黄俊敏
黄沛菊　黄锐毅　黄晓旭　黄雨霖　霍轶群　汲长慧　纪丽洁　贾纪稳　贾兰兰　贾彤晖
贾志方　江园园　姜春蕊　姜天禹　焦婉婷　金新杰　居晓倩　孔祥辉　匡瑞敏　冷传文
李　翠　李　琳　李　梦　李　敏　李　娜　李　霞　李　雪　李　岳　李柏华　李宝轩
李春廷　李德瑜　李国翠　李国宁　李海翔　李佳琪　李闪闪　李文娜　李希璇　李晓雅
李雅昕　李玉洁　李玉婷　李长青　梁爱华　梁丽萍　林雪梦　林之韵　刘　芬　刘　峰
刘　佳　刘　双　刘　晓　刘　雪　刘　云　刘福江　刘广合　刘佳玮　刘家郡　刘姣钰
刘丽娟　刘伶燕　刘美玉　刘敏敏　刘培培　刘清华　刘情情　刘诗奕　刘思琪　刘思宇
刘文羽　刘现芹　刘宵萌　刘心悦　刘雪华　刘亚群　刘艺文　刘禹卓　卢宝聪　鲁丽玲
鹿琳皎　鹿鸣春　鹿子莹　栾义伟　罗佳欣　骆孟成　吕程程　吕家辉　马翠华　马丽娜
马佩玲　马思琦　马仙月　梅　涵　孟丹婷　孟洁琪　孟益之　聂君如　牛　陈　牛鲁旺
牛艳蕾　潘欣欣　庞福琳　亓　飞　秦　琴　邱吉媛　曲　鸽　邵　迪　邵　庆　邵常敏
石　榴　石雨菡　宋　志　宋春晓　宋方成　宋红锌　宋路雨　宋唐月　宋文华　宋滟鞠
宋宇佳　孙　德　孙　璐　孙辰颖　孙道贤　孙高迪　孙建豪　孙茂苑　孙美佳　孙淑娴
孙晓玮　孙延广　谭世雪　汤嘉欣　唐　茜　田　冲　田春苗　佟玉兴　万晓青　汪　帆
汪秋亭　汪杏枝　王　超　王　刚　王　慧　王　杰　王　静　王　玲　王　萌　王　琦
王　帅　王　硕　王　鑫　王　雪　王　莹　王　颖　王　裕　王爱瑜　王大婷　王凤月
王佳蕾　王金铭　王梅如　王美涵　王培培　王蓉蓉　王瑞彩　王睿凤　王诗雯　王婷婷
王雯嫣　王小敏　王晓杰　王晓洁　王心悦　王星越　王雅璐　王亚军　王衍辉　王艺璇
王永政　王云龙　王泽成　王宗杰　文雪飞　邬　胜　吴伟燕　吴文皎　席凌燕　项昭慧
肖海燕　肖婧祎　熊　壮　徐成成　徐方刚　徐颖颖　徐子祺　许　婧　许景璐　许鲁霞
许笑媛　薛程程　闫明卿　颜炳儒　颜婷梦　燕　欣　杨　航　杨　洁　杨　艳　杨　喆
杨芳园　杨海燕　杨慧玉　杨俊亭　杨少康　杨雅梅　杨亚男　杨毓明　殷艳敏　尹　芳
尹慧蓉　于　兵　于　涵　于红霞　于换新　于孟娜　于淑君　于雅琴　于沅冬　苑　萍

臧腾 张帆 张可 张鹏 张帅 张涛 张怡 张悦 张慧敏 张景涵
张凯晴 张明超 张乃予 张情情 张秋菊 张松正 张晓华 张晓蕾 张晓颖 张雅宁
张玉镘 张智勇 赵婧 赵贝贝 赵方辉 赵丽晶 赵玲珑 赵明明 赵秀秀 赵雪峰
郑惠雯 郑慧萍 郑璐娟 郑委樱 郑兴兰 周焙霞 周文娟 朱华 朱润 朱莲香
朱子微 祝小钦 庄金峰

生命科学学院

安芳 安向强 安玉妍 白蒙蒙 白同歌 毕芸杰 边兰星 部盼盼 蔡玉琛 曹慧文
曹文素 曹育娜 曹致纬 查孝胜 常君芳 常绿乔 陈聪 陈昊 陈鹏 陈娅
陈广明 陈慧敏 陈立超 陈梦雪 陈彦伊 陈玉洁 陈钰雪 成肖 成思月 程自通
仇超 仇子斐 初宇 初守芳 慈树浩 崔灿 崔荣琛 崔天龙 崔延敏 崔钰涵
代晓斐 单文琪 单月晴 邸太菊 丁珂 董丁 董方达 董亭妤 杜爱洁 樊洋浩
樊子龙 房辉 房宏斌 冯德伟 付国梁 付珂鑫 高鼎元 高光辉 高书敏 高仪璠
公昊 宫小雨 巩法峰 谷魁轩 顾锐瑄 郭俊 郭丁预 郭会昭 郭美华 郭诗文
郭婷婷 郭文鑫 郭效辰 韩磊 韩群 韩雪 韩慧珍 韩英杰 郝鹏 郝雁
郝媛 郝凯惠 何明亮 何香侬 侯玉 侯庆冉 胡苑 胡金玲 胡丽香 化艺昂
黄瑾 黄瑞 黄颖 黄筱玮 纪璇 纪妍 纪维玮 季文娜 季昱含 江营
姜丹丹 姜玫如 姜丝涛 姜昱祺 鞠佳玥 康驰 黎珂园 李晨 李冲 李杰
李静 李麟 李龙 李琦 李倩 李锐 李珊 李桐 李星 李志
李昌鹏 李苡槟 李恒辉 李静云 李静云 李康康 李兰佳 李林芝 李鲁美 李旻鑫
李鹏翔 李清超 李荣源 李守峰 李文文 李亚男 李媛媛 李云鹏 李治城 梁红玉
林波 林雪珂 刘芳 刘昊 刘军 刘蔓 刘冉 刘薇 刘阳 刘洋
刘瑶 刘爱蕊 刘晨苗 刘成英 刘楚童 刘春筱 刘恩宠 刘福云 刘佳佳 刘佳佳
刘嘉琦 刘景玲 刘璟逸 刘凯宁 刘丽文 刘凌云 刘明佶 刘明山 刘庆胜 刘芮彤
刘松宇 刘童童 刘小雪 刘新玲 刘兴龙 刘学颖 刘永轩 刘宇飞 刘沅铭 刘月仙
刘云倩 龙彦宏 鲁梦琦 栾宝帅 吕晔 吕明芯 吕雪芹 吕振宁 马啸 马阳
马敬芝 马俊杰 马永佳 毛倩 孟丹阳 孟翔鹏 闵瑞 明顺添 莫秀梅 牟晨青
牟冠军 牟志勇 牛成 潘怡 潘广磊 亓玉婷 齐乃玲 祁世娇 秦珊 曲劲尧
冉进光 任鄄宝 任荣芬 任晓飞 尚娟花 石莹 石佳丽 石乃方 时春芳 史文阁
宋坤 宋琪 宋鑫 宋颖 宋方旭 宋新蕾 宋迎琳 宋籽辰 苏晶 苏靓
苏瑞 苏婉莹 隋颖超 孙慧 孙雯 孙艳 孙祎 孙嘉欣 孙丽玲 孙美晨
孙梦坤 孙明杰 孙铭雪 孙千超 孙舒逸 孙树泽 孙新建 孙一凡 孙玉娇 孙泽敏
孙子杰 汤玉乔 唐菊仙 唐梦云 滕铖铖 田雨 田文静 佟鑫 童隽怡 万宝俊
汪泽祥 王超 王丹 王栋 王海 王昊 王恒 王慧 王娇 王坤
王乐 王蕾 王丽 王朋 王奇 王晴 王帅 王天 王通 王啸
王璇 王燕 王莹 王贞 王宝祥 王海洋 王瀚誉 王慧婷 王佳佳 王嘉豪
王敬轩 王俊彦 王俊宇 王珂馨 王郤田 王鹏程 王清华 王术人 王烁翔 王纬洋
王小然 王续月 王炫辰 王怡冰 王永臻 王语嫣 王媛媛 王云龙 王振宇 王忠尚
王子晴 王自清 尉少艳 魏洪媛 魏荣香 魏书慧 魏婷婷 吴春艳 吴淋娜 吴茜茜
吴筱林 吴友鹏 吴紫云 武玉鑫 夏栋 夏艳丽 夏志佳 相圆圆 肖春林 肖子涵
谢晓冉 谢雪峰 辛江飞 辛梦茹 胥森瑜 徐春林 徐春晴 徐海鹏 徐梦妍 徐延镇
徐钰莹 许侠 许慧芹 许可心 许瑞琪 薛鹏 薛松 薛松 薛静怡 闫志
闫令东 闫伊宁 严悦 颜培 杨郴 杨多 杨瑞 杨皓程 杨华全 杨曼丽

杨沐霖 杨婉莹 杨小东 杨雪君 杨雁茹 姚雨晴 殷洪瑞 殷晓敏 尹玲 游小艺
于婷 于彦 于靖乙 于鲁萌 于兴隆 于一帆 袁俊 袁智鹏 臧帆 臧雪婧
战迪 张帆 张涵 张瀚 张倩 张倩 张青 张舒 张旭 张瑶
张瑶 张翼 张珍 张广飞 张华月 张慧敏 张珈铭 张峻铭 张连岳 张齐齐
张若水 张显丽 张新光 张馨如 张雅新 张亚萍 张洋洋 张玉豪 张媛媛 张云峰
张云霄 张长迪 张智超 赵敏 赵洋 赵春雨 赵利平 赵慕欣 赵睿智 赵润华
赵珊珊 赵舒锦 赵思思 赵新钰 赵秀荣 赵学政 赵玉静 赵振强 赵紫薇 郑茹
郑安冉 郑赛雪 郑文迪 郑雨帆 钟定辰 仲凯 仲界衡 周彤 周家平 周金融
周星冉 周炫然 周子琳 朱莹 朱有路 宗晗 宗雅丽 邹梦姗 阿米娜·艾尔肯
依夏提·肉孜买买提

数学与信息科学学院

安永杰 白明哲 蔡晓霞 常蕾 常晓红 陈晶 陈雪 程孟菲 戴伟莉 翟玉欢
都晓雯 窦彩云 杜文然 段欣欣 段新光 房悦 冯珊 冯遵美 符俊雪 付丽丹
付用菊 付志昊 傅超 高燕 高现歧 高颖婕 高智霞 宫伟佳 宫小妍 郭阳
郭军旗 郭文静 韩彻 韩艺 韩宇 韩露梅 何珊珊 洪玉 侯娜 侯靖柔
胡庆羲 黄迪 霍金聪 季文平 贾涵 贾明山 贾亚楠 姜微 姜娜娜 金美琪
孔旭东 李辉 李金 李磊 李琳 李政 李宝星 李城琳 李慧洁 李佳栖
李婧文 李凯鑫 李璐瑶 李文耀 李晓晴 李晓彤 李雅婷 李亚飞 李亚国 李云芳
李泽中 梁斌华 廖静思 林瑞坤 刘敏 刘鹏 刘晓 刘洋 刘政 刘公铭
刘汉文 刘明明 刘书勤 刘兴飞 刘亚琪 刘依青 路颖颖 马兴旺 马越洋 马振宇
毛龙妹 蒙海秋 孟媛 牟健平 牟晓敏 牛洪滕 潘森 潘丽群 潘印雪 齐文
齐双磊 钱英豪 屈少杰 任增科 石梦星 史晓晶 宋钰 宋佳鸿 宋莹莹 苏怡宁
孙惠玲 孙茂伟 孙瑞璟 孙延飞 孙玉波 孙子超 唐艳敏 田英 田晓瑜 汪晓晨
王伟 王雄 王喆 王安琪 王勃惠 王瀚锋 王华栋 王家强 王凯凯 王仁山
王文鹏 王翔宇 王肖肖 王延杰 王玉昊 王玉敏 王姿淼 魏蕾 魏梦君 魏瑞雪
温雨 吴昶霖 吴海菲 吴昊天 吴林林 吴明克 吴清泽 武洪达 夏慧 夏孟旭
信秀 熊俊杰 徐红霞 许洪峰 薛娟娟 闫冰倩 杨静 杨静 杨敏 杨敏
杨茜 杨冉 杨继磊 杨甜甜 杨雨婷 杨长青 尹哲东 于航 于洋 于越
于琛篮 于晨蕾 于敬露 于宪荣 袁敏 袁茹 袁思琦 苑广霞 张浩 张惠
张慧 张敏 张敏 张倩 张鑫 张星 张雪 张月 张翠翠 张和先
张钦钦 张世强 张伟倩 张玉莹 赵慧 赵婕 赵宝刚 赵程程 赵凤茹 赵凯月
赵令芝 赵孟鑫 赵月磊 赵增慧 钟鹏 钟书秀 周瑞 周阳 周晨曦 周春旭
周志燕 朱蕊 朱雅雯 朱燕霞 宗晓桐 努尔孜亚

体育学院

白庆朋 常英杰 陈浩 陈洪榜 陈宇轩 陈玉连 迟晓宇 丛文昊 丛晓宁 崔海磊
单宝荣 翟韶峰 翟衍冰 丁雅婷 董晓将 杜雨凡 段英杰 范琦 冯鑫帅 高浩斌
高建川 谷金哲 韩萌 韩继平 韩璐嵘 韩庆晓 何依繁 黑付鑫 侯健 侯明浩
侯秀文 侯绪明 胡鹏飞 江苗苗 蒋玉亭 金志超 孔勇兴 李虹岭 李慧敏 李可敬
李晓焱 李元果 李悦琦 连鑫豪 梁圣铭 刘浩 刘玮 刘柏林 刘宝凤 刘勃杨
刘承辉 刘福成 刘海阳 刘海源 刘鹏程 刘鑫磊 刘懿鹏 卢鹏 陆雪 罗逸非
吕菲 吕鹏 吕治强 马昂 马智鲁 闵琪 潘志浩 任子文 荣飞 阮方
盛任 宋志鹏 孙传程 孙菁敏 孙宁一 孙天宇 孙运迪 汪葵葵 王磊 王綦

王涛 王旭 王宇 王越 王广志 王浩宇 王洪梅 王军朋 王俊岭 王屺瞻
王新月 王亚楠 王玉梦 王志鹏 魏来 吴明 肖亚萌 谢虹丽 徐超 徐锦
徐艳 许浩 薛荣沛 杨磊 杨涵宇 姚江山 于辰昊 于元旭 袁茂然 张帆
张辉 张楠 张帅 张怡 张议 张悦 张晨曦 张国璐 张珂阳 张路阳
张婷婷 张一铭 张郅斐 赵岚 赵佳玮 赵苗苗 周艳娇 朱奕晓 宗超 邹海艇

土木工程学院

白杨 卜凡强 卜令民 蔡晗 蔡高峰 曾实 常洪浩 陈晨 陈伟 陈宇
陈云 陈倍勇 陈代苏 陈高钢 陈浩男 陈纪林 陈景霞 陈曼曼 陈梦瑶 陈明奇
陈沛斌 陈然然 陈萧一 陈雪琦 陈一帆 陈宗翔 褚锌 褚连鹏 崔洪涛 代玉娜
邓琮威 邓晓琴 邓宇天 翟方艳 翟怀志 刁静思 董琴 董文博 窦晓凯 杜军
杜田雨 樊小建 冯婷 冯悦 符致专 高川 高洁 高盼 高翔 高阳
高呈呈 高克程 高文雅 葛福阳 龚涛 顾浩 郭昊 郭鹏 郭旭 郭丹丹
郭华起 郭华鑫 郭丽琼 郭小源 哈金男 韩翔 韩业峰 韩子晴 郝慧茹 郝淑亭
何智泉 贺炳旭 贺立香 贺庆强 胡欣 黄磊 黄毓 黄吉强 黄日贵 黄兴杰
惠方圆 纪壬舰 季刚 贾旭秀 贾宇航 江秀涛 姜波 姜波 姜艳 姜美慧
姜晓星 蒋进 焦文丽 焦效林 靳世敏 敬协 孔倩 孔令东 寇越 类兴真
李冰 李超 李超 李翠 李芳 李莉 李敏 李奇 李强 李煜
李成琨 李聪聪 李凤涛 李海鹏 李汉彩 李凯杰 李龙旭 李梦楠 李明亮 李荣杰
李绍佳 李圣杰 李昔广 李心浩 李心雨 李胥友 李雅馨 李亚轩 李艳羽 李玉斌
李玉琪 李远深 李月珍 李云玲 李允科 李长胜 李哲琦 梁栋 梁琪琛 梁志培
林潇 刘辉 刘健 刘萌 刘梦 刘群 刘灿钰 刘常龙 刘聪聪 刘得平
刘韩星 刘浩林 刘璟瑜 刘俊君 刘凯玥 刘林奇 刘明华 刘培琪 刘少鹏 刘帅帅
刘宪超 刘鑫洁 刘亚莉 刘怡格 刘益萌 刘雨昊 刘志昂 刘志伟 龙凌 龙瑞
卢军志 卢圣尧 陆浩文 陆向前 逯彦红 罗发成 罗志恒 罗宗健 吕丹丹 吕前呈
吕荣庆 吕瑞祥 吕双双 吕文振 马观领 马梦瑶 马倪怡 马习卿 满孝峰 毛贵军
蒙世宇 苗鑫 莫家宇 缪凯月 倪瑞婕 牛顺 彭升跃 戚树峰 戚一坤 齐浩
齐琳 秦昊 秦立振 邱志杰 曲陆静 曲笑影 邵昆昆 盛志豪 史军 史苗
史永浩 史友松 司桂芳 宋国强 宋晓雯 苏晓南 隋鹏军 孙祺 孙德涛 孙德勇
孙建设 孙久艳 孙俊杰 孙琳童 孙念杰 孙晓东 孙晓林 孙晓宇 孙之璐 唐凯
唐桂红 唐雅琪 田雨 田佳鑫 田江涵 王彬 王超 王超 王昊 王焜
王强 王鑫 王旭 王雪 王妍 王阳 王越 王安飞 王博厚 王春鹏
王殿浩 王宏娜 王建斌 王建锋 王金鹏 王俊杰 王俊清 王龙斌 王露艺 王培栋
王万平 王文静 王文哲 王锡金 王昕荣 王新元 王雪冬 王一鸣 王玉洁 王志远
王子宇 王自燕 位晓静 吴从杰 吴铭智 吴钦峰 吴修业 吴彦隆 吴莹莹 夏明文
肖建涛 谢迎怡 辛宇 邢高冲 邢之林 徐红 徐柏鹏 徐高杰 徐灵珊 徐铭泽
徐培植 徐朋伟 徐田斌 徐晓君 徐耀宗 徐雨虹 徐玉娜 许竟成 许龙飞 宣兆腾
薛栋文 薛志伟 闫霞 闫晓梅 严范金 严积辉 颜聪 晏枭枭 杨森 杨雪
杨艺 杨国华 杨露芸 杨名毅 杨荣恒 杨守业 杨帅帅 杨照宇 姚春雨 叶晋
伊继伟 英成志 于艾鑫 于海婵 于慧敏 于丽萍 于娜娜 于祥臻 于晓娜 于沅伶
于子豪 苑兆迪 岳昊 岳宏宇 岳旭鹏 岳长红 战春慧 张超 张茜 张通
张也 张艺 张宇 张雨 张月 张博谦 张海峰 张洪丽 张华逸 张家瑞
张嘉译 张竞月 张凯月 张茂悦 张美艳 张启航 张少朕 张婷婷 张文斌 张晓亮

张晓彤 张新皇 张新蕾 张修阳 张妍涵 张彦英 张照磊 张正罡 赵成 赵桓
赵磊 赵磊 赵硕 赵安琪 赵阁阁 赵嘉琦 赵敬娜 赵莉萍 赵万里 赵希鹏
赵晓晨 赵兴丽 赵云凯 赵志鹏 郑丹 郑雪 郑明慧 郑学文 郑义珍 郑智远
钟好奇 钟敬康 周彪 周浩 周浩 周纳 周强 周穗 周爱伟 周皓晨
周小强 周晓腾 周新营 朱凯峰 朱瑶瑶 卓秀云 宗蕊 邹开元 塔来别克·阿力克

外国语学院

毕婷 曹裴 曹丽娟 曾蔷薇 陈冰 陈杰 陈娟 陈敏 陈曦 陈维维
陈秀云 程淑珂 崔慧玲 崔晓晰 崔煜翊 代金玲 刀一帆 丁慧 丁静 董欣
董秋彤 杜金菲 杜诗晴 樊春朋 范娜 房翠翠 甘琳 高晗 高文豪 高翔宇
高亚楠 高亚亚 葛律雅 耿小雪 巩方草 顾卓超 管茹月 郭圆圆 国鹏 洪熙惠
侯静 胡悦 胡香华 华蕾 黄福东 黄雅欣 姬喜静 贾敏 贾倩 贾学鹏
姜腾飞 蒋平利 金春日 金慧玲 康倩 兰文欣 雷家仪 雷智霏 冷晓琳 李斐
李萍 李雪 李安琪 李安琦 李凯歌 李荣真 李淑怡 李甜甜 李文静 李羲雯
李潇帅 李晓艳 李雅倩 李亚琳 李银萍 李煜堃 林雨 林维新 林昕雨 林逸玮
刘洁 刘娟 刘琳 刘萍 刘阳 刘芳丽 刘菲菲 刘红豆 刘文峰 刘文青
刘晓凤 刘晓彤 刘晓园 刘雅坤 刘艺菲 柳玉萍 卢怡 卢文琪 栾倩 吕玮
吕赫羽 吕萌萌 吕文音 马梦琪 马少伟 马文双 马亚龙 毛亚芃 孟祥楠 牟家慧
牟亚琪 倪娟 潘锴 亓行 亓慧杰 邱平 任夫杰 任雨薇 荣金玉 桑晨晨
邵瑞雪 石一昌 史雪洁 宋静 宋娜 宋雪 宋美玉 宋冉冉 宋腾娆 宋晓红
苏芳 孙轲 孙雪 孙燕 孙莹 孙东旭 孙君君 孙璐瑶 孙思莲 孙晓萱
孙旭欣 孙燕楠 孙玉如 孙云霞 唐茂芸 唐志雯 田雨 田静文 田美玲 王超
王芳 王慧 王杰 王凯 王宁 王琪 王晓 王颖 王宇 王园
王朝辉 王佃成 王富强 王国政 王瑾儒 王丽沙 王路遥 王璐瑶 王文慧 王晓庆
王欣悦 王雪婷 王语嫣 王豫琨 王圆圆 韦大乔 位淑娟 魏代秀 吴非 吴玉巧
伍小群 夏凯红 肖娟 肖千芊 辛悦 邢旭丽 徐凤霞 徐勤江 徐祥月 徐育蕾
许香凝 薛婧雯 薛清洁 薛晓蕾 闫令欣 杨铖 杨娜 杨硕 杨阳 杨阳
杨红梅 杨培蕾 杨晓红 殷春玲 尹梦瑶 于金梁 于梦娇 于妙妙 于绍红 于晓冉
袁鑫 岳安娜 臧伟娜 张瀚 张萌 张娜 张倩 张倩 张雪 张春梅
张凤双 张富纯 张慧敏 张佳慧 张书绮 张晓瑜 张信奇 张逸群 张翼飞 赵春
赵静 赵月 赵春蕾 赵美凤 钟娜 周芳芳 朱安琪 朱孟倩 朱文静 朱文悦
邹丹妮 左为艳 尉迟玉敏

药学院

步玉如 曹昊 曹丽华 查钰俊 陈迪 陈露 陈其芳 陈少航 陈岳巍 迟晓嘉
丛颖超 崔岩 崔海丽 崔甜甜 戴钰霜 单立健 邓华 翟文静 刁友惠 丁祎
丁静雯 丁英浩 董群 杜鹏 杜鑫 段洪彬 房晓雨 冯琦 冯换阳 冯慧云
冯玉音 付汝飞 付月娟 高萌 高翔 高晨雨 高建行 高晓岩 高晓艺 宫羽佳
巩月乔 顾燕 郭靖文 郭文娜 郭亚超 韩金芮 韩小全 郝方嘉 侯焕龙 侯晓雅
胡成宇 黄民栋 黄世举 黄映涟 黄雨晴 霍美玲 纪昌 季海东 姜笑雨 蒋艳梅
解鸿瑞 解镕基 孔齐 雷馨 李晨 李杰 李竞 李琳 李蕊 李涛
李洋 李毅 李源 李承明 李杰玲 李连帅 李林静 李萌萌 李诗阳 李素荣
李文静 李新宇 李伊娜 李奕晓 李永超 李志明 厉德雪 梁菲菲 林雯 凌期盛
刘欢 刘慧 刘珂 刘娜 刘熙 刘鑫 刘颖 刘凤平 刘瑞云 刘淑青

刘婷婷　刘纹纹　刘玥彤　刘珍娜　柳卓青　吕静文　马　超　马　红　马凌云　马毅杰
孟端月　苗西鑫　明伟康　牛骁腾　欧阳奔　潘寒俊　潘艳梅　彭　润　秦程丹　全昭静
尚志豪　宋　晨　苏凯悦　隋艳超　随娟娟　孙　晖　孙丽媛　孙同敬　孙意童　孙紫薇
谭世泽　汤　旭　唐景丽　陶　文　陶　旭　田　琳　王　昊　王　恒　王　晶　王　蕾
王　娜　王　朔　王　伟　王　欣　王　莹　王　昱　王　哲　王炳华　王朝霞　王佳慧
王理想　王良霄　王露瑶　王梦燕　王楠楠　王淑凤　王甜雨　王文博　王晓静　王新蕾
王兴伟　王颖超　王云霄　王振伟　韦江玉　魏　静　魏　玲　魏　振　魏明燕　魏颖杰
吴俊模　吴旭阳　肖　亭　肖闯闯　谢　丹　谢　霜　谢　鑫　谢芊芊　熊艺婷　徐　敏
徐　秦　许振祥　薛广勇　闫　婧　严艺杰　燕柳艳　杨　青　杨　烁　杨璧玮　杨博添
杨婧玉　杨世莲　杨思琪　杨韵琦　杨增升　杨子艳　姚黎颖　叶　林　尹佩钰　有雪斌
于　新　于英杰　袁云霞　张　静　张　蒙　张　乾　张　鑫　张　悦　张丹婷　张海霞
张欢文　张清萍　张祥龙　张晓杰　张晓璇　张怡宁　赵海鑫　赵惠琳　赵曼曼　赵清佳
赵新勇　赵增辉　甄杜鹃　郑　爽　周道广　周莉英　周余航　朱红红　朱丽娜　朱明怡
朱明智　朱紫薇　庄燕菲

音乐舞蹈学院

薄　蕾　曾凯宗　曾晓晨　陈　梦　陈　娜　陈　宇　程　俊　褚美琪　丁兴达　杜国鹏
方欣园　付博文　高　丽　韩　涛　侯珂宇　侯力群　胡　旭　姬　婕　姜　沣　解　梦
黎卓序　李　程　李　静　李　萍　李　青　李　艳　李　颖　李恩泽　李慧闻　李孟泽
李倩宇　李婉婷　李晓奇　李治兵　梁　卓　刘　静　刘　娜　刘　琪　刘　爽　刘　韬
刘　芸　刘欢婧　刘诗麒　刘昕怡　鲁梦晨　路　畅　吕盈莹　马碧姣　孟　莹　孟云鹭
牛海燕　彭　娟　彭钰蒲　邱雅云　司鹏飞　宋晨宇　苏子轩　孙　俊　孙碧云　孙苗瑜
谭明昕　王　娜　王　锐　王梦楚　王天赐　王雅婷　王亚南　王语轩　王月娇　卫　媛
魏儒梦　温佳琪　吴　杨　吴文跃　肖　喻　肖浩然　徐　凡　徐嘉怡　严　亮　杨　慧
杨　雨　易　一　尹　佳　尹　君　于　越　余思垒　俞　悦　袁　兢　张　岚　张兵建
张丁辰　张福华　张立军　张琼予　张文博　张曦予　张晓航　张笑童　赵　玺　赵梦菲
赵言如　赵正媛　赵子铭　郑雅文　朱少卿　尹立东方

2018年毕业研究生名单

马克思主义学院

梅　宽　杜姣玉　郝亚平　李园园　刘　薇　罗成成　马志敬　孙　娜　王佳欣　张小杰

人文学院

李秀强　曾朝骄　米志艳　张睿晓　张念征　佟宝锁　丁　辉　耿凯丽　黄婷婷　李菁瑛
卢安迪　舒　昕　宋　婷　谭竺青　席　洁　张凯乐　朱德瑛

法学院

毕鹏飞　曹　雪　曹钊庆　陈　晨　陈　露　陈欣欣　程　熙　代海霞　单光帅　单良超

邓力泉　刁永超　丁碧波　丁　杰　丁　林　董聪聪　段雪媛　冯英波　冯　征　苟东芹

郭超然　国　萍　韩秀艳　侯圣贺　胡　剑　霍玉君　纪力玮　姜晓帆　姜晓晴　焦　健

李　华　李　慧　李金媛　李进成　李　青　李荣慧　李少莉　李思甜　李　怡　李振领

梁　超　梁　艺　刘宝长　刘　菁　刘　凯　刘　韬　刘玉蕾　刘云云　柳程远　柳旭萍

鹿昌亚　罗雨露　马铭远　马　鑫　毛　虎　孟大伟　孟令羽　亓艳超　任　强　尚　昊

申芳芳　史显莹　司静静　宋　晨　宋继宝　宋　伟　隋姗姗　孙宁璞　孙贤松　汤　慧

唐庆业　唐　璇　滕　月　田莘桦　王　斌　王凌筱　王　敏　王　鹏　王珊珊　王　藤

王晓语　王学冠　王亚男　王　艳　王英芳　王玉凤　王湛翔　魏　列　魏　婷　武明伟

夏博惠　徐焕然　徐玉茹　严　静　颜红霞　杨千锋　衣卫东　尹　航　于林爽　于梦霞

于婷婷　于永军　湛　蕾　张　华　张慧慧　张慧群　张景溪　张婉芬　张　文　张　晔

张颖伟　张玉涛　赵　红　赵艳爽　郑大鹏　郑娅琳　周世江　朱　博　朱　冉　朱莹莹

邹　丽　祖　振

外国语学院

曹雪雷　陈　妍　丁丹丹　范启萌　郝倩玉　贾雪雪　金　枫　金晓旭　康慧娟　李　颖

刘晶晶　刘　琨　欧阳佳　牌晶巍　潘淑涵　宋珊珊　唐　萌　田　瑶　田永杰　万　蓉

王春宁　韦佳宝　吴晓静　宿松强　杨　茜　杨文雅　杨　悦　于　洁　张贝贝

经济管理学院

毕钰洁　曹金宝　陈莒伟　陈美娜　陈亭亭　巩建鑫　郭春香　韩　冰　郝英莉　何　菲

贺丽君　李　欢　李君卿　李彦蓉　李艳红　林程琳　林　蕾　刘　丹　刘倪雪　刘洋孜孜

马　骋　彭雅梦　邱乐志　申　玲　隋丽华　孙　承　孙　凯　孙文浩　孙文文　滕宗缘

王丹丹　王　芳　王　峰　王　刚　王　皓　王文静　王晓燕　王裕杰　吴宜慧　肖凌雁

徐　锴　徐　磊　杨晓牧　杨之蔚　姚亚齐　尹思筠　于俊显　于瑞济　于滟方　郁含萌

翟大鹏　张静文　张　敏　张　爽　张　瑜　张　宇　章　琦　郑菲菲　邹　末

国际教育交流学院

陈　晨　丁　瑜　公翠云　李　雪　孙倩云　杨历艳

数学与信息科学学院

高　璐　江秀存　李　康　李　梦　李宜蒙　刘含雪　齐贵美　王金梯　张晓艳

光电信息科学技术学院

郭长环　李　琳　刘　伟　吕惠雯　孟祥彩　牛文超　王娟娟　王庆娥　王文奇　于学丽

化学化工学院

毕文娟　陈丹丹　房　旭　高志敏　郭　莉　郭　震　郝凌婉　郝　肖　何乃亮　姜晨阳

蒋如剑　刘彩锋　慕慧峰　潘　琳　裴园园　宋立敏　唐丽丽　王　丹　王海花　王　丽

王全龙　王雪梅　王艺森　王永聪　王云霞　魏元新　吴　凯　徐慧丽　袁堂蜜　郑　丽

生命科学学院

艾丽花　顾　亮　郝雪言　李　惠　李雪薇　李瑶瑶　李宜春　刘　敬　刘　军　柳晓明

卢楠楠　栾　青　牟晓卉　邱家海　史博洋　孙桂婷　孙　珂　孙婷婷　陶灿灿　王胜楠

王秀静　武　敏　闫丽华　杨俊丽　姚亚楠　叶　丹　尹贝贝　于佳彤　于　强　张丽娜

张沁芳　张　颂　朱孝晨

药学院

沙春洁(博士)　慕宏杰(博士)　鲍　菲　陈翠翠　崔　燕　董　雪　段冬玉　盖　静

高振芳　管道坤　韩庆通　胡海燕　华红臣　姜　莹　李翠婷　李　红　李惠香　李晓娣

李　欣　李　阳　李月月　梁苑英竹　刘　娟　刘　琪　刘文荣　刘现轩　刘　雨

马　宣　梅荣超　孟庆庆　亓梦娇　宋晓燕　孙鹏振　孙善月　孙少峰　孙艺莹　王麒麟
王毅云　吴　爽　咸友艳　徐亚男　闫春燕　闫萌军　杨美玲　杨延婷　于晓雯　张　迪
张建强　张开霞　张丽萍　张　倩　张仁梅　张文静　郑晓慧　周　宇　朱茂晶　庄绪慧

计算机与控制工程学院

曹文战　高学义　黄松梅　姜丽丽　雷恒鑫　刘　云　齐建鹏　王　磊　王　霞　朱金祥

机电汽车工程学院

毕明洋　曹祥祥　单　硕　姜　曼　雷　珂　雷明伟　李　宁　刘远志　柳　丹　马福磊
滕义壮　王培振　易　鑫　岳博文　张建旭　张　军　赵高鹏　赵俊冉　赵明健　周　京
朱华敏

土木工程学院

张　彦　崔安稳　高　宁　高　倩　国　力　胡　涛　户广旗　贾敏丽　寇超楠　李明利
孟令凯　苗志华　秦双双　邱　臻　屈红磊　曲升级　宋小伟　田立宗　屠珊珊　王玉帅
张　红　张家伟　张墨平　张　楠　张　鹏　张　兴　赵阿敏　赵光明　郑慧美

海洋学院

吕廷晋　马新玥　赛　珊　王仁龙　王志宝　杨晓琪　张玉倩　张玉钦　赵国庆　赵聚萍

环境与材料工程学院

郭晓彤　刘　洁　刘言周　吕士盛　王玉燕　许　真　杨　雪　张凯娜

2018 年毕业留学生名单

LEE MIRAN	李美兰	韩国
OH SON－HUI	吴鲜喜	韩国
KIM HEESUN	金希宜	韩国
HONG MINYOUNG	洪玟伶	韩国
JEON SUNKYOUNG	全善庆	韩国
JEONG SEUNGIL	郑升日	韩国
LEE JAEHWANG	李在皇	韩国
JEON CHOONG MAN	全充满	韩国
LESHCHENKO MARIA	玛丽	俄罗斯
VASENKO DARIA	达利娅	俄罗斯
MARTYNOVA ANASTASIIA	娜思嘉	俄罗斯
VETLUGIN ANDREI	安德烈	俄罗斯

2018 年毕业生升学信息

序号	姓名	学院	专业	升学类型	升学学校
1	郝凡斐	法学院	法学	本升硕	中央财经大学
2	刘丰剑	法学院	法学	本升硕	大连海事大学
3	孟诗雨	法学院	法学	本升硕	云南师范大学
4	王雪冰	法学院	法学	本升硕	同济大学
5	陈秋汝	法学院	法学	本升硕	中国海洋大学
6	赵子铭	法学院	法学	本升硕	贵州财经大学
7	李倩如	法学院	法学	本升硕	湖南师范大学
8	闫宇轩	法学院	法学	本升硕	山东师范大学
9	李旭康	法学院	法学	本升硕	曲阜师范大学
10	宋　婧	法学院	法学	本升硕	中国人民公安大学
11	姜　艳	法学院	法学	本升硕	西南政法大学
12	谭文洁	法学院	法学	本升硕	北京理工大学(非全)
13	成丽华	法学院	法学	本升硕	东南大学法学院
14	黄蕾蕾	法学院	法学	本升硕	烟台大学
15	王铭凯	法学院	法学	本升硕	华东政法大学
16	褚　雨	法学院	法学	本升硕	中央民族大学
17	杨　程	法学院	法学	本升硕	烟台大学
18	徐　周	法学院	法学	本升硕	烟台大学
19	霍忠倩	法学院	法学	本升硕	华东政法大学
20	刘丽丽	法学院	法学	本升硕	华东政法大学
21	雷　月	法学院	法学	本升硕	青岛大学
22	刘世超	法学院	法学	本升硕	北京理工大学(非全)
23	牛婉珍	法学院	法学	本升硕	山西大学
24	李才云	法学院	法学	本升硕	西南政法大学
25	邵琛惠	法学院	法学	本升硕	西南政法大学法学院
26	密李淑宇	法学院	法学	本升硕	大连海事大学
27	王宇飞	法学院	法学	本升硕	广西师范大学
28	司　娜	法学院	法学	本升硕	兰州大学

续表

序号	姓名	学院	专业	升学类型	升学学校
29	杨馥萌	法学院	法学	本升硕	烟台大学
30	韩云昱	法学院	法学	本升硕	甘肃政法学院
31	陈薪宇	法学院	法学	本升硕	西北师范大学
32	崔亚莉	法学院	知识产权	本升硕	上海财经大学
33	王文浩	法学院	知识产权	本升硕	西南政法大学法学院
34	孙　高	法学院	知识产权	本升硕	大连海事大学
35	王竞悦	法学院	知识产权	本升硕	中央民族大学
36	王　波	法学院	知识产权	本升硕	西南政法大学法学院
37	田聪慧	法学院	知识产权	本升硕	福建师范大学
38	宋晓翰	法学院	知识产权	本升硕	中南财经政法大学
39	李英萱	法学院	知识产权	本升硕	大连海事大学
40	杜润森	法学院	知识产权	本升硕	中南财经政法大学
41	胡若平	法学院	知识产权	本升硕	浙江工商大学
42	许馨怡	法学院	知识产权	本升硕	上海财经大学
43	魏子琪	法学院	知识产权	本升硕	安徽大学
44	邢怡菁	法学院	知识产权	本升硕	中国海洋大学
45	周月阳	法学院	知识产权	本升硕	中国政法大学
46	郭书言	法学院	知识产权	本升硕	暨南大学
47	周　梅	法学院	知识产权	本升硕	北京外国语大学法学院
48	龙虹竹	法学院	知识产权	本升硕	首都师范大学
49	孙文泰	法学院	知识产权	本升硕	烟台大学
50	韩洪称	法学院	知识产权	本升硕	华东政法大学
51	田海琳	法学院	知识产权	本升硕	苏州大学
52	杨明明	法学院	知识产权	本升硕	烟台大学
53	程　熙	法学院	法律(非法学)	硕升博	中央民族大学
54	纪力玮	法学院	民商法学	硕升博	吉林大学
55	丁碧波	法学院	知识产权法	硕升博	中南财经政法大学
56	常明扬	光电信息科学技术学院	电子信息科学与技术	本升硕	西安电子科技大学
57	高玲芝	光电信息科学技术学院	电子信息科学与技术	本升硕	福建师范大学
58	李文明	光电信息科学技术学院	电子信息科学与技术	本升硕	烟台大学
59	孙　猛	光电信息科学技术学院	电子信息科学与技术	本升硕	上海电力学院
60	夏　蒙	光电信息科学技术学院	电子信息科学与技术	本升硕	中国科学技术大学研究生院科学岛分院
61	杨永明	光电信息科学技术学院	电子信息科学与技术	本升硕	山东科技大学
62	范龙飞	光电信息科学技术学院	电子信息科学与技术	本升硕	西安电子科技大学

续表

序号	姓名	学院	专业	升学类型	升学学校
63	刘月壮	光电信息科学技术学院	核工程与核技术	本升硕	华北电力大学
64	陈　帅	光电信息科学技术学院	核工程与核技术	本升硕	中国辐射防护研究院
65	王　翔	光电信息科学技术学院	核工程与核技术	本升硕	南京航空航天大学(非全)
66	陈清远	光电信息科学技术学院	核工程与核技术	本升硕	北京工业大学
67	王政婷	光电信息科学技术学院	核工程与核技术	本升硕	华北电力大学
68	张　林	光电信息科学技术学院	核工程与核技术	本升硕	重庆大学
69	杨　睿	光电信息科学技术学院	核工程与核技术	本升硕	上海师范大学
70	樊光程	光电信息科学技术学院	核工程与核技术	本升硕	中国科学院上海应用物理研究所
71	尹利元	光电信息科学技术学院	核工程与核技术	本升硕	兰州大学
72	邵　鹏	光电信息科学技术学院	核工程与核技术	本升硕	哈尔滨工业大学(深圳)
73	火伟贤	光电信息科学技术学院	核工程与核技术	本升硕	南京航空航天大学
74	何小锁	光电信息科学技术学院	核工程与核技术	本升硕	南京航空航天大学
75	谢伟婷	光电信息科学技术学院	核工程与核技术	本升硕	中国辐射防护研究院
76	相传峰	光电信息科学技术学院	核工程与核技术	本升硕	新疆大学
77	张　甜	光电信息科学技术学院	核工程与核技术	本升硕	贵州师范大学
78	柯子璇	光电信息科学技术学院	核工程与核技术	本升硕	华北电力大学
79	王　隽	光电信息科学技术学院	核工程与核技术	本升硕	南京航空航天大学(非全)
80	武文浩	光电信息科学技术学院	核工程与核技术	本升硕	成都理工大学
81	张德皓	光电信息科学技术学院	核工程与核技术	本升硕	东华理工大学
82	邵尚坤	光电信息科学技术学院	核工程与核技术	本升硕	北京师范大学
83	柴　烁	光电信息科学技术学院	核工程与核技术	本升硕	中国科学院上海应用物理研究所
84	单　凯	光电信息科学技术学院	核工程与核技术	本升硕	延边大学
85	李孟曼妮	光电信息科学技术学院	核工程与核技术	本升硕	中国科学技术大学研究生院科学岛分院
86	郭子安	光电信息科学技术学院	核工程与核技术	本升硕	中国科学院上海应用物理研究所
87	崔祖文	光电信息科学技术学院	核工程与核技术	本升硕	兰州大学
88	肖傲文	光电信息科学技术学院	通信工程	本升硕	重庆大学
89	张倩琳	光电信息科学技术学院	通信工程	本升硕	华南师范大学
90	张文波	光电信息科学技术学院	通信工程	本升硕	兰州大学
91	唐庭志	光电信息科学技术学院	通信工程	本升硕	烟台大学
92	李　艺	光电信息科学技术学院	通信工程	本升硕	重庆邮电大学
93	朱晓宇	光电信息科学技术学院	通信工程	本升硕	北京邮电大学

续表

序号	姓名	学院	专业	升学类型	升学学校
94	林姣姣	光电信息科学技术学院	通信工程	本升硕	西安电子科技大学
95	陈德昊	光电信息科学技术学院	通信工程	本升硕	中国科学院大学微电子学院
96	鞠建敏	光电信息科学技术学院	通信工程	本升硕	上海应用技术大学
97	赵艳磊	光电信息科学技术学院	通信工程	本升硕	烟台大学
98	董欣雨	光电信息科学技术学院	通信工程	本升硕	华北电力大学
99	刘　璐	光电信息科学技术学院	通信工程	本升硕	烟台大学
100	王　慧	光电信息科学技术学院	通信工程	本升硕	烟台大学
101	杨运泽	光电信息科学技术学院	通信工程	本升硕	齐鲁工业大学
102	孙　仪	光电信息科学技术学院	通信工程	本升硕	烟台大学
103	王胜果	光电信息科学技术学院	通信工程	本升硕	北京工业大学
104	李玉红	光电信息科学技术学院	通信工程	本升硕	中国海洋大学
105	高甲祺	光电信息科学技术学院	通信工程	本升硕	吉林大学
106	张富俊	光电信息科学技术学院	通信工程	本升硕	吉林大学
107	王家浩	光电信息科学技术学院	通信工程	本升硕	桂林电子科技大学
108	王训训	光电信息科学技术学院	通信工程	本升硕	重庆邮电大学
109	刘倩莹	光电信息科学技术学院	物联网工程	本升硕	烟台大学
110	宋菲菲	光电信息科学技术学院	物联网工程	本升硕	黑龙江大学
111	李光鑫	光电信息科学技术学院	物联网工程	本升硕	大连海事大学
112	肖　东	光电信息科学技术学院	物联网工程	本升硕	烟台大学
113	梁荣欣	光电信息科学技术学院	物联网工程	本升硕	上海理工大学
114	陈晓晓	光电信息科学技术学院	物联网工程	本升硕	山东师范大学
115	闫　硕	光电信息科学技术学院	物联网工程	本升硕	中国传媒大学
116	乔　旭	光电信息科学技术学院	物联网工程	本升硕	吉林大学
117	李钰晨	光电信息科学技术学院	物联网工程	本升硕	湖南大学(非全)
118	陈志强	光电信息科学技术学院	物联网工程	本升硕	西安电子科技大学
119	李　时	光电信息科学技术学院	物联网工程	本升硕	山东师范大学
120	李　敏	光电信息科学技术学院	物联网工程	本升硕	北京交通大学
121	郑子微	光电信息科学技术学院	物联网工程	本升硕	首都师范大学
122	崔　娇	光电信息科学技术学院	物联网工程	本升硕	中国海洋大学
123	周少帅	光电信息科学技术学院	物联网工程	本升硕	中北大学
124	巩若晨	光电信息科学技术学院	物联网工程	本升硕	福州大学
125	张蓉蓉	光电信息科学技术学院	物联网工程	本升硕	华北电力大学
126	马　腾	光电信息科学技术学院	物联网工程	本升硕	中国石油大学(华东)
127	李　洋	光电信息科学技术学院	应用物理学	本升硕	北京航空航天大学
128	耿雪丽	光电信息科学技术学院	应用物理学	本升硕	北京航空航天大学

续表

序号	姓名	学院	专业	升学类型	升学学校
129	刘彩云	光电信息科学技术学院	应用物理学	本升硕	吉林大学
130	李文轩	光电信息科学技术学院	应用物理学	本升硕	长春理工大学
131	耿靖森	光电信息科学技术学院	应用物理学	本升硕	安徽大学
132	杨　焱	光电信息科学技术学院	应用物理学	本升硕	湖北大学
133	田悦悦	光电信息科学技术学院	应用物理学	本升硕	上海大学
134	张旭良	光电信息科学技术学院	应用物理学	本升硕	苏州大学
135	孟　娇	光电信息科学技术学院	应用物理学	本升硕	北京工业大学
136	张　晓	光电信息科学技术学院	应用物理学	本升硕	中国石油大学(北京)
137	程　璐	光电信息科学技术学院	应用物理学	本升硕	上海大学
138	刘占齐	光电信息科学技术学院	应用物理学	本升硕	兰州大学
139	陶元鹤	光电信息科学技术学院	应用物理学	本升硕	中科院上海微系统与信息技术研究所
140	孙　洁	光电信息科学技术学院	应用物理学	本升硕	电子科技大学
141	田　甜	光电信息科学技术学院	应用物理学	本升硕	北京工业大学
142	郭梦如	光电信息科学技术学院	应用物理学	本升硕	山东师范大学
143	孙梦杰	光电信息科学技术学院	应用物理学	本升硕	中国人民大学
144	曹中潇	光电信息科学技术学院	应用物理学	本升硕	中国科学院计算机网络信息中心
145	李　博	光电信息科学技术学院	应用物理学	本升硕	河北大学
146	张苏明	光电信息科学技术学院	应用物理学	本升硕	中国人民大学
147	宋志超	光电信息科学技术学院	应用物理学	本升硕	烟台大学
148	郝立红	光电信息科学技术学院	应用物理学	本升硕	大连理工大学
149	满潇潇	光电信息科学技术学院	应用物理学	本升硕	中国人民大学
150	田梦寒	光电信息科学技术学院	应用物理学	本升硕	北京航空航天大学
151	宁　双	光电信息科学技术学院	应用物理学	本升硕	中科院上海微系统与信息技术研究所
152	张咸休	光电信息科学技术学院	应用物理学	本升硕	北京信息科技大学
153	陈红宇	光电信息科学技术学院	应用物理学	本升硕	中国石油大学(华东)
154	张宗振	光电信息科学技术学院	应用物理学	本升硕	中国科学院近代物理研究所
155	车潇华	光电信息科学技术学院	应用物理学	本升硕	烟台大学
156	焦若男	光电信息科学技术学院	应用物理学	本升硕	大连理工大学
157	薛瑶瑶	光电信息科学技术学院	应用物理学	本升硕	北京工业大学
158	毛　鹏	光电信息科学技术学院	应用物理学	本升硕	中国海洋大学
159	王　璐	光电信息科学技术学院	应用物理学	本升硕	山东师范大学
160	张昊生	光电信息科学技术学院	应用物理学	本升硕	中国石油大学(华东)

续表

序号	姓名	学院	专业	升学类型	升学学校
161	谢金美	光电信息科学技术学院	应用物理学	本升硕	哈尔滨工业大学
162	李丽娟	光电信息科学技术学院	应用物理学	本升硕	鲁东大学
163	辛漩漩	光电信息科学技术学院	应用物理学	本升硕	大连理工大学
164	滕雪爱	光电信息科学技术学院	应用物理学	本升硕	北京科技大学
165	徐　冲	光电信息科学技术学院	应用物理学	本升硕	苏州大学
166	刘　筱	光电信息科学技术学院	应用物理学	本升硕	南京邮电大学
167	马　超	光电信息科学技术学院	应用物理学	本升硕	中国石油大学(华东)
168	庄乾勇	光电信息科学技术学院	应用物理学	本升硕	湘潭大学
169	边慧征	光电信息科学技术学院	应用物理学	本升硕	北京工业大学
170	李海鹏	光电信息科学技术学院	应用物理学	本升硕	广西师范大学
171	钟　琦	光电信息科学技术学院	应用物理学	本升硕	烟台大学
172	邢国华	光电信息科学技术学院	应用物理学	本升硕	长春光学精密机械与物理研究所
173	王美丽	光电信息科学技术学院	应用物理学	本升硕	南京邮电大学
174	郝文斌	光电信息科学技术学院	应用物理学	本升硕	南京邮电大学
175	颜廷贞	光电信息科学技术学院	应用物理学	本升硕	上海理工大学
176	王　选	光电信息科学技术学院	应用物理学	本升硕	北京师范大学
177	吴亚楠	光电信息科学技术学院	应用物理学	本升硕	内蒙古工业大学
178	尹晓燕	光电信息科学技术学院	应用物理学	本升硕	北京工业大学
179	潘俊汝	光电信息科学技术学院	应用物理学	本升硕	中国人民大学
180	郭凤懿	光电信息科学技术学院	应用物理学	本升硕	西安电子科技大学
181	凌　妍	光电信息科学技术学院	应用物理学	本升硕	中国石油大学(华东)
182	陈雪婷	光电信息科学技术学院	应用物理学	本升硕	兰州大学
183	房柯君	国际教育交流学院	汉语国际教育	本升硕	曲阜师范大学
184	郗长震	国际教育交流学院	汉语国际教育	本升硕	浙江师范大学
185	郭晓玲	国际教育交流学院	汉语国际教育	本升硕	暨南大学
186	赵　阳	国际教育交流学院	汉语国际教育	本升硕	吉林大学
187	涂亚纯	国际教育交流学院	汉语国际教育	本升硕	广西大学
188	张晓玉	国际教育交流学院	汉语国际教育	本升硕	北京语言大学
189	鲍美朴	国际教育交流学院	汉语国际教育	本升硕	北京语言大学
190	董　子	国际教育交流学院	汉语国际教育	本升硕	南开大学
191	李　烁	国际教育交流学院	汉语国际教育	本升硕	吉林师范大学
192	徐　悦	国际教育交流学院	汉语国际教育	本升硕	南京大学
193	徐凯丽	国际教育交流学院	汉语国际教育	本升硕	华东师范大学
194	田烁言	国际教育交流学院	汉语国际教育	本升硕	贵州大学

续表

序号	姓名	学院	专业	升学类型	升学学校
195	柴乳楠	国际教育交流学院	汉语国际教育	本升硕	北京语言大学
196	田欣欣	国际教育交流学院	汉语国际教育	本升硕	烟台大学
197	高　鸽	国际教育交流学院	汉语国际教育	本升硕	烟台大学
198	李正帼	国际教育交流学院	国际商务	专升本	山东女子学院
199	冯海燕	国际教育交流学院	国际商务	专升本	烟台大学文经学院
200	王钰惠	国际教育交流学院	国际商务	专升本	山东科技大学泰山科技学院
201	孙　莉	国际教育交流学院	国际商务	专升本	山东女子学院
202	周　毅	国际教育交流学院	国际商务	专升本	泰山学院
203	徐新宇	国际教育交流学院	国际商务	专升本	烟台大学文经学院
204	梁晓琨	国际教育交流学院	国际商务	专升本	山东青年政治学院
205	葛旭翱	国际教育交流学院	国际商务	专升本	山东青年政治学院
206	刘子桢	国际教育交流学院	国际商务	专升本	山东青年政治学院
207	卢天昊	国际教育交流学院	国际商务	专升本	山东师范大学历山学院
208	陈宗义	国际教育交流学院	国际商务	专升本	烟台大学文经学院
209	陈　豪	国际教育交流学院	国际商务	专升本	临沂大学
210	徐博文	国际教育交流学院	国际商务	专升本	烟台大学文经学院
211	翟建鹏	国际教育交流学院	国际商务	专升本	山东财经大学燕山学院
212	董自正	国际教育交流学院	国际商务	专升本	山东财经大学东方学院
213	刘萌萌	国际教育交流学院	国际商务	专升本	山东财经大学东方学院
214	吴晓迪	国际教育交流学院	国际商务	专升本	山东财经大学燕山学院
215	沈金倩	国际教育交流学院	国际商务	专升本	山东师范大学历山学院
216	李安丽	国际教育交流学院	国际商务	专升本	山东财经大学燕山学院
217	王思敏	国际教育交流学院	国际商务	专升本	山东师范大学历山学院
218	罗宏宇	国际教育交流学院	国际商务	专升本	泰山医学院
219	胡欣桐	国际教育交流学院	国际商务	专升本	山东财经大学东方学院
220	马　俊	国际教育交流学院	国际商务	专升本	烟台大学文经学院
221	王希楠	国际教育交流学院	国际商务	专升本	山东师范大学历山学院
222	李扬帆	国际教育交流学院	国际商务	专升本	山东财经大学东方学院
223	张雪文	国际教育交流学院	国际商务	专升本	山东财经大学燕山学院
224	张　影	国际教育交流学院	国际商务	专升本	聊城大学东昌学院
225	王　琪	国际教育交流学院	国际商务	专升本	山东交通学院
226	于　欣	国际教育交流学院	国际商务	专升本	济南大学泉城学院
227	孟秋爽	国际教育交流学院	国际商务	专升本	烟台大学文经学院
228	李耘涵	国际教育交流学院	国际商务	专升本	临沂大学
229	王　喆	海洋学院	海洋渔业科学与技术	本升硕	上海海洋大学

续表

序号	姓名	学院	专业	升学类型	升学学校
230	王立秀	海洋学院	海洋渔业科学与技术	本升硕	扬州大学
231	马铭宇	海洋学院	海洋渔业科学与技术	本升硕	烟台大学
232	崔广鑫	海洋学院	海洋渔业科学与技术	本升硕	上海海洋大学
233	徐　鑫	海洋学院	海洋渔业科学与技术	本升硕	烟台大学
234	袁明波	海洋学院	海洋渔业科学与技术	本升硕	中国海洋大学
235	佀凤美	海洋学院	海洋渔业科学与技术	本升硕	华中农业大学
236	苏鹏飞	海洋学院	海洋渔业科学与技术	本升硕	安徽大学
237	郑　建	海洋学院	海洋渔业科学与技术	本升硕	中国海洋大学
238	张烜瑞	海洋学院	海洋渔业科学与技术	本升硕	山东大学青岛校区
239	王庆玉	海洋学院	海洋渔业科学与技术	本升硕	烟台大学
240	朱效鹏	海洋学院	海洋渔业科学与技术	本升硕	中科院烟台海岸带研究所
241	程　玉	海洋学院	海洋渔业科学与技术	本升硕	上海海洋大学
242	耿玉玲	海洋学院	海洋渔业科学与技术	本升硕	中国海洋大学
243	邢　飞	海洋学院	海洋渔业科学与技术	本升硕	中国海洋大学
244	郭东明	海洋学院	海洋渔业科学与技术	本升硕	中国科学院水生生物研究所
245	刘　聪	海洋学院	海洋渔业科学与技术	本升硕	中国海洋大学
246	高俊杰	海洋学院	海洋渔业科学与技术	本升硕	华中农业大学
247	赵枫桑	海洋学院	海洋渔业科学与技术	本升硕	上海海洋大学
248	邓利荣	海洋学院	海洋渔业科学与技术	本升硕	济南大学
249	孙成成	海洋学院	海洋渔业科学与技术	本升硕	中科院烟台海岸带研究所
250	赵谭军	海洋学院	海洋渔业科学与技术	本升硕	大连海洋大学
251	侯裕梁	海洋学院	海洋渔业科学与技术	本升硕	南昌大学
252	李淑君	海洋学院	海洋渔业科学与技术	本升硕	中国海洋大学
253	薛俊瑞	海洋学院	海洋渔业科学与技术	本升硕	中国科学院海洋研究所
254	刘强德	海洋学院	海洋渔业科学与技术	本升硕	中国海洋大学
255	于　鑫	海洋学院	海洋渔业科学与技术	本升硕	中国海洋大学
256	刘殊豪	海洋学院	海洋渔业科学与技术	本升硕	中国海洋大学
257	杨雪如	海洋学院	海洋渔业科学与技术	本升硕	南京师范大学
258	张伟蝶	海洋学院	海洋渔业科学与技术	本升硕	天津师范大学
259	毕永洁	海洋学院	海洋渔业科学与技术	本升硕	烟台大学
260	孙　旭	海洋学院	海洋渔业科学与技术	本升硕	中科院烟台海岸带研究所
261	王洪堃	海洋学院	航海技术	本升硕	杭州电子科技大学
262	胡炜煌	海洋学院	航海技术	本升硕	上海海事大学商船学院
263	柳光军	海洋学院	航海技术	本升硕	大连理工大学
264	师蒲松	海洋学院	航海技术	本升硕	西北大学

续表

序号	姓名	学院	专业	升学类型	升学学校
265	王关杰	海洋学院	轮机工程	本升硕	大连海事大学
266	卢建军	海洋学院	轮机工程	本升硕	武汉理工大学
267	尚振强	海洋学院	轮机工程	本升硕	武汉理工大学
268	盛奖利	海洋学院	轮机工程	本升硕	曲阜师范大学
269	严　喆	海洋学院	轮机工程	本升硕	华中科技大学
270	张博文	海洋学院	轮机工程	本升硕	上海海事大学
271	周　振	海洋学院	轮机工程	本升硕	武汉理工大学
272	刘一帆	海洋学院	轮机工程	本升硕	大连海事大学
273	仲赛凤	海洋学院	轮机工程	本升硕	哈尔滨工程大学
274	金圣哲	海洋学院	轮机工程	本升硕	上海海事大学
275	邹　肖	海洋学院	轮机工程	本升硕	武汉理工大学
276	尚明基	海洋学院	轮机工程	本升硕	大连海事大学
277	张宝中	海洋学院	轮机工程	本升硕	大连海事大学
278	陈世伟	海洋学院	轮机工程	本升硕	武汉大学
279	孟兵兵	海洋学院	轮机工程	本升硕	大连海事大学
280	李浩然	海洋学院	轮机工程	本升硕	武汉理工大学
281	陈丽萍	海洋学院	轮机工程	本升硕	大连理工大学
282	邹芳坤	海洋学院	轮机工程	本升硕	大连海事大学
283	刘　建	海洋学院	轮机工程	本升硕	大连海事大学
284	李著新	海洋学院	轮机工程	本升硕	武汉理工大学
285	田洪建	海洋学院	能源与动力工程	本升硕	河北工业大学
286	张国栋	海洋学院	能源与动力工程	本升硕	天津商业大学
287	公续然	海洋学院	能源与动力工程	本升硕	江苏大学
288	蒋继宏	海洋学院	能源与动力工程	本升硕	青岛理工大学
289	李　猛	海洋学院	能源与动力工程	本升硕	上海理工大学
290	崔梦冬	海洋学院	能源与动力工程	本升硕	上海理工大学
291	孙　帅	海洋学院	能源与动力工程	本升硕	天津商业大学
292	李　翔	海洋学院	能源与动力工程	本升硕	北京工业大学
293	张九磊	海洋学院	能源与动力工程	本升硕	东北大学
294	李　泳	海洋学院	能源与动力工程	本升硕	北京工业大学
295	来守翔	海洋学院	能源与动力工程	本升硕	吉林大学
296	弭保琪	海洋学院	能源与动力工程	本升硕	山东大学千佛山校区
297	宋文磊	海洋学院	能源与动力工程	本升硕	天津市商业大学
298	陈　辉	海洋学院	能源与动力工程	本升硕	江苏大学
299	刘　畅	海洋学院	能源与动力工程	本升硕	青岛大学

续表

序号	姓名	学院	专业	升学类型	升学学校
300	巩孝莲	海洋学院	能源与动力工程	本升硕	重庆大学
301	刘亚丽	海洋学院	能源与动力工程	本升硕	华北电力大学
302	靳庆壮	海洋学院	能源与动力工程	本升硕	华北电力大学
303	任保栋	海洋学院	能源与动力工程	本升硕	上海电力学院
304	张国庆	海洋学院	能源与动力工程	本升硕	华北电力大学
305	李　彪	海洋学院	能源与动力工程	本升硕	南昌大学
306	张加佳	海洋学院	能源与动力工程	本升硕	江苏大学
307	孙庆烨	海洋学院	能源与动力工程	本升硕	天津商业大学
308	王　猛	海洋学院	能源与动力工程	本升硕	天津商业大学
309	李阿倩	海洋学院	能源与动力工程	本升硕	重庆大学
310	刘建峰	海洋学院	能源与动力工程	本升硕	北京工业大学
311	惠庆玲	海洋学院	能源与动力工程	本升硕	天津商业大学
312	时海军	海洋学院	能源与动力工程	本升硕	青岛科技大学
313	郭晓雨	海洋学院	能源与动力工程	本升硕	烟台大学
314	吕晓雪	海洋学院	能源与动力工程	本升硕	中国石油大学
315	高昊然	海洋学院	能源与动力工程	本升硕	青岛科技大学
316	王　磊	海洋学院	能源与动力工程	本升硕	上海海事大学
317	万润聪	海洋学院	能源与动力工程	本升硕	中国石油大学
318	周荣超	海洋学院	能源与动力工程	本升硕	烟台大学
319	马锦铭	海洋学院	能源与动力工程	本升硕	青岛大学
320	轩福臣	海洋学院	能源与动力工程	本升硕	上海海洋大学
321	林玉莹	海洋学院	能源与动力工程	本升硕	江苏大学
322	程晓红	海洋学院	水产养殖学	本升硕	中国海洋大学
323	张　鑫	海洋学院	水产养殖学	本升硕	中国海洋大学
324	向　润	海洋学院	水产养殖学	本升硕	贵州大学生命科学学院
325	孔菏君	海洋学院	水产养殖学	本升硕	厦门大学
326	高羽辛	海洋学院	水产养殖学	本升硕	山东财经大学
327	李海昆	海洋学院	水产养殖学	本升硕	中国海洋大学
328	杜　娜	海洋学院	水产养殖学	本升硕	中国科学院海洋研究所
329	毛学彬	海洋学院	水产养殖学	本升硕	中国海洋大学
330	刘志骏	海洋学院	水产养殖学	本升硕	烟台大学
331	张　哲	海洋学院	水产养殖学	本升硕	烟台大学
332	王玉莲	海洋学院	水产养殖学	本升硕	江苏大学
333	赵亮亮	海洋学院	水产养殖学	本升硕	上海海洋大学
334	戚龙江	海洋学院	水产养殖学	本升硕	青岛大学

续表

序号	姓名	学院	专业	升学类型	升学学校
335	张琥顺	海洋学院	水产养殖学	本升硕	上海海洋大学
336	吕　婷	海洋学院	水产养殖学	本升硕	中国科学院海洋研究所
337	柳佳佳	海洋学院	水产养殖学	本升硕	宁波大学
338	彭壮壮	海洋学院	水产养殖学	本升硕	青岛农业大学
339	束树超	海洋学院	水产养殖学	本升硕	中国科学院海洋研究所
340	吕慧超	海洋学院	水产养殖学	本升硕	烟台大学
341	王　瑜	海洋学院	水产养殖学	本升硕	青岛大学
342	王　媛	海洋学院	水产养殖学	本升硕	烟台大学
343	唐艳清	海洋学院	水产养殖学	本升硕	南方医科大学
344	迟　勇	海洋学院	水产养殖学	本升硕	中国海洋大学
345	李　吕	海洋学院	水产养殖学	本升硕	贵州大学
346	刘德举	海洋学院	水产养殖学	本升硕	中国海洋大学
347	王　臻	海洋学院	水产养殖学	本升硕	烟台大学
348	任　力	海洋学院	水产养殖学	本升硕	西南大学
349	魏烈群	海洋学院	水产养殖学	本升硕	烟台大学
350	苏　畅	海洋学院	水产养殖学	本升硕	中国海洋大学
351	马新玥	海洋学院	海洋化学	硕升博	中科院烟台海岸带研究所
352	杨晓琪	海洋学院	水生生物学	硕升博	中国科学院大学
353	江云超	化学化工学院	高分子材料与工程	本升硕	中国石油大学(北京)
354	王　晨	化学化工学院	高分子材料与工程	本升硕	青岛科技大学
355	诸葛瑞雪	化学化工学院	高分子材料与工程	本升硕	福建师范大学
356	赵才德	化学化工学院	高分子材料与工程	本升硕	烟台大学
357	刘　彬	化学化工学院	高分子材料与工程	本升硕	浙江理工大学
358	董俊伟	化学化工学院	高分子材料与工程	本升硕	中国石油大学(北京)
359	宋以俊	化学化工学院	高分子材料与工程	本升硕	烟台大学
360	董鹏辉	化学化工学院	高分子材料与工程	本升硕	黑龙江大学
361	张　桐	化学化工学院	高分子材料与工程	本升硕	北京化工大学
362	赵　巍	化学化工学院	高分子材料与工程	本升硕	烟台大学
363	田　叶	化学化工学院	高分子材料与工程	本升硕	中国石油大学(北京)
364	郭　艳	化学化工学院	高分子材料与工程	本升硕	南昌大学
365	程永昶	化学化工学院	高分子材料与工程	本升硕	东华大学
366	史　甲	化学化工学院	高分子材料与工程	本升硕	海南大学
367	薛素玲	化学化工学院	高分子材料与工程	本升硕	天津大学
368	刘紫婷	化学化工学院	高分子材料与工程	本升硕	吉林大学
369	刘绍祥	化学化工学院	高分子材料与工程	本升硕	苏州大学

续表

序号	姓名	学院	专业	升学类型	升学学校
370	董　晗	化学化工学院	高分子材料与工程	本升硕	东华大学
371	于　涵	化学化工学院	高分子材料与工程	本升硕	海南大学
372	杨　鹤	化学化工学院	高分子材料与工程	本升硕	烟台大学
373	王志远	化学化工学院	高分子材料与工程	本升硕	河北工业大学
374	王三川	化学化工学院	高分子材料与工程	本升硕	北京化工大学
375	唐泽彬	化学化工学院	化学工程与工艺	本升硕	南开大学
376	王敏敏	化学化工学院	化学工程与工艺	本升硕	中国石油大学(华东)
377	董丽美	化学化工学院	化学工程与工艺	本升硕	中国海洋大学
378	王　正	化学化工学院	化学工程与工艺	本升硕	中国海洋大学
379	谢亚芳	化学化工学院	化学工程与工艺	本升硕	宁波大学
380	高倩倩	化学化工学院	化学工程与工艺	本升硕	中国石油大学(华东)
381	李　攀	化学化工学院	化学工程与工艺	本升硕	四川大学
382	郭　芳	化学化工学院	化学工程与工艺	本升硕	中国石油大学(华东)
383	宋朝晖	化学化工学院	化学工程与工艺	本升硕	北京化工大学
384	盛　磊	化学化工学院	化学工程与工艺	本升硕	大连理工大学
385	胡立超	化学化工学院	化学工程与工艺	本升硕	中国石油大学(华东)
386	王　松	化学化工学院	化学工程与工艺	本升硕	烟台大学
387	郭阳玲	化学化工学院	化学工程与工艺	本升硕	中国石油大学(华东)
388	王　娇	化学化工学院	化学工程与工艺	本升硕	大连理工大学
389	李　鑫	化学化工学院	化学工程与工艺	本升硕	青岛科技大学
390	周文璟	化学化工学院	化学工程与工艺	本升硕	西南大学
391	陆忠海	化学化工学院	化学工程与工艺	本升硕	烟台大学
392	张晓涵	化学化工学院	化学工程与工艺	本升硕	中国石油大学(北京)
393	张怀月	化学化工学院	化学工程与工艺	本升硕	烟台大学
394	陈雅楠	化学化工学院	化学工程与工艺	本升硕	中国海洋大学
395	庄　倩	化学化工学院	化学工程与工艺	本升硕	天津工业大学
396	郝亚男	化学化工学院	化学工程与工艺	本升硕	南开大学
397	陈乐乐	化学化工学院	化学工程与工艺	本升硕	烟台大学
398	唐　明	化学化工学院	化学工程与工艺	本升硕	哈尔滨工程大学
399	蒋　麟	化学化工学院	化学工程与工艺	本升硕	烟台大学
400	张晓柯	化学化工学院	化学工程与工艺	本升硕	中国石油大学(北京)
401	钊　萍	化学化工学院	化学工程与工艺	本升硕	常州大学
402	赵国凯	化学化工学院	化学工程与工艺	本升硕	华东理工大学
403	晁伟翔	化学化工学院	化学工程与工艺	本升硕	东北林业大学
404	江宏锋	化学化工学院	化学工程与工艺	本升硕	天津大学(非全)

续表

序号	姓名	学院	专业	升学类型	升学学校
405	陈春兰	化学化工学院	化学工程与工艺	本升硕	中国石油大学(华东)
406	李东旭	化学化工学院	化学工程与工艺	本升硕	北京化工大学
407	董亚萍	化学化工学院	化学工程与工艺	本升硕	中国矿业大学
408	左　莹	化学化工学院	化学工程与工艺	本升硕	北京化工大学
409	李　鑫	化学化工学院	化学工程与工艺	本升硕	哈尔滨工业大学
410	李维宁	化学化工学院	化学工程与工艺	本升硕	中国石油大学(华东)
411	肖　东	化学化工学院	化学工程与工艺	本升硕	北京化工大学
412	李　志	化学化工学院	化学工程与工艺	本升硕	华东理工大学
413	江永祥	化学化工学院	化学工程与工艺	本升硕	中国海洋大学
414	汪　琳	化学化工学院	化学工程与工艺	本升硕	南京工业大学
415	陈田田	化学化工学院	化学工程与工艺	本升硕	华南师范大学
416	靳新鲁	化学化工学院	化学工程与工艺	本升硕	烟台大学
417	肖龙银	化学化工学院	化学工程与工艺	本升硕	武汉理工大学
418	吴昱霖	化学化工学院	化学工程与工艺	本升硕	福州大学
419	李贵达	化学化工学院	化学工程与工艺	本升硕	湖南大学
420	提梦茹	化学化工学院	应用化学	本升硕	中国科学院大学
421	宋现成	化学化工学院	应用化学	本升硕	昆明理工大学
422	陈　飞	化学化工学院	应用化学	本升硕	中北大学
423	杨翰林	化学化工学院	应用化学	本升硕	烟台大学
424	谭明月	化学化工学院	应用化学	本升硕	华侨大学
425	于长卉	化学化工学院	应用化学	本升硕	中科院化学研究所
426	鲁　华	化学化工学院	应用化学	本升硕	北京师范大学
427	刘加利	化学化工学院	应用化学	本升硕	中国科学院山西煤炭化学研究所
428	程亚平	化学化工学院	应用化学	本升硕	内蒙古大学
429	王胜楠	化学化工学院	应用化学	本升硕	北京化工大学
430	刘欣宇	化学化工学院	应用化学	本升硕	东北大学
431	李新伦	化学化工学院	应用化学	本升硕	首都师范大学
432	李维明	化学化工学院	应用化学	本升硕	广西大学
433	崔忠正	化学化工学院	应用化学	本升硕	杭州师范大学
434	吕　璐	化学化工学院	应用化学	本升硕	上海大学
435	迟明月	化学化工学院	应用化学	本升硕	烟台大学
436	王　晶	化学化工学院	应用化学	本升硕	烟台大学
437	于春梅	化学化工学院	应用化学	本升硕	大连理工大学
438	刘道鑫	化学化工学院	应用化学	本升硕	济南大学

续表

序号	姓名	学院	专业	升学类型	升学学校
439	刘　萍	化学化工学院	应用化学	本升硕	大连理工大学
440	于豪杰	化学化工学院	应用化学	本升硕	华中农业大学
441	杨婷婷	化学化工学院	应用化学	本升硕	中国海洋大学
442	王博磊	化学化工学院	应用化学	本升硕	大连大学
443	杨　敏	化学化工学院	应用化学	本升硕	中国石油大学(华东)
444	沈振尧	化学化工学院	应用化学	本升硕	南京工业大学
445	李　兆	化学化工学院	应用化学	本升硕	齐鲁工业大学
446	王乃一	化学化工学院	应用化学	本升硕	东北大学
447	刘　璐	化学化工学院	应用化学	本升硕	大连理工大学
448	杜国威	化学化工学院	应用化学	本升硕	东南大学
449	郭丰娜	化学化工学院	应用化学	本升硕	东北大学
450	刘　健	化学化工学院	应用化学	本升硕	烟台大学
451	高　强	化学化工学院	应用化学	本升硕	烟台大学
452	郑欣欣	化学化工学院	应用化学	本升硕	北京师范大学
453	沈　建	化学化工学院	应用化学	本升硕	烟台大学
454	徐翰涛	化学化工学院	应用化学	本升硕	烟台大学
455	花晓月	化学化工学院	应用化学	本升硕	烟台大学
456	刘瑞红	化学化工学院	应用化学	本升硕	东北大学
457	荆忠鑫	化学化工学院	应用化学	本升硕	青岛科技大学
458	唐　雪	化学化工学院	应用化学	本升硕	浙江工业大学
459	张　枭	化学化工学院	应用化学	本升硕	南开大学
460	崔　雨	化学化工学院	应用化学	本升硕	中国石油大学(华东)
461	纪佳宁	化学化工学院	应用化学	本升硕	北京科技大学
462	潘　强	化学化工学院	应用化学	本升硕	江西师范大学
463	李之祥	化学化工学院	应用化学	本升硕	天津大学
464	于泓渊	化学化工学院	应用化学	本升硕	中国海洋大学
465	高金爱	化学化工学院	应用化学	本升硕	中国科学院大学
466	宋丽群	化学化工学院	应用化学	本升硕	山东师范大学
467	丁敬一	化学化工学院	应用化学	本升硕	烟台大学
468	王　田	化学化工学院	应用化学	本升硕	山东师范大学
469	郑　宇	化学化工学院	应用化学	本升硕	上海师范大学
470	刘　璇	化学化工学院	应用化学	本升硕	大连大学
471	侯雪捷	化学化工学院	应用化学	本升硕	烟台大学
472	王　宇	化学化工学院	应用化学	本升硕	河北工业大学
473	宋轩笛	化学化工学院	应用化学	本升硕	南京工业大学

续表

序号	姓名	学院	专业	升学类型	升学学校
474	牛丙波	化学化工学院	应用化学	本升硕	江西师范大学
475	解文凯	化学化工学院	应用化学	本升硕	华中师范大学
476	苏琳琳	化学化工学院	应用化学	本升硕	南京工业大学
477	甄　浩	化学化工学院	应用化学	本升硕	北京科技大学
478	王　飞	化学化工学院	应用化学	本升硕	中科院海西研究院
479	李高鹏	化学化工学院	应用化学	本升硕	长春理工大学
480	黄　浩	化学化工学院	应用化学	本升硕	大连理工大学
481	苗新雨	化学化工学院	应用化学	本升硕	兰州大学
482	刘浩囡	化学化工学院	应用化学	本升硕	天津理工大学
483	许凌菲	化学化工学院	应用化学	本升硕	大连理工大学
484	郑云云	化学化工学院	应用化学	本升硕	安徽师范大学
485	张　雨	化学化工学院	应用化学	本升硕	中北大学
486	赵相允	化学化工学院	应用化学	本升硕	烟台大学
487	吴　凯	化学化工学院	工业催化	硕升博	福州大学
488	郝凌婉	化学化工学院	工业催化	硕升博	吉林大学
489	蒋如剑	化学化工学院	化学工程	硕升博	吉林大学
490	房　旭	化学化工学院	无机化学	硕升博	中国石油大学(北京)
491	王海花	化学化工学院	无机化学	硕升博	山东大学
492	李玉林	环境与材料工程学院	材料科学与工程	本升硕	北京理工大学
493	周　聪	环境与材料工程学院	材料科学与工程	本升硕	中国石油大学(华东)
494	毛白羽	环境与材料工程学院	材料科学与工程	本升硕	中国社会科学院研究生院
495	亓文明	环境与材料工程学院	材料科学与工程	本升硕	新疆大学
496	王楚乔	环境与材料工程学院	材料科学与工程	本升硕	烟台大学
497	郑　翔	环境与材料工程学院	材料科学与工程	本升硕	青岛大学
498	李天骄	环境与材料工程学院	材料科学与工程	本升硕	烟台大学
499	赵子栋	环境与材料工程学院	材料科学与工程	本升硕	天津师范大学
500	杨　洁	环境与材料工程学院	材料科学与工程	本升硕	北京科技大学
501	尹续保	环境与材料工程学院	材料科学与工程	本升硕	中国海洋大学
502	韩晨雨	环境与材料工程学院	材料科学与工程	本升硕	青岛大学
503	韩治辉	环境与材料工程学院	材料科学与工程	本升硕	上海大学
504	毕以飞	环境与材料工程学院	材料科学与工程	本升硕	广西大学
505	杨同同	环境与材料工程学院	材料科学与工程	本升硕	烟台大学
506	周俊杰	环境与材料工程学院	材料科学与工程	本升硕	齐鲁工业大学
507	苗洁玉	环境与材料工程学院	材料科学与工程	本升硕	江苏大学
508	李　格	环境与材料工程学院	材料科学与工程	本升硕	中国石油大学(华东)

续表

序号	姓名	学院	专业	升学类型	升学学校
509	张　璐	环境与材料工程学院	材料科学与工程	本升硕	河北工业大学
510	刘　财	环境与材料工程学院	材料科学与工程	本升硕	河北工业大学
511	蔡剑锋	环境与材料工程学院	材料科学与工程	本升硕	昆明理工大学
512	朱建辉	环境与材料工程学院	材料科学与工程	本升硕	烟台大学
513	王茂源	环境与材料工程学院	材料科学与工程	本升硕	华东理工大学
514	高梦珍	环境与材料工程学院	材料科学与工程	本升硕	福州大学
515	刘振华	环境与材料工程学院	材料科学与工程	本升硕	重庆大学
516	宋　翼	环境与材料工程学院	材料科学与工程	本升硕	中国海洋大学
517	高　旭	环境与材料工程学院	材料科学与工程	本升硕	烟台大学
518	王瑶琪	环境与材料工程学院	材料科学与工程	本升硕	长安大学
519	徐庆飞	环境与材料工程学院	材料科学与工程	本升硕	内蒙古科技大学
520	王晓晓	环境与材料工程学院	材料科学与工程	本升硕	天津科技大学
521	张浩楠	环境与材料工程学院	材料科学与工程	本升硕	济南大学材料科学与工程学院
522	曲承玲	环境与材料工程学院	材料科学与工程	本升硕	天津理工大学
523	张　明	环境与材料工程学院	材料科学与工程	本升硕	烟台大学
524	张淑贤	环境与材料工程学院	材料科学与工程	本升硕	北京科技大学
525	李芳芳	环境与材料工程学院	材料科学与工程	本升硕	北京科技大学
526	李慧燕	环境与材料工程学院	材料科学与工程	本升硕	北京科技大学
527	张　硕	环境与材料工程学院	材料科学与工程	本升硕	济南大学
528	张文睿	环境与材料工程学院	材料科学与工程	本升硕	北京工业大学
529	赵　宁	环境与材料工程学院	材料科学与工程	本升硕	合肥工业大学
530	杨传开	环境与材料工程学院	材料科学与工程	本升硕	青岛大学
531	李　婷	环境与材料工程学院	材料科学与工程	本升硕	桂林理工大学
532	杨　威	环境与材料工程学院	材料科学与工程	本升硕	北京科技大学
533	鹿令杰	环境与材料工程学院	材料科学与工程	本升硕	北京航空航天大学
534	李　根	环境与材料工程学院	材料科学与工程	本升硕	华东师范大学化学与分子工程学院
535	赵雪雪	环境与材料工程学院	材料科学与工程	本升硕	长安大学
536	冯文婷	环境与材料工程学院	材料科学与工程	本升硕	中国海洋大学
537	周光友	环境与材料工程学院	材料科学与工程	本升硕	烟台大学
538	余忠圆	环境与材料工程学院	材料科学与工程	本升硕	厦门大学
539	刘蓓蓓	环境与材料工程学院	材料科学与工程	本升硕	中科院福建物质结构研究所
540	赵　佳	环境与材料工程学院	材料科学与工程	本升硕	中科院生态环境研究中心
541	王丽华	环境与材料工程学院	材料科学与工程	本升硕	青岛大学
542	张梦蕾	环境与材料工程学院	材料科学与工程	本升硕	北京工业大学

续表

序号	姓名	学院	专业	升学类型	升学学校
543	亓梦茹	环境与材料工程学院	材料科学与工程	本升硕	中国矿业大学
544	王紫薇	环境与材料工程学院	材料科学与工程	本升硕	青岛大学
545	杨建华	环境与材料工程学院	材料科学与工程	本升硕	烟台大学
546	周运红	环境与材料工程学院	材料科学与工程	本升硕	北京科技大学
547	赵焕磊	环境与材料工程学院	材料科学与工程	本升硕	北京科技大学
548	张　凯	环境与材料工程学院	材料科学与工程	本升硕	中国石油大学(华东)
549	王琳晓	环境与材料工程学院	材料科学与工程	本升硕	华东理工大学
550	叶雄彪	环境与材料工程学院	材料科学与工程	本升硕	厦门大学
551	刘　鹏	环境与材料工程学院	材料科学与工程	本升硕	中国石油大学(华东)
552	殷其恒	环境与材料工程学院	环保设备工程	本升硕	烟台大学
553	李光辉	环境与材料工程学院	环保设备工程	本升硕	西南大学
554	范　增	环境与材料工程学院	环保设备工程	本升硕	华北电力大学(保定)
555	张　欣	环境与材料工程学院	环保设备工程	本升硕	天津科技大学
556	姜莹莹	环境与材料工程学院	环保设备工程	本升硕	江南大学
557	魏烈浩	环境与材料工程学院	环保设备工程	本升硕	大连理工大学
558	迟飞飞	环境与材料工程学院	环保设备工程	本升硕	青岛理工大学
559	尹　巍	环境与材料工程学院	环保设备工程	本升硕	大连海事大学
560	史璐涵	环境与材料工程学院	环保设备工程	本升硕	华南理工大学
561	王　瑾	环境与材料工程学院	环保设备工程	本升硕	青岛科技大学
562	刘文旭	环境与材料工程学院	环保设备工程	本升硕	济南大学
563	刘　强	环境与材料工程学院	环保设备工程	本升硕	中国海洋大学
564	王亦闻	环境与材料工程学院	环保设备工程	本升硕	华中农业大学
565	吴丽丽	环境与材料工程学院	环保设备工程	本升硕	烟台大学
566	王　帅	环境与材料工程学院	环保设备工程	本升硕	南昌大学
567	张　坤	环境与材料工程学院	环境科学与工程	本升硕	东北师范大学
568	王　宁	环境与材料工程学院	环境科学与工程	本升硕	中国石油大学(华东)
569	杨　敏	环境与材料工程学院	环境科学与工程	本升硕	济南大学
570	刘如俊	环境与材料工程学院	环境科学与工程	本升硕	中国地质大学(武汉)
571	唐苏雯	环境与材料工程学院	环境科学与工程	本升硕	上海大学
572	邓樱桃	环境与材料工程学院	环境科学与工程	本升硕	同济大学
573	丛子翔	环境与材料工程学院	环境科学与工程	本升硕	大连海事大学
574	李江东	环境与材料工程学院	环境科学与工程	本升硕	南昌大学
575	任晨阳	环境与材料工程学院	环境科学与工程	本升硕	北京科技大学
576	刘　影	环境与材料工程学院	环境科学与工程	本升硕	烟台大学
577	朱啸啸	环境与材料工程学院	环境科学与工程	本升硕	郑州大学

续表

序号	姓名	学院	专业	升学类型	升学学校
578	赵金虎	环境与材料工程学院	环境科学与工程	本升硕	上海大学
579	王灿灿	环境与材料工程学院	环境科学与工程	本升硕	上海大学
580	崔晓珍	环境与材料工程学院	环境科学与工程	本升硕	华南理工大学
581	宋　洁	环境与材料工程学院	环境科学与工程	本升硕	内蒙古大学
582	方庆路	环境与材料工程学院	环境科学与工程	本升硕	华北电力大学(北京校区)
583	张　琪	环境与材料工程学院	环境科学与工程	本升硕	苏州科技大学
584	朱立靖	环境与材料工程学院	环境科学与工程	本升硕	北京工业大学
585	赵一莲	环境与材料工程学院	环境科学与工程	本升硕	上海大学
586	刘佳迪	环境与材料工程学院	环境科学与工程	本升硕	烟台大学
587	乔　芦	环境与材料工程学院	环境科学与工程	本升硕	宁夏大学
588	李梦君	环境与材料工程学院	环境科学与工程	本升硕	齐鲁工业大学
589	娄景媛	环境与材料工程学院	环境科学与工程	本升硕	烟台大学
590	徐仲博	环境与材料工程学院	环境科学与工程	本升硕	中国地质大学(北京)
591	杨喆程	环境与材料工程学院	环境科学与工程	本升硕	北京林业大学
592	刘　梅	环境与材料工程学院	环境科学与工程	本升硕	齐鲁工业大学
593	孙　艳	环境与材料工程学院	环境科学与工程	本升硕	湖南大学
594	刘婧宇	环境与材料工程学院	环境科学与工程	本升硕	东华大学
595	张家华	环境与材料工程学院	环境科学与工程	本升硕	大连理工大学
596	郑　凯	环境与材料工程学院	环境科学与工程	本升硕	山东大学(青岛校区)
597	刘　华	环境与材料工程学院	环境科学与工程	本升硕	青岛大学
598	李嘉懿	环境与材料工程学院	环境科学与工程	本升硕	上海大学
599	魏　铭	环境与材料工程学院	环境科学与工程	本升硕	中国海洋大学
600	孙煜姣	环境与材料工程学院	环境科学与工程	本升硕	大连理工大学
601	余俊霞	环境与材料工程学院	环境科学与工程	本升硕	云南大学
602	范新怡	环境与材料工程学院	环境科学与工程	本升硕	上海大学
603	王智航	环境与材料工程学院	环境科学与工程	本升硕	天津工业大学
604	李瑞雪	环境与材料工程学院	环境科学与工程	本升硕	东北电力大学
605	徐　瑶	环境与材料工程学院	环境科学与工程	本升硕	上海大学
606	郭龙涛	环境与材料工程学院	环境科学与工程	本升硕	中国海洋大学
607	徐艺艺	环境与材料工程学院	金属材料工程	本升硕	福建师范大学
608	矫豪翔	环境与材料工程学院	金属材料工程	本升硕	青岛科技大学
609	万月倩	环境与材料工程学院	金属材料工程	本升硕	北京科技大学
610	甘致聪	环境与材料工程学院	金属材料工程	本升硕	燕山大学国防科学技术学院
611	李亮亮	环境与材料工程学院	金属材料工程	本升硕	南昌航空大学
612	张　祥	环境与材料工程学院	金属材料工程	本升硕	天津大学

续表

序号	姓名	学院	专业	升学类型	升学学校
613	李远田	环境与材料工程学院	金属材料工程	本升硕	中国矿业大学
614	刘兆娟	环境与材料工程学院	金属材料工程	本升硕	北京科技大学
615	程培栋	环境与材料工程学院	金属材料工程	本升硕	南昌航空大学
616	王　顺	环境与材料工程学院	金属材料工程	本升硕	东北大学
617	王玉涛	环境与材料工程学院	金属材料工程	本升硕	北京科技大学
618	张　飏	环境与材料工程学院	金属材料工程	本升硕	贵州大学
619	张倩倩	环境与材料工程学院	金属材料工程	本升硕	江苏大学
620	于梦梦	环境与材料工程学院	金属材料工程	本升硕	烟台大学
621	陈　乐	环境与材料工程学院	金属材料工程	本升硕	北京科技大学新材料技术研究院
622	王越帅	环境与材料工程学院	金属材料工程	本升硕	北京工业大学
623	孔　腾	环境与材料工程学院	金属材料工程	本升硕	中国矿业大学
624	孙志檬	环境与材料工程学院	金属材料工程	本升硕	东北大学
625	徐祺潇	环境与材料工程学院	金属材料工程	本升硕	中国石油大学(华东)
626	李润水	环境与材料工程学院	金属材料工程	本升硕	东北大学
627	王炳明	环境与材料工程学院	金属材料工程	本升硕	中国石油大学(华东)
628	冯晓珊	环境与材料工程学院	金属材料工程	本升硕	福建师范大学
629	李　洋	环境与材料工程学院	金属材料工程	本升硕	东北大学
630	赵亚楠	环境与材料工程学院	金属材料工程	本升硕	天津大学
631	刘　锋	环境与材料工程学院	金属材料工程	本升硕	烟台大学
632	崔子奇	环境与材料工程学院	金属材料工程	本升硕	北京科技大学新金属材料国家重点实验室
633	高　飞	环境与材料工程学院	金属材料工程	本升硕	中国矿业大学(北京)
634	李朝晖	环境与材料工程学院	金属材料工程	本升硕	中国石油大学(华东)
635	王　星	环境与材料工程学院	金属材料工程	本升硕	合肥工业大学
636	马光兴	环境与材料工程学院	金属材料工程	本升硕	中国石油大学(华东)
637	杜　芳	环境与材料工程学院	金属材料工程	本升硕	华东理工大学
638	刘　晓	环境与材料工程学院	金属材料工程	本升硕	北京科技大学新金属材料国家重点实验室
639	姚　辉	环境与材料工程学院	金属材料工程	本升硕	北京工业大学
640	孟　晓	环境与材料工程学院	金属材料工程	本升硕	辽宁大学
641	邓衍增	环境与材料工程学院	金属材料工程	本升硕	北京科技大学
642	郭　涛	环境与材料工程学院	金属材料工程	本升硕	北京科技大学材料科学与工程学院
643	王　冲	环境与材料工程学院	金属材料工程	本升硕	北京科技大学新材料技术研究院

续表

序号	姓名	学院	专业	升学类型	升学学校
644	郑夫文	环境与材料工程学院	金属材料工程	本升硕	北京科技大学新材料技术研究院
645	马晓楷	环境与材料工程学院	金属材料工程	本升硕	兰州理工大学
646	刘　猛	环境与材料工程学院	金属材料工程	本升硕	广西大学
647	韩　斌	环境与材料工程学院	金属材料工程	本升硕	吉林大学南岭校区材料科学与工程学院
648	齐　辉	环境与材料工程学院	金属材料工程	本升硕	北京科技大学材料科学与工程学院
649	王　浩	环境与材料工程学院	金属材料工程	本升硕	华东理工大学
650	于士翔	环境与材料工程学院	金属材料工程	本升硕	吉林大学南岭校区材料科学与工程学院
651	赵献云	环境与材料工程学院	金属材料工程	本升硕	中国海洋大学
652	姜艳茹	机电汽车工程学院	测控技术与仪器	本升硕	中北大学
653	于孟杰	机电汽车工程学院	测控技术与仪器	本升硕	天津科技大学
654	刘乐涛	机电汽车工程学院	测控技术与仪器	本升硕	中国民航大学
655	常学敏	机电汽车工程学院	测控技术与仪器	本升硕	东北大学
656	王风乐	机电汽车工程学院	测控技术与仪器	本升硕	大连海事大学
657	季凡凡	机电汽车工程学院	测控技术与仪器	本升硕	大连理工大学
658	许小雪	机电汽车工程学院	测控技术与仪器	本升硕	东北大学
659	周冠宇	机电汽车工程学院	测控技术与仪器	本升硕	南京航空航天大学自动化学院
660	李云云	机电汽车工程学院	测控技术与仪器	本升硕	北京工业大学
661	王　卓	机电汽车工程学院	测控技术与仪器	本升硕	昆明理工大学
662	石朝阳	机电汽车工程学院	测控技术与仪器	本升硕	青岛大学
663	黄仲逸	机电汽车工程学院	测控技术与仪器	本升硕	电子科技大学
664	孙　冰	机电汽车工程学院	测控技术与仪器	本升硕	烟台大学
665	时　莉	机电汽车工程学院	测控技术与仪器	本升硕	烟台大学
666	王　帅	机电汽车工程学院	测控技术与仪器	本升硕	北京信息科技大学仪器科学与光电工程学院
667	彭安虎	机电汽车工程学院	测控技术与仪器	本升硕	电子科技大学
668	李声刚	机电汽车工程学院	测控技术与仪器	本升硕	沈阳理工大学
669	徐皖秋	机电汽车工程学院	测控技术与仪器	本升硕	杭州电子科技大学自动化学院
670	舒连成	机电汽车工程学院	测控技术与仪器	本升硕	大连理工大学
671	杨　蕾	机电汽车工程学院	测控技术与仪器	本升硕	东北大学
672	曹胜昌	机电汽车工程学院	测控技术与仪器	本升硕	中国石油大学(华东)
673	沙　磊	机电汽车工程学院	测控技术与仪器	本升硕	青岛大学

续表

序号	姓名	学院	专业	升学类型	升学学校
674	付笑笑	机电汽车工程学院	测控技术与仪器	本升硕	中国计量大学
675	刘　芳	机电汽车工程学院	测控技术与仪器	本升硕	哈尔滨工业大学(威海)
676	李　旋	机电汽车工程学院	测控技术与仪器	本升硕	杭州电子科技大学自动化学院
677	许　瑶	机电汽车工程学院	测控技术与仪器	本升硕	哈尔滨工业大学
678	王培鹏	机电汽车工程学院	测控技术与仪器	本升硕	电子科技大学
679	潘万乐	机电汽车工程学院	测控技术与仪器	本升硕	南京邮电大学电子与光学工程学院
680	闵海娇	机电汽车工程学院	车辆工程	本升硕	西南交通大学
681	刘永腾	机电汽车工程学院	车辆工程	本升硕	山东理工大学
682	马　瑞	机电汽车工程学院	车辆工程	本升硕	烟台大学
683	单　慧	机电汽车工程学院	车辆工程	本升硕	东北大学
684	刘奕驿	机电汽车工程学院	车辆工程	本升硕	武汉理工大学
685	高中豪	机电汽车工程学院	车辆工程	本升硕	大连理工大学
686	葛光成	机电汽车工程学院	车辆工程	本升硕	山东理工大学
687	孟祥慧	机电汽车工程学院	车辆工程	本升硕	大连理工大学
688	赵　岩	机电汽车工程学院	车辆工程	本升硕	青岛大学机电工程学院
689	林晓然	机电汽车工程学院	车辆工程	本升硕	大连理工大学
690	王长卉	机电汽车工程学院	车辆工程	本升硕	烟台大学
691	张子衡	机电汽车工程学院	车辆工程	本升硕	北京科技大学
692	张京旭	机电汽车工程学院	车辆工程	本升硕	吉林大学汽车工程学院
693	郭忠昌	机电汽车工程学院	车辆工程	本升硕	大连理工大学
694	仝　军	机电汽车工程学院	车辆工程	本升硕	福州大学
695	王所潇	机电汽车工程学院	机械设计制造及其自动化	本升硕	兰州交通大学
696	王泽政	机电汽车工程学院	机械设计制造及其自动化	本升硕	烟台大学
697	付昱兴	机电汽车工程学院	机械设计制造及其自动化	本升硕	石河子大学机械电气工程学院
698	刘云鹏	机电汽车工程学院	机械设计制造及其自动化	本升硕	燕山大学机械工程学院
699	翟乃举	机电汽车工程学院	机械设计制造及其自动化	本升硕	中国科学院沈阳自动化研究所
700	吴建明	机电汽车工程学院	机械设计制造及其自动化	本升硕	北京科技大学
701	亓有超	机电汽车工程学院	机械设计制造及其自动化	本升硕	中国科学院北京纳米能源与系统研究所
702	张茂森	机电汽车工程学院	机械设计制造及其自动化	本升硕	合肥工业大学
703	李　林	机电汽车工程学院	机械设计制造及其自动化	本升硕	烟台大学
704	李武鹏	机电汽车工程学院	机械设计制造及其自动化	本升硕	北京交通大学
705	陆小浪	机电汽车工程学院	机械设计制造及其自动化	本升硕	重庆邮电大学先进制造工程学院

续表

序号	姓名	学院	专业	升学类型	升学学校
706	孟　鑫	机电汽车工程学院	机械设计制造及其自动化	本升硕	烟台大学
707	刘宇航	机电汽车工程学院	机械设计制造及其自动化	本升硕	烟台大学
708	崔华飞	机电汽车工程学院	机械设计制造及其自动化	本升硕	烟台大学
709	李月琳	机电汽车工程学院	机械设计制造及其自动化	本升硕	烟台大学
710	陈英豪	机电汽车工程学院	机械设计制造及其自动化	本升硕	烟台大学
711	管国超	机电汽车工程学院	机械设计制造及其自动化	本升硕	中国石油大学(华东)
712	王　妍	机电汽车工程学院	机械设计制造及其自动化	本升硕	合肥工业大学
713	蔡国振	机电汽车工程学院	机械设计制造及其自动化	本升硕	宁夏大学怀远校区
714	赵大刚	机电汽车工程学院	机械设计制造及其自动化	本升硕	青岛大学机电工程学院
715	丁　磊	机电汽车工程学院	机械设计制造及其自动化	本升硕	烟台大学
716	代建军	机电汽车工程学院	机械设计制造及其自动化	本升硕	烟台大学
717	原旭晟	机电汽车工程学院	机械设计制造及其自动化	本升硕	河北工业大学
718	刘　浩	机电汽车工程学院	机械设计制造及其自动化	本升硕	贵州大学机械工程学院
719	杜博文	机电汽车工程学院	机械设计制造及其自动化	本升硕	中国海洋大学
720	李晓栋	机电汽车工程学院	机械设计制造及其自动化	本升硕	中南大学航空航天学院
721	李法民	机电汽车工程学院	机械设计制造及其自动化	本升硕	宁波大学
722	张银仙	机电汽车工程学院	机械设计制造及其自动化	本升硕	西南交通大学机械工程学院
723	张泽鲁	机电汽车工程学院	机械设计制造及其自动化	本升硕	中国科学院沈阳自动化研究所
724	燕纪威	机电汽车工程学院	机械设计制造及其自动化	本升硕	北京科技大学
725	潘佳辉	机电汽车工程学院	机械设计制造及其自动化	本升硕	燕山大学机械工程学院
726	李　庆	机电汽车工程学院	机械设计制造及其自动化	本升硕	河北工业大学
727	李　健	机电汽车工程学院	机械设计制造及其自动化	本升硕	中国海洋大学
728	孙传礼	机电汽车工程学院	机械设计制造及其自动化	本升硕	山东科技大学
729	房绍伟	机电汽车工程学院	机械设计制造及其自动化	本升硕	中国石油大学(华东)
730	车学娜	机电汽车工程学院	机械设计制造及其自动化	本升硕	北京建筑大学
731	王　鑫	机电汽车工程学院	机械设计制造及其自动化	本升硕	西安建筑科技大学
732	王新峰	机电汽车工程学院	机械设计制造及其自动化	本升硕	吉林大学机械科学与工程学院
733	朱　功	机电汽车工程学院	机械设计制造及其自动化	本升硕	烟台大学
734	战　凯	机电汽车工程学院	机械设计制造及其自动化	本升硕	中国海洋大学工程学院
735	刘文金	机电汽车工程学院	机械设计制造及其自动化	本升硕	山东大学千佛山校区机械学院
736	崔　强	机电汽车工程学院	机械设计制造及其自动化	本升硕	大连理工大学
737	王　坤	机电汽车工程学院	机械设计制造及其自动化	本升硕	大连理工大学
738	肖善社	机电汽车工程学院	机械设计制造及其自动化	本升硕	上海理工大学
739	潘　鹏	机电汽车工程学院	机械设计制造及其自动化	本升硕	山东科技大学
740	杨　文	机电汽车工程学院	机械设计制造及其自动化	本升硕	中国石油大学(华东)

续表

序号	姓名	学院	专业	升学类型	升学学校
741	刘金城	机电汽车工程学院	机械设计制造及其自动化	本升硕	武汉理工大学
742	胡尊祥	机电汽车工程学院	机械设计制造及其自动化	本升硕	西南交通大学
743	刘建营	机电汽车工程学院	机械设计制造及其自动化	本升硕	山东建筑大学
744	于　群	机电汽车工程学院	机械设计制造及其自动化	本升硕	北京交通大学机械与电子控制工程学院
745	许世玉	机电汽车工程学院	机械设计制造及其自动化	本升硕	中国石油大学(华东)机电工程学院
746	于洪华	机电汽车工程学院	机械设计制造及其自动化	本升硕	大连理工大学
747	董桂鑫	机电汽车工程学院	机械设计制造及其自动化	本升硕	中国石油大学(华东)机电工程学院
748	孙东洋	机电汽车工程学院	机械设计制造及其自动化	本升硕	烟台大学
749	张安生	机电汽车工程学院	机械设计制造及其自动化	本升硕	青岛理工大学
750	苏前跃	机电汽车工程学院	机械设计制造及其自动化	本升硕	东北大学
751	李明辉	机电汽车工程学院	机械设计制造及其自动化	本升硕	中国科学院沈阳自动化研究所
752	杨金秋	机电汽车工程学院	机械设计制造及其自动化	本升硕	烟台大学
753	王家乐	机电汽车工程学院	机械设计制造及其自动化	本升硕	新疆大学
754	柳　丹	机电汽车工程学院	机械工程	硕升博	北京理工大学
755	张　军	机电汽车工程学院	机械工程	硕升博	北京科技大学
756	岳博文	机电汽车工程学院	机械制造及其自动化	硕升博	山东理工大学
757	杨　珺	计算机与控制工程学院	计算机科学与技术	本升硕	河北工业大学
758	崔从敏	计算机与控制工程学院	计算机科学与技术	本升硕	北京信息科技大学计算机学院
759	徐吉平	计算机与控制工程学院	计算机科学与技术	本升硕	北方工业大学计算机学院
760	辛志勐	计算机与控制工程学院	计算机科学与技术	本升硕	武汉工程大学
761	李子伦	计算机与控制工程学院	计算机科学与技术	本升硕	山东大学
762	杨　征	计算机与控制工程学院	计算机科学与技术	本升硕	中国矿业大学(北京)机电与信息工程学院
763	李丛丛	计算机与控制工程学院	计算机科学与技术	本升硕	烟台大学
764	毕梦楠	计算机与控制工程学院	计算机科学与技术	本升硕	烟台大学
765	孙　潇	计算机与控制工程学院	计算机科学与技术	本升硕	烟台大学
766	朱希康	计算机与控制工程学院	计算机科学与技术	本升硕	河北工业大学
767	徐群壮	计算机与控制工程学院	计算机科学与技术	本升硕	中国海洋大学信息科学与工程学院
768	张　栋	计算机与控制工程学院	计算机科学与技术	本升硕	天津大学(非全)
769	王　旭	计算机与控制工程学院	计算机科学与技术	本升硕	云南大学信息学院
770	邱　暖	计算机与控制工程学院	计算机科学与技术	本升硕	山东工商学院

续表

序号	姓名	学院	专业	升学类型	升学学校
771	王　敏	计算机与控制工程学院	计算机科学与技术	本升硕	上海电力学院
772	王　忠	计算机与控制工程学院	计算机科学与技术	本升硕	烟台大学
773	韩　娟	计算机与控制工程学院	计算机科学与技术	本升硕	华侨大学
774	于　凯	计算机与控制工程学院	计算机科学与技术	本升硕	烟台大学
775	单昕昕	计算机与控制工程学院	计算机科学与技术	本升硕	华东师范大学
776	李　楠	计算机与控制工程学院	计算机科学与技术	本升硕	中国海洋大学信息科学与工程学院
777	陈　旭	计算机与控制工程学院	计算机科学与技术	本升硕	杭州电子科技大学
778	刘天恩	计算机与控制工程学院	计算机科学与技术	本升硕	烟台大学
779	吕　鹏	计算机与控制工程学院	计算机科学与技术	本升硕	烟台大学
780	张生栋	计算机与控制工程学院	计算机科学与技术	本升硕	上海师范大学
781	范星月	计算机与控制工程学院	计算机科学与技术	本升硕	上海大学
782	满星辰	计算机与控制工程学院	计算机科学与技术	本升硕	长春理工大学
783	赵　敏	计算机与控制工程学院	计算机科学与技术	本升硕	烟台大学
784	孙春红	计算机与控制工程学院	计算机科学与技术	本升硕	上海大学
785	曾　晓	计算机与控制工程学院	计算机科学与技术	本升硕	中国海洋大学
786	刘慧超	计算机与控制工程学院	计算机科学与技术	本升硕	上海海洋大学
787	王一锟	计算机与控制工程学院	计算机科学与技术	本升硕	华东师范大学
788	呼亚萍	计算机与控制工程学院	计算机科学与技术	本升硕	西安邮电大学
789	陆云杰	计算机与控制工程学院	计算机科学与技术	本升硕	上海师范大学
790	吴胜男	计算机与控制工程学院	计算机科学与技术	本升硕	烟台大学
791	陈栋梁	计算机与控制工程学院	计算机科学与技术	本升硕	烟台大学
792	姜甜甜	计算机与控制工程学院	计算机科学与技术	本升硕	中国科学院沈阳计算技术研究所
793	李晓凡	计算机与控制工程学院	计算机科学与技术	本升硕	四川农业大学
794	张伟建	计算机与控制工程学院	计算机科学与技术	本升硕	烟台大学
795	孙旭明	计算机与控制工程学院	计算机科学与技术	本升硕	大连大学
796	王　坤	计算机与控制工程学院	计算机科学与技术	本升硕	烟台大学
797	程显富	计算机与控制工程学院	软件工程	本升硕	北京航空航天大学
798	张雪莲	计算机与控制工程学院	软件工程	本升硕	鲁东大学教育科学学院
799	来靖晗	计算机与控制工程学院	软件工程	本升硕	中国民航大学
800	颜　静	计算机与控制工程学院	软件工程	本升硕	大连大学
801	褚宏林	计算机与控制工程学院	软件工程	本升硕	烟台大学
802	王　震	计算机与控制工程学院	软件工程	本升硕	黑龙江大学
803	齐晓童	计算机与控制工程学院	软件工程	本升硕	曲阜师范大学

续表

序号	姓名	学院	专业	升学类型	升学学校
804	周童晖	计算机与控制工程学院	软件工程	本升硕	华东师范大学
805	李　媛	计算机与控制工程学院	软件工程	本升硕	北京工业大学
806	杨文静	计算机与控制工程学院	软件工程	本升硕	烟台大学
807	武锦霞	计算机与控制工程学院	软件工程	本升硕	青岛理工大学
808	高　阳	计算机与控制工程学院	软件工程	本升硕	烟台大学
809	董传珂	计算机与控制工程学院	软件工程	本升硕	上海理工大学
810	赵子超	计算机与控制工程学院	软件工程	本升硕	广州大学
811	殷增轩	计算机与控制工程学院	软件工程	本升硕	烟台大学
812	迟海洋	计算机与控制工程学院	软件工程	本升硕	昆明理工大学
813	王晨曦	计算机与控制工程学院	软件工程	本升硕	河海大学
814	刘　炎	计算机与控制工程学院	软件工程	本升硕	北京工业大学
815	刘彤彤	计算机与控制工程学院	软件工程	本升硕	烟台大学
816	王　宽	计算机与控制工程学院	软件工程	本升硕	青岛大学计算机科学技术学院
817	张硕硕	计算机与控制工程学院	软件工程	本升硕	烟台大学
818	王艺蓉	计算机与控制工程学院	软件工程	本升硕	鲁东大学
819	郑尚菲	计算机与控制工程学院	软件工程	本升硕	山东师范大学信息科学与工程学院
820	王延安	计算机与控制工程学院	软件工程	本升硕	北京工业大学
821	孟　旭	计算机与控制工程学院	软件工程	本升硕	北京信息科技大学计算机学院
822	朱晓楠	计算机与控制工程学院	软件工程	本升硕	黑龙江大学
823	刘　名	计算机与控制工程学院	软件工程	本升硕	昆明理工大学
824	王元辰	计算机与控制工程学院	软件工程	本升硕	黑龙江大学
825	杨远林	计算机与控制工程学院	软件工程	本升硕	西北工业大学
826	王美玲	计算机与控制工程学院	软件工程	本升硕	哈尔滨理工大学
827	刘奕含	计算机与控制工程学院	软件工程	本升硕	北京工商大学经济学院
828	王素芳	计算机与控制工程学院	软件工程	本升硕	厦门理工学院
829	侯文涵	计算机与控制工程学院	软件工程	本升硕	内蒙古大学计算机学院
830	万文飞	计算机与控制工程学院	软件工程	本升硕	燕山大学信息科学与工程学院
831	王　琪	计算机与控制工程学院	软件工程	本升硕	中国人民大学信息学院
832	张成威	计算机与控制工程学院	自动化	本升硕	北京工业大学
833	邹　铭	计算机与控制工程学院	自动化	本升硕	上海理工大学
834	王建烨	计算机与控制工程学院	自动化	本升硕	太原理工大学
835	迟景成	计算机与控制工程学院	自动化	本升硕	上海海事大学物流科学与工程研究院
836	段亚灿	计算机与控制工程学院	自动化	本升硕	华北电力大学(保定)

续表

序号	姓名	学院	专业	升学类型	升学学校
837	王怡平	计算机与控制工程学院	自动化	本升硕	东北大学
838	方　钦	计算机与控制工程学院	自动化	本升硕	江南大学
839	康翔宇	计算机与控制工程学院	自动化	本升硕	上海理工大学
840	孔　健	计算机与控制工程学院	自动化	本升硕	上海理工大学
841	王　浩	计算机与控制工程学院	自动化	本升硕	上海理工大学
842	葛海康	计算机与控制工程学院	自动化	本升硕	浙江理工大学
843	杨镇宇	计算机与控制工程学院	自动化	本升硕	中国石油大学(华东)
844	马　超	计算机与控制工程学院	自动化	本升硕	中国计量大学
845	周在魁	计算机与控制工程学院	自动化	本升硕	东北大学
846	郑　杰	计算机与控制工程学院	自动化	本升硕	杭州电子科技大学
847	马学政	计算机与控制工程学院	自动化	本升硕	北京航空航天大学
848	常序辉	计算机与控制工程学院	自动化	本升硕	北京信息科技大学自动化学院
849	邱慧冬	计算机与控制工程学院	自动化	本升硕	中国石油大学(华东)
850	刘宇鹏	计算机与控制工程学院	自动化	本升硕	哈尔滨理工大学
851	温林东	计算机与控制工程学院	自动化	本升硕	东北大学
852	王国锐	计算机与控制工程学院	自动化	本升硕	东北大学
853	董　瑞	计算机与控制工程学院	自动化	本升硕	燕山大学电气工程学院
854	李　号	计算机与控制工程学院	自动化	本升硕	华北电力大学(保定)
855	王亚男	计算机与控制工程学院	自动化	本升硕	山东建筑大学
856	崔文志	计算机与控制工程学院	自动化	本升硕	中国石油大学(华东)
857	郭俊伦	计算机与控制工程学院	自动化	本升硕	北京信息科技大学
858	田　辉	计算机与控制工程学院	自动化	本升硕	华北电力大学(北京)
859	臧高升	计算机与控制工程学院	自动化	本升硕	华北电力大学(北京)
860	贺世超	计算机与控制工程学院	自动化	本升硕	中国石油大学
861	时晓磊	计算机与控制工程学院	自动化	本升硕	中国石油大学(华东)
862	高学燕	计算机与控制工程学院	自动化	本升硕	东北大学
863	崔元贞	计算机与控制工程学院	自动化	本升硕	中国海洋大学
864	王文焕	计算机与控制工程学院	自动化	本升硕	安徽理工大学
865	高聪聪	计算机与控制工程学院	自动化	本升硕	西安电子科技大学
866	雷恒鑫	计算机与控制工程学院	计算机技术	硕升博	重庆邮电大学
867	严景馨	建筑学院	环境设计	本升硕	东北林业大学
868	刘　瑶	建筑学院	环境设计	本升硕	西安建筑科技大学
869	孙雅鑫	建筑学院	建筑学	本升硕	山东建筑大学
870	徐慧颖	建筑学院	建筑学	本升硕	北京工业大学
871	张　涛	建筑学院	建筑学	本升硕	南京大学

续表

序号	姓名	学院	专业	升学类型	升学学校
872	吴旭增	建筑学院	建筑学	本升硕	厦门大学
873	张　琪	建筑学院	建筑学	本升硕	北京建筑大学
874	刘　轲	建筑学院	建筑学	本升硕	北京建筑大学
875	赵　悦	建筑学院	建筑学	本升硕	大连理工大学
876	黄　元	建筑学院	建筑学	本升硕	华中科技大学
877	刘嘉祺	建筑学院	建筑学	本升硕	中国建筑设计研究院
878	范　勇	建筑学院	建筑学	本升硕	南京大学
879	邱丛丛	建筑学院	建筑学	本升硕	武汉大学
880	王　璇	建筑学院	建筑学	本升硕	北京交通大学
881	黄丽妍	建筑学院	建筑学	本升硕	华中科技大学
882	姜智慧	建筑学院	建筑学	本升硕	西安建筑科技大学
883	李　姝	建筑学院	建筑学	本升硕	华中科技大学
884	欧阳思琪	建筑学院	视觉传达设计	本升硕	南昌大学
885	曹　璐	经济管理学院	工商管理	本升硕	山东师范大学
886	刘　超	经济管理学院	工商管理	本升硕	烟台大学
887	孙淑惠	经济管理学院	工商管理	本升硕	山东财经大学
888	周萍萍	经济管理学院	工商管理	本升硕	昆明理工大学
889	王　慧	经济管理学院	工商管理	本升硕	上海师范大学
890	万国良	经济管理学院	工商管理	本升硕	上海财经大学
891	于　慧	经济管理学院	公共事业管理	本升硕	上海师范大学
892	杨紫璇	经济管理学院	公共事业管理	本升硕	陕西师范大学
893	尹凯民	经济管理学院	公共事业管理	本升硕	中央民族大学
894	陈　乔	经济管理学院	公共事业管理	本升硕	烟台大学
895	谢　凡	经济管理学院	公共事业管理	本升硕	安徽大学
896	何欢欢	经济管理学院	公共事业管理	本升硕	烟台大学
897	赫振伟	经济管理学院	公共事业管理	本升硕	四川大学
898	刘盼盼	经济管理学院	国际经济与贸易	本升硕	安徽财经大学
899	李　园	经济管理学院	国际经济与贸易	本升硕	云南财经大学
900	井　鹏	经济管理学院	国际经济与贸易	本升硕	中国海洋大学
901	吴赵林	经济管理学院	国际经济与贸易	本升硕	华侨大学
902	沐　楠	经济管理学院	国际经济与贸易	本升硕	云南财经大学
903	杨青青	经济管理学院	国际经济与贸易	本升硕	贵州大学
904	鞠海臣	经济管理学院	国际经济与贸易	本升硕	南京师范大学
905	鲁刘青	经济管理学院	国际经济与贸易	本升硕	浙江财经大学
906	朱　力	经济管理学院	国际经济与贸易	本升硕	安徽财经大学

续表

序号	姓名	学院	专业	升学类型	升学学校
907	曲　晨	经济管理学院	国际经济与贸易	本升硕	北京大学
908	杨日珍	经济管理学院	国际经济与贸易	本升硕	西南财经大学
909	康　睿	经济管理学院	国际经济与贸易	本升硕	同济大学
910	樊晓艳	经济管理学院	国际经济与贸易	本升硕	西北师范大学
911	涂卫国	经济管理学院	国际经济与贸易	本升硕	东北财经大学
912	周瑜琳	经济管理学院	国际经济与贸易	本升硕	河南大学
913	孙　浩	经济管理学院	国际经济与贸易	本升硕	上海对外经贸大学
914	孙晓君	经济管理学院	会计学	本升硕	烟台大学
915	王　杰	经济管理学院	会计学	本升硕	山东大学
916	刘　倩	经济管理学院	会计学	本升硕	燕山大学
917	臧金辉	经济管理学院	会计学	本升硕	山东财经大学
918	徐　昊	经济管理学院	会计学	本升硕	辽宁石油化工大学
919	史心悦	经济管理学院	会计学	本升硕	大连海洋大学
920	倪甜甜	经济管理学院	会计学	本升硕	烟台大学
921	杨子乐	经济管理学院	会计学	本升硕	山东师范大学
922	张　通	经济管理学院	会计学	本升硕	山东工商学院
923	杨济聪	经济管理学院	会计学	本升硕	西安石油大学
924	程　凯	经济管理学院	会计学	本升硕	桂林理工大学商学院
925	王天祺	经济管理学院	会计学	本升硕	青岛科技大学
926	林晓丽	经济管理学院	会计学	本升硕	青岛科技大学
927	阚宝娟	经济管理学院	会计学	本升硕	中国海洋大学
928	徐冠清	经济管理学院	市场营销	本升硕	烟台大学
929	左啸文	经济管理学院	市场营销	本升硕	烟台大学
930	尹　晓	经济管理学院	市场营销	本升硕	昆明理工大学
931	孙文浩	经济管理学院	国民经济学	硕升博	中国人民大学
932	罗成成	马克思主义学院	中国少数民族史	硕升博	兰州大学
933	何　璐	人文学院	汉语言文学	本升硕	辽宁大学
934	成　月	人文学院	汉语言文学	本升硕	上海师范大学
935	徐颖颖	人文学院	汉语言文学	本升硕	山东师范大学
936	张雅宁	人文学院	汉语言文学	本升硕	山东师范大学
937	李　翠	人文学院	汉语言文学	本升硕	辽宁大学
938	马佩玲	人文学院	汉语言文学	本升硕	南京师范大学
939	金新杰	人文学院	汉语言文学	本升硕	曲阜师范大学
940	颜炳儒	人文学院	汉语言文学	本升硕	中央民族大学
941	亓　飞	人文学院	汉语言文学	本升硕	烟台大学

续表

序号	姓名	学院	专业	升学类型	升学学校
942	刘诗奕	人文学院	汉语言文学	本升硕	华中师范大学
943	王　硕	人文学院	汉语言文学	本升硕	烟台大学
944	宋方成	人文学院	汉语言文学	本升硕	山东师范大学
945	张　涛	人文学院	汉语言文学	本升硕	曲阜师范大学
946	鹿子莹	人文学院	汉语言文学	本升硕	华中师范大学
947	邵　庆	人文学院	汉语言文学	本升硕	辽宁大学
948	蔡宇莎	人文学院	汉语言文学	本升硕	北方民族大学
949	王凤月	人文学院	汉语言文学	本升硕	黑龙江大学
950	刘禹卓	人文学院	汉语言文学	本升硕	湖南大学
951	田春苗	人文学院	汉语言文学	本升硕	东北师范大学
952	王　颖	人文学院	汉语言文学	本升硕	西南大学
953	王大婷	人文学院	汉语言文学	本升硕	烟台大学
954	杨　洁	人文学院	汉语言文学	本升硕	山东师范大学
955	纪丽洁	人文学院	汉语言文学	本升硕	辽宁大学
956	张　怡	人文学院	汉语言文学	本升硕	安徽大学
957	栾义伟	人文学院	汉语言文学	本升硕	江苏师范大学
958	王　裕	人文学院	汉语言文学	本升硕	烟台大学
959	王亚军	人文学院	汉语言文学	本升硕	北京工业大学
960	许鲁霞	人文学院	汉语言文学	本升硕	温州大学
961	王晓杰	人文学院	汉语言文学	本升硕	烟台大学
962	邬　胜	人文学院	汉语言文学	本升硕	山东师范大学
963	李闪闪	人文学院	汉语言文学	本升硕	华东师范大学
964	殷艳敏	人文学院	汉语言文学	本升硕	山东理工大学
965	刘　峰	人文学院	汉语言文学	本升硕	山东师范大学
966	周文娟	人文学院	汉语言文学	本升硕	烟台大学
967	刘情情	人文学院	汉语言文学	本升硕	暨南大学
968	宋宇佳	人文学院	新闻学	本升硕	东北师范大学
969	李宝轩	人文学院	新闻学	本升硕	吉林体育学院
970	林之韵	人文学院	新闻学	本升硕	云南财经大学
971	包　蓉	人文学院	新闻学	本升硕	渤海大学
972	马思琦	人文学院	新闻学	本升硕	陕西师范大学
973	郭茹月	人文学院	新闻学	本升硕	河南大学
974	柏丽娟	人文学院	新闻学	本升硕	南京师范大学
975	朱子微	人文学院	新闻学	本升硕	湖南大学
976	王　慧	人文学院	新闻学	本升硕	西南政法大学

续表

序号	姓名	学院	专业	升学类型	升学学校
977	赵明明	人文学院	新闻学	本升硕	上海财经大学
978	颜婷梦	人文学院	新闻学	本升硕	新疆大学
979	王诗雯	人文学院	新闻学	本升硕	烟台大学
980	汤嘉欣	人文学院	新闻学	本升硕	云南大学
981	李秀强	人文学院	中国古典文献学	硕升博	山东师范大学
982	周家平	生命科学学院	生物工程	本升硕	烟台大学
983	赵紫薇	生命科学学院	生物工程	本升硕	华中农业大学
984	陈慧敏	生命科学学院	生物工程	本升硕	湖南师范大学
985	姜玫如	生命科学学院	生物工程	本升硕	天津大学
986	韩　雪	生命科学学院	生物工程	本升硕	上海交通大学
987	薛　松	生命科学学院	生物工程	本升硕	烟台大学
988	阿米娜·艾尔肯	生命科学学院	生物工程	本升硕	中国科学院新疆理化技术研究所
989	刘永轩	生命科学学院	生物工程	本升硕	华中农业大学
990	李治城	生命科学学院	生物工程	本升硕	烟台大学
991	宗　晗	生命科学学院	生物工程	本升硕	大连理工大学
992	安　芳	生命科学学院	生物工程	本升硕	上海大学
993	郑　茹	生命科学学院	生物工程	本升硕	中南大学
994	苏婉莹	生命科学学院	生物工程	本升硕	西安建筑科技大学
995	董　丁	生命科学学院	生物工程	本升硕	云南大学
996	刘兴龙	生命科学学院	生物工程	本升硕	青岛科技大学
997	齐乃玲	生命科学学院	生物工程	本升硕	北京化工大学
998	刘春筱	生命科学学院	生物工程	本升硕	江南大学
999	赵　敏	生命科学学院	生物工程	本升硕	山东大学
1000	闵　瑞	生命科学学院	生物工程	本升硕	华东理工大学
1001	闫伊宁	生命科学学院	生物工程	本升硕	中国科学院大学
1002	毛　倩	生命科学学院	生物工程	本升硕	北京化工大学
1003	查孝胜	生命科学学院	生物工程	本升硕	中国科学院青岛生物能源与过程研究所
1004	任鄄宝	生命科学学院	生物工程	本升硕	上海海洋大学
1005	臧　帆	生命科学学院	生物工程	本升硕	烟台大学
1006	李　琦	生命科学学院	生物工程	本升硕	大连理工大学
1007	魏书慧	生命科学学院	生物工程	本升硕	中国海洋大学
1008	薛静怡	生命科学学院	生物技术	本升硕	湖南大学
1009	何明亮	生命科学学院	生物技术	本升硕	天津大学

续表

序号	姓名	学院	专业	升学类型	升学学校
1010	高书敏	生命科学学院	生物技术	本升硕	山东大学
1011	杨　多	生命科学学院	生物技术	本升硕	新疆大学
1012	赵学政	生命科学学院	生物技术	本升硕	南京农业大学
1013	李媛媛	生命科学学院	生物技术	本升硕	浙江理工大学
1014	侯　玉	生命科学学院	生物技术	本升硕	复旦大学
1015	魏婷婷	生命科学学院	生物技术	本升硕	南开大学
1016	苏　晶	生命科学学院	生物技术	本升硕	山东师范大学
1017	姜丝涛	生命科学学院	生物技术	本升硕	北京师范大学
1018	刘福云	生命科学学院	生物技术	本升硕	中国海洋大学
1019	徐延镇	生命科学学院	生物技术	本升硕	华中农业大学
1020	亓玉婷	生命科学学院	生物技术	本升硕	山东师范大学
1021	闫令东	生命科学学院	生物技术	本升硕	烟台大学
1022	李　冲	生命科学学院	生物技术	本升硕	青岛大学
1023	韩　磊	生命科学学院	生物技术	本升硕	北京邮电大学
1024	刘　洋	生命科学学院	生物技术	本升硕	哈尔滨师范大学
1025	刘庆胜	生命科学学院	生物技术	本升硕	华中科技大学
1026	杨沐霖	生命科学学院	生物技术	本升硕	兰州大学
1027	林　波	生命科学学院	生物技术	本升硕	西北农林科技大学
1028	王　天	生命科学学院	生物技术	本升硕	山东大学
1029	魏洪媛	生命科学学院	生物技术	本升硕	中国林业科学研究院资源昆虫研究所
1030	郑雨帆	生命科学学院	生物技术	本升硕	苏州大学
1031	孙泽敏	生命科学学院	生物技术	本升硕	北京理工大学
1032	马俊杰	生命科学学院	生物技术	本升硕	中国科学院上海营养与健康研究院
1033	曹慧文	生命科学学院	生物技术	本升硕	浙江大学
1034	夏　栋	生命科学学院	生物技术	本升硕	中南民族大学
1035	吕明芯	生命科学学院	生物技术	本升硕	山东师范大学
1036	张　舒	生命科学学院	生物科学	本升硕	山东大学
1037	郭丁预	生命科学学院	生物科学	本升硕	烟台大学
1038	陈梦雪	生命科学学院	生物科学	本升硕	山东师范大学
1039	单文琪	生命科学学院	生物科学	本升硕	苏州大学
1040	吴春艳	生命科学学院	生物科学	本升硕	中国科学院大学
1041	马　阳	生命科学学院	生物科学	本升硕	山西财经大学
1042	崔　灿	生命科学学院	生物科学	本升硕	山东大学

续表

序号	姓名	学院	专业	升学类型	升学学校
1043	王 帅	生命科学学院	生物科学	本升硕	厦门大学
1044	吴筱林	生命科学学院	生物科学	本升硕	烟台大学
1045	纪维玮	生命科学学院	生物科学	本升硕	中国海洋大学
1046	付珂鑫	生命科学学院	生物科学	本升硕	南开大学
1047	孙梦坤	生命科学学院	生物科学	本升硕	烟台大学
1048	孙美晨	生命科学学院	生物科学	本升硕	新疆农业大学
1049	赵思思	生命科学学院	生物科学	本升硕	湖南大学
1050	杨曼丽	生命科学学院	生物科学	本升硕	北京工商大学
1051	刘晨苗	生命科学学院	生物科学	本升硕	西北农林科技大学
1052	秦 珊	生命科学学院	生物科学	本升硕	华中农业大学
1053	赵秀荣	生命科学学院	生物科学	本升硕	烟台大学
1054	许可心	生命科学学院	生物科学	本升硕	中国海洋大学
1055	高仪璠	生命科学学院	生物科学	本升硕	中国海洋大学
1056	李 志	生命科学学院	生物科学	本升硕	中国科学院海洋研究所
1057	殷晓敏	生命科学学院	生物科学	本升硕	山东大学
1058	仲界衡	生命科学学院	生物科学	本升硕	吉林大学
1059	张洋洋	生命科学学院	生物科学	本升硕	山东师范大学
1060	王 慧	生命科学学院	生物科学	本升硕	复旦大学
1061	刘凌云	生命科学学院	生物科学	本升硕	北京林业大学
1062	王 燕	生命科学学院	食品科学与工程	本升硕	山东大学
1063	王纬洋	生命科学学院	食品科学与工程	本升硕	山东农业大学
1064	潘广磊	生命科学学院	食品科学与工程	本升硕	山东农业大学
1065	刘 军	生命科学学院	食品科学与工程	本升硕	暨南大学
1066	王瀚誉	生命科学学院	食品科学与工程	本升硕	西北农林科技大学
1067	王 璇	生命科学学院	食品科学与工程	本升硕	中国石油大学(华东)
1068	季文娜	生命科学学院	食品科学与工程	本升硕	江南大学
1069	孙玉娇	生命科学学院	食品科学与工程	本升硕	中国石油大学(华东)
1070	李 龙	生命科学学院	食品科学与工程	本升硕	西北农林科技大学
1071	李荣源	生命科学学院	食品科学与工程	本升硕	贵州大学
1072	牟志勇	生命科学学院	食品科学与工程	本升硕	上海理工大学
1073	陈钰雪	生命科学学院	食品科学与工程	本升硕	中国石油大学(华东)
1074	刘新玲	生命科学学院	食品科学与工程	本升硕	山东农业大学
1075	曹致纬	生命科学学院	食品科学与工程	本升硕	中南林业科技大学
1076	白同歌	生命科学学院	食品科学与工程	本升硕	扬州大学
1077	王 通	生命科学学院	食品科学与工程	本升硕	烟台大学

续表

序号	姓名	学院	专业	升学类型	升学学校
1078	邹梦姗	生命科学学院	食品科学与工程	本升硕	云南师范大学
1079	纪　璇	生命科学学院	食品科学与工程	本升硕	烟台大学
1080	张　旭	生命科学学院	食品科学与工程	本升硕	上海海洋大学
1081	成　肖	生命科学学院	食品科学与工程	本升硕	首都师范大学
1082	王振宇	生命科学学院	食品科学与工程	本升硕	华东理工大学
1083	胡　苑	生命科学学院	食品科学与工程	本升硕	烟台大学
1084	田　雨	生命科学学院	食品科学与工程	本升硕	西北师范大学
1085	宋　琪	生命科学学院	食品科学与工程	本升硕	北京联合大学
1086	宋籽辰	生命科学学院	食品科学与工程	本升硕	中国政法大学
1087	汪泽祥	生命科学学院	食品科学与工程	本升硕	南昌大学
1088	吴紫云	生命科学学院	食品科学与工程	本升硕	烟台大学
1089	毕芸杰	生命科学学院	食品科学与工程	本升硕	烟台大学
1090	张玉豪	生命科学学院	食品科学与工程	本升硕	烟台大学
1091	李　锐	生命科学学院	食品科学与工程	本升硕	烟台大学
1092	刘恩宠	生命科学学院	食品质量与安全	本升硕	烟台大学
1093	李亚男	生命科学学院	食品质量与安全	本升硕	山东师范大学
1094	刘　阳	生命科学学院	食品质量与安全	本升硕	江南大学
1095	李昌鹏	生命科学学院	食品质量与安全	本升硕	中国科学院烟台海岸带研究所
1096	张　帆	生命科学学院	食品质量与安全	本升硕	东北师范大学
1097	张连岳	生命科学学院	食品质量与安全	本升硕	福州大学
1098	刘　昊	生命科学学院	食品质量与安全	本升硕	华侨大学
1099	刘丽文	生命科学学院	食品质量与安全	本升硕	烟台大学
1100	张云峰	生命科学学院	食品质量与安全	本升硕	中国农业大学
1101	刘学颖	生命科学学院	食品质量与安全	本升硕	北京工商大学
1102	代晓斐	生命科学学院	食品质量与安全	本升硕	东北农业大学
1103	杨　郴	生命科学学院	食品质量与安全	本升硕	北京师范大学
1104	肖春林	生命科学学院	食品质量与安全	本升硕	深圳大学
1105	曲劲尧	生命科学学院	食品质量与安全	本升硕	烟台大学
1106	殷洪瑞	生命科学学院	食品质量与安全	本升硕	上海大学
1107	韩英杰	生命科学学院	食品质量与安全	本升硕	烟台大学
1108	郑文迪	生命科学学院	食品质量与安全	本升硕	南昌大学
1109	王　恒	生命科学学院	食品质量与安全	本升硕	烟台大学
1110	邸太菊	生命科学学院	食品质量与安全	本升硕	北京工商大学
1111	胡丽香	生命科学学院	食品质量与安全	本升硕	北京工商大学
1112	孙铭雪	生命科学学院	食品质量与安全	本升硕	烟台大学

续表

序号	姓名	学院	专业	升学类型	升学学校
1113	史博洋	生命科学学院	海洋生物学	硕升博	南京师范大学
1114	李瑶瑶	生命科学学院	生物化学与分子生物学	硕升博	山东大学(威海)
1115	何珊珊	数学与信息科学学院	数学与应用数学	本升硕	曲阜师范大学
1116	张　敏	数学与信息科学学院	数学与应用数学	本升硕	东北大学
1117	路颖颖	数学与信息科学学院	数学与应用数学	本升硕	山西大学
1118	蔡晓霞	数学与信息科学学院	数学与应用数学	本升硕	烟台大学
1119	冯　珊	数学与信息科学学院	数学与应用数学	本升硕	山东大学
1120	刘兴飞	数学与信息科学学院	数学与应用数学	本升硕	青岛大学
1121	常　蕾	数学与信息科学学院	数学与应用数学	本升硕	东北财经大学
1122	杨　静	数学与信息科学学院	数学与应用数学	本升硕	曲阜师范大学
1123	王瀚锋	数学与信息科学学院	数学与应用数学	本升硕	东北财经大学
1124	孙子超	数学与信息科学学院	数学与应用数学	本升硕	曲阜师范大学
1125	孙茂伟	数学与信息科学学院	数学与应用数学	本升硕	中央民族大学
1126	侯　娜	数学与信息科学学院	数学与应用数学	本升硕	东北大学
1127	周志燕	数学与信息科学学院	数学与应用数学	本升硕	山东大学
1128	姜娜娜	数学与信息科学学院	数学与应用数学	本升硕	江苏大学
1129	吴海菲	数学与信息科学学院	数学与应用数学	本升硕	东北财经大学
1130	王勃惠	数学与信息科学学院	数学与应用数学	本升硕	上海对外经贸大学
1131	袁　茹	数学与信息科学学院	数学与应用数学	本升硕	江苏大学
1132	王凯凯	数学与信息科学学院	数学与应用数学	本升硕	山东财经大学
1133	傅　超	数学与信息科学学院	数学与应用数学	本升硕	北京航空航天大学
1134	苑广霞	数学与信息科学学院	数学与应用数学	本升硕	曲阜师范大学
1135	房　悦	数学与信息科学学院	数学与应用数学	本升硕	沈阳航空航天大学
1136	胡庆羲	数学与信息科学学院	数学与应用数学	本升硕	烟台大学
1137	李　金	数学与信息科学学院	数学与应用数学	本升硕	东北师范大学
1138	高　燕	数学与信息科学学院	数学与应用数学	本升硕	山东师范大学
1139	于　越	数学与信息科学学院	数学与应用数学	本升硕	烟台大学
1140	郭军旗	数学与信息科学学院	数学与应用数学	本升硕	兰州大学
1141	李亚飞	数学与信息科学学院	数学与应用数学	本升硕	大连理工大学
1142	徐红霞	数学与信息科学学院	数学与应用数学	本升硕	青岛大学
1143	李亚国	数学与信息科学学院	数学与应用数学	本升硕	山东财经大学
1144	李　政	数学与信息科学学院	数学与应用数学	本升硕	东北师范大学
1145	张　星	数学与信息科学学院	数学与应用数学	本升硕	烟台大学
1146	刘书勤	数学与信息科学学院	数学与应用数学	本升硕	大连理工大学
1147	杨　静	数学与信息科学学院	数学与应用数学	本升硕	曲阜师范大学

续表

序号	姓名	学院	专业	升学类型	升学学校
1148	韩　艺	数学与信息科学学院	数学与应用数学	本升硕	中央民族大学
1149	高现歧	数学与信息科学学院	数学与应用数学	本升硕	东北财经大学
1150	赵　慧	数学与信息科学学院	数学与应用数学	本升硕	青岛大学
1151	孔旭东	数学与信息科学学院	统计学	本升硕	浙江工商大学
1152	李慧洁	数学与信息科学学院	统计学	本升硕	山东大学
1153	孙玉波	数学与信息科学学院	统计学	本升硕	东北大学
1154	杨　冉	数学与信息科学学院	统计学	本升硕	福州大学
1155	段欣欣	数学与信息科学学院	统计学	本升硕	大连理工大学
1156	牛洪滕	数学与信息科学学院	统计学	本升硕	大连理工大学
1157	宋莹莹	数学与信息科学学院	统计学	本升硕	北京工业大学
1158	周　瑞	数学与信息科学学院	统计学	本升硕	山东师范大学
1159	杨长青	数学与信息科学学院	统计学	本升硕	中南财经政法大学
1160	张和先	数学与信息科学学院	统计学	本升硕	西安交通大学
1161	赵增慧	数学与信息科学学院	统计学	本升硕	北京科技大学
1162	于宪荣	数学与信息科学学院	统计学	本升硕	中国社会科学院研究生院
1163	汪晓晨	数学与信息科学学院	统计学	本升硕	东北大学
1164	袁思琦	数学与信息科学学院	统计学	本升硕	西南民族大学
1165	周春旭	数学与信息科学学院	统计学	本升硕	广西大学
1166	牟晓敏	数学与信息科学学院	统计学	本升硕	东北财经大学
1167	魏梦君	数学与信息科学学院	统计学	本升硕	暨南大学
1168	李　磊	数学与信息科学学院	统计学	本升硕	山东财经大学
1169	高智霞	数学与信息科学学院	统计学	本升硕	天津商业大学
1170	王　伟	数学与信息科学学院	统计学	本升硕	山东大学
1171	窦彩云	数学与信息科学学院	统计学	本升硕	中国海洋大学
1172	李婧文	数学与信息科学学院	统计学	本升硕	天津财经大学
1173	杨　茜	数学与信息科学学院	统计学	本升硕	山东大学
1174	赵令芝	数学与信息科学学院	信息与计算科学	本升硕	中国矿业大学
1175	刘　敏	数学与信息科学学院	信息与计算科学	本升硕	成都理工大学
1176	杜文然	数学与信息科学学院	信息与计算科学	本升硕	中国铁道科学研究院
1177	钟　鹏	数学与信息科学学院	信息与计算科学	本升硕	烟台大学
1178	孟　媛	数学与信息科学学院	信息与计算科学	本升硕	北京科技大学
1179	苏怡宁	数学与信息科学学院	信息与计算科学	本升硕	大连海事大学
1180	李　康	数学与信息科学学院	计算数学	硕升博	中山大学
1181	王　涛	体育学院	运动训练	本升硕	新疆师范大学体育学院
1182	于辰昊	体育学院	运动训练	本升硕	鲁东大学

续表

序号	姓名	学院	专业	升学类型	升学学校
1183	罗逸非	体育学院	运动训练	本升硕	上海体育学院
1184	刘懿鹏	体育学院	运动训练	本升硕	山东师范大学体育学院
1185	侯秀文	体育学院	运动训练	本升硕	上海体育学院
1186	张一铭	体育学院	运动训练	本升硕	鲁东大学
1187	李晓焱	体育学院	运动训练	本升硕	北京体育大学
1188	李明亮	土木工程学院	给排水科学与工程	本升硕	山东建筑大学
1189	徐雨虹	土木工程学院	给排水科学与工程	本升硕	长安大学
1190	郑　丹	土木工程学院	给排水科学与工程	本升硕	南京工业大学
1191	王新元	土木工程学院	给排水科学与工程	本升硕	青岛理工大学
1192	刘雨昊	土木工程学院	给排水科学与工程	本升硕	山东建筑大学
1193	翟怀志	土木工程学院	给排水科学与工程	本升硕	沈阳建筑大学
1194	郑智远	土木工程学院	给排水科学与工程	本升硕	北京林业大学
1195	史永浩	土木工程学院	给排水科学与工程	本升硕	西安建筑科技大学环境与市政工程学院
1196	赵万里	土木工程学院	给排水科学与工程	本升硕	烟台大学
1197	周　浩	土木工程学院	给排水科学与工程	本升硕	中国政法大学
1198	姚春雨	土木工程学院	给排水科学与工程	本升硕	南京工业大学
1199	王培栋	土木工程学院	给排水科学与工程	本升硕	烟台大学
1200	王金鹏	土木工程学院	给排水科学与工程	本升硕	广东工业大学
1201	岳宏宇	土木工程学院	给排水科学与工程	本升硕	青岛理工大学
1202	郝慧茹	土木工程学院	给排水科学与工程	本升硕	武汉理工大学
1203	于艾鑫	土木工程学院	给排水科学与工程	本升硕	北京工业大学建筑工程学院
1204	江秀涛	土木工程学院	给排水科学与工程	本升硕	中国海洋大学
1205	高　川	土木工程学院	给排水科学与工程	本升硕	西安建筑科技大学环境与市政工程学院
1206	李龙旭	土木工程学院	给排水科学与工程	本升硕	山东建筑大学
1207	刘志伟	土木工程学院	给排水科学与工程	本升硕	烟台大学
1208	陈景霞	土木工程学院	给排水科学与工程	本升硕	西安建筑科技大学环境与市政工程学院
1209	钟敬康	土木工程学院	给排水科学与工程	本升硕	北京建筑大学
1210	秦　昊	土木工程学院	给排水科学与工程	本升硕	烟台大学
1211	高　阳	土木工程学院	给排水科学与工程	本升硕	青岛理工大学
1212	司桂芳	土木工程学院	给排水科学与工程	本升硕	烟台大学
1213	王　焜	土木工程学院	给排水科学与工程	本升硕	烟台大学
1214	徐田斌	土木工程学院	给排水科学与工程	本升硕	上海理工大学

续表

序号	姓名	学院	专业	升学类型	升学学校
1215	赵阁阁	土木工程学院	给排水科学与工程	本升硕	山东建筑大学
1216	张晓彤	土木工程学院	工程管理	本升硕	青岛理工大学管理工程学院
1217	刘培琪	土木工程学院	工程管理	本升硕	内蒙古工业大学
1218	张博谦	土木工程学院	工程管理	本升硕	烟台大学
1219	马观领	土木工程学院	土木工程	本升硕	北京交通大学
1220	董　琴	土木工程学院	土木工程	本升硕	重庆交通大学
1221	刘聪聪	土木工程学院	土木工程	本升硕	兰州交通大学土木工程学院
1222	满孝峰	土木工程学院	土木工程	本升硕	哈尔滨工业大学
1223	赵　磊	土木工程学院	土木工程	本升硕	烟台大学
1224	孙建设	土木工程学院	土木工程	本升硕	西安建筑科技大学土木工程学院
1225	毛贵军	土木工程学院	土木工程	本升硕	福州大学
1226	高克程	土木工程学院	土木工程	本升硕	山东建筑大学
1227	罗志恒	土木工程学院	土木工程	本升硕	山东大学
1228	李长胜	土木工程学院	土木工程	本升硕	广西大学
1229	王文哲	土木工程学院	土木工程	本升硕	兰州交通大学土木工程学院
1230	牛　顺	土木工程学院	土木工程	本升硕	广西大学
1231	罗宗健	土木工程学院	土木工程	本升硕	湘潭大学
1232	刘志昂	土木工程学院	土木工程	本升硕	武汉理工大学
1233	贾旭秀	土木工程学院	土木工程	本升硕	福州大学
1234	张　艺	土木工程学院	土木工程	本升硕	大连理工大学
1235	吴铭智	土木工程学院	土木工程	本升硕	上海大学
1236	岳旭鹏	土木工程学院	土木工程	本升硕	长安大学
1237	苑兆迪	土木工程学院	土木工程	本升硕	烟台大学
1238	赵云凯	土木工程学院	土木工程	本升硕	烟台大学
1239	陈明奇	土木工程学院	土木工程	本升硕	长安大学
1240	张少朕	土木工程学院	土木工程	本升硕	中国矿业大学(北京)力学与建筑工程学院
1241	李汉彩	土木工程学院	土木工程	本升硕	山东建筑大学
1242	岳　昊	土木工程学院	土木工程	本升硕	烟台大学
1243	高　盼	土木工程学院	土木工程	本升硕	内蒙古工业大学
1244	蒋　进	土木工程学院	土木工程	本升硕	南京工业大学
1245	彭升跃	土木工程学院	土木工程	本升硕	天津大学
1246	李　超	土木工程学院	土木工程	本升硕	辽宁工程技术大学
1247	杨照宇	土木工程学院	土木工程	本升硕	上海大学

续表

序号	姓名	学院	专业	升学类型	升学学校
1248	杨　艺	土木工程学院	土木工程	本升硕	西安建筑科技大学
1249	寇　越	土木工程学院	土木工程	本升硕	烟台大学
1250	史　军	土木工程学院	土木工程	本升硕	兰州交通大学土木工程学院
1251	张家瑞	土木工程学院	土木工程	本升硕	兰州交通大学土木工程学院
1252	王　琪	外国语学院	朝鲜语	本升硕	南京师范大学
1253	杨　铖	外国语学院	朝鲜语	本升硕	天津师范大学外国语学院
1254	许香凝	外国语学院	朝鲜语	本升硕	对外经济贸易大学
1255	华　蕾	外国语学院	朝鲜语	本升硕	烟台大学
1256	徐祥月	外国语学院	朝鲜语	本升硕	北京第二外国语学院
1257	陈　曦	外国语学院	朝鲜语	本升硕	北京第二外国语学院
1258	张翼飞	外国语学院	朝鲜语	本升硕	北京理工大学
1259	高文豪	外国语学院	朝鲜语	本升硕	中国海洋大学外国语学院
1260	李潇帅	外国语学院	朝鲜语	本升硕	对外经济贸易大学
1261	于金梁	外国语学院	朝鲜语	本升硕	北京语言大学
1262	陈　冰	外国语学院	朝鲜语	本升硕	青岛大学
1263	蒋平利	外国语学院	朝鲜语	本升硕	湖南农业大学
1264	贾学鹏	外国语学院	朝鲜语	本升硕	烟台大学
1265	管茹月	外国语学院	朝鲜语	本升硕	大连外国语大学
1266	王文慧	外国语学院	朝鲜语	本升硕	中共中央党校
1267	唐志雯	外国语学院	朝鲜语	本升硕	北京科技大学
1268	陈　娟	外国语学院	朝鲜语	本升硕	大连外国语大学
1269	郭圆圆	外国语学院	日语	本升硕	中国政法大学法律硕士学院
1270	姬喜静	外国语学院	日语	本升硕	吉林大学公共外语教育学院
1271	洪熙惠	外国语学院	日语	本升硕	北京外国语大学日本学研究中心
1272	潘　锴	外国语学院	日语	本升硕	中国传媒大学
1273	刘文青	外国语学院	日语	本升硕	北京第二外国语学院
1274	周芳芳	外国语学院	日语	本升硕	天津外国语大学
1275	刘晓园	外国语学院	日语	本升硕	吉林大学外国语学院
1276	李文静	外国语学院	日语	本升硕	大连海事大学
1277	樊春朋	外国语学院	日语	本升硕	大连海事大学
1278	李晓艳	外国语学院	英语	本升硕	河南大学外语学院
1279	李雅倩	外国语学院	英语	本升硕	中国矿业大学(北京)文法学院
1280	张信奇	外国语学院	英语	本升硕	北京外国语大学
1281	王雪婷	外国语学院	英语	本升硕	曲阜师范大学

续表

序号	姓名	学院	专业	升学类型	升学学校
1282	李荣真	外国语学院	英语	本升硕	中国石油大学(华东)文学院
1283	王晓庆	外国语学院	英语	本升硕	南京师范大学外国语学院
1284	孙君君	外国语学院	英语	本升硕	南京理工大学
1285	陈　杰	外国语学院	英语	本升硕	浙江工商大学外国语学院
1286	钟　娜	外国语学院	英语	本升硕	曲阜师范大学
1287	杨　阳	外国语学院	英语	本升硕	首都师范大学外国语学院
1288	张逸群	外国语学院	英语	本升硕	北京第二外国语学院
1289	孙　雪	外国语学院	英语	本升硕	东南大学生物科学与医学工程学院
1290	张　倩	外国语学院	英语	本升硕	吉林华侨外国语学院研究生院
1291	程淑珂	外国语学院	英语	本升硕	东北大学
1292	孙晓萱	外国语学院	英语	本升硕	北京交通大学
1293	孙思莲	外国语学院	英语	本升硕	曲阜师范大学
1294	徐凤霞	外国语学院	英语	本升硕	青岛科技大学
1295	曹丽娟	外国语学院	英语	本升硕	中国地质大学(北京)
1296	高　晗	外国语学院	英语	本升硕	暨南大学外国语学院
1297	韦佳宝	外国语学院	英语笔译	硕升博	中南大学
1298	曹　昊	药学院	药学	本升硕	南方医科大学
1299	段洪彬	药学院	药学	本升硕	中国医药工业研究总院
1300	马　红	药学院	药学	本升硕	烟台大学
1301	曹丽华	药学院	药学	本升硕	天津大学
1302	步玉如	药学院	药学	本升硕	烟台大学
1303	王　朔	药学院	药学	本升硕	南开大学
1304	魏　玲	药学院	药学	本升硕	山东大学
1305	李伊娜	药学院	药学	本升硕	烟台大学
1306	王　哲	药学院	药学	本升硕	中国医学科学院药物研究所
1307	解镕基	药学院	药学	本升硕	烟台大学
1308	董　群	药学院	药学	本升硕	广东药科大学
1309	张丹婷	药学院	药学	本升硕	中国药科大学
1310	王　蕾	药学院	药学	本升硕	福建医科大学
1311	郭文娜	药学院	药学	本升硕	烟台大学
1312	陈　露	药学院	药学	本升硕	南京中医药大学
1313	王文博	药学院	药学	本升硕	南开大学
1314	李承明	药学院	药学	本升硕	中国医药工业研究总院
1315	叶　林	药学院	药学	本升硕	温州医科大学药学院

续表

序号	姓名	学院	专业	升学类型	升学学校
1316	张海霞	药学院	药学	本升硕	中国医药工业研究总院
1317	黄雨晴	药学院	药学	本升硕	北京协和医学院基础学院
1318	张　鑫	药学院	药学	本升硕	福建医科大学
1319	杨思琪	药学院	药学	本升硕	北京协和医学院医药生物技术研究所
1320	李　杰	药学院	药学	本升硕	沈阳药科大学
1321	丁静雯	药学院	药学	本升硕	中国医药工业研究总院
1322	尹佩钰	药学院	药学	本升硕	中国医药工业研究总院
1323	刘　娜	药学院	药学	本升硕	北京协和医学院医药生物技术研究所
1324	郑　爽	药学院	药学	本升硕	烟台大学
1325	梁菲菲	药学院	药学	本升硕	烟台大学
1326	隋艳超	药学院	药学	本升硕	南开大学
1327	杨子艳	药学院	药学	本升硕	中国医药工业研究总院
1328	孙意童	药学院	药学	本升硕	南开大学
1329	宋　晨	药学院	药学	本升硕	中国医药工业研究总院
1330	刘淑青	药学院	药学	本升硕	中国医药工业研究总院
1331	谭世泽	药学院	药学	本升硕	上海财经大学法学院
1332	杨　青	药学院	药学	本升硕	烟台大学
1333	吕静文	药学院	药学	本升硕	烟台大学
1334	孟端月	药学院	药学	本升硕	中国药科大学
1335	刘　欢	药学院	药学	本升硕	烟台大学
1336	吴俊模	药学院	药学	本升硕	昆明理工大学
1337	刘　珂	药学院	药学	本升硕	中国医学科学院药物研究所
1338	肖　亭	药学院	药学	本升硕	中国食品药品检定研究院
1339	王　欣	药学院	药学	本升硕	北京大学医学部
1340	王炳华	药学院	药学	本升硕	烟台大学
1341	于　新	药学院	药学	本升硕	四川大学生物治疗国家重点实验室
1342	张晓杰	药学院	药学	本升硕	上海师范大学生命与环境科学学院
1343	燕柳艳	药学院	药学	本升硕	中国医学科学院药物研究所
1344	杨韵琦	药学院	药学	本升硕	烟台大学
1345	苏凯悦	药学院	药学	本升硕	天津科技大学
1346	凌期盛	药学院	药学	本升硕	烟台大学

续表

序号	姓名	学院	专业	升学类型	升学学校
1347	袁云霞	药学院	药学	本升硕	沈阳药科大学
1348	侯晓雅	药学院	药学	本升硕	烟台大学
1349	欧阳奔	药学院	药学	本升硕	烟台大学
1350	周莉英	药学院	药学	本升硕	烟台大学
1351	李志明	药学院	药学	本升硕	烟台大学
1352	周道广	药学院	药学	本升硕	中国药科大学
1353	郝方嘉	药学院	药学	本升硕	上海工程技术大学化学化工学院
1354	王振伟	药学院	药学	本升硕	中国医学科学院药物研究所
1355	高晨雨	药学院	药学	本升硕	中国医药工业研究总院
1356	魏颖杰	药学院	药学	本升硕	烟台大学
1357	黄民栋	药学院	药学	本升硕	天津科技大学生物工程学院
1358	朱明智	药学院	药学	本升硕	华侨大学
1359	雷　馨	药学院	药学	本升硕	武汉大学药学院
1360	王良霄	药学院	药学	本升硕	烟台大学
1361	丁　祎	药学院	药学	本升硕	军事科学院研究生院
1362	王　娜	药学院	药学	本升硕	西南大学药学院
1363	王　昊	药学院	药学	本升硕	军事科学院研究生院
1364	高　萌	药学院	药学	本升硕	烟台大学
1365	郭靖文	药学院	药学	本升硕	复旦大学
1366	庄燕菲	药学院	药学	本升硕	南京师范大学法学院
1367	谢　丹	药学院	制药工程	本升硕	贵州大学酿酒与食品工程学院
1368	尚志豪	药学院	制药工程	本升硕	烟台大学
1369	杨世莲	药学院	制药工程	本升硕	重庆大学药学院
1370	谢　鑫	药学院	制药工程	本升硕	烟台大学
1371	杨博添	药学院	制药工程	本升硕	上海海洋大学
1372	赵清佳	药学院	制药工程	本升硕	中国医药工业研究总院
1373	王淑凤	药学院	制药工程	本升硕	军事科学院研究生院
1374	霍美玲	药学院	制药工程	本升硕	中央民族大学
1375	陈其芳	药学院	制药工程	本升硕	西南大学药学院
1376	韩金芮	药学院	制药工程	本升硕	贵州大学西校区酿酒与食品工程学院
1377	李　蕊	药学院	制药工程	本升硕	安徽理工大学化学工程学院
1378	徐　秦	药学院	制药工程	本升硕	遵义医学院
1379	唐景丽	药学院	制药工程	本升硕	贵州大学法学院

续表

序号	姓名	学院	专业	升学类型	升学学校
1380	朱紫薇	药学院	制药工程	本升硕	中国科学院新疆理化技术研究所
1381	马凌云	药学院	制药工程	本升硕	中国计量科学研究院
1382	韩庆通	药学院	天然药物化学	硕升博	中国医学科学院药物研究所
1383	胡海燕	药学院	药剂学	硕升博	北京中医药大学研究生院
1384	孙善月	药学院	药理学	硕升博	复旦大学生命科学学院
1385	杨延婷	药学院	药学	硕升博	北京协和医学院基础学院
1386	张建强	药学院	药学	硕升博	中国海洋大学医药学院
1387	梁　卓	音乐舞蹈学院	舞蹈编导	本升硕	太原师范学院
1388	侯力群	音乐舞蹈学院	音乐表演	本升硕	首都师范大学
1389	侯珂宇	音乐舞蹈学院	音乐表演	本升硕	山西大学音乐学院
1390	刘　爽	音乐舞蹈学院	音乐表演	本升硕	山东大学
1391	王亚南	音乐舞蹈学院	音乐表演	本升硕	山西大学音乐学院
1392	尹　佳	音乐舞蹈学院	音乐学	本升硕	哈尔滨师范大学
1393	张晓航	音乐舞蹈学院	音乐学	本升硕	天津音乐学院

烟台大学 2018 年大事记

2018 年度校园十大新闻事件（按新闻发生时间排序）

1. 中国共产党烟台大学第四次代表大会胜利召开；

2. 学校掀起学习贯彻习近平新时代中国特色社会主义思想和党的十九大精神的热潮；

3. "山海毓秀 书香润德"第十五届读书节举行；

4. 学校实现省"一事一议"引进顶尖人才和"山东省一流学科"新突破；

5. 烟台大学核装备与核工程学院成立，助力山东省新旧动能转换；

6. 省委第十三巡视组进驻烟台大学开展巡视工作；

7. 北京大学、清华大学支援烟台大学建设委员会第十三次会议召开；

8. 共青团烟台大学第三次代表大会召开；

9. 学校获国家级教学成果奖，实现历史性突破；

10. "用甲乙酮系列混合溶剂分离丁烷与丁烯的方法"获第二十届中国专利金奖。

1 月

3 日，学校 2017 年单位目标考核机关单位述职测评会在逸夫厅召开。校领导张伟、郭善利、孙祥斌、邓昌亮、宋中民、周胜良出席会议，副校长邓昌亮主持会议，党委书记张伟做总结讲话。

省委批准：张殿臣同志任烟台大学党委委员、常委、副书记；郝曙光、王强同志任烟台大学副校长。

4 日，桂林航天工业学院党委副书记罗延忠一行到校调研。烟台大学副校长孙祥斌、宋中民会见客人。

5 日，2017 年教学单位目标考核点评投票会在逸夫厅召开。校领导张伟、郭善利、孙祥斌、邓昌亮、宋中民、周胜良出席会议，纪委书记周胜良主持。教务处等部门分别对各教学单位在教学、科研、研究生教育、人才和学生五方面的工作进行点评，部分机关职能部门及各教学单位进行现场投票。校长郭善利做总结讲话。

经校党委常委会研究，省机构编制委员会办公室同意，发展规划处更名为发展规划与学科建设处，下设综合科、学科建设办公室、高教研究室。法律事务部挂靠发展规划与学科建设处。成立服务地方办公室，正处级单位，下设综合科。成立核装备与核工程学院。撤销成教处，保留继续教育学院。科技园管理服务中心变更为副处级单位，挂靠服务地方办公室。

学校党委印发《烟台大学党费收缴、使用和管理办法》。

8日,2017年度二级单位党组织书记抓党建工作述职评议会在逸夫厅召开。12个单位党组织主要负责同志进行现场述职,党委书记张伟主持会议并做点评讲话,会上还对二级单位党组织书记抓党建工作进行现场测评。校领导郭善利、孙祥斌、邓昌亮、宋中民、周胜良出席会议。

学校党委印发《关于进一步加强辅导员队伍建设的实施意见》。

11日,党委书记张伟在办公楼335会议室主持召开党委中心组学习会议。

12日,学校在育秀大楼316会议室召开人才工作座谈会,听取部分专家学者对学校人才工作的意见和建议。党委书记张伟、校长郭善利出席会议,21名高层次人才代表以及相关部门负责人参加会议。

学生公寓15-16号封顶。

13日,经学校党委常委会研究决定:撤销中国共产党烟台大学机关总支部委员会,成立中国共产党烟台大学机关第一总支部委员会、中国共产党烟台大学机关第二总支部委员会;撤销中国共产党烟台大学马克思主义学院支部委员会,成立中国共产党烟台大学马克思主义学院总支部委员会;成立中国共产党烟台大学核装备与核工程学院总支部委员会。

16日,学校在综合楼六楼中厅会议室召开党委全委(扩大)会议,回顾总结2017年工作,研讨审议2018年工作要点,安排部署寒假工作。校领导张伟、郭善利、孙祥斌、邓昌亮、宋中民、周胜良以及党委委员出席会议,副校长孙祥斌主持会议。

党委书记张伟在办公楼335会议室主持召开党委中心组学习会议。

24—25日,在参加省政协十二届一次会议期间,山东省政协委员、党委书记张伟应邀做客山东广播电视台直播间,就“新时代如何实现均衡教育,为山东发展储备人才”等话题接受媒体采访,央视新闻+、新华社客户端等多家平台并机直播。

25—26日,副校长邓昌亮、纪委书记周胜良到枣庄市山亭区“第一书记”帮包村走访调研。山亭区委书记毕志伟、区委副书记李晓等陪同调研。

28日,山东省人民政府决定,任命郝曙光、王强为烟台大学副校长。

本月

学校获评山东省理论宣教基地。

房绍坤教授入选2017年度“长江学者”特聘教授。

学校完成30名正处级干部的调整工作。

2月

6日,烟台大学领导班子在育秀大楼316会议室召开2017年度民主生活会。省委第三十五督导组组长、省教育厅巡视员荆戈等到会指导。校领导班子成员张伟、郭善利、张殿臣、孙祥斌、邓昌亮、宋中民、周胜良参加会议。副校长郝曙光、王强以及相关负责同志列席会议。张伟主持会议。

8日,莱山区委书记宫权、区长孙玉荣、区委副书记周俊一行到校走访慰问,学校党委书记张伟、校长郭善利、副校长孙祥斌会见宫权一行。

《大众日报》发表题为《烟台大学着力推进校城融合发展》的文章,对学校在服务地方领域的成绩进行报道。

13日,党委书记张伟、校长郭善利看望中国工程院院士温俊峰。

2018年春节团拜会在于维紘学术交流中举行。现任校领导及离退休老同志代表、各单位党政主要负责人、师生代表参加。郭善利主持团拜会,张伟致贺词。

24日,烟台大学与中国食品药品检定研究院在北京签署合作协议。校长郭善利与中检院党委书记、院长李波代表双方签署《烟台大学实践教学基地建设协议书》。副校长郝曙光,中检院党委副书记、纪委书记姚雪良等出席签约仪式。

27 日，学校被评为“二〇一七年度烟台发展突出贡献单位”。

27—28 日，烟台大学 2018 年工作研讨会在逸夫厅召开，会议的主题为：以党的十九大精神为指引，凝心聚力，加快“一流学科”建设和财务瓶颈突破步伐，持续提升服务地方工作，奋力推进学校改革发展各项事业再上新台阶。学校领导张伟、郭善利、张殿臣、孙祥斌、邓昌亮、宋中民、周胜良、郝曙光、王强出席会议。党委书记张伟围绕“一二三”发展思路及学校的发展理念做主旨发言。

本月

党委书记张伟、校长郭善利赴京拜访北京大学、清华大学领导。北京大学党委书记郝平，党委常委、副校长高松，清华大学党委常务副书记、副校长姜胜耀会见张伟、郭善利，北大国内合作办、物理学院，清华党(校)办、校地合作办、核研院及人事处等部门负责人参加会见。大家探讨了新形势下两校援建烟大的有效方式等问题，并就烟大青年教师到两校相关学科团队访学达成共识。

李小鹏博士入选省“一事一议”引进顶尖人才。

法学院法学专业 2016 级法 161 - 1 班团支部和计算机与控制工程学院自动化专业 2015 级计 152 - 2 班团支部入选 2017 年全国高校“活力团支部”。

3 月

5 日，学校在逸夫厅召开全校党风廉政建设工作会议，传达学习十九届中央纪委二次全会和省纪委十一届三次全会精神，回顾总结 2017 年学校党风廉政建设和反腐败工作，研究部署 2018 年工作任务。党委书记张伟出席会议并讲话，党委副书记、校长郭善利主持会议，校领导张殿臣、孙祥斌、邓昌亮、宋中民、周胜良、郝曙光、王强出席会议，校党委委员、纪委委员及全校副处级以上干部参加会议。

党委书记张伟在办公楼 335 会议室主持召开党委理论学习中心组学习会议。

8 日，烟台大学联合办学委员会四届一次会议在山东国际生物科技园举行。学校党委副书记、校长、联合办学委员会副主任郭善利，绿叶生命科学集团董事局主席、联合办学委员会主任刘殿波，副校长郝曙光，绿叶制药集团资深副总裁薛云丽出席会议。会议对联合办学协议进行部分修订，增补部分委员。对烟台大学与绿叶生命科学集团开展进一步合作进行讨论并达成一定共识。

12 日，学校召开党委全委会，党委书记、第四次党代会筹备工作领导小组组长张伟讲话，党委副书记、第四次党代会筹备工作领导小组副组长张殿臣主持会议。会议审议通过第四次党代会两委工作报告、议程、预备会议日程、大会日程和有关建议名单。张伟通报第四次党代会筹备工作进展情况。

14 日，学校在综合楼六楼中厅召开烟台大学第四次党代会动员会议，党委副书记、校长郭善利宣读烟台市委组织部关于烟台大学召开第四次党代会的批复，党委书记张伟通报第四次党代会筹备工作情况并做动员讲话。党委副书记张殿臣主持会议，选举单位党组织负责人、党员正处级干部参加会议。

校长郭善利在办公楼 335 会议室主持召开服务新旧动能转换重大工程座谈会，就学校服务新旧动能转换重大工程的切入点、有效途径和有关措施进行研讨。副校长孙祥斌、宋中民、郝曙光等出席，相关部门负责人参会。

学校印发《烟台大学学生申诉管理规定》。

15 日，中国共产党烟台大学第四次代表大会预备会议在致道厅召开，党委书记张伟出席并讲话，党委副书记、校长郭善利主持会议，第四次党代会全体代表参加会议。预备会议宣布代表资格审查小组成员名单，审查小组组长周胜良同志做代表资格审查情况的报告(草案)，会议通过代表资格审查报告、大会主席团名单、大会秘书长名单和大会议程。

16 日，中国共产党烟台大学第四次代表大会在致道厅开幕。全校 211 名代表围绕“以习近平新时代中国特色社会主义思想为指导，全面贯彻落实党的十九大精神，坚持立德树人，深化综合改革，推

进内涵发展,不忘初心,牢记使命,开拓创新,奋发有为,为建设特色鲜明、部分学科具有国际影响力的高水平大学而努力奋斗"的大会主题,共商学校发展大计。中共山东省委高校工委副书记白皓,烟台市委常委、组织部部长于涛出席会议并讲话。张伟代表中国共产党烟台大学第三届委员会做题为《不忘初心牢记使命　开拓创新奋发有为　为建设特色鲜明、部分学科具有国际影响力的高水平大学而努力奋斗》的报告。郭善利主持会议。会议印发题为《旗帜鲜明讲政治　牢记使命勇担当　为建设特色鲜明、部分学科具有国际影响力的高水平大学提供坚强保证》的纪委工作报告。

17日,中国共产党烟台大学第四次代表大会圆满完成大会各项议程,胜利闭幕。大会以无记名投票的方式,选出中共烟台大学第四届委员会委员25名、中共烟台大学纪律检查委员会委员15名。大会通过《中国共产党烟台大学第四次代表大会关于中国共产党烟台大学第三届委员会工作报告的决议》和《关于中国共产党烟台大学纪律检查委员会工作报告的决议》,批准张伟代表中共烟台大学第三届委员会所做的报告,批准中共烟台大学第三届纪律检查委员会工作报告。

烟台大学党委四届一次全体会议召开。会议选举张伟、郭善利、张殿臣、孙祥斌、邓昌亮、宋中民、周胜良、郝曙光、王强为中共烟台大学第四届委员会常务委员;选举张伟为党委书记,郭善利、张殿臣为党委副书记;通过纪委一次全体会议选举产生的纪委书记、纪委副书记名单。

20日,学习贯彻学校第四次党代会精神暨服务新旧动能转换重大工程工作部署会在综合楼六楼中厅会议室召开,全体校领导出席会议,各学院、直属单位党政主要负责人,机关各部门主要负责人参加会议,孙祥斌主持会议。张伟就学习贯彻落实学校第四次党代会精神进行部署。郭善利对学校服务山东新旧动能转换重大工程工作进行部署。张殿臣对在全校开展"大学习、大调研、大改进"工作进行安排。

中国农业银行烟台分行副行长李杰一行来访,党委副书记张殿臣会见客人。

21日,烟台大学教育发展基金会换届大会暨二届一次理事会会议在办公楼435会议室召开。党委书记张伟、校长郭善利、副校长孙祥斌等出席会议。会议选举张伟为理事长、孙祥斌为副理事长、李育华为秘书长。

学校新增投资学、休闲体育两个专业。

22日,党委书记张伟在办公楼201会议室主持召开党委理论学习中心组学习会议。

27日,烟台市副市长张波一行来校,就全民健身、体育运动普及情况进行调研。学校领导张伟、郭善利、邓昌亮等参加座谈。

学校获批增列民族学、食品科学与工程、生物工程和建筑学4个一级学科硕士学位授权点。

29日,学校在药学院为中科院上海药物研究所药物制剂研究中心主任李亚平研究员举行兼职教授聘任仪式,校长郭善利为李亚平颁发聘书。

本月

学校获评"山东省百佳学生资助工作单位",学生工作处刘星获评"山东省百佳学生资助工作者"。

校团委被评为"2017年度山东省红旗团委",朱兴获评"山东省优秀青年工作者"。

学校成为全国地方高校卓越工程教育校企联盟成员单位。

学校MOOC共享课程走进水族通过"东西部高校课程共享联盟"评审,上线共享联盟运营平台。

4月

2日,校领导张伟、郭善利、宋中民、郝曙光实地考察学校信息技术与教育教学深度融合的新成效和相关环境配套支持服务体系。

3日,《中国教育报》刊发《烟台大学:校城融合发展实现互利共赢》文章,报道学校抓住山东省新旧动能转换重大工程实施的历史机遇,围绕烟台市创新驱动发展战略,强化科技与经济、创新项目与现实生产力、创新成果与产业对接,推进产学研一体化进程的先进经验。人民网、中国教育网等媒体转载。

4 日，学校印发《烟台大学财经工作领导小组职责》《烟台大学财务顾问选聘标准和职责》。

6 日，全校处级干部学习贯彻党的十九大精神、贯彻落实学校"一二三"战略部署专题培训班开班。山东省发改委发展规划处处长胡薄受邀做题为"以新旧动能转换重大工程为统领，推动山东创新发展持续发展领先发展"的辅导报告。学校领导张伟、郭善利、孙祥斌、邓昌亮、宋中民、周胜良、王强以及学校副处级以上干部、教师代表参加报告会，副校长郝曙光主持会议。

学校党委印发《校领导联系学院工作细则（试行）》。

8 日，新西兰坎特伯雷大学校长罗德·卡尔率团来校访问，两校签署生物科学和生物化学专业的 2+2 双学位联合培养项目，烟台大学校长郭善利、副校长宋中民出席签约仪式。

9 日，烟台市委常委、宣传部部长徐少宁，市委宣传部副部长宋作新一行来校督导调研意识形态工作。党委书记张伟、副书记张殿臣等参加调研座谈。

新西兰陶朗加市市长格雷格·布朗雷斯先生率团来校访问，怀卡托大学副校长艾礼斯特·琼斯和新西兰国立中部理工学院院长里昂·福理随团来访。党委书记张伟、副校长宋中民与代表团举行工作会谈。

10 日，烟台市委组织部副部长柏华煜一行来校调研。党委书记张伟、副校长孙祥斌会见客人。

12 日，山东政法学院党委书记李玉福、山东省法学会研究部主任姜远桥一行来访，党委书记张伟、校长郭善利会见客人。

常熟理工学院副校长钱素平一行来校考察交流教学质量监控、教师教学评价等工作。副校长宋中民会见客人。

13 日，莱山区委书记宫权等一行 6 人来校走访调研。

由烟台大学承办的 2018 年山东省服务新旧动能转换高校毕业生专场招聘会在学校千米文化长廊举办。380 余家省内外用人单位参加，提供 15926 个就业岗位。张伟、郭善利、邓昌亮到现场指导。

党委副书记张殿臣到枣庄市山亭区"第一书记"帮包村走访调研。

由烟台大学牵头，13 所驻烟高校联合发起的"驻烟高校大学生就业创业联盟"揭牌成立。副校长邓昌亮与山东省公共就业人才服务中心副主任金鲁峰为"联盟"揭牌。

17 日，由山东师范大学党委宣传部部长、山东省高校德育研究中心主任姚昌任组长的省委教育工委考评组一行来校，对示范马克思主义学院建设工作开展实地考评。党委书记张伟、副书记张殿臣、副校长郝曙光出席汇报会。

18 日，烟台大学社会科学界联合会成立大会暨第一次会员代表大会在逸夫厅召开。省社科联党组书记、副主席刘致福，省社科联二级巡视员、组联部部长张伟红，烟台市委宣传部副部长曲波，烟台市社科联党组书记、主席张革非，学校党委书记张伟，校长郭善利，副校长郝曙光出席会议，郭善利主持会议。会议通过《烟台大学社会科学界联合会章程》，郝曙光当选第一届委员会主席。

19 日，党委书记张伟在办公楼 201 主持召开党委理论学习中心组学习会议。法学院教授杨曙光做题为"新时代中国宪法学的发展——关于现行宪法第五次修改的辅导解读"的专题辅导报告。

韩国翰林大学校长金仲秀率团来校访问。烟台大学校长郭善利、副校长宋中民会见来宾。金仲秀做题为"韩国经济的过去成就与未来挑战"的学术报告。

19—20 日，副校长郝曙光到江西师范大学进行学科建设调研。

20 日，烟台市委书记张术平在市委常委、组织部部长于涛，市委常委、秘书长于松柏和副市长金

志海的陪同下到校，调研学校教学科研、人才工作、校地合作等方面的情况。学校党委书记张伟、党委副书记张殿臣、副校长邓昌亮参加调研。

学校大学生足球队赴俄罗斯参加“友谊杯”足球赛出征仪式暨2018年校园足球联赛开幕式在体育场举行。党委书记张伟、副校长邓昌亮出席。

北京大学原常务副校长王义遒教授做客“两校名师讲堂”，为学校处级干部专题培训班做“关于‘新工科’建设若干问题”的报告。学校领导张伟、张殿臣、邓昌亮、周胜良、王强参加报告会，宋中民主持会议。

21—22日，学校承办“三权分置”与《农村土地承包法》修正研讨会。

由中国边疆史地研究编辑部、《烟台大学学报》编辑部共同举办的新时代中国边疆学学术讨论会在学校举行。

23日，齐鲁工业大学党委副书记张洪英一行来校调研。学校党委书记张伟、副书记张殿臣会见客人。

烟台大学第十五届读书节在承先图书馆开幕。党委书记张伟，烟台市委宣传部副部长曲波，党委副书记张殿臣，副校长邓昌亮等出席开幕式。

24日，青岛农业大学党委书记李宝笃、党委副书记杨同毅一行来校调研。学校党委书记张伟、副书记张殿臣、副校长郝曙光会见客人。

学校综合治理暨平安校园建设工作部署会在逸夫厅召开。校领导郭善利、孙祥斌、宋中民、周胜良、郝曙光、王强出席会议，副处级以上干部参加会议。孙祥斌主持会议。

学校印发《烟台大学研究生学位论文抽检送审办法》《烟台大学优秀教学管理人员评选办法（试行）》《烟台大学在线课程建设与管理办法（试行）》《烟台大学消防安全管理办法（试行）》。

25日，山东职业学院副院长祝瑞花一行来校调研。党委副书记张殿臣会见客人。

26日，教育部学校规划建设发展中心创新发展处处长刘志敏教授应邀来校指导工作，做题为“融合发展的机制创新”的报告。学校领导张伟、郭善利、宋中民、周胜良等参加，党委书记张伟主持会议。

26—28日，由山东省教育厅主办，烟台大学“分子药理和药物评价”教育部重点实验室承办，“长效和靶向制剂”国家重点实验室协办的“创新药物发现与评价”专题泰山学术论坛在烟台大学举行。校长郭善利出席并致辞。部分中外大学校长、专家学者参加论坛。

27日，中山大学原校长黄达人教授应邀来校，做题为“关于高水平大学建设的一些思考”的报告，党委书记张伟主持，正科级以上干部和专家教授代表听取报告。

本月

周竹梅副教授主持的“构建资源共享平台，在新旧动能转换中促进非公有制经济健康发展”课题获批山东省统战理论政策研究重点课题立项。

学校获第九届山东省大学生“调研山东”社会调查成果一等奖1项、二等奖1项、三等奖1项、优秀奖2项；3位教师获优秀指导教师；学校获优秀组织单位。

在2018美国（国际）大学生数学建模竞赛中，学校获一等奖2项，二等奖9项。

5月

7—12日，党委书记张伟率团赴台访问清华大学（新竹）、世新大学、宜兰大学和东华大学。

9日，学校召开新任正处级干部集体廉政谈话会，学校纪委书记周胜良出席会议并讲话。

10日，滨州学院党委书记、校长刘春华一行来校调研。校长郭善利、副校长郝曙光会见客人。

10—11日，烟台大学2018年田径运动会在学校体育场举行。校领导郭善利、张殿臣、孙祥斌、邓昌亮、宋中民、周胜良、郝曙光、王强出席开幕式。

11 日，山东警察学院院长韩峰一行来校调研。校长郭善利、副校长宋中民会见来宾。

烟台大学与韩国檀国大学合作办学项目管理委员会会议在育秀大楼316 会议室召开，副校长宋中民出席会议并讲话。

15 日，中韩（烟台）产业园发展研究中心揭牌仪式在育秀大楼316 会议室举行。烟台市副市长张代令、学校党委书记张伟为研究中心揭牌，校长郭善利主持仪式。

16 日，道恩集团有限公司副总裁王永放、山东化塑云商科技股份有限公司总经理刘勇波一行来校交流座谈。副校长邓昌亮接待来宾。

16—18 日，学校参赛队获“第六届山东省大学生机器人大赛”主题赛事“飞龙绣球”项目三等奖，创意展示项目一等奖2 项、二等奖1 项，2 名教师获优秀指导教师。

17 日，英国 Forgemasters 总裁格拉哈姆·哈尼曼一行来校访问。校长郭善利、副校长宋中民与代表团举行工作会谈。

18 日，党委书记张伟、副校长宋中民赴重庆文理学院、重庆科技学院等高校走访调研。学校获“山东教育政务新媒体先进单位”“山东教育政务新媒体组织工作先进单位”。

20 日，外国语学院4 人获“2018 年全国大学生英语竞赛决赛”特等奖、3 人获一等奖。

21 日，副校长孙祥斌带队赴杰瑞环保集团考察，与集团董事长王丕学等企业有关负责人洽谈校企合作有关事宜。

学校获2018 年“创青春”·海尔山东省大学生创业大赛省级银奖4 项、铜奖6 项，学校获“优秀组织奖”。

24 日，学校印发《烟台大学科研经费管理办法（试行）》。

25 日，首届胶东高校教师教学发展论坛在育秀大楼316 会议室举行，党委书记张伟、副校长宋中民出席。来自青岛、威海、烟台13 所高校教务处、教师教学发展中心的负责人，北京大学方新贵教授，学校各学院教学院长和部分教师代表参加。方新贵教授受聘为烟台大学教师教学发展中心首席顾问、数学与信息科学学院兼职教授。张伟和方新贵为“胶东高校教师教学发展联盟”揭牌。

26 日，党委书记张伟走访飞龙集团，出席建筑学院实习基地授牌仪式并实地调研校企合作事宜。

学校在第九届“蓝桥杯”全国软件和信息技术专业人才大赛总决赛中，个人赛获全国一等奖3 项、二等奖8 项、三等奖8 项、优秀奖3 项，创业团队赛获全国二等奖1 项。

26—27 日，由山东生物化学与分子生物学学会、烟台大学生命科学学院承办的第十届山东省大学生科技节的系列赛事——第七届“山东省大学生‘了然生物科技杯’生物化学实验技能大赛”暨第二届“山东省大学生‘鲁南制药杯’生物科技创新创业大赛”决赛在烟台大学举行。学校获“山东省大学生生物化学实验技能大赛”特等奖3 项，一等奖5 项，二等奖1 项；“生物科技创新创业大赛”特等奖3 项，一等奖3 项，二等奖5 项。

29 日，中韩（烟台）产业园国际合作研讨会暨烟台大学经济管理学院——韩国光州全南研究院2018 学术研讨会在烟台大学举办，副校长孙祥斌、韩国光州全南研究院院长朴晟洙等出席研讨会并致辞。

副校长郝曙光到莱阳市出席烟台大学—山东半岛水务水资源与水环境研究中心揭牌暨签约仪式。莱阳市委书记李胜刚等接待郝曙光一行。

31 日，由省教育厅副厅长王坦任组长的教育厅学校安全工作第四督查组一行4 人到烟台检查指导学校安全工作，并到烟台大学进行实地检查，党委书记张伟、副校长王强陪同。

本月

党委书记张伟赴京参加清华大学、北京大学校庆。张伟、郭善利、邓昌亮等与两校援建烟大老同志欢聚清华园，同贺两校校庆，共话烟台大学30多年的奋斗历程。杜建寰、钱振为等20多位两校援建老领导、老同志及其家属参加座谈会。

学校团委获“山东省五四红旗团委”称号。

6月

1日，山东省政协原副主席、烟台大学校务委员会原副主任、原烟台大学建设工程总指挥李殿魁来校做题为“发展戴村坝南旺枢纽工程科技成就，建设华北平原发达的生态水利”的学术报告，并向学校捐赠其《治水新论》专著。党委书记张伟接受捐赠图书并颁发收藏证书，副校长宋中民主持报告会。

学校在逸夫报告厅召开2018年就业工作会议。学校领导张伟、孙祥斌、邓昌亮、郝曙光、王强出席，副校长邓昌亮主持会议。

经学校党委常委会研究决定：校医院挂靠后勤管理处，为副处级单位。

学校党委印发《中共烟台大学委员会关于加强新形势下统一战线工作的实施意见》。

3日，学校获“山东省第五届高校青年教师教学比赛决赛”一等奖1项、二等奖4项、三等奖1项。

学校选派的三支代表队获山东省大学生科技节创新创业企业模拟经营大赛暨第十四届全国大学生“新道杯”沙盘模拟经营大赛山东省总决赛特等奖1项、一等奖1项、二等奖1项，并以总分第一名晋级国赛。

5日，省纪委常委王斌带领省纪委第四执纪监督室一行4人来校，就省属高校开展执纪监督工作进行专题调研。校领导张伟、孙祥斌、邓昌亮、宋中民、周胜良、郝曙光、王强参加，并汇报从严治党、纪委履职等情况。

6日，党委书记张伟在办公楼201主持召开党委理论学习中心组学习会议。

烟台市关心下一代工作委员会副主任于旭华一行4人到“烟大法学——莱山检察”青少年法治创客培育基地实地调研指导。校长郭善利，烟台市检察院副检察长陈勇，莱山区副区长于军修等一同调研。

7日，学校印发《烟台大学学科特区经费管理办法》《烟台大学教学督导与评价专家工作条例（修订）》。

8日，学校在逸夫厅举行全面从严治党责任书签订仪式，校领导张伟、郭善利、邓昌亮、宋中民、周胜良、郝曙光、王强出席会议，学校副处级以上干部参加会议，纪委书记周胜良主持。党委组织部等单位主要负责人分别与学校党政主要负责人签订《全面从严治党责任书》。

8—11日，全国第一届粒子物理前沿研讨会在烟台大学举行。来自中科院理论物理研究所、中科院高能物理研究所、北京大学、南京大学等全国31所高校及科研院所的86位专家学者参加会议。烟台大学副校长郝曙光出席开幕式并致辞。

11—12日，由省委宣传部、省委教育工委、团省委共同主办，山东教育电视台与烟台大学共同承办的“歌声激荡四十年”山东省大学生校园最美歌声大赛百强晋级赛在学校大学生活动中心举行。烟威高校56支队伍参赛。山东教育电视台台长、大赛组委会副主任邢顺峰，烟台大学校领导张伟、郭善利、孙祥斌、邓昌亮，烟台市委宣传部、团市委等领导出席活动。

13日，学校省“一事一议”顶尖人才团队建设工作推进会暨李劲风博士兼职教授聘任仪式在办公楼举行。副校长孙祥斌，省“一事一议”顶尖人才李小鹏等出席聘任仪式。

中国教育发展战略学会教育政策专业委员会副理事长、教育部规建中心特聘专家牟延林教授受邀做客烟台大学校城融合发展论坛，做“高等院校战略与规划的要素分析——产教融合2.0导向的大学型态变革”专题报告。学校领导和全校副处级以上干部，各学院、直属单位相关人员参加报告会，校长郭善利主持。

15 日，学校 2018、2019 年单位目标考核责任书签订仪式在逸夫厅举行。校领导张伟、郭善利、张殿臣、孙祥斌、邓昌亮、宋中民、周胜良、郝曙光、王强出席，党委副书记张殿臣主持。校长郭善利与发展规划与学科建设处、教务处、社科（科技）处、人事处、研究生处、服务地方办公室、国际合作交流处、学生工作部（处）、校团委、国际教育交流学院签订《2018、2019 年单位目标考核核心办学指标任务书》，分别与教学单位签订《2018、2019 年单位目标考核任务书》。

烟台大学 2018 届校友理事会成立大会在逸夫厅举行。校长郭善利出席会议，副校长孙祥斌主持。

21 日，学校获第十七届全国大学生机器人大赛 Robocon 赛全国三等奖。

22 日，服务国家特殊需求“重大新药新型释药系统”博士人才培养项目实施指导委员会第三次会议在烟台大学召开。原国家食品药品监督管理总局人事司副司长、指导委员会副主任委员崔恩学出席会议并讲话，中国工程院院士、副主任委员王广基视频参与会议商讨，山东省和烟台市食药监局相关领导参加会议，副校长郝曙光主持。校长郭善利致欢迎辞。

学校党委印发《关于坚持和完善党委领导下的校长负责制健全党委全委会、常委会和校长办公会议事制度与规则的实施办法（修订）》《关于加强和改进新形势下学院党组织建设的实施意见（试行）》《关于进一步加强和改进离退休工作的实施办法》。

学校印发《烟台大学网络与信息安全管理办法（暂行）》《烟台大学网络与信息安全突发事件应急预案》。

23 日，省外事侨务办副主任孙西忠率 2018 年外派教师聘方学校校长研习班暨侨务干部华文教育专题培训班成员 200 余人来校参观考察。副校长宋中民接待来宾。

24 日，校长郭善利会见佐治亚理工学院首席制造执行长、制造研究院院长王绪斌（Hsu – Pin（Ben）Wang）教授、烟台市经济与信息化委员会副主任乔玉晶一行，双方就共同建设先进制造业研究院达成共识。

25 日，韩国檀国大学校长张湜星教授率团来校参加两校合作办学项目学生的毕业典礼，烟台大学党委书记张伟、校长郭善利、副校长宋中民会见张湜星一行。

26 日，烟台大学 2018 届研究生毕业典礼暨学位授予仪式在弘毅厅举行。学校领导张伟、郭善利、张殿臣、孙祥斌、邓昌亮、宋中民、郝曙光、王强出席，副校长郝曙光主持。

党委书记张伟在育秀大楼 316 会议室主持召开党委理论学习中心组学习会议。

烟台大学学术委员会全体会议在办公楼 201 会议室召开。会议按照章程规定补选校学位委员会主任委员、副主任委员和部分校学术委员会委员，补选部分专门委员会的主任委员、副主任委员和委员。校长郭善利被补选为主任委员。

28 日，烟台大学 2018 年本科生毕业典礼暨学位授予仪式在大学生活动中心举行。学校领导张伟、郭善利、张殿臣、孙祥斌、邓昌亮、宋中民、周胜良、郝曙光出席毕业典礼，副校长邓昌亮主持，校长郭善利讲话。学校领导为毕业生逐一颁发学位证书、扶正流苏并合影留念。

本月

学校共招收博士研究生 7 人，硕士研究生 751 人。

学校成为涉海类工程专业实验项目教育资源共享联盟单位。

学校申报的“焊接工业机器人虚拟仿真实验教学项目”入选教育部 2017 年度示范性虚拟仿真实验教学项目，成为首批国家虚拟仿真实验教学项目。

化学化工学院杜德省的调研报告《当前大学生思想状况调查与分析——基于山东省 5 所高校的实证研究》获 2017 年度全国学校共青团优秀研究

成果一等奖。

学校选派的第三轮“第一书记”赵显伟、徐道立、刘向东被评为“山亭区优秀共产党员、脱贫攻坚先锋”,赵显伟被评为“枣庄市2017年度脱贫攻坚工作先进个人”。

7月

5—6日,烟台大学第七届教代会暨第八届工代会在致道厅召开。学校领导张伟、郭善利、张殿臣、孙祥斌、邓昌亮、宋中民、周胜良、郝曙光、王强出席会议,大会正式代表、特邀代表、列席代表200余人参加会议。副校长孙祥斌、校长郭善利先后主持会议。山东省教育工会副主席王辉,烟台市总工会党组成员、经审委主任刘海强,烟台市总工会组织部部长邢明应邀出席会议。郭善利做工作报告。会议审议并表决通过《烟台大学绩效工资实施意见(试行)》《烟台大学教职工申诉处理办法》《烟台大学教职工代表大会实施办法》。党委书记张伟做总结讲话。

6日,北京大学李晓明教授应邀来校做“慕课与教学:潮里潮外”专题报告。党委书记张伟出席报告会,副校长宋中民主持会议。

校长郭善利、副校长孙祥斌应邀参加在东山宾馆召开的腾讯云“数字烟台”城市交流会暨首届数字烟台峰会,签署共同建设腾讯大数据研究院战略合作框架协议。

7—8日,烟台大学物理学、电子科学与技术、信号与信息处理和数学4个硕士学位授权点评估全部合格。

9日,学校召开2018年招生工作会议,部署招生录取工作。

10日,学校在育秀大楼316会议室召开统战工作会议。党委书记张伟出席会议,副校长孙祥斌主持会议。

烟台开发区工委书记、管委主任牟树青一行来校,就全面推进烟台大学开发区科教园区规划建设进行沟通交流。党委书记张伟,校长郭善利,副校长孙祥斌、郝曙光会见牟树青一行。

学校在育秀大楼316会议室召开离退休工作会议。张伟出席,孙祥斌主持会议。

学校与无棣县人民政府产学研对接座谈会暨战略合作框架协议签约仪式在办公楼335会议室举行。副校长孙祥斌,无棣县委常委、副县长、校友许健,科技副县长邹宁等出席座谈会和签约仪式。

11日,重庆文理学院副校长王明华一行来校洽谈对口协作事宜,副校长郝曙光接待来访客人。

12日,烟台大学药学一级学科硕士学位授权点通过合格评估。

13日,烟台大学科学技术协会成立暨第一次代表大会在逸夫厅召开。山东省科协党组成员、副主席纪洪波,烟台市科协副主席李君斋,学校党委书记张伟、校长郭善利、副校长郝曙光出席会议,郭善利主持。会议通过《烟台大学科学技术协会章程》,选举产生烟台大学科学技术协会第一届委员会,选举郝曙光为烟台大学科学技术协会第一届主席。

烟台大学与中国农业银行烟台分行共建实习基地签约仪式在市农行大厦举行。校长郭善利、副校长邓昌亮,中国农业银行烟台分行行长刘剑波等出席签约仪式。郭善利和刘剑波分别致辞,并为“烟台大学实习基地”揭牌。

党委副书记张殿臣一行10人就加强基层党建工作到潍坊医学院考察交流。潍坊医学院党委书记李欣章等会见张殿臣一行。

烟台大学土木工程一级学科硕士学位授权点、材料科学与工程学位授权点通过合格评估。

14日,学校在办公楼435会议室召开欢送新疆选派教师座谈会。党委书记张伟、副校长邓昌亮出席会议,3位新疆选派教师、学生工作部(处)、学校办公室相关负责人等参加会议。张伟和邓昌亮分别为3位选派教师颁发纪念证书、荣誉证书并合影留念。

烟台大学国民经济学二级学科硕士学位授权点通过合格评估。

15 日,烟台大学工商管理一级学科硕士学位授权点通过合格评估。

16 日,烟台市校地合作联席会议在高新区蓝色智谷召开。学校党委书记张伟、校长郭善利参加会议并在大会上发言。会前,烟台校企合作示范基地揭牌暨入驻项目签约仪式在高新区举行。张伟与烟台市委书记张术平共同为“烟台校企合作示范基地”揭牌,郭善利与高新技术产业开发区管委书记于东签署《校地战略合作协议》。

烟台大学化学一级学科硕士学位授权点通过合格评估。

烟台大学环境科学学位授权点通过合格评估,专家组建议增列环境科学与工程一级学科硕士授权点。

17 日,烟台大学“真情圆梦”学生境外交流项目助学金颁发仪式在办公楼 435 会议室举行。校长郭善利,烟台市烟草专卖局局长、总经理于纪纲等出席仪式。

18 日,烟台大学核装备与核工程学院成立大会暨授牌仪式在弘毅厅举行。烟台市副市长金志海,台海集团总裁赵博鸿,烟台大学党委书记张伟、校长郭善利,及北京大学、清华大学、上海交通大学等高校的专家学者出席大会,党委副书记张殿臣主持会议。台海集团向核装备与核工程学院捐赠 50 万元发展基金。

烟台大学机械制造及其自动化二级学科硕士学位授权点通过合格评估,建议增列机械工程一级学科硕士学位授权点。

学校党委印发《烟台大学学院党委(党总支)会议议事规则(试行)》《烟台大学教职工代表大会实施办法》。

学校印发《烟台大学教职工申诉处理办法》。

18—20 日,建筑学院陈中高、隋杰礼带领的团队获第十届山东省大学生科技节系列赛事——“文华教育杯”2018 山东省大学生建造设计大赛决赛一等奖,两位教师获优秀指导教师奖。

19 日,学校在综合楼六楼中厅会议室召开党委全委(扩大)会议,党委副书记张殿臣主持。党委书记张伟向大会报告工作并部署下半年的工作任务。校长郭善利安排暑假工作。

学校印发《烟台大学国有资产管理办法(修订)》《烟台大学国有资产处置管理办法(试行)》《烟台大学公用房屋管理办法(试行)》《烟台大学无形资产管理办法(试行)》《烟台大学国有资产有偿使用管理办法(试行)》《烟台大学校办产业管理办法(试行)》《烟台大学大学生学科竞赛活动管理办法》《烟台大学实习教学管理规定(试行)》《烟台大学大学生创新创业训练计划项目管理办法(试行)》。

21 日,第十四届高等学校在线课程共建共享研讨会暨本科教育教学研讨会在烟台大学召开。校长郭善利、副校长宋中民出席研讨会,北京大学、南京大学、四川大学、南方科技大学及胶东高校教师教学发展联盟高校 30 余名代表参会。

22 日,烟台大学中国语言文学一级学科硕士学位授权点通过合格评估。

24 日,烟台大学化学工程与技术一级学科硕士学位授权点通过合格评估。

25 日,由生命科学学院(农学院)与经济管理学院联合组织的农业硕士(原农业推广硕士)专业学位授权点通过合格评估。

26 日,学校法律硕士专业学位授权点在全国首次专业学位水平评估中获 B 类。

烟台大学生物学一级学科硕士学位授权点、外国语言文学一级学科学位授权点通过合格评估。

29 日,光电信息科学技术学院、计算机与控制工程学院选派的参赛队获“TI 杯”大学生电子设计竞赛全国联赛(山东赛区)一等奖 13 项、二等奖 8 项。

30 日,烟台大学计算机科学与技术一级学科硕士学位授权点通过合格评估。

31日，2018国际人工智能峰会在烟台东山宾馆举行。其间，举行烟台大学人工智能研究院揭牌仪式，烟台市副市长王晓军、烟台大学副校长郝曙光、新加坡南洋理工大学黄广斌教授、清华大学马少平教授共同为烟台大学人工智能研究院揭牌。

学校承办的山东省高校保卫干部培训班开班仪式在海悦大厦举行。

本月

祁彩霞团队的“黄金基新型催化剂研制及应用技术研究”、姜付义团队的“球形石墨/金属氧化物复合微纳结构的制备及在锂离子电池中的应用”，分获山东省重大科技创新工程项目和山东省自然科学基金重大基础研究项目立项。

药学学科入选“山东省一流学科”立项建设。

环境与材料工程学院“高性能储能材料与电源系统”研究团队康利涛副教授在能源材料领域国际顶级期刊《先进能源材料》上在线发表研究长文（Full paper，题目：Nanoporous $CaCO_3$ Coatings Enabled Uniform Zn Stripping/Plating for Long-Life Zinc Rechargeable Aqueous Batteries）。

8月

1日，山东建筑大学党委书记陈国前、校长靳奉祥、副校长傅传国及纪委书记王桂媛一行来校调研。学校领导张伟、郭善利、张殿臣、孙祥斌会见客人。

经学校党委常委会研究决定：撤销中国共产党烟台大学离退休总支部委员会，成立中国共产党烟台大学离退休委员会；撤销中国共产党烟台大学校医院支部委员会；校团委增设社团部；校友工作办公室挂靠党委统战部。国际合作交流处撤销留学生科，设立出境管理科；后勤管理处撤销供热服务中心、水电服务中心，成立能源管理服务中心；服务地方办公室增设合作交流科；校友联谊会办公室更名为校友工作办公室；法律事务部挂靠知识产权研究中心。

2日，烟台大学与荣昌制药股份有限公司合作协议签约仪式暨深入合作座谈会在荣昌生物医药园举行。学校领导张伟、郭善利、宋中民及相关负责人参加活动；荣昌制药股份有限公司首席科学家房健民，副总裁林健等参加签约仪式和座谈。郭善利与房健民签署《烟台大学—荣昌制药股份有限公司合作协议》。开发区工委书记、管委主任牟树青等领导出席签约仪式并参加座谈。

烟台大学法学硕士一级学科授权点和法律硕士专业学位授权点通过合格评估。

3日，烟台双塔食品股份有限公司董事长杨君敏一行来校洽谈校企合作事宜。党委书记张伟、副校长邓昌亮出席座谈会。

5日，党委书记张伟在育秀大楼316主持召开党委中心组学习会议。

6日，烟台大学—中国科学院烟台海岸带研究所战略合作协议及联合培养研究生协议签约仪式在办公楼435举行。中国科学院烟台海岸带研究所党委书记、副所长高玲瑜，国家万人计划入选者秦伟研究员，烟台大学校长郭善利，副校长郝曙光等出席签约仪式。郝曙光、高玲瑜代表双方签署《烟台大学—中国科学院烟台海岸带研究所“科教结合协同育人”战略合作协议》《烟台大学—中国科学院烟台海岸带研究所研究生联合培养协议》。

7—13日，党委书记张伟、副校长邓昌亮赴新疆走访慰问志愿服务西部毕业生、南疆基层公务员和少数民族家庭经济困难学生，调研烟大毕业生服务新疆自治区发展建设情况。

9日，烟台大学海洋科学一级学科硕士学位点通过合格评估。

13日，烟台大学西藏校友会成立大会在拉萨举行。校长郭善利宣布校友会成立并授旗。

14—15日，枣庄市山亭区委副书记李晓、区委常委贾建军一行来校走访，交流“第一书记”帮包工作。党委书记张伟、副校长宋中民参加座谈。

16日，杜秋雨获第三届学生“学宪法　讲宪法”活动山东赛区决赛高校组一等奖。

20 日，党委书记张伟在育秀大楼 316 主持召开党委理论学习中心组学习会议。

21 日，学校暑期处级干部培训班开班仪式在逸夫厅举行。学校特邀北京大学教育学院郭建如教授、武汉理工大学梁传杰教授、北京大学教务部刘建波教授做专题辅导报告。

学校在逸夫厅召开中央巡视组巡视山东省反馈意见整改落实工作会议。学校领导郭善利、张殿臣、孙祥斌、邓昌亮、宋中民、周胜良、王强出席会议。校长郭善利主持会议并做总结讲话。纪委书记周胜良就纪委监督监察责任有关工作进行具体部署。

24 日，莱阳市副市长于宏伟来校交流干部挂职工作。党委副书记张殿臣出席座谈会。

25 日，烟台大学—枣庄合作发展论坛在枣庄举行。烟台大学党委副书记、校长郭善利，副校长孙祥斌，枣庄市委常委、宣传部部长、政法委书记李爱杰等出席论坛。双方签署《烟台大学—枣庄市战略合作协议》。

郭善利到枣庄市山亭区“第一书记”帮包村走访调研。

29 日，学校暑期处级干部培训班交流总结大会在逸夫厅举行，校领导张伟、郭善利、张殿臣、邓昌亮、宋中民、周胜良、郝曙光、王强出席，张殿臣主持会议，郭善利做总结讲话。

30 日，核装备与核工程学院代表队获第七届全国大学生金相技能大赛三等奖。

31 日，学校聘请烟台市公安消防支队高级工程师郭卫华为烟台大学客座教授。

本月

校长郭善利、副校长孙祥斌带队前往西藏走访地方组织人事部门。郭善利一行先后到林芝市、拉萨市、日喀则市慰问校友。

学校获山东省第三届高等学校体育教师基本功大赛一等奖 3 项、二等奖 4 项、三等奖 5 项。

2018 年学校面向 29 个省（市、自治区）投放招生计划，共录取本科生 7437 名，边防军人子女预科生 80 名。

化学工程与工艺专业学生组建的“另辟烯径”团队获第十二届全国大学生化工设计竞赛华北赛区决赛一等奖、全国二等奖。

烟台大学代表队在“建行杯”第四届山东省“互联网 +”大学生创新创业大赛决赛中获省级银奖 1 项、铜奖 2 项。

9 月

1 日，2018 级新生报到，张伟、郭善利、邓昌亮、王强等到南校区迎新现场看望新同学。

3 日，烟台大学 2018 级学生开学典礼暨军训动员大会在体育场举行。学校领导张伟、郭善利、张殿臣、孙祥斌、邓昌亮、宋中民、周胜良、郝曙光，中国人民解放军某部队领导等出席开学典礼。典礼由党委副书记张殿臣主持。郭善利做了题为“以求实进取成就无悔青春”的讲话。张伟为军训团授旗。邓昌亮做军训动员讲话。

学校领导班子召开以巡视整改为主题的专题民主生活会。党委书记张伟主持会议，郭善利、张殿臣、孙祥斌、邓昌亮、宋中民、周胜良、郝曙光出席会议，学校办公室、党委组织部、党委宣传部以及校纪委相关负责人列席会议。

经校党委常委会研究，省机构编制委员会办公室同意，成立党委教师工作部，正处级单位，与党委宣传部合署办公，下设教师思想政治工作科。

4 日，学校党委印发《烟台大学关于进一步做好抵御渗透和防范校园传教工作的实施办法》。

5 日，上海交通大学电子信息与电气工程学院党委书记、烟台信息研究院院长苏跃增，烟台生产力促进中心主任辛献杰一行来校访问，校长郭善利、副校长郝曙光会见来宾。

学校在办公楼 201 会议室召开意识形态工作会。党委书记张伟、副书记张殿臣、相关职能部门负责人及各基层党组织书记参加会议，张殿臣

主持。

党委书记张伟在育秀大楼316会议室主持召开党委理论学习中心组第11次集体学习。

6日，在第34个教师节来临之际，烟台市委书记张术平在市委常委、秘书长于松柏的陪同下，来校走访慰问教师。张术平首先看望中国工程院院士温俊峰，随后在逸夫厅做“烟台当前经济社会发展的形势任务”的专题报告。党委书记张伟主持报告会。

学校党委印发《关于加强和改进新形势下党校工作的实施意见》。

8日，《烟台大学学报》创刊30周年座谈会在育秀大楼316会议室召开。校长郭善利出席会议并代表学校致辞，副校长郝曙光主持。省教育厅科学技术处处长徐文广、省新闻出版广电局版权管理处处长张晓生出席座谈会并讲话。会后分别举行“学术期刊：坚守与创新”人文社科期刊发展高层论坛、华东地区高校自然科学学报编辑协会2018年山东地区年会。

10日，庆祝2018年教师节暨师德建设表彰大会在逸夫厅举行。学校领导张伟、郭善利、张殿臣、孙祥斌、邓昌亮、宋中民、周胜良、郝曙光出席，校长郭善利主持，党委书记张伟发表讲话。会议表彰了2016—2018年度的先进集体和个人。

11日，加拿大罗恩·巴比克院士应邀来校交流并做学术报告。副校长郝曙光会见客人。

12—13日，校长郭善利率团访问英国朴茨茅斯大学，校长格雷厄姆·加尔布雷斯和副校长克里斯·张会见代表团一行。双方签署两校合作协议，并以附件形式明确双方开展国际经济与贸易等专业“3+1”双学位联合培养项目。双方同意在学生交流的基础上开展教师交流及科研合作。郭善利还看望了在该校学习的烟台大学学生。

13日，核装备与核工程学院代表队获第五届山东省物联网创造力大赛暨第十二届ICAN国际创新创业大赛山东赛区一等奖。

14日，学校在体育场举行烟台大学2018级学生军训总结表彰大会。学校领导张伟、张殿臣、孙祥斌、邓昌亮、宋中民、周胜良，中国人民解放军某部队领导及军训工作领导小组全体成员出席大会，党委副书记张殿臣主持。

冰轮集团董事长李增群，烟台市经济和信息化委员会副主任乔玉晶一行来校洽谈校企合作。党委书记张伟、副校长孙祥斌接待客人。

校长郭善利率团访问英国谢菲尔德大学，副校长马尔科姆·白特勒博士代表谢菲尔德大学欢迎郭善利一行。双方就加强两校交流合作进行商讨。郭善利一行还访问了谢菲尔德锻造国际有限公司。

核装备与核工程学院参赛队伍在三届全国高校学生课外“核+X”创意大赛总决赛中获二等奖。

15日，校长郭善利率团访问英国齐鲁文商会、英中创新联合会，委托其作为烟台大学在英国的招才引智平台。聘任校友、英中创新联合会会长杜祥平博士为“烟台大学海外引才专员”。

16日，费县县委书记程守田，县委副书记、县长矫晓斌一行来校走访交流。党委书记张伟、副校长孙祥斌会见客人。

17日，校长郭善利率团访问保加利亚旧扎果拉色雷斯大学。校长伊万·瓦申和教学事务、国际事务、行政事务副校长会见郭善利一行。双方就联合培养研究生和学术交流合作，确定了合作协议的框架条款。

19日，省委教育工委办公室副主任刘坤等来校督查高校党建工作重点任务落实情况。学校党委书记张伟、纪委书记周胜良出席座谈会。

德州日报社与烟台大学人文学院战略合作协议签约仪式在致道厅举行，党委副书记张殿臣出席仪式并讲话。

20日，学校印发《烟台大学基本建设工作管理办法》。

20—22日，副校长宋中民到枣庄市山亭区调研

"第一书记"工作。

26 日，学校在办公楼 201 会议室召开加强财务管理工作会议，校长郭善利讲话，党委副书记张殿臣主持。

28 日，庆祝烟台大学文经学院建院 15 周年高端论坛"新时代·新科技·新教育：地方高校一流本科教育的理论和实践"在文经学院开幕。烟台市副市长张波，烟台大学校长郭善利，祥隆企业集团有限公司董事辛玲等出席。

30 日，学校党委印发《烟台大学干部选拔任用工作实施办法》《关于落实全面从严治党主体责任的实施意见（试行）》。

本月

机电汽车工程学院三支参赛队分获 2018 年世界机器人大赛机器人格斗大赛无差别 1VS1 二等奖 2 项、仿人 1VS1 组一等奖 1 项。

学校代表队获 2018 年"西门子杯"中国智能制造挑战赛（CIMC）全国总决赛一等奖 3 项、二等奖 2 项。

学校集体朗诵作品《中华精神颂》与外国语学院宋若飞个人朗诵作品《永不消逝的笛声》获"读中国"山东省大学生诗文诵读大赛一等奖，集体朗诵作品《祖国万岁》获三等奖。

《烟台大学学报（哲学社会科学版）》入编《中文核心期刊要目总览》（第八版）"综合性人文、社会科学类核心期刊"。

烟台大学"基于抗炎活性 Ocotillol 型皂苷荧光探针的设计合成"等 14 个项目入围教育部 2018 年国家级大学生创新创业训练计划。

人文学院孙绪谦、韩伟同学分获第五届山东省青少年"国学达人"挑战赛总决赛大学组一等奖和三等奖。

10 月

7—12 日，新西兰坎特伯雷大学生物学院院长 Matthew Turnbull 教授来校访问。副校长宋中民、王强先后会见来宾，并就推进和拓展两校多层次合作办学与科研合作事宜进行交流。

10 日，烟台大学与苏州赛分科技有限公司合作组建技术开发中心签约仪式在办公楼 335 举行。苏州赛分科技有限公司董事长黄学英，烟台大学校长郭善利、副校长孙祥斌出席签约仪式。

学校印发《烟台大学科研项目资金差旅费管理办法（试行）》《烟台大学科研协作经费管理办法》。

12 日，省委第十三巡视组巡视烟台大学党委工作动员会召开。会前，省委巡视工作领导小组成员孙丰华主持召开与烟台大学党委书记张伟的见面沟通会，传达省委书记刘家义关于巡视工作的讲话精神。会上，省委第十三巡视组组长李震球做动员讲话，孙丰华就配合做好巡视工作提出要求。张伟主持会议并做表态发言。巡视组在烟台大学的工作时间，从 2018 年 10 月 12 日开始，至 2019 年 1 月 12 日结束，巡视时间 3 个月。

13 日，2018 年青年学者泰山国际论坛烟台大学分论坛在育秀大楼 316 会议室举行。校长郭善利出席，副校长孙祥斌主持会议。来自海内外著名高校的 17 名青年学者参会。

15 日，学校在逸夫厅召开严肃会风会纪会议，在校校领导，机关各部门主要负责人，各学院、直属单位党政主要负责人参加会议。校长郭善利主持会议，纪委书记周胜良通报有关情况，党委书记张伟讲话。

16 日，党委书记张伟在办公楼 201 会议室召开党委理论学习中心组第 13 次学习会议。

美国田纳西大学（查塔努加）副校长罗伯特·杜里率团来校访问。副校长宋中民会见来宾。

学校获评"山东省粮安之星"称号。

17 日，烟台大学药学实验教学中心在"第二届医药院校药学/中药学世界大学生创新创业暨实验教学改革大赛"中获二等奖 2 项、三等奖 1 项。

18 日，烟台金正环保科技有限公司"金正环保奖学金"捐赠暨校企合作签约仪式在育秀大楼 316

会议室举行。纪委书记周胜良出席仪式并致辞。烟台金正环保科技有限公司执行副总裁傅进玉等出席签约仪式。

河南城建学院周新峰副校长一行来校考察交流。学校党委副书记张殿臣会见客人。

20 日,"民法典编纂与家事法改革"学术研讨会在烟台大学召开。校长郭善利出席会议并致辞。

22 日,山东省副省长于杰来校调研。学校党委书记张伟、校长郭善利、党委副书记张殿臣等参加调研。

24 日,药学院获山东省"干事创业好团队"称号。

25 日,省委组织部人才工作处二级调研员张兴旺率调研督查组,对学校人才政策落实情况进行实地调研督查。学校党委副书记、校长郭善利,副校长郝曙光等参加会议。

26 日,省财政科研项目经费管理座谈会在育秀大楼 316 会议室召开,省财政厅二级巡视员袁培全等一行 7 人来校调研。校长郭善利主持座谈会,烟台市财政局、烟台大学、鲁东大学、山东工商学院、滨州医学院、山东绿叶制药有限公司等单位的领导和相关部门负责人参加座谈。

学校自主选育苹果新品种"烟大一号"通过烟台市科技局专家验收。

27 日,由中共中央宣传部、全国总工会、共青团中央、全国妇联联合主办的"将改革开放进行到底"百姓宣讲活动全国巡回宣讲会山东站活动在弘毅厅举行。团中央宣传部副部长赵博,团省委副书记李梦遥,烟台大学党委书记张伟,党委副书记张殿臣,副校长邓昌亮,团市委书记李桂勋等出席活动,张殿臣主持。

国际教育交流学院韩国留学生南何恩获"2018 山东省韩国语/汉语演讲比赛"一等奖,金昭亨、洪贤岩获优秀奖。

法学院"律海烟云"代表队在第二届全国高校法庭辩论赛上进入全国八强,获团体优胜奖和全国最佳书状一等奖,傅于说同学获最佳辩手荣誉称号。

29 日,副校长孙祥斌带队赴中节能万润股份有限公司考察。万润股份副总经理胡葆华等会见孙祥斌一行,双方就科技研发、人才共享、融合发展等方面进行交流。

30 日,学校党务干部培训班在逸夫厅开班,校领导张伟、郭善利、张殿臣、周胜良出席,党委副书记张殿臣主持会议。学校党委工作部门副处级以上干部,各二级单位党组织书记、副书记、委员,基层党支部书记参加培训。

由山东省民族宗教研究会与烟台大学共同举办的"山东社科论坛——乡村振兴与农村宗教事务治理研讨会"在烟台大学召开。

31 日,校领导张伟、郭善利、孙祥斌、宋中民到承先图书馆参观"砥砺奋进、笔墨书情——烟台大学庆祝改革开放 40 周年教工书画摄影展"。

山东省教育厅发布《关于公布教育服务新旧动能转换专业对接产业项目立项名单的通知》(鲁教高字〔2018〕12 号),学校机械设计制造及其自动化专业群、食品科学与工程专业群、药学专业群获批立项,分别对接山东省"十强"产业中的高端装备、现代海洋、医养健康。

本月

学校离退休党群服务中心正式启用。

11 月

1 日,烟台大学新媒体联盟理事会换届大会在综合楼六楼中厅会议室举行。

学校党委印发《烟台大学意识形态工作校内巡察制度实施办法(试行)》。

3—4 日,2018"外研社 · 国才杯"全国英语演讲大赛山东赛区复赛本科组、高职组在烟台大学同期举办。烟台大学外国语学院牟涵宇同学获本科组一等奖。

法学院代表队获"第八届山东省高等学校大学生模拟法庭比赛"团体一等奖,陈浩和毛海利获评

“优秀指导老师”，学生杜秋雨获评“优秀诉讼代理人”。

5日，依托中国海洋大学的国家海洋藻类国际科技合作基地与烟台大学合作共建签约揭牌仪式暨学术报告会在烟台大学举行。烟台大学副校长郝曙光、中国海洋大学教授刘涛先后致辞，双方签署合作框架协议并揭牌。

8日，党委书记张伟在育秀大楼316会议室主持召开党委理论学习中心组第14次学习。

10日，“烟台大学2019届毕业生供需见面会”在学校千米文化长廊举行。烟台市委统战部副部长王天立，烟台市人力资源和社会保障局副局长于腾，学校党委书记张伟，校长郭善利，副校长孙祥斌、邓昌亮到现场与毕业生交谈，了解用人单位招聘情况。

13日，赤峰学院党委书记王玉树，副院长袁德忠一行来校考察交流。学校党委书记张伟、校长郭善利会见客人。

14日，《烟台日报》头版刊发题为《“自己的大学”自己建》的文章，讲述应改革开放大潮诞生的烟台大学的故事。

学校印发《烟台大学招生考试经费支出管理办法》《烟台大学国家励志奖学金、省政府励志奖学金评审实施办法》《烟台大学新疆西藏和青海海北籍少数民族大学生省政府励志奖学金评审实施办法》《烟台大学家庭经济困难学生认定实施办法》《烟台大学生源地信用助学贷款管理办法》《烟台大学家庭经济困难学生“绿色通道”实施办法》《烟台大学学生临时困难补助管理办法》《烟台大学学费减免管理办法》《烟台大学学生应征入伍服义务兵役国家资助实施办法》《烟台大学退役士兵全日制教育学费资助实施办法》《烟台大学直招士官学生国家资助实施办法》。

14—18日，来自北大、清华的24位学者齐聚烟台大学，做客“两校名师讲堂”。

15日，学校党委理论学习中心组在综合楼624教师培训厅举行扩大学习会，党委书记张伟主持。清华大学计算机系教授、烟台大学人工智能研究院名誉院长马少平做题为“人工智能发展进程”的专题报告。

16日，青岛科技大学纪委书记姚锋一行来校考察交流纪检监察工作，学校纪委书记周胜良出席座谈会。

《烟台大学学报（哲学社会科学版）》首次入选中国人文社会科学核心期刊（社科院版核心期刊）。

学校党委印发修订的《烟台大学单位目标考核办法》。

17日，北京大学、清华大学支援烟台大学建设委员会第十三次会议在烟台东山宾馆召开。会议以“聚焦山东省新旧动能转换重大工程建设，持续提升烟台大学学科建设水平，推动校地校企深度融合，助力区域经济社会发展”为主题，北京大学、清华大学与烟台大学签订具有建设意义的系列合作协议和意向书，与会专家围绕高水平大学建设进行研讨。北京大学党委副书记、秘书长安钰峰，清华大学副校长尤政院士，山东省副省长于杰，山东省政府副秘书长辛树人，烟台市委书记张术平，烟台市委常委、秘书长于松柏，烟台市副市长张波，援建委员会顾问钱振为，烟台大学党委书记张伟、校长郭善利，援建委员会委员，北京大学、清华大学有关部门和对口院系的专家学者，援建老同志代表，烟台市有关部门以及烟台大学有关负责同志出席。会议由山东省委教育工委常务副书记、教育厅厅长邓云锋主持。

“分子药理和药物评价”教育部重点实验室第一届学术委员会第三次会议在烟台召开。烟台大学校长郭善利到会致辞，中国医学科学院药物研究所杜冠华研究员、军事医学科学院毒物药物研究所周文霞研究员、中国医学科学院药物研究所陈乃宏研究员、北京大学医学部张永鹤教授、中国食品药品检定研究院汪巨峰研究员、复旦大学药学院朱依谆教授、中国科学院上海药物研究所张继稳研究员、中国医学科学院医药生物技术研究所邵荣光研究员、烟台大学药学院傅风华教授、刘万卉教授等10名重点实验室学术委员会委员出席会议。

18 日,学校在教师教学发展中心召开教师发展专题研讨会,郭善利、宋中民出席。郭善利和烟台大学教师教学发展中心首席顾问、北京大学教授方新贵为教师教学发展中心揭牌。

23 日,由烟台市高新区管委会、市科技局主办,烟台大学协办的 2018 年山东烟台智能产业技术创新发展峰会暨北斗智能产业技术创新烟台创业园开园发布会在高新区创业大厦举行。校长郭善利、副校长孙祥斌出席大会。孙祥斌代表烟台大学与上海交通大学烟台信息技术研究院签署战略合作协议。

24 日,驻烟高校"反电信网络诈骗四校联盟"挂牌启动仪式在致道厅举行。

生命科学学院组成的代表队在第二届全国大学生生命科学竞赛决赛中获一等奖 1 项、三等奖 2 项。

25 日,音乐舞蹈学院女声合唱团作品《我唱出了世界的声音》、混声合唱团作品《龙的传人》获"歌声激荡四十年"山东省大学生校园最美歌声大赛总决赛合唱一等奖,音乐舞蹈学院学生杨珊、张宇获大赛独唱三等奖,学校获优秀组织单位奖。

27 日,学校财务综合服务大厅正式启用。

29 日,学校在育秀大楼 316 会议室召开意识形态工作推进会,各职能部门负责人及二级单位党组织书记参加会议。党委副书记张殿臣主持会议并代表学校党委与有关单位代表签订《烟台大学意识形态工作责任制责任书》。

学校印发《烟台大学省一流学科奖补资金管理办法》。

30 日,学校党委印发《关于进一步加强党员发展和教育管理服务工作的实施意见》《烟台大学干部因私出国(境)管理暂行办法》。

本月

学校获批 8 项 2018 年度山东省本科教改项目。

烟台大学学生团队在第十二届 ICAN 国际创新创业大赛全国总决赛中取得国家级二等奖 4 项、三等奖 6 项。

12 月

1 日,共青团烟台大学第三次代表大会在致道厅召开。共青团山东省委副书记刘少华,共青团烟台市委书记李桂勋,学校领导郭善利、张殿臣、孙祥斌、邓昌亮、宋中民、周胜良、郝曙光,学校相关党群部门负责同志,各学院党组织负责同志,山东大学团委及驻烟兄弟高校团委负责同志等应邀出席大会。大会的主题是:砥砺青春,不负使命,高举中国特色社会主义伟大旗帜,以习近平新时代中国特色社会主义思想为指导,深入学习贯彻党的十九大精神,贯彻落实团十八大和省第十四次团代会精神,团结带领全校广大团员青年不忘初心永远跟党走,青春建功奋进新时代,为建设特色鲜明、部分学科具有国际影响力的高水平大学贡献青春力量。276 名大会代表选举产生 35 名共青团烟台大学第三届委员会委员,审议通过《共青团烟台大学第三次代表大会关于第二届委员会工作报告的决议》。

土木工程学院"比目鱼队""BIM 五人帮队""后起之秀队"分获 2018 首届"优路杯"全国 BIM 技术大赛银奖、铜奖、优秀奖。

2 日,在首届全国大学生船舶能源与动力创新大赛决赛上,烟台大学获一等奖 1 项、二等奖 1 项、三等奖 4 项、优胜奖 5 项,1 名教师获"优秀指导教师奖",学校获优秀组织奖。

3 日,学校党委理论学习中心组在育秀大楼 316 视频会议室进行第十六次集体学习。

法学院大二学生赵文华和杜秋雨分获第三届全国学生"学宪法、讲宪法"活动总决赛高校组演讲亚军、大学生辩论赛二等奖。

6 日,学校党务干部培训班结业仪式在逸夫厅举行。学校领导张伟、张殿臣、周胜良出席,校长郭善利主持仪式。

烟台大学"三元之光"校友大讲堂启动仪式暨

第一期报告会在韶乐厅举行。党委书记张伟、副校长孙祥斌等出席活动。

烟台大学“不忘初心”庆祝改革开放40周年文艺晚会在弘毅厅举行。学校领导张伟、张殿臣、周胜良等700余人参加晚会。

12日，学校印发《烟台大学研究生课程管理办法》《关于烟台大学财务人员代扣代缴个税奖励办法》《烟台大学差旅费管理办法(修订)》《烟台大学关于大额资金使用审批的规定(修订)》《烟台大学往来款项管理办法》《烟台大学收费管理暂行办法》《烟台大学教研科研业绩量化计分办法(修订)》。

14日，“烟蕴风华”烟台大学2017—2018学年奖学金颁奖典礼在弘毅厅举行。学校领导郭善利、孙祥斌、邓昌亮、宋中民、周胜良、郝曙光出席典礼。校长郭善利致祝贺辞。

学校印发《〈烟台大学人才引进与管理实施办法〉补充规定》。

15日，塔里木大学党委书记赵光辉、副校长卢光志一行来校访问。党委书记张伟会见客人，校长郭善利、副校长孙祥斌等参加座谈。

17日，意大利米兰ACME美术学院执行校长洛伦佐·普拉托，项目总监张海佳译一行来校访问。校长郭善利、副校长宋中民会见代表团，郭善利与普拉托签署两校合作协议。

17—20日，烟台大学中外学生组成的Lucky队自编自导的舞台剧《花样京剧》获首届“讲故事·识山东”电视大赛总决赛二等奖。

18日，中国文物协会主席王新力和台湾优势产业对外合作委员会副主委张旭等一行来校访问。党委书记张伟、校长郭善利、副校长孙祥斌会见代表团。

18日，学校在综合楼624教师培训厅召开校级教学督导与评价专家换届工作大会，校长郭善利出席会议，学校第六届教学督导与评价专家和新当选的第七届教学督导与评价专家、各学院分管教学工作的领导参加会议，副校长宋中民主持。

20日，烟台大学入选由山东省互联网传媒集团编制的“2018年度山东高校最佳社会声誉榜”榜单，位列第7名。

21日，法学院教授房绍坤主持的教学成果《地方高校法律人才SPI培养模式的探索与实践》获2018年国家级教学成果奖二等奖。

24日，由潍坊学院副院长王旭升为组长的省教育厅高校校园安全专项调研组一行5人来校专项调研高校校园安全工作。

25日，在第二十届中国专利奖颁奖大会上，烟台大学专利“用甲乙酮系列混合溶剂分离丁烷与丁烯的方法”获中国专利金奖。

25—26日，党委副书记张殿臣、副校长孙祥斌前往福山区、莱山区参加“千名干部下基层”民营企业高质量服务队调研。

26日，学校印发《烟台大学全面落实研究生导师立德树人职责实施细则》。

28日，学校党委印发《烟台大学党建与思想政治工作考核办法(试行)》《烟台大学党建与思想政治工作考核标准(试行)》《烟台大学处级干部年度考核实施办法(试行)》。

29日，学校与烟台杰瑞石油服务集团股份有限公司战略合作协议签约仪式暨深入合作座谈会在办公楼435室举行。党委书记张伟，副校长孙祥斌、郝曙光等参加签约活动。杰瑞集团高级副总裁、杰瑞环保董事长王丕学，副总裁谢猛，杰瑞环保集团副总工程师、杰瑞环保研究院院长岳勇应邀出席。

本月

崔明德、郭明瑞、房绍坤、孔庆明4人入选《庆祝改革开放四十周年——山东社会科学名家名作

展》名家。

法学院刘经靖、张平华，马克思主义学院王毅、丁大尉入选山东省理论人才“百人工程”。校团委获评全国大中专学生志愿者暑期“三下乡”社会实践活动优秀单位。

数学与信息科学学院吴昭景教授获“山东省有突出贡献的中青年专家”称号。

烟台大学参赛团队在第五届山东省大学生科技创新大赛中获得一等奖 1 项、二等奖 3 项、三等奖 4 项。

文 件 目 录

2018 年校党委党字文件目录

发文字号	文件名称
烟大党字〔2018〕1 号	关于烟台大学党委换届人事安排方案的请示
烟大党字〔2018〕2 号	关于召开中国共产党烟台大学第四次代表大会的请示
烟大党字〔2018〕3 号	中共烟台大学委员会关于召开 2017 年度民主生活会情况的报告
烟大党字〔2018〕4 号	关于中国共产党烟台大学第四届委员会委员和纪律检查委员会委员、副书记候选人预备人选的请示
烟大党字〔2018〕5 号	中共烟台大学委员会关于召开中国共产党烟台大学第四次代表大会有关情况的报告
烟大党字〔2018〕6 号	中共烟台大学委员会关于召开中国共产党烟台大学第四次代表大会有关情况的报告
烟大党字〔2018〕7 号	中共烟台大学委员会关于召开中国共产党烟台大学第四次代表大会有关情况的报告
烟大党字〔2018〕8 号	关于烟台大学韩向利同志因私出国的备案报告
烟大党字〔2018〕9 号	关于韩晓玲同志因私出国的备案报告
烟大党字〔2018〕11 号	关于烟台大学韩向利同志因私出国的备案报告
烟大党字〔2018〕12 号	中共烟台大学委员会关于呈送《中央第七巡视组巡视山东省反馈意见烟台大学整改落实方案》的报告
烟大党字〔2018〕13 号	中共烟台大学委员会关于成立党委教师工作部的请示
烟大党字〔2018〕14 号	中共烟台大学委员会关于中央巡视组巡视反馈意见整改落实工作情况的报告
烟大党字〔2018〕16 号	中共烟台大学委员会关于召开巡视整改专题民主生活会的报告
烟大党字〔2018〕19 号	关于召开北京大学、清华大学支援烟台大学建设委员会第十三次会议的请示
烟大党字〔2018〕20 号	关于申报 2018 年度山东省文明单位的报告
烟大党字〔2018〕23 号	关于申报 2018 年度烟台市文明单位的报告

2018 年校党委党发文件目录

发文字号	文件名称
烟大党发〔2018〕1 号	关于印发《烟台大学 2017 年工作总结和 2018 年工作要点》的通知
烟大党发〔2018〕2 号	关于印发《烟台大学共青团改革方案》的通知
烟大党发〔2018〕3 号	中共烟台大学委员会关于成立烟台大学社会科学界联合会的决定
烟大党发〔2018〕4 号	关于表彰烟台大学 2017 年度精神文明建设工作先进集体和个人的决定
烟大党发〔2018〕5 号	关于印发《烟台大学党费收缴、使用和管理办法》的通知
烟大党发〔2018〕6 号	中共烟台大学委员会关于撤销和成立有关党组织的通知
烟大党发〔2018〕7 号	关于印发《烟台大学中层领导班子和处级干部换届调整工作实施方案》的通知
烟大党发〔2018〕8 号	中共烟台大学委员会关于调整校领导分工的通知
烟大党发〔2018〕9 号	关于成立中国共产党烟台大学第四次代表大会筹备工作领导小组的通知
烟大党发〔2018〕10 号	关于选举中国共产党烟台大学第四次代表大会代表的通知
烟大党发〔2018〕11 号	关于酝酿产生中国共产党烟台大学第四届委员会和纪律检查委员会委员候选人预备人选的实施意见
烟大党发〔2018〕12 号	关于在“两委”委员候选人预备人选酝酿推荐中加强监督严肃换届纪律的通知
烟大党发〔2018〕13 号	关于召开中国共产党烟台大学第四次代表大会的通知
烟大党发〔2018〕14 号	关于印发中国共产党烟台大学第四次代表大会党委工作报告的通知
烟大党发〔2018〕15 号	关于印发《学习贯彻学校第四次党代会精神实施方案》的通知
烟大党发〔2018〕16 号	关于公布中国共产党烟台大学第四届委员会和纪律检查委员会组成人员的通知
烟大党发〔2018〕17 号	关于印发《关于在全校开展“大学习、大调研、大改进”的实施方案》的通知
烟大党发〔2018〕21 号	关于印发《校领导联系学院工作细则(试行)》的通知
烟大党发〔2018〕22 号	批转《关于召开烟台大学第七届教职工代表大会第一次会议暨第八届工会会员代表大会的请示》的通知
烟大党发〔2018〕24 号	关于表彰 2017 年度烟台大学“红旗团委”和“优秀青年工作者”的决定
烟大党发〔2018〕25 号	关于印发《中共烟台大学委员会关于加强新形势下统一战线工作的实施意见》的通知
烟大党发〔2018〕26 号	印发《关于坚持和完善党委领导下的校长负责制健全党委全委会、常委会和校长办公会议事制度与规则的实施办法(修订)》的通知
烟大党发〔2018〕27 号	关于加强和改进新形势下学院党组织建设的实施意见(试行)
烟大党发〔2018〕28 号	印发《关于进一步加强和改进离退休工作的实施办法》的通知
烟大党发〔2018〕29 号	中共烟台大学委员会关于成立烟台大学科学技术协会的决定
烟大党发〔2018〕30 号	印发《烟台大学学院党委(党总支)会议议事规则(试行)》的通知

续表

发文字号	文件名称
烟大党发〔2018〕31 号	关于印发《烟台大学创建文明校园暨烟台市文明单位 2018 年工作方案》的通知
烟大党发〔2018〕32 号	关于公布烟台大学第七届教职工代表大会执行委员会组成人员名单的通知
烟大党发〔2018〕33 号	关于公布烟台大学第八届工会委员会、第八届工会经费审查委员会组成人员名单的通知
烟大党发〔2018〕34 号	中共烟台大学委员会关于撤销和成立有关党组织的通知
烟大党发〔2018〕35 号	中共烟台大学委员会关于调整有关内设机构的通知
烟大党发〔2018〕36 号	关于印发《中央第七巡视组巡视山东省反馈意见烟台大学整改落实方案》的通知
烟大党发〔2018〕37 号	关于印发《烟台大学关于进一步做好抵御渗透和防范校园传教工作的实施办法》的通知
烟大党发〔2018〕38 号	中共烟台大学委员会关于加强和改进新形势下党校工作的实施意见
烟大党发〔2018〕39 号	关于成立党委教师工作部的通知
烟大党发〔2018〕40 号	关于印发《烟台大学教职工代表大会实施办法》的通知
烟大党发〔2018〕41 号	关于印发《烟台大学 2018 年基层党组织换届选举工作方案》的通知
烟大党发〔2018〕42 号	关于表彰烟台大学 2016—2018 年度导师标兵和优秀导师的决定
烟大党发〔2018〕43 号	关于表彰烟台大学 2016—2018 年度优秀辅导员的决定
烟大党发〔2018〕44 号	中共烟台大学委员会关于表彰 2016—2018 年度“师德建设先进集体”和“烟台大学师德标兵”的决定
烟大党发〔2018〕47 号	关于公布二级单位党组织选举结果的通知
烟大党发〔2018〕48 号	关于进一步加强辅导员队伍建设的实施意见
烟大党发〔2018〕49 号	关于印发《烟台大学干部选拔任用工作实施办法》的通知
烟大党发〔2018〕50 号	印发《中共烟台大学委员会关于落实全面从严治党主体责任的实施意见（试行）》的通知
烟大党发〔2018〕53 号	中共烟台大学委员会关于聘任丁峰等同志为党委组织员的通知
烟大党发〔2018〕54 号	关于印发《烟台大学“大学生思想政治教育大讲堂”实施方案（试行）》的通知
烟大党发〔2018〕55 号	关于深入开展集中整治形式主义、官僚主义的实施意见
烟大党发〔2018〕57 号	关于印发《烟台大学单位目标考核办法》的通知
烟大党发〔2018〕58 号	关于进一步加强党员发展和教育管理服务工作的实施意见
烟大党发〔2018〕59 号	关于印发《烟台大学干部因私出国（境）管理暂行办法》的通知
烟大党发〔2018〕62 号	关于印发《烟台大学党建与思想政治工作考核办法（试行）》《烟台大学党建与思想政治工作考核标准（试行）》的通知
烟大党发〔2018〕63 号	关于印发《烟台大学处级干部年度考核实施办法（试行）》的通知
烟大党发〔2018〕64 号	关于印发《中共烟台大学委员会集中整治形式主义、官僚主义突出问题整改台账》的通知

2018年校行政校字文件目录

发文字号	文件名称
烟大校字〔2018〕1号	烟台大学关于办理国库集中支付业务电子印章的请示
烟大校字〔2018〕2号	关于办理烟台大学所属3家企业产权占有登记的请示
烟大校字〔2018〕3号	烟台大学关于派遣教师赴台湾世新大学访学的请示
烟大校字〔2018〕4号	烟台大学关于申报2018年“二上”预算专项经费的请示
烟大校字〔2018〕5号	烟台大学关于编报2018年“二上”部门预算的请示
烟大校字〔2018〕6号	关于烟台大学社会科学界联合会成为山东省社会科学界联合会团体会员的请示
烟大校字〔2018〕7号	烟台大学关于2017年度债务情况审计的报告
烟大校字〔2018〕8号	烟台大学关于办理美国铁姆肯基金会申请材料证明的请示
烟大校字〔2018〕9号	烟台大学关于2017年专项资金使用情况的报告
烟大校字〔2018〕10号	烟台大学关于编报2017年决算报表的报告
烟大校字〔2018〕11号	烟台大学关于11家企业(实体)有关情况的报告
烟大校字〔2018〕12号	烟台大学关于免缴公建项目城市基础设施配套费的请示
烟大校字〔2018〕14号	关于我校普通本专科证书样式备案的报告
烟大校字〔2018〕15号	烟台大学2017年公开招聘工作人员(第二批)的备案报告
烟大校字〔2018〕16号	烟台大学2017年度省级优秀学生、优秀学生干部和先进班集体评选工作报告
烟大校字〔2018〕17号	烟台大学关于两个房屋租赁项目有关问题的报告
烟大校字〔2018〕18号	烟台大学关于呈送G1-3号商住楼网点房项目租赁报备材料的报告
烟大校字〔2018〕19号	烟台大学关于承办山东省2018年高校毕业生就业集中招聘活动的请示
烟大校字〔2018〕20号	烟台大学关于报送2018—2022年教育部高等学校教学指导委员会委员推荐专家的请示
烟大校字〔2018〕21号	烟台大学关于中央财政支持地方高校改革发展资金2018—2020年三年支出规划的请示
烟大校字〔2018〕22号	烟台大学关于申报2018年招生计划的请示
烟大校字〔2018〕23号	烟台大学关于派团赴台湾进行学术交流的请示
烟大校字〔2018〕24号	关于编报2017年企业决算报表的报告
烟大校字〔2018〕25号	关于变更电力增容改造工程采购方式的请示
烟大校字〔2018〕26号	烟台大学关于学生宿舍等急需改造项目采购实施有关问题的报告
烟大校字〔2018〕27号	烟台大学关于对所属企业产权登记审核意见反馈情况的报告
烟大校字〔2018〕28号	烟台大学关于2018年学位授权点专项评估主动放弃参评点的报告
烟大校字〔2018〕29号	烟台大学关于报送2018年公开招聘工作人员实施方案的报告
烟大校字〔2018〕30号	烟台大学关于派员赴台参加第四届保险法研讨会及青年学者论坛的请示

续表

发文字号	文件名称
烟大校字〔2018〕31 号	关于推荐烟台大学药学学科增列省一流学科的报告
烟大校字〔2018〕32 号	烟台大学关于申报 2018 年国家级大学生创新创业训练计划立项项目的报告
烟大校字〔2018〕33 号	烟台大学关于呈报省部共建协同创新中心申报材料的报告
烟大校字〔2018〕34 号	关于呈送《烟台大学继续教育发展年度报告》的报告
烟大校字〔2018〕35 号	烟台大学关于《烟台大学学报(哲学社会科学版)》2018 年出版增刊的请示
烟大校字〔2018〕36 号	烟台大学关于《烟台大学学报(哲学社会科学版)》2018 年出版增刊的备案申请
烟大校字〔2018〕37 号	烟台大学关于《烟台大学学报(自然科学与工程版)》2018 年出版增刊的请示
烟大校字〔2018〕38 号	烟台大学关于《烟台大学学报(自然科学与工程版)》2018 年出版增刊的备案申请
烟大校字〔2018〕39 号	烟台大学关于变更《烟台大学学报(哲学社会科学版)》法定代表人的请示
烟大校字〔2018〕40 号	烟台大学关于变更《烟台大学学报(哲学社会科学版)》法定代表人的请示
烟大校字〔2018〕41 号	烟台大学关于变更《烟台大学学报(自然科学与工程版)》法定代表人的请示
烟大校字〔2018〕42 号	烟台大学关于变更《烟台大学学报(自然科学与工程版)》法定代表人的请示
烟大校字〔2018〕43 号	烟台大学关于研究生学历证书备案的报告
烟大校字〔2018〕44 号	烟台大学关于贷款到期续贷的请示
烟大校字〔2018〕45 号	烟台大学关于派遣赴台湾东华大学交换学生的请示
烟大校字〔2018〕46 号	烟台大学关于派员赴台湾进行学术交流的请示
烟大校字〔2018〕47 号	烟台大学关于派遣赴台湾静宜大学交换学生的请示
烟大校字〔2018〕48 号	烟台大学关于派遣学生赴台湾东吴大学研修的请示
烟大校字〔2018〕49 号	烟台大学关于派遣学生赴台湾中原大学研修的请示
烟大校字〔2018〕50 号	烟台大学关于派遣学生赴台湾世新大学研修的请示
烟大校字〔2018〕51 号	烟台大学关于贷款到期续贷的请示
烟大校字〔2018〕52 号	烟台大学关于非学历继续教育调查整顿的报告
烟大校字〔2018〕53 号	烟台大学关于 2018 届毕业生就业工作总结的报告
烟大校字〔2018〕54 号	烟台大学关于派遣学生赴台湾宜兰大学研修的请示
烟大校字〔2018〕55 号	烟台大学关于派遣学生赴台湾佛光大学研修的请示
烟大校字〔2018〕56 号	烟台大学关于工程项目采用非招标采购方式的请示
烟大校字〔2018〕57 号	关于《烟台大学公务用车制度改革实施方案》的请示
烟大校字〔2018〕58 号	烟台大学关于贷款到期续贷的请示
烟大校字〔2018〕59 号	烟台大学关于派遣教师赴台湾世新大学培训的请示
烟大校字〔2018〕60 号	烟台大学关于申请增加基本建设项目银行贷款的请示
烟大校字〔2018〕61 号	烟台大学关于对 2016—2018 年严肃财经纪律规范预算执行行为自查自纠报告
烟大校字〔2018〕63 号	烟台大学关于中外合作办学本科项目法定代表人变更的请示
烟大校字〔2018〕64 号	烟台大学关于报送 2018 年公开招聘工作人员实施方案的报告
烟大校字〔2018〕65 号	烟台大学关于派员赴台湾进行学术交流的请示
烟大校字〔2018〕66 号	烟台大学关于呈报山东省高等学校协同创新中心(对接产业类)申报材料的报告

续表

发文字号	文件名称
烟大校字〔2018〕67 号	烟台大学关于开展服务国家特殊需求博士人才培养项目验收评估工作的请示
烟大校字〔2018〕68 号	烟台大学关于国有资产管理考评自评的报告
烟大校字〔2018〕69 号	烟台大学关于派员赴台湾参加 2018 年海峡两岸大学校长论坛的请示
烟大校字〔2018〕70 号	烟台大学关于申请增设新专业的请示
烟大校字〔2018〕71 号	烟台大学关于办理工作用 U 盾的请示
烟大校字〔2018〕72 号	烟台大学关于 2019 年基本建设投资计划的报告
烟大校字〔2018〕73 号	烟台大学关于贷款到期续贷的请示
烟大校字〔2018〕74 号	烟台大学关于编报 2019 年“一上”部门预算的请示
烟大校字〔2018〕75 号	烟台大学关于申报 2019 年专项经费的请示
烟大校字〔2018〕76 号	烟台大学关于申报 2019—2021 年中期财政规划的请示
烟大校字〔2018〕77 号	烟台大学关于调整预算指标的请示
烟大校字〔2018〕78 号	关于呈送《烟台大学成人高等教育学生学籍管理规定》的报告
烟大校字〔2018〕79 号	烟台大学关于召开北京大学、清华大学支援烟台大学建设委员会第十三次会议的请示
烟大校字〔2018〕80 号	关于山东高校审美教育研究基地(烟台大学)工作情况的报告
烟大校字〔2018〕81 号	烟台大学关于贷款到期续贷的请示
烟大校字〔2018〕82 号	烟台大学关于派员赴台湾进行学术交流的请示
烟大校字〔2018〕83 号	烟台大学 2018 年公开招聘工作人员(第二批)的备案报告
烟大校字〔2018〕84 号	烟台大学关于派遣学生赴台湾佛光大学研修的请示
烟大校字〔2018〕85 号	烟台大学关于派遣学生赴台湾东吴大学研修的请示
烟大校字〔2018〕86 号	烟台大学关于调整岗位设置方案的报告
烟大校字〔2018〕87 号	烟台大学关于贷款到期续贷的请示
烟大校字〔2018〕88 号	烟台大学关于申报优秀对台交流项目的请示
烟大校字〔2018〕89 号	烟台大学 2018 年度美育工作总结
烟大校字〔2018〕90 号	烟台大学关于“省校联合培养计划”出国留学项目的申请报告
烟大校字〔2018〕91 号	烟台大学关于派遣学生赴台湾宜兰大学研修的请示
烟大校字〔2018〕92 号	烟台大学关于派遣赴台湾静宜大学交换学生的请示
烟大校字〔2018〕93 号	烟台大学关于 2018 年体育工作的报告
烟大校字〔2018〕94 号	烟台大学关于申请开立美元账户的请示

2018 年校行政校发文件目录

发文字号	文件名称
烟大校发〔2018〕1 号	烟台大学关于表彰 2018 届优秀毕业生的决定
烟大校发〔2018〕2 号	关于给予刘小栋等 908 名同学表彰奖励的决定
烟大校发〔2018〕3 号	关于调整有关内设机构的通知
烟大校发〔2018〕4 号	烟台大学关于表彰奖励 2017 年单位目标考核获奖单位的决定
烟大校发〔2018〕5 号	关于时向东同志任职的通知
烟大校发〔2018〕6 号	关于表彰第七届青年教师教学竞赛活动获奖者的决定
烟大校发〔2018〕7 号	关于表彰第一届“烟台大学教学质量奖”获奖者的决定
烟大校发〔2018〕8 号	关于印发《烟台大学财经工作领导小组职责》等文件的通知
烟大校发〔2018〕9 号	关于印发《烟台大学学生申诉管理规定》的通知
烟大校发〔2018〕10 号	关于印发《烟台大学研究生学位论文抽检送审办法》的通知
烟大校发〔2018〕11 号	关于下达 2018 年度校内预算指标的通知
烟大校发〔2018〕12 号	烟台大学关于 2019—2021 年度专项资金项目库建设的通知
烟大校发〔2018〕13 号	关于印发《烟台大学优秀教学管理人员评选办法(试行)》的通知
烟大校发〔2018〕14 号	关于印发《烟台大学在线课程建设与管理办法(试行)》的通知
烟大校发〔2018〕15 号	关于 2017 年烟台大学教学研究与改革项目评审结果的通报
烟大校发〔2018〕16 号	关于印发《烟台大学消防安全管理办法(试行)》的通知
烟大校发〔2018〕17 号	关于表彰奖励第四届山东省大学生科技创新大赛获奖团队和指导教师的决定
烟大校发〔2018〕18 号	关于表彰奖励 2017 年就业工作先进集体的决定
烟大校发〔2018〕19 号	关于印发《烟台大学科研经费管理办法(试行)》的通知
烟大校发〔2018〕20 号	关于调整有关内设机构的通知
烟大校发〔2018〕21 号	关于印发《烟台大学学科特区经费管理办法》的通知
烟大校发〔2018〕22 号	烟台大学关于颁发 2018 年优秀科研成果奖的决定
烟大校发〔2018〕23 号	关于表彰 2018 年烟台大学优秀本科毕业论文(设计)的决定
烟大校发〔2018〕24 号	烟台大学关于表彰奖励 2018 年基层就业先进个人的决定
烟大校发〔2018〕25 号	关于印发《烟台大学“教育脱贫攻坚作风建设年”工作实施方案》的通知
烟大校发〔2018〕26 号	烟台大学关于 2018 年招生录取工作的意见
烟大校发〔2018〕27 号	关于印发《烟台大学网络与信息安全管理办法(暂行)》的通知
烟大校发〔2018〕28 号	关于印发《烟台大学网络与信息安全突发事件应急预案》的通知
烟大校发〔2018〕29 号	关于印发《烟台大学教职工申诉处理办法》的通知

续表

发文字号	文件名称
烟大校发〔2018〕30 号	关于调整有关内设机构的通知
烟大校发〔2018〕31 号	关于聘任刘云学等同志专业技术职务的通知
烟大校发〔2018〕32 号	关于印发《烟台大学国有资产管理办法(修订)》的通知
烟大校发〔2018〕33 号	关于印发《烟台大学国有资产处置管理办法(试行)》的通知
烟大校发〔2018〕34 号	关于印发《烟台大学公用房屋管理办法(试行)》的通知
烟大校发〔2018〕35 号	关于印发《烟台大学无形资产管理办法(试行)》的通知
烟大校发〔2018〕36 号	关于印发《烟台大学国有资产有偿使用管理办法(试行)》的通知
烟大校发〔2018〕37 号	关于印发《烟台大学校办产业管理办法(试行)》的通知
烟大校发〔2018〕38 号	关于印发《烟台大学大学生学科竞赛活动管理办法》的通知
烟大校发〔2018〕39 号	关于印发《烟台大学实习教学管理规定(试行)》的通知
烟大校发〔2018〕40 号	关于印发《烟台大学大学生创新创业训练计划项目管理办法(试行)》的通知
烟大校发〔2018〕41 号	关于印发《烟台大学教学督导与评价专家工作条例(修订)》的通知
烟大校发〔2018〕42 号	关于印发《烟台大学扫黑除恶专项斗争工作方案》的通知
烟大校发〔2018〕43 号	烟台大学关于表彰 2018 级学生军训先进集体及个人的决定
烟大校发〔2018〕44 号	关于印发《烟台大学科研项目资金差旅费管理办法(试行)》的通知
烟大校发〔2018〕45 号	关于印发《烟台大学科研协作经费管理办法》的通知
烟大校发〔2018〕47 号	关于印发《烟台大学基本建设工作管理办法》的通知
烟大校发〔2018〕49 号	关于印发《烟台大学招生考试经费支出管理办法》的通知
烟大校发〔2018〕50 号	烟台大学关于颁发 2018 年研究生奖学金的决定
烟大校发〔2018〕51 号	关于印发《烟台大学研究生课程管理办法》的通知
烟大校发〔2018〕52 号	关于印发《烟台大学省一流学科奖补资金管理办法》的通知
烟大校发〔2018〕53 号	关于印发《烟台大学国家励志奖学金、省政府励志奖学金评审实施办法》等文件的通知
烟大校发〔2018〕54 号	关于印发《烟台大学家庭经济困难学生认定实施办法》等文件的通知
烟大校发〔2018〕55 号	关于印发《烟台大学学生应征入伍服义务兵役国家资助实施办法》等文件的通知
烟大校发〔2018〕56 号	烟台大学关于表彰第六届优秀教学督导与评价专家的决定
烟大校发〔2018〕57 号	关于表彰烟台大学 2018 年度“自强不息先进个人”的决定
烟大校发〔2018〕58 号	关于表彰烟台大学 2018 年度“勤工助学先进个人”的决定
烟大校发〔2018〕59 号	关于颁发 2017—2018 学年奖学金的决定
烟大校发〔2018〕60 号	关于表彰 2017—2018 学年“先进班集体”的决定
烟大校发〔2018〕61 号	关于表彰烟台大学 2018 年度大学生“三下乡”社会实践工作先进集体和个人的决定
烟大校发〔2018〕62 号	印发《关于烟台大学财务人员代扣代缴个税奖励办法》的通知
烟大校发〔2018〕63 号	关于印发《烟台大学差旅费管理办法(修订)》等文件的通知
烟大校发〔2018〕64 号	关于印发《〈烟台大学人才引进与管理实施办法〉补充规定》的通知
烟大校发〔2018〕68 号	关于印发《烟台大学全面落实研究生导师立德树人职责实施细则》的通知
烟大校发〔2018〕69 号	关于印发《烟台大学教研科研业绩量化计分办法(修订)》的通知

2018 年学校办公室办字文件目录

发文字号	文件名称
烟大办字〔2018〕1 号	关于成立烟台大学 2018 年艺术类专业招生考试工作领导小组的通知
烟大办字〔2018〕2 号	关于调整学校国有资产管理领导小组组成人员的通知
烟大办字〔2018〕3 号	关于调整学校招标委员会组成人员的通知
烟大办字〔2018〕4 号	关于成立学校政府采购工作领导小组的通知
烟大办字〔2018〕5 号	关于调整烟台大学财经工作领导小组组成人员的通知
烟大办字〔2018〕6 号	关于调整烟台大学内部控制建设领导小组组成人员的通知
烟大办字〔2018〕7 号	成立网络安全和信息化领导小组的通知
烟大办字〔2018〕8 号	关于调整烟台大学学生申诉处理委员会组成人员的通知
烟大办字〔2018〕9 号	关于成立烟台大学“大学习、大调研、大改进”工作领导小组的通知
烟大办字〔2018〕10 号	关于成立烟台大学—山东半岛水务水资源与水环境研究中心的通知
烟大办字〔2018〕11 号	关于调整烟台大学统一战线工作领导小组的通知
烟大办字〔2018〕12 号	关于成立烟台大学民族宗教工作领导小组的通知
烟大办字〔2018〕13 号	关于成立烟台大学消防安全委员会的通知
烟大办字〔2018〕14 号	关于成立校园规划修编工作领导小组的通知
烟大办字〔2018〕15 号	关于成立烟台大学服务新旧动能转换重大工程建设领导小组的通知
烟大办字〔2018〕16 号	关于成立烟台大学—烟台泰诺智能制造联合研发中心的通知
烟大办字〔2018〕17 号	关于成立烟台大学第八届学位评定委员会的通知
烟大办字〔2018〕18 号	关于调整学校单位目标考核领导小组组成人员的通知
烟大办字〔2018〕19 号	关于成立党的建设工作领导小组的通知
烟大办字〔2018〕20 号	关于成立烟台大学安全工作领导小组的通知
烟大办字〔2018〕21 号	关于调整烟台大学国家安全人民防线建设小组组成人员的通知
烟大办字〔2018〕22 号	关于调整烟台大学校友工作委员会的通知
烟大办字〔2018〕23 号	关于成立烟台大学区块链技术应用研究中心的通知
烟大办字〔2018〕24 号	关于调整烟台大学“平安校园”建设工作领导小组的通知
烟大办字〔2018〕25 号	关于调整烟台大学离退休工作领导小组的通知
烟大办字〔2018〕26 号	关于成立烟台大学 2018 年招生录取工作领导小组的通知
烟大办字〔2018〕27 号	关于调整烟台大学对外合作与服务地方领导小组组成人员的通知
烟大办字〔2018〕28 号	关于成立烟台大学对外合作与服务地方专家委员会的通知
烟大办字〔2018〕29 号	关于公布烟台大学学术委员会及各专门委员会届中调整后委员名单的通知

续表

发文字号	文件名称
烟大办字〔2018〕30 号	关于调整烟台大学保密委员会的通知
烟大办字〔2018〕31 号	关于成立烟台大学绩效工资改革工作领导小组的通知
烟大办字〔2018〕32 号	关于成立烟台大学教职工申诉处理委员会的通知
烟大办字〔2018〕33 号	关于成立烟台大学人工智能研究院的通知
烟大办字〔2018〕34 号	关于调整烟台大学信息公开工作领导小组的通知
烟大办字〔2018〕35 号	关于公布中国共产党烟台大学委员会党校校务委员会和领导班子的通知
烟大办字〔2018〕36 号	烟台大学关于调整教职工住宅出售工作委员会成员的通知
烟大办字〔2018〕37 号	关于调整烟台大学精神文明建设委员会组成人员的通知
烟大办字〔2018〕38 号	关于调整烟台大学师德建设委员会组成人员的通知
烟大办字〔2018〕39 号	关于成立烟台大学—艾迪液压高端液压件联合研发创新中心的通知
烟大办字〔2018〕40 号	关于公布第三届烟台大学研究生教育督导专家成员名单的通知
烟大办字〔2018〕41 号	关于调整烟台大学学生工作领导小组等有关工作机构组成人员的通知
烟大办字〔2018〕44 号	关于调整烟台大学内部控制建设工作小组组成人员的通知
烟大办字〔2018〕45 号	关于调整烟台大学食品安全管理委员会的通知
烟大办字〔2018〕46 号	关于调整烟台大学绿化委员会的通知
烟大办字〔2018〕47 号	关于调整烟台大学爱国卫生运动委员会的通知
烟大办字〔2018〕48 号	关于成立烟台大学美育工作指导委员会的通知
烟大办字〔2018〕49 号	关于成立烟台大学意识形态和宣传思想工作领导小组的通知
烟大办字〔2018〕50 号	关于调整船员教育和培训质量管理体系领导机构和工作机构组成人员的通知
烟大办字〔2018〕51 号	关于成立烟台大学巡视整改工作领导小组的通知
烟大办字〔2018〕52 号	关于成立烟台大学推进“马工程”重点教材统一使用工作领导小组的通知
烟大办字〔2018〕53 号	关于成立烟台大学研究生招生工作领导小组的通知
烟大办字〔2018〕54 号	关于成立烟台大学学科建设领导小组的通知
烟大办字〔2018〕55 号	关于成立烟台大学生态城市与绿色建筑研究所的通知
烟大办字〔2018〕56 号	关于公布烟台大学第七届教学督导与评价专家组成员的通知
烟大办字〔2018〕57 号	关于成立烟台大学体育运动委员会的通知
烟大办字〔2018〕58 号	关于成立烟台大学 2019 年对口贯通分段培养专业转段测试录取工作领导小组的通知
烟大办字〔2018〕59 号	关于成立烟台大学期末考试工作领导小组的通知
烟大办字〔2018〕60 号	关于调整烟台大学人才工作领导小组成员的通知
烟大办字〔2018〕61 号	关于成立烟台大学职称评价工作领导小组的通知

2018年学校办公室办发文件目录

发文字号	文件名称
烟大办发〔2018〕3号	转发《烟台大学招标采购工作管理办法》等2个文件的通知
烟大办发〔2018〕4号	关于启用烟台大学发展规划与学科建设处印章的通知
烟大办发〔2018〕5号	关于公布中共烟台大学第四次代表大会筹备工作领导小组办公室各工作小组成员及工作职责的通知
烟大办发〔2018〕6号	转发《中国共产党烟台大学第四次代表大会宣传提纲》的通知
烟大办发〔2018〕7号	转发《烟台大学2018年组织工作要点》的通知
烟大办发〔2018〕8号	转发《烟台大学2018年统战工作要点》的通知
烟大办发〔2018〕9号	转发党委组织部关于举办处级干部学习贯彻党的十九大精神　落实学校“一二三”战略部署专题培训班的通知
烟大办发〔2018〕10号	转发《烟台大学2018年宣传思想工作要点》的通知
烟大办发〔2018〕11号	关于启用烟台大学核装备与核工程学院印章的通知
烟大办发〔2018〕12号	关于启用中国共产党烟台大学核装备与核工程学院总支部委员会印章的通知
烟大办发〔2018〕13号	关于启用中国共产党烟台大学机关第一总支部委员会印章的通知
烟大办发〔2018〕14号	关于启用中国共产党烟台大学机关第二总支部委员会印章的通知
烟大办发〔2018〕15号	关于启用烟台大学服务地方办公室印章的通知
烟大办发〔2018〕16号	转发《烟台大学落实高校党建工作重点任务清单》的通知
烟大办发〔2018〕17号	转发关于公布基层分工会委员会换届选举结果的通知
烟大办发〔2018〕18号	转发《2018年上半年学校党建工作进展情况报告》的通知
烟大办发〔2018〕19号	关于启用烟台大学社会科学界联合会印章的通知
烟大办发〔2018〕20号	关于启用烟台大学科学技术协会印章的通知
烟大办发〔2018〕21号	关于启用党委教师工作部印章的通知
烟大办发〔2018〕22号	关于启用烟台大学妇女工作委员会印章的通知
烟大办发〔2018〕23号	关于启用烟台大学大学生心理健康教育指导中心印章的通知
烟大办发〔2018〕24号	关于公布学校领导联系专家人才等有关情况的通知
烟大办发〔2018〕25号	关于进一步严肃会议纪律的通知
烟大办发〔2018〕26号	关于做好2018年工作总结和2019年工作计划的通知
烟大办发〔2018〕27号	转发关于重新划分环境卫生“三包”责任区的通知
烟大办发〔2018〕28号	关于启用烟台大学科技合同专用章的通知
烟大办发〔2018〕29号	关于印发《烟台大学主动公开基本目录》的通知

附　录

烟台大学2018年本科生课程目录(总计3121门)

课程号	课程名	课程号	课程名
法学院(146门)			
050101003	法理学	541217022	大学英语 Y1 - 2 口语及听力
050201002	民法学(二)(物权)	050101001	形式逻辑
050201004	民事诉讼法学	050101002	法学导论(含社会主义法制理念)
050202001	刑法学(一)(总论)	050101004	宪法学
050202002	刑法学(二)(分论)	050201005	知识产权法学
050204003	国际私法	050202003	刑事诉讼法学
050205001	经济法学	050203001	行政法学
050302002	外国刑法	050204001	国际法学
050303001	行政救济法	050204002	国际经济法
050304001	国际贸易法	050205004	劳动与社会保障法学
050304003	海商法	050302001	犯罪学
050306002	英美刑事法	050303003	中国法律思想史
050306004	英美侵权法	050303004	西方法律思想史
050500001	毕业论文	050306001	英美法概论
050500003	模拟法庭	050306003	英美契约法
050501001	民事审判实务	050503001	行政审判实务
050502001	刑事审判实务	051010031	国际经济法
051010011	行政法	053002001	宪法学
052000101	经济法	053003101	民法总论
053001002	大学英语(公共演讲 COM111)	053003205	美国刑事诉讼法(CJ252)
053002601	数据结构 II(CS311)	053003605	犯罪分析基础(一)(CJ426)

续表

课程号	课程名	课程号	课程名
053003203	犯罪学(CJ450)	053003607	刑事司法伦理与领导能力(CJ219)
053003204	罪犯改造学(CJ453)	053004009	劳动与社会保障法
053003501	商法学	053004011	环境与自然资源保护法
053003601	刑事司法导论(CJ213)	053006001	美国宪法
053003604	地理信息地图学和空间信息学导论(CJ245)	053006003	现场勘查学
053004001	物权法	053006005	刑事侦查学
053004002	合同法	053007001	海商法
053004005	法理学专题	053007002	司法鉴定通论
053004006	知识产权法	510202002	形式逻辑
053004008	国际私法	510203203	刑事诉讼法学
053005003	证据法学	510203402	国际私法学
053006006	英美侵权法	510203501	经济法学
053010091	刑事侦查学	510203601	著作权法
510201001	思想道德修养与法律基础	510203603	商标法
510202003	知识产权概论	510204103	婚姻家庭继承法
510203104	民事诉讼法学	510204501	劳动与社会保障法学
510203302	行政法学	510205302	西方法律思想史
510203401	国际法学	522113011	民法学(一)(总论)
510203602	专利法	522122011	法学导论
510204101	知识产权英语	522123071	国际经济法学
510204201	证据法学	522313021	民法学(三)(债法总论+侵权法)
510204601	知识产权信息检索	523113021	著作权法
510206001	毕业论文	523113031	票据法
522113031	中国法制史	523113041	保险法
522113041	商法学(总论、公司法、破产法)	523123021	国际知识产权法
522123061	法理学	523123041	网络与电子商务法
522133021	研究方法(CJ327)	524113031	法医学
523123031	商业秘密与反不正当竞争法	524113051	证券法
523123051	合同法	524123041	保险法
523133011	行政救济法	524123071	仲裁法
524113011	人权法	524123081	法律英语
524123021	票据法	525114031	学年论文
524123031	证券法	525114081	民事诉讼法案例研习
524123051	消费者权益保护法	525114111	国际法模拟法庭
524133011	法学研究与论文写作方法	525114122	诊所法律教育

续表

课程号	课程名	课程号	课程名
524133021	律师实务	525117051	民法案例研习(一)
525001601	数据结构 I	525117161	大学英语读写(1-1)
525114021	法学研究与论文写作方法	525117162	大学英语听说(1-1)
525114041	专业实习	525117302	民法学(三)(债权)
525114061	民法案例研习(二)	525118001	行政法学
525114101	律师实务	525118101	大学英语文学(LIT104)(一)
525114121	诊所法律教育	525118102	大学英语文学(LIT104)(二)
525117113	大学英语写作(一)(LING115)	525118121	债法(合同法+侵权法)
525117303	行政法学	525118122	知识产权法
525124021	专业实习	525118131	英美法律文献导读(法律英语)
525124031	法学研究与论文写作方法	525124011	学年论文
525124061	律师实务	525124041	法律文书写作
525124071	民法案例研习	525134021	专业实习
525134011	毕业论文	525317161	大学英语读写(1-3)
525217161	大学英语读写(1-2)	525317162	大学英语听说(1-3)
525217162	大学英语听说(1-2)	541117012	大学英语 Y1-1(阅读和写作)
541217012	大学英语 Y1-2(阅读和写作)	541117022	大学英语 Y1-1 口语及听力
光电信息科学技术学院(139 门)			
131010011	普通物理实验	573100011	电器控制与 PLC 应用
131110012	普通物理(1-1)	575100021	应用物理专业综合实验
132010041	电磁学	131210012	普通物理(1-2)
132010081	算法与数据结构	132010021	力学
132010081j	算法与数据结构上机	132010031	热学
132010101	电路分析基础	132010051	光学
132010131	嵌入式操作系统	132010071	高级语言程序设计
132010131j	嵌入式操作系统上机	132010071j	高级语言程序设计上机
132010151	近代物理实验	132010091	微机原理与接口技术
132010161	理论力学	132010141	普通物理实验(Ⅱ)
132010181	电动力学	132010251	信号与系统
132010191	量子力学	132010291	普通物理(力学、热学)
132010201	固体物理	132010311	普通物理(光学、原子物理)
132010211	数理方程	132010341	高频电子电路
132010221	电磁场与电磁波	132010351	模拟电子技术
132010261	通信原理	132010361	单片机原理与应用
132010271	数字信号处理	132010381	电子信息科学与技术专业导论

续表

课程号	课程名	课程号	课程名
132010281	自动控制原理	132010391	通信工程专业导论
132010301	普通物理(电磁学)	132010461	简明模拟电子技术
132010321	数字电路	132010471	应用物理专业导论
132010331	复变函数与积分变换	132010501	物联网工程专业导论
132010451	数据通信与计算机网络	132010531	Linux 操作系统应用
132010481	热力学与统计物理	132010531j	Linux 操作系统应用上机
132010521	Web 客户端编程技术一	132010551	移动互联网技术概论
132010521j	Web 客户端编程技术一上机	132010571	Web 客户端编程技术二
132010541	面向对象基础与 Java 语言	132010571j	Web 客户端编程技术二上机
132010541j	面向对象基础与 Java 语言上机	133010021	材料物理
132010561	Oracle 数据库应用	133010061	结构与物性
132010561j	Oracle 数据库应用上机	133010081	量子力学专题
132010581	JSP 程序设计	133010101	物理光学
132010581j	JSP 程序设计上机	133010111	现代光学设计
132010591	struts 轻量级框架及应用	133010141	单片机原理与应用
132010591j	struts 轻量级框架及应用上机	133010291	工程热力学
132010601	中兴职业认证	133010301	微波技术
132010611	通信工程设计	133010311	信息理论与编码
133010011	半导体物理	133010471	专业英语
133010041	激光原理	133010531	感测技术
133010071	纳米科学与技术	133010611	量子计算与量子通信
133010121	流体力学	133010641	EDA 技术与应用
133010261	嵌入式系统原理及应用	133010651	现代交换技术与网络通信
133010281	随机信号分析	133010701	计算物理
133010321	信息与通信新技术讲座	133010711	Matlab 程序设计及应用
133010361	数字图像处理	133010721	现代通信原理
133010571	无线通信与移动通信技术	133010871	移动通信基础
133010591	面向对象程序设计	134010161	通信工程课程设计
133010591j	面向对象程序设计上机	134010181	专业实习
133010601	可编程逻辑器件	134010231	生产实习
133010631	前沿科学讲座	134010241	单片机应用课程设计
133010661	传热学	134010251	物联网课程设计
133010731	科技文献检索	134010271	Web 前端专业课程设计
133010771	DSP 原理及应用	134010281	Android 手机课程设计
133010801	Android 手机应用开发技术基础	134010291	Web 后台开发课程设计

续表

课程号	课程名	课程号	课程名
133010801j	Android 手机应用开发技术基础上机	134010301	Oracle 应用课程设计
133010811	英语口语	571000031	电工电子学(C)
133010821	phpweb 程序设计入门	571200022	普通物理(二)(1-2)
133010821j	phpweb 程序设计入门上机	572100021	射频通讯原理
133010831	软件工程	572100041	原子物理学+光学
133010841	无线通信新技术讲座	572100061	无线传感器网络原理与应用
133010861	3G/4G 移动通信技术	572100071	原子物理学
134010111	毕业设计	572100111	MATLAB 程序设计及应用
134010131	电子产品课程设计	572100111j	MATLAB 程序设计及应用上机
134010141	电子电路课程设计	572100161	计算机操作系统原理
134010171	现代光学设计课程设计	573100031	RFID 与 ZigBee 技术
134010261	嵌入式应用课程设计	573100081	MATLAB 语言
571100011	电工电子学(B)	573100081j	MATLAB 语言上机
571100012	普通物理(一)(1-1)	574100011	光网络与多媒体通信
571100022	普通物理(二)(1-1)	574100021	软件无线电技术
571200012	普通物理(一)(1-2)	575100131	计算机编程课程设计
572100011	自动控制原理	575100221	专业认知实习
572100141	简明电路分析基础		
海洋学院(214 门)			
602010031	水产动物疾病学	602010181	渔业法规与渔政管理
602010091	水生生物学	602010201	航海技术导论
602010141	轮机工程材料	602010211	船舶货运
602010231	传热学	602010281	普通生态学
602010271	动物学	602010301	船舶原理
602010311	航海气象与海洋学	602110001	专业导论
602110011	电工电子学	602110012	工程图学(1)
602110041	能源工程概论	602110022	工程图学(1)
602110091	航海英语阅读	602110051	轮机工程专业导论
602110111	船舶值班与避碰	602110062	轮机英语阅读(一)
602110121	航海仪器	602110081	电工电子学(航海)
602110161	海洋浮游生物与饵料生物培养	602110101	船舶无线电技术基础
602110181	浮游生物学	602110131	GMDSS 通信设备与业务
602110191	渔业资源与渔场学	602110141	船舶安全管理
602110231	船舶柴油机(一)	602110151	水产动物营养学
602110311	普通生物学	602110171	海洋生态学

续表

课程号	课程名	课程号	课程名
602110341	海洋科学导论	602110201	底栖生物学
602210012	工程图学(2)	602110251	船舶辅机(一)
602210012j	工程图学上机	602110281	细胞生物学
602210072	轮机英语阅读(二)	602110291	组织胚胎学
602210261	船舶辅机(二)	602110331	普通动物学
602210382	工程图学(2)	602110382	工程图学(1)
602210382j	工程图学(2)上机	602110441	燃烧学
603010141	轮机自动化	602210241	船舶柴油机(二)
603010241	GMDSS 通信英语	603010011	鱼类增养殖学
603010271	制冷装置设计	603010021	海洋生物技术
603010301	空气调节	603010071	航海技术
603010311	空调工程设计	603010161	船舶管理
603010371	食品冷藏工艺学	603010181	船舶防污染技术
603110031	冷库建筑	603110001	制冷压缩机
603110041	制冷空调工程制图	603110011	食品冷藏工艺及冷链技术
603110041j	制冷空调工程制图上机	603110021	专业英语
603110071	单片机原理及应用	603110091	机械制造基础
603110081	PLC 原理及应用	603110101	轮机化学
603110111	航海概论	603110141	船舶导航雷达
603110131	工程图学	603110151	船舶操纵
603110161	航运业务与海商法	603110171	航海英语听力与会话
603110181	船舶信号与 VHF 通信	603110321	水产生物遗传育种学
603110211	GMDSS 英语听力与会话	603110361	渔业水域环境调查监测与评价
603110311	特种海产动物养殖学	603110371	水产动物病原生物学
603110331	水产饲料学	603110461	海洋功能区划
603110381	水产动物免疫学	603110471	渔具渔法学
603110401	水产药物与药理学	603110561	轮机维护与修理
603110481	渔业资源评估与管理	604010311	空调工程课程设计
603110501	水产饲料学	604010321	毕业综合实习
603110511	动物生理学	604010501	压缩机拆装实训
604010021	水产动物苗种繁育实习	604010511	制冷空调系统运行实习
604010041	水产养殖综合实习	604010521	制冷空调新产品开发专项技能训练
604010051	毕业论文	604010531	制冷空调供热系统设计训练
604010081	海洋渔业科学与技术生产实习	604010541	制冷空调控制系统维修
604010091	海洋渔业科学与技术毕业实习	604110091	观赏水生生物养殖

续表

课程号	课程名	课程号	课程名
604010101	毕业论文	604110111	海洋功能区划
604010191	轮机模拟器训练	604110121	蓝色经济与海洋文化
604010211	毕业综合实习	604110151	蓝色经济与海洋文化
604010221	毕业设计、论文	604110161	观赏水生生物养殖
604010231	机械设计基础课程设计	604110241	游泳训练
604010261	GMDSS 综合实验	605110001	流体热工综合实验
604010301	制冷装置课程设计	605110011	压缩机拆装大实验
604010351	毕业实习及论文	605110021	制冷空调综合实验
604010551	专业顶岗训练	605110031	生产实习
604110041	文献检索与科技论文写作	605110051	柴油机拆装实验
604110071	保安与反海盗技术	605110061	辅机拆装实验
604110171	冷库建筑	605110071	动力设备操作实验
604110191	游泳训练	605110081	船舶电气设备管理与工艺实验
605110041	轮机基础英语实训	605110091	船舶电气与自动控制训练
605110161	GMDSS 综合实验	605110101	金工综合训练 1
605110171	船舶货运综合实验	605110131	机舱资源管理实操
605110231	生物学实验	605110141	雷达操作与应用
605110251	水产动物疾病综合实验	605110151	航海学综合实验
605110331	工程图学测绘	605110181	ECDIS 综合实验
605110451	动物学实验	605110191	航海仪器使用
772010021	分析化学(水产养殖)	605110201	船舶操纵、避碰与 BRM
772010041	生物化学	605110211	航海英语会话与评估
772010051	生物化学实验	605110241	组织胚胎学综合实验
772010061	生物统计学	605110261	海洋生物技术与分子生物学综合实验
772010131	水环境化学	605110271	海藻栽培学实习
772010141	水环境化学综合实验	605110301	渔具渔法学综合实验
772010151	微生物学	605110341	流体热工综合实验
772010161	微生物学实验	605110351	轮机英语听力与会话实训
772010171	动物生理学	605110441	海洋科学见习
772010331	机械设计基础	605110571	海洋科学创业创新教育
772010341	工程热力学与传热学	605110631	船舶避碰实验
772010351	工程流体力学	605110681	航海适任证书强化训练
772010411	船舶电气设备与系统	605110761	轮机适任考试强化训练
772010541	航海英语阅读	605210111	金工综合训练 2
772010661	流体力学泵与风机	605310121	金工综合训练 3

续表

课程号	课程名	课程号	课程名
772010671	金属工艺学	772010031	分析化学实验
772010711	热工测试技术	772010361	液压与气压传动
772010771	换热器原理与设计	772010681	工程热力学
772010811	分析化学	772010721	控制理论
772011301	水产饲料学	772010731	制冷原理与设备
772110022	航海学(1)	772011261	鱼类学实验
773010051	海洋浮游生物学实验	772210022	航海学(2)
773010071	甲壳动物增养殖学	773010061	贝类增养殖学
773010411	轮机概论	773010081	海藻栽培学
773010721	小型制冷装置	773010091	海洋学
773010751	制冷空调自动化	773010571	航海心理学
773011231	组织胚胎学	773010711	吸收式制冷机
773011281	渔业增养殖学与设施渔业	773010761	工业通风
773011551	制冷与空调技术	773010771	供热工程
774010081	船舶认识实习	773011221	分子生物学
774010151	船舶教学实习	774010071	机械设计基础课程设计
774010241	毕业论文及设计	774010181	专业认识实习
774210013	水手工艺训练(1-2)	774010201	换热器课程设计
602010021	水产养殖导论	774010371	海洋环境调查实习
602010081	鱼类学	774110013	水手工艺训练(1-1)
602010121	工程力学 A	774310013	水手工艺训练(1-3)
核装备与核工程学院(22 门)			
132010431	核信息获取与处理	575100011	传热学课程设计
132010441	原子核物理	132010401	核电子学
133010131	核电站工程导论	132010411	核辐射测量
133010371	核技术及应用	133010331	核安全与管理
133010391	环境辐射监测与评价	133010351	核电厂系统与设备
133010411	加速器原理	133010381	核医学与放射治疗技术
134010051	辐射防护课程设计	133010421	辐射剂量学
134010151	核电子学课程设计	133010541	反应堆物理分析
572100051	辐射防护与保健物理	133010681	反应堆运行与安全
573100021	环境工程导论	572100031	核工程与核技术专业导论
574100051	核能专业英语	574100081	蒙特卡罗方法及应用
化学化工学院(151 门)			
691500115	化工制图与 CAD	694012061	认识实习

续表

课程号	课程名	课程号	课程名
691500115j	化工制图与 CAD 上机	694012101	化工原理实验
692010021	分析化学	694013011	高分子化学实验
692010051	分析化学	694013041	认识实习
692011021	元素无机化学	694013061	高分子材料与工程课程设计
692011081	仪器分析	694013071	生产实习
692011084	仪器分析及实验	694211062	应用化学综合实验(下)
692012051	化工开发与设计	695011031	化工原理
692012051j	化工开发与设计上机	695011044	物理化学实验
692012056	化工分离过程	695014002	化工工程设计
692012061	化工分离过程	695015004	化工生产实训及实习
692012066	化工分离过程	695015005	毕业论文(设计)
692012071	化工原理	695015006	化工工程设计实践
692013011	高分子化学	695111402	无机与分析综合实验
692013016	高分子化学	695211394	有机化学实验下
692017032	有机化学	692010011	普通化学原理
692111032	有机化学(1)	692010031	化学导论
692111033	有机化学(1)	692010041	绿色化学
692111034	有机化学(1)	692010061	物理化学
692112012	化工原理(上)	692011011	结构化学
692211012	有机化学(2)	692011031	仪器分析
692211022	物理化学(2)	692011041	应用化学专业英语
692211042	物理化学(2)	692011091	无机化学
692312012	化工原理(上)	692011092	无机化学
693011011	催化基础	692012025	化学反应工程
693011091	天然产物化学	692012031	化工热力学
693011111	有机合成化学	692012041	化工设备
693011116	有机合成化学	692013015	高分子材料研究方法
693011121	有机波谱分析	692013021	高分子物理
693011161	表面与胶体化学	692013031	聚合物流变学
693012031	化工仪表与自动化	692013041	聚合物加工原理
693012046	化工英语阅读	692013045	聚合物制备工程
693012051	化工技术经济	692013051	聚合工程设备
693012056	化工工程设计	692111012	有机化学(1)
693012056j	化工工程设计上机	692111022	物理化学(1)
693012065	化工软件及应用	692111042	物理化学(1)

续表

课程号	课程名	课程号	课程名
693012065j	化工软件及应用上机	692211032	有机化学(2)
693012066	化工软件及应用	692211033	有机化学(2)
693012066j	化工软件及应用上机	692211034	有机化学(2)
693012071	化工工艺学	692212012	化工原理(下)
693012081	化工过程分析与合成(双语)	692412012	化工原理(下)
693012116	精细化工工艺学	693011051	工业分析
693012131	工业催化基础	693011171	计算化学导论
693012231	化工安全与环保	693012021	化工传递过程
693012271	文献检索与科技论文写作	693012111	精细化工工艺学
6930130106	高分子科学与材料基础	693012227	化工进展
693013036	高分子工厂设计	693012261	化工节能技术
693013036j	高分子工厂设计上机	693013161	文献检索与科技论文写作
693013046	高分子软件及应用	693013191	天然高分子材料
693013046j	高分子软件及应用上机	693013237	高分子合成新方法
693013051	功能高分子材料	693111235	化学安全与环保
693013071	聚合物成型工艺	693111277	有机合成实验
693013086	聚合物成型模具	693111286	现代工业分析
693013101	聚合物基复合材料	693111296	化学分离方法
693013116	高分子材料加工助剂	693111357	催化材料实验
693013121	聚合物合成工艺学	693213077	聚合物成型工艺(下)
693013157	纳米材料与技术	694011011	普通化学实验
693013211	环境友好高分子材料	694011031	有机化学实验
693111226	化学软件应用技术	694011111	普通化学实验
693111226j	化学软件应用技术上机	694011131	有机化学实验
693111246	化学进展	694012021	化工原理实验
693111316	食品药物分析	694012041	生产实习
693111326	高等分析化学	694012091	化学工程实验
693111336	环境化学	694013017	涂料与粘合剂
693111356	催化材料制备技术	694013021	高分子物理实验
693113066	高分子材料与工程专业外语	694013072	生产实习
693113076	聚合物成型工艺(上)	694013081	高分子材料与工程实验
694011021	分析化学实验	694013157	高分子材料进展
694011051	仪器分析实验	694111062	应用化学综合实验(上)
694011101	毕业论文	694111377	能源化学
694011121	分析化学实验	695011041	无机化学实验

续表

课程号	课程名	课程号	课程名
694011141	物理化学实验	695011067	工业分析实验
694011151	仪器分析实验	695012017	化工仿真
694011191	环境工程原理实验	695012027	化工总控实训
694012031	化工课程设计	695111383	有机化学实验上
694012051	毕业实习及毕业论文(设计)		
环境与材料工程学院(202 门)			
231018051	工程力学	822110071	材料科学基础
542400014	基础韩国语(D)	823000181	粉体工程与设备
611100434	材料科学基础实验	823000671	环境工程设计概论
611100782	计算机绘图	823010151	无机非金属材料工艺学
612010061	流体力学与流体机械	823010241	建筑功能材料工艺学
612010151	环境生态学	823010281	复合材料学
612010221	计算机在材料中的应用	823010411	现代表面工程
612010231	材料工程测试方法	823010461	企业管理
612010431	机械设计基础	823010731	安全工程概论
612010441	材料成形原理	823010771	清洁生产
612010451	热处理原理与工艺	823010781	节能技术
612010794	环境学	823011001	水污染控制工程(二)
612010818	环境工程土建施工	823011171	金属材料焊接
612010891	化工原理	823011201	金属腐蚀与防护
612010941	化学热力学	824000271	环境生态学实习
612110064	实验设计与数据处理	824000281	环境影响评价实习
612110064j	实验设计与数据处理上机课	824010501	计算机在材料中的应用训练
612150232j	计算机模拟设计基础上机课	824011231	地学基础实习
612150244	机械设计基础	611100011	专业导论
612160664	专业外语	611100025	Introduction of Environment
612160674	材料科学与工程基础	611100035	管网与泵站
612160716	复合材料学	611100413	物理化学
612160726	功能纤维材料	611100425	Introduction of materials
612160736	合成纤维	611100445	材料工程基础实验
612260634	基础韩国语(B)	611100455	材料分析测试实验
612460634	基础韩国语(D)	611100793	机械设计基础(含设计 16 学时)
612460644	韩国语听力(D)	611111093	物理化学(上)
612460654	韩国语口语(D)	612010031	环境微生物
613010071	化工工艺学概论	612010041	环境微生物实验

续表

课程号	课程名	课程号	课程名
613010181	环境规划与管理	612010051	环境工程仪表及自动化
613010261	无机材料物理化学	612010211	材料分析测试方法
613010341	建筑围护材料工艺学	612010751	环境经济学
613010351	建筑装饰材料	612010762	工程图学
613010381	高分子材料学	612010765	工程力学
613010461	铸造工艺学(含设计)	612010901	高分子化学
613010471	锻冲工艺学(含设计)	612010911	工业分析化学
613010481	模具设计与制造	612010943	流体力学
613010501	材料失效诊断预测	612100861	复合材料加工
613010541	金属材料成形缺陷	612110043	环境监测
613010551	无损检测技术	612110053	环境化学
613010561	理化检验技术	612150253	环境微生物
613010795	碳市场与碳交易	612150265	环保设备腐蚀与防护
613010796	生态工程学	612150993	工程力学
613010802	地理信息系统(含上机16学时)	612160634	基础韩国语(A)
613010802j	地理信息系统上机	612160685	材料分析测试方法
613010803	环境质量评价	612160695	自然科学概论
613010819	环保设备制造工艺学	612160707	材料概论
613010822	环境影响评价	612161053	工程图学与计算机绘图(含32学时上机课)
613010833	大气污染控制工程	612161103	自然科学概论
613010833s	大气污染控制工程实验	612161113	材料概论
613110076	水污染控制工程	612360634	基础韩国语(C)
613110096	环境遥感与地理信息系统(含上机16学时)	613010191	环境水文学
613110096j	环境遥感与地理信息系统上机课	613010321	建筑材料质量控制与检测(含实验16学时)
613110114	地学基础	613010491	材料成形设备
613110126	土壤侵蚀原理	613010768	海洋工程材料
613120466	无机材料热工过程与设备	613010769	新能源材料
613120476	岩相学	613010799	水土保持工程学
613120486	新型无机材料与制备技术	613010800	环境土壤学
613120506	土木工程材料	613010807	环境标准与环境体系认证
613120516	高分子材料	613010823	钢结构设计
613120526	混凝土制品工艺学	613010834	固体废物处理与处置
613120536	复合材料表界面	613010834s	固体废物处理与处置实验
613120546	高分子科学基础	613110087	物理性污染控制
613120556	先进树脂基复合材料	613110105	环境法学

续表

课程号	课程名	课程号	课程名
613120566	功能复合材料	613120497	半导体材料
613140586	塑性成形工艺	613150285	大气污染控制工程与设备设计
613140596	电化学原理	613150297	固体废物处理处置与设备设计
613150276	水污染控制工程与设备设计	613150315	金属材料热处理与焊接
613150304	工程材料概论	614010770	文献检索与科技论文写作
614010611	专业实习	614010772	金属加工工艺设计
614010631	生产实习	614150327	物理性污染控制
614010641	化工工艺学概论课程实习	615110225	环境土壤学实验
614010651	环境工程课程设计	615140627	材料检测专业实验
614010661	毕业设计(论文)	615150365	大气污染控制工程与设备设计实验
614010701	专业实习	615150377	固体废物处理处置与设备设计实验
614010711	材料制备测试综合实验	615150407	固体废物处理处置与设备设计课程设计
614010771	金属材料工程综合实验	615160754	韩国语听力(A)
614010826	毕业实习	615160764	韩国语口语(A)
614010829	生产实习	615360754	韩国语听力(C)
614120574	金属材料概论	615360764	韩国语口语(C)
614140606	复合材料概论	821000011	环境监测
615110182	专业认识实习	822000021	环境工程学
615110196	环境安全工程课程设计	822010081	材料工程基础
615110206	环境规划课程设计	822010121	工程图学与计算机绘图(含上机 16 学时)
615110216	土壤侵蚀原理实验	822010121j	工程图学与计算机绘图上机
615140616	金属成形与检测综合实验	822010161	无机与分析化学
615150344	机械设计基础课程设计	822010391	无机与分析化学
615150356	水污染控制工程与设备设计实验	822011131	材料性能学
615150386	水污染控制工程与设备设计课程设计	822011411	环境工程原理
615150396	大气污染控制工程与设备设计课程设计	823010201	无机非金属材料专业实验
615260754	韩国语听力(B)	823010261	新型建材专业实验
615260764	韩国语口语(B)	823010301	复合材料工艺及设备
821000771	材料化学	823010321	复合材料专业实验
821001031	环境监测	823010361	现代仪器分析
821001111	水污染控制工程实验	823010761	环境工程学实验
822010031	有机化学	823010791	职业安全与卫生
822010041	物理化学	823010811	水资源与水环境
822010651	仪器分析(含实验 16 学时)	823011191	加工与成型专业实验
822010701	环境监测实验	823011231	涂料与涂装

续表

课程号	课程名	课程号	课程名
822010721	测量学(含实验16学时)	823011241	表面工程专业实验
822011111	金属材料学	824010531	工厂工艺设计
机电汽车工程学院(188门)			
233000421	工程力学(二)	564414014	汽车设计与研发(4)
561010041	现代工程制图	565110112	工程图学测绘
561020071	工程制图	565115011	生产实习
561020101	工程制图	565115061	单片机原理与应用课程设计
561110021	工程图学C	565215021	汽车设计与研发
561110021j	工程图学C上机	561110011	工程图学B
562010041	单片机原理与应用	561110031	工程图学D
562010051	程序设计基础	562010051j	程序设计基础上机
562010061	机械制造技术基础	562010141	机制专业导论
562010071	互换性与技术测量	562012051	精密机械制造工程
562010101	机械制造工艺学	562012061	电路与磁路
562010111	数控机床与编程	562012091	电力与电子技术
562010131	机械工程测试技术	562012141	信号分析与处理
562012021	工程力学	562012151	传感器与检测技术
562012031	工程光学	562012161	电路CAD技术
562012041	精密机械与仪器设计	562012191	测控专业导论
562012111	单片机原理与应用	562110011	机械工程材料
562012131	自动控制理论	562110012	工程图学(1-1)
562012171	精密测控与系统	562110013	机械工程材料
562012181	电机原理与拖动	562110022	机械原理与设计(1-1)
562014061	汽车制造工艺学	562110033	材料力学
562110032	电工电子技术(1-1)	562110161	材料力学
562110042	理论力学	562112031	数字电子技术
562110091	互换性与技术测量	562115011	汽车构造
562110151	理论力学	562115021	汽车电子控制技术
562110171	液压与气压传动	562115031	汽车设计
562110181	机械制造工艺学	562120013	机械原理
562112021	模拟电子技术	562120023	电路与磁路
562112041	精密测控与系统	562120032	电工电子技术(商务)1
562112051	电机原理与拖动	562140021	工程图学(含测绘)B
562114021	汽车理论	562150022	机械原理与设计(1-1)
562120411	工程力学	562150032	电工电子技术(1-1)

续表

课程号	课程名	课程号	课程名
562140032	工程力学	562150041	汽车商务导论
562150011	工程力学	562150071	汽车理论与发动机原理
562150051	汽车发动机构造	562150081	车辆保险与理赔
562150061	汽车底盘构造	562150131	汽车营销
562210012	工程图学(1－2)	563010031	可编程控制器
562210021	工程图学2	563010051	机械 CAD/CAM
562210022	机械原理与设计(1－2)	563010051j	机械 CAD/CAM 上机
562250022	机械原理与设计(1－2)	563010071	特种加工技术
562250032	电工电子技术(1－2)	563010621	技术经济分析与生产管理
563010021	机电传动控制	563010641	焊装夹具设计
563010061	精密与超精密加工	563010671	模具寿命与材料
563010091	模具设计与制造	563012041	智能仪器设计基础
563010521	工程力学选讲	563012051	虚拟仪器
563010531	流体力学	563012081	流体传动与控制
563010661	材料成型的质量控制工程	563012091	计算机控制技术
563012021	电子测量技术	563012541	微机原理与接口技术
563012031	控制仪表及装置	563012571	Matlab 语言
563012061	机电系统设计	563012571j	Matlab 语言上机
563012071	工厂电气控制技术	563014511	汽车专业英语
563014071	汽车运用工程	563110101	自动化制造系统
563014091	专用车辆结构与设计	563110111	CAE 应用基础
563014581	机械工程测试技术	563110111j	CAE 应用基础上机
563110121	冲压工艺与模具设计	563110171	机器人技术
563110131	塑料模具设计与制造	563110221	机械创新设计方法
563110151	单片机原理与应用	563110241	有限元方法
563110181	先进制造技术	563110271	机械优化设计
563110191	数控技术	563110631	传感器与检测技术
563110201	工业造型设计	563110691	科技英语(机制)
563110201j	工业造型设计上机	563110741	科技史及科技创新
563110211	机械系统设计	563112011	光电检测技术
563110231	现代人机工程学	563112021	电力拖动自动控制系统
563110701	程序设计基础	563115021	汽车发动机原理
563110711	UG 三维设计	563115051	控制工程基础
563110711j	UG 三维设计上机	563115071	汽车结构有限元
563110721	CATIA 三维设计	563115081	新能源汽车技术

续表

课程号	课程名	课程号	课程名
563110731	ProE 三维设计	563115101	汽车车身设计
563110761	ANSYS 有限元分析	563120753	汽车商务法律基础
563114051	汽车检测与故障诊断	563150101	汽车车身结构与制造工艺
563114071	汽车运用工程	563215032	电工电子技术(1－2)
563115011	机械制造技术基础	564010041	工艺课程设计
563115032	电工电子技术(1－1)	564010051	先进制造技术综合实验
563120292	汽车文化	564010081	社会实践
563150111	车辆评估与交易	564012031	电子技术课程设计
564010021	机械设计课程设计	564012091	计算机语言课程设计
564010031	生产实习	564012101	电子焊装工艺实习
564010061	专业调研、毕业实习	564014011	汽车制造工艺课程设计
564010071	毕业设计(论文)	564110013	二维、三维 CAD
564012021	精密机械课程设计	564110101	机械系统设计课程设计
564012041	单片机原理与接口技术课程设计	564114571	汽车振动
564012051	专业实习	564115011	车辆工程专业导论
564012071	毕业实习	564120313	计算机软件技术基础
564012081	毕业设计(论文)	564120313j	计算机软件技术基础上机
564014021	汽车构造拆装与实习驾驶	564120653	商务礼仪
564014031	认识实习	565110034	机械原理与设计实验 1
564014071	汽车检测实习	565110044	专业基础实验 1(机械工程材料)
564014081	汽车维修实习	565110111	模具设计课程设计
564115081	CATIA 三维设计	565115021	汽车设计与研发
564120302	面向对象的程序设计	565115031	汽车设计课程设计
564150141	汽车养护与美容	565120524	机械工程材料和互换性技术测量实践 1
564150191	汽车服务企业管理	565150201	销售业务岗位实习
564150221	VB 程序设计基础	565210012	力学实验 2
564150221j	VB 程序设计基础上机	565315021	汽车设计与研发
计算机与控制工程学院(282 门)			
252010011	离散数学	584010192	检测技术与控制仪表课程设计
252010141	计算机图形学	584010201m	ASP. NET 项目实训
252010341	操作系统	584010231m	毕业设计:大型项目综合项目实训(. NET)
252010341j	操作系统上机	584010271	应用软件综合课程设计
252010361	软件设计与体系结构	584011021	C＋＋程序设计基础实训
252010371	计算机网络	584011061	物联网工程课程设计
252010371j	计算机网络上机	584011071	Java 程序设计课程设计

续表

课程号	课程名	课程号	课程名
252010401	软件项目管理	584011091	Android 高级开发课程设计
252010431	数据库系统原理及应用	584011111	Linux 高级开发课程设计
252010431j	数据库系统原理及应用上机	584115171	计算机学科前沿技术
252010441	软件设计与体系结构	584115181	计算机图形学
252010441j	软件设计与体系结构上机	584115191	.NET 开发技术
252210022	离散数学(1－2)	584115191j	.NET 开发技术上机
253000891	数据挖掘	584115481	.NET 开发技术
253010081	嵌入式系统设计	584115481j	.NET 开发技术上机
253010301	人工智能导论	584115491	动漫与游戏开发技术
253010321	智能控制	584115491j	动漫与游戏开发技术上机
253010381	工厂供电	584115511	数据挖掘
253010421	计算机图形学	584115511j	数据挖掘上机
253010631	统一建模语言 UML	584115861	机器人技术
253010631j	统一建模语言 UML 上机	585100011	大学计算机基础
253010641	Linux 环境布署与开发	585100011j	大学计算机基础上机
253010641j	Linux 环境布署与开发上机	585115201	汇编语言课程设计
254000871	生产实习(自动化)	585115231	计算机应用综合课程设计
254000931	数字逻辑课程设计	585115241	软件开发综合课程设计
254000951	程序设计课程设计	585115541	程序设计实训 2
254010011	程序设计基础课程设计	585115561	软件工程课程设计
254010021	数字逻辑与数字系统课程设计	585115571	计算机系统原理与维护
254010051	操作系统课程设计	585115601	软件系统综合实训
254010091	毕业实习	585115651	C/S 结构项目实训
254010101	毕业设计	585115661	B/S 结构项目实训
254010211	数据库实训	585115871	微机原理及应用课程设计
254010221	数据结构与 OOP 课程设计	585115901	计算机控制课程设计
581115941	多媒体课件制作	585800001	计算机应用基础(授课＋考试)
581115941j	多媒体课件制作上机	251010021	程序设计基础
581115951	单片机原理与应用	251010021j	程序设计基础上机
582010051	数据库系统原理及应用	252010211	现代控制理论
582010051j	数据库系统原理及应用上机	253010172	可编程控制器原理及应用
582010101	操作系统	253010331	控制理论综合
582010131	电路原理	253010351	过程控制
582010141	数字电子技术	254000991	专业实习
582010161	计算机原理及应用	254001001	计算机组成原理课程设计

续表

课程号	课程名	课程号	课程名
582010211	编译原理	254001041	数据结构课程设计
582010251j	C#语言程序设计上机	254010111	认识实习
582010251m	C#语言程序设计	254010131	电子工艺实习
582010351	离散数学	254010141	模拟电子技术课程设计
582010381	数据结构 I	254010151	生产实习
582010381j	数据结构 I 上机	254010171	数据库系统原理课程设计
582011011	单片机原理及应用	581010011	计算机应用技术基础(C)
582011051	C++程序设计	581010011j	计算机应用技术基础(C)上机
582011051j	C++程序设计上机	581010021	计算机应用技术基础(VB)
582011061	嵌入式软件开发	581010021j	计算机应用技术基础(VB)上机
582011061j	嵌入式软件开发上机	581010031	计算机应用技术基础(Access)
582011071	无线网络技术	581010031j	计算机应用技术基础(Access)上机
582011081	物联网工程	582010071	编译原理
582011091	Java 程序设计	582010071j	编译原理上机
582011091j	Java 程序设计上机	582010081	软件工程
582011111	Android 高级开发	582010081j	软件工程上机
582011121	Linux 高级开发	582010091	计算机网络
582100011	大学计算机基础	582010121	学科导论(自动化)
582100011j	大学计算机基础上机	582010151	模拟电子技术
582110032	IT 英语(1-1)	582010211j	编译原理上机
582110042	商务英语(1-1)	582010291	软件工程概论
582110073	工程师素质拓展(1-1)	582010291j	软件工程概论上机
582115011	电路与模拟电子技术	582010331j	Java 语言程序设计上机
582115041	汇编语言程序设计	582010331r	Java 语言程序设计
582115041j	汇编语言程序设计上机	582011021	嵌入式系统原理与接口技术
582115051	数字逻辑	582011101	Android 开发基础
582115091	软件工程概论	582011131	ARM 体系结构与编程
582115091j	软件工程概论上机	582011161	Linux 编程基础
582115271	电路与模拟电子技术	582011161j	Linux 编程基础上机
582115331	计算机原理	582110012	程序设计基础(1-1)
582115691	电路原理	582110012j	程序设计基础(1)上机
582115701	微机原理及应用	582110014	英语听力/口语(1-1)
582115721	自动控制原理	582110033	初级日语(1-1)
582115741	计算机控制系统	582110052	英语写作(1-1)
582115751	检测技术及控制仪表	582115021	专业导论(计算机)

续表

课程号	课程名	课程号	课程名
582117021	电路原理	582115061	计算机组成原理
582117221	数字逻辑	582115071	数据结构
582210014	英语听力/口语(1-2)	582115071j	数据结构上机
582210022	C++程序设计(2)	582115081	微机原理与接口技术
582210033	初级日语(1-2)	582115281	数据结构
582210052	英语写作(1-2)	582115281j	数据结构上机
582210073	工程师素质拓展(1-2)	582115291	计算机组成原理
582215032	程序设计基础(1-2)	582115311	专业导论(软件工程)
582215032j	程序设计基础(1-2)上机	582115351	软件项目管理
582215322	程序设计基础(1-2)	582115351j	软件项目管理上机
582215322j	程序设计基础(1-2)上机	582115711	电机与拖动基础
582310073	工程师素质拓展(1-3)	582115731	电力电子技术
582410014	英语听力/口语(1-4)	582116011	算法设计基础
583010151	物联网工程	582116011j	算法设计基础上机
583010151j	物联网工程上机	582116021	面向对象方法学
583010211	JavaEE 与中间件技术	582116021j	面向对象方法学上机
583010211j	JavaEE 与中间件技术上机	582116031	计算机组成与体系结构
583010261	网络编程与 JSP 技术	582116041	软件设计与体系结构
583010261j	网络编程与 JSP 技术上机	582116041j	软件设计与体系结构上机
583010371	专业外语(自动化)	582117131	数据结构
583010381	集散控制与现场总线	582117141	计算机组成原理
583010401	信号与系统分析	582117181	面向对象程序设计
583010511	游戏开发	582117181j	面向对象程序设计上机
583010511j	游戏开发上机	582117211	程序设计基础
583010541j	基于 Java 的 Web 开发技术上机	582117211j	程序设计基础上机
583010541r	基于 Java 的 Web 开发技术	582210032	IT 英语(1-2)
583010591	计算机图形学	582210042	商务英语(1-2)
583011031	专业英语	583010231	软件设计与体系结构
583115101	JAVA 语言程序设计	583010231j	软件设计与体系结构上机
583115101j	JAVA 语言程序设计上机	583010481	软件过程管理
583115111	算法设计与分析	583115121	数值分析
583115111j	算法设计与分析上机	583115391	人机交互技术
583115131	手机移动开发技术	583115391j	人机交互技术上机
583115131j	手机移动开发技术上机	583115401	移动互联网概论
583115141	Oracle 数据库技术	583115431	网站前端技术

续表

课程号	课程名	课程号	课程名
583115141j	Oracle 数据库技术上机	583115431j	网站前端技术上机
583115151	Web 开发技术	583115621	Java 框架技术
583115151j	Web 开发技术上机	583115621j	Java 框架技术上机
583115361	软件需求分析	583115771	控制系统仿真
583115361j	软件需求分析上机	583115801	组态软件技术及应用
583115381	软件质量保证与测试	583115821	运动控制技术
583115381j	软件质量保证与测试上机	583115831	工厂电气控制
583115411	Android 开发技术基础	583116051	软件需求工程
583115411j	Android 开发技术基础上机	584010261	专业认识实习
583115441	网络编程与 JSP 技术	584011051	嵌入式系统原理与接口技术课程设计
583115441j	网络编程与 JSP 技术上机	584011081	Android 开发基础课程设计
583115451	Oracle 数据库技术	584011121	ARM 体系结构与编程课程设计
583115451j	Oracle 数据库技术上机	584011171	Android 综合项目企业实训
583115461	JavaEE 与中间件技术	584115301	. NET 开发技术
583115461j	JavaEE 与中间件技术上机	585115211	计算机网络课程设计
583115471	并行计算技术	585115221	软件系统建模实训
583115471j	并行计算技术上机	585115251	专业技能综合实训 1
583115761	计算机网络与通信	585115521	专业认知实习
583115811	集散控制与现场总线	585115531	程序设计实训 1
583115931	网络工程与安全	585115551	JAVA 程序设计实训
583115931j	网络工程与安全上机	585115581	UML 软件系统建模实训
583116061	嵌入式程序设计	585115591	软件设计与体系结构课程设计
583116071	编译原理	585115611	专业技能实训
583116071j	编译原理上机	585115641	软件开发流程
584010011	程序设计项目实训	585115671	企业级项目实训
584010081	数字电子技术课程设计	585115881	可编程控制器原理及应用课程设计
584010091	生产实习	585115891	过程控制或运动控制技术课程设计
584010111	毕业设计	585115911	专业综合设计
584010112	毕业设计	585217041	英语听力/口语(1－3)
建筑学院(173 门)			
272010061	环境心理学	642010171	城市规划原理
273010241	中国古典园林	642010181	外国古代建筑史
642010021	色彩	642010201	中国近现代建筑史
642010191	外国近现代建筑史	642010231	居住区规划原理
642011021	中外美术史	642014061	景观设计原理

续表

课程号	课程名	课程号	课程名
642014041	人体工程学	642014071	室内设计原理
642014051	表现技法	642014121	中外建筑史
642014101	环境心理学	642100011	平面与色彩构成
642014131	建筑构造与结构	642100031	环境设计概论
642014141	小型建筑设计	642100051	建筑小环境设计
642100081	空间构成	642100061	居住空间室内设计
642110021	建筑构造(1)	642100071	平面与色彩构成
642130021	城市经济学	642110011	建筑材料
642130061	外国城市建设史	642110012	建筑数学 1
642130101	城市基础设施规划	642110022	建筑物理 1
642200022	环境设计基础二	642110031	建筑设计原理(5)
642210022	建筑物理 2	642110032	建筑设计基础(1)
642210032	建筑设计基础(2)	642110034	建筑设计 1
642210102	建筑学导论(1-2)	642110041	场地设计原理
642211014	建筑设计原理(2)	642110051	建筑师业务知识
642211024	建筑设计(2)	642110102	建筑学导论(1-1)
642230032	城市道路与交通(2)	642111014	建筑设计原理(1)
642230072	城市规划原理(2)	642111024	建筑设计(1)
642230092	规划设计(2)	642130011	城乡规划概论
642411014	建筑设计原理(4)	642130032	城市道路与交通(1)
642411024	建筑设计(4)	642130041	城市规划管理与法规
642610014	公共建筑设计原理(1-4)	642130051	中国城市建设史
642610024	公共建筑设计(1-4)	642130072	城市规划原理(1)
643010011	综合材料表现 1	642130081	风景园林规划与设计原理
643010151	城市设计	642130092	规划设计(1)
643010301	公共建筑设计	642130111	场地设计
643010361	当代建筑理论专题	642200012	环境设计基础一
643010391	建筑设计手法分析	642311014	建筑设计原理(3)
643010401	中国传统民居	642311024	建筑设计(3)
643010421	绿色建筑概论	642510014	公共建筑设计原理(1-3)
643011101	园林绿化与植物配置	642510024	公共建筑设计(1-3)
643012181	城市绿地系统规划	642710022	建筑师业务知识(1-1)
643014011	办公空间设计	643010311	居住建筑设计
643014061	商业空间设计	643010321	居住区规划设计
643014071	展示设计	643010341	建筑材料与构造 2

续表

课程号	课程名	课程号	课程名
643024031	环境设施设计	643010371	建筑评论
643024051	园林工程	643010381	建筑大木作
643024061	景观保护与改造设计	643010411	建筑节能技术
643100011	住区景观设计	643011171	装饰材料与构造
643100031	中国古典园林史	643012051	滨水景观规划设计
643100051	园林花卉与树木学	643012151	风景资源学
643100071	室内设计程序与方法	643012161	雕塑艺术
643100111	家具设计	643012171	中国古典园林艺术
643110061	建筑设计方法	643014031	室内照明与色彩
643120051	品牌样本设计	643014041	餐饮空间设计
643120061	品牌包装设计 1	643014101	室内设计师实务
643120071	品牌包装设计 2	643024041	广场景观设计
643120081	品牌广告设计 1	643024081	城市公园设计
643120131	数字图标设计 2	643100041	西方园林史
643120141	数字界面设计 1	643100061	园林植物配置与应用
643120151	数字界面设计 2	643100081	室内空间结构设计
643120191	数字媒体创意 2	643100091	中外家具艺术
643130021	遥感技术应用	643100121	空间改造设计专题
643130061	社会调查研究方法	643100141	酒店设计
643210012	建筑数学(2)	643110011	住宅建筑设计
644010021	建筑遗产调研与测绘	643110051	建筑构造(2)
644010041	毕业设计与调研	643110071	绿色建筑设计原理
644010331	毕业设计	643110081	绿色建筑技术
644011071	毕业设计调研	643110121	信息设计(1)
644011081	测绘实习	643120091	品牌广告设计 2
644011091	美术实习	643120101	品牌展示设计
644011101	计算机辅助设计 1	643120161	数字交互设计 1
644011121	环境设计采风	643120171	数字交互设计 2
644011161	设计采风	643130031	地理信息系统(GIS)
644011201	色彩	643130071	村镇规划与建设
644011221	计算机辅助设计 1	643330012	规划设计(3)
644100051	摄影	644010031	设计院生产实习
644100061	书法	644011061	快题设计周
645110011	建筑速写实习	644011111	计算机辅助设计 2
645110051	建筑施工与工地参观实习	644011131	环境设计实习

续表

课程号	课程名	课程号	课程名
645110061	设计工具2－建筑模型	644011191	素描
645110091	设计工具5－建筑数字化进阶	644011211	模型制作
645110101	设计工具6－计算机模拟与分析	645110031	建筑参观实习
645110141	建筑物理实验(2)	645110041	建筑认识实习
645110171	造型基础(2)	645110071	设计工具3－建筑钢笔画
645110251	美术写生实习	645110081	设计工具4－建筑数字化基础
645120021	设计实践2	645110131	建筑物理实验(1)
645130021	城市认识实习	645110161	造型基础(1)
272010081	中国古代建筑史	645110181	造型基础(3)
642010041	设计专业英语	645120031	设计实习
642010091	居住建筑原理	645130011	城市参观实习
642010121	专业英语		
国际教育交流学院(81门)			
811400001	实习	6713GS024	外语听力(1－3)
6712GS014	外语(1－2)	6713GS034	外语口语(1－3)
6712GS024	外语听力(1－2)	672010031	中国现当代文学
6712GS034	外语口语(1－2)	672010081	语言学概论
6714GS014	外语(1－4)	672010091	逻辑学
6714GS024	外语听力(1－4)	672010121	外国文化
6714GS034	外语口语(1－4)	672100024	英语口语1－1
672010041	外国文学	672100041	对外汉语教学法
672100031	教育学	672100081	教育心理学
672100051	应用语言学	6721GS081	大学计算机基础
672110013	中国古代文学(1－1)	6721GS081j	大学计算机基础上机
6721GS091	经济法	672210013	中国古代文学(1－2)
6721GS131	国际商法	672300024	英语口语1－3
672200024	英语口语1－2	673010031	汉字研究
672310013	中国古代文学(1－3)	673010091	第二外语
672400014	英语听力1－4	673010101	语用学
672400024	英语口语1－4	673010181	行政管理学
673010051	汉语语法研究	673100011	中外语言学史
673010111	涉外文化礼仪	673100021	公共关系学
673010161	中外文化交流史	673110012	综合英语(1－1)
673010221	儒道思想研究	6731GS181	国际经济合作
6731GS141	第二外语(韩)(1－1)	6732GS141	第二外语(韩)(1－2)

续表

课程号	课程名	课程号	课程名
674010031	毕业论文	674000011	国学经典导读
674010041	专业实习	674100031	普通话技能训练
674100021	汉英翻译	674100041	逻辑学
674100051	中国民俗	674100061	古代汉语系列专题
6741GS301	高等数学(三)	675100021	学年论文
6741GS311	商务礼仪(双语)	6751GS361	认识实习
6741GS321	管理文秘(双语)	6751GS371	商务社会实践
67500011	中华才艺训练	6751GS381	国际商务模拟实验
675100011	中华才艺训练	6751GS411	社会调查
6751GS401	毕业实习	675200662	中华才艺训练(1－1)
922010131	第二语言教学概论	922010011	语言学概论
922110042	古代汉语(1－1)	922010051	中国文化通论
922210032	现代汉语(1－2)	922110032	现代汉语(1－1)
922210034	英语口语(1－2)	922210042	古代汉语(1－2)
922410014	英语精读(1－4)	922310014	英语精读(1－3)
923010121	对外汉语教学系列专题	923010071	语音学
923010171	商务英语	923010151	秘书学
923010401	跨文化交际概论	6713GS014	外语(1－3)
924010021	毕业实习		
教务处(全校通选课及在线课 141 门)			
101000021	公益劳动	moocc028	市场的力量:中国经济改革之思
101000042	生涯规划与就业指导(下)	moocc029	创新中国
101100012	生涯规划与就业创业指导(1)	moocc030	创新、发明与专利实务
101200022	生涯规划与就业创业指导(2)	moocc031	辩论修养
105100012	大学生学业规划与职业发展	moocz001	互联网金融
105100022	大学生就业创业指导	moocz003	上大学,不迷茫
660000006	经管双专业	moocz004	葡萄酒的那些事儿
660000009	计算机双专业	moocz006	敦煌的艺术
moocc025	前进中的物理学与人类文明	moocz007	写作之道
moocc026	魅力科学	moocz019	拥抱健康青春
moocc027	现代城市生态与环境学	moocz023	英语口语趣谈
moocz064	北大荒文学地图	moocz025	中医食疗学
moocz065	丝绸之路文明启示录	moocz026	服装色彩搭配
moocz063	王阳明心学——认识阳明学来探险你的人生	moocz034	人际传播能力
661010011	军事理论	moocz035	敦煌的艺术

续表

课程号	课程名	课程号	课程名
664000161	知识产权法	moocz036	艺术与审美
664000181	自然辩证法	moocz037	外国建筑赏析
664000232	应用气象学与海洋学	moocz038	中外美术评析与欣赏
664000361	生命伦理学	moocz039	商业伦理与东西方决策智慧
664000782	计算机辅助制造	moocz040	中原文化(文学篇)
664000861	大学音乐鉴赏	moocz041	中原文化(武术篇)
664000871	造型艺术欣赏	moocz042	满族民间剪纸
664001301	考古学概论	moocz043	沟通心理学
664001761	流行音乐赏析	moocz044	科学的精神与方法
664002081	巴乌演奏入门	moocz045	个人理财
664002091	葫芦丝演奏入门	moocz046	演讲与口才
664002171	常见病防治	moocz047	多媒体课件设计与制作
664002491	中国古代史十二讲	moocz048	秀出你风采——PPT 创意动画
665000261	中华诗词阅读和欣赏	moocz051	中国古典诗词中的品格与修养
665000282	现代社交礼仪	moocz052	走进故宫
665000941	中国书法文化	moocz053	走近水族
665001051	男子足球	101000031	社会实践
665001661	夏商周考古与上古历史	101000051	大学生心理健康教育
665003092	大学生成功学(在线课程)	101000061	阅读与修养
665003121	男(女)生乒乓球	101000081	大学生艾滋病防控知识
665003822	环境与健康	101500031	马克思主义与当代中国社会实践
665004631	积极心理学	660000023	课程设计
665004881	海洋经济学	664006881	阅读红楼梦
665004991	病原与健康	665001411	素描
665005031	探秘生命	665004161	生活中的化学
665005051	日本和美国教育概况	665006041	体质提高课
665005351	证券投资分析	665006591	水电家装
665005691	幸福的方法	665007091	文学电影技法研究
665005731	哲学与人生	665008151	趣味数学史
665005761	General Chemistry	665008171	证券投资学
665005911	瑜伽	665008181	区块链与数字货币入门
665006391	爱情心理学	665008201	现代绘画艺术
665006411	大学生面试导学导练	665008211	性格与职业
665006471	分析仪器电路维护	665008221	Photoshop 图像处理
665006481	轮滑(室外体育)	665008241	畅游海上粮仓

续表

课程号	课程名	课程号	课程名
665006732	资治通鉴人物个性及命运(两晋)	moocc032	重说中国近代史
665006741	探秘海洋生物	moocc033	中华传统文化之文学瑰宝
665006811	合唱艺术鉴赏与实践	moocc034	人工智能
665006851	现代加工基础	moocc035	大国崛起:中国对外贸易概论
665007021	陶艺制作	moocc036	现场生命急救知识与技能
665007041	淑女学堂	moocc037	创新创业大赛赛前特训
665008031	完善人格训练	moocc038	创新思维训练
665008041	法语入门	moocc039	探究万物之理
665008061	工业系统概论	moocc040	《西厢记》赏析
665008071	植物探秘	moocc041	如何高效学习
665008091	职业素养与就业创业能力提升	moocc042	有效沟通技巧
665008101	跟着电影练英语口语	moocz054	大学生创业概论与实践
moocc008	移动互联网时代的信息安全与防护	moocz055	食品安全
moocc009	中国古典小说巅峰:四大名著鉴赏	moocz056	海洋的前世今生
moocc013	人生与人心	moocz057	大学来了——e时代大学生学习指导
moocc019	聆听心声:音乐审美心理分析	moocz058	走近核科学技术
moocc020	声光影的内心感动:电影视听语言	moocz059	关爱父母健康
moocc021	从草根到殿堂:流行音乐导论	moocz060	成功求职六步走
moocc022	创新创业	moocz061	笔墨时空——解读中国书法文化基因
moocc023	宋崇导演教你拍摄微电影	moocz062	国学与人生
moocc024	舌尖上的植物学		
经济管理学院(273门)			
072000101	财政学	533112041	商务英语听说
072001001	会计学原理	533114621	职场英语
072010021	微观经济学	533114621j	职场英语(上机)
072010041	会计学原理	534010011	毕业论文或调查报告
072010051	统计学原理	534011011	综合实验(ERP实验)
072010071	财务管理	534011301	物流外包综合实训(1)
072010091	市场营销学	534011311	物流外包综合实训(2)
072010101	货币银行学	534012311	认识实习
072010151	西方经济学	534013051	会计综合实验
072011011	人力资源管理	534013101	初级会计实验
072011021	企业战略管理	534013111	雏鹰拓展训练
072011051	质量管理	534013141	基础会计手工账实训
072012011	国际贸易	534014011	统计软件分析与应用

续表

课程号	课程名	课程号	课程名
072012021	国际金融	534014301	课程实习
072012041	国际结算	534015011	综合实验
072012051	国际市场营销学	534015301	公务员考试模拟训练
072012061	外贸函电	534017011	金融服务综合实训(1)
072012071	国际经济合作	534017021	金融服务综合实训(2)
072012081	中国对外经贸	534113313	金融服务综合实训 1
072013031	会计信息系统	534313313	金融服务综合实训 3
072013031j	会计信息系统上机	535111041	物流计划管理实训
072013051	财务管理	535111091	雏鹰拓展训练
072013051j	财务管理	562150171	汽车市场调研与预测
072014011	市场营销学	562150251	会计学基础
072014021	市场调查与预测	563150121	汽车电子商务
072015061	公共事业管理	563150181	消费心理学
072113012	中级财务会计(1－1)	563150231	商务谈判
072113012j	中级财务会计(1－1)上机	6721GS051	会计学原理
072213012	中级财务会计(1－2)	6721GS061	统计学原理
072213012j	中级财务会计(1－2)上机	6721GS111	国际贸易理论与实务
073001441	证券投资学	6731GS191	外贸函电(双语)
073010011	中级经济学	6731GS211	单证实务
073010041	货币银行学	6731GS221	人力资源管理
073010051	财政学	6731GS241	采购管理
073011041	证券投资学	6731GS291	财务分析
073011061	公共关系学	6732GS271	中级财务会计(1－2)
073011121	采购管理	072010031	宏观经济学
073011131	特许经营管理	072010061	管理学原理
073012041	国际电子商务	072011041	管理信息系统
073012041j	国际电子商务上机	072011041j	管理信息系统上机
073012071	经贸英语口语	072015011	公共经济学
073012101	报关实务	073011071	项目管理
073013011	金融企业会计	073011511	物流外包实践模拟
073013041	财务分析	073012011	国际服务贸易
073013101	会计理论	073012031	国际商务谈判
073014071	国际市场营销学	073012081	金融市场学
073015021	社区管理	073014071j	国际市场营销学上机
073015051	社会保障学	073015011	专业外语

续表

课程号	课程名	课程号	课程名
073015061	市政学	073015031	物业管理学
073015111	社会学概论	074000171	学年论文
074000081	毕业实习(市场营销)	074010081	现代物流实验
074010011	认识实习	531110121	经济学原理
074010051	毕业实习	531110131	会计学原理
074010131	营销方案设计	531110141	统计学原理
074010151	社会调查	531113012	中级财务会计(1-1)
074010161	营销沙盘模拟	531113012j	中级财务会计(1-1)上机
074010171	专业实践	532010011	政治经济学
074110022	认识实习(1)	532011031	管理定量分析
074210022	认识实习(2)	532012021	现代物流(双语)
532011011	生产与运作管理	532012331	国际贸易实务(双语)
532011021	技术经济	532012331j	国际贸易实务(双语)上机
532011311	物流管理	532012341j	计量经济学上机
532011311j	物流管理上机	532012701	国际投资学
532011321	企业战略管理	532012711	金融市场学
532012011	世界经济概论	532013311	成本会计
532012031	物流管理	532013311j	成本会计上机
532012301	国际贸易理论与实务	532013341	财务管理
532012311	国际经济学	532013341j	财务管理上机
532012321	报关报检业务	532014021	服务营销学
532012341	计量经济学	532014041	营销策划
532012351	国际结算	532015321	公共政策学
532012351j	国际结算	532015341	政治学原理
532012361	国际市场营销学	532015361	公共工程项目管理
532012361j	国际市场营销学上机	532016301	专业导论
532012371	外贸函电	532111201	管理学原理
532012371j	外贸函电上机	532111501	组织行为学
532012381	计量经济学	532114611	跨境电商导论
532012721	国际商务谈判	532114611j	跨境电商导论(上机)
532012731	报关实务	532333306	职业素质与英语训练3
532013011	审计学	532533306	职业素质与英语训练5
532013011j	审计学上机	533010301	经济学
532013301	管理会计	533010311	经济学专题
532013301j	管理会计上机	533011021	企业战略管理

续表

课程号	课程名	课程号	课程名
532014011	消费者行为学	533011051	管理心理学
532014031	销售管理	533011111	生产与质量管理
532015011	经济法	533011341	运筹学
532015301	公共组织财务管理	533011361	创业管理
532015311	公共事业管理概论	533011371	多元与跨文化管理专题
532015331	行政管理学	533011381	企业管制与社会责任专题
532015351	非政府组织管理	533011391	管理学专题
532111011	创新管理	533011431	物流系统规划与设计
532111011j	创新管理实践	533011441	仓库与库存管理
532233306	职业素质与英语训练 2	533011471	工业工程
532433306	职业素质与英语训练 4	533012181	金融服务外包
532633306	职业素质与英语训练 6	533012351	国外经贸文献导读
533010011	计量经济学	533012701	商业银行理论与实务
533011041	公共关系学	533013121	财务管理
533011081	供应链管理	533013311	内部控制
533011131	人力资源管理	533013341	Excel 在会计中的应用
533011301	管理学	533013341j	Excel 在会计中的应用上机
533011321	证券投资学	533013351	企业沙盘模拟经营
533011331	组织行为学	533013351j	企业沙盘模拟经营上机
533011351	变革与创新管理	533014011	电子商务
533011401	经济预测与决策	533014011j	电子商务(上机)
533011481	物流设施与设备管理	533014061	营销专题讲座
533012041	国际金融	533014091	品牌管理
533012321	期货交易	533014311	客户关系管理
533012341	电子商务	533014331	网络营销
533012361	现代物流(双语)	533015321	农村政策学
533012371	国际物流	533015331	公共管理学
533012381	中国及世界经济专题	533015341	人力资源开发与管理
533012391	报关报检业务	533015381	土地资源管理学
533012391j	报关报检业务上机	533111501	消费者行为学
533012731	期货交易	533111511	财务管理
533012741	投资银行学	533114012	营销英语(1－1)
533013011	高级财务会计	533115311	经济法
533013041	ERP 原理与应用	534010021	社会实践
533013041j	ERP 原理及应用(上机)	534012301	国际商务实践模拟

续表

课程号	课程名	课程号	课程名
533013061	西方会计学(双语)	534012321	国际商务模拟实验
533013321	税务会计	534013081	初级会计实验
533013321j	税务会计上机	534013121	职场英语中级
533014021	商务谈判	534013311	企业综合实训
533014031	广告策划与管理	534014021	营销模拟实验
533014041	国际商务	534015321	电子政务实验
533014301	营销英语	534113012	飞鹰拓展训练(1)
533014321	市场营销学	534213313	金融服务综合实训 2
533015011	农村与区域发展专题	535111031	物流通识
533015021	管理文秘	535111051	精益物流管理
533015051	社会学概论	535112021	文献检索与论文写作
533015301	社区管理学	535114062	飞鹰拓展训练(1)
533015311	经济法	535211012	飞鹰拓展训练(1)
533015351	经济法	562150241	市场营销学
533015361	公共治理专题	563150261	管理学基础
533015391	领导科学	6721GS101	国际市场营销学
533111351	创新管理	6731GS231	企业战略管理
533111351j	创新管理实践	6731GS271	中级财务会计(1-1)
533111491	机械制造技术基础		
马克思主义学院(10 门)			
011010021	中国近现代史纲要	511500011	思想道德修养与法律基础
101000011	形势与政策	511500021	马克思主义基本原理
511000011	思想道德修养与法律基础	511500031	毛泽东思想和中国特色社会主义理论体系概论
511000021	马克思主义基本原理	711000011	思想道德修养与法律基础
511000031	毛泽东思想和中国特色社会主义理论体系概论	711000021	中国近现代史纲要
人文学院(118 门)			
012010031	语言学概论	012011010	新闻学专业导论
012010061	外国文学史	012011031	人类学原理
012010111	中国古代文论	012011191	新闻摄影
012010131	美学概论	012011211	网络传播原理与应用
012010181	中国古典文献学	012011241	新闻专业英语听说
012011041	经济学原理	012110013	中国古代文学史(1-1)
012011131	新闻编辑	012210022	古代汉语(2)
012011251	英语新闻阅读	012310013	中国古代文学史(1-3)
012110022	古代汉语(1)	013001121	实用文体写作

续表

课程号	课程名	课程号	课程名
012210013	中国古代文学史(1－2)	013010131	新闻采访与写作
013010011	普通逻辑学	013010141	影视欣赏与评论
013010081	公共关系学	013010161	音韵学专题
013010091	社会学概论	013010181	汉语言与文化
013010151	训诂学专题	013010281	西方现代文学专题
013010172	汉语语法研究	013010311	美国文学专题
013010191	汉字研究	013010381	唐诗研究
013010201	言语交际概论	013010401	古代戏曲研究
013010301	俄苏文学专题	013010501	民俗学
013010341	《礼记》研究	013010571	宋词研究
013010411	明清小说研究	013011031	体育新闻报道
013010591	诸子研究	013011041	法制新闻报道
013010611	秘书学概论	013011051	新闻精品分析
013011061	新闻策划	013011081	消费者行为学
013012061	公共关系学	013011141	电视画面与解说词
014010021	学年论文	013012011	财经新闻报道
014010031	毕业实习	013012031	报纸编辑与制作
014010041	毕业论文	013012041	杂志编辑与制作
014011061	毕业论文	511100021	应用写作
014012011	新闻专业小实习	512110011	中国文学作品选
511100011	中国传统文化	512110052	现代汉语
512110041	西方哲学史	512110062	中国现当代文学史
512110071	中文工具书应用	512110081	中国文化史
512110121	汉语史专题	512110091	外国文化史
512110243	写作实训	512110101	西方文论
512110271	学年论文	512110111	民间文学
512120011	政治与国际传播	512110261	文学概论
512120051	外国新闻史	512120021	新闻学原理
512120071	媒介伦理与法规	512120041	中国新闻史
512120101	大众文化研究	512120061	马克思主义新闻思想
512120111	新媒体导论	512120091	媒介经营与管理
512120241	新闻专业大实习	512120121	融合新闻
512172001	传播学原理(上)	512120251	舆论与社会心理
512210062	中国现当代文学史	512120281	新闻采访与写作
512310243	写作实训	512120291	新闻评论

续表

课程号	课程名	课程号	课程名
513110131	文学批评理论与实践	512171001	汉语言文学专业创新创业
513110141	普通逻辑学	512172011	广播电视新闻
513110151	中国现当代小说研究与评论	512210052	现代汉语
513110171	东方文学	512210243	写作实训
513110191	《诗经》精读	512272001	传播学原理(下)
513110201	《孙子兵法》精读	513110161	中外经典影片赏析与评论
513120191	广告学概论	513110251	普通话与汉语表达技巧
513120221	编剧、脚本创作	513120131	大众媒介研究方法论
012000021	中国文化史	513120161	纪录片创作
012010011	现代汉语	513120181	三维动画制作与赏析
012010021	写作	513120201	广告创意与表现
012010081	比较文学	513120261	数据新闻学
012010121	马克思主义文论	514110221	海外华人文学研究
012010171	实用汉语修辞	514110231	20世纪中国女性文学研究
514120231	媒体应对与危机管理	515100021	应用写作
生命与科学学院(143门)			
231018091	工程制图	704110031	微生物学实验
702050041	发酵工艺学原理	704110061	分子生物学实验
702050061	计算机应用技术	704110114	生物多样性实习
702050061j	计算机应用技术上机	704110116	植物生物学实验
702050071	生物工程设备	704110121	毕业论文
702100011	植物生物学	704110123	基础生物学实验(1-1)
702100151	人体与动物生理学	704110141	科技创新
702100381	食品工厂设计课程设计	704300015	食品毒理学实验
702110012	基础生物学(1)	704300035	认识实习
702110022	生物化学(1)	704400061	毕业论文(设计)
702110041	分子生物学	704400081	社会实践
702110061	发育生物学(双语)	705140011	基因工程实验
702110071	神经生物学	605110311	食品工艺综合实验
702110081	计算机在生命科学中的应用	605110321	食品分析综合实验
702110081j	计算机在生命科学中的应用上机	702050011	生物工程专业导论
702110091	微生物学	702050031	生物化学工程
702110951	现代生物学基础	702050051	生化分离技术
702150012	生物化学(1)	702100021	动物生物学
702220021	基因工程	702100301	微生物学

续表

课程号	课程名	课程号	课程名
702220031	植物细胞工程	702100311	食品工艺学
702220041	动物细胞工程	702100321	食品分析(含仪器分析)
702300204	食品毒理学	702100371	食品化学与分析实验
703050091	代谢发酵控制	702100372	食品化学与分析实验
703050101	生物制药工艺学	702100401	生产实习
703050111	发酵实验技术与设计	702100411	食品质量与安全专业导论
703050131	酶工程	702100421	食品工艺综合实验
703050151	海洋微生物学	702110011	生命科学导论
703050161	海洋生化工程技术	702110021	细胞生物学
703050181	藻类生物技术	702110031	遗传学
703050191	生物制药技术	702110051	生态学
703050211	生物药品分析	702210012	基础生物学(2)
703050221	药理学概论	702210022	生物化学(2)
703050231	药学概论	702220011	生物化学基础
703050801	生物制药工艺学	702220051	生物化学工程
703100141	食品酶学	702220061	微生物工程
703100151	人体与动物生理学	702220071	生物技术下游技术
703100171	预防医学	702250012	生物化学(2)
703100181	食品理化检测	702400001	食品机械与设备
703100221	食品检疫学	702400003	食品化学
703100251	食品工厂设计	702400005	食品科学与工程专业导论
703100261	乳品科学与技术	703050011	生物学基础
703100271	酿造酒工艺学	703050051	生物工程专业英语
703100281	粮油加工工艺学	703100131	食品安全性概论
703100291	果蔬加工工艺学	703100161	食品安全学
703100391	食品安全学综合实验	703100201	食品标准与法规
703110011	生命伦理学	703100241	专业英语与论文写作
703110021	植物生理学	703100421	计算机在食品科学中的应用
703110031	动物生理学	703100421j	计算机在食品科学中的应用上机
703110041	生物统计学	703110101	蛋白质与酶化学
703110051	生物科学英语阅读	703110181	生物化学技术
703110071	科研技能课	703400111	食品添加剂
703110091	免疫学基础	703400120	食品营养学
703110141	食品分析	704050091	生产毕业实习
703110191	病毒学	704050101	生物工程设备课程设计

续表

课程号	课程名	课程号	课程名
703110201	微生物生态学	704050121	生物工程与工艺综合实验
703110251	海洋生物学	704100331	水产品加工工艺学
703110271	海洋生物资源与利用	704100341	果蔬保鲜学
703130011	生物信息学	704100351	发酵食品技术
703220011	生物技术英语阅读	704110041	细胞生物学实验
703220021	动物发育生物学	704110051	遗传学实验
703220051	神经生物学	704110071	生物科学综合实验
703400101	肉制品工艺学	704110081	生物科学综合实验Ⅱ
703400110	功能性食品	704110111	生物科学生产实习
703400114	食品生物技术	704110117	动物生物学实验
703400121	食品毒理学	704110124	基础生物学实验(1-2)
703400122	食品质量管理学	704220011	生物技术生产实习
70350101	化工制图与 CAD	704400011	食品工艺综合实验
70350101j	化工制图与 CAD 上机	705050071	生物工程开发与设计
704050081	认识实习	705050141	发酵工程综合实验
704050111	毕业论文(设计)	705050151	海洋生化综合实验
704100361	科研训练	705050161	生物制药综合实验
704110021	生物化学实验		
工程实训中心(10 门)			
291000031	工程实践(C)	295117061	陶艺工程训练
291000052	电工电子基础训练	291000021	工程实践(B)
291000081	工程实践基础	291000041	工程实践(D)
291000091	先进制造实践	291000051	电工电子工程训练
295117021	工程实践基础	295117031	工程综合实践
数学与信息学院(131 门)			
111010011	高等数学(四)	635270022	高等代数(1-2)实验
111010021	线性代数	636363002	高等数学(春季高考)(下)
111010031	概率论与数理统计	636363003	线性代数(春季高考)
111017021	线性代数	111010141	复变函数与积分变换
111210012	高等数学(一)(1-2)	111017031	概率论与数理统计
111210022	高等数学(二)(1-2)	111110012	高等数学(一)(1-1)
112000201	C 语言	111110022	高等数学(二)(1-1)
112010031	复变函数	112010141	复变函数与积分变换
112010081	实变函数	112010171	概率论基础
112010091	运筹学	112010181	常微分方程

续表

课程号	课程名	课程号	课程名
112010121	数理统计(1)	113010141	数理方程
112010241	数理统计	113010561	数理方程
113010011	数理统计	631100012	高等数学(三)(1－1)
113010041	随机过程	632100013B	数学分析 B(1－1)
113010051	近世代数	632100022B	高等代数 B(1－1)
113010071	拓扑学	632100031	解析几何
113010091	图论	632100131	数据结构
113010261	抽样调查	632100131j	数据结构上机
113010271	贝叶斯统计	632100141	多元统计分析
113010281	应用回归分析	632100141j	多元统计分析上机
113010571	拓扑学	632100151	数学建模
113010631	数据库及其应用	632100151j	数学建模上机
113010851	贝叶斯统计	632170013	数学分析(1－1)
114010021	毕业实习	632170022	高等代数(1－1)
114010071	毕业论文	632170061	概率论基础
631200022	高等数学(三)(1－2)	632300013A	数学分析 A(1－3)
632100081	复变函数	632300013B	数学分析 B(1－3)
632100121	计算方法	632370013	数学分析(1－3)
632100121j	计算方法上机	633100011	数据结构
632170051	C 语言基础	633100011j	数据结构上机
632170051j	C 语言基础上机	633100091	泛函分析
632200013A	数学分析 A(1－2)	633100111	多元统计分析
632200013B	数学分析 B(1－2)	633100111j	多元统计分析上机
632200022A	高等代数 A(1－2)	633100121	数值逼近
632270013	数学分析(1－2)	633100121j	数值逼近上机
632270022	高等代数(1－2)	633100131	时间序列分析
632300022B	高等代数 B(1－2)	633100131j	时间序列分析上机
633100041	数值代数	633100141	计算机网络
633100041j	数值代数上机	633100141j	计算机网络上机
633100051	数据库及其应用	633170011	数学实验
633100051j	数据库及其应用上机	633170011j	数学实验上机
633100061	统计软件	634100071	多元统计分析
633100061j	统计软件上机	634100071j	多元统计分析上机
633100071	数学实验	634100091	计算机网络
633100171	微分方程数值解法	634100091j	计算机网络上机

续表

课程号	课程名	课程号	课程名
633100171j	微分方程数值解法上机	634100101	管理信息系统
633100181	应用回归分析	634100101j	管理信息系统上机
633100181j	应用回归分析上机	634100111	数值逼近
633100201	抽样调查	634100111j	数值逼近上机
633100221	高级程序设计	634100121	数学建模
633100221j	高级程序设计上机	634100121j	数学建模上机
634100011	数理统计	634100131	泛函分析
634100021	随机过程	634100141	时间序列分析
634100031	数学实验	634100141j	时间序列分析上机
634100051	数据库及其应用	634100231	数学分析选讲
634100051j	数据库及其应用上机	634100241	高等代数选讲
634100061	数值代数	634170121	数据结构
634100061j	数值代数上机	634170121j	数据结构上机
634100171	高级程序设计	635170012	数学分析(1－1)实验
634100171j	高级程序设计上机	635170022	高等代数(1－1)实验
634100181	微分方程数值解法	635170041	数学科学导论
634100181j	微分方程数值解上机	635170061	概率论基础实验
634100201	抽样调查	635170071	数学实验
634100211	应用回归分析	636363001	高等数学(春季高考)(上)
634100211j	应用回归分析上机	636363004	概率论与数理统计(春季高考)
635270012	数学分析(1－2)实验		
体育教学部(4门)			
331210014	体育(1－2)	331110014	体育(1－1)
331410014	体育(1－4)	331310014	体育(1－3)
体育学院(10门)			
682010021	体育学导论	682120011	体育概论
682010041	运动解剖学	682120061	运动解剖学
682010671	武术普修	682120191	田径
682010681	排球普修	682120201	篮球
682110632	训练课1(田径篮球)	684010371	运动营养学
土木工程学院(212门)			
591020011	运筹学	595130052	水质工程学(Ⅰ)课程设计
591020031	会计学原理	595130071	水泵与水泵站课程设计
592010041	理论力学	595170001	建筑设计原理课程设计
592010071	工程地质	642010161	建筑结构与选型

续表

课程号	课程名	课程号	课程名
592010081	荷载与结构设计方法	642810022	建筑师业务知识(1-2)
592010091	土力学	705160021	水处理生物学实验
592010161	建设项目策划与管理	272010131	建筑力学
592010171	钢结构原理	272010151	建筑设备
592010191	土木工程施工原理	591010021	工程化学
592010201	工程经济	592010101	流体力学
592020061	结构力学 B	592010111	混凝土结构原理
592020071	土力学与基础工程	592010211	建设法规
592020131	工程项目管理	592020081	混凝土结构与砌体结构
592030121	专业外语	592020111	经济学原理
592110011	土木工程材料(I)	592020121	工程经济学
592110041	工程测量	592020141	工程造价管理
592110052	结构力学(1-1)	592020151	建设与经济法规
592110061	专业外语	592030021	工程制图与 CAD 基础
592110091	环境保护与建筑节能	592110021	画法几何与工程制图
592110101	建设项目策划与管理	592110031	材料力学
592110111	钢结构设计原理	592110071	基础工程
592110121	工程结构抗震设计原理	592110081	土木工程试验
592110131	土木工程施工 I	592110151	建筑设备
592110141	工程经济	592110161	土木工程概论
592110171	土木工程材料(I)	592110181	材料力学
592120021	管理学原理	592120011	工程管理导论
592120041	工程测量	592120051	工程力学
592120061	房屋建筑学(II)	592120071	土木工程材料(II)
592120111	工程合同管理与法律制度	592120081	钢结构
592120131	工程测量	592120091	土木工程施工技术(一)
592130021	工程测量	592120101	建筑设备
592130031	水力学	592120121	工程制图
592130041	水分析化学	592120151	土木工程材料(II)
592130061	水处理生物学	592130011	工程力学
592130071	水泵与水泵站	592130051	水文学与水文地质学
592130101	水资源利用与保护	592130081	给水排水管网系统
592170031	建筑设计原理	592130091	建筑给水排水工程
592230142	水质工程学(1-2)	592130111	水工程仪表与控制
593000021	房地产经营与开发	592130121	给排水科学与工程概论

续表

课程号	课程名	课程号	课程名
593010071	土木工程前沿	592130142	水质工程学(1－1)
593010081	建设监理概论	592170011	工程制图
593011031	混凝土结构设计	592170041	建筑力学(上)
593012051	桥梁工程 1	592210052	结构力学(1－2)
593020011	工程管理信息系统	593000011	文献检索
593020131	工程管理专业英语	593010041	现代混凝土技术
593021011	建筑工程计量与计价	593021021	安装工程计量与计价
593021061	建设工程定额原理	593021031	房地产估价
593022011	国际工程管理	593021041	建设工程成本管理
593030021	环境评价概论	593021051	建设项目融资
593030051	微污染水源饮用水处理	593022051	建设工程监理
593032011	高层建筑给排水工程	593022061	物业管理概论
593032021	房屋建筑学(Ⅲ)	593022071	工程质量与安全管理
593111031	建筑结构设计	593030061	土木工程导论
593112011	建筑构造 B	593030111	水工程施工
593112021	道路勘测设计	593032031	消防工程
593112041	桥梁工程 1	593111011	房屋建筑学 I
593113031	建筑构造 C	593111021	砌体结构
593113041	隧道工程	593111041	工程造价 A
593113051	基坑工程	593111051	钢结构设计
593121011	土木工程施工技术(二)	593111061	土木工程施工 II
593121021	建筑信息模型(BIM)概论	593111071	路桥工程概论
593130011	区域给排水与水处理工程	593111091	房屋建筑学 I
593130021	给排水节能技术	593112031	路基路面工程(含实验 10 学时)
593130031	水工艺设备基础	593112051	桥梁工程 2
593130051	通风与空调工程	593112061	工程造价 B
594010031	工程地质实习	593112071	桥梁施工
594010041	毕业实习	593113011	岩石力学
594010051	工程制图与 CAD 课程设计	593113021	工程造价 C
594010061	混凝土结构原理课程设计	593113061	地下结构设计
594010071	基础工程课程设计	593113071	地下工程施工技术
594010091	毕业(论文)设计	593121031	建筑电工实务
594012021	路桥工程生产实习	593121041	项目管理软件及应用(含上机 16 学时)
594012031	桥梁工程课程设计	593121051	工程造价软件及应用(含 16 学时上机)
594020021	认识实习	593130041	供热工程

续表

课程号	课程名	课程号	课程名
594020091	建筑工程计量与计价课程设计(造价管理方向)	594000011	社会实践
594020111	毕业实习	594011011	房屋建筑学课程设计
594020121	毕业设计(论文)	594011051	建筑工程施工组织课程设计
594020381	毕业设计(论文)	594013021	地下工程课程设计
594030011	认识实习	594020051	项目可行性研究课程设计
594030021	测量实习	594020081	土木工程施工组织课程设计
594030041	毕业实习	594030071	建筑给水排水课程设计
594030061	生产实习	594110061	桥梁基础与墩台
594030101	毕业(论文)设计	594110081	交通工程
594090011	流体力学实验	594110101	桥涵水文(建议道桥方向必选)
594110021	道路材料	594110111	岩土工程勘察(建议岩土方向必选)
594110031	地基处理	594110131	岩土工程测试技术
594110041	工程鉴定与事故处理	594120011	环境保护与建筑节能
594113041	隧道工程课程设计	595111041	钢结构设计原理课程设计
594120031	建筑识图	595111051	工程估价课程设计
595110011	土木工程制图与 CAD	595111061	房屋建筑学课程设计
595110031	认识实习	595112011	路基路面工程课程设计
595110061	测量实习	595112031	路桥工程施工组织与概预算课程设计
595111011	建筑工程生产实习	595112051	桥梁施工课程设计
595111021	钢筋混凝土肋梁楼盖设计	595113031	岩土工程施工组织课程设计
595111031	单层工业厂房设计	595120011	工程力学实验
595112021	桥梁工程课程设计	595120021	社会实践
595112041	道路勘测设计课程设计	595120041	工程制图设计与 CAD 绘图
595113011	岩土工程生产实习	595120061	混凝土结构课程设计
595113021	基坑工程课程设计	595120081	工程招投标课程设计
595120031	工程测量实习	595120091	项目管理实训
595120051	建筑构造课程设计	595121021	工程项目管理课程设计(项目管理方向)
595120071	生产实习	595122011	安装工程计量与计价课程设计(造价管理方向)
595121011	土木工程施工技术课程设计(项目管理方向)	595130011	工程力学实验
595130021	水分析化学实验	595130061	给水排水管网系统设计
595130031	水力学实验	595230052	水质工程学(II)课程设计
595130041	水质工程学实验	642110061	建筑经济
外国语学院(244 门)			
031200494	大学英语(1－2)	541117014	大学英语读写 I
031210034	大学俄语(1－2)	541117113	大学英语读写(艺体)1

续表

课程号	课程名	课程号	课程名
031210044	大学日语(1-2)	541117214	大学英语读写(春高)1
031410034	大学俄语(1-4)	541160111	大学实用英语(1)
031410044	大学日语(1-4)	541160311	大学实用英语(3)
032210084	英语听力(1-2)	541160321	大学实用英语听说(3)
032410084	英语听力(1-4)	541300034	大学英语(1-3)
541200013	大学英语读写 II	541317113	大学英语读写(艺体)3
541200014	大学英语(BD)	541317214	大学英语读写(春高)3
541217014	大学英语读写 II	542010041	英语语法
541217113	大学英语读写(艺体)2	542010061	语言与文化
541217214	大学英语读写(春高)2	542010081	语言学概论
541300013	大学英语读写 III	542010141	国际贸易理论与实务
541317014	大学英语读写 III	542010171	文学批评导论
541400013	大学英语写作(提高课)	542010201	英汉翻译
541400023	英汉互译理论与实践(提高课)	542010221	英汉口译基础
541400033	商务英语(提高课)	542011401	高级日语听力
542010021	英语国家概况	542011431	日本文学史
542010121	美国文学史及选读	542011441	日本概况
542010211	汉英翻译	542011451	论文选读和写作
542010531	商务日语	542100011	专业导论
542011151	学术论文写作	542101424	日语会话(1)
542011161	中国传统文化	542108001	朝鲜语读写 1
542011411	日语语法	542110013	高级英语(1)
542017001	跨文化交际	542110072	英国文学史及选读(1)
542100121	初级日语阅读	542110082	英语阅读(1)
542110022	二外(法语)(1)	54211024	英语基础写作 1
542110032	二外(德语)(1)	542110404	基础日语(1)
542110042	二外(日语)(1)	542110632	高级朝鲜语(1)
542110842	朝鲜文学史 1	542110742	朝鲜语写作(1)
542110932	翻译(1)	542110802	初级朝鲜语(1)
542111412	日语写作(1)	542110812	中级朝鲜语(1)
542201424	日语会话(2)	542111114	基础英语 1
542208002	朝鲜语读写(2)	542111402	日语翻译(1)
542210013	高级英语(2)	542111414	日语听力(1)
542210014	基础英语(2)	542112403	高级日语(1)
542210072	英国文学史及选读(2)	542117004	综合英语 1

续表

课程号	课程名	课程号	课程名
542210082	英语阅读(2)	542117021	日语阅读(1)
542210404	基础日语(2)	542117024	英语写作 1
542210632	高级朝鲜语(2)	542117041	日语翻译(1)
542210742	朝鲜语写作(2)	542117404	基础日语(1)
542210802	初级朝鲜语(2)	542210022	二外(法语)(2)
542210812	中级朝鲜语(2)	542210032	二外(德语)(2)
542210813	高级朝鲜语(2)	542210042	二外(日语)(2)
542211114	基础英语 2	542210842	朝鲜文学史(2)
542211402	日语翻译(2)	542210932	翻译(2)
542211414	日语听力(2)	542211412	日语写作(2)
542212403	高级日语(2)	542301424	日语会话(3)
542217004	综合英语 2	542310013	高级英语(3)
542217404	基础日语(2)	542310014	基础英语(3)
542310024	英语写作(3)	542310404	基础日语(3)
542401424	日语会话(4)	542311114	基础英语 3
542410014	基础英语(4)	542311414	日语听力(3)
542410404	基础日语(4)	542312403	高级日语(3)
542411414	日语听力(4)	542317004	综合英语 3
543010011	英语语言学	542317404	基础日语(3)
543010021	英美现代主义文学	542410024	英语写作(4)
543010041	经济学导论	543010051	英语小说选读
543010071	商务英语翻译	543010061	市场营销学
543010081	国际商务文化与礼仪	543010101	英语词汇学
543010091	商务英语口译	543010141	管理学
543010111	英汉对比语言学	543010201	文学翻译
543010211	旅游翻译	543010231	语言教学超媒体设计与开发
543010251	翻译批评与赏析	543010261	商务英语翻译
543010271	英文报刊选读	543010301	英汉习语与民俗文化
543010411	英语经典诗歌赏析	543010401	英语语用学
543010511	日本历史	543010421	英语经典戏剧赏析
543010591	日本民俗	543010431	商务与管理沟通
543010871	韩国传统文化	543010441	商务模拟实训
543011171	计算机辅助语言教学应用与评估	543010461	英语新闻翻译
543011181	语言教学网站设计	543010481	计算机辅助翻译
543011191	语言学习课件开发	543010491	英汉视译

续表

课程号	课程名	课程号	课程名
543011481	日本文化概论	543010551	中日跨文化交际
543011501	日语报刊选读	543010561	经贸日语
543021471	英汉口译实践	543010631	日语口译
543100021	朝鲜语语法	543010831	商务朝鲜语 1
543100041	商务口译	543010881	朝鲜语概论
543110521	日本文学经典选读	543010901	口译理论与实践
543110571	日本企业经营学	543010911	韩国语报刊选读
543200032	实战朝鲜语(2)	543011461	日语语言学
543210022	高级英语口语(2)	543011471	日语古典文法
543217022	高级英语口语 2	543011931	朝鲜—韩国概况
543300043	朝鲜语听力(3)	543017101	英语词汇学
543310012	二外(日语)(3)	543100011	文学作品选读
543310022	二外(德语)(3)	543100032	实战朝鲜语(1)
543310032	二外(法语)(3)	543100121	高级日语阅读
543410002	英语口语(4)	543110022	高级英语口语(1)
544010031	毕业论文	543110581	旅游日语
544010041	毕业实习	543110621	高级日语会话
544010051	技能拓展 1	543117022	高级英语口语 1
544010061	技能拓展 2	543117032	高级英语听力 1
544010121	基础英语测试	543410022	二外(德语)(4)
544010511	日本国情语言实践(1)	544010011	英语语音训练及拓展
544010521	日本国情语言实践(2)	544011031	商务英语阅读与写作
544010881	毕业实习	544011061	西方思想经典导读
544010891	毕业论文	544011081	高级英语测试
544011561	毕业实习	544100011	中朝跨文化交际
544011571	毕业论文	544100021	旅游韩国语
544117041	计算机辅助语言学习入门	544100033	朝鲜语演讲技巧(1)
544200033	朝鲜语演讲技巧(2)	544117011	听歌学朝鲜语
545117014	朝鲜语会话(1)	544117031	体育英语
545117043	朝鲜语听力 1	544117161	“一带一路”国家文化概览
5452000014	朝鲜语会话(2)	545010021	商务英语听说
545200012	韩国语视听(2)	545017011	英语语音
545210084	英语听力(2)	545017012	英语测试
545217001	日语视听说 2	5451000014	朝鲜语会话(1)
545217024	大学英语听说 II	545100012	韩国语视听(1)

续表

课程号	课程名	课程号	课程名
545217092	英语口语(2)	545110084	英语听力(1)
545217123	大学英语听说(艺体)2	545117001	日语视听说 1
545217223	大学英语听说(春高)2	545117002	日语会话(1)
545317024	大学英语听说 III	545117024	大学英语听说 I
5454000014	朝鲜语会话(4)	545117092	英语口语(1)
545417044	跨文化交际(提高课)	545117123	大学英语听说(艺体)1
546100131	日本礼仪文化	545217043	朝鲜语听力 2
031100494	大学英语(1-1)	5453000014	朝鲜语会话(3)
031110034	大学俄语(1-1)	545310084	英语听力(3)
031110044	大学日语(1-1)	545317123	大学英语听说(艺体)3
031300494	大学英语(1-3)	545317223	大学英语听说(春高)3
031310034	大学俄语(1-3)	545417014	大学英语写作(提高课)
031310044	大学日语(1-3)	545417024	英汉互译理论与实践(提高课)
541100013	大学英语读写 I	545417034	商务英语(提高课)
541100034	大学英语(1-1)	545417054	跨文化交际(提高课)
药学院(62 门)			
222010031	生物化学	624100361	药用植物学
222010081	药剂学	624100601	微生物学
222010091	天然药物化学	625100231	生产实习
222010101	微生物学与免疫学	625100731	生产实习
222010151	药剂学实验	222010021	有机化学实验
222010161	天然药物化学实验	222010041	人体解剖生理学
222110012	有机化学(1-1)	222010051	药理学
223010151	药物设计	222010061	药物化学
223010221	体内药物分析	222010071	药物分析
223010381	药学文献检索	222010111	导论
223010391	生物统计学	222010121	药理学实验
223010421	临床医学概论	222010131	药物化学实验
223010571	药物合成反应	222010141	药物分析实验
224010021	学年论文	222010201	药物分析
224010031	毕业论文	222210012	有机化学(1-2)
224010061	毕业设计(论文)	224010051	企业实践
612100740	环境与安全工程	622100021	生药学
622100012	分析化学(1-1)	622100031	药事管理学
622100121	生物化学	622100161	药物分离工程

续表

课程号	课程名	课程号	课程名
622100141	制药工艺学	622100431	人体解剖生理学实验
622100201	固体制剂综合实验	622100451	生药学实验
622100441	微生物与免疫学实验	622200012	分析化学(1－2)
622100751	制药工程与工艺学实验	623100041	生物药剂学与药物动力学
622100761	制药设备与车间设计	623100051	有机化合物波谱解析
623100271	中药学	623100061	药用高分子材料学
623100281	体内药物分析	623100241	生物制药学(双语)
623100291	中药分析	623100311	细胞生物学
623100301	临床医学概论	623100351	临床药物治疗学
623100321	基因工程基础	623100491	人体解剖生理学
623100331	病理学	624100381	药学英语
623100341	药物毒理学	624100411	药学专题
音乐舞蹈学院(165 门)			
372010021	艺术概论	372104022	和声(1－1)
372104041	论文写作	372104032	音乐作品分析(1－1)
372204004	视唱练耳(1－2)	372110012	中国音乐史与名作赏析(1－1)
372204012	基本乐理(1－2)	372110022	中国民族音乐(1－1)
372204022	和声(1－2)	372110032	西方音乐史与名作赏析(1－1)
372204032	音乐作品分析(1－2)	372304004	视唱练耳(1－3)
372210012	中国音乐史与名作赏析(1－2)	373010051	舞蹈教学法
372210022	中国民族音乐(1－2)	373010071	山东民歌
372210032	西方音乐史与名作赏析(1－2)	373010121	器乐演奏的理论与实践
372404004	视唱练耳(1－4)	373010141	20 世纪西方音乐概论
373010081	山东戏曲	373010191	西方音乐的风格与体裁
373010131	音乐专业英语	373010221	奥尔夫教学法
373010201	钢琴教学法	373104161	意大利语语音
373210012	钢琴基础(1－2)	652101012	音乐基础理论(1－1)
652104076	舞蹈编导(1－1)	652104072	社会舞蹈学科理论(1－1)
652104221	复调基础	652104073	舞蹈素材(1－1)
652105011	舞蹈概论	652104077	教学剧目(1－1)
652110051	歌曲写作	652104191	配器基础
652110071	音乐美学	652104282	舞蹈音乐欣赏与分析(1－1)
652201012	音乐基础理论(1－2)	652106011	舞蹈经典剧目创作分析
652204072	社会舞蹈学科理论(1－2)	652106012	舞蹈技术技巧(1－1)
652204073	舞蹈素材(1－2)	652106018	舞蹈基础能力(1－1)

续表

课程号	课程名	课程号	课程名
652204077	教学剧目(1-2)	652110012	中外舞蹈史及作品鉴赏(1-1)
652204282	舞蹈音乐欣赏与分析(1-2)	652110031	外国民族音乐
652206012	舞蹈技术技巧(1-2)	652110044	合唱与合唱指挥(1-1)
652206018	舞蹈基础能力(1-2)	652110061	钢琴即兴伴奏
652210012	中外舞蹈史及作品鉴赏(1-2)	652110102	音乐教学论(1-1)
652210044	合唱与合唱指挥(1-2)	652110208	舞台教学实践(1-1)
652210102	音乐教学论(1-2)	652110212	音乐教育心理学
652260264	民舞素材(1-2)	652160264	民舞素材(1-1)
652260362	芭蕾基训(1-2)	652160362	芭蕾基训(1-1)
652260364	古典舞基训、身韵素材(1-2)	652160364	古典舞基训、身韵素材(1-1)
652260862	现代舞基训(1-2)	652160862	现代舞基训(1-1)
652304076	舞蹈编导(1-3)	652204076	舞蹈编导(1-2)
652404008	专业主科(1-4)	652304073	舞蹈素材(1-3)
652404077	教学剧目(1-4)	652304077	教学剧目(1-3)
652406018	舞蹈基础能力(1-4)	652306018	舞蹈基础能力(1-3)
652410044	合唱与合唱指挥(1-4)	652310044	合唱与合唱指挥(1-3)
652460264	民舞素材(1-4)	652360264	民舞素材(1-3)
652460364	古典舞基训、身韵素材(1-4)	652360364	古典舞基训、身韵素材(1-3)
652504076	舞蹈编导(1-5)	652404076	舞蹈编导(1-4)
652604008	专业主科(1-6)	652504008	专业主科(1-5)
652604077	教学剧目(1-6)	652504077	教学剧目(1-5)
652606018	舞蹈基础能力(1-6)	652506018	舞蹈基础能力(1-5)
652804008	专业主科(1-8)	652604076	舞蹈编导(1-6)
653010201	器乐艺术史	652704008	专业主科(1-7)
653010321	节奏与打击乐基础训练	652704077	教学剧目(1-7)
653204008	主科(1-2)	652706018	舞蹈基础能力(1-7)
653204202	古典舞基训(1-2)	653104008	主科(1-1)
653220012	声乐基础(1-2)	653110041	管弦乐总谱分析
653220014	钢琴基础(1-2)	653110261	钢琴艺术史
653220034	器乐基础(1-2)	653114101	形体训练
653404008	主科(1-4)	653120012	声乐基础(1-1)
653410014	声乐主项(1-4)	653120014	钢琴基础(1-1)
653410024	键盘主项(1-4)	653120034	器乐基础(1-1)
653410034	器乐主项(1-4)	653304008	主科(1-3)
653410044	音乐理论主项(1-4)	653320012	声乐基础(1-3)

续表

课程号	课程名	课程号	课程名
653420012	声乐基础(1－4)	653320014	钢琴基础(1－3)
653420014	钢琴基础(1－4)	653320034	器乐基础(1－3)
653420034	器乐基础(1－4)	653504008	主科(1－5)
653604008	主科(1－6)	653704008	主科(1－7)
654104076	舞蹈排练(1－1)	654104002	表演课(1－1)
654110012	钢琴重奏与排练(1－1)	654104011	和声分析
654110071	毕业音乐会	654104231	中国少数民族音乐
654110081	毕业论文(设计)	654110018	艺术实践(1－1)
654110111	毕业专场舞蹈晚会	654110042	语言正音(1－1)
654110202	钢琴教学与实践(1－1)	654110091	教育实习
654110204	民族管弦乐排练(1－1)	654114002	群众舞蹈作品赏析(1－1)
654110214	西洋管弦乐排练(1－1)	654114231	舞剧赏析
654204002	表演课(1－2)	654120101	实习
654210018	艺术实践(1－2)	654204076	舞蹈排练(1－2)
654210042	语言正音(1－2)	654210012	钢琴重奏与排练(1－2)
654214002	群众舞蹈作品赏析(1－2)	654210202	钢琴教学与实践(1－2)
654304076	舞蹈排练(1－3)	654210204	民族管弦乐排练(1－2)
654310204	民族管弦乐排练(1－3)	654210214	西洋管弦乐排练(1－2)
654310214	西洋管弦乐排练(1－3)	654310018	艺术实践(1－3)
654410018	艺术实践(1－4)	654404076	舞蹈排练(1－4)
654504076	舞蹈排练(1－5)	654410204	民族管弦乐排练(1－4)
654610018	艺术实践(1－6)	654410214	西洋管弦乐排练(1－4)
654810018	艺术实践(1－8)	654510018	艺术实践(1－5)
372010011	音乐学导论	654604076	舞蹈排练(1－6)
372104004	视唱练耳(1－1)	654710018	艺术实践(1－7)
372104012	基本乐理(1－1)		

烟台大学 2017—2018 学年本科教学质量报告

目　录

第一部分　本科教育基本情况

一、办学定位

1. 总体目标定位：到建校 40 周年时，具有烟大特色的人才培养、科学研究、社会服务、文化传承创新以及国际交流与合作能力显著提高，博士学位授予单位立项建设指标取得关键突破，学校核心竞争力和美誉度提升到新高度，特色鲜明、国内知名的高水平地方综合性大学建设目标基本实现，为到建校 50 周年时将学校建成特色鲜明、部分学科具有国际影响力的高水平大学奠定坚实基础。

2. 人才培养目标定位：培养基础扎实、知识面宽、实践能力强、具有创新精神、综合素质高的应用型人才。

3. 办学类型定位：应用型特色名校。

4. 办学层次定位：夯实全日制普通本科教育，大力发展研究生教育，创新发展继续教育，努力开拓国际教育。

5. 学科专业定位：工科集成交叉、理工支撑渗透、科技与人文融合发展，在交叉、渗透、融合中彰显学科特色；以“新工科”专业建设理念和本科专业建设标准加强专业建设，优化调整专业设置，强化专业与地方经济社会发展优势产业的对接，突出专业特色。

6. 科学研究定位：面向科技前沿，面向国家需求，面向区域经济社会主导产业，促进人才培养，提高科技创新和服务社会能力。

二、培养目标与服务面向

学校注重本科教育基础性与灵活性的统一，强调统一要求与促进个性发展相结合，加强学生实践能力的培养，注重科学教育与人文教育的融合。

人才培养目标是：培养面向社会、基础扎实、知识面宽、实践创新能力强和德、智、体、美、劳全面发展的高级应用型人才。

服务方向是：立足烟台、服务山东、面向全国。

三、本科专业设置

学校现有 56 个本科招生专业，涵盖文、理、工、法、农、医、经济、管理、教育、艺术 10 个学科门类，形成了理工结合、文理渗透、优势互补、结构优化、特色明显的本科专业格局。（具体招生专业设置见表 1）

烟台大学通过加强专业发展重要环节的综合改革，促进人才培养水平的整体提升，形成教育观念先进、改革成效显著、特色更加鲜明的专业点。

表 1　烟台大学普通本科招生专业设置

学科门类	专业数目	专 业 名 称
工学	27	电子信息科学与技术、通信工程、核工程与核技术、物联网工程、化学工程与工艺、高分子材料与工程、食品科学与工程、生物工程、食品质量与安全、制药工程、机械设计制造及其自动化、测控技术与仪器、车辆工程、计算机科学与技术、自动化、软件工程、土木工程、给排水科学与工程、航海技术、轮机工程、能源与动力工程、材料科学与工程、金属材料工程、环保设备工程、建筑学、环境科学与工程、城乡规划
理学	8	数学与应用数学、信息与计算科学、统计学、应用物理学、应用化学、生物科学、生物技术、海洋科学
法学	2	法学、知识产权
管理学	4	工商管理、会计学、市场营销、工程管理
文学	6	汉语言文学、汉语国际教育、新闻学、英语、日语、朝鲜语
经济学	2	国际经济与贸易、投资学
农学	1	水产养殖学
艺术学	3	音乐学、舞蹈编导、环境设计
医学	1	药学
教育学	2	运动训练、休闲体育
合计	56	

四、生源情况

2018 年，省教育厅、发改委下达给烟台大学招生计划 7130 名，实际完成各类招生计划共 7437 名。

学校有针对性地组织开展招生宣传工作，加大优质生源拓展力度，确保生源质量，为本科教育教学和人才培养提供生源保障。今年烟大在省外招生省份包括北京、天津、江苏、浙江等 28 个省（市、自治区），除列入第一批招生的省份之外，大部分省份录取最低分超过了当地重点线，且普通本科批录取最低分与重点线分差较往年均有所提升。以湖南省为例，普通本科文理类录取分数较重点线分差相对 2017 年提高 40 多分。外省生源范围的扩大和生源质量的提升对改善学校的生源结构发挥了积极的作用。

在山东省内高招生源竞争日趋激烈的严峻形势下，学校多类别最低录取位次均有大幅提升，达到近年来新高。从首次投档录取情况看，在最受关注的普通类文理录取方面：文史类录取最高分为 618，录取最低分为 567，最低分位次较去年提高约 2000 名；理工类录取最高分为 595，录取最低分为 528，最低分位次较去年提高约 6000 名。中外合作办学类文理录取方面：文史类录取最低分为 563，最低分位次较去年提高约 5000 名；理工类录取最低分为 482，最低分位次较去年提高约 9000 名。校企合作办学文理录取方面：文史类录取最低分为 539，最低分位次较去年提高近 4000 名；理工类录取最低分为 481，最低分位次较去年提高约 11000 名。

目前学校有本科生 28398 人，专科生 187 人，预科生 76 人，外国留学生 183 人，硕士研究生 1693 人，博士研究生 20 人，函授生 4063 人，全日制在校生 30557 人，折合在校生 32202 人，本科生占全日制在校生总数的 92.93%。学校目前有国外全日制在校本科生 85 人。

第二部分　师资与教学条件

学校现有中国工程院院士 1 人，“长江学者”奖励计划特聘教授 1 人，“首届全国百名教学名师”1 人，“新世纪百千万人才工程”国家级人选 1 人，国家文化名家暨“四个一批”人才工程 1 人，享受国务院政府特殊津贴专家12人，全国优秀教师2人，教育部"新世纪优秀人才"支持计划人选4人，国家"万人计划"哲学社会科学领军人才1人。"泰山学者"13人，山东省专业技术拔尖人才1人，山东省有突出贡献的中青年专家13人，山东省高等学校首席专家5名，山东省"一事一议"顶尖人才1人，山东省省级教学名师1人，烟台市"双百计划"特聘专家9人，烟台市有突出贡献的中青年专家4人。近300名国内外知名学者担任客座教授和兼职教授，有国家级教学名师1人，省级教学名师9人。

学校现建设有国家级教学团队1个，省部级教学团队3个。首批获得山东省高等学校优势学科人才团队培育计划项目。

一、师资情况

1. 师资数量与结构

学校现有专任教师1352人（包含辅导员71人），外聘教师331人，折合教师总数为1517.5人，外聘教师与专任教师人数之比为0.24∶1。按折合学生数32202计算，生师比为21.22。

专任教师中，"双师型"教师313人，占专任教师的比例为23.15%；具有高级职称的专任教师645人，占专任教师的比例为47.71%；具有研究生学位（硕士和博士）的专任教师1196人，占专任教师的比例为88.46%；具有博士学位的专任教师670人，占专任教师的比例为49.56%。具体的师资结构情况请见下列图表：

表2 职称结构情况

项目		专任教师		外聘教师	
		数量	比例(%)	数量	比例(%)
总计		1352		331	
职称	教授	180	13.31	24	7.25
	副教授	435	32.18	15	4.53
	讲师	583	43.12	12	3.63
	助教	24	1.78	0	0.00
	其他正高级	4	0.30	120	36.25
	其他副高级	26	1.92	66	19.94
	其他中级	33	2.44	30	9.06
	其他初级	16	1.18	1	0.30
	未评级	51	3.77	63	19.03

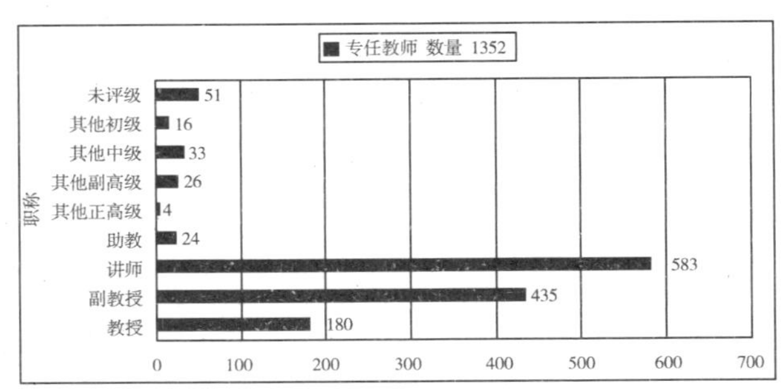

图1 专任教师职称结构情况

表3 学位结构情况

项目		专任教师		外聘教师	
		数量	比例(%)	数量	比例(%)
总计		1352		331	
学位	博士	670	49.56	116	35.05
	硕士	526	38.91	112	33.84
	学士	141	10.43	99	29.91
	无学位	15	1.11	4	1.21

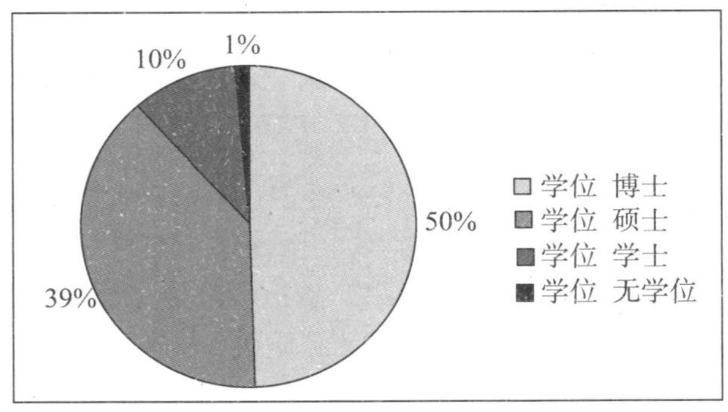

图2 专任教师学位结构情况

表4 年龄结构情况

项目		专任教师		外聘教师	
		数量	比例(%)	数量	比例(%)
总计		1352		331	
年龄	35岁及以下	313	23.15	44	13.29
	36—45岁	527	38.98	102	30.82
	46—55岁	447	33.06	130	39.27
	56岁及以上	65	4.81	55	16.62

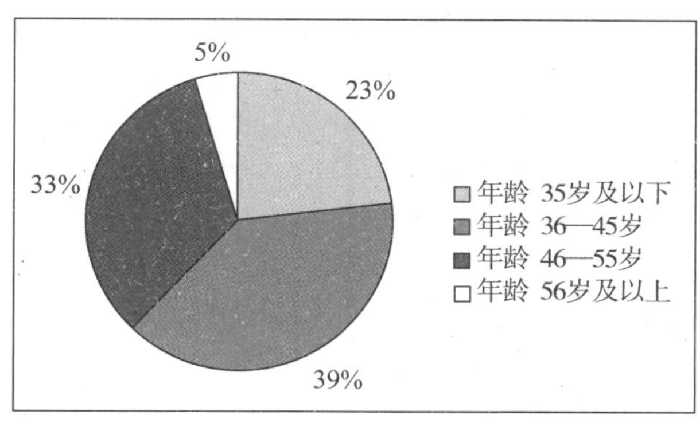

图 3　专任教师年龄结构情况

表 5　学缘结构情况

项目			专任教师		外聘教师	
			数量	比例(%)	数量	比例(%)
总计			1352		331	
学缘	本校		41	3.03	0	0
	外校	境内	1222	90.39	0	0
		境外	89	6.58	0	0

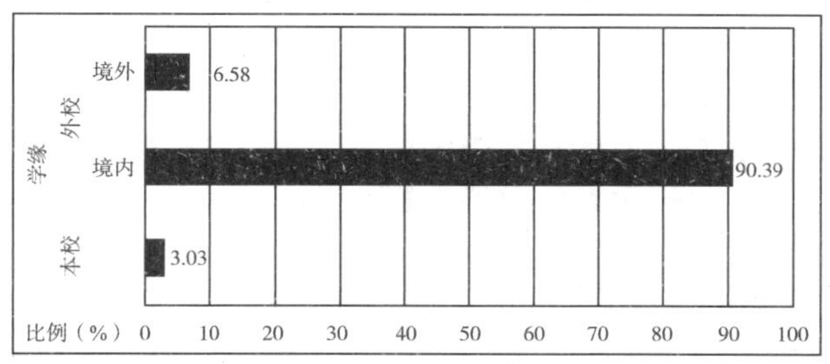

图 4　专任教师学缘结构情况

2. 完善调整相关政策,加强师资队伍建设

加强国际间教师的交流,采取"走出去"和"请进来"的双向开放策略,有计划地选派教师到国外进修、访问、讲学、开展合作研究。2017—2018 学年,依托省访学项目平台和国家留学基金委、山东省教育厅等渠道,学校共安排 10 名教师公派出国留学。除省财政资助外,学校设立自筹经费访学项目,对超过半年的研修均予以资助。

2017 年 10 月,学校出台《烟台大学人才引进与管理实施办法》,加大了有境外学习或工作经历的人才引进力度,对不同层次海外人才引进的待遇均有大幅提高。在"引智"方面,聘用一名境外"泰山学者",一名境外高端人才;积极引进非语言专业外教,在法学院、药学院、数学与信息科学学院、音乐舞蹈学院、环境与材料工程学院执教的外教,均反响良好。

自 2018 年起,学校逐步推行在全系列设置正高级职务。不断完善教师考评体系,按教学岗、科研岗、教学科研岗进行分类考核,探索实施省级以上教学人才优先评审高级职务,对服务地方经济、科技成果转化突出人员优先考虑晋升。将教学业绩突出的教师聘用在较高岗位上,单独制定考核条件,突出教学中心地位;增加对教学为主型高级职称岗位的聘任,对教学业绩与效果差的教师在职称评审时实行教学"一票否决",逐渐改变以往"重科研、轻教学"的评审导向。

学校制定了《烟台大学 2018—2025 师资队伍发展规划》,确立了"人才队伍结构更加优化、汇聚较多数量的高层次人才、培育优秀人才团队、创建良好人才发展环境"的发展目标。以实施"152"人才工程、"学科特区计划""青年教师成长计划"为抓手,合理规划师资队伍数量和结构,加大投入,加强高水平师资的引进与培养,推动师资队伍水平的整体提升。

3. 教师发展与服务情况

多措并举大力提升教师教学能力,为教师全面发展创造良好环境,搭建成长平台。学校出台了《烟台大学教职工进修学习管理办法》《烟台大学选拔与培养中青年学术带头人、青年学术骨干实施办法》《烟台大学教师培训管理办法》等文件,鼓励教师在职或脱产进修,提升学历层次,提高教学能力。扩展教学师资专项经费项目,每年投入 400 万元用于资助教师攻读学历学位,进行国际国内访问,参加各类培训。实施青年教师助教培养计划三年来,完成了对 181 名青年教师的助教培养。外派参加山东省教师教学能力提升省级示范班 30 人,在山东省第五届高校青年教师教学比赛中获一等奖 1 项,二等奖 4 项,三等奖 1 项。实施青年教师职业能力提升专题培训、青年骨干教师国内访问学者项目和优秀中青年骨干教师国际合作培养等项目,资助青年教师参加国内外高层次学术会议,选派青年教师参加短期研修班,助力青年教师成长。

制定《烟台大学在线课程建设管理办法》,引导青年教师开展在线学习,主动参与微课、慕课等课程建设,提高信息化教学水平。2017 年以来参加在线课程设计专题培训、现代教育技术培训等各类培训的教师达到1500余人次。学校资助每门在线课程3万元，分两批建设了70门在线开放课程，实施混合教学模式改革。

烟大发起成立了山东省高校首个教师教学发展联盟（胶东高校教师教学发展联盟），积极构建区域实践共同体，提升教师教学能力，促进区域高校交流与合作，搭建教师发展平台，创新发展，合作共赢。

加强教学基层组织建设，发挥对教师教学的支撑作用。通过梳理基层教学组织信息，明确职能定位，充分肯定基层教学组织在课堂教学、专业与课程建设、教师教学能力提升、教学综合改革等方面发挥的重要作用；对教学基层组织建设进行绩效评估，切实激发教学基层组织的活力，发挥其在教师发展和人才培养中的重要作用。

学校还不断完善教师工作环境，改善教师工作条件。

二、教师教学投入

加大对教学工作的投入力度，在政策、资金、权重占比方面给予教学更多倾斜；通过大学文化建设、校园环境建设、教学成果展示等营造浓厚氛围，提高教师从教乐教的主动性、积极性。

坚持教授、副教授为本科生上课的基本制度。学校共有教授203人，专任教师中有教授180人，在2017—2018学年承担本科教学的教授有175人，主讲本科课程的教授比例为86.21%。本学年学校共开出本科课程（公共课和必修课）2644门、5780门次，主讲教师人均开出课程2门以上，教授、副教授讲授本科课程共1550门，占课程总门数的58.62%，授课的总门次为2590门次，占课程总门次数44.81%。其中教授承担授课的课程门数为398，占总课程门数的15.05%；授课的课程门次数为566，占开课总门次的9.79%。副教授承担授课的课程门数为1152，占总课程门数的43.57%；授课的课程门次数为2024，占开课总门次的35.02%。

2017—2018学年，学校10位国家级、省级教学名师全部为本科生上课，均担任所授课程的主讲；本学年116名教授主讲本科专业核心课程，占授课教授总人数的66.29%。

三、教学经费投入情况

制定《烟台大学预算管理办法》《烟台大学关于建立健全院（系）财务管理制度的意见》（试行）《烟台大学教学专项经费管理体制改革暂行规定》等财务管理制度，坚持教学经费优先投入，确保经费及时、足额到位，专款专用，最大限度满足教学经费开支需求，为提高教学质量提供财力保障。教学经费总额保持持续增长，分配合理，使用效益高。

2017年，全校教学科研仪器设备资产总值42394.61万元，生均教学科研仪器设备值13165.17元，新增教学科研仪器设备值5189.27万元。学校教学日常运行支出6325万元，生均2212.70元；本科专项教学经费6003万元，实验经费375万元，生均132.05元；实习经费89万元，生均31.34元。

四、教学基本设施

学校占地面积126.17万平方米，教学行政用房面积为25.55万平方米，生均8.36平方米；实验室面积为6.88万平方米，生均实验、实习场所面积2.25平方米。现有教室265间，座位数29236个，面积70020平方米，语音室28间，多媒体教室176间，建设有沉浸式直播互动教室1间，研讨型教室1间，微课、慕课制作室2间。实验室、实习基地、运动场及体育设施齐备，能够满足教学需求。

表6　教学行政用房面积（平方米）

教学科研及辅助用房	教室	图书馆	实验室实习场所	专用科研用房	体育馆	行政用房
214565	70020	43800	68750	24215	7780	40907

学校对教学科研仪器设备采用“统一领导，归口管理，分级负责，责任到人”的管理方式，合理配置。

1.丰富的图书馆馆藏为学校教学科研提供了有力的文献资源保障

学校现有承先和逸夫两个图书馆，总面积4.23万平方米，阅览室座位数4280个，图书馆拥有纸质图书2521839册，当年新增77689册，生均纸质图书78.31册。引进电子图书789万余册，电子期刊1.6万种，购置Elsevier的Science Direct、omson Reuters的Web of Science、Springer SLCC、Westlaw、

中国知网等中外知名科技献数据库87个。年均借还书总量22万册，接待阅览读者75万人次，数据库全年使用量达2220万次，期刊论文全文下载量达到245万篇。图书馆实现无线网络全覆盖。

表7 烟台大学图书资源一览表

图书馆数量（个）	阅览室座位数（个）	纸质图书（册）	纸质期刊数量（份）	纸质期刊种类（种）	电子图书（册）	数据库数量（个）
2	4280	2521839	2154	2120	7891306	87

图书馆采取了一系列措施来提高现有图书资料的利用率和文献保障率。一是增加借还书时间和阅览时间。图书馆在中午、周末、节假日、寒暑假等都安排人员值班开放借还书。2017年图书流通量304234本次，本科生均图书流通量10.71本次，电子资源访问量2220万次。二是馆际互借与网上文献传递。使用Calis和Cashl、盈科千信群为全校读者提供文献传递服务和馆际互借服务。应用艾迪科森公司的软件实现了驻烟三所高校图书馆馆际互借功能，开始了真正意义上的资源共享。三是拓宽资源收集渠道，将网上免费的资源和开放存取（OA）资源收集、整理，提供给全校读者使用。

2. 体育教学场馆充足，教学项目丰富

现有运动场地68个，总面积66030平方米；学生活动中心16个，总面积近1552平方米。体育设施基本满足了学生上课、课外体育锻炼和学生社团活动的需要。开设了篮球、排球等12项必修体育教学项目及特殊奥林匹克运动等体育选修项目，形成了包括体育课程教学、群众体育、运动竞赛三位一体的完整教学体系，面向全体学生，贯穿育人全程，有效地促进了学生身体、心理和社会适应和谐发展。

3. 实验教学设施齐全

始终按照支撑教学、服务科研、规范管理、促进共享的要求，加强实验室的建设和管理。2017年，总计投入3403.76万元用于实验室改造、实验仪器设备更新，新购置教学仪器设备1444台套，其中具有综合性和创新性的仪器设备总值占60%以上，教学科研仪器设备总值42394.61万元。建筑面积37382.96平方米的新理工综合实验中心已开工建设，力争2019年底投入使用。2017—2018学年，共投入2300多万元，用于化学馆标准化改造、药学和工程力学两个国家级示范（虚拟仿真）中心建设、入选首批国家级虚拟仿真实验教学项目的强化建设、药学院“一事一议”顶尖人才团队实验室改造、外语学院专业实验室改造等。

现有国家实验教学示范中心1个，国家虚拟仿真实验教学中心1个，省级实验教学中心3个，省级骨干学科实验中心19个，基础、专业实验室99个，省部级以上实验室及科研基地24个，一个国家级大学生实践基地，校外实习、实训基地316处，当年接纳学生总数31068人。

表8 实验教学示范中心一览表

序号	名称	学科名称
1	药学实验教学示范中心（国家级）	药学
2	生物学实验教学示范中心（省部级）	生物工程、生物学、食品科学与工程
3	文科综合教学实训中心（省部级）	法学、新闻传播学、统计学、工商管理、公共管理、音乐与舞蹈学、设计学、外国语言文学、数学、应用经济学、中国语言文学
4	工程力学实验教学示范中心（省部级）	土木工程、管理科学与工程、机械工程
5	工程力学虚拟仿真实验教学中心（国家级）	土木工程、管理科学与工程、机械工程

表 9　省部级实验室和科研基地一览表

序号	实验室和科研基地名称	类别
1	国家民委民族理论政策研究基地	省级人文社会科学重点研究基地
2	新型制剂与生物技术药物研究	省、部级设置的研究所(院、中心)
3	应用法学研究中心	省级人文社会科学重点研究基地
4	化工新材料制造工程	省级重点实验室
5	光信息与光功能材料	省级重点实验室
6	数据科学与智能技术	省级重点实验室
7	海产品质量与安全检测	省级重点实验室
8	药物筛选与新型制剂	省级重点实验室
9	山东省知识产权软科学研究基地	省级人文社会科学重点研究基地
10	山东省中匈黄金工业应用合作研究中心	省、部级设置的研究所(院、中心)
11	山东省化学工程与过程重点实验室	省级重点实验室
12	分子药理和药物评价教育部重点实验室	教育部重点实验室
13	山东省农产品物流工程技术研究中心	省、部级设置的研究所(院、中心)
14	山东省干细胞工程技术研究中心	省、部级设置的研究所(院、中心)
15	山东省天然药物工程技术研究中心	省、部级设置的研究所(院、中心)
16	山东省功能食品工程技术研究中心	省、部级设置的研究所(院、中心)
17	山东省黄金工程技术研究中心	省、部级设置的研究所(院、中心)
18	山东省石化轻烃综合利用工程技术研究中心	省、部级设置的研究所(院、中心)
19	东部沿海地区民族问题研究中心	省级人文科学重点研究基地
20	地方立法研究服务基地	省级人文科学重点研究基地
21	烟台大学法治研究中心	省级人文科学重点研究基地
22	轻烃资源化综合利用	省、部级设置的研究所(院、中心)
23	现代海水养殖与食品加工质量安全控制	省、部级设置的研究所(院、中心)
24	山东省民族问题研究中心	省、部级设置的研究所(院、中心)

4. 信息化建设得到加强

加强校园网络信息化建设,提高数字校园信息化水平。2018 年学校投入 1200 多万元,用于校园无线网络建设,2018 年 9 月实现无线网对校园全面覆盖。目前学校校园网主干带宽达到 1 万 Mbps,校园网出口带宽 4000Mbps,网络接入信息点数量 1.5 万个,电子邮件系统用户数 400 个,管理信息系统数据总量 4000GB,信息化工作人员 19 人。

为方便全校教职工在公网环境下访问校园内的教务系统、科研系统、校购数据库等教学科研资源,投入 15 万元采购 VPN 设备,解决了教师公网访问校内资源问题。另外,学校还投入 55 万元升级了校园安全监控系统,提高了学校教学科研区域的监控覆盖率,充分保证了教学科研环境的安全性。

第三部分　教学建设与改革

一、教学改革与研究

教学研究与改革对提升教学水平和人才培养质量具有极大的促进作用。学校的教学改革研究始终以提高人才培养质量为核心,结合山东省一流学科和高水平应用型专业群建设,全方位深化教育教学改革。

1. 制定 2017 版人才培养方案。围绕应用型人

才培养，明确课程计划与培养标准的对应关系，按照知识、能力、素质结构的内在联系和教育教学规律，构建由通识教育课程、专业基础课程、专业核心课程、专业拓展课程等组成，必修与选修课程、理论与实践课程结构合理的课程体系。增加实践教学的学时，融入创新创业教育，将创新精神、创业意识和创新创业能力纳入人才培养质量标准，纳入学分管理。

2. 开展教学改革研究立项工作。学校每年都设立教学研究与改革项目，2017 年，校级教改立项 59 项；2018 年，8 项教改研究项目获批山东省本科高校教学改革研究项目。立项涉及高等教育发展战略研究、人才培养模式改革与创新、专业、课程建设与改革、教学方法手段改革与教学资源建设等方面。

3. 教学成果奖的申报评审工作。为调动教育工作者的积极性和创造性，突出内涵建设、突出特色发展，不断强化教学中心地位、强化人才培养合理定位、强化教学质量保障，促进广大教师积极开展教育教学研究，深化教学改革，加强教学建设，强化教学管理，不断提高教学水平和教育质量，培养高素质人才。2017 年，学校评选出校级教学成果奖特等奖 3 项、一等奖 17 项、二等奖 30 项；2018 年，在第八届高等教育省级教学成果奖评审中荣获一等奖 3 项，二等奖 5 项；在 2018 年高等教育国家级教学成果奖评审结果公示中，学校获得 1 项国家级二等奖，实现了国家级教学成果奖的突破。

4. 积极开展实践教学改革。完善协同育人机制，推进产教融合人才培养模式，推动校企、校地、校所及校校的深度合作，建立产教融合、协同育人的人才培养模式，创新创业教育及实践教学贯穿于人才培养全过程。提高实践教学学分比例，理工农医类本科专业实践教学学分占总学分的比例达到 30%，人文社会科学类专业达到 25%。

5. 教育教学手段的信息化。以培养方案为主线的综合教务管理系统，使招生、学籍、培养方案、排课、选课、排考、教学评价、成绩管理、毕业审核等全过程实现信息化处理，实现了信息技术与教育教学的深度融合。图书馆实行藏、借、阅、网一体全方位开放的管理模式，提供图书借阅、数字资源检索、学术不端检测、电子书刊自助阅读等服务。

二、课堂教学

持续加大课程资源建设力度，坚持课程引入与自主建设相结合，先后引入 107 门次共享课程，自主建设 70 门校内在线课程，首批 20 门已经验收通过。学校自建慕课上大学不迷茫、葡萄酒的那些事儿、走近水族 3 门课程成功上线东西部高校课程共享联盟平台。

加大信息技术与教育教学的深度融合，构建成熟的环境配套服务体系。在多媒体教室实现了教师“刷卡上课，拔卡下课”，启用了沉浸式直播互动教室、微课慕课创作室。在线课程应用的过程中，2017 年平台总访问量达 160 万次，实现了时时可学，处处可学，人人可学，有力地促进了教育教学改革和教育模式创新。

发挥课堂教学主渠道作用，不断强化课堂第一责任人意识。教师授课注重提升综合育人功能，将积极的情感、端正的态度和正确的价值观融入课程教学全过程。教师授课不仅传播知识传授美德，而且授课中与相关内容所涉及领域新动态、新技术相结合，用新知识、新动态拓展学生的视野。

三、实验实践教学

1. 实验教学

近年来，学校不断加强对实验教学的规范化管理，先后修订或出台了《烟台大学本科实验教学管理规定（修订）》《烟台大学本科实验指导教师岗位职责》《烟台大学实验课程教学质量评价体系》等实验教学管理规章，引进了实践教学创新平台，其中包含实验教学管理系统、实验室开放管理系统与实验教学信息化管理系统，不断提高实验教学的信息化管理水平；学校逐年增加实验教学经费，全校自上而下对实验教学的重视程度不断加强，实验教学基础条件及仪器设备不断更新，实验室开放基金项目由原来的 10 万元/年增加到 20 万元/年，学生的实验动手能力得到提高，实验教学效果明显。

2. 实践教学

学校积极加强与企事业单位的合作，建立稳固的实践教学基地。紧紧抓住烟台市创新驱动发展战略机遇，充分发挥烟大的科技、人才、学科优势，利用烟台市提供的对接平台，建立与全市资源、产业及经济社会发展需求的精准对接机制，开展与地方企事业单位的深度交流与合作。大力推行每个专业至少要有一个固定的、深度合作的企业；为各专业建立专业对口、数量充足、长期稳定的合作实习实践基地；在实习种类上采用定岗实习与“模拟”

实习相结合,在实习环节上积极采用虚拟环境实习与真实环境实习相结合,加强校内的“沙盘认知实习”“计算机仿真实习”等模拟实习环境建设。制定了《烟台大学实习基地建设管理办法(试行)》《烟台大学实习教学管理规定(试行)》,完善校外实习实训基地指导教师选聘制度;引进了“校友邦大学生实习实践平台”,加强实习的过程管理。

大学生学科竞赛是学校实践教学体系的重要组成部分,对于培养学生创新精神与实践能力具有重要意义。学校修订和出台了《烟台大学大学生学科竞赛活动管理办法》《烟台大学本科生科技创新学分认定管理办法(试行)》,鼓励学院积极承办各级各类竞赛。对学科竞赛较多的专业,实行本科生在校期间至少参加一项竞赛,推行一个学院承办一项经典赛事,一个专业选出一项品牌赛事等制度。2017—2018 学年,学校共组织参加了中国“互联网+”大学生创新创业大赛、美国(国际)大学生数学建模竞赛、国际大学生 iCAN 创新创业大赛、“西门子杯”中国智能制造挑战赛、全国大学生节能减排竞赛等 80 余项省级以上比赛,所有学院均参加了相关竞赛。

2017—2018 年,学校在各项学科竞赛中获国际级一等奖 2 项,二等奖 9 项,三等奖 4 项;国家级特等奖 4 项,一等奖 12 项,二等奖 25 项,三等奖 13 项;国家学会级一等奖 7 项,二等奖 23 项,三等奖 20 项;省级特等奖 10 项,一等奖 59 项,二等奖 108 项,三等奖 98 项。

3. 创新创业教育

采取积极有效的措施加强创新创业教育。颁布实施《创业教育实施方案》《大学生创业园管理暂行办法》等规范性文件,引导学生创新创业。将生涯规划与就业创业指导设置为必修课,并在专业课程中设置了创新学分。完成占地面积 1000 余平米大学生创业园建设,创业项目涉及电子商务、网站设计开发与维护、物联网等行业。开设创新创业学院,创新创业教育由教务处、学生工作处、团委牵头。设立创新创业教育实践基地(平台)2 个,其中高校实践育人创新创业基地 1 个,大学生创业园 1 个。开设创新创业教育课程 12 门,开设职业生涯规划及就业指导课程 5 门。

截至 2018 年 8 月,学校共开展创业培训项目 99 项,举办创新创业讲座 12 次,设立创新创业奖学金 13.6 万元。拥有创新创业教育专职教师 38 人,就业指导专职教师 95 人,创新创业教育兼职导师 126 人,组织教师创新创业专项培训 22 场次,至今有 275 人次参加了创新创业专项培训。

学校将大学生创新创业教育工作列为重点工作之一,将“挑战杯”“创青春”创业大赛、“互联网+”大赛等作为日常常规性工作来抓。2017—2018 学年,学校对获省级以上奖励的 908 名学生、93 名指导教师奖励 61.75 万元;共派出 20 余名导师参加创新创业师资培训,邀请校外专家 10 余人次来校辅导,努力提升项目竞争力;强化对“大学生创新创业训练项目”的培育,共立项建设国家级大学生创新创业训练项目 14 个(其中创新 10 个,创业 4 个),对获批国家级项目足额资助。

四、教学建设情况

1. 专业建设

学校以专业人才培养定位为核心,以专业基本建设为基础,以课程体系优化与教学内容改革为重点,分层次、分类别、有计划地开展专业建设。重点实施专业结构调整和新专业建设,依托优势学科、重点学科(重点实验室),带动品牌专业、特色专业的建设与发展,采取多种措施加大对新办专业的建设力度,提升学校新专业水平,提高人才培养质量。积极跟进国家专业教育评估制度改革,重点推进工程技术领域的专业认证工作。

建立专业评估制度和专业准入与退出机制,对学科水平低、办学条件差、教学管理不善及招生就业困难的专业,实行减少招生或停止招生;通过重点投入、重点建设、精心打造,带动学校专业水平的全面提升。2017 年新增海洋科学专业,2018 年新增投资学和休闲体育两个专业。

2. 课程建设

学校根据专业培养目标的要求,广泛征求企业用人单位的意见,不断优化课程体系和课程内容。加强课程建设,适时将最新科学研究成果融入教学内容,合理构建和优化知识结构。

学校重视精品课程建设,加大课程建设力度。截至目前,学校共建有省级以上精品课程 35 门,校级精品课程 66 门;国家级精品资源共享课程 1 门,国家级双语教学示范课程 1 门;教育部英特尔精品课程 1 门。3 门课程成功上线东西部高校课程共享联盟平台。依据当前教育形势发展,积极探索课程

建设与信息技术日常融合的有效途径，制定新一轮课程建设规划，积极推进在线课程建设。拓展优秀课程资源共享机制，引入一批优质在线课程，通过在线学习、翻转课堂、混合式教学，师生共同探索云时代柔性学习的新方式。

建设一批以 MOOC 为代表的课程应用与教学服务相融通的优质在线开放课程，实现高等教育领域内的优质资源和稀缺资源的共建共享。支持具有学科专业优势和现代教育技术优势的学院，结合山东省教育厅实施全面学分制的要求，弥补教学资源紧张、上课时间冲突等客观存在的问题，在双学位教育课程中建设共享课，对受众量大面广且重修率较高的公共课和专业核心课程，建设适合网络传播和教学活动的内容质量高、教学效果好的在线开放课程。建设校内“清华教育在线”网络综合平台，构建人人皆学体系，分批建设了 70 门在线课程供校内混合教学改革应用，同时积极上线山东省课程联盟平台。以在线开放课程建设为抓手，推进师资培训。

3. 教材建设

加大教材建设激励力度，培育精品教材。制定《烟台大学自编教材使用管理办法》《烟台大学教材建设基金使用管理办法(试行)》，建立支持和激励机制，提高教材编写和选用的内在质量，鼓励教师编写出版高水平、实用性教材，坚持高标准建设精品教材。设立教材建设专项基金，用于资助和激励教材出版、教材研究、教材评选；近 5 年，共编著教材 193 部，7 部获山东省高等学校优秀教材奖，《亲属与继承法》《房地产法》《担保法》《现代物流(双语)》4 部教材入选普通高等教育国家级规划教材。2017 年，共出版本校教师作为第一主编的教材 5 种。

严格规范教材的选用与管理。制定《烟台大学关于加强教材教辅管理的有关规定》，严格执行教材购入招标制度，明确教材选用的标准、原则和程序，优先选用国家级规划教材、“面向 21 世纪课程教材”、各专业教指委推荐教材、省部级以上的获奖教材。目前公共基础课、专业基础课、专业主干课程教材所选用近三年出版的优秀教材达到 80% 以上，专业课达 60% 以上。

五、毕业论文(设计)

出台了《烟台大学本科生毕业论文(设计)检测及处理办法(试行)》，引进和使用了“毕业论文管理系统”，严格毕业论文(设计)开题、中期检查、答辩程序，加强过程管理；继续使用“中国知网论文检测系统”对全校所有本科生毕业论文进行重合率检测。近几年，抽检合格率平均达到 95% 以上，论文重复率不断下降，质量不断提高。

2018 届毕业生的综合训练课题为 6608 个，其中在实验、实习、工程实践和社会调查等社会实践中完成数为 6098 个，完成比例为 92.28% 。参与指导学生毕业综合训练的校内指导教师 852 人，每名教师平均指导毕业生 7.86 人。2018 届毕业论文(设计)共评选出 137 篇校级优秀学士学位论文(设计)，2017 届的毕业论文(设计)有 16 篇被评为省级优秀学士学位论文。

六、第二课堂情况

坚持第二课堂与第一课堂的紧密融合，发挥第二课堂在人才培养中的重要作用。以激发学生的主体性与创造性为目标，以提升学生能力、素质为宗旨，形成了以“大学生理论武装”“大学生课外科技活动”“社会实践、志愿服务”“校园文化活动”为主要内容的第二课堂育人体系。加强大学生理论社团和班团支部大学生学习阵地建设，引导大学生自学马克思主义中国化最新成果，推动大学生思想政治教育工作扎实有效开展。以“三下乡”社会实践活动为平台，抓好实践服务，促进知行结合，深化实践育人。以科技创新基金项目为基础，抓好创新创业，促进良好学风，不断深化服务育人工作体系。以特色凝练和质量提升为指引，抓好文体活动，促进品牌建设，不断完善文化育人工作体系。

学校现有校级学生社团 56 个、院级学生社团 93 个，社团会员 1.7 万余人。广泛开展丰富多样的校园文化活动，拓宽学生素质拓展平台。坚持规范化建设、内涵式发展，坚持走高品位、新视野、多领域的道路，牢牢把握文体活动在素质教育中的育人导向作用，对各类文体活动实行项目化建设，形成了“社团文化节”“读书节”等一批活动品牌，成为学生涵养道德、开阔视野、启迪智慧的良好平台。

以大学生创新实践基地、大学生创业园为平台，以挑战杯、创青春等一系列创新实践活动为载体，有效地补充、延伸了第一课堂，在提高学生的学习兴趣、实践能力、创业能力，强化创新精神、团队意识等方面取得了良好效果。2017 年，“挑战杯”大学生课外学术科技作品竞赛中，烟大学生作品获国家级二等奖 1 项，山东省特等奖 1 项、一等奖 2 项、二等奖 3 项、三等奖 5 项，学校获省级优秀组织奖；2017 年度科技创新基金项目结题 163 项，发表论文 98 篇。2018 年，“创青春”全国大学创业大赛中，获省级银奖 4 项、铜奖 6 项，学校获省级优秀组织奖；2018 年度科技创新基金项目收到立项申请 366 项，其中成功立项 305 项。

2017 年暑期，学校获评 2017 年大中专学生志愿者暑期“三下乡”社会实践活动全国优秀单位。2018 年暑期，全校共组建社会实践团队 886 支。2 支入围国家级重点团队，7 支入围省级重点团队，80 余支团队入围“井冈山 · 中国梦”、“丝路新世界 · 青春中国梦”等国家级、省级各类专项行动。

第四部分　专业培养能力

一、人才培养方案

为构建更加科学完善、符合学生发展需要、适应国家经济社会发展需求、体现内涵式发展的富有特色的应用型本科人才培养体系，培养具有社会责任感、创新精神和实践能力的“高素质、强能力”的高级应用型人才，学校 2017 年对本科专业人才培养方案进行了修订，优化了课程体系，更新了教学内容，将素质拓展、创新创业教育贯穿于教学全过程，提高了实践教学的学分占比，理工科类专业达到 30% 以上，人文社科类专业达到 20% 以上。修订后的人才培养方案（2017 版）自 2017 级学生开始执行。

2017 版人才培养方案以教育部《普通高等学校本科专业目录和专业介绍（2012 年）》为基本依据，符合各专业教学质量国家标准和专业评估要求。坚持把握三个基本原则：坚持需求导向，主动对接经济社会发展需求、岗位需求和学生全面发展需求，充分认识和把握未来经济社会和行业发展对专业人才知识、能力、素质等方面的新要求，充分考虑人才的社会适应性；坚持德育为先，以社会主义核心价值观为主线，构建思政育人、文化育人、专业育人、实践育人“四位一体”的德育体系；坚持个性发展，根据学分制管理改革的要求，压缩或控制必修课程学分，增加选修课程比例，科学设置模块化选修课程，在保证专门人才基本规格和普遍要求的基础上，为学生根据自身特点制订个性化学习计划和目标创造条件，提供多样化的培养形式和成才途径，完善主辅修制度，促进跨学科复合型人才成长，为学有余力的学生创造更加有利的发展环境。

各专业的实践教学和选修课学分占总学分比例情况见附表 6。

二、人才培养模式

以培养学生的创新和可持续发展能力为中心，完善全面学分制的人才培养机制和双学位、辅修第二专业制度，满足学生个性化及人才培养多元化的需求。按照“新工科”专业建设理念和本科专业建设标准，加强专业建设，优化调整专业设置，鼓励跨学科设置新的专业和专业方向，进一步突出优势与特色。

1. 推进中外合作培养模式

目前，学校已与 28 个国家和地区的 100 余所院校和学术机构建立了友好合作关系，与美国、英国、法国、德国、葡萄牙、日本、瑞士、韩国等国家和中国台湾地区的 34 所友好院校开展本科、硕士层次的联合培养项目，其中与台湾宜兰大学的暑期学生研修项目被评为山东省优秀对台交流项目。

积极引进国外优质教育资源，扩大中外合作办学领域和规模。分别与挪威 CK 商学院、韩国檀国大学、美国西俄勒冈大学合作举办国际商务专科专业、材料科学与工程本科专业、法学本科专业，得到了社会的普遍认可，生源质量逐年提升。

2. 深化人才培养模式改革

实施学分制改革，增强学生学习自主性。制定《学分制管理实施办法（试行）》《烟台大学本科双学位与辅修第二专业管理办法（试行）》等文件，为学生争取更多的自主学习空间。进一步拓宽辅修第二专业及双学位的专业范围，由原有的 3 个辅修第二专业拓展至 11 个，首次增加了 13 个辅修第二学位。充分利用网络教学资源，采取网络教学和直播互动的见面课程相结合的方式实施教学，通过考核后学校认定学分。

以高校综合改革与应用型大学建设为契机，以区域经济发展和社会需求为导向，根据学科专业特点，推广“卓越培养计划”、合作办学等多元化培养模式，加大对高水平应用型专业群创新人才培养模式的改革与支持力度，完善运行机制，为课程改革、师资配置和培养、实习基地、实验条件等方面提供保障。

鼓励各学院根据专业属性、社会需求动态及人才培养目标，积极开展应用型人才培养模式的多样化改革和实践，办出特色，形成优势。药学院以培养具有专业素质的药物研究和应用型人才，以建立国内一流的创新药物研发基地为目标，坚持理论与实践紧密结合，将绿叶制药集团科研条件、实践经验与药学专业的教学、科研融为一体，应用型人才培养实现新跨越。目前药学学科已进入增列“山东省一流学科”立项建设公示阶段。光电信息科学技术学院先后与山东浪潮优派科技教育有限公司、中兴通讯亚太区实训总部山东分部共建物联网工程和通信工程两个本科专业，突出工程实践能力的培养；与美国 TI、NI 等著名企业签署校企合作协议，共建创新创业教育实验室。

3. 实行专业评估与动态调整机制

逐步开展工程教育专业认证制度，实现工科人才培养与国际接轨。优化调整专业设置，实施专业建设评估制度，适当调整招生计划，考察录取率、报到率、就业率和就业质量等指标，建立专业动态调整机制。根据地方社会经济发展需求，把分类拨款专业划分类别和高考志愿报考率、录取分数、就业情况等情况相结合，作为优化专业布局、调整专业结构和分配招生计划的重要依据。对于人才需求量大、办学条件强、就业形势好的 A 类专业，给予大力扶持并适度扩大招生规模；对于人才需求量小、疏于建设、就业情况差的 C 类专业，适当压缩招生规模，或隔年招生，直至停止招生。2018 年新上专业投资学和休闲体育两个专业开始招生，公共事业管理和海洋渔业科学与技术两个专业停止招生。

全面推进工程教育专业认证工作，要求所有“卓越工程师教育培养计划”专业都必须根据专业认证要求，启动专业认证的相关工作。今年有 3 个专业提交认证申请；其他非卓越计划工科专业，本学年内广泛调研，拿出开展专业认证的实施方案、时间表和路线图。

三、师德师风建设

出台《烟台大学关于加强和改进青年教师思想政治工作的实施意见》等文件，加强青年教师的思想政治教育和师德师风建设。严肃课堂纪律，强化教师课堂第一责任人作用。严格师德考核评价，实行师德考核“一票否决”。

2017 年 9 月，学校通过观看“2016 齐鲁最美教师”颁奖盛典电视节目、组织新入职教师宣誓等方式及庆祝第 32 个教师节等活动，激发教师的工作热情，增强教师的职业自豪感。

2017 年 9 月—10 月，按 30% 抽样率对全校教学单位展开了教师思想状况问卷调查，发放《烟台大学教师思想状况调查问卷》440 份，回收有效问卷 431 份，编制完成《2017 年烟台大学教师思想状况调查报告》。

2018 年初，调整了学校师德建设委员会；4 月，组织参加山东省教师风采公益广告大赛；5 月，组织参加“山东省最美教师”评选活动；8 月，开展师德标兵和师德建设先进单位评选活动。2018 年 5 月，学校进行教育部开展师德建设长效机制贯彻落实专项自查。

四、学风建设

加强学风建设，引导学生自主学习。继续围绕《烟台大学学风建设方案》，完善学风建设长效机制，营造良好学习氛围，鼓励广大学生努力学习，形成优良学风。构建符合学生学习需求的课程体系和学习模式，激发学习兴趣，实现学生成才自觉性和学习内驱动力不断增强，持续提高学习成效。

1. 以职业生涯规划和目标牵引式学业规划为引导，加强专业认知教育，激发学生作为学习主体的内在动力，学生学习更具目标性和主动性。学业规划导师尽职尽责，起到了有效的指导作用，使学业规划工作更具针对性。2017—2018 学年学生自我评价结果统计显示，84% 的学生认为自己的成绩进步情况为“进步非常明显”和“有进步”。

2. 辅导员和班级导师深入学生课堂和宿舍，及时了解学生学习状况和思想动态。开展“无手机课堂”活动，课堂秩序更加有序。开展“文明自习，拒绝占座”活动，为考研学生提供专门教室，消除学生占座现象，杜绝公共资源浪费。利用“诚信考试”主题教育班会，加强考试巡查。严格执行学生请销假制度，严肃处理旷课及违反课堂纪律行为。

3. 通过“校友论坛”“树榜样，促学风”、评选“烟台大学十大优秀学生”“烟台大学先进班集体”等主题教育活动，帮助学生认清形势，树立远大理想，激发学习积极性和主动性。落实学校创建文明校园工作要求，持续规范学生文明行为，开展文明宿舍评比，重点治理校园吸烟、带餐进教室等不文明行为；利用网站、微信等媒体平台进行宣传教育，不文明现象明显减少。

4. 加强中华优秀传统文化教育，举办了“读书节”“国学达人挑战赛”“新生辩论赛”等活动，学生综合素质总体提高。

第五部分　质量保障体系

自建校以来，学校始终把教学质量放在核心位置。1987 年开始实行教学检查制和领导听课制；1990 年开始以问卷形式开展学生评教；1992 年成立教学质量检查组，把教学检查列为常规教学活动；2003 年学校成立教学督导与评价中心，全面负责学校教学督导与评价工作；2005 年构建了校、院二级教学督导与评价体制，创造性地开展教学督导与评价的各项工作，内容日趋丰富，方法日趋先进。

一、人才培养中心地位

学校坚守培养人才根本使命，把本科教学工作放在学校整体工作的中心位置，努力形成支持教学、服务教学、抓好教学的整体合力。

1. 如期召开教学工作会议。2017 年组织召开了第九届教学工作会议，明确提出牢固树立人才培养中心地位，通过了关于加强教学工作的系列文件，完善并落实人才培养中心地位的各项政策与措施，保证领导精力、师资力量、资源配置、经费安排和工作评价均以教学工作为中心。

2. 实施教师教学荣誉工程，激发教师教学工作热情。制定并实施了《烟台大学教师教学荣誉工程实施办法（试行）》，设立教师教学荣誉系列奖项，纳入教师教学业绩，按教学业绩给予奖励。2018 年 3 月评选出第一届教学质量奖，121 人获奖。

3. 提高教学项目和教学获奖在职称评聘、岗位津贴、评优评先等方面的权重，实现教学科研平行发展。在新一轮岗位聘任中，设置了教学型教授、教学型副教授岗位，单独制定考核条件，将教学业绩突出的教师聘用在较高岗位上。如张景晖老师被聘为讲师不足三年，因在山东省第五届高校青年教师教学比赛中获一等奖，学校研究决定给予张景晖副教授待遇。

4. 校领导重视教学工作。从 2017 秋季学期开始，每学期开学第一天校领导全部进课堂，学期中随机抽查，按常规听课。出台《校领导联系学院工作细则（试行）》，对指导联系学院教学工作进行了详细规定。党委常委会、校长办公会定期研究教学问题。

二、质量保障体系建设

坚持以提高教学质量为核心，以培养高素质人才为目标，依据现代质量管理思想，把教学过程的各个环节、各个相关部门的活动与职能合理组织起来，形成一个任务、职责、权限明确，能相互协调、相互促进的有机整体。进一步扩大第三方评价范围，对学校人才培养各环节进行全过程、全方位评价。把质量保障从教学过程扩展到人才培养全过程，把质量保障的着力点从监控扩展到质量跟踪和改进，把质量保障的因素从核心因素扩展到影响教学质量的一切因素，强化质量监控体系中质量目标、质量标准、信息收集、分析、评价、反馈、调控改进等核心环节的联系，真正实现本科教学质量保障体系的闭环运行。建立健全教学基本状态数据常态监测制度，充分发挥教学基本状态数据库的分析和预警功能。

三、质量控制及改进

1. 修订完善督评专家工作制度，督评队伍进一步加强

2018 年 6 月，修订了《烟台大学教学督导与评价专家工作条例》，进一步明确了院（部）级督评专家的工作职责与工作内容，充分发挥二级督导的作用；给予院（部）级督评专家补充教学工作量的支持，充分调动院（部）及督评专家的工作积极性。学校按照修订后的工作条例要求，组建了新一届即第七届本科教学督评专家队伍，校级督评专家由原来的 38 人增加到 57 人，院（部）级督评专家队伍将达到 151 人，全校本科教学督评专家队伍达到 208 人。

2. 提高评教工作科学化水平，增强评教结果实效性

加大学生评教工作宣传力度，提高学生评教积极性和可信度，提高评教结果的区分度。运用多种手段对学生评教数据进行纠偏处理，保证评教结果的有效性。明确评教结果的适用范围，作为教师岗位聘任、职称晋升、绩效发放、评奖评优等工作的重要参考。

遵循质、量并行原则，评价教师的教学工作，确定不同岗位教师应达到的教学效果、应完成的基本课堂学时及基本教学工作量。合理利用评教评学

结果,把教师的课堂教学效果评价作为教师教学荣誉工程一项重要的评选指标。

3. 进一步加强了课堂教学巡视工作,有效监督教学全过程

始终坚持每学期开学第一周及“五一”“十一”长假后第一周的教学秩序巡视工作全覆盖检查,有效保证了新学期教学的良好开端及小长假后正常的教学秩序;增加了教学秩序抽查环节,实现了对课堂教学秩序的全过程监控。

4. 通过多渠道深入课堂听课,有效监控教风与学风

全校各级党政管理干部牢固树立教学工作的中心地位,认真落实《烟台大学关于党政管理干部听课的规定》,在繁忙工作中合理安排时间,深入课堂,了解教学状况,沟通解决教学过程中存在的问题。全体校领导每学期开学第一天第一节课走进课堂听课,对良好教风与学风起到了促进作用,为全校的党政管理干部起到了表率作用。

校级督评专家每学期始终坚持有计划的听课。对学生评教成绩低、新入职以及青年教师等进行重点听课,着重帮助教师查找问题、分析原因,教师积极改进,教学水平不断提高;对审核后的全校选修课进行全面听课,实现对通选课的有效监控;随机听课,了解掌控全校课堂教学的总体情况。

按照新修订的《烟台大学教学督评专家工作条例》的要求,院(部)级督评专家将对本单位教师所开课程进行全覆盖听课,便于有效监控教风与学风,更加准确公正地对教师教学做出评价。

5. 通过专项抽查,加强了对实验教学过程的监督

每学期对全校的实验课程进行专项抽查,检查实验教学的准备、教学过程、教学效果。加强了对实验课的过程管理,促使实验教学更加规范化。

6. 重视教学数据常态化采集,着力构建长效机制

建立教学基本状态数据库,对所有能反映教学基本状态的数据进行定期采集和监测分析处理,实现对关键办学指标的预警,及时发现问题、解决问题,形成常态化机制。完善毕业生就业信息,持续跟踪毕业生就业发展情况,扩大第三方评价范围,认真听取校外专家建议,形成反馈和改进长效机制。

四、推进专业认证

学校全面开展并积极推进工程教育专业认证工作,以实现工科专业毕业生能达到行业认可的既定质量标准,实现工程教育的国际化认可;通过专业认证为人才培养注入活力,带动学校整体教育质量提升,实现国际实质等效。2018 年有 3 个专业提交认证申请,其中车辆工程专业获得受理。

土木工程专业于 2017 年通过工程教育认证,认证有效期为 6 年;建筑学专业通过了该专业的教育评估;航海技术、轮机工程两个专业均达到了国家海事主管机关关于海船船员三副三管适任证书的考试要求,及烟台大学船员教育和培训质量管理体系的要求。

第六部分　学生发展

一、学生指导与服务情况

学校围绕立德树人的根本任务,通过毕业生就业工作指导中心、学生资助管理中心、大学生心理健康教育指导中心等组织机构,为学生的成长与发展提供指导和服务。全校现有专职学生工作人员 111 人,31 人持有心理咨询师资格证书,17 人获得就业指导师、生涯规划指导师、创业指导师等资格证书。构建了包括辅导员、班级导师、导师助理、学生骨干在内的学生指导和服务队伍,修订完善了学生工作年度考核评价指标体系和辅导员队伍建设的相关文件,实施辅导员、班级导师考核评价机制,建立了学习警示、学生奖励、奖助学金评审、违纪处分等一系列制度措施,从制度和机制上为学生的教育引导、管理和服务进行规范和约束。

1. 思政教育系统化、层次化,不断提高育人质量和水平

坚持思想价值引领,引导学生坚定理想信念,践行社会主义核心价值观。把握关键教育时机,扎实开展主题教育,精心组织新生入学教育、毕业生离校教育、表彰先进大会等日常教育,营造良好育人氛围,进一步增强了思政工作的吸引力和感染力。积极探索学生党员教育新模式,开展毕业生党员“六个一”主题教育,完善“党员先锋示范岗”常态化工作机制,发挥榜样的示范引领作用。推进大学生思想政治教育精品项目建设,提高思政教育工作的质量和水平。

2. 学生资助体系完善、管理规范，服务学生成长成才

贯彻“经济保障、发展支持、思想引领”的工作理念，严格落实国家资助政策，建立健全“奖、贷、补、免、勤、困、缓、借”八位一体学生资助工作体系，实现资助工作规范化，不断提升资助质量，确保不让一名学生因家庭经济困难而失学。积极搭建发展型资助平台，深化资助工作内涵。抓住新生入学、毕业生离校、奖助学金评选、自强不息先进个人评选等重要时间节点，做好资助宣传，选树先进典型，开展以“爱心传递”为主题的资助育人系列活动，提升资助育人效能。2017 年，为 32395 人次学生发放各类奖助学金、临时困难补助、学费减免、勤工助学工资共计 2937.565 万元；为 3208 人次学生办理各类信用助学贷款 2306.247 万元。评选“自强不息”先进个人 18 名，评选勤工助学先进个人 79 名。

3. 心理健康教育工作规范化、标准化，深化“四位一体”工作格局

围绕立德树人的根本任务，科学发展心理健康教育与咨询服务，着力提升学生的心理健康素质水平，心理健康教育的覆盖面、受益面不断扩大，学生心理健康意识明显增强。

对照全国高校心理健康教育示范中心建设标准，整体规划，统筹布局，持续投入 100 万元加强心理中心软硬件建设。全面深化教育教学、实践活动、咨询服务、预防干预“四位一体”工作格局。推进线上线下混合体验式课程教学改革，制作标准化教学课件，组织集体教研 6 次，努力提升课堂教学质量；开展“珍爱生命 · 激扬青春 · 做时代新人”心理健康教育实践活动，举办校级精品活动 25 项，荣获 2018 年“山东省大学生心理健康节优秀组织单位”，选送作品获二等奖 2 项、三等奖 3 项；完善心理咨询制度建设，加强心理咨询师队伍培训与督导，通过个体咨询、团体辅导、网络咨询等多种形式，向学生提供经常、及时、有效的心理咨询服务；引入智为心理健康教育管理平台，优化心理测评方式，完成 2017 级本科生心理普测工作，施测率达 99.85%，排查出可能有心理问题的学生 877 人并逐一访谈。及时干预存在严重心理问题的学生，有效减少校园心理危机事件的发生。不断健全学校、学院、班级三级网络，依托心理健康教育专兼职队伍和心理社团等力量，全面开展心理健康教育各项工作，助力学生成长成才。

二、应届毕业本科生情况

1. 学生学业成绩及综合素质表现

2017—2018 学年，学生全国大学英语四级、六级通过率分别为 74.46%、27.73%，考研率 22.04%。学生在各项学科竞赛、创新技能竞赛中获国际级奖励 11 项、国家级奖励 243 项、省部级奖励 668 项。2017—2018 学年，5175 名同学获得校级奖学金，1049 名学生分别获得国家、省政府等各类奖学金。1 名学生获山东高校十大优秀学生提名奖，1 名学生被评为全国优秀共青团员，1 名学生被评为山东省优秀共青团干部，1 个团支部被评为山东省“五四红旗”团支部，15 名学生被评为省级优秀学生干部，29 名学生被评为省级优秀学生，371 名学生被评为省级优秀毕业生，学生年均参加社会公益活动、志愿者活动达 1 万余人。

建立与学生家长的联系沟通机制，定期召开学生代表座谈会，开展学生思想状况问卷调查。结果显示，学生拥护中国共产党的领导，理想信念坚定，富有社会责任感；学习积极性高，对提升自身综合素质的愿望迫切。

2. 体质健康标准测试

学校重视体育教育工作，认真贯彻落实《全国普通高等学校体育课程教学指导纲要》，全面实施《学生体质健康标准》。体育教学部严格按照教育部、山东省教育厅关于《学生体质健康标准》的相关要求部署执行体质测试实施工作，测试内容包括：身高体重、肺活量、坐位体前屈、立定跳远、50 米跑、引体向上（男生）、一分钟仰卧起坐（女生）和男生 1000 米跑、女生 800 米跑。2017—2018 学年，全校本科在校生 2.7 万多人，体质测试及格率达到 90% 以上。

3. 毕业、学位授予情况

2018 届本科生 6497 人，其中毕业 6090 人，总体毕业率为 93.74%；授予学位 6088 人，学位总体授予率为 93.70%。

表 10　2018 届本科生分专业毕业情况（统计时间截至 2018 年 8 月 31 日）

序号	专业名称	应届毕业生数	应届生中未按时毕业数	毕业率（%）	学位授予数	学位授予率（%）
1	国际经济与贸易	182	19	90.55	182	90.55
2	法学	199	0	100.00	199	100.00
3	知识产权	90	1	98.90	90	98.90
4	运动训练	127	5	96.21	127	96.21
5	汉语言文学	256	3	98.84	256	98.84
6	汉语国际教育	89	3	96.74	89	96.74
7	英语	118	3	97.52	118	97.52
8	日语	54	3	94.74	54	94.74
9	朝鲜语	68	0	100.00	68	100.00
10	新闻学	84	3	96.55	84	96.55
11	数学与应用数学	82	7	92.13	81	91.01
12	信息与计算科学	29	14	67.44	29	67.44
13	应用物理学	92	7	92.93	92	92.93
14	应用化学	153	6	96.23	153	96.23
15	生物科学	87	8	91.58	87	91.58
16	生物技术	90	3	96.77	90	96.77
17	统计学	84	5	94.38	84	94.38
18	机械设计制造及其自动化	248	23	91.51	248	91.51
19	车辆工程	82	9	90.11	82	90.11
20	测控技术与仪器	77	13	85.56	77	85.56
21	材料科学与工程	199	20	90.87	199	90.87
22	金属材料工程	126	7	94.74	126	94.74
23	高分子材料与工程	82	4	95.35	82	95.35
24	能源与动力工程	93	1	98.94	93	98.94
25	通信工程	138	13	91.39	138	91.39
26	电子信息科学与技术	68	21	76.40	68	76.40
27	自动化	122	9	93.13	122	93.13
28	计算机科学与技术	185	7	96.35	185	96.35
29	软件工程	267	14	95.02	267	95.02
30	物联网工程	144	5	96.64	144	96.64
31	土木工程	160	22	87.91	160	87.91
32	给排水科学与工程	85	4	95.51	85	95.51
33	化学工程与工艺	158	9	94.61	158	94.61
34	制药工程	46	3	93.88	46	93.88

续表

序号	专业名称	应届毕业生数	应届生中未按时毕业数	毕业率(%)	学位授予数	学位授予率(%)
35	航海技术	88	10	89.80	88	89.80
36	轮机工程	94	10	90.38	94	90.38
37	核工程与核技术	64	13	83.12	64	83.12
38	环境科学与工程	142	9	94.04	142	94.04
39	环保设备工程	47	3	94.00	47	94.00
40	食品科学与工程	81	4	95.29	81	95.29
41	食品质量与安全	91	2	97.85	91	97.85
42	建筑学	89	3	96.74	89	96.74
43	生物工程	84	6	93.33	84	93.33
44	水产养殖学	94	7	93.07	94	93.07
45	药学	176	8	95.65	176	95.65
46	工程管理	133	19	87.50	132	86.84
47	工商管理	128	8	94.12	128	94.12
48	市场营销	91	2	97.85	91	97.85
49	会计学	163	6	96.45	163	96.45
50	音乐学	27	5	84.38	27	84.38
51	舞蹈编导	32	4	88.89	32	88.89
52	环境设计	50	4	92.59	50	92.59
53	海洋渔业科学与技术	117	0	100.00	117	100.00
54	公共事业管理	66	5	92.96	66	92.96
55	音乐表演	37	4	90.24	37	90.24
56	视觉传达设计	32	1	96.97	32	96.97

三、就业与发展情况

1. 就业情况

烟台大学成立了以校长任主任的就业工作指导委员会，各学院也成立了就业工作领导小组，形成了“学校统筹、部门牵头、学院落实、目标考核”的毕业生就业工作机制。建立了“以学校综合性就业市场为统领、学院专业化市场为主体、企业专场招聘为辅助”的模式。不断巩固和拓展就业市场，加强与各地市人才和用人单位的联系，通过各种渠道搜集、整理和发布就业信息。2017 年共有本科毕业生 6777 人，初次就业率达 69.85 %，总体就业率达 96.99%。已就业毕业生的单位性质流向结果显示，毕业生就业地域以山东省内为主，省外就业所占比例很少。在山东省内就业地域分布以烟台市为主，占省内就业毕业生总人数的 38.45%；其次是济南、青岛、潍坊、临沂等市，分别占省内就业毕业生总人数的 9.04%、6.88%、5.77%、3.34%。

截至 8 月 31 日，2018 届本科毕业生初次就业率达 62.91%。毕业生主要去向是企业，占 46.24%；升学 1434 人，占 35.09%，其中出国（境）留学 92 人，占 2.25%。

表 11　2018 届本科毕业生初次就业情况（统计时间截至 2018 年 8 月 31 日）

类别 人数	考研录取			就业部门											出国（境）留学
	总数	考取本校	考取外校	总数	政府机构	事业单位	企业	部队	参加国家地方项目就业	升学	灵活就业	自主创业	其他		
	1342	178	1164	3995	32	26	1890	16	33	1342	630	6	20		92

2018 届本科生分专业的初次就业率（统计时间截至 2018 年 8 月 31 日）、2017 届本科生分专业的年底就业率（统计时间截至 2017 年 12 月 31 日）情况请见下表：

表 12　2018 届本科生初次就业率及 2017 届本科生年底就业率分专业情况表

序号	专业名称	2018 届本科生初次就业率	2017 届本科生年底就业率
1	材料科学与工程	66.67	97.27
2	测控技术与仪器	72.22	98.88
3	朝鲜语	55.88	100
4	车辆工程	43.96	99.07
5	电子信息科学与技术	37.08	100
6	法学	35.18	93.95
7	高分子材料与工程	55.81	98.08
8	给排水科学与工程	77.53	97.89
9	工程管理	61.18	97.2
10	工商管理	35.29	96.75
11	公共事业管理	49.30	94.05
12	国际经济与贸易	64.68	96.38
13	海洋渔业科学与技术	80.34	98.13
14	汉语国际教育	59.78	100
15	汉语言文学	34.36	94.63
16	航海技术	81.63	89.47
17	核工程与核技术	50.65	100
18	化学工程与工艺	65.87	98.38
19	环保设备工程	58.00	98.28
20	环境科学与工程	68.21	97.53
21	环境设计	25.93	97.3
22	会计学	71.01	95.88
23	机械设计制造及其自动化	64.58	99.69
24	计算机科学与技术	77.60	100
25	建筑学	55.43	96.67
26	金属材料工程	72.93	96.81

续表

序号	专业名称	2018 届本科生初次就业率	2017 届本科生年底就业率
27	轮机工程	88.46	97
28	能源与动力工程	88.30	92.47
29	日语	45.61	100
30	软件工程	67.62	100
31	生物工程	87.78	100
32	生物技术	77.42	100
33	生物科学	76.84	100
34	食品科学与工程	61.18	100
35	食品质量与安全	69.89	98.99
36	市场营销	26.88	94.25
37	视觉传达设计	12.12	88.89
38	数学与应用数学	69.66	89.25
39	水产养殖学	78.22	98.06
40	通信工程	72.19	98.39
41	统计学	50.56	85.42
42	土木工程	80.77	98.43
43	舞蹈编导	69.44	94.44
44	物联网工程	64.43	100
45	新闻学	41.38	94.68
46	信息与计算科学	32.56	82.14
47	药学	69.02	96.97
48	音乐表演	78.05	92.31
49	音乐学	71.88	93.62
50	英语	50.41	98.47
51	应用化学	67.92	96.39
52	应用物理学	71.72	98.98
53	运动训练	71.97	95.33
54	知识产权	45.05	92.71
55	制药工程	61.22	100
56	自动化	80.15	100

2. 攻读研究生情况

学校积极引导学生做好自我认知、专业认知，鼓励更多学生考研深造。同时为本科生提供良好的、有针对性的考研指导服务，在课程复习、选择院校、调剂志愿、经验交流等方面有成熟的指导方法和服务体系。2017 年应届本科毕业生中有 1413 名考取研究生，考研率为 20.84%。2018 年应届本科毕业生考取研究生 1342 名，考研率为 20.69%。

3. 社会用人单位对毕业生的评价

为了解毕业生入职后工作态度、专业技能、专

业对口度、适应程度和工作绩效,掌握用人单位对烟大毕业生各方面素质评价,以及毕业生、用人单位对学校的意见和建议,从而有针对性地改进和加强教育教学,毕业生就业工作指导中心开展了2018年用人单位对2017届毕业生的满意度调查,向包含企业、事业单位等,涵盖工业、零售业、信息传输业、交通运输业等各大行业的127家用人单位发放《烟台大学2018年用人单位满意度调查问卷》。调查主要涉及用人单位录用毕业生的综合素质、录用的主要渠道、录用时考虑的主要因素、对学校人才培养的总体评价等,问卷回收率达100%。调查结果显示,用人单位对烟大毕业生总体表现较为满意,其中非常满意占95.2%,基本满意占4.8%。

第七部分 特色发展

一、依靠名校援建,不断提高办学水平

烟台大学由北京大学、清华大学共同援建,成立了“北大、清华支援烟台大学建设委员会”,把支援烟大纳入长期工作计划。在两校多年的援建指导下,烟台大学教育教学改革、人才队伍建设、学科建设与科技创新、行政管理与服务等各项工作取得长足进步。北大、清华两校名师讲堂已举办260余期。

2018年11月17日在烟台召开的北京大学、清华大学支援烟台大学建设委员会第十三次会议,围绕“聚焦山东省新旧动能转换重大工程建设,持续提升烟台大学学科建设水平,推动校地校企深度融合,助力区域经济社会发展”等烟台大学发展建设的核心议题进行了深入探讨。三校若干学院间签订了具有建设意义的系列合作协议和意向书,助推烟台大学进一步提升办学层次,提高办学水平。

二、探索校企联合办学,创新人才培养模式

在烟台大学和山东绿叶制药有限公司合办药学院,近20年不断取得成就与经验的基础上,2018年,学校与台海集团联合建立了烟台大学核装备与核工程学院、台海集团烟台大学核装备与核工程技术研究院,在校企合作平台上实现产学研深度融合发展,人才培养模式不断创新。

1. 打破二级学科界限,建立新的实验教学体系

药学院充分利用山东绿叶制药有限公司的优势,整合实验室成立了制药工程实验教学中心,分为中心实验教学和新药研究两个平台。教学平台负责本科学生的基础与专业实验教学工作,新药研究平台承担本科的工程实践与毕业设计工作。两个平台分工合作,资源共享,人员交叉,优势互补。学生能够顺利平稳实现从教学实验向新药研究的转换,掌握了研发性实验技能,实验教学体系的效率与效益也得到提升。

2. 开拓实习基地,完善人才培养机制

企业工程实践环节是卓越工程师培养计划的重要环节。加强实习基地建设,进一步完善人才培养机制。学生在企业实践过程中的考核以实践总结报告为主,学生在不同岗位轮流实习实践,在进入下一个实习单元之前必须完成1篇内容详实的实习实践报告。学生应根据所学专业基础理论知识和生产实践知识着重评述生产工艺制造流程、主要生产设备的操作使用及其管理模式,分析讨论生产过程中碰到的主要技术问题及其解决办法,进而提出自己的创新想法和合理化建议。毕业设计可以采取多样化的方式进行,学生可以根据他们在企业工程实践中发现的实际问题进行研究,也可以根据企业工程师或校内指导教师的相关科研课题进行研究。但选题必须具有一定挑战性和创新性,并且源于生产实际现场,不能做理论研究和数值模拟的论文课题,其目的在于培养和加强学生的综合工程能力。

三、加强国际交流,拓宽师生视野

学校与28个国家和地区的100余所院校和学术机构建立了友好合作关系,与美国、英国、法国、日本、瑞士、韩国等国家和中国台湾地区的友好院校开展本科、硕士层次的联合培养项目,与法国法语联盟联合创立烟台大学法语中心,2015年获批山东省华文教育基地。

1. 师资国际化

加强国际间的教师交流,采取“走出去”和“请进来”的双向开放策略,有计划选派教师到国外进修、访问、讲学、开展合作研究,同时邀请国外专家、教师到中国来讲学,参加学术工作。2017—2018学年,派出因公团组22个共37人次。派员参加海峡两岸大学校长论坛。聘用一名境外“泰山学者”,一名境外高端人才;积极引进专业外教,在法学院、药学院、数学院、音乐舞蹈学院及环境与工程学院反响良好。

2. 学生国际化

学校与美国、英国、法国、德国、葡萄牙、瑞士、日本、韩国共8个国家以及中国台湾地区的34所友好院校开展校际学生交流项目。其中与台湾宜兰大学的暑期学生研修项目获评为山东省优秀对台交流项目。承担中国政府奖学金留学生的招生和培养任务。响应国家“一带一路”倡议,开辟中亚和东南亚生源市场。积极开展汉语国际推广工作,2017—2018学年派出18名志愿者赴国外从事汉语教学工作,招收长期生与学历生共392人次(其中硕士生8人)。

3. 开展中外合作办学

积极引进国外优质教育资源,扩大中外合作办学领域和规模。学校分别与挪威CK商学院、韩国檀国大学、美国西俄勒冈大学合作举办国际商务专科专业、材料科学与工程本科专业、法学本科专业。

四、强化教学过程管理,完善教学质量保障体系

学校建立了比较完善的本科教学评价体系和教学督导评价机制。把教师是课堂第一责任人要求纳入对教师和各教学单位的考核内容,教学督导与评价工作制度化、经常化和专门化,促进了教学质量和办学水平的提高。

学校坚持“全面质量管理”的管理思想和“以人为本”的教育理念,以提高教学质量为核心,以培养高素质人才为目标,按照背景保障、输入保障、过程保障和结果保障的思路,把教学过程的各个环节、各个相关部门的活动与职能合理组织起来,形成了一个任务、职责、权限明确,能相互协调、相互促进的有机整体。对已有的工作文件、制度、标准等进行梳理,按照质量标准纲要的要求,构建了一套完善的教学质量保障体系文件,实现教学质量的闭环管理。

第八部分　需要解决的问题

一、教学经费投入力度有待加大

1. 原因分析

(1)现有办学体制下,学校经费的来源主要依靠财政拨款和学生学费收入,随着工资和社会保障制度改革,人员刚性费用支出增加;(2)随着高等教育教学改革的不断深入,全面学分制下的基础教学设施需求量逐渐加大,高级应用型人才的培养需要不断加大对原有教学设施的升级换代、增设扩容;(3)资金使用效益评价考核机制有待健全,目前尚存在重申请、轻过程管理的现象,资金使用监管力度有待加强。

2. 解决办法或改进措施

(1)积极争取中央及山东省的各项建设基金,增加政府性投入;广泛吸收和利用社会资金,校地、校企共建教学资源,共建教学科研实验室,弥补教学资源缺口。(2)改革人事考评制度,创建节约型校园,降低行政经费支出,逐步增加教学经费投入。(3)进一步完善经费的预算管理、过程管理及使用效益分析,辅以适当奖惩,提高经费使用效益。

二、专业设置与调整机制尚需完善

1. 原因分析

(1)新上专业存在一定的盲目性,导致专业同质化。如:生物技术、生物科学,专业人才培养目标区分度不大。(2)专业设置与调整机制不健全,专业退出与改进机制不完备。(3)部分因学科发展需要而必须存在的传统专业,人才培养模式相对落伍,缺乏实践的指导和训练,发展后劲不足,教学质量难以有效提升。(4)受人才引进总量及资金限制,部分新增专业短期内师资队伍短缺,教学条件建设投入不足,实验仪器设备条件和图书等不能满足人才培养要求。

2. 拟解决办法或改进措施

(1)按照经济社会发展需求和学校人才培养目标,由行业企业和高校专家学者组成的专业委员会审定专业设置,确保新增专业办学起点高、特色鲜明、社会需求契合度高。(2)完善专业建设与评价机制。科学编制学校专业发展规划,明确学科专业发展方向,定期开展专业评估,对基础薄弱且有较强生命力的专业加大政策倾斜和资金投入;加大弱势专业高层次人才引进力度和队伍建设,提高专业建设水平。(3)健全专业动态调整优化机制。对专业人才培养质量低、就业前景差、不适应经济社会发展要求的专业,限制招生或隔年招生,使学校的专业数量适当、专业结构合理。

三、高层次领军型人才偏少,生师比居高不下

1. 原因分析

(1)学校财力不足,无法提供优厚的人才待遇,对高层次人才吸引力不大。(2)学科平台建设水平较低,凝聚高层次人才的能力不强。

2. 拟解决办法或改进措施

(1)进一步加强省部级以上重点学科、重点实验室学科平台建设,借助各级各类人才项目,以领军人才、学科带头人为核心,引进和培养一批科研基础好、发展后劲足的青年学者和教学科研骨干,培育结构合理的人才梯队。(2)实施好"152"人才工程和"学科特区"计划,重点加强高层次人才的引进、培养优秀创新团队,营造有利于优秀人才脱颖而出的发展环境。(3)规范体制机制建设,修订和完善《烟台大学关于进一步加强人才队伍建设的意见》和《烟台大学岗位设置管理与聘用考核实施意见》等规章制度,推动学校人才队伍建设的科学化、规范化。(4)修订《烟台大学引进人才工作暂行办法》,优化人才引进政策,加大人才引进力度,注重生师比较高专业的教师引进。(5)加强学科建设,积极争取博士点。

附:

1. 烟台大学 2017—2018 学年本科教学质量报告核心支撑数据一览表

序号	数据指标名称	数据	备注
1－1	本科生人数	28398	
1－2	折合在校生人数	32202	
1－3	全日制在校生人数	30557	
1－4	本科生占全日制在校生总数的比例	92.93%	
2－1	专任教师数量	1352	分专业教师数量及结构见文中附表
2－2	外聘教师数量	331	
2－3	具有高级职称的专任教师比例	47.71%	
2－4	具有博士学位的专任教师比例	49.56%	
2－5	具有硕士学位的专任教师比例	38.91%	
3－1	全校本科专业总数(国标专业)	64	
3－2	当年本科招生专业总数(国标专业)	56	
3－3	当年新增专业(国标专业)	2	
3－4	当年停招专业(国标专业)	7	
4	生师比	21.22	分专业生师比见文中附表
5	生均教学科研仪器设备值(万元)	1.32	
6	当年新增教学科研仪器设备值(万元)	5189.27	
7	生均纸质图书数(册)	78.31	
8－1	电子图书(册)	7891306	
8－2	数据库(个)	87	
9－1	生均教学行政用房(m^2)	8.36	
9－2	生均实验室面积(m^2)	2.25	
10	生均本科教学日常运行支出(元)	2212.7	

续表

序号	数据指标名称	数据	备注
11	本科专项教学经费(万元)	6003	
12	生均本科实验经费(元)	132.05	
13	生均本科实习经费(元)	31.34	
14	全校开设课程总门数	2644	
15	实践教学学分占总学分比例(人才培养方案中)	30.70%	分专业实践教学学分占总学分比例见文中附表
16	选修课学分占总学分比例(人才培养方案中)	21.62%	分专业选修课学分占总学分比例见文中附表
17	主讲本科课程的教授占教授总数的比例(不含讲座)	86.21%	分专业主讲本科课程的教授占教授总数的比例见文中附表
18	教授授本科课程占总课程数的比例	15.05%	分专业教授授本科课程占总课程数的比例见文中附表
19	实践教学和实习实训基地	316	分专业实践教学和实习实训基地见文中附表
20	应届本科生毕业率	93.74%	分专业应届本科生毕业率见文中附表
21	应届本科生学位授予率	93.70%	分专业应届本科生毕业率见文中附表
22	应届本科生初次就业率	62.91%	分专业应届本科生初次就业率见文中附表
23	体质测试达标率	90.80%	分专业体质测试达标率见文中附表
24	学生学习满意度	84.00%	
25	用人单位对毕业生满意度	100.00%	

说明:

1. 本表所涉数据全部来源于学校2018年秋季学期在教育部高等教育质量监测国家数据平台填报的教学基本状态数据。

2. 有关数据的统计口径和统计方式参照《教育部关于印发〈普通高等学校基本办学条件指标(试行)的通知〉》(教发[2004]2号)、《教育部关于开展普通高等学校本科教学工作合格评估的通知》(教高厅[2011]2号)和“高等教育质量监测国家数据平台数据填报指南”。

3. 学生学习满意度调查方法:

本校学生在每学年初都会利用烟台大学大学生学业规划网站对自己的学年学业进行在线规划,并在学年末对自己一学年的表现进行在线自我评价,规划和自我评价情况都会由网站后台系统进行统计汇总。根据学业规划网站2017—2018学年后台“学生自我评价结果统计”的数据显示,学校对学生在自我评价中对自己的“成绩进步情况”项目进行了统计,根据“进步非常明显”“有进步”“维持原样”“有退步”4种选项的选择结果数量,统计出84%的学生认为自己的成绩进步情况为“进步非常明显”和“有进步”。

4. 用人单位对毕业生满意度调查方法:

学校毕业生就业工作指导中心开展了2018年用人单位对2017届毕业生满意度调查,向127家用人单位发放《烟台大学2018年用人单位满意度调查问卷》,用人单位性质包含企业、事业单位等,涵盖工业、零售业、信息传输业、交通运输业等各大行业。调查主要涉及用人单位对录用毕业生的综合素质、录用的主要渠道、录用时考虑的主要因素、对学校人才培养的总体评价等,问卷回收率达100%。调查结果显示,用人单位对本校毕业生总体表现较为满意,其中非常满意占95.2%,基本满意占4.8%。

5. 上述单项数据并非教学质量指标,不可用于教学质量的评估比较。

2. 各国标专业教师数量及生师比一览表

序号	专业代码	专业名称	专业教师总数	本科学生数	专业生师比
1	080401	材料科学与工程	24	565	23.54
2	080301	测控技术与仪器	21	378	18.00
3	050209	朝鲜语	12	302	25.17
4	080207	车辆工程	13	421	32.38
5	082802	城乡规划	10	114	11.40
6	080714T	电子信息科学与技术	16	311	19.44
7	030101K	法学	53	617	11.64
8	080407	高分子材料与工程	13	434	33.38
9	081003	给排水科学与工程	12	390	32.50
10	120103	工程管理	11	400	36.36
11	120201K	工商管理	20	450	22.50
12	020401	国际经济与贸易	11	471	42.82
13	070701	海洋科学	8	108	13.50
14	090602	海洋渔业科学与技术	7	308	44.00
15	050103	汉语国际教育	16	389	24.31
16	050101	汉语言文学	33	1108	33.58
17	081803K	航海技术	15	513	34.20
18	082201	核工程与核技术	12	324	27.00
19	081301	化学工程与工艺	38	661	17.39
20	082505T	环保设备工程	10	166	16.60
21	082501	环境科学与工程	14	532	38.00
22	130503	环境设计	27	271	10.04
23	120203K	会计学	15	422	28.13
24	080202	机械设计制造及其自动化	37	1119	30.24
25	080901	计算机科学与技术	34	387	11.38
26	082801	建筑学	35	437	12.49
27	080405	金属材料工程	12	521	43.42
28	081804K	轮机工程	18	530	29.44
29	080501	能源与动力工程	15	403	26.87
30	050207	日语	10	218	21.80
31	080902	软件工程	13	429	33.00
32	083001	生物工程	23	376	16.35
33	071002	生物技术	23	366	15.91
34	071001	生物科学	22	364	16.55
35	082701	食品科学与工程	13	373	28.69

续表

序号	专业代码	专业名称	专业教师总数	本科学生数	专业生师比
36	082702	食品质量与安全	13	384	29.54
37	120202	市场营销	10	129	12.90
38	070101	数学与应用数学	22	414	18.82
39	090601	水产养殖学	19	366	19.26
40	080703	通信工程	15	213	14.20
41	071201	统计学	13	398	30.62
42	081001	土木工程	43	772	17.95
43	130206	舞蹈编导	5	144	28.80
44	080905	物联网工程	10	206	20.60
45	050301	新闻学	19	404	21.26
46	070102	信息与计算科学	15	198	13.20
47	100701	药学	41	751	18.32
48	130202	音乐学	38	289	7.61
49	050201	英语	39	543	13.92
50	070302	应用化学	46	668	14.52
51	070202	应用物理学	31	427	13.77
52	040202K	运动训练	12	571	47.58
53	030102T	知识产权	6	282	47.00
54	081302	制药工程	13	200	15.38
55	080801	自动化	16	410	25.63

3. 各专业教师职称结构一览表

序号	专业代码	专业名称	总数	教授	副教授	讲师	助教	其他正高级	其他副高级	其他中级	其他初级	未评级
1	080401	材料科学与工程	24	8	6	10	0	0	0	0	0	0
2	080301	测控技术与仪器	21	2	8	10	0	0	1	0	0	0
3	050209	朝鲜语	12	2	1	7	0	0	1	0	0	1
4	080207	车辆工程	13	0	6	5	0	0	0	1	1	0
5	082802	城乡规划	10	0	5	2	3	0	0	0	0	0
6	080714T	电子信息科学与技术	16	3	6	6	0	0	0	0	0	1
7	030101K	法学	53	20	14	18	0	0	0	0	0	1
8	080407	高分子材料与工程	13	2	5	6	0	0	0	0	0	0
9	081003	给排水科学与工程	12	0	5	5	0	1	0	1	0	0
10	120103	工程管理	11	1	5	4	0	0	0	1	0	0
11	120201K	工商管理	20	5	8	7	0	0	0	0	0	0

续表

序号	专业代码	专业名称	总数	教授	副教授	讲师	助教	其他正高级	其他副高级	其他中级	其他初级	未评级
12	020401	国际经济与贸易	11	2	3	6	0	0	0	0	0	0
13	070701	海洋科学	8	2	1	5	0	0	0	0	0	0
14	090602	海洋渔业科学与技术	7	0	0	6	0	1	0	0	0	0
15	050103	汉语国际教育	16	1	6	8	0	0	0	0	0	1
16	050101	汉语言文学	33	4	18	9	0	0	0	2	0	0
17	081803K	航海技术	15	0	5	8	0	0	2	0	0	0
18	082201	核工程与核技术	12	1	1	10	0	0	0	0	0	0
19	081301	化学工程与工艺	38	10	7	10	0	1	6	3	1	0
20	082505T	环保设备工程	10	1	4	4	0	0	1	0	0	0
21	082501	环境科学与工程	14	1	9	4	0	0	0	0	0	0
22	130503	环境设计	27	0	6	20	0	0	1	0	0	0
23	120203K	会计学	15	1	8	5	0	0	0	0	0	1
24	080202	机械设计制造及其自动化	37	6	10	17	0	0	2	2	0	0
25	080901	计算机科学与技术	34	8	9	15	0	0	0	1	0	1
26	082801	建筑学	35	6	4	21	0	2	1	1	0	0
27	080405	金属材料工程	12	2	4	3	0	0	1	1	0	1
28	081804K	轮机工程	18	0	1	10	0	0	2	5	0	0
29	080501	能源与动力工程	15	1	5	9	0	0	0	0	0	0
30	050207	日语	10	0	4	6	0	0	0	0	0	0
31	080902	软件工程	13	3	6	4	0	0	0	0	0	0
32	083001	生物工程	23	5	9	6	0	0	3	0	0	0
33	071002	生物技术	23	3	11	5	0	0	1	1	1	1
34	071001	生物科学	22	3	8	6	0	0	4	0	0	1
35	082701	食品科学与工程	13	1	8	2	0	0	2	0	0	0
36	082702	食品质量与安全	13	1	5	3	0	0	0	1	0	3
37	120202	市场营销	10	1	4	5	0	0	0	0	0	0
38	070101	数学与应用数学	22	7	9	3	0	0	0	0	1	2
39	090601	水产养殖学	19	5	4	10	0	0	0	0	0	0
40	080703	通信工程	15	2	6	5	0	0	1	0	0	1
41	071201	统计学	13	3	2	7	0	0	0	0	0	1
42	081001	土木工程	43	8	12	15	0	0	5	3	0	0
43	130206	舞蹈编导	5	0	1	3	0	0	0	0	0	1
44	080905	物联网工程	10	1	3	6	0	0	0	0	0	0

续表

序号	专业代码	专业名称	总数	教授	副教授	讲师	助教	其他正高级	其他副高级	其他中级	其他初级	未评级
45	050301	新闻学	19	1	9	7	2	0	0	0	0	0
46	070102	信息与计算科学	15	3	4	4	0	0	1	1	0	2
47	100701	药学	41	13	12	6	0	0	1	5	1	3
48	130202	音乐学	38	3	4	26	2	0	0	0	1	2
49	050201	英语	39	4	17	18	0	0	0	0	0	0
50	070302	应用化学	46	10	16	15	0	0	4	0	0	1
51	070202	应用物理学	31	7	16	4	0	0	1	0	0	3
52	040202K	运动训练	12	2	6	3	1	0	0	0	0	0
53	030102T	知识产权	6	1	4	1	0	0	0	0	0	0
54	081302	制药工程	13	2	9	1	0	0	0	1	0	0
55	080801	自动化	16	2	7	5	0	0	0	1	0	1

4. 各专业教师学位结构一览表

序号	专业代码	专业名称	总数	博士	硕士	学士	无学位
1	080401	材料科学与工程	24	19	3	2	0
2	080301	测控技术与仪器	21	11	10	0	0
3	050209	朝鲜语	12	6	5	0	1
4	080207	车辆工程	13	7	5	1	0
5	082802	城乡规划	10	3	7	0	0
6	080714T	电子信息科学与技术	16	9	5	2	0
7	030101K	法学	53	37	16	0	0
8	080407	高分子材料与工程	13	9	4	0	0
9	081003	给排水科学与工程	12	9	2	1	0
10	120103	工程管理	11	5	4	2	0
11	120201K	工商管理	20	13	4	3	0
12	020401	国际经济与贸易	11	6	3	2	0
13	070701	海洋科学	8	6	1	1	0
14	090602	海洋渔业科学与技术	7	2	3	1	1
15	050103	汉语国际教育	16	10	6	0	0
16	050101	汉语言文学	33	21	11	1	0
17	081803K	航海技术	15	0	6	9	0
18	082201	核工程与核技术	12	10	2	0	0
19	081301	化学工程与工艺	38	27	7	1	3
20	082505T	环保设备工程	10	8	2	0	0

续表

序号	专业代码	专业名称	总数	博士	硕士	学士	无学位
21	082501	环境科学与工程	14	11	3	0	0
22	130503	环境设计	27	2	21	4	0
23	120203K	会计学	15	3	10	2	0
24	080202	机械设计制造及其自动化	37	23	10	4	0
25	080901	计算机科学与技术	34	26	8	0	0
26	082801	建筑学	35	8	20	7	0
27	080405	金属材料工程	12	12	0	0	0
28	081804K	轮机工程	18	2	7	9	0
29	080501	能源与动力工程	15	8	2	4	1
30	050207	日语	10	2	8	0	0
31	080902	软件工程	13	4	8	1	0
32	083001	生物工程	23	16	2	4	1
33	071002	生物技术	23	16	4	0	3
34	071001	生物科学	22	17	4	1	0
35	082701	食品科学与工程	13	9	1	3	0
36	082702	食品质量与安全	13	10	2	1	0
37	120202	市场营销	10	8	2	0	0
38	070101	数学与应用数学	22	21	1	0	0
39	090601	水产养殖学	19	10	4	5	0
40	080703	通信工程	15	9	5	1	0
41	071201	统计学	13	9	4	0	0
42	081001	土木工程	43	32	6	2	3
43	130206	舞蹈编导	5	0	4	1	0
44	080905	物联网工程	10	6	3	1	0
45	050301	新闻学	19	12	7	0	0
46	070102	信息与计算科学	15	10	3	2	0
47	100701	药学	41	39	2	0	0
48	130202	音乐学	38	3	26	7	2
49	050201	英语	39	9	24	5	1
50	070302	应用化学	46	31	11	4	0
51	070202	应用物理学	31	29	0	1	1
52	040202K	运动训练	12	2	6	4	0
53	030102T	知识产权	6	3	2	1	0
54	081302	制药工程	13	11	2	0	0
55	080801	自动化	16	8	5	3	0

5. 各专业教师年龄结构一览表

序号	专业代码	专业名称	总数	35 岁及以下	36—45 岁	46—55 岁	56 岁及以上
1	080401	材料科学与工程	24	7	9	7	1
2	080301	测控技术与仪器	21	4	7	9	1
3	050209	朝鲜语	12	2	5	3	2
4	080207	车辆工程	13	5	4	4	0
5	082802	城乡规划	10	5	3	1	1
6	080714T	电子信息科学与技术	16	3	6	6	1
7	030101K	法学	53	7	24	20	2
8	080407	高分子材料与工程	13	3	5	5	0
9	081003	给排水科学与工程	12	7	2	3	0
10	120103	工程管理	11	1	4	4	2
11	120201K	工商管理	20	3	7	7	3
12	020401	国际经济与贸易	11	2	3	5	1
13	070701	海洋科学	8	4	2	2	0
14	090602	海洋渔业科学与技术	7	1	3	3	0
15	050103	汉语国际教育	16	1	12	3	0
16	050101	汉语言文学	33	1	17	15	0
17	081803K	航海技术	15	2	8	5	0
18	082201	核工程与核技术	12	5	6	0	1
19	081301	化学工程与工艺	38	12	7	14	5
20	082505T	环保设备工程	10	1	5	3	1
21	082501	环境科学与工程	14	2	4	8	0
22	130503	环境设计	27	9	15	2	1
23	120203K	会计学	15	0	9	5	1
24	080202	机械设计制造及其自动化	37	10	11	14	2
25	080901	计算机科学与技术	34	10	10	10	4
26	082801	建筑学	35	7	13	12	3
27	080405	金属材料工程	12	3	6	3	0
28	081804K	轮机工程	18	3	8	6	1
29	080501	能源与动力工程	15	5	3	7	0
30	050207	日语	10	0	5	5	0
31	080902	软件工程	13	2	3	6	2
32	083001	生物工程	23	2	11	10	0
33	071002	生物技术	23	3	9	8	3
34	071001	生物科学	22	6	5	9	2
35	082701	食品科学与工程	13	2	2	7	2

续表

序号	专业代码	专业名称	总数	35岁及以下	36—45岁	46—55岁	56岁及以上
36	082702	食品质量与安全	13	4	5	4	0
37	120202	市场营销	10	1	6	3	0
38	070101	数学与应用数学	22	3	14	5	0
39	090601	水产养殖学	19	4	3	10	2
40	080703	通信工程	15	2	5	6	2
41	071201	统计学	13	5	4	4	0
42	081001	土木工程	43	8	17	17	1
43	130206	舞蹈编导	5	5	0	0	0
44	080905	物联网工程	10	4	4	2	0
45	050301	新闻学	19	5	9	5	0
46	070102	信息与计算科学	15	5	7	2	1
47	100701	药学	41	12	18	8	3
48	130202	音乐学	38	18	13	6	1
49	050201	英语	39	2	19	14	4
50	070302	应用化学	46	15	11	18	2
51	070202	应用物理学	31	7	12	12	0
52	040202K	运动训练	12	5	2	3	2
53	030102T	知识产权	6	0	2	3	1
54	081302	制药工程	13	1	7	4	1
55	080801	自动化	16	3	4	8	1

6. 各专业学分比例情况一览表

序号	专业代码	专业名称	实践教学学分占总学分的比例(%)	选修课学分占总学分的比例(%)
1	030101K	法学	29.88	26.22
2	030102T	知识产权	30.49	25.61
3	040202K	运动训练	28.96	28.96
4	040207T	休闲体育	51.83	32.93
5	050101	汉语言文学	40.24	25.61
6	050301	新闻学	34.15	26.83
7	050103	汉语国际教育	24.39	29.27
8	050207	日语	21.69	19.28
9	050201	英语	23.49	19.28
10	050209	朝鲜语	23.49	22.89
11	070101	数学与应用数学	32.25	21.30

续表

序号	专业代码	专业名称	实践教学学分占总学分的比例(%)	选修课学分占总学分的比例(%)
12	070102	信息与计算科学	32.25	19.53
13	071201	统计学	32.25	24.26
14	071002	生物技术	36.09	19.53
15	071001	生物科学	35.50	16.57
16	082701	食品科学与工程	36.09	21.30
17	082702	食品质量与安全	18.93	25.44
18	083001	生物工程	27.81	23.08
19	080202	机械设计制造及其自动化	24.56	25.44
20	080207	车辆工程	35.80	26.63
21	080301	测控技术与仪器	32.54	15.09
22	070302	应用化学	32.81	25.94
23	080407	高分子材料与工程	31.82	27.27
24	081301	化学工程与工艺	31.21	26.67
25	070202	应用物理学	30.47	23.37
26	080703	通信工程	31.36	21.30
27	080714T	电子信息科学与技术	32.25	23.67
28	080905	物联网工程	32.25	19.82
29	082201	核工程与核技术	33.43	23.37
30	080801	自动化	26.92	21.01
31	080901	计算机科学与技术	26.92	27.22
32	080902	软件工程	29.59	27.81
33	081001	土木工程	30.87	22.35
34	081003	给排水科学与工程	30.77	14.79
35	120103	工程管理	31.36	15.38
36	080401	材料科学与工程	33.73	18.05
37	080405	金属材料工程	33.73	17.46
38	082505T	环保设备工程	37.28	22.19
39	082501	环境科学与工程	35.80	13.91
40	080501	能源与动力工程	35.50	20.12
41	081803K	航海技术	32.40	25.42
42	081804K	轮机工程	34.64	21.23
43	090601	水产养殖学	32.84	21.89
44	070701	海洋科学	33.14	21.30
45	100701	药学	33.73	13.61

续表

序号	专业代码	专业名称	实践教学学分占总学分的比例(%)	选修课学分占总学分的比例(%)
46	081302	制药工程	34.32	12.43
47	020401	国际经济与贸易	27.44	22.87
48	120201K	工商管理	29.27	25.61
49	120202	市场营销	30.49	25.00
50	120203K	会计学	29.27	25.00
51	020304	投资学	25.00	26.22
52	130202	音乐学	26.88	25.00
53	130206	舞蹈编导	28.13	13.75
54	082801	建筑学	37.25	12.25
55	082802	城乡规划	35.29	16.18
56	130503	环境设计	30.49	29.88

7. 各专业教授上课情况一览表

序号	专业代码	专业名称	主讲本科课程的本专业教授占本专业教授总数的比例(%)	教授讲授本专业课程占本专业课程总数比例(%)
1	080401	材料科学与工程	87.50	28.00
2	080301	测控技术与仪器	100.00	10.26
3	050209	朝鲜语	100.00	17.95
4	080207	车辆工程	——	——
5	082802	城乡规划	——	——
6	080714T	电子信息科学与技术	100.00	6.67
7	030101K	法学	100.00	48.00
8	080407	高分子材料与工程	100.00	16.67
9	081003	给排水科学与工程	——	——
10	120103	工程管理	100.00	0.00
11	120201K	工商管理	40.00	2.70
12	020401	国际经济与贸易	100.00	5.00
13	070701	海洋科学	100.00	40.00
14	090602	海洋渔业科学与技术	——	——
15	050103	汉语国际教育	100.00	4.08
16	050101	汉语言文学	100.00	10.71
17	081803K	航海技术	——	——
18	082201	核工程与核技术	100.00	0.00
19	081301	化学工程与工艺	90.00	29.17

续表

序号	专业代码	专业名称	主讲本科课程的本专业教授占本专业教授总数的比例(%)	教授讲授本专业课程占本专业课程总数比例(%)
20	082505T	环保设备工程	100.00	0.00
21	082501	环境科学与工程	100.00	7.02
22	130503	环境设计	——	——
23	120203K	会计学	100.00	5.13
24	080202	机械设计制造及其自动化	100.00	15.25
25	080901	计算机科学与技术	87.50	20.97
26	082801	建筑学	100.00	17.74
27	080405	金属材料工程	100.00	0.00
28	081804K	轮机工程	——	——
29	080501	能源与动力工程	0.00	0.00
30	050207	日语	——	——
31	080902	软件工程	66.67	6.78
32	083001	生物工程	80.00	23.68
33	071002	生物技术	66.67	6.98
34	071001	生物科学	66.67	4.65
35	082701	食品科学与工程	100.00	8.11
36	082702	食品质量与安全	100.00	0.00
37	120202	市场营销	0.00	0.00
38	070101	数学与应用数学	85.71	14.71
39	090601	水产养殖学	100.00	19.51
40	080703	通信工程	100.00	4.35
41	071201	统计学	100.00	12.50
42	081001	土木工程	100.00	31.25
43	130206	舞蹈编导	——	——
44	080905	物联网工程	100.00	2.44
45	050301	新闻学	100.00	2.33
46	070102	信息与计算科学	100.00	10.34
47	100701	药学	69.23	36.36
48	130202	音乐学	33.33	16.48
49	050201	英语	100.00	16.67
50	070302	应用化学	90.00	37.93
51	070202	应用物理学	100.00	25.00
52	040202K	运动训练	100.00	1.96
53	030102T	知识产权	100.00	0.00

续表

序号	专业代码	专业名称	主讲本科课程的本专业教授占本专业教授总数的比例(%)	教授讲授本专业课程占本专业课程总数比例(%)
54	081302	制药工程	100.00	11.76
55	080801	自动化	100.00	10.26

8. 各专业校外实习实训基地情况一览表

序号	专业代码	专业名称	实践教学及实习实训基地数量
1	080401	材料科学与工程	4
2	080301	测控技术与仪器	4
3	050209	朝鲜语	6
4	080207	车辆工程	7
5	080701	电子信息工程	8
6	080714T	电子信息科学与技术	8
7	030101K	法学	29
8	080407	高分子材料与工程	7
9	081003	给排水科学与工程	31
10	120103	工程管理	31
11	120201K	工商管理	10
12	120401	公共事业管理	9
13	020401	国际经济与贸易	12
14	090602	海洋渔业科学与技术	14
15	050103	汉语国际教育	2
16	081803K	航海技术	2
17	082201	核工程与核技术	9
18	081301	化学工程与工艺	8
19	082501	环境科学与工程	8
20	130503	环境设计	4
21	120203K	会计学	11
22	080202	机械设计制造及其自动化	13
23	080901	计算机科学与技术	11
24	082801	建筑学	20
25	080405	金属材料工程	12
26	081804K	轮机工程	2
27	080501	能源与动力工程	9
28	050207	日语	3
29	080902	软件工程	9

续表

序号	专业代码	专业名称	实践教学及实习实训基地数量
30	083001	生物工程	13
31	071002	生物技术	22
32	071001	生物科学	22
33	082701	食品科学与技术	13
34	082702	食品质量与安全	13
35	120202	市场营销	10
36	070101	数学与应用数学	2
37	090601	水产养殖学	14
38	080703	通信工程	9
39	071201	统计学	2
40	081001	土木工程	31
41	130206	舞蹈编导	10
42	080905	物联网工程	6
43	050301	新闻学	20
44	070102	信息与计算科学	4
45	100701	药学	3
46	130201	音乐表演	10
47	130202	音乐学	10
48	050201	英语	15
49	070302	应用化学	9
50	070202	应用物理学	3
51	040202K	运动训练	17
52	030102T	知识产权	28
53	081302	制药工程	3
54	080801	自动化	5

9. 各国标专业毕业生毕业就业情况一览表

序号	专业代码	专业名称	毕业率(%)	学位授予率(%)	初次就业率(%)	体质达标率(%)
1	080401	材料科学与工程	94.70	94.70	74.24	96.09
2	080301	测控技术与仪器	85.56	85.56	72.22	93.26
3	050209	朝鲜语	100.00	100.00	55.88	79.41
4	080207	车辆工程	90.11	90.11	43.96	86.67
5	080714T	电子信息科学与技术	85.71	85.71	30.61	87.76
6	030101K	法学	100.00	100.00	44.57	90.91

续表

序号	专业代码	专业名称	毕业率(%)	学位授予率(%)	初次就业率(%)	体质达标率(%)
7	080407	高分子材料与工程	95.35	95.35	55.81	89.29
8	081003	给排水科学与工程	95.51	95.51	77.53	90.80
9	120103	工程管理	87.74	87.74	65.09	88.35
10	120201K	工商管理	94.12	94.12	35.29	95.20
11	120401	公共事业管理	92.96	92.96	49.30	84.29
12	020401	国际经济与贸易	83.67	83.67	38.78	90.63
13	090602	海洋渔业科学与技术	100.00	100.00	80.34	91.30
14	050103	汉语国际教育	96.74	96.74	59.78	90.00
15	050101	汉语言文学	98.84	98.84	34.36	95.24
16	081803K	航海技术	89.80	89.80	81.63	93.88
17	082201	核工程与核技术	83.12	83.12	50.65	85.33
18	081301	化学工程与工艺	94.61	94.61	65.87	93.25
19	082505T	环保设备工程	94.00	94.00	58.00	91.84
20	082501	环境科学与工程	94.04	94.04	68.21	93.33
21	130503	环境设计	92.59	92.59	25.93	88.00
22	120203K	会计学	98.51	98.51	47.76	98.41
23	080202	机械设计制造及其自动化	91.51	91.51	64.58	84.96
24	080901	计算机科学与技术	93.41	93.41	75.82	89.89
25	082801	建筑学	96.74	96.74	55.43	92.59
26	080405	金属材料工程	94.74	94.74	72.93	88.37
27	081804K	轮机工程	90.38	90.38	88.46	92.16
28	080501	能源与动力工程	98.94	98.94	88.30	94.62
29	050207	日语	94.74	94.74	45.61	78.95
30	080902	软件工程	84.91	84.91	58.49	81.13
31	083001	生物工程	93.33	93.33	87.78	91.01
32	071002	生物技术	96.77	96.77	77.42	87.91
33	071001	生物科学	91.58	91.58	76.84	92.31
34	082701	食品科学与工程	95.29	95.29	61.18	92.50
35	082702	食品质量与安全	97.85	97.85	69.89	97.85
36	120202	市场营销	97.87	97.87	21.28	95.45
37	130502	视觉传达设计	96.97	96.97	12.12	96.67
38	070101	数学与应用数学	92.13	91.01	69.66	97.67
39	090601	水产养殖学	96.59	96.59	75.00	93.02
40	080703	通信工程	91.67	91.67	47.92	97.92
41	071201	统计学	94.38	94.38	50.56	96.55

续表

序号	专业代码	专业名称	毕业率(%)	学位授予率(%)	初次就业率(%)	体质达标率(%)
42	081001	土木工程	87.91	87.91	80.77	85.31
43	130206	舞蹈编导	88.89	88.89	69.44	97.22
44	080905	物联网工程	95.56	95.56	66.67	81.82
45	050301	新闻学	96.55	96.55	41.38	93.90
46	070102	信息与计算科学	67.44	67.44	32.56	76.74
47	100701	药学	95.65	95.65	69.02	95.58
48	130201	音乐表演	90.24	90.24	78.05	75.00
49	130202	音乐学	84.38	84.38	71.88	84.38
50	050201	英语	97.52	97.52	50.41	98.31
51	070302	应用化学	96.23	96.23	67.92	89.40
52	070202	应用物理学	92.93	92.93	71.72	95.88
53	040202K	运动训练	96.21	96.21	71.97	——
54	030102T	知识产权	98.90	98.90	45.05	89.66
55	081302	制药工程	93.88	93.88	61.22	93.75
56	080801	自动化	96.63	96.63	92.13	86.36

烟台大学 2017—2018 学年春季研究生课程目录

课程号	课程名	开课院系	总学时	周学时	学分
Y52013003	实践环节(教学、科研社会实践及学术活动)	法学院	216	12	1
Y52031201	法理学专题	法学院	54	3	3
Y52031602	行政诉讼法专题	法学院	48	2	2
Y52032101	中国法律思想史	法学院	54	3	3
Y52032102	外国法制史	法学院	54	3	2
Y52032103	唐律精读	法学院	54	3	2
Y52032202	法社会学	法学院	54	3	3
Y52032203	比较法学	法学院	54	3	3
Y52032301	比较宪法	法学院	36	2	2
Y52032403	犯罪学	法学院	54	3	3
Y52032503	合同法	法学院	54	3	3
Y52032702	市场规制法专题	法学院	54	3	3
Y52032703	宏观调控法专题	法学院	54	3	3
Y52032802	环境法专题	法学院	36	2	2

续表

课程号	课程名	开课院系	总学时	周学时	学分
Y52032803	资源法专题	法学院	36	2	2
Y52032804	能源法专题	法学院	36	2	2
Y52032903	国际法原理专题	法学院	54	3	3
Y52052002	西方法哲学流派	法学院	36	2	2
Y52052006	现代英美法理学	法学院	36	2	2
Y52052007	中法史史料学研究	法学院	36	2	2
Y52052010	保险法专题	法学院	36	2	2
Y52052013	侵权法	法学院	36	2	2
Y52052019	民事诉讼法	法学院	36	2	2
Y52052020	刑法各论	法学院	36	2	2
Y52052023	刑事政策学	法学院	36	2	2
Y52052024	外国民事诉讼法专题	法学院	36	2	2
Y52052027	国际投资法专题	法学院	36	2	2
Y52052028	公司与破产法	法学院	36	2	2
Y52052030	金融法专题	法学院	36	2	2
Y52052034	劳动法与社会保障法学	法学院	36	2	2
Y52052037	法学前沿问题研究	法学院	18	1	1
Y52052039	法学方法论专题	法学院	36	2	2
Y52052040	亲属与继承法	法学院	36	2	2
Y52052041	行政审判实务	法学院	36	2	2
Y5212016	学位论文(法硕)	法学院	540	30	10
Y52121015	实务实习(法本、法硕必修实务)	法学院	252	14	4
Y52121017	学位论文(法本法硕)	法学院	270	15	5
Y52122006	民事诉讼法(法硕)	法学院	54	3	3
Y52122031	民法与民事诉讼原理与实务	法学院	72	4	4
Y52122032	刑法与刑事诉讼原理与实务	法学院	72	4	4
Y52122033	行政法与行政诉讼原理与实务	法学院	54	3	3
Y52123005	法律方法	法学院	36	2	2
Y52123009	行政法与行政诉讼法(法硕)	法学院	54	3	3
Y52132001	外国法制史(法硕推选)	法学院	36	2	2
Y52132003	国际法专题	法学院	36	2	2
Y52132004	经济法专题	法学院	36	2	2
Y52133008	法律方法(法硕推选)	法学院	36	2	2
Y52152001	知识产权管理	法学院	36	2	2
Y52152004	知识产权英语	法学院	48	2	2

续表

课程号	课程名	开课院系	总学时	周学时	学分
Y52152005	专利法专题	法学院	48	2	2
Y52152006	商业秘密与反不正当竞争法	法学院	48	2	2
Y52312001	学术规范与论文写作	法学院	18	1	1
Y52321003	民法学	法学院	72	4	4
Y52321004	刑法学	法学院	72	4	4
Y52322001	民事诉讼法学	法学院	36	2	2
Y57022001	学术规范与论文写作	光电信息科学技术学院	18	2	1
Y57032004	量子场论(1)	光电信息科学技术学院	54	3	3
Y57032005	粒子物理	光电信息科学技术学院	54	3	3
Y57032006	凝聚态理论	光电信息科学技术学院	54	3	3
Y57032007	凝聚态物理实验方法	光电信息科学技术学院	54	3	3
Y57032008	量子光学	光电信息科学技术学院	54	3	3
Y57032009	高等物理光学	光电信息科学技术学院	54	3	3
Y57032028	固体物理实验	光电信息科学技术学院	54	3	3
Y57032029	时间序列分析	光电信息科学技术学院	54	3	3
Y57032030	自适应信号处理与现代谱估计	光电信息科学技术学院	54	3	3
Y57032031	电子材料与器件原理	光电信息科学技术学院	54	3	3
Y57032050	现代信号处理(双语)	光电信息科学技术学院	54	3	3
Y57052001	半导体器件研究进展系列讲座	光电信息科学技术学院	18	2	1
Y57052002	低维和薄膜物理	光电信息科学技术学院	36	2	2
Y57052003	CMOS 集成电路设计原理	光电信息科学技术学院	36	2	2
Y57052005	光电子学	光电信息科学技术学院	18	2	1
Y57052006	太阳能电池研究进展系列讲座	光电信息科学技术学院	18	2	1
Y57052007	信号检测与估值专题讲座	光电信息科学技术学院	18	1	1
Y57052008	DSP 系统结构原理与应用	光电信息科学技术学院	36	2	2
Y57052012	计算材料科学	光电信息科学技术学院	54	3	3
Y57052013	独立分量分析理论与应用(双语)	光电信息科学技术学院	36	2	2
Y57052015	材料与器件物理学	光电信息科学技术学院	54	3	3
Y57052019	计算方法	光电信息科学技术学院	36	2	2
Y57052020	粒子物理前沿讲座(双语)	光电信息科学技术学院	18	2	1
Y57052021	凝聚态物理前沿讲座(双语)	光电信息科学技术学院	18	2	1
Y57052022	光物理前沿讲座(双语)	光电信息科学技术学院	18	2	1
Y57052040	嵌入式系统开发系列讲座	光电信息科学技术学院	18	2	1
Y57052041	数字图像处理系列讲座	光电信息科学技术学院	18	2	1
Y57132048	现代通信原理	光电信息科学技术学院	54	3	3

续表

课程号	课程名	开课院系	总学时	周学时	学分
Y57152050	人工神经网络及其应用	光电信息科学技术学院	36	2	2
Y57222064	工程实践	光电信息科学技术学院	54	3	3
Y60021002	海洋环境化学	海洋学院	54	3	3
Y60022008	学术规范与论文写作	海洋学院	18	1	1
Y60031019	海洋生态学	海洋学院	36	2	2
Y60032009	渔业资源评估	海洋学院	36	2	2
Y60032011	渔业资源学	海洋学院	36	2	2
Y60053005	现代微生物生物技术	海洋学院	36	2	2
Y69010001	实践环节	化学化工学院	72	4	2
Y69010002	专业实践	化学化工学院	216	12	6
Y69010003	学术活动	化学化工学院	36	2	1
Y69010004	学术训练	化学化工学院	36	2	1
Y69032003	流体混合工程	化学化工学院	36	2	2
Y69032502	纳米材料化学	化学化工学院	36	2	2
Y69032504	立体有机化学	化学化工学院	36	3	2
Y69032505	化学信息学	化学化工学院	36	2	2
Y69032506	量子化学计算方法	化学化工学院	36	2	2
Y69032507	高分子材料改性	化学化工学院	36	2	2
Y69032508	功能高分子	化学化工学院	36	2	2
Y69032509	有机合成化学	化学化工学院	36	2	2
Y69052001	科研方法论	化学化工学院	18	2	1
Y69052005	催化新材料与反应	化学化工学院	36	2	2
Y69052010	绿色化学与工艺	化学化工学院	36	2	2
Y69052017	皮革化学品	化学化工学院	36	2	2
Y69052020	新型制革技术与绿色制革工艺	化学化工学院	36	2	2
Y69052503	杂环化学	化学化工学院	36	2	2
Y69052505	高等有机合成实验	化学化工学院	36	3	2
Y69052506	高效毛细管电泳及应用	化学化工学院	36	2	2
Y69052507	发光分析	化学化工学院	36	2	2
Y69052508	X 射线荧光分析	化学化工学院	36	2	2
Y69052510	分子光谱学	化学化工学院	36	2	2
Y69052511	催化研究方法	化学化工学院	36	2	2
Y69052514	聚合物分子工程	化学化工学院	36	2	2
Y69052516	多相聚合物材料的制备	化学化工学院	36	2	2
Y69052517	高效毛细管电泳及应用	化学化工学院	36	2	2

续表

课程号	课程名	开课院系	总学时	周学时	学分
Y69052518	X 射线分析技术	化学化工学院	36	2	2
Y69110001	学术规范与论文写作	化学化工学院	18	2	1
Y69110002	信息检索与知识产权	化学化工学院	18	2	1
Y69210305	化学动力学	化学化工学院	36	3	2
Y69210315	高等反应工程	化学化工学院	36	2	2
Y69210316	高等分离工程	化学化工学院	36	2	2
Y69510308	高等物理化学	化学化工学院	36	2	2
Y69510309	聚合物表面与界面科学	化学化工学院	36	2	2
Y69520002	化工过程开发与工程设计	化学化工学院	54	3	2
Y69520003	化工新材料(双语教学)	化学化工学院	36	2	2
Y69520004	功能分子与高分子材料	化学化工学院	36	2	2
Y69520005	专业外语	化学化工学院	36	2	1
Y61012002	学术规范与论文写作	环境与材料工程学院	18	1	1
Y61012003	信息检索与知识产权	环境与材料工程学院	18	1	1
Y61051002	先进材料成形技术及理论	环境与材料工程学院	36	2	2
Y61052008	现代功能材料	环境与材料工程学院	36	2	2
Y61052014	新型胶凝材料	环境与材料工程学院	36	2	2
Y61052019	新材料进展	环境与材料工程学院	18	1	1
Y61052020	纳米材料与技术	环境与材料工程学院	36	2	2
Y61052021	复合材料学	环境与材料工程学院	36	2	2
Y61052022	材料加工过程控制	环境与材料工程学院	18	1	1
Y61061001	材料成型原理	环境与材料工程学院	48	2	0
Y61121007	土壤污染与修复	环境与材料工程学院	36	2	2
Y61132003	海岸环境与工程	环境与材料工程学院	36	2	2
Y61152005	清洁生产技术与评估	环境与材料工程学院	36	2	2
Y61152015	环境生物地球化学	环境与材料工程学院	36	2	2
Y61152021	生态学原理与应用	环境与材料工程学院	18	1	1
Y61153003	环境遥感与信息技术	环境与材料工程学院	18	1	1
Y61252011	计算科学在材料工程中的应用	环境与材料工程学院	36	2	2
Y56120001	学术规范与论文写作	机电汽车工程学院	18	1	1
Y56120002	信息检索与知识产权	机电汽车工程学院	18	1	1
Y56220001	工程伦理	机电汽车工程学院	18	1	1
Y56520001	机电技术前沿动态	机电汽车工程学院	9	1	0.5
Y56520002	科技史与科技创新	机电汽车工程学院	9	1	0.5
Y56520003	汽车系统动力学	机电汽车工程学院	18	1	1

续表

课程号	课程名	开课院系	总学时	周学时	学分
Y56520004	转子动力学	机电汽车工程学院	18	1	1
Y56520005	高等流体力学	机电汽车工程学院	18	1	1
Y56520006	计算机图形学	机电汽车工程学院	36	2	2
Y56520007	机器人学	机电汽车工程学院	36	2	2
Y56520008	工业控制装置	机电汽车工程学院	36	2	2
Y56520009	矩阵分析	机电汽车工程学院	36	2	2
Y56520010	数学物理方程	机电汽车工程学院	36	2	2
Y56520012	运动控制技术	机电汽车工程学院	36	2	2
Y56520014	现代 CAE 技术	机电汽车工程学院	36	2	2
Y56710001	实践环节(学硕)	机电汽车工程学院	200	11	2
Y56720001	实践环节(专硕)	机电汽车工程学院	800	44	8
Y58511005	机器学习	计算机与控制工程学院	36	2	2
Y58511011	物联网理论与技术	计算机与控制工程学院	36	2	2
Y58512006	数字图像处理	计算机与控制工程学院	36	3	2
Y58512009	面向对象方法学	计算机与控制工程学院	36	2	2
Y67110001	学术规范与论文写作	国际教育交流学院	1	2	1
Y67110002	信息检索与知识产权	国际教育交流学院	1	2	1
Y67210002	第二语言习得	国际教育交流学院	36	2	2
Y67210004	国外汉语课堂教学案例	国际教育交流学院	36	4	2
Y67220003	教学测试与评估	国际教育交流学院	18	2	1
Y67220004	中华文化才艺与展示	国际教育交流学院	18	2	1
Y67411003	汉语教材与教学资源	国际教育交流学院	1	2	1
Y67411005	汉语教学测试与评估	国际教育交流学院	1	2	1
Y67421006	中华传统才艺(二)	国际教育交流学院	2	2	1
Y67500001	学术训练	国际教育交流学院	1	1	1
Y67500002	学术活动	国际教育交流学院	1	1	1
Y67510002	汉外语言对比	国际教育交流学院	36	2	2
Y67510004	现代语言教育技术	国际教育交流学院	36	2	2
Y67520003	中国思想史	国际教育交流学院	36	2	2
Y67530003	课堂教学组织与管理	国际教育交流学院	36	4	2
Y53110099	学术规范与论文写作	经济管理学院	18	2	1
Y53110100	信息检索与知识产权	经济管理学院	18	2	1
Y53210101	海洋农业发展	经济管理学院	36	2	2
Y53210102	农业合作经济理论	经济管理学院	36	2	2
Y53210104	农村社会调查与统计方法	经济管理学院	36	2	2

续表

课程号	课程名	开课院系	总学时	周学时	学分
Y53310008	宏观经济管理	经济管理学院	36	2	2
Y53310009	经济预测与分析	经济管理学院	36	2	2
Y53310038	实践环节	经济管理学院	300	16	1
Y53310039	社会实践环节	经济管理学院	300	16	6
Y53310041	财务管理理论与实务	经济管理学院	36	2	2
Y53310062	组织创新	经济管理学院	36	2	2
Y53510004	消费者行为分析	经济管理学院	36	2	2
Y53510027	经济学说史	经济管理学院	36	2	2
Y53510054	计量经济学	经济管理学院	36	2	2
Y53510063	营销管理	经济管理学院	36	2	2
Y53510088	农业项目投资与评估	经济管理学院	18	2	1
Y53510095	资本市场会计研究	经济管理学院	18	2	1
Y53510097	文献导读(双语)	经济管理学院	18	2	1
Y53510105	农村经济与社会发展	经济管理学院	18	2	1
Y53510106	农村金融理论与实践	经济管理学院	18	2	1
Y53510107	农村公共管理	经济管理学院	36	2	2
Y53510108	农村企业管理与农产品营销	经济管理学院	36	2	2
Y53510109	国外农业发展理论与实践	经济管理学院	18	2	1
Y53510110	农村社会学	经济管理学院	36	2	2
Y53510111	农村发展案例分析	经济管理学院	36	2	2
Y71110014	学术规范与论文写作	马克思主义学院	18	1	1
Y71310001	中国民族关系史通论	马克思主义学院	36	2	2
Y71310002	中国东北跨界民族与地缘政治研究	马克思主义学院	36	2	2
Y71510001	中国历代民族思想与政策专题研究	马克思主义学院	36	2	2
Y71510004	当代东亚跨界民族问题专题研究	马克思主义学院	36	2	2
Y71510019	中国民族宗教文化专题研究	马克思主义学院	36	2	2
Y71510020	中国近代以来的边疆和民族问题专题	马克思主义学院	36	2	2
Y51110006	学术规范与论文写作	人文学院	18	2	1
Y51110007	信息检索与知识产权	人文学院	18	2	1
Y51210022	全球传播与跨文化交流	人文学院	36	4	2
Y51210028	传媒产业发展研究	人文学院	36	4	2
Y51310012	先秦两汉原典精读	人文学院	36	4	2
Y51310013	考古发现与上古文明史研究	人文学院	36	4	2
Y51310016	中国古代文明研究	人文学院	36	4	2
Y51310017	博物馆学概论	人文学院	36	4	2

续表

课程号	课程名	开课院系	总学时	周学时	学分
Y51310028	先秦两汉魏晋南北朝文学专题	人文学院	36	2	2
Y51310029	唐宋文学专题	人文学院	36	2	2
Y51310030	中国戏曲史专题	人文学院	36	2	2
Y51310031	中国现当代文学专题	人文学院	36	2	2
Y51310032	中国当代文学思潮	人文学院	36	2	2
Y51310033	当代文学理论与批评	人文学院	36	2	2
Y51510050	汉唐民族关系思想史	人文学院	36	2	2
Y51510053	中国民族文化史	人文学院	36	2	2
Y51510055	中国新石器时代考古	人文学院	36	2	2
Y51510056	夏商周考古	人文学院	36	2	2
Y51510065	唐宋诗论研究	人文学院	36	2	2
Y51510076	深度报道实践	人文学院	36	2	2
Y51510077	高级新闻评论	人文学院	36	4	2
Y51510078	高级新闻编辑	人文学院	36	2	2
Y51510079	媒介产品开发与运营	人文学院	36	4	2
Y51510080	公共关系传播	人文学院	36	12	2
Y51510081	大数据与舆情分析	人文学院	36	4	2
Y51510082	数字技术	人文学院	36	2	2
Y51510083	视觉传播:创意与表现	人文学院	36	4	2
Y51510084	视觉文化研究	人文学院	36	2	2
Y51510085	考古学文献导读	人文学院	36	4	2
Y51510095	出土文献研究	人文学院	36	4	2
703110321	海洋生物活性物质	生命科学学院	32	1	2
Y70110001	学术规范与论文写作	生命科学学院	18	1	1
Y70110002	信息检索与知识产权	生命科学学院	18	1	1
Y70211308	作物育种及种子生产理论与技术 *	生命科学学院	36	2	2
Y70211309	作物高产栽培理论与实践	生命科学学院	36	2	2
Y70211310	园艺学进展 *	生命科学学院	36	2	2
Y70211311	园艺植物育种与良种繁育学	生命科学学院	18	1	1
Y70211312	园艺植物栽培与生态	生命科学学院	18	1	2
Y70211313	园艺产品采后处理与营销	生命科学学院	18	1	1
Y70211412	生物工程实验设计 * *	生命科学学院	36	2	2
Y70211504	农业生物安全	生命科学学院	36	2	2
Y70211508	植物有害生物鉴定与监测	生命科学学院	36	2	2
Y70211510	植物有害生物综合治理 *	生命科学学院	36	2	2

续表

课程号	课程名	开课院系	总学时	周学时	学分
Y70211511	植物保护技术与应用	生命科学学院	36	2	2
Y70211512	农药管理与应用案例＊＊	生命科学学院	36	2	2
Y70211704	设施园艺工程技术	生命科学学院	36	2	2
Y70214009	现代生物工程＊＊	生命科学学院	36	2	2
Y70214010	高等生化分离工程	生命科学学院	36	2	2
Y70313010	现代细胞生物学	生命科学学院	36	2	2
Y70313012	高级植物生理学	生命科学学院	36	2	2
Y70313014	现代微生物学	生命科学学院	36	2	2
Y70313015	分子免疫学	生命科学学院	36	2	2
Y70313016	藻类光合作用	生命科学学院	36	2	2
Y70313017	生物信息学	生命科学学院	36	2	2
Y70313018	分子病毒学	生命科学学院	36	2	2
Y70314001	高等生化分离工程	生命科学学院	54	3	3
Y70511113	分子营养学专题	生命科学学院	36	2	2
Y70511114	海洋天然产物分离技术	生命科学学院	36	2	2
Y70511115	食品毒理评价	生命科学学院	36	2	2
Y70511116	肉品加工技术专题	生命科学学院	36	2	2
Y70511305	植物生物技术	生命科学学院	18	1	1
Y70511313	作物病虫害综合防治	生命科学学院	36	2	2
Y70511405	农业可持续发展概论	生命科学学院	18	1	1
Y70511410	作物研究专题报告	生命科学学院	18	1	1
Y70511411	作物良种示范推广与技术服务	生命科学学院	18	1	1
Y70511414	园艺商品学	生命科学学院	18	1	1
Y70511503	植物保护新技术进展	生命科学学院	36	2	2
Y70511504	植物保护学原理	生命科学学院	36	2	2
Y70511508	果树病虫害的主要种类及防治方法	生命科学学院	36	2	2
Y70511512	植物检疫学	生命科学学院	18	1	1
Y70511705	园艺产品安全生产	生命科学学院	36	2	2
Y70512013	食品添加剂专题	生命科学学院	18	1	1
Y70512032	肉品科学研究进展	生命科学学院	36	2	2
Y70512035	功能食品评价原理及方法	生命科学学院	36	2	2
Y70512036	食品生物技术＊	生命科学学院	36	2	2
Y70512041	食品感官评价方法	生命科学学院	18	1	1
Y70513009	专业综合实验	生命科学学院	36	2	1
Y70513011	天然产物化学	生命科学学院	36	2	2

续表

课程号	课程名	开课院系	总学时	周学时	学分
Y70513023	海洋生物活性物质	生命科学学院	36	2	2
Y70513026	专业实验技术	生命科学学院	36	2	2
Y70513028	海洋生物资源综合利用	生命科学学院	36	2	2
Y70513029	专业外语	生命科学学院	36	2	2
Y70514010	基因工程原理	生命科学学院	36	2	2
Y70514021	实验方法设计 * *	生命科学学院	36	2	1
Y70514030	生物化工学科前沿进展 * *	生命科学学院	36	2	2
Y63320002	有限群	数学与信息科学学院	54	3	3
Y63320003	椭圆问题的有限元方法	数学与信息科学学院	54	3	3
Y63320004	有限体积元方法	数学与信息科学学院	54	3	3
Y63320005	非线性泛函分析	数学与信息科学学院	54	3	3
Y63320006	线性偏微分方程	数学与信息科学学院	54	3	3
Y63320008	最优控制理论	数学与信息科学学院	54	3	3
Y63520013	线性偏微分方程	数学与信息科学学院	54	3	3
Y63520020	最优控制理论	数学与信息科学学院	54	3	3
Y63520022	椭圆问题的有限元方法	数学与信息科学学院	54	3	3
Y63520025	非线性系统理论	数学与信息科学学院	54	3	3
Y63610006	半群论基础	数学与信息科学学院	36	2	2
Y63610008	置换群和群表示	数学与信息科学学院	36	2	2
Y63610012	随机过程基础	数学与信息科学学院	36	2	2
Y63610014	机电系统控制理论	数学与信息科学学院	54	3	3
Y15012001	学术规范与论文写作	土木工程学院	18	2	1
Y15012002	信息检索与知识产权	土木工程学院	18	2	1
Y15021004	高等运筹学	土木工程学院	36	2	2
Y15022001	高等桥梁结构理论	土木工程学院	36	4	2
Y15022002	生化反应器原理与设计	土木工程学院	54	3	3
Y15022003	现代材料测试与表征技术	土木工程学院	36	2	2
Y15022004	先进混凝土技术	土木工程学院	36	2	2
Y15022005	桩基工程	土木工程学院	18	2	1
Y15022007	给排水管网设计与建模	土木工程学院	36	2	2
Y15022008	建筑设备设计及 BIM 应用	土木工程学院	36	2	2
Y15022009	有限元分析	土木工程学院	36	2	2
Y15032001	建筑结构耗能减震设计原理	土木工程学院	36	2	2
Y15032002	防灾减灾工程学	土木工程学院	36	2	2
Y15032003	隧道工程	土木工程学院	36	2	2

续表

课程号	课程名	开课院系	总学时	周学时	学分
Y15032004	岩土工程测试技术	土木工程学院	18	2	1
Y15032007	建筑给排水理论与技术	土木工程学院	36	2	2
Y15032008	工程结构可靠度	土木工程学院	18	2	1
Y15032013	水泥化学与化学外加剂	土木工程学院	27	3	1.5
Y15032014	国际工程承包	土木工程学院	36	2	2
Y15032015	BIM 技术及工程应用	土木工程学院	36	4	2
Y15032016	工程管理前沿与 PPP 实务	土木工程学院	27	3	1.5
Y15032017	新能源及可再生能源利用技术	土木工程学院	26	2	2
Y15032020	地基处理技术	土木工程学院	18	2	1
Y15032021	科技方法论	土木工程学院	18	2	1
Y59031001	高等混凝土结构理论	土木工程学院	36	2	2
Y59031002	高等钢结构理论	土木工程学院	36	2	2
Y59031005	高等土力学	土木工程学院	36	2	2
Y59031007	高等岩石力学	土木工程学院	36	2	2
Y59051005	水泥混凝土结构与性能	土木工程学院	36	2	2
Y59051017	高层建筑结构	土木工程学院	36	4	2
Y59051038	现代项目管理	土木工程学院	36	2	2
Y59051039	土木工程施工技术前沿	土木工程学院	36	2	2
Y54131105	欧美文学史(学位)	外国语学院	36	2	2
Y54131106	英语文学经典导读(学位)	外国语学院	36	2	2
Y54131202	二语习得	外国语学院	36	2	2
Y54131203	语言与文化	外国语学院	36	2	2
Y54151109	20 世纪美国小说(修)	外国语学院	36	2	2
Y54151110	莎士比亚与英国戏剧(修)	外国语学院	36	2	2
Y54151112	语言与文化	外国语学院	36	2	2
Y54151115	英语诗歌(修)	外国语学院	36	2	2
Y54151204	语用学	外国语学院	36	2	2
Y54151215	语料库语言学	外国语学院	36	2	2
Y54151218	欧美文学史	外国语学院	36	2	2
Y54151301	韩国语语法理论研究	外国语学院	36	2	2
Y54151302	韩国现代诗歌研究	外国语学院	36	2	2
Y54151303	韩国影视文化研究	外国语学院	36	2	2
Y54151308	韩国文化研究(修)	外国语学院	36	2	2
Y54251303	翻译批评与欣赏	外国语学院	36	2	2
Y62041001	药用高分子材料	药学院	36	2	2

续表

课程号	课程名	开课院系	总学时	周学时	学分
Y62042008	生物化学与分子生物学	药学院	36	2	2
Y62042013	计算机辅助药物设计	药学院	36	2	2
Y62042014	立体化学	药学院	36	2	2
Y62042015	天然产物结构化学	药学院	36	2	2
Y62042016	药物临床评价	药学院	36	2	2
Y62051002	药学热点问题讲座与会议	药学院	100	5	1
Y62051003	文献综述或案例分析	药学院	100	5	1
Y62051004	药学实践	药学院	900	50	9
Y62061004	药剂学	药学院	64	3	0

烟台大学 2018—2019 学年秋季研究生课程目录

课程号	课程名	开课院系	总学时	周学时	学分
Y52131002	法理学专题	法学院	36	2	2
Y52131004	知识产权法专题	法学院	36	2	2
Y52031801	环境资源法总论	法学院	54	3	3
Y52053004	外国法学名著选读	法学院	36	2	2
Y52053011	比较民法	法学院	36	2	2
Y52052022	监狱法	法学院	36	2	2
Y52151002	著作权法专题	法学院	48	2	2
Y52151006	商标法专题	法学院	48	2	2
Y52052020	刑法各论	法学院	36	2	2
Y52052021	英美刑法理论	法学院	36	2	2
Y52123007	法律谈判	法学院	36	2	2
Y52323003	国际法	法学院	36	2	2
Y52031201	法理学专题	法学院	54	3	3
Y52131003	法律职业伦理	法学院	36	2	2
Y52051001	中国社会主义法治理论	法学院	36	2	2
Y52053017	知识产权实务	法学院	36	2	2
Y52123006	模拟法庭	法学院	54	3	3
Y52323004	知识产权模拟法庭	法学院	54	3	3
Y52031402	外国刑法	法学院	54	3	3
Y52053026	国际贸易法专题	法学院	36	2	2
Y52053031	证券与房地产法	法学院	36	2	2

续表

课程号	课程名	开课院系	总学时	周学时	学分
Y52123016	学术训练	法学院	18	1	1
Y52322004	法理学	法学院	36	2	2
Y52051036	行政救济法专题	法学院	36	2	2
Y52021001	法学理论精要	法学院	54	3	3
Y52133018	商法学	法学院	36	2	2
Y52031502	物权法	法学院	54	3	3
Y52051008	知识产权法	法学院	36	2	2
Y52123012	法律文书写作	法学院	48	2	2
Y52323001	中国法制史	法学院	36	2	2
Y52032013	证据法专题	法学院	36	2	2
Y52031010	经济法基础理论专题	法学院	54	3	3
Y52323006	法律与知识产权信息检索	法学院	48	2	2
Y52033302	比较行政法	法学院	36	2	2
Y52131001	宪法学专题	法学院	36	2	2
Y52051035	中国法制史专题	法学院	36	2	2
Y52052034	劳动法与社会保障法学	法学院	36	2	2
Y52321004	刑法学	法学院	72	4	4
Y52322002	刑事诉讼法学	法学院	36	2	2
Y52053006	宪法判例研究	法学院	36	2	2
Y52053019	民事执行专题	法学院	36	2	2
Y52153001	国际经济法学	法学院	36	2	2
Y52031501	民法总论	法学院	54	3	3
Y52123017	学术活动	法学院	18	1	1
Y52321001	知识产权法概论	法学院	48	2	2
Y52322003	经济法	法学院	54	3	2
Y52031401	刑法总论	法学院	54	3	3
Y52031902	国际私法	法学院	54	3	3
Y52321002	宪法学	法学院	36	2	2
Y52321003	民法学	法学院	72	4	4
Y52323002	行政法与行政诉讼法	法学院	36	2	2
Y52132005	证据法专题	法学院	36	2	2
Y52153002	国际私法	法学院	36	2	2
Y57053015	粒子物理专题(双语)	光电信息科学技术学院	54	3	3
Y57051039	信号与信息处理系统仿真及应用	光电信息科学技术学院	36	2	2

续表

课程号	课程名	开课院系	总学时	周学时	学分
Y57053010	量子场论(2)	光电信息科学技术学院	54	3	3
Y57053018	傅里叶变换光谱及应用	光电信息科学技术学院	54	3	3
Y57221059	FPGA 设计与应用	光电信息科学技术学院	36	2	2
Y57053016	量子色动力学(双语)	光电信息科学技术学院	54	3	3
Y57051038	数据融合技术与应用	光电信息科学技术学院	36	2	2
Y57051016	信息光学	光电信息科学技术学院	54	3	3
Y57053014	介观物理	光电信息科学技术学院	54	3	3
Y57121045	随机过程及应用	光电信息科学技术学院	54	3	3
Y57051036	音频数字信号处理	光电信息科学技术学院	36	2	2
Y57021027	高等光电系统与信号处理	光电信息科学技术学院	54	3	3
Y57021050	信息论	光电信息科学技术学院	54	3	3
Y57021025	专业数学	光电信息科学技术学院	54	3	3
Y57053017	光电图像的获取与分析	光电信息科学技术学院	54	3	3
Y57021003	群论	光电信息科学技术学院	54	3	3
Y57021002	高等量子力学	光电信息科学技术学院	54	3	3
Y60031002	高级生物化学	海洋学院	54	3	3
Y60251108	水产动物疾病学	海洋学院	36	2	2
Y60253112	海洋生物技术	海洋学院	36	2	2
Y60052028	学科前沿系列讲座	海洋学院	18	2	1
Y60022001	高级生物统计学	海洋学院	54	3	3
Y60032003	海洋有机化学	海洋学院	36	2	2
Y60051001	海洋学研究进展	海洋学院	18	2	1
Y60021003	高级海洋生物学	海洋学院	54	3	3
Y60031018	高级海水化学	海洋学院	36	2	2
Y60252109	遗传育种学	海洋学院	36	2	2
Y69031502	电分析化学	化学化工学院	36	2	2
Y69021503	高等有机化学	化学化工学院	54	3	3
Y69021502	高等无机化学	化学化工学院	54	3	3
Y69520001	化工过程模拟	化学化工学院	36	2	2
Y69021506	聚合物的结构与性能	化学化工学院	54	3	3
Y69021505	现代色谱分析	化学化工学院	54	3	3
Y69210304	有机结构分析	化学化工学院	36	2	2
Y69021003	固体表面化学	化学化工学院	54	3	3
Y69510316	天然高分子材料	化学化工学院	36	2	2

续表

课程号	课程名	开课院系	总学时	周学时	学分
Y69031503	高分子合成化学	化学化工学院	36	2	2
Y69051504	聚合物反应加工	化学化工学院	36	2	2
Y69510125	水溶性高分子	化学化工学院	36	2	2
Y69031002	催化剂制备化学	化学化工学院	36	2	2
Y69021504	现代光谱分析	化学化工学院	54	3	3
Y69210317	化工传递过程	化学化工学院	36	2	2
Y69210312	蛋白质化学与工程	化学化工学院	36	2	2
Y69510315	现代化工进展	化学化工学院	36	2	2
Y69210318	表面活性剂化学	化学化工学院	36	2	2
Y69051501	元素有机化学	化学化工学院	36	2	2
Y69510307	高分子材料现代研究方法	化学化工学院	36	2	2
Y69021501	量子化学	化学化工学院	54	3	3
Y69021002	催化原理	化学化工学院	54	3	3
Y69210314	高等化工热力学	化学化工学院	36	2	2
Y61021002	材料现代分析测试技术	环境与材料工程学院	36	2	2
Y61031001	材料强韧化理论与设计	环境与材料工程学院	36	2	2
Y61121001	污染生态学	环境与材料工程学院	36	2	2
Y61121002	环境地学	环境与材料工程学院	36	2	2
Y61220001	实践环节	环境与材料工程学院		6	8
Y61022001	固体化学	环境与材料工程学院	36	2	2
Y61121006	环境污染控制技术与工程	环境与材料工程学院	36	2	2
Y61032001	晶体学	环境与材料工程学院	36	2	2
Y61031002	材料表面与界面	环境与材料工程学院	36	2	2
Y61062002	材料性能学	环境与材料工程学院	36	2	0
Y61152018	海洋灾害学	环境与材料工程学院	36	2	2
Y61252012	材料失效分析	环境与材料工程学院	36	2	2
Y61020001	实践环节	环境与材料工程学院		4	2
Y61021001	固体物理	环境与材料工程学院	36	2	2
Y61151001	现代环境监测与分析技术	环境与材料工程学院	18	1	1
Y61221002	材料物理化学	环境与材料工程学院	36	2	2
Y61121005	现代环境生物技术与工程	环境与材料工程学院	36	2	2
Y56210002	弹塑性力学	机电汽车工程学院	36	2	2
Y56210004	机械测试技术	机电汽车工程学院	36	2	2
Y56210001	数值分析	机电汽车工程学院	36	2	2

续表

课程号	课程名	开课院系	总学时	周学时	学分
Y56210003	机械振动	机电汽车工程学院	36	2	2
Y56210005	机电控制工程	机电汽车工程学院	36	2	2
Y58213004	算法分析与设计	计算机与控制工程学院	54	3	3
Y58212005	软件开发技术	计算机与控制工程学院	54	3	3
Y58211002	最优化方法	计算机与控制工程学院	54	4	3
Y58211008	实践环节	计算机与控制工程学院		2	2
Y58212004	数据挖掘与知识发现	计算机与控制工程学院	54	3	3
Y58211007	实践环节	计算机与控制工程学院		2	8
Y58512001	并行与分布式计算	计算机与控制工程学院	36	2	2
Y67210001	汉语作为第二语言教学	国际教育交流学院	36	2	2
Y67211010	汉语语言要素教学(语音)	国际教育交流学院	18	2	1
Y67210003	中华文化与传播	国际教育交流学院	36	2	2
Y67210006	国际汉语课堂管理	国际教育交流学院	36	2	2
Y67500003	专业实习	国际教育交流学院	300	2	6
Y67211008	汉语语言要素教学(文字)	国际教育交流学院	18	2	1
Y67211006	国际汉语课堂管理	国际教育交流学院	2	2	2
Y53610089	西方经济学	经济管理学院	18	2	0
Y53310038	实践环节	经济管理学院	300	16	1
Y53310031	人力资源开发与管理	经济管理学院	36	2	2
Y53310063	物流与供应链管理	经济管理学院	36	2	2
Y53310049	管理研究方法	经济管理学院	54	3	3
Y53510094	会计信息数据挖掘	经济管理学院	36	2	2
Y53210010	经济学经典文献导读	经济管理学院	18	2	1
Y53510111	农村发展案例分析	经济管理学院	36	2	2
Y53510016	发展经济学专题	经济管理学院	36	2	2
Y53610090	管理学	经济管理学院	18	2	0
Y53210107	现代管理学	经济管理学院	36	2	2
Y53210109	管理研究方法	经济管理学院	36	2	2
Y53310040	财务会计理论与实务	经济管理学院	36	2	2
Y88888888	中国特色社会主义理论与实践研究(在职)	经济管理学院	36	2	2
Y53510002	最优化方法	经济管理学院	36	2	2
Y66666666	基础英语(在职)	经济管理学院	72	4	2
Y53510033	外国经济	经济管理学院	36	2	2
Y53510088	农业项目投资与评估	经济管理学院	18	1	1

续表

课程号	课程名	开课院系	总学时	周学时	学分
Y53210004	中级经济学	经济管理学院	54	3	3
Y53510017	金融投资专题	经济管理学院	36	2	2
Y53210106	农业发展理论与实践	经济管理学院	36	2	2
Y53310064	项目管理	经济管理学院	36	2	2
Y53210110	农村社会学	经济管理学院	36	2	2
Y53210113	农村社会调查理论与方法	经济管理学院	36	2	2
Y53510039	知识管理专题	经济管理学院	36	2	2
Y53510117	农村合作经济理论与实践	经济管理学院	36	2	2
Y53510003	战略营销分析	经济管理学院	36	2	2
Y53310043	专业实践	经济管理学院	300	16	8
Y53510096	博弈论	经济管理学院	18	2	1
Y00110001	中国特色社会主义理论与实践研究	马克思主义学院	36	2	2
Y00110003	自然辩证法概论	马克思主义学院	18	1	1
Y71510016	民族学理论与方法论	马克思主义学院	36	2	2
Y00110002	马克思主义与社会科学方法论	马克思主义学院	18	1	1
Y71310003	民族学通论	马克思主义学院	36	2	2
Y71210001	民族理论与民族政策	马克思主义学院	54	3	3
Y71410001	实践环节	马克思主义学院	300	16	1
Y71510002	中国朝鲜族史研究	马克思主义学院	36	2	2
Y71210002	中国少数民族史概论	马克思主义学院	54	3	3
Y71610001	中国古代史	马克思主义学院	36	2	0
Y71610002	世界近现代史	马克思主义学院	36	2	0
Y51210009	史学理论与史学方法	人文学院	54	3	3
Y51210003	文学经典研读	人文学院	54	3	3
Y51510066	汉魏六朝赋研究	人文学院	36	2	2
Y51510075	新闻传播实践前沿讲座	人文学院	18	1	1
Y51510089	考古学研究动态	人文学院	18	2	1
Y51310037	古文献整理研究的理论和方法	人文学院	36	2	2
Y51210013	田野考古发掘	人文学院	54	3	3
Y51510072	现代西方文论	人文学院	36	2	2
Y51510044	金文专题研究	人文学院	36	2	2
Y51210030	新闻传播政策、法规与伦理	人文学院	36	3	2
Y51510097	先秦史研究动态	人文学院	18	2	1
Y51510100	西方汉学经典研读	人文学院	36	2	2

续表

课程号	课程名	开课院系	总学时	周学时	学分
Y51510068	文艺美学专题	人文学院	36	2	2
Y51510070	海外华人文学研究	人文学院	36	2	2
Y51510088	宗教学、文化学专题	人文学院	18	2	1
Y51510093	中国青铜器研究	人文学院	36	2	2
Y51210026	学术活动	人文学院		2	1
Y51310014	中国民族理论与民族政策	人文学院	36	2	2
Y51210033	新闻传播学理论基础	人文学院	36	4	2
Y51510099	山东古国的考古发现与研究	人文学院	18	1	1
Y51510103	西方女权主义文论与中国女性文学批评	人文学院	36	2	2
Y51310006	文学文献和研究方法	人文学院	36	2	2
Y51210008	中国民族史通论	人文学院	54	3	3
Y51510073	中国现当代名篇选讲	人文学院	36	2	2
Y51310035	文艺学美学研究方法论	人文学院	36	2	2
Y51210025	学术训练	人文学院		2	1
Y51610017	历史文献学	人文学院	54	3	0
Y51510067	古典戏曲理论研究	人文学院	36	2	2
Y51510069	中国现当代作家与西方文学思潮	人文学院	36	2	2
Y51210023	新闻传播工作坊	人文学院	36	2	1
Y51610013	新闻学概论	人文学院	54	3	0
Y51510013	唐诗研究	人文学院	36	2	2
Y51210004	文论经典研读	人文学院	54	3	3
Y51210016	中外新闻传播史	人文学院	36	2	2
Y51610018	中国古代史	人文学院	54	3	0
Y51610016	中国古代史	人文学院	54	3	0
Y70713002	生物化学	生命科学学院	36	2	0
Y70212005	食品研究方法与数据处理	生命科学学院	36	2	2
Y70211106	食品标准与法规	生命科学学院	36	2	2
Y70213009	高级分子生物学	生命科学学院	54	3	3
Y70211413	高级生物统计学	生命科学学院	36	3	2
Y70612001	食品工艺学	生命科学学院	48	2	0
Y70211208	全产业链农产品生产安全控制技术	生命科学学院	36	2	2
Y70511208	食品质量安全检测新技术进展	生命科学学院	36	2	2
Y70712002	食品机械与设备	生命科学学院	48	2	0
Y70514023	生物制品制备与生产＊＊	生命科学学院	36	2	2

续表

课程号	课程名	开课院系	总学时	周学时	学分
Y70514027	生物工程企业工程设计 * *	生命科学学院	36	2	2
Y70514029	现代仪器分析	生命科学学院	36	2	2
Y70513026	专业实验技术	生命科学学院	36	2	2
Y70512040	发酵食品技术	生命科学学院	36	2	2
Y70514010	基因工程原理	生命科学学院	36	2	2
Y70514005	遗传育种学	生命科学学院	36	2	2
Y70212007	农产品加工及贮藏工程研究进展	生命科学学院	36	2	2
Y70511112	食品安全风险与评估	生命科学学院	36	2	2
Y70212003	高级食品微生物学	生命科学学院	36	2	2
Y70212001	高级生物化学	生命科学学院	54	3	3
Y70511207	食品加工新技术研究进展	生命科学学院	36	2	2
Y70714001	细胞生物学	生命科学学院	36	2	0
Y70513022	生物技术制药	生命科学学院	36	2	2
Y70514018	生化分离工程	生命科学学院	36	2	0
Y70214007	生物反应器工程	生命科学学院	36	2	2
Y70514032	代谢工程与调控	生命科学学院	36	2	2
Y70514031	生物资源开发与利用 * *	生命科学学院	36	2	2
Y70110004	自然辩证法概论(在职)	生命科学学院	18	1	1
Y70514009	高级海洋生物学	生命科学学院	54	3	3
Y70214011	高等生物化学	生命科学学院	36	2	2
Y70110003	传播与沟通	生命科学学院	36	2	2
Y70714002	微生物学	生命科学学院	36	2	0
Y70213003	现代分子生物学技术	生命科学学院	54	3	3
Y70514022	生物制药工程	生命科学学院	36	2	2
Y70514024	现代发酵工程技术 * *	生命科学学院	36	2	2
Y70211410	高等生化反应工程	生命科学学院	36	2	2
Y70212009	高级生物化学	生命科学学院	36	2	2
Y70211232	农产品现代物流技术	生命科学学院	36	2	2
Y70213008	现代生物化学技术	生命科学学院	54	3	3
Y70413001	生命科学前沿及其进展	生命科学学院	36	2	2
Y70214008	现代海洋生化工程	生命科学学院	36	2	2
Y70213010	海洋生化工程原理	生命科学学院	36	2	2
Y63530007	矩阵半群论	数学与信息科学学院	54	3	3
Y63520024	自适应控制理论	数学与信息科学学院	54	3	3

续表

课程号	课程名	开课院系	总学时	周学时	学分
Y63530012	发展方程的有限元方法	数学与信息科学学院	54	3	3
Y63610016	Latex 排版系统	数学与信息科学学院	9	1	0.5
Y63530026	随机控制理论	数学与信息科学学院	54	3	3
Y63310007	线性系统理论	数学与信息科学学院	54	3	3
Y63610013	随机微分方程理论	数学与信息科学学院	36	2	2
Y63310001	抽象代数 2	数学与信息科学学院	54	3	3
Y63530011	有限差分方法	数学与信息科学学院	54	3	3
Y63610009	群论	数学与信息科学学院	54	3	3
Y63530014	二阶非线性偏微分方程	数学与信息科学学院	36	2	2
Y63210001	泛函分析 2	数学与信息科学学院	54	3	3
Y63610015	文献检索	数学与信息科学学院	9	1	0.5
Y63210002	常微分方程定性理论	数学与信息科学学院	54	3	3
Y63530019	微分方程的边值问题	数学与信息科学学院	36	2	2
Y63530017	反应扩散方程	数学与信息科学学院	36	2	2
Y63610004	代数图论	数学与信息科学学院	54	3	3
Y15031009	工程造价分析	土木工程学院	27	3	1.5
Y15021002	现代水质检测技术	土木工程学院	36	2	2
Y59041001	Matlab 程序设计及应用	土木工程学院	36	2	2
Y59051023	环境岩土工程学	土木工程学院	36	2	2
Y59051031	实践环节	土木工程学院	1	1	1
Y59151009	实践环节	土木工程学院	1	1	2
Y15031001	土木工程学科前沿	土木工程学院	18	2	1
Y15021007	水质处理理论与技术	土木工程学院	36	2	2
Y59021001	弹塑性力学	土木工程学院	54	6	3
Y15031005	道路总体设计方法	土木工程学院	36	4	2
Y15031006	水资源综合利用理论与技术	土木工程学院	36	2	2
Y59021002	数值分析	土木工程学院	54	3	3
Y59031003	结构动力学	土木工程学院	36	2	2
Y15021001	高等流体力学	土木工程学院	36	2	2
Y15031003	钢 – 混凝土组合结构	土木工程学院	18	2	1
Y15031002	现代预应力混凝土结构	土木工程学院	18	1	1
Y15021005	管理经济学	土木工程学院	36	2	2
Y15021006	高等传热学	土木工程学院	36	2	2
Y15031008	建设项目风险管理	土木工程学院	27	3	1.5

续表

课程号	课程名	开课院系	总学时	周学时	学分
Y15021003	数理统计	土木工程学院	36	2	2
Y54151212	语言学研究方法	外国语学院	36	2	2
Y54251317	文化翻译	外国语学院	36	8	2
Y00122001	基础英语(专硕)	外国语学院	72	4	2
Y54120002	第二外国语(法语)	外国语学院	108	6	4
Y54151209	跨文化交际理论与实践	外国语学院	36	2	2
Y54161301	高级韩国语	外国语学院	32	1	0
Y00121001	基础英语(学硕)	外国语学院	72	4	4
Y54131201	理论语言学讲座	外国语学院	36	2	2
Y54131104	文学研究方法(学位)	外国语学院	36	2	2
Y54151104	20 世纪英国小说	外国语学院	36	2	2
Y54151210	文体学	外国语学院	36	2	2
Y54151203	对比语言学	外国语学院	36	2	2
Y54251311	口译工作坊	外国语学院	36	8	2
Y54251315	影视文本翻译	外国语学院	36	8	2
Y54151101	英国浪漫主义诗歌	外国语学院	36	2	2
Y54120001	第二外国语(日语)	外国语学院	108	6	4
Y54021001	翻译学基础	外国语学院	54	3	3
Y54251307	文学理论翻译	外国语学院	36	8	2
Y54131304	韩国现代文学(3 学分)	外国语学院	54	3	3
Y54131305	韩国语概论(3 学分)	外国语学院	54	3	3
Y54151102	英美现代主义文学	外国语学院	36	2	2
Y54021002	语言与修辞	外国语学院	54	3	3
Y54161302	韩国概况	外国语学院	32	1	0
Y62021004	药物制剂工艺与工程	药学院	36	2	2
B62011002	马克思主义与当代	药学院	36	2	2
Y62031004	药剂学选论	药学院	54	3	3
Y62041003	体内药物分析	药学院	36	2	2
Y62041005	药品知识产权	药学院	36	2	2
Y62042007	免疫学	药学院	36	2	2
Y62061001	药物化学	药学院	64	3	0
Y62041018	药品生产质量管理工程	药学院	36	2	2
B62011001	第一外国语	药学院	72	4	4
B62021001	现代药剂学研究进展	药学院	54	3	3

续表

课程号	课程名	开课院系	总学时	周学时	学分
Y62031005	生物技术药物	药学院	54	3	3
Y62031002	分子药理学	药学院	54	3	3
Y62021002	高等药物化学	药学院	54	3	3
Y62011006	信息检索与知识产权	药学院	18	1	1
Y62031001	有机化合物光谱解析	药学院	54	3	3
B62051004	研发中心实验室(制剂、分析、药理、毒理)实践	药学院	72	4	4
Y62061002	药理学	药学院	64	3	0
Y62042020	药剂学选论	药学院	54	3	3
Y69031010	药物制剂工艺与工程	药学院	36	2	2
Y62041022	信息检索与知识产权	药学院	18	1	1
Y69031007	天然药物化学选论	药学院	54	3	3
Y69031008	临床药学	药学院	54	3	3
B62051001	制剂车间(注射剂、固体制剂)实践	药学院	36	2	2
Y62042012	药代动力学	药学院	36	2	2
B62031001	新型释药系统专论	药学院	54	3	3
B62041003	药品生产与国内外注册法规	药学院	36	2	2
Y62041004	医学统计学	药学院	36	2	2
Y62031014	现代仪器分析与应用	药学院	36	2	2
Y62011005	学术规范与论文写作	药学院	18	1	1
Y62031003	药物分析选论	药学院	54	3	3
Y62031013	药品生产质量管理工程	药学院	36	2	2
Y62042019	有机化合物光谱解析	药学院	54	3	3
Y62021008	药学综合知识	药学院	72	4	4
Y69031011	药事管理学	药学院	54	3	3
Y62042010	药物治疗学	药学院	36	2	2
Y62042021	高等药物化学	药学院	54	3	3
Y62061003	药物分析	药学院	64	3	0
Y62021007	专业外语	药学院	36	2	1
Y62031012	药品知识产权	药学院	36	2	2

烟台大学2018年就业质量分析报告

目　录

一、毕业生基本情况

（一）毕业生规模

学校2018届毕业生共计7025人，涵盖研究生（含博士、硕士）、本科、专科（高职）3个学历层次，分布于20个院（系），来自山东、贵州、安徽等全国31个省（直辖市、自治区），分属汉族、回族、壮族、土家族等30多个民族。

2018年生源总量较上年同期减少402人，同比下降5.41%。其中，硕士研究生较上年同期减少105人，同比下降22.11%；本科生较上年同期减少284人，同比下降4.19%；专科生较上年同期减少13人，同比下降7.51%。

（二）毕业生结构

1. 学历结构

2018届毕业生按学历层次统计，研究生372人（博士2人，硕士370人），占5.30%；本科6493人，占92.43%；专科160人，占2.27%。

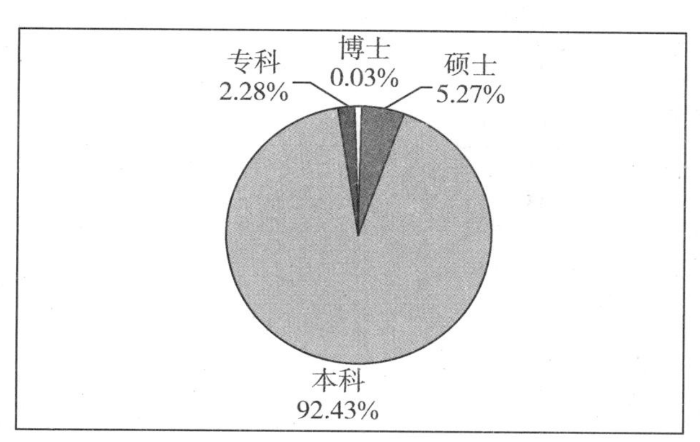

图1 毕业生学历结构图

2. 学科分布

2018届毕业生按学科门类统计，研究生涵盖10个学科门类，其中工学、法学、理学、医学人数较多；本科涵盖10个学科门类，以工学为主；专科全部为财经商贸大类。各学历层次毕业生学科门类分布情况如下表所示：

表1 研究生生源分学科门类统计表

序号	学科门类	生源人数	生源比例(%)
1	工学	87	23.39
2	法学	75	20.16
3	理学	61	16.40
4	医学	53	14.25
5	文学	47	12.63
6	农学	29	7.79
7	管理学	8	2.15
8	教育学	7	1.88
9	经济学	3	0.81
10	历史学	2	0.54

表 2　本科生源分学科门类统计表

序号	学科门类	生源人数	生源比例(%)
1	工学	3302	50.85
2	文学	684	10.53
3	理学	666	10.26
4	管理学	620	9.55
5	法学	290	4.47
6	农学	218	3.36
7	经济学	201	3.10
8	艺术学	196	3.02
9	医学	184	2.83
10	教育学	132	2.03

表 3　专科生源分专业大类统计表

序号	专业大类	生源人数	生源比例(%)
1	财经商贸大类	160	100.00

3. 专业结构

2018 届毕业生按专业统计，包括 1 个博士专业、73 个硕士专业、56 个本科专业、1 个专科专业。从不同学历层次分析，博士药学专业是全省独有专业；硕士海洋渔业资源、考古学及博物馆学、粒子物理与原子核物理、农业推广硕士、药事管理学、知识产权法、中国少数民族史 7 个专业是全省独有专业；本科核工程与核技术专业是全省独有专业。各学历层次毕业生专业分布与全省生源对比情况如下表所示：

表 4　博士生源专业分布情况与全省对比

序号	专业名称	本校生源人数	占本校生源比%	占全省同专业生源比%
1	药学	2	100.00	100.00

表 5　硕士生源专业分布情况与全省对比

序号	专业名称	本校生源人数	占本校生源比%	占全省同专业生源比%
1	材料加工工程	1	0.27	1.39
2	材料物理与化学	1	0.27	3.45
3	材料学	3	0.81	2.61
4	电路与系统	1	0.27	8.33
5	法律(非法学)	36	9.73	13.09
6	法律史	1	0.27	14.29
7	法学理论	2	0.54	11.11

续表

序号	专业名称	本校生源人数	占本校生源比%	占全省同专业生源比%
8	防灾减灾工程及防护工程	1	0.27	14.29
9	分析化学	5	1.35	5.95
10	高分子化学与物理	1	0.27	1.79
11	工业催化	3	0.81	27.27
12	光学	2	0.54	28.57
13	国民经济学	3	0.81	9.68
14	海洋化学	1	0.27	3.45
15	海洋生物学	5	1.35	12.50
16	海洋渔业资源	3	0.81	100.00
17	汉语国际教育	7	1.89	11.11
18	化学工程	5	1.35	1.75
19	化学工艺	4	1.08	17.39
20	环境科学	2	0.54	4.55
21	机械工程	15	4.05	2.67
22	机械制造及其自动化	6	1.62	5.83
23	基础数学	2	0.54	6.06
24	计算机技术	7	1.89	3.33
25	计算机软件与理论	1	0.27	2.86
26	计算机应用技术	3	0.81	3.85
27	计算数学	2	0.54	6.90
28	建筑与土木工程	15	4.05	4.27
29	结构工程	9	2.43	11.54
30	经济法学	2	0.54	12.50
31	考古学及博物馆学	1	0.27	100.00
32	粒子物理与原子核物理	1	0.27	100.00
33	临床药学	3	0.81	33.33
34	民商法学	17	4.59	25.00
35	凝聚态物理	2	0.54	9.52
36	农产品加工及贮藏工程	5	1.39	14.71
37	农业推广硕士	29	7.87	100.00
38	企业管理	8	2.16	5.23
39	桥梁与隧道工程	1	0.27	10.00
40	生物化工	4	1.08	22.22
41	生物化学与分子生物学	4	1.08	5.33

续表

序号	专业名称	本校生源人数	占本校生源比%	占全省同专业生源比%
42	生药学	1	0.27	11.11
43	水生生物学	3	0.81	13.04
44	诉讼法学	1	0.27	3.57
45	天然药物化学	1	0.27	12.50
46	外国语言学及应用语言学	4	1.08	5.33
47	微生物学	3	0.81	3.90
48	无机化学	3	0.81	6.98
49	物理化学	5	1.35	11.90
50	细胞生物学	1	0.27	1.96
51	新闻与传播	11	2.97	35.48
52	信号与信息处理	3	0.81	7.32
53	刑法学	3	0.81	12.50
54	亚非语言文学	3	0.81	18.75
55	岩土工程	1	0.27	2.86
56	药剂学	10	2.70	20.83
57	药理学	6	1.62	13.64
58	药事管理学	2	0.54	100.00
59	药物分析学	8	2.16	26.67
60	药物化学	5	1.35	7.04
61	药学	18	4.86	16.22
62	应用化学	1	0.27	1.75
63	应用数学	4	1.08	6.78
64	英语笔译	23	6.22	9.13
65	英语语言文学	2	0.54	3.51
66	有机化学	3	0.81	8.82
67	运筹学与控制论	1	0.27	3.13
68	知识产权法	3	0.81	100.00
69	植物学	2	0.54	8.70
70	中国古代文学	3	0.81	5.45
71	中国古典文献学	1	0.27	6.25
72	中国少数民族史	10	2.70	100.00
73	中国史	1	0.27	2.13

表6　本科生源专业分布情况与全省对比

序号	专业名称	本校 生源人数	占本校 生源比%	占全省同专业 生源比%
1	材料科学与工程	219	3.37	14.58
2	测控技术与仪器	90	1.39	7.53
3	朝鲜语	68	1.05	6.44
4	车辆工程	92	1.42	6.07
5	电子信息科学与技术	89	1.37	5.22
6	法学	199	3.06	3.56
7	高分子材料与工程	86	1.32	5.62
8	给排水科学与工程	88	1.36	16.12
9	工程管理	152	2.34	5.33
10	工商管理	135	2.08	4.43
11	公共事业管理	71	1.09	4.11
12	国际经济与贸易	201	3.10	4.55
13	海洋渔业科学与技术	117	1.80	78.00
14	汉语国际教育	92	1.42	15.73
15	汉语言文学	259	3.99	12.43
16	航海技术	98	1.51	63.64
17	核工程与核技术	77	1.19	100.00
18	化学工程与工艺	167	2.57	5.06
19	环保设备工程	50	0.77	51.55
20	环境科学与工程	151	2.33	86.78
21	环境设计	54	0.83	1.80
22	会计学	169	2.60	1.99
23	机械设计制造及其自动化	271	4.17	4.16
24	计算机科学与技术	192	2.96	2.56
25	建筑学	92	1.42	7.01
26	金属材料工程	133	2.05	26.49
27	轮机工程	104	1.60	61.90
28	能源与动力工程	94	1.45	5.53
29	日语	57	0.88	4.10
30	软件工程	281	4.33	6.96
31	生物工程	90	1.39	6.80
32	生物技术	93	1.43	5.86
33	生物科学	95	1.46	13.23

续表

序号	专业名称	本校生源人数	占本校生源比%	占全省同专业生源比%
34	食品科学与工程	85	1.31	6.63
35	食品质量与安全	92	1.42	6.01
36	市场营销	93	1.43	2.13
37	视觉传达设计	33	0.51	1.08
38	数学与应用数学	89	1.37	7.68
39	水产养殖学	101	1.56	25.51
40	通信工程	151	2.33	5.02
41	统计学	89	1.37	11.62
42	土木工程	181	2.79	2.85
43	舞蹈编导	36	0.55	25.35
44	物联网工程	149	2.29	13.69
45	新闻学	87	1.34	8.69
46	信息与计算科学	42	0.65	2.68
47	药学	184	2.83	10.65
48	音乐表演	41	0.63	4.55
49	音乐学	32	0.49	4.86
50	应用化学	159	2.45	8.30
51	应用物理学	99	1.52	12.84
52	英语	121	1.86	2.90
53	运动训练	132	2.03	13.81
54	知识产权	91	1.40	31.06
55	制药工程	49	0.75	3.32
56	自动化	131	2.02	4.65

表7　专科生源专业分布情况与全省对比

序号	专业名称	本校生源人数	占本校生源比%	占全省同专业生源比%
1	国际商务	160	100.00	13.69

4.院(系)分布

2018届毕业生分布于20个院(系)。其中,毕业人数最多的是经济管理学院,共701人,占9.98%;其次是计算机与控制工程学院,共615人;光电信息科学技术学院、环境与材料工程学院、海洋学院人数也较多,都超过500人。各院(系)毕业生分布情况如下表所示:

表 8　毕业生人数分院(系)统计表

序号	院(系)名称	生源人数	生源比例(%)
1	经济管理学院	701	9.98
2	计算机与控制工程学院	615	8.75
3	光电信息科学技术学院	574	8.17
4	环境与材料工程学院	560	7.97
5	海洋学院	521	7.42
6	生命科学学院	479	6.82
7	机电汽车工程学院	474	6.75
8	土木工程学院	448	6.38
9	化学化工学院	442	6.29
10	人文学院	363	5.17
11	法学院	355	5.05
12	药学院	289	4.11
13	外国语学院	278	3.96
14	国际教育交流学院	259	3.69
15	数学与信息科学学院	229	3.26
16	建筑学院	179	2.55
17	体育学院	132	1.88
18	音乐舞蹈学院	109	1.55
19	马克思主义学院	10	0.14
20	EIE 学院	8	0.11

5. 性别结构

2018 届毕业生按性别统计,男生 3491 人,占 49.69%;女生 3534 人,占 50.31%。男生所占比例低于女生 0.62 个百分点。

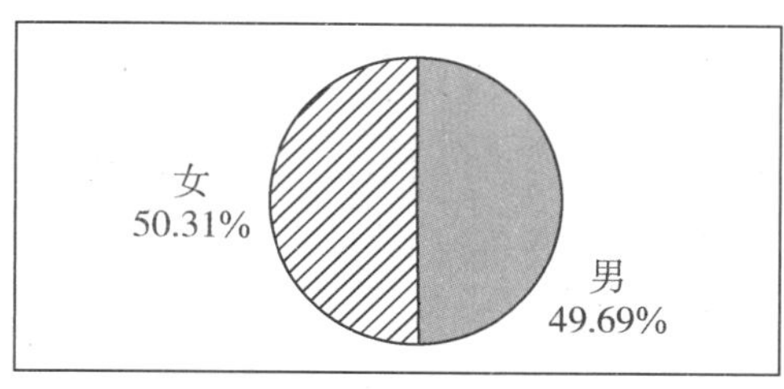

图 2　毕业生性别结构图

6. 民族结构

按民族统计,2018 届毕业生以汉族为主,共 6823 人,占 97.12%;少数民族共 202 人,包括回族、壮族、土家族、苗族等 30 个民族。

表 9　毕业生人数分民族统计表

序号	民族	生源人数	生源比例(%)
1	汉族	6823	97.12
2	回族	41	0.58
3	壮族	28	0.42
4	土家族	19	0.29
5	苗族	15	0.21
6	彝族	11	0.16
7	蒙古族	9	0.13
8	满族	8	0.11
9	白族	7	0.10
10	瑶族	7	0.10
11	布依族	7	0.10
12	朝鲜族	7	0.10
13	维吾尔族	7	0.10
14	侗族	6	0.09
15	黎族	6	0.09
16	藏族	4	0.06
17	水族	3	0.04
18	哈尼族	2	0.03
19	土族	2	0.03
20	纳西族	2	0.03
21	保安族	1	0.01
22	布朗族	1	0.01
23	傣族	1	0.01
24	哈萨克族	1	0.01
25	柯尔克孜族	1	0.01
26	拉祜族	1	0.01
27	仫佬族	1	0.01
28	羌族	1	0.01
29	撒拉族	1	0.01
30	畲族	1	0.01
31	仡佬族	1	0.01

7. 生源地结构

按生源地统计，2018 届毕业生以山东生源为主，占毕业生总数的 76.06%，其中潍坊市生源最多，烟台、临沂、青岛等市也较多；外省生源占 23.94%，来自贵州、安徽、甘肃、江西等全国 30 个省(直辖市、自治区)。

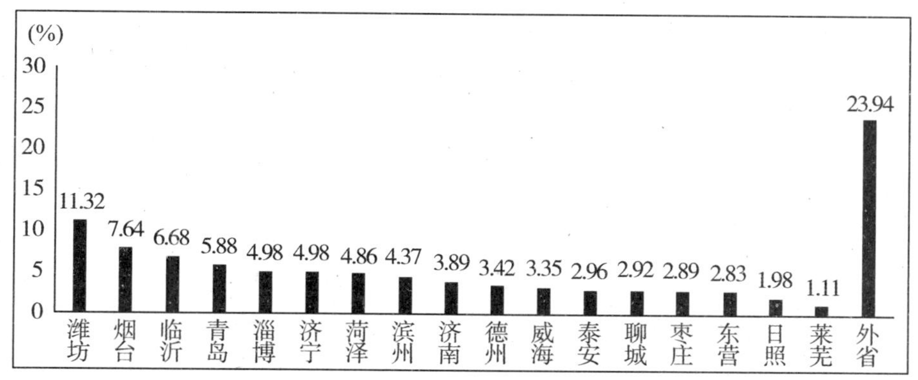

图 3　毕业生生源地结构图

省外毕业生生源地分布如下：

表 10　省外毕业生人数分生源地统计表

序号	生源地	生源人数	生源比例(%)
1	贵州省	142	2.02
2	安徽省	128	1.82
3	甘肃省	115	1.64
4	江西省	105	1.49
5	山西省	100	1.42
6	河南省	98	1.40
7	云南省	85	1.21
8	广西壮族自治区	81	1.15
9	新疆维吾尔自治区	77	1.10
10	陕西省	66	0.94
11	湖南省	61	0.87
12	湖北省	61	0.87
13	江苏省	52	0.74
14	河北省	51	0.73
15	四川省	48	0.68
16	福建省	48	0.68
17	黑龙江省	47	0.67
18	吉林省	46	0.65
19	浙江省	44	0.63
20	辽宁省	43	0.61
21	海南省	43	0.61
22	内蒙古自治区	37	0.53
23	宁夏回族自治区	31	0.44
24	青海省	28	0.41

续表

序号	生源地	生源人数	生源比例(%)
25	重庆市	18	0.26
26	天津市	17	0.24
27	北京市	5	0.07
28	广东省	3	0.04
29	上海市	1	0.01
30	西藏自治区	1	0.01

(三)毕业生就业率

截至报告期,2018 届毕业生实现就业 6857 人,总体就业率为 97.61%。

1. 按学历统计

截至报告期,博士研究生 2 人,全部实现就业;硕士研究生实现就业 357 人,就业率为 96.49%;本科生实现就业 6338 人,就业率为 97.61%;专科生 160 人,全部实现就业。

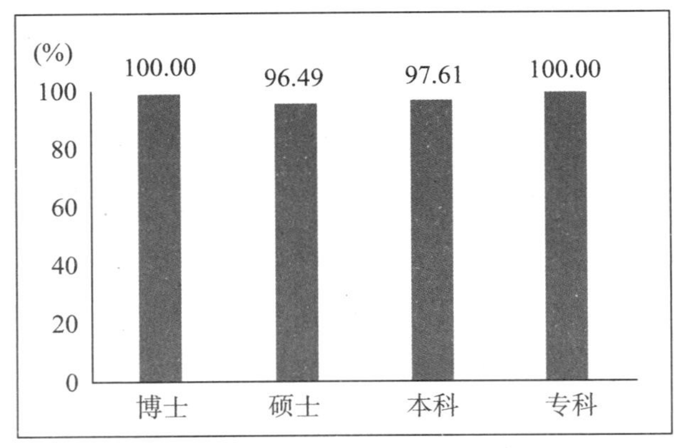

图 4　不同学历毕业生就业率对比图

2. 按学科门类统计

截至报告期,研究生 10 个学科中,有 8 个学科就业率达 95% 以上,其中农学、经济学、历史学、教育学、文学 5 个学科就业率达 100%;本科 10 个学科就业率均达 90% 以上;专科财经商贸大类就业率达 100%。各学科门类就业率如下表所示:

表 11　研究生就业率分学科统计表

序号	学科门类	生源人数	就业人数	就业率(%)
1	农学	29	29	100.00
2	经济学	3	3	100.00
3	历史学	2	2	100.00
4	教育学	7	7	100.00
5	文学	47	47	100.00
6	工学	87	86	98.85
7	法学	75	74	98.67
8	理学	61	60	98.36
9	医学	53	45	84.91
10	管理学	8	6	75.00

表 12 本科生就业率分学科统计表

序号	学科门类	生源人数	就业人数	就业率(%)
1	理学	666	662	99.40
2	教育学	132	131	99.24
3	文学	684	675	98.68
4	工学	3302	3247	98.33
5	经济学	201	196	97.51
6	管理学	620	600	96.77
7	医学	184	178	96.74
8	艺术学	196	188	95.92
9	农学	218	199	91.28
10	法学	290	262	90.34

表 13 专科生就业率分专业大类统计表

序号	专业大类	生源人数	就业人数	就业率(%)
1	财经商贸大类	160	160	100.00

3.按专业统计

截至报告期,博士药学专业就业率达100%;硕士73个专业中,有66个专业就业率达90%以上,其中材料加工工程、材料物理与化学、材料学、电路与系统、英语语言文学等64个专业就业率达100%;本科56个专业中,有52个专业就业率达90%以上,其中材料科学与工程、测控技术与仪器、土木工程等21个专业就业率达100%;专科国际商务就业率达100%。各专业就业率如下表所示:

表 14 博士生就业率分专业统计表

序号	专业名称	生源人数	就业人数	就业率(%)
1	药学	2	2	100.00

表 15 硕士生就业率分专业统计表

序号	专业名称	生源人数	就业人数	就业率(%)
1	材料加工工程	1	1	100.00
2	材料物理与化学	1	1	100.00
3	材料学	3	3	100.00
4	电路与系统	1	1	100.00
5	英语语言文学	2	2	100.00
6	法律史	1	1	100.00
7	法学理论	2	2	100.00
8	防灾减灾工程及防护工程	1	1	100.00
9	分析化学	5	5	100.00

续表

序号	专业名称	生源人数	就业人数	就业率(%)
10	高分子化学与物理	1	1	100.00
11	工业催化	3	3	100.00
12	光学	2	2	100.00
13	国民经济学	3	3	100.00
14	海洋化学	1	1	100.00
15	海洋生物学	5	5	100.00
16	海洋渔业资源	3	3	100.00
17	汉语国际教育	7	7	100.00
18	化学工程	5	5	100.00
19	化学工艺	4	4	100.00
20	环境科学	2	2	100.00
21	有机化学	3	3	100.00
22	机械制造及其自动化	6	6	100.00
23	基础数学	2	2	100.00
24	计算机技术	7	7	100.00
25	计算机软件与理论	1	1	100.00
26	计算机应用技术	3	3	100.00
27	计算数学	2	2	100.00
28	建筑与土木工程	15	15	100.00
29	结构工程	9	9	100.00
30	经济法学	2	2	100.00
31	考古学及博物馆学	1	1	100.00
32	粒子物理与原子核物理	1	1	100.00
33	中国少数民族史	10	10	100.00
34	民商法学	17	17	100.00
35	凝聚态物理	2	2	100.00
36	农产品加工及贮藏工程	5	5	100.00
37	农业推广硕士	29	29	100.00
38	中国古代文学	3	3	100.00
39	桥梁与隧道工程	1	1	100.00
40	生物化工	4	4	100.00
41	生物化学与分子生物学	4	4	100.00
42	生药学	1	1	100.00
43	水生生物学	3	3	100.00
44	诉讼法学	1	1	100.00
45	天然药物化学	1	1	100.00

续表

序号	专业名称	生源人数	就业人数	就业率(%)
46	外国语言学及应用语言学	4	4	100.00
47	微生物学	3	3	100.00
48	无机化学	3	3	100.00
49	物理化学	5	5	100.00
50	细胞生物学	1	1	100.00
51	新闻与传播	11	11	100.00
52	信号与信息处理	3	3	100.00
53	刑法学	3	3	100.00
54	亚非语言文学	3	3	100.00
55	岩土工程	1	1	100.00
56	中国古典文献学	1	1	100.00
57	知识产权法	3	3	100.00
58	中国史	1	1	100.00
59	药物分析学	8	8	100.00
60	植物学	2	2	100.00
61	运筹学与控制论	1	1	100.00
62	应用化学	1	1	100.00
63	应用数学	4	4	100.00
64	英语笔译	23	23	100.00
65	法律(非法学)	36	35	97.22
66	机械工程	15	14	93.33
67	药学	18	16	88.89
68	药理学	6	5	83.33
69	药物化学	5	4	80.00
70	企业管理	8	6	75.00
71	药剂学	10	7	70.00
72	临床药学	3	2	66.67
73	药事管理学	2	1	50.00

表 16　本科生就业率分专业统计表

序号	专业名称	生源人数	就业人数	就业率(%)
1	材料科学与工程	219	219	100.00
2	测控技术与仪器	90	90	100.00
3	土木工程	181	181	100.00
4	日语	57	57	100.00
5	舞蹈编导	36	36	100.00

续表

序号	专业名称	生源人数	就业人数	就业率(%)
6	生物科学	95	95	100.00
7	高分子材料与工程	86	86	100.00
8	给排水科学与工程	88	88	100.00
9	工程管理	152	152	100.00
10	应用化学	159	159	100.00
11	生物工程	90	90	100.00
12	食品科学与工程	85	85	100.00
13	食品质量与安全	92	92	100.00
14	汉语国际教育	92	92	100.00
15	计算机科学与技术	192	192	100.00
16	自动化	131	131	100.00
17	金属材料工程	133	133	100.00
18	化学工程与工艺	167	167	100.00
19	环保设备工程	50	50	100.00
20	环境科学与工程	151	151	100.00
21	生物技术	93	93	100.00
22	软件工程	281	280	99.64
23	运动训练	132	131	99.24
24	汉语言文学	259	257	99.23
25	应用物理学	99	98	98.99
26	市场营销	93	92	98.92
27	车辆工程	92	91	98.91
28	数学与应用数学	89	88	98.88
29	统计学	89	88	98.88
30	新闻学	87	86	98.85
31	公共事业管理	71	70	98.59
32	环境设计	54	53	98.15
33	制药工程	49	48	97.96
34	能源与动力工程	94	92	97.87
35	机械设计制造及其自动化	271	265	97.79
36	信息与计算科学	42	41	97.62
37	音乐表演	41	40	97.56
38	国际经济与贸易	201	196	97.51
39	朝鲜语	68	66	97.06
40	建筑学	92	89	96.74
41	药学	184	178	96.74

续表

序号	专业名称	生源人数	就业人数	就业率(%)
42	知识产权	91	88	96.70
43	英语	121	117	96.69
44	物联网工程	149	144	96.64
45	电子信息科学与技术	89	85	95.51
46	通信工程	151	144	95.36
47	轮机工程	104	99	95.19
48	水产养殖学	101	96	95.05
49	工商管理	135	128	94.81
50	音乐学	32	30	93.75
51	核工程与核技术	77	72	93.51
52	会计学	169	158	93.49
53	海洋渔业科学与技术	117	103	88.03
54	视觉传达设计	33	29	87.88
55	法学	199	174	87.44
56	航海技术	98	83	84.69

表17　专科生就业率分专业统计表

序号	专业名称	生源人数	就业人数	就业率(%)
1	国际商务	160	160	100.00

4.按院(系)统计

2018届毕业生分布于20个院(系),截至报告期,有19个院(系)的就业率达90%以上,其中环境与材料工程学院、土木工程学院、生命科学学院、国际教育交流学院、马克思主义学院、化学化工学院6个学院的就业率达100%。各院(系)就业率如下表所示:

表18　毕业生就业率分院(系)统计表

序号	院(系)名称	生源人数	就业人数	就业率(%)
1	环境与材料工程学院	560	560	100.00
2	土木工程学院	448	448	100.00
3	生命科学学院	479	479	100.00
4	国际教育交流学院	259	259	100.00
5	马克思主义学院	10	10	100.00
6	化学化工学院	442	442	100.00
7	计算机与控制工程学院	615	614	99.84
8	体育学院	132	131	99.24
9	人文学院	363	360	99.17

续表

序号	院(系)名称	生源人数	就业人数	就业率(%)
10	数学与信息科学学院	229	226	98.69
11	机电汽车工程学院	474	466	98.31
12	外国语学院	278	272	97.84
13	音乐舞蹈学院	109	106	97.25
14	经济管理学院	701	676	96.43
15	光电信息科学技术学院	574	552	96.17
16	建筑学院	179	171	95.53
17	药学院	289	273	94.46
18	海洋学院	521	480	92.13
19	法学院	355	326	91.83
20	EIE 学院	8	6	75.00

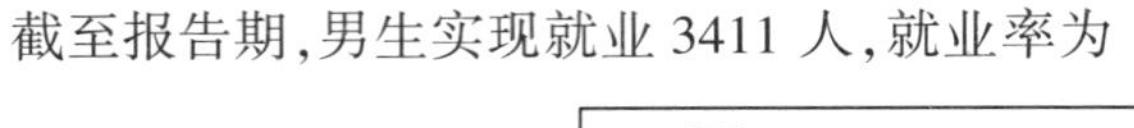
5. 按性别统计

截至报告期，男生实现就业 3411 人，就业率为 97.71%；女生实现就业 3446 人，就业率为 97.51%。女生就业率低于男生 0.20 个百分点。

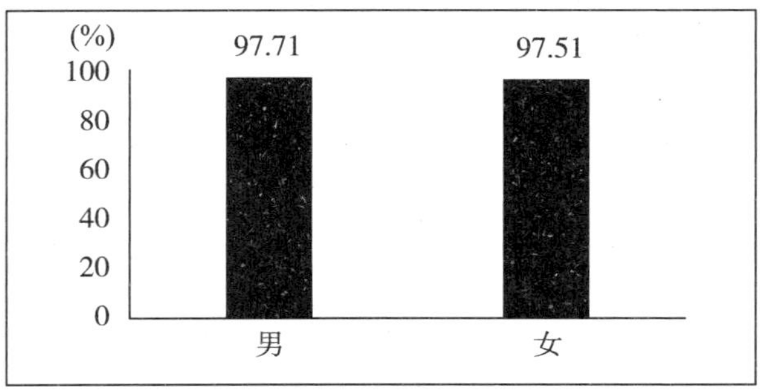

图 5　不同性别毕业生就业率对比图

(四) 毕业生就业方式

学校 2018 届毕业生就业方式呈现多元化趋势。截至报告期，劳动合同就业率 26.14%，协议就业率 24.73%，升学率 21.10%，另外还包括非派遣省外签约、个体经营、公益性岗位、灵活就业和其他方式就业等多种就业方式。

表 19　毕业生总体就业方式统计表

序号	就业方式	就业人数	就业率(%)
1	劳动合同就业	1836	26.14
2	协议就业	1737	24.73
3	升学	1482	21.10
4	非派遣省外签约	230	3.27
5	出国	192	2.73
6	个体经营	96	1.37
7	应征入伍	33	0.47
8	自主创业	16	0.23

续表

序号	就业方式	就业人数	就业率(%)
9	基层项目	7	0.10
10	公益性岗位	1	0.01
11	科研助理	1	0.01
12	灵活就业和其他方式就业	1226	17.45

(五)毕业生就业流向

说明:本部分统计数据,不包括升学、出国和应征入伍毕业生。

1. 留鲁就业情况

截至报告期,共有3733名2018届毕业生在山东省内就业,占已就业毕业生总数的74.22%。其中,学校所在地烟台接收毕业生人数最多,占已就业毕业生总数的33.43%;到济南、青岛、潍坊等市就业的毕业生比例也相对较高,都超过5%。到省外就业的毕业生人数共占25.78%,其中到北京、上海、江苏等地区就业人数相对较多。毕业生就业地域流向如下图所示:

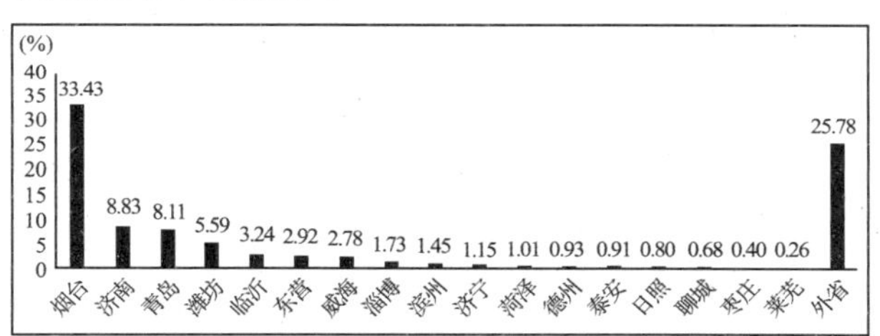

图6 毕业生就业地区流向图

2. 就业单位性质流向

截至报告期,本校已就业毕业生的单位性质流向分布结果显示,企业是接收本校毕业生就业的大户。其中,国有企业占8.77%,非国有企业占62.16%;另外,党政机关占2.78%,事业单位占5.11%,其他占21.18%。

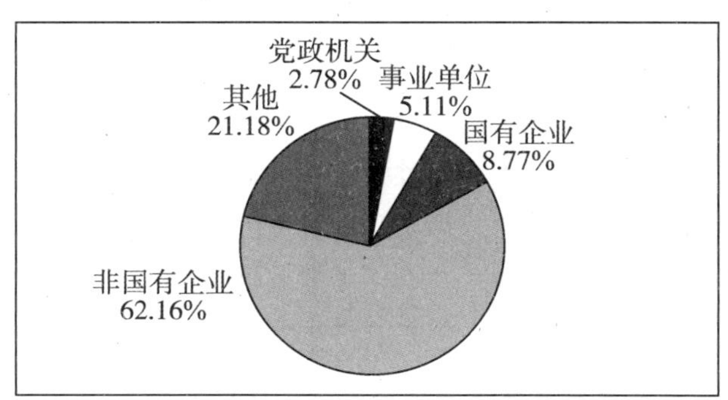

图7 毕业生就业单位性质流向图

3. 就业行业流向

截至报告期,本校已就业毕业生的行业流向统计数据显示,制造业是毕业生流向较多的行业,占已就业毕业生总数的14.93%;另外,卫生和社会工作,居民服务、修理和其他服务业,交通运输、仓储和邮政业以及教育也是毕业生流向较多的行业。毕业生就业行业流向如下图所示:

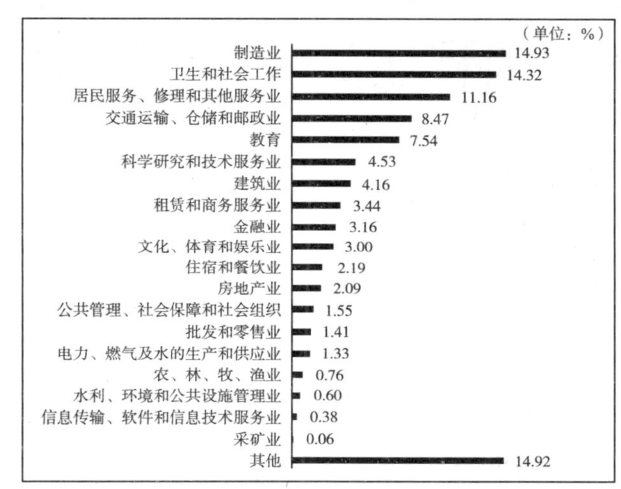

图8 毕业生就业行业流向图

(注:其他,包括机关事业单位及部分行业划分不明确的单位)

(六)特殊群体就业情况

1. 特困家庭毕业生就业情况

2018届毕业生中,特困家庭毕业生共234人,截至报告期,有229人实现就业,就业率为97.86%。其中,协议就业74人,劳动合同就业58人,升学56人。特困家庭毕业生就业方式如下表所示:

表 20　特困家庭毕业生就业情况

序号	就业方式	就业人数	就业率(%)
1	协议就业	74	31.62
2	劳动合同就业	58	24.79
3	升学	56	23.93
4	非派遣省外签约	9	3.85
5	出国	2	0.85
6	个体经营	2	0.85
7	基层项目	1	0.43
8	灵活就业和其他方式就业	27	11.54

2. 优秀毕业生就业情况

2018 届毕业生中，共评选出 351 名优秀毕业生，截至报告期，有 342 人实现就业，就业率为 97.44%。其中，升学 157 人，劳动合同就业 66 人，协议就业 54 人，出国 14 人。优秀毕业生就业方式如下表所示：

表 21　优秀毕业生就业情况

序号	就业方式	就业人数	就业率(%)
1	升学	157	44.73
2	劳动合同就业	66	18.80
3	协议就业	54	15.38
4	出国	14	3.99
5	非派遣省外签约	7	1.99
6	个体经营	2	0.57
7	应征入伍	1	0.28
8	自主创业	1	0.28
9	灵活就业和其他方式就业	40	11.42

3. 少数民族毕业生就业情况

2018 届毕业生中，少数民族毕业生共 202 人，截至报告期，有 193 人实现就业，就业率为 95.54%。其中，劳动合同就业 72 人，协议就业 31 人，升学 23 人。少数民族毕业生就业方式如下表所示：

表 22　少数民族毕业生就业情况

序号	就业方式	就业人数	就业率(%)
1	劳动合同就业	72	35.64
2	协议就业	31	15.35
3	升学	23	11.39
4	非派遣省外签约	9	4.46
5	个体经营	6	2.97
6	出国	5	2.48
7	应征入伍	2	0.99
8	灵活就业和其他方式就业	45	22.26

（七）毕业生升学情况

截至报告期，本校有1482名2018届毕业生升学，升学率21.10%。从不同专业升学情况分析，升学率30%以上的专业有21个。其中，硕士专业9个，本科专业12个。升学率30%以上的专业情况如下表所示：

表23 升学率30%以上的专业情况

序号	学历	专业名称	生源人数	升学人数	升学率
1	硕士	海洋化学	1	1	100.00%
2	硕士	天然药物化学	1	1	100.00%
3	硕士	中国古典文献学	1	1	100.00%
4	硕士	工业催化	3	2	66.67%
5	硕士	国民经济学	3	2	66.67%
6	硕士	无机化学	3	2	66.67%
7	硕士	计算数学	2	1	50.00%
8	硕士	水生生物学	3	1	33.33%
9	硕士	知识产权法	3	1	33.33%
10	本科	应用物理学	99	58	58.59%
11	本科	应用化学	159	67	42.14%
12	本科	数学与应用数学	89	36	40.45%
13	本科	能源与动力工程	94	38	40.43%
14	本科	药学	184	70	38.04%
15	本科	食品科学与工程	85	31	36.47%
16	本科	给排水科学与工程	88	32	36.36%
17	本科	核工程与核技术	77	28	36.36%
18	本科	金属材料工程	133	46	34.59%
19	本科	测控技术与仪器	90	30	33.33%
20	本科	生物技术	93	29	31.18%
21	本科	制药工程	49	15	30.61%

（八）未就业毕业生状态

截至报告期，本校尚有168名2018届毕业生未就业。对未就业毕业生的当前状态进行统计，1名毕业生正在参加就业见习，1名毕业生正在参加职业培训，115名毕业生正在求职，22名毕业生自愿暂不就业，另有其他原因不就业毕业生29人。

表24 未就业毕业生情况

序号	未就业状态	人数	所占比例(%)
1	正在求职	115	68.44
2	其他原因不就业	29	17.26
3	自愿暂不就业	22	13.10
4	就业见习	1	0.60
5	职业培训	1	0.60

二、就业创业工作主要举措

学校党委、行政高度重视毕业生就业创业工作，始终把就业创业工作放在突出位置，纳入学校整体发展规划，从学校长远发展和战略高度对就业创业工作进行顶层设计和总体布局。通过多年的努力，学校从人才培养、体系保障、市场建设、就业指导与服务、创业教育等方面形成了工作特色。

2018年，学校继续实施校长负总责、学院党政领导具体负责的双"一把手工程"，狠抓就业服务和管理。充分挖掘内部潜力，对外借势借力，发挥职能部门、学院和校友的力量，为广大毕业生提供"全程化、全员化、精准化"的就业服务。

（一）健全机制，明确责任，保证就业工作顺利开展

学校通过健全组织机构、完善制度保障、出台激励措施等方式，调动各方面的积极性，努力推进就业工作的体系化、系统化建设，保证就业工作的良性、可持续发展。

1.各负其责，相互配合，建立健全就业创业工作机制

学校实施毕业生就业工作双"一把手工程"，将毕业生就业工作放在学生工作的首位，夯实就业工作人员、经费、场地等各项基础，形成了"分工明确、责任清楚、行动有力"的就业工作三级组织框架。根据各学院专业特点、就业市场需求情况制定就业率指标，实行目标管理责任制。毕业生就业工作指导中心具体负责学校就业市场建设、用人单位引进、校园招聘组织及就业日常管理等事宜。各二级学院均成立以院党政主要领导牵头、分管副书记主管、辅导员具体落实的学院就业工作小组，定期研究推进就业工作。辅导员、导师定期深入班级，一对一、面对面开展工作，做到就业工作有思路、有举措、有监督、有落实、有反馈，保证工作的层层落实。

2.任务明确，指标科学，保证就业工作有序进行

学校将就业工作的考核列入学生工作目标责任制考核当中，在二级学院实行就业工作"一把手"负责制，各学院由书记、院长担任就业工作责任人。2018年6月，学校与各学院签订了《2018、2019年单位目标考核任务书》，就业是学院目标考核体系中的重要指标。全校上下充分挖掘潜力，发挥职能部门、学院、辅导员、专业教师和校友的力量，为广大毕业生提供"全程化、全员化、全方位"的就业服务；形成"学校统筹、部门牵头、学院落实"的就业工作机制；进一步完善了"以综合性市场为主体、行业性市场为主干、企业专场招聘会为补充"的就业市场体系。

3.奖励先进，良性竞争，激励就业工作突破创新

2018年6月，学校召开就业工作会议，全面总结2017年就业工作，部署推进2018年就业工作，并对部分先进学院进行表彰奖励。学校拨款4.8万元，设立"就业优秀奖""考研优胜奖""就业进步奖""就业工作贡献奖"等4个奖项，对获奖学院进行表彰。

（二）把握重点，精准服务，激发就业市场活力、学生就业动力

2018年，学校继续在就业市场的开拓和建设方面进行了新的尝试和创新，进一步整合全校各学院的就业资源，充分发挥就业市场相对成熟学科的优势，形成合力。

1.群策群力，校地联动，举办各类大型招聘会，做大做强校级就业市场

继续加大对优质就业市场的开拓力度。主动对接，走访优质用人单位，邀请用人单位来校参加招聘活动。4月13日，学校承办2018年山东省民营企业招聘周启动活动暨服务新旧动能转换高校毕业生专场招聘会，吸引了杰瑞集团、歌尔股份有限公司、东华软件股份公司等380余家省内外用人单位参加，提供15926个就业岗位，达成初步就业意向2000余人。参会单位中有88家为上市公司，占23%，注册资本1亿以上的公司113家，占29.66%，满足了毕业生高质量就业的需求；新技术、新产业、新业态、新模式的参会企业明显增加。参会民营企业297家，发挥了山东省"新特优"民营企业吸纳就业的主渠道作用，促进山东省新旧动能转换与高校毕业生等优质人力资源供需相匹配。11月10日，学校举办烟台大学2019届毕业生供需见面会，吸引了中国核工业二三建设有限公司、烟台杰瑞石油服务集团股份有限公司、绿叶制药集团有限公司、烟台台海玛努尔核电设备有限公司、山东威高集团等370余家省内外用人单位参加，提供20634个就业岗位，达成初步就业意向2000余人。校园大型招聘会切实将大量优质招聘单位和岗位"引进来"，为毕业生与用人单位提供面对面交流的机会。

2.整合资源，科学谋划，激发院级就业市场的活力

科学研判各级就业市场效能，逐步推动就业市

场由大型化、全面化、综合化向小型化、专业化、区域化、信息化转变,实现资源共享、院级联动、重心下移、化整为零的院级就业市场的建设目标。由就业工作指导中心牵头,组织专业相近、就业区域相近、就业资源可共享的不同学院联合召开中小型专场招聘会,调动各学院对外联系"动起来、走出去、请进来"的主观能动性;同时学校加强与各地人社部门的联系,邀请各地人社部门到学校举办地域性的招聘会,利用毕业生回生源地就业的择业倾向,激发学生的就业热情,提高签约率。中小型的行业类、区域化招聘会更有针对性,组织用人单位专场招聘会和"校园招聘日",搭建用人单位与毕业生面对面的沟通交流平台,"小而专""短、平、快"地为相关专业的学生提供就业平台,使用人单位与毕业生在较短时间内深度交流,精准对接。实现了各学院、各专业就业资源共享,降低了学院市场开发成本。2018 年学校累计举办行业类、地域类专场招聘会 15 场,提供就业岗位 7853 个。年内学校组织专场宣讲会 280 余场,校园招聘日 5 次,学院组织专场宣讲会 190 余场,累计提供就业岗位 2 万余个,达成就业意向 2500 余人。

3. 继续加强"一体两翼"就业市场平台的信息化建设,积极构建"互联网 + 精准就业"新模式

学校就业部门通过"一体两翼"的信息化平台,建立健全了精准推送就业服务机制。即以就业信息网为主体,借助微信平台、短信平台,根据毕业生不同阶段需求和求职意愿,精准推送相应的就业政策、岗位信息、指导服务,实现就业服务个性化、差异化。各学院组建的就业 QQ 群、微信群,保证了信息的传递到位。就业指导中心组建专门服务团队负责平台的维护管理,及时收集、整理、发布供需信息,定期维护、适时更新、即时统计。本年度学校发布就业招聘信息 800 余条。

(三)注重引导,精准帮扶,做好学生的就业指导与服务工作

学校高度重视对毕业生就业理念的引导和就业能力的提高,努力做好就业指导的基础建设,在帮扶特殊毕业生群体就业中提供"一对一"重点指导服务。

1. 就业指导的全程化、多元化、专业化建设

学校依托职业生涯规划、就业与创业指导全校必修课教学平台,帮助学生树立正确的就业观和择业观。不断深化教学改革,开设职业生涯规划全校必修课,以目标牵引式学业规划方案,帮助学生实现自我认知和认识工作世界,明确奋斗目标和努力方向;就业与创业指导课帮助学生了解就业形势和政策、社会人才需求。注重授课教师的业务培训,开展集体备课、研讨、外出交流、参加培训班等,提升授课教师素质。依托学生社团组织,开展简历设计大赛、生涯规划大赛、模拟求职大赛等活动,让学生在参与活动中认识自我、查找不足、共同进步,促进学生自我提升、自我成长,提升就业能力和职业素养。

为深化与优质用人单位交流与合作,助力学校就业创业指导工作,2018 年集中聘请了 16 名政府部门领导、用人单位高层、人力资源部负责人为学校校外就业创业导师,听取用人单位对学校毕业生培养质量、就业创业工作的意见建议,构建校地协同、校企协同、校内外联动的培养机制。

2. 分类引导,精准帮扶特殊群体毕业生顺利就业

学校持续关注家庭经济困难毕业生、城镇零就业家庭毕业生、女大学毕业生、少数民族毕业生的就业状况。学院设立特殊群体毕业生信息库,对他们的就业状况进行全程跟踪,就业需求进行调查研究。

学校完善了促进特困生顺利就业、健康发展三项措施。一是加强政策宣传,确保每一位特困生了解政策,熟悉政策,用好政策。二是"一对一"帮扶,学院领导与困难毕业生结对子,优先推荐特困生就业。三是为特困家庭毕业生提供求职经费支持。在特困家庭毕业生中着重宣传"志愿服务西部计划""三支一扶"计划、山东省 2018 年选调优秀高校毕业生到村任职和大学生预征入伍等基层就业优惠政策,鼓励他们在基层施展才干。各学院通过专门指导、补贴经费、对接企业岗位等措施,实现精准帮扶。截至报告期,2018 届 234 名家庭特困毕业生中,有 229 人实现就业,就业率为 97.86%,发放求职创业补贴 62.74 万元。

3. 广泛宣传国家政策,教育引导毕业生响应国家号召到基层就业

学校加强对大学生预征入伍、"三支一扶"、"志愿服务西部计划"、大学生创业、基层就业等项目的宣传。2018 年,全校有 16 名毕业生参军入伍,13 名毕业生被录取为"志愿服务西部计划"志愿者,41 名毕业生选调到村任职,1 名毕业生被录用为新疆乡镇公务员。形成了积极投身于国家战略需求、响应国家号召,到基层就业、到基层建功立业

的就业氛围,基层就业人数创历年新高。

(四)创业教育工作开展及成效

学校坚持"以专业创新为导向、以能力培养为基础、以创业基地建设为依托"的创业教育工作指导理念,推动大学生创业教育工作深入开展。

1. 深化大学生就业创业指导课程教学改革

采用智慧树在线学习+课堂教学的教学模式,组织全校辅导员面向2015级学生开设全校必修课生涯规划与就业创业指导,面向2017级学生开设全校必修课大学生学业规划与职业发展,完成69个教学班的教学任务。同时修改人才培养方案,改革课程教学模式,增加实践学习内容,总学时从36学时增加到48学时,实践学时达2/3。

2. 加快补充完善创业师资力量,建设双创专兼职教师队伍

2018年,学校安排12名学工人员参加山东省人社厅组织的"创新创业师资培训",聘请16名企业家和政府人社部门领导担任学生创业就业导师,现学校就业创业指导教师共126人,其中校外78人。专兼职教师队伍对学生进行创业实践精准指导帮扶,构建校地协同、校企协同,构建校内外联动培养机制,打造创业见习、实习和孵化三类基地,增强学生创业实战能力。

3. 开展学生创新创业教育活动,提升学生创新创业能力

搭建多类型平台,初步构建训练竞赛实战衔接的创新创业实践体系。坚持以赛促教、以赛促学、以赛促改、以赛促创,着力推进跨学科、跨专业的团队和项目,在各类比赛中取得较好成绩。2018年组织大学生创业孵化基地项目路演、"互联网+"大学生创新创业辅导报告会、"创青春"创业大赛决赛暨训练营培训、山东省科技创新大赛赛前培训等创新创业活动76场,在省、市主要双创比赛中共获得一等奖(金奖)1项、二等奖(银奖)9项、三等奖(铜奖)14项,获得奖励10.4万元。其中2018年"创青春"海尔山东省大学生创业大赛荣获银奖4项、铜奖6项;"建行杯"第四届山东省"互联网+"大学生创新创业大赛中荣获银奖1项、铜奖2项;"鲁南制药杯"山东省第五届科技创新大赛中荣获一等奖1项、二等奖3项、三等奖4项,获得奖励5.4万元;山东省、烟台市第四届创业大赛中获得三等奖各1项,获得奖励1万元;"泛海扬帆山东大学生创业行动"创业大赛获得二等奖1项,获得奖励4万元。获奖项目参与学生130人,跨学院、学科组合团队12个。

4. 加强创业园内涵建设,做好大学生创业项目培育孵化工作

招募专业园区管理团队,为园区创业团队提供全程指导、一站式服务。引入以在校生为法人代表的"子微企业管理咨询有限公司",为创业同学开展创业政策咨询服务,提供工商登记、税费减免、创业扶持、社保缴费等方面政策咨询。简化创业项目入园手续、程序,优先安排毕业生创办的实体项目、师生共创项目入驻创业园。2018年新入驻企业(团队)24个,其中法人代表为毕业生的有6个团队。

三、相关分析

对本校2018届毕业生进行就业情况跟踪调查,收回有效问卷2267份,占全校毕业生总数的32.27%。其中,研究生问卷103份,本科生问卷2153份,专科生问卷11份。参与调查的毕业生中,男生1152人,占调查总数的50.82%;女生1115人,占调查总数的49.18%。

(一)毕业生对当前工作的满意度及相关分析

毕业生对当前工作的满意度情况、专业对口情况、薪资待遇和工作变动情况是反映毕业生就业质量的重要指标。调查数据显示,毕业生对当前工作总体满意度和专业对口率都比较高。

1. 毕业生对当前工作的满意度及总体评价

对毕业生当前工作情况的调查数据显示,72.89%的毕业生对当前工作表示"很满意";认为"较为满意"的占22.58%;认为"基本满意"的占4.14%;对当前工作"不满意"的比例仅为0.39%。毕业生对当前工作不满意的原因主要为"工作强度(压力)太大""专业不对口"。

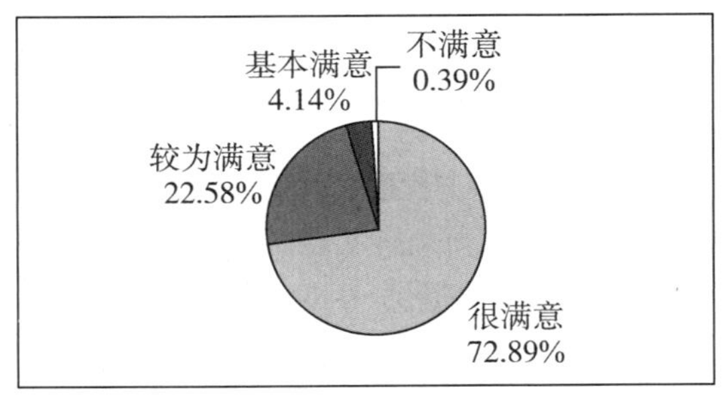

图9 毕业生对当前工作的总体满意度

毕业生对当前工作状况的综合评价,如下表所示:

表 25 毕业生对当前工作状况的综合评价

评价项目	很满意	较为满意	基本满意	不满意
1. 劳动与薪酬匹配度	79.69%	16.64%	2.89%	0.78%
2. 职业竞争公平程度	72.42%	23.75%	3.36%	0.47%
3. 工作成就感	72.03%	23.52%	3.98%	0.47%
4. 工作晋升机会	68.67%	26.88%	4.06%	0.39%
5. 工作强度压力	68.91%	25.55%	4.91%	0.63%
6. 单位发展前景	68.59%	26.17%	4.85%	0.39%
7. 上下级关系	70.00%	25.08%	4.37%	0.55%
8. 学习(培训)机会	71.72%	23.36%	4.37%	0.55%

2. 毕业生当前工作的专业对口情况

调查数据显示,毕业生当前工作的专业对口率总体较高。其中,“非常对口”占 48.59% ;“较为对口”占 38.36% ;“基本对口”占 8.91% ;“不对口”占 4.14% 。从不同学历毕业生当前工作的专业对口情况看,专科生“不对口”比例较高。

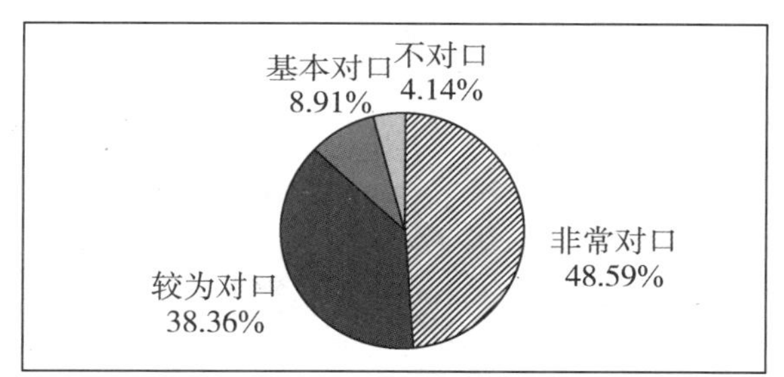

图 10 毕业生当前工作的专业对口情况

表 26 不同学历毕业生当前工作的专业对口情况

学历	非常对口	较为对口	基本对口	不对口
研究生	29.09%	58.18%	9.09%	3.64%
本科生	49.47%	37.72%	8.87%	3.94%
专科生	50.00%	0.00%	12.50%	37.50%

3. 毕业生选择专业不相关工作的原因

对毕业生选择专业不相关工作的原因进行调查,结果显示,“薪资待遇”和“就业地区”是毕业生选择最多的两个原因,比例分别为 20.75% 和 18.87% 。毕业生选择专业不相关工作的原因如下图所示:

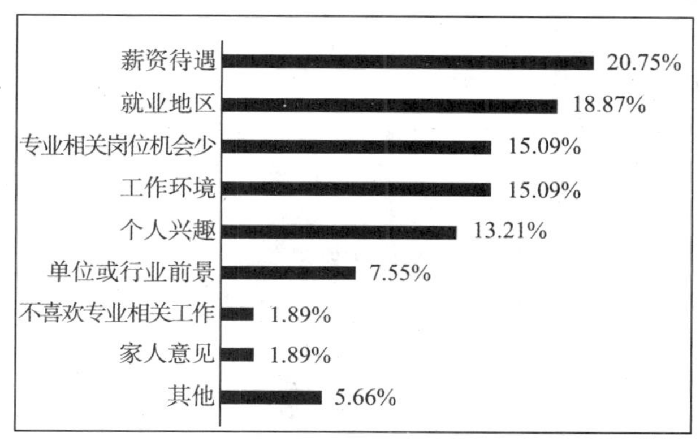

图 11 毕业生选择专业不相关工作的原因

4. 毕业生当前月收入情况

调查过程中,共有 1264 名毕业生晒出了当前的月收入(包含工资、奖金、提成等),平均月收入为 4288.41 元。从不同学历毕业生的当前月收入平均值看,研究生为 4566.55 元,本科生为 4281.84 元,专科生为 3362.50 元。

表 27 不同学历毕业生的当前月收入情况

学历	研究生	本科生	专科生
平均值(元)	4566.55	4281.84	3362.50

5. 毕业生当前工作的“五险一金”缴纳情况

调查结果显示,83.44% 的毕业生当前工作“五险一金”缴纳齐全;“有五险,无一金”占 11.95% ;“五险不全”占 2.58% ;“完全没有”占 2.03% 。

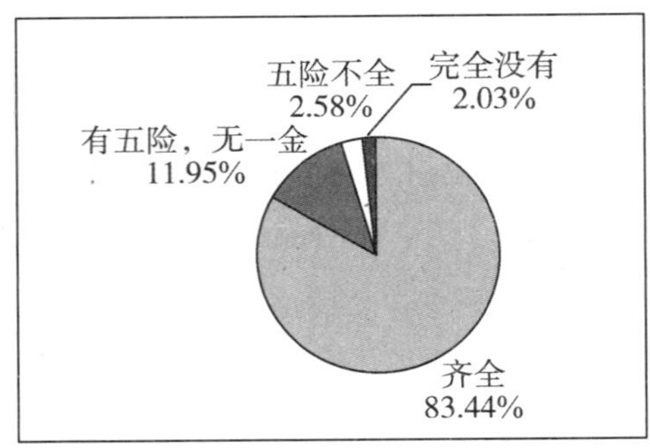

图 12 毕业生当前工作的"五险一金"缴纳情况

6. 毕业生当前工作与职业期待的吻合情况

对毕业生当前工作与职业期待的吻合情况进行调查，结果显示，"很符合"占 52.81%；"基本符合"占 43.20%；"不符合"占 3.05%；另有 0.94% 的毕业生从未考虑过。

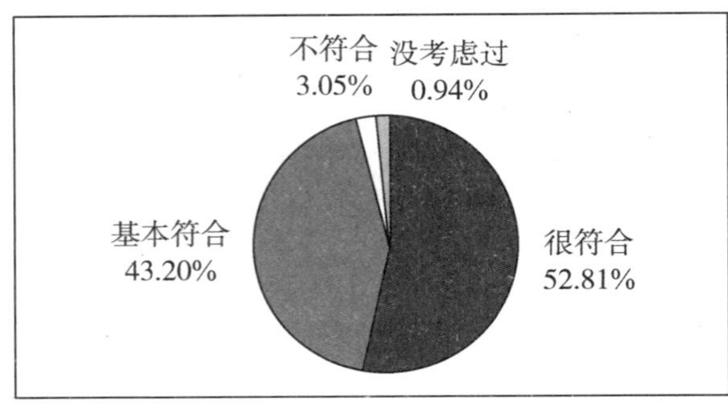

图 13 毕业生当前工作与职业期待的吻合情况

7. 毕业生工作变动情况

对毕业生的工作变动情况进行调查，结果显示，67.88% 的毕业生一直未调换工作，就业稳定性高；23.05% 的毕业生换过 1 份工作；7.27% 的毕业生换过 2 份工作；1.33% 的毕业生换过 3 份工作；另有 0.47% 的毕业生换过 3 份以上的工作。

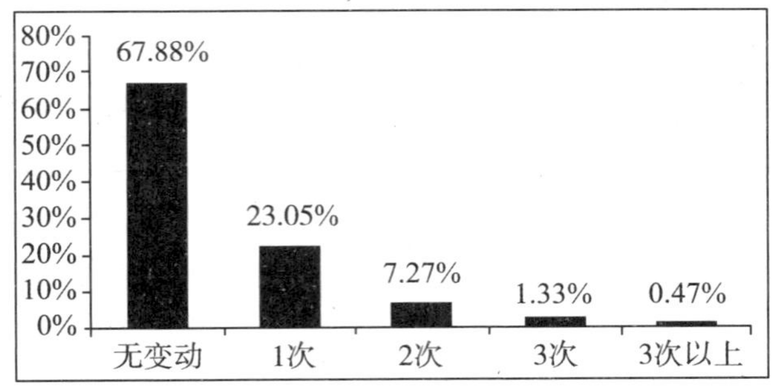

图 14 毕业生工作变动情况

（二）毕业生对升学、出国的满意度及相关分析

毕业生对升学、出国的满意度情况和专业对口情况是反映毕业生就业质量的重要指标。调查数据显示，毕业生对升学、出国的总体满意度和专业对口率都比较高。

1. 毕业生对升学学校及专业的满意度

对升学学校及专业的满意度调查结果显示，"很满意"占 61.07%；"较为满意"占 29.53%；"基本满意"占 9.40%；"不满意"比例为 0。

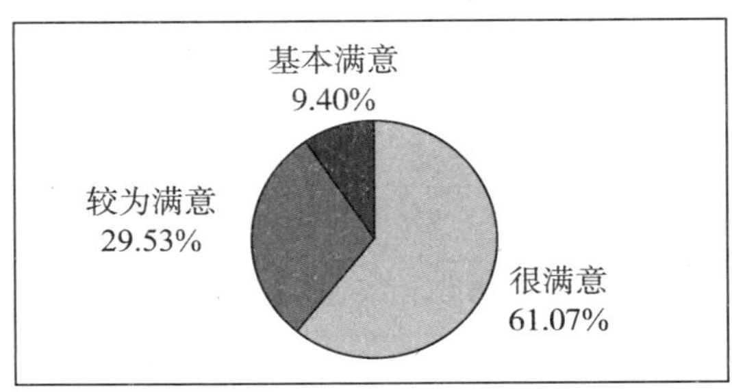

图 15 毕业生对升学学校及专业的满意度

2. 毕业生升学专业与原就读专业相关度

调查数据显示，毕业生升学专业与原就读专业相关度较高。其中，"很相关"占 66.78%；"基本相关"占 31.54%；"不相关"占 1.68%。

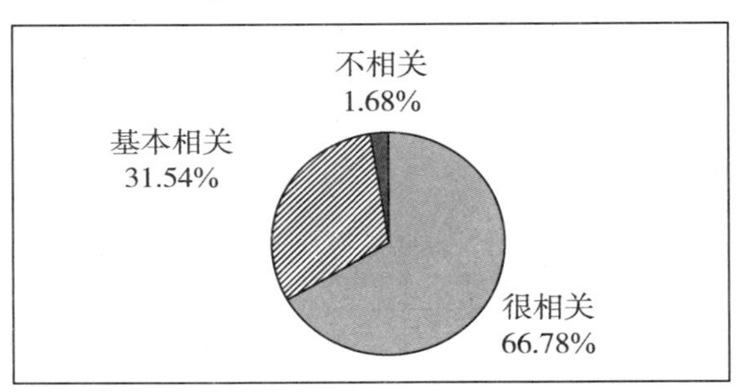

图 16 毕业生升学专业与原就读专业相关度

3. 出国毕业生的当前状态

对出国毕业生当前状态的调查结果显示，62.60% 的毕业生选择"出国留学"，另有 37.80% 的毕业生选择"出国工作"。

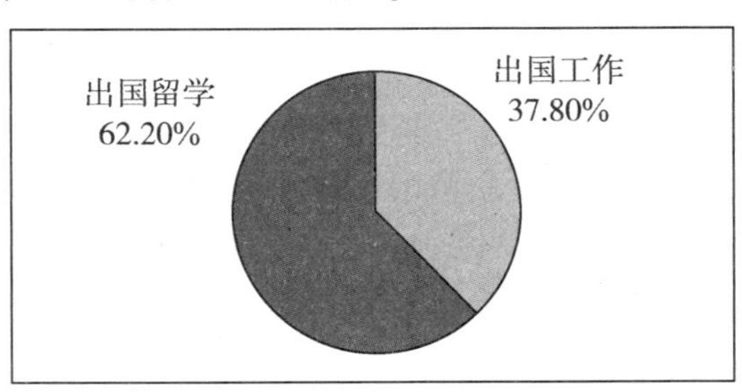

图 17 出国毕业生的当前状态

4. 毕业生对出国的满意度

对毕业生出国满意度的调查结果显示，“很满意”占28.05%；“较为满意”占43.90%；“基本满意”占23.17%；“不满意”占4.88%。从不同学历毕业生对出国的满意度调查情况来看，本科生“不满意”比例较高。

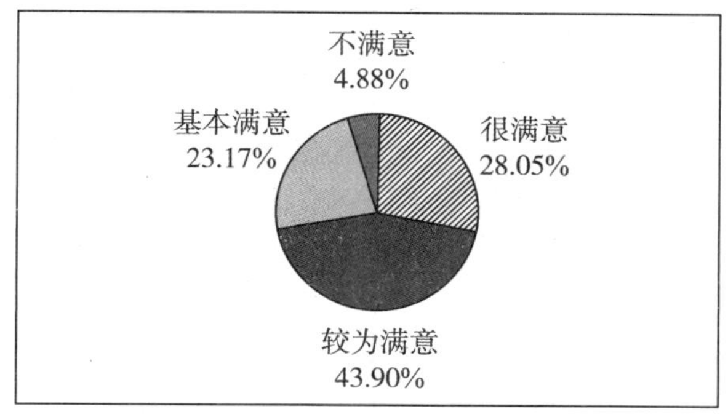

图18 毕业生出国满意度

（三）自主创业毕业生情况分析

1. 毕业生创业领域分布

调查结果显示，“创意小店”是毕业生创业主要领域，比例达29.63%；其次是“科技服务”，比例为18.52%；“科技成果”比例也较高，超过15%。毕业生创业领域分布情况如下图所示：

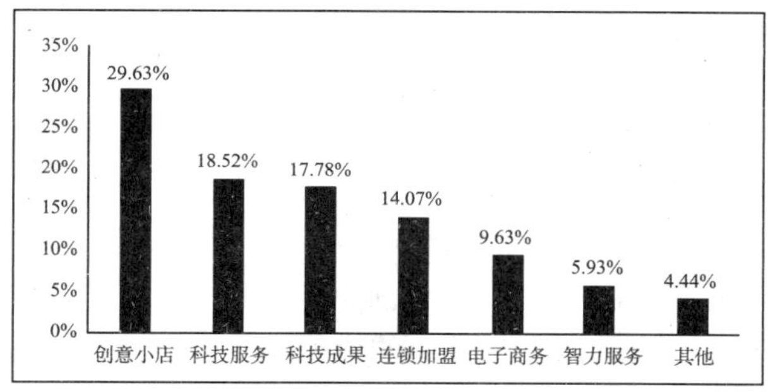

图19 毕业生创业领域分布

2. 毕业生创业困难的原因

调查数据显示，毕业生认为“缺乏资金”“个人能力不足”和“缺乏有效创业指导”是造成自己创业困难的三个最主要原因，比例分别为30.37%、24.44%和14.07%。毕业生创业困难的原因调查情况如下图所示：

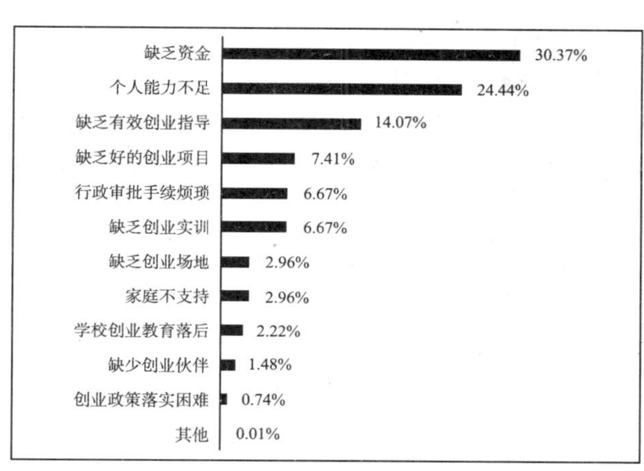

图20 毕业生创业困难的原因

3. 自主创业毕业生希望获取的服务

调查数据（本调查题为多选）显示，“参加创业大赛”“创业政策宣传解读”和“创业过程跟踪指导”是自主创业毕业生最希望获取的三项服务，选择比例分别为31.11%、30.37%和23.70%。调查结果如下图所示：

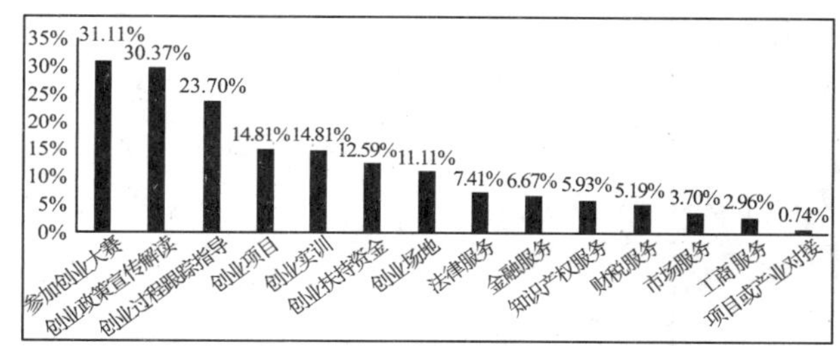

图21 自主创业毕业生希望获取的服务

（四）未就业毕业生情况分析

1. 未就业毕业生的目前打算

对未就业毕业生目前的打算进行调查，结果显示，“尽早落实就业单位”选择比例最高，为38.14%；“参加就业实习”和“准备公务员、事业单位等考试”选择比例也较高，都接近15%。调查结果如下图所示：

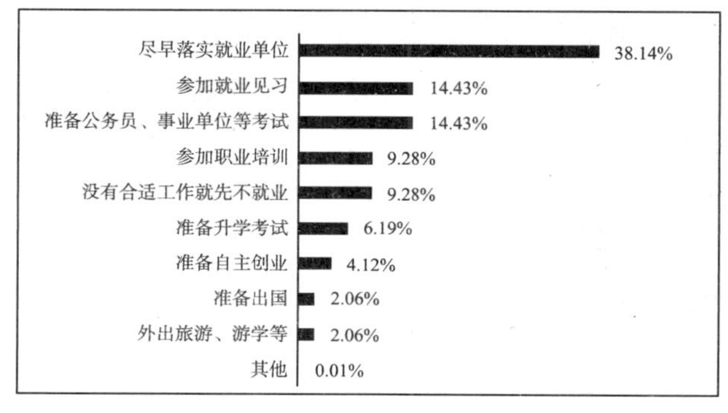

图22 未就业毕业生的目前打算

2. 毕业生在未就业期间的经济来源

对毕业生在未就业期间的经济来源进行调查，结果显示，“父母”是首要经济来源，比例达 45.36%；其次是“兼职”，比例为 30.93%。调查结果如下图所示：

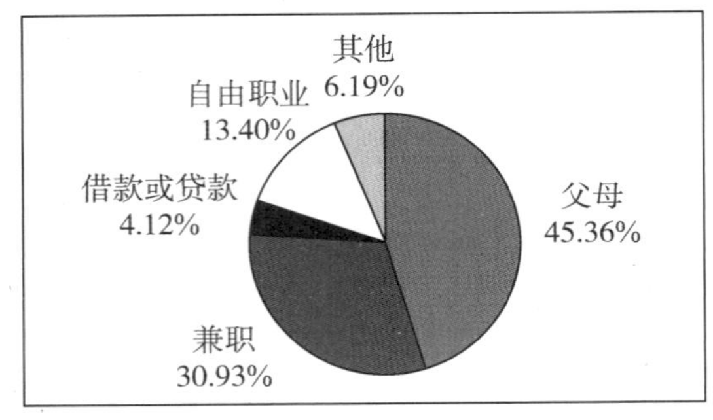

图 23　毕业生在未就业期间的经济来源

3. 未就业毕业生在求职方面希望得到的帮助

调查数据（本调查题为多选）显示，“就业岗位信息”“政策咨询”和“职业培训”是未就业毕业生在求职方面最希望获取的三项服务，选择比例分别为 35.05%、31.96% 和 30.93%。“就业见习”“职业指导”的选择比例也较高，都超过 20%。调查结果如下图所示：

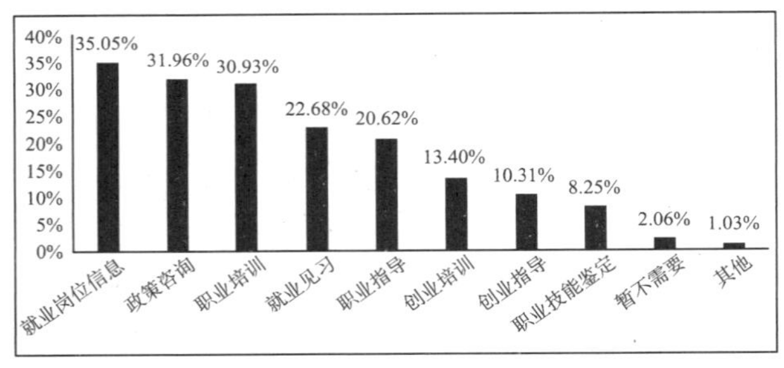

图 24　未就业毕业生在求职方面希望得到的帮助

（五）暂不就业毕业生情况分析

1. 毕业生暂不就业的原因

对毕业生暂不就业的原因调查数据显示，“感到自己能力素质不够强，先‘充电’”选择比例最高，达 23.38%；其次是“还没有明确择业方向”，比例为 14.29%；“身体不好，休养一段时间”和“对就业没有迫切性”选择比例也较高，都超过 10%。调查结果如下图所示：

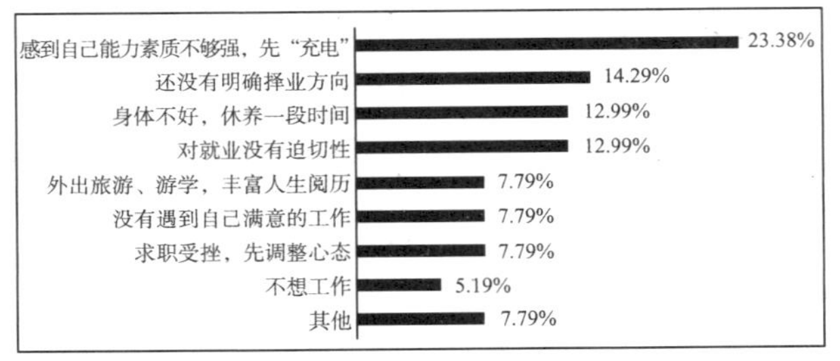

图 25　毕业生暂不就业的原因

2. 暂不就业毕业生计划就业的时间

对暂不就业毕业生计划就业的时间进行调查，结果显示，“半年内”选择人数最多，比例达 57.14%；其次是“一年内”，占 22.08%；另外，“两年内”占 14.29%，“两年以上”占 6.49%。

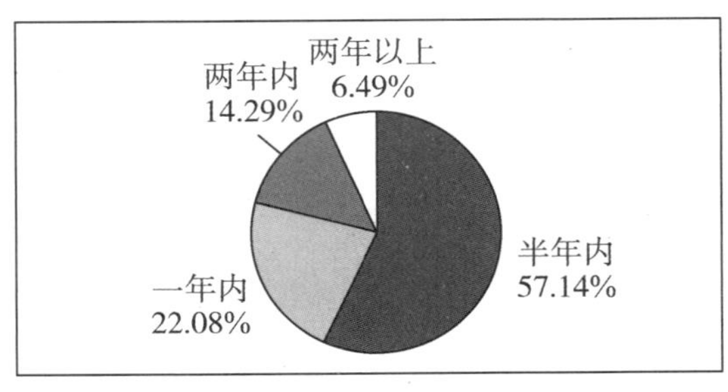

图 26　暂不就业毕业生计划就业的时间

（六）毕业生对母校的满意度及相关分析

本项调查希望毕业半年后的学生，从多方面反馈对母校教育教学、就业创业指导服务方面的信息以及最需要改进的地方，以此来提升母校的就业创业服务水平和教学质量水平。调查数据显示，毕业生对母校教育教学、就业创业指导服务的总体满意度都比较高，有 92.15% 的毕业生愿意推荐自己的母校。

1. 毕业生在母校学习生活期间的收获

调查数据（本调查题为多选）显示，“扎实的专业知识和技能”“良好的择业平台”和“良好的心理素质和品德修养”是毕业生在母校学习生活期间的三项主要收获，选择比例分别为 55.18%、34.14% 和 27.75%。调查结果如下图所示：

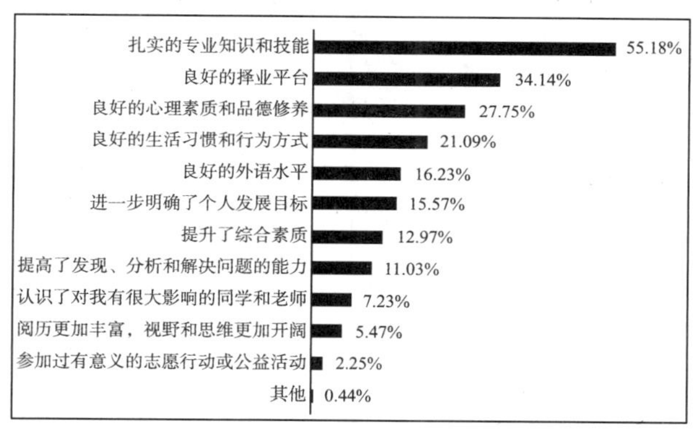

图 27 毕业生在母校学习生活期间的收获

2. 毕业生对母校教育教学工作的满意度及总体评价

调查结果显示，毕业生对母校教育教学工作的满意度总体较高。其中，“很满意”占 82.22%；“较为满意”占 12.88%；“基本满意”占 4.28%；“不满意”比例仅为 0.62%。

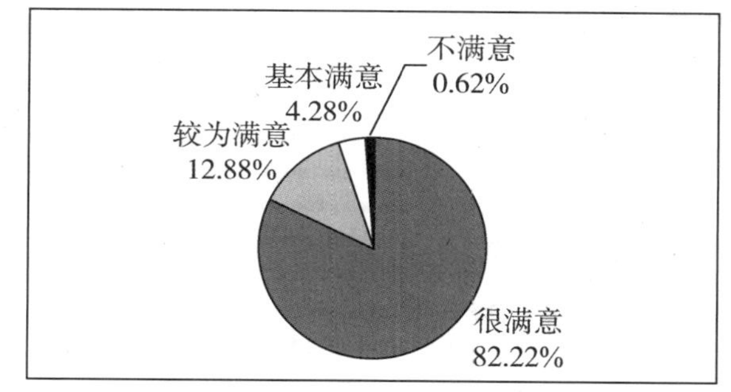

图 28 毕业生对母校教育教学工作的满意度

毕业生对母校教育教学工作的综合评价，如下表所示：

表 28 毕业生对母校教育教学工作的综合评价

评价项目	很满意	较为满意	基本满意	不满意
1. 专业课程设置	86.50%	9.84%	3.00%	0.66%
2. 辅修课程设置	82.49%	13.59%	3.26%	0.66%
3. 教学方式和方法	80.59%	15.26%	3.53%	0.62%
4. 任课老师专业水平	81.21%	14.03%	4.14%	0.62%
5. 实践教学内容	82.53%	12.53%	4.32%	0.62%

3. 母校为毕业生提供的就业指导服务

为帮助毕业生实现更高质量的就业，母校做了很多就业指导服务工作。调查数据(本调查题为多选)显示，“举办招聘会”和“求职面试技巧培训”的选择人数较多，比例分别为 66.21% 和 46.32%；“职业生涯规划指导”“及时发布招聘信息”和“就业政策宣传”选择人数也较多，比例都超过 30%。调查结果如下图所示：

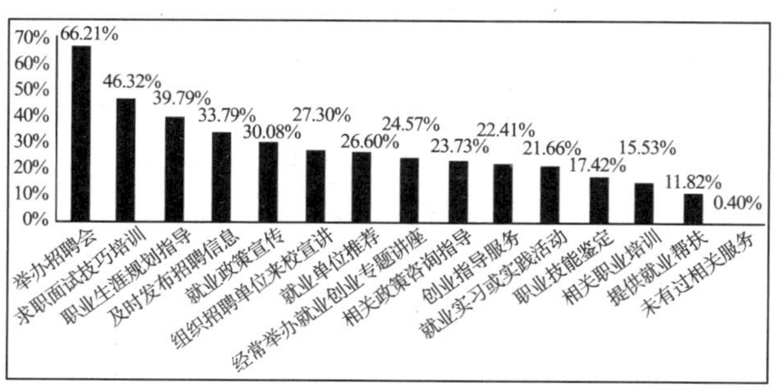

图 29 母校为毕业生提供的就业指导服务

4. 毕业生对母校就业指导服务的满意度

调查结果显示，毕业生对母校就业指导服务的满意度总体较高。其中，“很满意”占 79.71%；“较为满意”占 16.32%；“基本满意”占 3.40%；“不满意”比例仅为 0.57%。

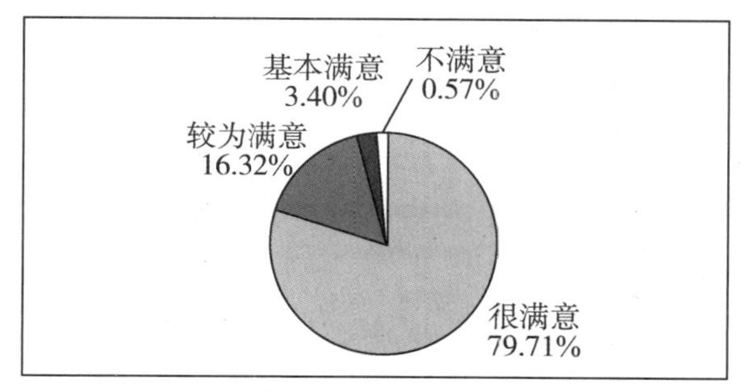

图 30 毕业生对母校就业指导服务的满意度

5. 母校开展的创业教育及相关活动

为鼓励毕业生自主创业，母校陆续开设了创业教育课程，并组织举办了相关活动。调查数据(本调查题为多选)显示,"经常举办创业专题讲座"和"组织或举办创业大赛"的选择人数较多,比例分别为63.65%和47.60%;"创业政策宣传"选择人数也较多,比例接近40%。调查结果如下图所示:

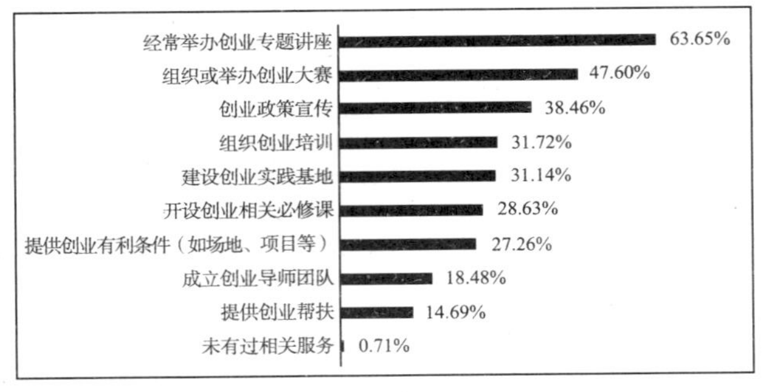

图31 母校开展的创业教育及相关活动

6. 毕业生对母校创业教育的满意度

对母校创业教育的满意度调查结果显示,"很满意"占79.05%;"较为满意"占15.66%;"基本满意"占4.67%;"不满意"占0.62%。

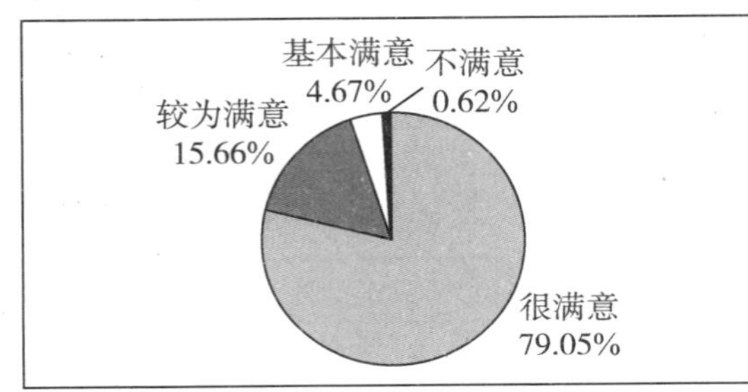

图32 毕业生对母校创业教育的满意度

7. 毕业生第一份成功就业的招聘信息来源途径

对毕业生第一份成功就业的招聘信息来源途径进行调查,结果显示,"学校发布或提供招聘信息"选择人数最多,比例达49.23%;其次是"学校组织的招聘会",选择比例为19.19%。调查结果如下图所示:

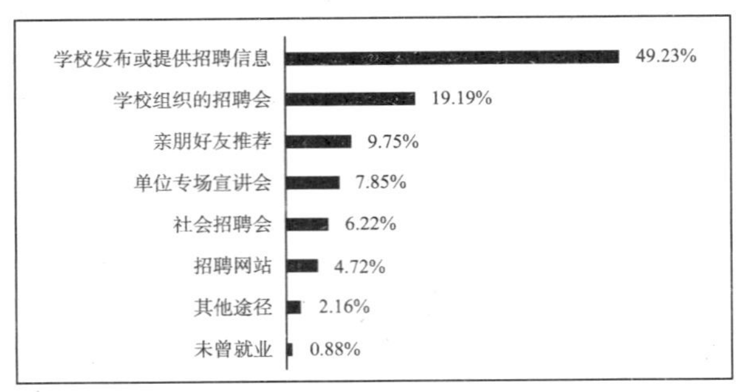

图33 毕业生第一份成功就业的招聘信息来源途径

8. 影响毕业生求职择业的因素

调查数据(本调查题为多选)显示,"薪资收入"、"个人发展空间"和"就业地区"是影响毕业生求职择业的三个主要因素,选择比例分别为55.76%、38.82%和27.13%。调查结果如下图所示:

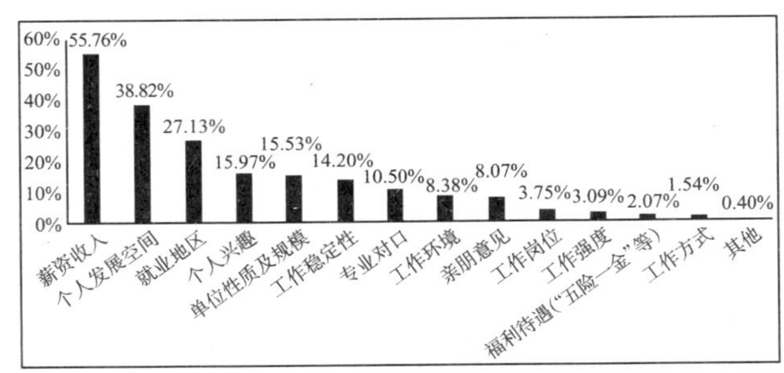

图34 影响毕业生求职择业的因素

9. 毕业生对母校教育教学改革发展的建议

调查数据(本调查题为多选)显示,"知识传授要结合实际,与市场需求对接"、"强化专业实践教学,培养动手能力"和"加强专业基础知识教学,拓宽知识面"是毕业生对母校教育教学改革发展的三项主要建议,选择比例分别为49.54%、38.33%和27.48%。调查结果如下图所示:

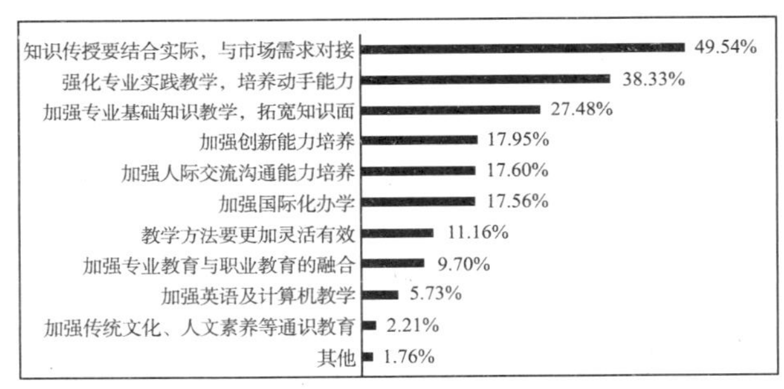

图35 毕业生对母校教育教学改革发展的建议

(七)毕业生就业市场分析

截至报告期,全省共有2.11万家用人单位通过"山东高校毕业生就业信息网"发布2018届毕业生用人需求,需求人数共计42.13万人,较上年同期减少0.88万人,同比下降2.05%。其中,研究生需求1.90万人,本科需求19.95万人,专科(高职)需求20.28万人。

与本校2018届毕业生专业有关的需求共计84419人。其中,研究生需求3880人,本科需求80385人,专科需求154人。对与本校相关的招聘需求分析如下:

1. 招聘地域分布

本校 2018 届毕业生专业有关的招聘需求，按地区统计，发布需求人数最多的地区是青岛，共发布需求 2.67 万人，占需求总人数的 31.58%；其次，济南发布需求人数也较多，共发布需求 1.60 万人，占需求总人数的 19.01%。各地区发布需求情况如下图所示：

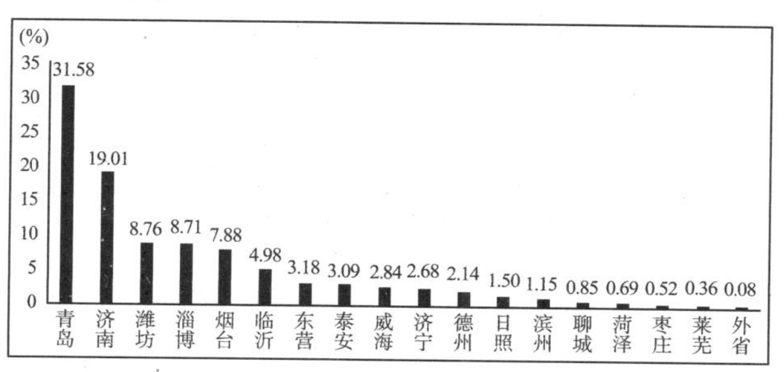

图 36 2018 届毕业生专业有关招聘需求地区分布图

2. 招聘单位性质分布

本校 2018 届毕业生专业有关的招聘需求，按单位性质统计，企业需求最多，占需求总人数的 93.33%（其中，国有企业占 17.94%）；另外，机关占 0.70%，事业单位占 2.10%，其他占 3.87%。

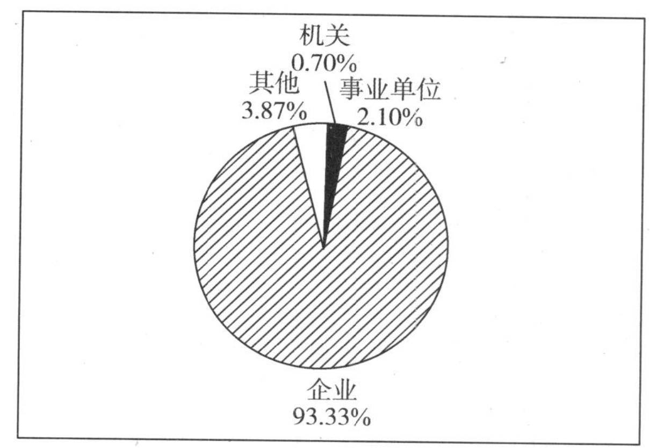

图 37 2018 届毕业生专业有关招聘需求单位性质分布图

表 29 2018 届毕业生专业有关招聘需求单位性质统计表

单位性质		研究生	本科生	专科生	需求人数合计	占比(%)
机关	机关单位	60	533	0	593	0.70
事业单位	科研设计单位	65	129	0	194	0.23
	高等教育单位	174	29	0	203	0.24
	中初教育单位	70	798	0	868	1.03
	医疗卫生单位	46	72	0	118	0.14
	艰苦事业单位	8	10	0	18	0.02
	其他事业单位	64	310	0	374	0.44
企业	国有企业	833	14312	0	15145	17.94
	三资企业	204	4467	4	4675	5.54
	艰苦行业企业	20	787	0	807	0.96
	其他企业	2194	55818	150	58162	68.89
其他	包括部队、基层社区等单位	142	3120	0	3262	3.87

3. 招聘行业分布

本校 2018 届毕业生专业有关的招聘需求，按行业统计，需求毕业生较多的四个行业依次是制造业（占 29.87%），建筑业（占 20.13%），信息传输、软件和信息技术服务业（占 10.73%），居民服务、修理和其他服务业（占 6.30），以上四个行业需求人数占需求总人数的 67.03%。各行业发布需求情况如下图所示：

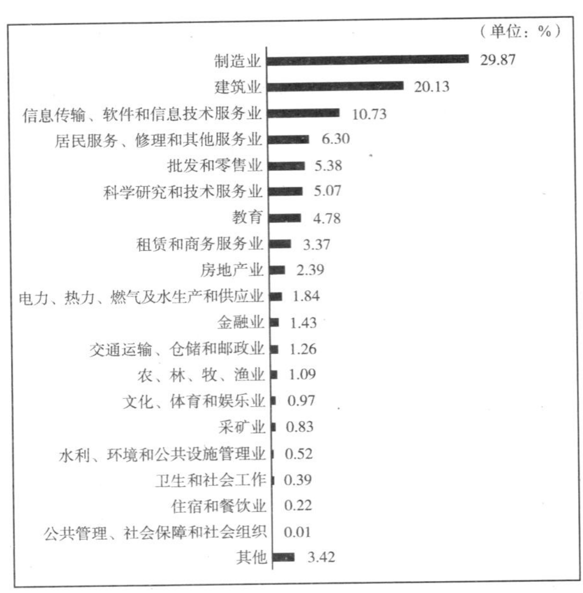

图 38　2018 届毕业生专业有关招聘需求行业分布图

（注：其他，包括机关事业单位及部分行业划分不明确的单位）

4. 招聘时间分布

本校 2018 届毕业生专业有关的招聘需求，按发布时间的月份统计，上年 12 月发布需求人数最多，达 20519 人；其次是 5 月，发布需求 10950 人；3 月、4 月发布需求人数也较多，都超过 8000 人。综合来看，招聘需求的发布时间相对集中。各月份需求人数发布情况如下图所示：

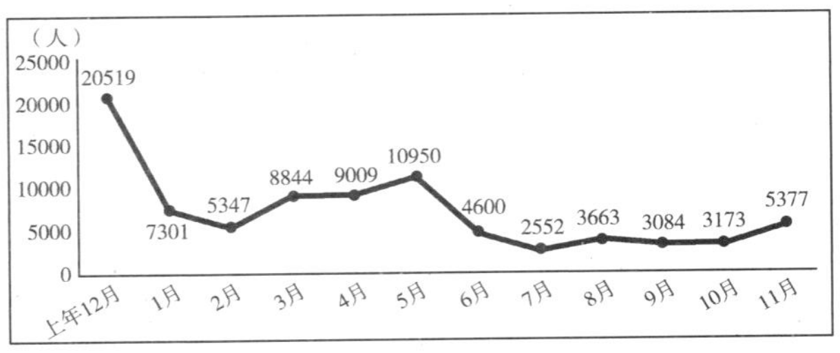

图 39　2018 届毕业生专业有关招聘需求发布时间分布图

（八）用人单位满意度及相关分析

用人单位对毕业生工作能力和整体素质的满意度情况，是衡量学校人才培养质量的重要标准，对学校深化教育教学改革和创新人才培养方式具有积极的推动作用。为更准确地反映本校的人才培养质量和就业指导服务水平，对近五年签约本校毕业生的用人单位进行了跟踪调查，共收回有效问卷 180 份。调查结果显示，用人单位对本校毕业生的工作胜任能力、就业指导工作和服务的总体满意度都较高，68.89% 的用人单位有意向与本校进行校企合作，共创新型人才培养模式，进一步提升毕业生的就业能力和就业质量。

1. 用人单位对本校毕业生工作胜任度的总体评价

调查数据显示，用人单位对本校毕业生工作胜任度的总体评价较高。其中，4.44% 的用人单位评价“非常强”，47.78% 的用人单位评价“比较强”，46.67% 的用人单位评价“一般”。

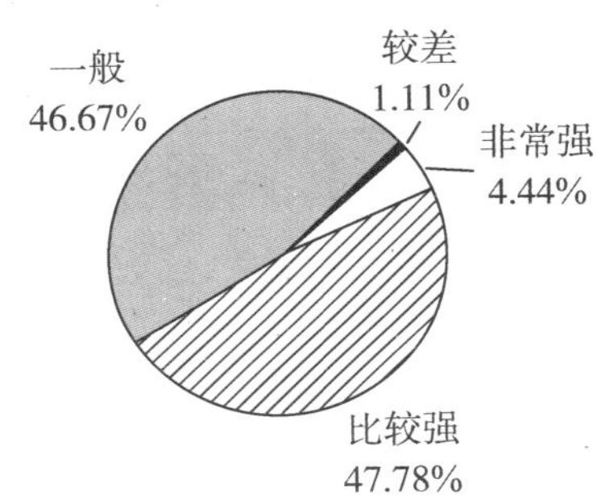

图 40　用人单位对本校毕业生工作胜任度的总体评价

2. 用人单位对本校毕业生各项素质能力的评价

调查结果显示，用人单位对本校毕业生各项素质能力的满意度总体较高。其中，学习能力、执行能力“很满意”比例较高，都达 20% 或以上。调查结果如下表所示：

表 30　用人单位对本校毕业生各项素质能力的评价情况

评价项目	很满意	基本满意	一般	不满意
1. 专业技能	14.44%	72.22%	13.34%	0.00%
2. 执行能力	20.00%	61.11%	18.89%	0.00%

续表

评价项目	很满意	基本满意	一般	不满意
3. 沟通表达能力	16.67%	63.33%	20.00%	0.00%
4. 组织协调能力	16.67%	55.56%	25.55%	2.22%
5. 学习能力	24.44%	63.33%	11.12%	1.11%
6. 创新能力	17.78%	53.33%	26.67%	2.22%

3. 本校专业课程设置与企业用人需求的匹配情况

对本校专业课程设置与企业用人需求的匹配情况的调查数据显示，8.89%的用人单位表示"非常匹配"；认为"比较匹配"的占61.11%；认为"一般"的占28.89%；认为"不匹配"的比例为1.11%。

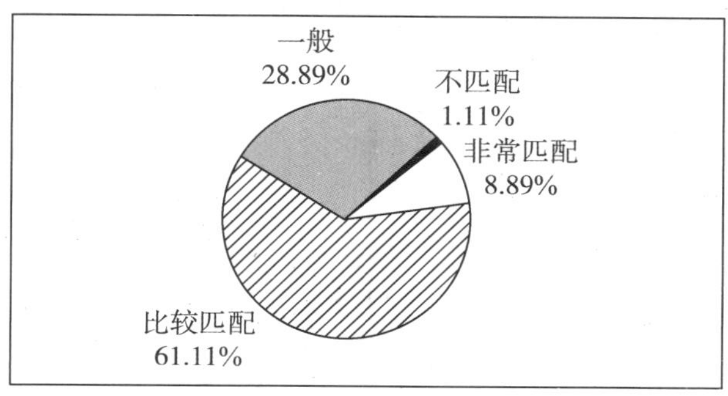

图41 本校专业课程设置与企业用人需求的匹配情况

4. 毕业生在用人单位主要就职岗位情况

本校毕业生在用人单位主要就职岗位的调查数据显示，"基层工作人员"最多，占31.11%；其次是"技术骨干"，占27.78%；另外，"后备干部"占21.11%；"其他"占20.00%。

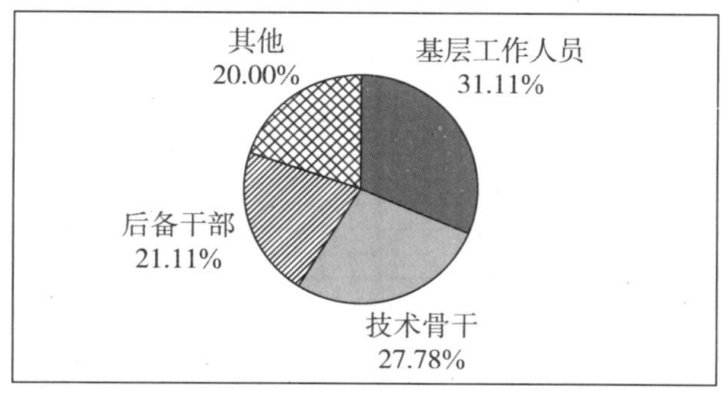

图42 本校毕业生在用人单位主要就职岗位情况

5. 用人单位反馈本校毕业生存在的不足

对本校毕业生存在的不足进行调查（本调查题为多选），结果显示，"抗压能力差""就业期望值过高"和"缺乏社会经验"是用人单位对毕业生不满意的三个主要方面，选择比例分别为51.11%、41.11%和33.33%；另外，"实践能力差""就业观念偏差"选择比例也较高，都超过20%。调查结果如下图所示：

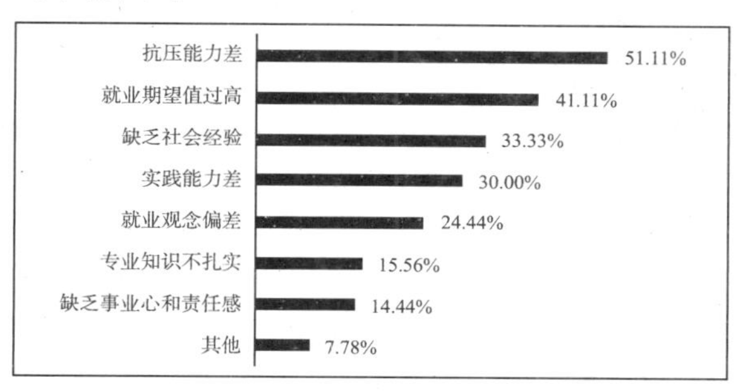

图43 用人单位反馈本校毕业生存在的不足

6. 用人单位对本校就业指导工作和服务的满意度

调查数据显示，用人单位对本校就业指导工作和服务的满意度较高。其中，"很满意"占32.22%，"基本满意"占50.00%；另外，认为"一般"的比例为17.78%，"不满意"比例为0。

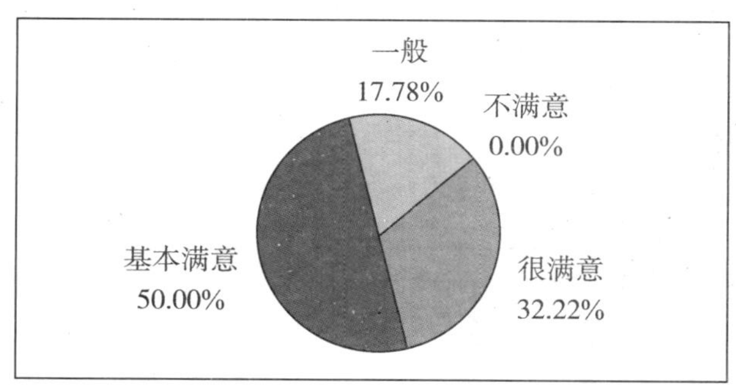

图44 用人单位对本校就业指导工作和服务的满意度

7. 用人单位筛选毕业生简历时的影响因素

调查数据（本调查题为多选）显示，"专业课程""学历"是用人单位筛选毕业生简历时最注重的两个方面，选择比例分别为60.00%、56.67%；“毕业院校”、“实习经历”和“学习成绩”的选择比例也都超过20%。调查结果如下图所示：

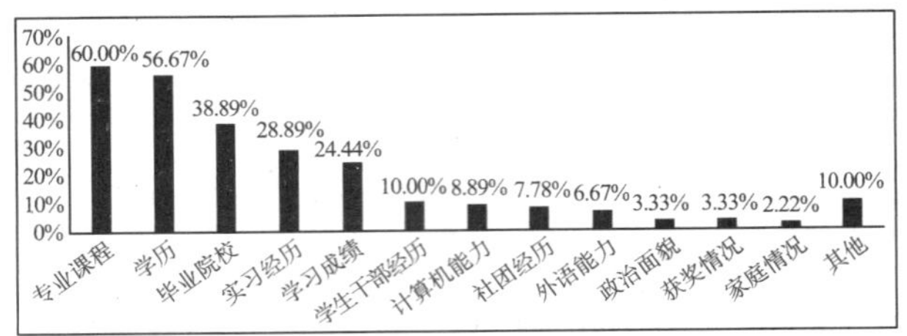

图45　用人单位筛选毕业生简历时的影响因素

8.用人单位录用毕业生时的影响因素

调查数据（本调查题为多选）显示，“工作态度”“品德修养”和“稳定性”是用人单位录用毕业生时最注重的三个方面，选择比例分别为55.56%、52.22%和48.89%；“沟通表达能力”“主动性”和“岗位匹配度”的选择比例也较高，都超过30%。调查结果如下图所示：

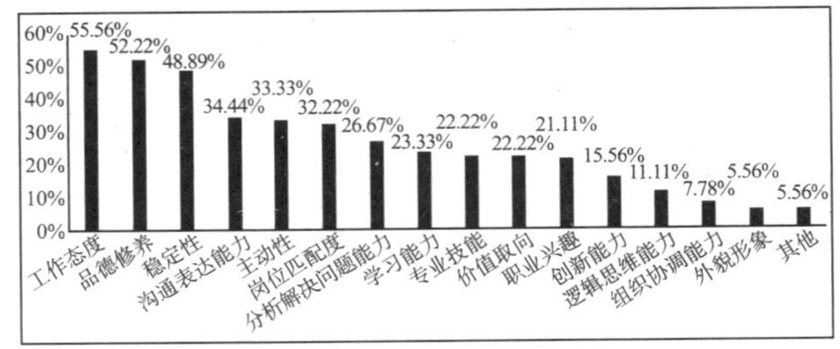

图46　用人单位录用毕业生时的影响因素

（九）校园现场招聘活动开展情况

根据本校校园现场招聘活动开展情况的统计数据（包括重复参会单位），2018年开展综合类、地域类、行业类招聘会累计参会单位1708个（次），共提供44413个岗位；另外，开展企业专场宣讲会累计286场，共提供岗位15600个。本校2018年校园招聘活动开展情况如下：

表31　本校2018年校园招聘活动开展情况

类别	场次	参会单位数	拟招聘人数
行业类招聘会	15	958	7853
综合类招聘会	2	750	36560
专场宣讲会	286	286	15600
合计	303	1994	60013

注：部分用人单位同时参加了双选会和企业宣讲会。

四、发展趋势

（一）近五年毕业生生源发展趋势

1.近五年毕业生生源总量变化趋势

从本校毕业生生源总量近五年变化情况看，毕业生总人数在7000人上下浮动。其中，2017年生源最多，达7427人；2014年生源最少，共6570人。

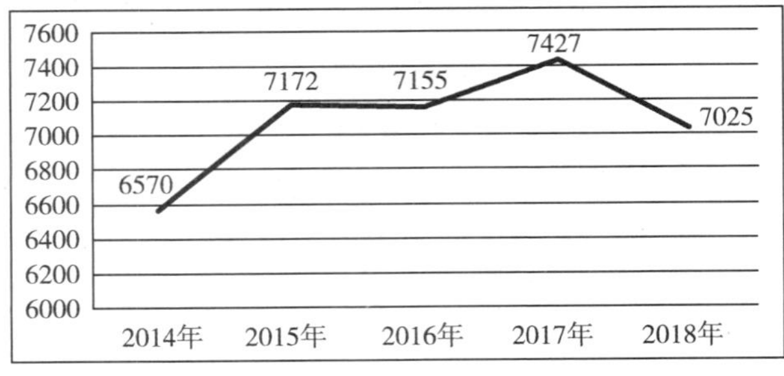

图47　近五年毕业生生源总量变化趋势图
（单位：人）

从不同学历毕业生生源总量近五年变化情况看，硕士生源保持在350人以上；本科生源保持在5900人以上，走势同全校毕业生总量变化趋势基本一致；专科生源保持在200人以下。

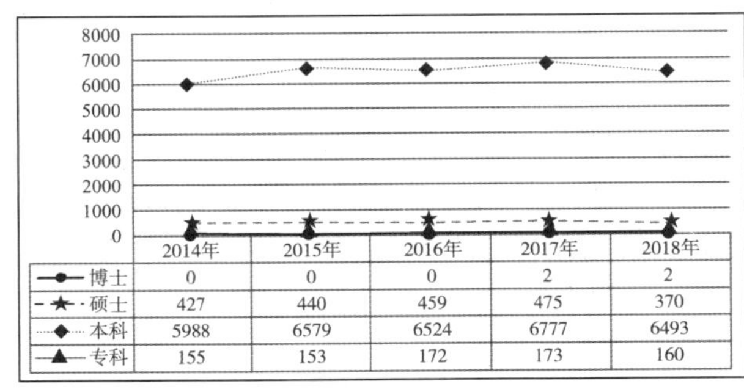

	2014年	2015年	2016年	2017年	2018年
博士	0	0	0	2	2
硕士	427	440	459	475	370
本科	5988	6579	6524	6777	6493
专科	155	153	172	173	160

图48　近五年各学历毕业生生源总量变化趋势图
（单位：人）

2. 近五年不同专业毕业生生源变化趋势

根据本校 2018 届毕业生各专业生源人数近五年变化情况分析，研究生学历民商法学专业近五年保持在 10 人以上。法律（非法学）、农业推广硕士、新闻与传播、药学、知识产权法等专业是 2018 年新增毕业生专业。

表 32　本校 2018 届研究生相关专业近五年生源变化情况（单位：人）

序号	学历	专业	2014 年	2015 年	2016 年	2017 年	2018 年
1	博士	药学	0	0	0	2	2
2	硕士	材料加工工程	0	1	2	2	1
3	硕士	材料物理与化学	0	2	1	0	1
4	硕士	材料学	10	3	4	3	3
5	硕士	电路与系统	0	3	3	2	1
6	硕士	法律（非法学）	0	0	0	0	36
7	硕士	法律史	3	2	2	2	1
8	硕士	法学理论	4	2	4	1	2
9	硕士	防灾减灾工程及防护工程	5	2	2	3	1
10	硕士	分析化学	6	5	5	5	5
11	硕士	高分子化学与物理	0	2	2	2	1
12	硕士	工业催化	3	2	3	0	3
13	硕士	光学	4	5	3	2	2
14	硕士	国民经济学	3	3	2	3	3
15	硕士	海洋化学	0	0	3	3	1
16	硕士	海洋生物学	3	3	4	6	5
17	硕士	海洋渔业资源	0	0	0	2	3
18	硕士	汉语国际教育	0	0	0	9	7
19	硕士	化学工程	7	5	3	5	5
20	硕士	化学工艺	0	2	6	3	4
21	硕士	环境科学	3	2	2	3	2
22	硕士	机械工程	5	0	7	8	15
23	硕士	机械制造及其自动化	3	3	2	5	6
24	硕士	基础数学	3	3	3	1	2
25	硕士	计算机技术	0	4	0	3	7
26	硕士	计算机软件与理论	1	0	2	2	1
27	硕士	计算机应用技术	3	0	3	3	3
28	硕士	计算数学	0	1	2	2	2
29	硕士	建筑与土木工程	0	11	11	17	15
30	硕士	结构工程	9	7	5	8	9
31	硕士	经济法学	6	3	2	2	2

续表

序号	学历	专业	2014年	2015年	2016年	2017年	2018年
32	硕士	考古学及博物馆学	4	1	2	2	1
33	硕士	粒子物理与原子核物理	3	3	2	2	1
34	硕士	临床药学	0	0	0	1	3
35	硕士	民商法学	19	20	15	15	17
36	硕士	凝聚态物理	2	3	2	1	2
37	硕士	农产品加工及贮藏工程	3	6	7	6	5
38	硕士	农业推广硕士	0	0	0	0	29
39	硕士	企业管理	4	3	6	3	8
40	硕士	桥梁与隧道工程	0	0	3	2	1
41	硕士	生物化工	5	4	2	1	4
42	硕士	生物化学与分子生物学	0	2	2	1	4
43	硕士	生药学	0	2	2	1	1
44	硕士	水生生物学	4	3	4	4	3
45	硕士	诉讼法学	3	3	2	1	1
46	硕士	天然药物化学	0	0	0	1	1
47	硕士	外国语言学及应用语言学	7	6	4	3	4
48	硕士	微生物学	0	2	3	2	3
49	硕士	无机化学	0	3	2	5	3
50	硕士	物理化学	6	5	5	7	5
51	硕士	细胞生物学	0	1	2	1	1
52	硕士	新闻与传播	0	0	0	0	11
53	硕士	信号与信息处理	7	6	3	4	3
54	硕士	刑法学	8	6	6	3	3
55	硕士	亚非语言文学	7	4	4	4	3
56	硕士	岩土工程	2	2	0	0	1
57	硕士	药剂学	0	5	8	9	10
58	硕士	药理学	7	7	4	5	6
59	硕士	药事管理学	0	0	0	1	2
60	硕士	药物分析学	0	4	8	8	8
61	硕士	药物化学	11	5	3	5	5
62	硕士	药学	0	0	0	0	18
63	硕士	应用化学	0	2	0	1	1
64	硕士	应用数学	3	1	2	3	4
65	硕士	英语笔译	0	13	40	0	23
66	硕士	英语语言文学	4	2	2	2	2

续表

序号	学历	专业	2014 年	2015 年	2016 年	2017 年	2018 年
67	硕士	有机化学	9	5	4	5	3
68	硕士	运筹学与控制论	2	3	2	2	1
69	硕士	知识产权法	0	0	0	0	3
70	硕士	植物学	0	4	1	3	2
71	硕士	中国古代文学	2	2	4	4	3
72	硕士	中国古典文献学	0	0	2	2	1
73	硕士	中国少数民族史	5	5	7	11	10
74	硕士	中国史	0	2	2	1	1

本科学历汉语言文学、机械设计制造及其自动化专业近五年保持在 200 人以上。环境科学与工程专业是 2018 年新增毕业生专业。2018 届仅有国际商务一个专科专业，毕业生人数为 160 人。

表 33　本校 2018 届本专科毕业生相关专业近五年生源变化情况（单位：人）

序号	学历	专业	2014 年	2015 年	2016 年	2017 年	2018 年
1	本科	材料科学与工程	166	124	169	220	219
2	本科	测控技术与仪器	88	81	79	89	90
3	本科	朝鲜语	61	47	70	72	68
4	本科	车辆工程	104	107	103	108	92
5	本科	电子信息科学与技术	132	129	0	0	89
6	本科	法学	212	206	192	248	199
7	本科	高分子材料与工程	121	116	108	104	86
8	本科	给排水科学与工程	0	89	91	95	88
9	本科	工程管理	110	107	103	107	152
10	本科	工商管理	61	116	85	123	135
11	本科	公共事业管理	70	63	66	84	71
12	本科	国际经济与贸易	152	142	137	221	201
13	本科	海洋渔业科学与技术	72	75	83	107	117
14	本科	汉语国际教育	0	0	0	82	92
15	本科	汉语言文学	217	202	232	242	259
16	本科	航海技术	99	93	119	76	98
17	本科	核工程与核技术	0	52	78	73	77
18	本科	化学工程与工艺	153	185	179	185	167
19	本科	环保设备工程	0	0	43	58	50
20	本科	环境科学与工程	0	0	0	0	151
21	本科	环境设计	0	0	0	74	54
22	本科	会计学	204	264	189	243	169

续表

序号	学历	专业	2014年	2015年	2016年	2017年	2018年
23	本科	机械设计制造及其自动化	377	431	343	323	271
24	本科	计算机科学与技术	200	142	121	117	192
25	本科	建筑学	84	80	89	90	92
26	本科	金属材料工程	172	211	196	188	133
27	本科	轮机工程	114	106	149	100	104
28	本科	能源与动力工程	0	0	118	146	94
29	本科	日语	55	57	57	47	57
30	本科	软件工程	139	271	170	201	281
31	本科	生物工程	91	108	90	96	90
32	本科	生物技术	72	104	100	91	93
33	本科	生物科学	48	98	82	96	95
34	本科	食品科学与工程	85	103	93	101	85
35	本科	食品质量与安全	76	86	86	99	92
36	本科	市场营销	52	74	68	87	93
37	本科	视觉传达设计	0	0	0	36	33
38	本科	数学与应用数学	77	72	74	93	89
39	本科	水产养殖学	52	69	79	103	101
40	本科	通信工程	161	158	152	124	151
41	本科	统计学	41	42	49	48	89
42	本科	土木工程	330	342	248	254	181
43	本科	舞蹈编导	0	0	29	36	36
44	本科	物联网工程	0	0	51	145	149
45	本科	新闻学	91	82	121	94	87
46	本科	信息与计算科学	73	82	84	84	42
47	本科	药学	224	226	203	198	184
48	本科	音乐表演	17	39	28	39	41
49	本科	音乐学	82	40	61	47	32
50	本科	应用化学	166	165	148	166	159
51	本科	应用物理学	108	88	82	98	99
52	本科	英语	124	132	126	131	121
53	本科	运动训练	145	147	144	107	132
54	本科	知识产权	0	0	75	96	91
55	本科	制药工程	0	0	0	48	49
56	本科	自动化	142	149	143	156	131
57	专科	国际商务	72	153	172	173	160

（二）近五年毕业生市场需求情况

从本校 2018 届毕业生各专业近五年就业市场供求变化情况看，硕士学历机械制造及其自动化、结构工程、桥梁与隧道工程、药学、有机化学，本科学历机械设计制造及其自动化、市场营销专业，近五年毕业生供需比都小于 1，就业市场供不应求；反之，本科学历运动训练专业，近五年供需比都大于 10，全省生源总人数远多于就业市场发布的需求总人数。

表 34　本校 2018 届毕业生相关专业就业市场近五年供需变化情况

序号	学历	专业	毕业生供需比 = 全省生源总人数/全省需求总人数				
			2014 年	2015 年	2016 年	2017 年	2018 年
1	博士	药学	–	–	–	0.09	0.11
2	硕士	材料加工工程	1.81	1.67	2.32	4.00	5.14
3	硕士	材料物理与化学	21.50	10.50	2.57	1.89	2.90
4	硕士	材料学	3.65	1.35	1.28	1.10	0.73
5	硕士	电路与系统	9.33	1.67	5.25	2.38	1.20
6	硕士	法律（非法学）	–	–	–	–	8.87
7	硕士	法律史	7.50	N	13.00	2.67	7.00
8	硕士	法学理论	17.00	22.00	6.00	0.71	9.00
9	硕士	防灾减灾工程及防护工程	3.63	2.80	1.50	3.00	3.50
10	硕士	分析化学	1.92	1.13	1.80	3.42	0.82
11	硕士	高分子化学与物理	0.95	1.32	1.25	1.23	0.90
12	硕士	工业催化	2.25	2.00	N	0.55	0.69
13	硕士	光学	1.06	1.43	N	0.86	N
14	硕士	国民经济学	14.00	5.00	7.67	8.67	4.43
15	硕士	海洋化学	7.14	5.45	6.86	13.00	4.14
16	硕士	海洋生物学	7.00	3.35	4.20	2.06	2.00
17	硕士	海洋渔业资源	–	–	–	0.40	1.50
18	硕士	汉语国际教育	2.60	1.18	4.20	8.00	4.50
19	硕士	化学工程	4.73	3.58	0.64	2.50	2.06
20	硕士	化学工艺	3.44	1.71	2.89	0.40	5.75
21	硕士	环境科学	2.19	1.97	2.88	5.25	2.93
22	硕士	机械工程	3.83	3.59	1.17	2.37	1.09
23	硕士	机械制造及其自动化	0.33	0.52	0.32	0.23	0.33
24	硕士	基础数学	2.43	5.20	4.88	1.83	16.50
25	硕士	计算机技术	0.40	2.28	0.73	2.72	5.53
26	硕士	计算机软件与理论	4.80	1.04	0.49	0.89	1.35
27	硕士	计算机应用技术	1.92	1.13	1.11	1.02	0.60
28	硕士	计算数学	6.20	2.10	3.57	4.75	7.25

续表

序号	学历	专业	毕业生供需比=全省生源总人数/全省需求总人数				
			2014年	2015年	2016年	2017年	2018年
29	硕士	建筑与土木工程	4.00	1.04	1.21	3.07	2.02
30	硕士	结构工程	0.51	0.98	0.91	0.81	0.59
31	硕士	经济法学	4.14	2.11	1.86	1.46	2.29
32	硕士	考古学及博物馆学	6.50	1.00	2.00	2.00	N
33	硕士	粒子物理与原子核物理	N	N	N	N	N
34	硕士	临床药学	0.17	1.00	0.40	3.00	1.29
35	硕士	民商法学	4.67	9.29	2.27	3.69	4.00
36	硕士	凝聚态物理	1.87	4.80	1.70	8.00	10.50
37	硕士	农产品加工及贮藏工程	5.25	3.75	11.33	5.13	5.67
38	硕士	农业推广硕士	–	–	–	–	1.38
39	硕士	企业管理	1.59	1.28	0.80	1.22	0.38
40	硕士	桥梁与隧道工程	0.50	0.23	0.36	0.24	0.67
41	硕士	生物化工	1.15	0.59	0.38	0.56	0.12
42	硕士	生物化学与分子生物学	5.86	2.42	1.33	0.90	1.15
43	硕士	生药学	6.00	5.00	N	2.50	9.00
44	硕士	水生生物学	2.23	9.33	3.00	N	2.09
45	硕士	诉讼法学	9.75	3.23	3.10	1.58	2.80
46	硕士	天然药物化学	N	N	4.00	N	8.00
47	硕士	外国语言学及应用语言学	4.55	2.83	5.87	5.79	2.42
48	硕士	微生物学	2.66	1.85	1.40	1.59	4.53
49	硕士	无机化学	5.00	0.95	1.45	2.25	5.38
50	硕士	物理化学	3.00	1.77	4.00	7.71	14.00
51	硕士	细胞生物学	3.64	3.90	4.09	3.67	6.38
52	硕士	新闻与传播	1.50	–	2.71	2.71	2.07
53	硕士	信号与信息处理	5.53	3.61	3.61	6.30	3.15
54	硕士	刑法学	10.00	14.50	4.86	3.00	8.00
55	硕士	亚非语言文学	7.60	32.00	12.00	2.90	2.67
56	硕士	岩土工程	1.45	1.13	1.07	3.27	1.59
57	硕士	药剂学	1.14	1.61	0.68	1.54	0.64
58	硕士	药理学	3.25	1.50	3.45	1.02	2.93
59	硕士	药事管理学	–	–	–	1.00	N
60	硕士	药物分析学	0.18	0.85	0.60	1.61	0.94
61	硕士	药物化学	0.85	2.82	0.93	1.14	2.09
62	硕士	药学	0.63	0.38	0.39	0.42	0.20
63	硕士	应用化学	2.18	1.82	1.27	0.77	1.90

续表

序号	学历	专业	毕业生供需比=全省生源总人数/全省需求总人数				
			2014年	2015年	2016年	2017年	2018年
64	硕士	应用数学	5.08	1.34	2.57	1.90	7.38
65	硕士	英语笔译	25.00	9.29	5.79	13.06	3.45
66	硕士	英语语言文学	0.55	1.00	0.96	0.83	0.67
67	硕士	有机化学	0.59	0.30	0.33	0.84	0.27
68	硕士	运筹学与控制论	15.00	16.50	9.67	6.40	8.00
69	硕士	知识产权法	–	–	–	–	1.50
70	硕士	植物学	5.20	7.00	4.00	2.17	1.53
71	硕士	中国古代文学	9.88	3.11	4.07	2.45	4.58
72	硕士	中国古典文献学	4.50	15.00	5.00	4.25	4.00
73	硕士	中国少数民族史	N	N	N	5.50	10.00
74	硕士	中国史	–	22.50	6.22	6.86	6.71
75	本科	材料科学与工程	4.57	2.28	5.03	2.72	4.33
76	本科	测控技术与仪器	3.99	3.22	5.00	2.36	4.29
77	本科	朝鲜语	7.07	5.34	5.35	11.52	5.23
78	本科	车辆工程	2.72	3.21	1.60	1.88	1.71
79	本科	电子信息科学与技术	1.86	1.25	1.62	1.47	4.56
80	本科	法学	7.27	6.25	3.80	4.71	5.24
81	本科	高分子材料与工程	1.48	1.62	1.44	1.60	1.39
82	本科	给排水科学与工程	–	0.21	0.34	0.80	0.13
83	本科	工程管理	2.55	2.93	3.70	1.35	1.57
84	本科	工商管理	1.92	2.01	1.67	1.17	2.38
85	本科	公共事业管理	15.91	7.90	12.57	17.32	16.29
86	本科	国际经济与贸易	4.42	3.42	2.52	2.55	2.50
87	本科	海洋渔业科学与技术	11.78	11.10	7.44	12.91	15.00
88	本科	汉语国际教育	–	–	–	46.25	15.00
89	本科	汉语言文学	1.74	1.32	1.58	1.22	0.99
90	本科	航海技术	2.88	2.19	1.20	2.42	1.09
91	本科	核工程与核技术	–	5.78	2.60	2.81	2.57
92	本科	化学工程与工艺	1.30	0.72	1.55	1.47	1.13
93	本科	环保设备工程	–	5.33	15.83	5.52	13.86
94	本科	环境科学与工程	–	–	–	–	1.25
95	本科	环境设计	–	–	3.38	39.77	14.38
96	本科	会计学	1.68	1.70	1.39	1.19	1.52
97	本科	机械设计制造及其自动化	0.80	0.82	0.78	0.61	0.63
98	本科	计算机科学与技术	1.28	1.25	0.95	1.23	1.04

续表

序号	学历	专业	毕业生供需比 = 全省生源总人数/全省需求总人数				
			2014 年	2015 年	2016 年	2017 年	2018 年
99	本科	建筑学	0.80	1.35	1.50	1.14	1.16
100	本科	金属材料工程	3.87	2.06	4.41	2.88	3.08
101	本科	轮机工程	2.20	3.01	0.71	1.87	1.27
102	本科	能源与动力工程	4.11	1.99	2.04	3.09	0.67
103	本科	日语	3.94	2.92	2.06	3.13	3.33
104	本科	软件工程	4.06	3.19	3.48	3.52	2.08
105	本科	生物工程	2.41	4.84	4.82	1.65	4.66
106	本科	生物技术	3.88	3.55	1.17	4.18	3.52
107	本科	生物科学	2.99	2.10	4.64	2.18	2.23
108	本科	食品科学与工程	1.74	1.60	2.00	2.22	3.89
109	本科	食品质量与安全	5.96	2.65	4.28	6.52	6.46
110	本科	市场营销	0.33	0.34	0.36	0.44	0.40
111	本科	视觉传达设计	–	–	4.64	28.15	11.05
112	本科	数学与应用数学	2.02	1.98	2.39	1.39	1.47
113	本科	水产养殖学	2.30	2.30	6.03	4.02	4.45
114	本科	通信工程	3.47	3.31	1.83	2.16	2.57
115	本科	统计学	8.26	6.38	6.19	5.00	4.12
116	本科	土木工程	0.77	1.05	1.03	0.68	0.64
117	本科	舞蹈编导	8.46	11.36	20.57	16.75	4.30
118	本科	物联网工程	47.00	3.69	12.97	8.24	15.11
119	本科	新闻学	1.88	2.84	3.57	3.73	3.07
120	本科	信息与计算科学	19.84	12.74	8.83	5.44	5.25
121	本科	药学	1.51	1.52	1.47	2.16	2.08
122	本科	音乐表演	19.38	12.88	21.45	20.73	4.92
123	本科	音乐学	7.59	3.79	4.76	4.12	5.39
124	本科	应用化学	2.40	2.58	2.34	2.19	2.52
125	本科	应用物理学	9.56	6.69	5.57	8.78	6.07
126	本科	英语	2.09	1.69	1.71	1.73	1.38
127	本科	运动训练	19.84	14.91	16.43	16.15	17.07
128	本科	知识产权	–	–	3.92	4.17	6.23
129	本科	制药工程	8.68	2.72	6.77	3.08	2.81
130	本科	自动化	3.07	3.81	3.97	7.64	2.95
131	专科	国际商务	5.65	6.20	5.63	5.74	7.59

注:“N”表示当年全省未发布该专业毕业生需求,“–”表示当年全省没有同名专业。

（三）近五年毕业生就业率变化趋势

1. 近五年毕业生总体就业率变化情况

从本校毕业生总体就业率近五年变化情况看，就业率在 95% 上下波动。其中 2015 年就业率最高，达 97.96%。

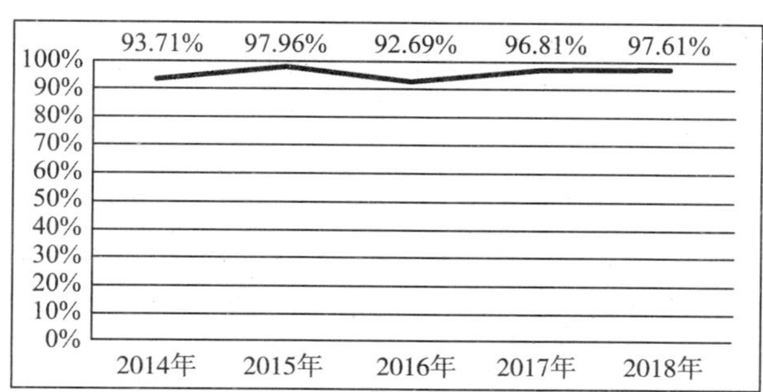

图 49 毕业生总体就业率近五年变化趋势

从不同学历来看，博士生近两年就业率为 100%；硕士生近四年就业率在 90% 上下波动；本科生近五年就业率均保持在 92% 以上；专科生就业率在 2015 年和 2018 年达 100%。

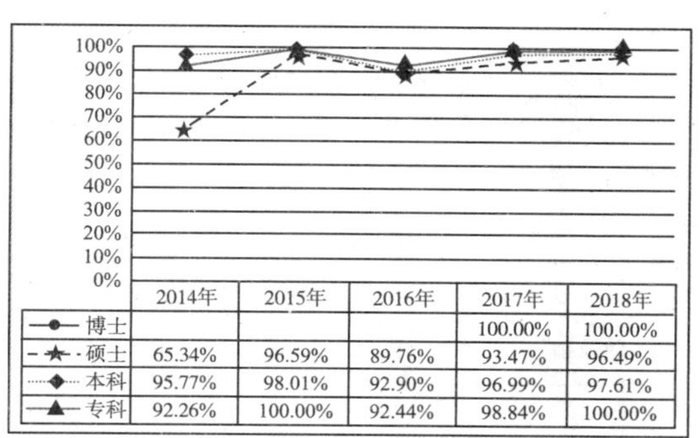

图 50 不同学历毕业生总体就业率近五年变化趋势

2. 近五年不同专业毕业生就业率变化趋势

根据本校 2018 届毕业生各专业近五年就业率变化情况分析，硕士专业法学理论、运筹学与控制论就业率连续五年达 100%；本科专业测控技术与仪器、国际经济与贸易、化学工程与工艺等 9 个专业连续五年达 95% 以上；专科国际商务专业近五年就业率较稳定，始终保持在 90% 以上。

2018 年新增毕业生专业中，有 4 个专业的就业率达 100%。

表 35 本校 2018 届毕业生相关专业近五年就业率变化情况

序号	学历	专业	2014 年	2015 年	2016 年	2017 年	2018 年
1	博士	药学	–	–	–	100.00%	100.00%
2	硕士	材料加工工程	–	100.00%	100.00%	100.00%	100.00%
3	硕士	材料物理与化学	–	100.00%	100.00%	–	100.00%
4	硕士	材料学	70.00%	100.00%	75.00%	100.00%	100.00%
5	硕士	电路与系统	–	100.00%	100.00%	100.00%	100.00%
6	硕士	法律(非法学)	–	–	–	–	97.22%
7	硕士	法律史	66.67%	50.00%	100.00%	100.00%	100.00%
8	硕士	法学理论	100.00%	100.00%	100.00%	100.00%	100.00%
9	硕士	防灾减灾工程及防护工程	40.00%	100.00%	100.00%	100.00%	100.00%
10	硕士	分析化学	83.33%	100.00%	80.00%	100.00%	100.00%
11	硕士	高分子化学与物理	–	100.00%	100.00%	100.00%	100.00%
12	硕士	工业催化	33.33%	50.00%	100.00%	–	100.00%
13	硕士	光学	75.00%	100.00%	100.00%	100.00%	100.00%
14	硕士	国民经济学	66.67%	100.00%	100.00%	100.00%	100.00%
15	硕士	海洋化学	–	–	100.00%	100.00%	100.00%
16	硕士	海洋生物学	100.00%	100.00%	75.00%	100.00%	100.00%
17	硕士	海洋渔业资源	–	–	–	100.00%	100.00%

续表

序号	学历	专业	2014 年	2015 年	2016 年	2017 年	2018 年
18	硕士	汉语国际教育	–	–	–	100.00%	100.00%
19	硕士	化学工程	85.71%	100.00%	66.67%	100.00%	100.00%
20	硕士	化学工艺	–	100.00%	100.00%	100.00%	100.00%
21	硕士	环境科学	66.67%	100.00%	100.00%	100.00%	100.00%
22	硕士	机械工程	80.00%	–	85.71%	100.00%	93.33%
23	硕士	机械制造及其自动化	100.00%	100.00%	100.00%	80.00%	100.00%
24	硕士	基础数学	33.33%	100.00%	100.00%	100.00%	100.00%
25	硕士	计算机技术	–	100.00%	–	100.00%	100.00%
26	硕士	计算机软件与理论	100.00%	–	100.00%	100.00%	100.00%
27	硕士	计算机应用技术	66.67%	–	100.00%	100.00%	100.00%
28	硕士	计算数学	–	100.00%	50.00%	100.00%	100.00%
29	硕士	建筑与土木工程	–	100.00%	90.91%	100.00%	100.00%
30	硕士	结构工程	88.89%	100.00%	100.00%	100.00%	100.00%
31	硕士	经济法学	66.67%	66.67%	100.00%	100.00%	100.00%
32	硕士	考古学及博物馆学	25.00%	100.00%	100.00%	100.00%	100.00%
33	硕士	粒子物理与原子核物理	100.00%	100.00%	100.00%	50.00%	100.00%
34	硕士	临床药学	–	–	–	100.00%	66.67%
35	硕士	民商法学	73.68%	100.00%	80.00%	93.33%	100.00%
36	硕士	凝聚态物理	50.00%	100.00%	50.00%	100.00%	100.00%
37	硕士	农产品加工及贮藏工程	100.00%	100.00%	100.00%	66.67%	100.00%
38	硕士	农业推广硕士	–	–	–	–	100.00%
39	硕士	企业管理	75.00%	100.00%	100.00%	100.00%	75.00%
40	硕士	桥梁与隧道工程	–	–	33.33%	100.00%	100.00%
41	硕士	生物化工	60.00%	100.00%	100.00%	100.00%	100.00%
42	硕士	生物化学与分子生物学	–	100.00%	100.00%	100.00%	100.00%
43	硕士	生药学	–	100.00%	50.00%	100.00%	100.00%
44	硕士	水生生物学	75.00%	100.00%	100.00%	100.00%	100.00%
45	硕士	诉讼法学	66.67%	100.00%	0.00%	100.00%	100.00%
46	硕士	天然药物化学	–	–	–	100.00%	100.00%
47	硕士	外国语言学及应用语言学	85.71%	100.00%	75.00%	100.00%	100.00%
48	硕士	微生物学	–	50.00%	66.67%	100.00%	100.00%
49	硕士	无机化学	–	66.67%	100.00%	100.00%	100.00%
50	硕士	物理化学	33.33%	100.00%	100.00%	85.71%	100.00%
51	硕士	细胞生物学	–	100.00%	100.00%	100.00%	100.00%
52	硕士	新闻与传播	–	–	–	–	100.00%

续表

序号	学历	专业	2014年	2015年	2016年	2017年	2018年
53	硕士	信号与信息处理	71.43%	83.33%	100.00%	100.00%	100.00%
54	硕士	刑法学	50.00%	100.00%	100.00%	100.00%	100.00%
55	硕士	亚非语言文学	71.43%	100.00%	100.00%	100.00%	100.00%
56	硕士	岩土工程	50.00%	100.00%	–	–	100.00%
57	硕士	药剂学	–	100.00%	75.00%	77.78%	70.00%
58	硕士	药理学	100.00%	85.71%	75.00%	100.00%	83.33%
59	硕士	药事管理学	–	–	–	0.00%	50.00%
60	硕士	药物分析学	–	100.00%	87.50%	100.00%	100.00%
61	硕士	药物化学	81.82%	100.00%	100.00%	100.00%	80.00%
62	硕士	药学	–	–	–	–	88.89%
63	硕士	应用化学	–	100.00%	–	100.00%	100.00%
64	硕士	应用数学	66.67%	100.00%	100.00%	66.67%	100.00%
65	硕士	英语笔译	–	100.00%	92.50%	–	100.00%
66	硕士	英语语言文学	75.00%	100.00%	100.00%	100.00%	100.00%
67	硕士	有机化学	66.67%	100.00%	100.00%	100.00%	100.00%
68	硕士	运筹学与控制论	100.00%	100.00%	100.00%	100.00%	100.00%
69	硕士	知识产权法	–	–	–	–	100.00%
70	硕士	植物学	–	100.00%	100.00%	66.67%	100.00%
71	硕士	中国古代文学	0.00%	100.00%	100.00%	100.00%	100.00%
72	硕士	中国古典文献学	–	–	100.00%	100.00%	100.00%
73	硕士	中国少数民族史	0.00%	100.00%	100.00%	100.00%	100.00%
74	硕士	中国史	–	100.00%	100.00%	100.00%	100.00%
75	本科	材料科学与工程	99.40%	99.19%	89.35%	97.27%	100.00%
76	本科	测控技术与仪器	100.00%	100.00%	97.47%	98.88%	100.00%
77	本科	朝鲜语	98.36%	100.00%	91.43%	100.00%	97.06%
78	本科	车辆工程	93.27%	97.20%	91.26%	99.07%	98.91%
79	本科	电子信息科学与技术	97.73%	97.67%	–	–	95.51%
80	本科	法学	90.57%	92.72%	90.63%	93.95%	87.44%
81	本科	高分子材料与工程	91.74%	96.55%	88.89%	98.08%	100.00%
82	本科	给排水科学与工程	–	100.00%	98.90%	97.89%	100.00%
83	本科	工程管理	94.55%	99.07%	98.06%	97.20%	100.00%
84	本科	工商管理	98.36%	99.14%	95.29%	96.75%	94.81%
85	本科	公共事业管理	85.71%	93.65%	98.48%	94.05%	98.59%
86	本科	国际经济与贸易	96.71%	98.59%	97.81%	96.38%	97.51%
87	本科	海洋渔业科学与技术	100.00%	94.67%	91.57%	98.13%	88.03%

续表

序号	学历	专业	2014 年	2015 年	2016 年	2017 年	2018 年
88	本科	汉语国际教育	–	–	–	100.00%	100.00%
89	本科	汉语言文学	99.08%	94.06%	90.95%	94.63%	99.23%
90	本科	航海技术	95.96%	100.00%	94.96%	89.47%	84.69%
91	本科	核工程与核技术	–	96.15%	91.03%	100.00%	93.51%
92	本科	化学工程与工艺	95.42%	97.84%	96.65%	98.38%	100.00%
93	本科	环保设备工程	–	–	90.70%	98.28%	100.00%
94	本科	环境科学与工程	–	–	–	–	100.00%
95	本科	环境设计	–	–	–	97.30%	98.15%
96	本科	会计学	94.61%	97.73%	96.83%	95.88%	93.49%
97	本科	机械设计制造及其自动化	97.88%	99.30%	94.75%	99.69%	97.79%
98	本科	计算机科学与技术	97.00%	99.30%	98.35%	100.00%	100.00%
99	本科	建筑学	95.24%	91.25%	86.52%	96.67%	96.74%
100	本科	金属材料工程	100.00%	100.00%	93.37%	96.81%	100.00%
101	本科	轮机工程	97.37%	97.17%	95.30%	97.00%	95.19%
102	本科	能源与动力工程	–	–	94.92%	92.47%	97.87%
103	本科	日语	98.18%	100.00%	94.74%	100.00%	100.00%
104	本科	软件工程	97.84%	99.26%	94.71%	100.00%	99.64%
105	本科	生物工程	95.60%	99.07%	90.00%	100.00%	100.00%
106	本科	生物技术	94.44%	99.04%	92.00%	100.00%	100.00%
107	本科	生物科学	95.83%	98.98%	95.12%	100.00%	100.00%
108	本科	食品科学与工程	100.00%	98.06%	93.55%	100.00%	100.00%
109	本科	食品质量与安全	100.00%	100.00%	94.19%	98.99%	100.00%
110	本科	市场营销	100.00%	97.30%	100.00%	94.25%	98.92%
111	本科	视觉传达设计	–	–	–	88.89%	87.88%
112	本科	数学与应用数学	94.81%	94.44%	95.95%	89.25%	98.88%
113	本科	水产养殖学	98.08%	98.55%	93.67%	98.06%	95.05%
114	本科	通信工程	96.27%	99.37%	84.21%	98.39%	95.36%
115	本科	统计学	97.56%	100.00%	91.84%	85.42%	98.88%
116	本科	土木工程	96.06%	100.00%	97.58%	98.43%	100.00%
117	本科	舞蹈编导	–	–	93.10%	94.44%	100.00%
118	本科	物联网工程	–	–	92.16%	100.00%	96.64%
119	本科	新闻学	98.90%	90.24%	87.60%	94.68%	98.85%
120	本科	信息与计算科学	72.60%	100.00%	70.24%	82.14%	97.62%
121	本科	药学	92.41%	96.46%	91.63%	96.97%	96.74%
122	本科	音乐表演	88.24%	100.00%	100.00%	92.31%	97.56%

续表

序号	学历	专业	2014 年	2015 年	2016 年	2017 年	2018 年
123	本科	音乐学	81.71%	95.00%	96.72%	93.62%	93.75%
124	本科	应用化学	98.80%	95.15%	97.97%	96.39%	100.00%
125	本科	应用物理学	99.07%	97.73%	87.80%	98.98%	98.99%
126	本科	英语	98.39%	100.00%	88.10%	98.47%	96.69%
127	本科	运动训练	93.10%	97.96%	91.67%	95.33%	99.24%
128	本科	知识产权	–	–	96.00%	92.71%	96.70%
129	本科	制药工程	–	–	–	100.00%	97.96%
130	本科	自动化	97.89%	99.33%	97.20%	100.00%	100.00%
131	专科	国际商务	91.67%	100.00%	92.44%	98.84%	100.00%

注:“ – ”表示当年本校没有同名专业。

五、就业对教育教学的反馈

(一)注重人才培养质量,增强学生的就业竞争力

为进一步深化教学综合改革、创新人才培养模式、提高人才培养质量,构建更加科学完善的、符合学生发展需要的、适应国家经济社会发展需求的、体现内涵式发展的、富有特色的应用型本科人才培养体系,培养具有社会责任感、创新精神和实践能力的“高素质、强能力”的高级应用型人才,学校修订本科专业人才培养方案。2015 版人才培养方案以培养“面向经济社会发展需要,培养知识、能力、素质协调发展,基础扎实、知识面宽、实践能力强、综合素质高,具有社会责任感、创新精神、国际视野和职业素质的高级应用型人才”为目标,以全面发展、整体优化、个性发展、协同培养为原则,以学生为本,紧贴地方经济社会发展,优化课程体系、更新教学内容,注重各教学环节的科学性、系统性、综合性和连续性,将素质拓展、创新创业教育贯穿于教学全过程;坚持因材施教,积极探索学分制下弹性学习制度和个性化人才培养方案,积极探索多元化人才培养模式,着力培养学生的学习能力、动手能力、创新创业能力、科学素养和思想道德修养,不断增强学生的社会责任感、创新精神和实践能力,构建符合学校办学定位和发展目标的高级应用型人才培养体系。

新版人才培养方案实施初见成效。本校学生在美国大学生数学建模竞赛、全国大学生电子设计大赛、西门子杯中国智能制造挑战赛、山东省“互联网 + ”大学生创新创业大赛、山东省物联网创造力大赛等竞赛中频获佳绩。其中多人得益于参加比赛获奖,在研究生考试录取过程中受益,被中国科学院、北京大学、清华大学、复旦大学、哈尔滨工业大学等全国重点大学录取攻读硕士学位,考研率达到 22.22% ,创历史新高。还有不少参赛学生就职于杰瑞集团等知名企业。

(二)紧跟国家政策,推进创新创业教育,输送应用型人才

学校在已有“以卓越计划为抓手、产学研用相结合的应用型人才培养模式创新实验区”“面向国际化的英美法教育人才培养模式创新实验区”“复合型药学人才培养模式创新实验区”“水产养殖类创新创业型人才培养模式创新实验区”“‘产学结合’食品类应用型人才培养模式创新实验区”等 5 个人才培养模式创新实验区进行立项研究的基础上,进一步探索适应应用型人才培养需求的新的人才培养模式,深化协同培养,校内、校际、校企、校所的合作培养,互利共赢,取得了良好的效果。学校大力开展创新创业教育,在新版人才培养方案中,增设了生涯规划与就业创业指导课。学校建立“专兼结合”的双师型创新创业师资队伍,该师资队伍包括持有双证的教师、具有企业实践背景的教师、专门经过社会实践培训的教师、专门外聘的实践教

师，还包括以经济管理专业教师、学生工作队伍、辅导员为主体的创业导师，还有由企业技术及管理人员、知名企业家、校友、工商税务等人士组成的校外创新创业导师。学校为学生搭建了全方位的平台，多个专业构建了“实验室 + 实践基地 + 竞赛”的知行合一的教学平台，对学生创新精神和知识综合运用能力的培养发挥了显著的效用。自 2011 年以来，学校还先后加入了教育部“卓越工程师教育培养计划”“卓越法律人才教育培养计划”，以此推动学校创新创业教育工作。关注社会需求，推进教学改革，建立完善的融知识学习与人格培养于一体的人才培养体系，实现招生、培养、就业的良性互动。积极探索创新各类拔尖人才培养模式，把提高人才培养质量作为就业根本要素，努力打造学生的核心就业竞争力。

（三）充分考虑社会需求，做到招生与就业联动

学校将就业率、就业质量状况作为制订招生计划的重要参考依据之一，通过市场需求的杠杆保证优秀生源得到合理配置，以就业促招生，以招生带动就业，形成良性循环，提升学校人才培养的综合竞争力。学校分析不同地区、不同行业对各专业毕业生的需求差异，以此为参考调整地区专业招生计划，为毕业生回生源地就业奠定基础。学校详细分析近三年来的学校就业质量报告及各专业招生志愿满足情况，以各专业近三年的志愿满足率及就业率为依据，科学合理编制本年度分省分专业招生计划。2018 年，学校减少运动训练专业招生计划，停止公共事业管理专业招生，新增投资学和休闲体育两个本科招生专业。

附：图表目录

表目录

图目录

关于本报告

为全面系统反映本校毕业生就业工作实际情况,完善就业状况反馈机制,及时回应社会关注、接受社会监督,建立健全高校毕业生就业工作评价体系,根据教育部办公厅《关于编制发布高校毕业生就业质量年度报告的通知》(教学厅函[2013]25号)要求,编制本报告。

高校毕业生就业质量是高等学校教育教学和人才培养质量的重要反映。本校自 2014 年起,面向社会公开发布毕业生就业质量年度报告,作为招生计划安排、学科专业调整、教育教学改革等方面的重要参考。学校领导高度重视报告的编制工作,组织有关力量,委托第三方调查机构(山东信总计算机软件开发有限公司)全面收集加工整理本校毕业生的就业信息资源,力求全面、客观、真实地反映毕业生就业状况。由于毕业生就业方式的多样性和毕业生离校后流动性增强,给就业跟踪工作带来一定的难度,报告中难免会出现一些偏差,敬请谅解。

数据来源

本报告所用数据,主要来源于“山东高校毕业生就业信息网”“山东高校毕业生离校未就业实名管理服务系统”和“山东高校毕业生就业状况调查问卷系统”。报告引用的数据范围包括,全省高校近五年毕业生就业数据、全省近五年用人单位发布的毕业生需求信息、本校 2018 届离校未就业毕业生实名跟踪就业记录、本校 2018 届毕业生就业状况调查问卷。

指标解释

1. 毕业生就业方式

协议就业:就业管理工作中,把毕业生以签订就业协议方式实现就业的行为称为协议就业。普通高等学校毕业生和用人单位在正式确立劳动人事关系前,经双向选择,在规定期限内确立就业关系、明确双方权利和义务,并通过各省市高校毕业生就业信息网(俗称"网签")或通过纸介质签署《全国普通高等学校毕业生就业协议书》(俗称"三方协议")。该协议书是用人单位确认毕业生相关信息是否真实以及接收毕业生的重要凭据,也是高校和就业管理机构进行毕业生就业管理、编制就业方案以及毕业生办理就业落户手续等有关事项的重要依据。

劳动合同就业:在就业管理工作中,把以签订劳动合同方式实现就业的行为称为劳动合同就业。普通高等学校毕业生和用人单位正式确立劳动人事关系,明确双方权利和义务,并签署正式的劳动合同书。

自主创业:是指高校毕业生主要依靠自己的资本、资源、信息、技术、经验以及其他因素自己创办实业(办理工商局注册登记手续),解决就业问题。

非派遣省外签约:指毕业生与省外接收单位签订了就业协议书,但是由于户口档案不能随迁等原因,在毕业派遣时户口、档案只能派回生源所在地,毕业生本人到接收单位就业的一种方式。

升学:升学包括"专升本"(专科毕业生升本科)和"考研"(本科生考取硕士研究生以及硕士研究生考取博士研究生)。

出国:包括出国工作和出国学习。

应征入伍:普通高等学校毕业生响应国家号召参军入伍。

基层项目就业:指毕业生参加"三支一扶"(支教、支农、支医和扶贫)项目、社区服务计划、大学生"志愿服务西部计划"项目、选聘优秀毕业生到村任职等就业主管部门认可的基层项目。(包括社区岗位就业方式)

个体经营:是指高校毕业生主要依靠自己的资本、资源、信息、技术、经验以及其他因素自行开展经营活动,解决就业问题,但未进行工商注册登记的就业方式。

科研助理:是指毕业生以科研助理身份参与科研项目研究以实现就业的。

公益性岗位:是指以就业困难人员为安置主体,由政府出资或政策扶持而设置的,辅助性、非营利性、临时性的社会管理和公共服务就业岗位。

灵活就业和其他方式就业:是指毕业生以临时工、派遣工、兼职工、自由职业以及其他方式实现就业,具有非全日制、临时性和弹性工作等特点。

2. 就业率计算公式

协议就业率=签订就业协议人数/毕业生总人数×100%

劳动合同就业率=签订劳动合同人数/毕业生总人数×100%

自主创业比例=自主创业人数/毕业生总人数×100%

非派遣省外签约率=非派遣省外签约人数/毕业生总人数×100%

升学率=升学人数/毕业生总人数×100%

出国率=出国人数/毕业生总人数×100%

应征入伍率=应征入伍人数/毕业生总人数×100%

基层项目就业率=参加基层项目人数/毕业生总人数×100%(含社区岗位)

个体经营率=个体经营人数/毕业生总人数×100%

科研助理比例=科研助理人数/毕业生总人数×100%

公益性岗位比例=公益性岗位人数/毕业生总人数×100%

灵活就业和其他方式就业率=灵活就业和其他方式就业人数/毕业生总人数×100%

3. 总体就业率及其计算公式

按照教育部的规定,在计算毕业生的总体就业率时,总体就业人数是协议就业、劳动合同就业、非派遣省外签约、升学、出国、自主创业、应征入伍、基层项目就业、个体经营、科研助理、公益性岗位、灵活就业和其他方式就业的人数之和。

总体就业率=总体就业人数/毕业生总人数×100%

4. 报告期

本报告数据期为2018年12月31日,统计对象为本校2018届毕业生。毕业生的就业数据截至2018年12月31日,用人单位需求数据统计时间范围自2017年12月1日至2018年11月30日。